범죄의 해부학

살인자의 심리를 완벽하게
꿰뚫어 보는 방법

THE ANATOMY OF EVIL
Published 2009 by Prometheus Books
Copyright © 2009 by Michael H. Stone.
All rights reserved. No part of this publication may be reproduced, stored in a retrieval system, or transmitted in any form or by any means, digital, electronic, mechanical, photocopying, recording, or otherwise, or conveyed via the Internet or Web site without prior written permission of the publisher, except in the case of brief quotations embodied in critical articles and reviews.

Korean translation Copyright © 2010 by Dasan Books Co., Ltd.
Korean edition is published by arrangement with Prometheus Books through BC Agency, Seoul

이 책의 한국어판 저작권은 BC 에이전시를 통한 저작권자와의 독점 계약으로 (주)다산북스에 있습니다. 저작권법에 의해 한국 내에서 보호를 받는 저작물이므로 무단전재와 복제를 금합니다.

범죄의 해부학
THE ANATOMY OF EVIL
살인자의 심리를 완벽하게 꿰뚫어 보는 방법

| 마이클 스톤 지음 · 허형은 옮김 |

디션
호팅

프롤로그: 악의 심리에 대한 정신분석학적 접근   8

1장. 살인으로 보는 악의 심리 22단계   35

살인의 심리를 여러 개의 카테고리로 세분화하는 이유   53
정당한 살인부터 사이코패스 고문 살인까지 22가지 악의 심리 등급   65
단테가 제시한 7가지 악의 등급표   71

2장. 충동 살인 : 살인의 발화점, 질투와 분노   77

질투 또는 다른 감정이 동기가 된 살인   80
질투의 힘은 어디에서 오는가?   85
질투가 불러온 희대의 살인 사건들   92
정신질환자가 저지르는 충동 살인   109

제3장. 또 다른 충동 살인 : 반사회적 악인들의 살인 사건   129

시기 때문에 상사를 살해한 세실   136
장-클로드 로망이 가족들을 몰살시킨 이유   138
다른 범행 중 살인을 저지르는 중범죄 살인 : 디에고 필코의 경우   142
백인우월주의자 벤자민 스미스의 증오 범죄   143
친딸을 대상으로 납치 행각을 벌인 에릭 더글러스 닐슨   145
극단적인 부부 갈등이 빚어낸 노먼 해럴 살인 사건   148
지글러 사건이 보여준 처참한 자녀 학대   152
만성 정신분열증 환자 케네스 피에로의 분노   157
환각 때문에 무차별 범죄를 저지른 케니 알렉시스   159
배신한 애인에 대한 분노, 해피 랜드 나이트클럽 화재 사건   160

아버지의 책임을 파괴한 브라이언 스튜어트　162
종교적 신념으로 살인을 저지른 자인 이사　164
망상이 불러온 너대니얼 게일의 복수극　167
대량 살인범의 청소년 버전, 캠퍼스 총기 난사　168
충족될 수 없는 사랑, 퍼넬 제퍼슨의 스토킹 범죄　171
여성들에 의한 충격적 범죄, 태아 절도　174
재미로 살인을 저지르는 스릴 킬　177

제4장. 살인의 목적 : 사이코패스 계획 살인자를 중심으로　181

사이코패스 기질이 현저한, 질투가 강한 연인 : 악의 심리 카테고리 9　190
방해자를 제거하는 자기도취적 살인범들 : 악의 심리 카테고리 10　200
방해자를 제거하는 사이코패스 살인범들 : 악의 심리 카테고리 11　210
지독하게 자기중심적인 사이코패스 계획 살인자 : 악의 심리 카테고리 14　213
아내 계획 살인범들의 심리와 범죄 부정　220

제5장. 연속 살인과 대량 살인 : 1,000명이 죽어도 후회하지 않는 살인자　223

연속 살인 : 맥캐퍼티의 회개와 끝까지 사이코패스로 남은 맨슨　228
대량 살인범들의 사전 징후와 태생적 악의 심리　242
대량 살인에 대한 법심리학자의 가설과 반론　261

제6장. 본격적인 사이코패스 살인 : 죽음의 천사부터 테러리스트들까지　263

살인에 매혹된 의사와 간호사들, 죽음의 천사　267
대를 이어 전승되는 살인의 심리 유전자, 어린이 살해　273
탐욕부터 성적 목적까지 교활한 납치범들의 동기　282

성적 욕구와 권력욕이 결탁된 강간 사건 290
고통을 가하면서 쾌감을 느끼는 가학 살인자들 295
사이코패스 배우자 살인범의 케이스 302
단독으로 연쇄살인을 저지른 여성 306
병적 사랑을 품은 테러리스트의 비참한 최후 309

제7장. **연쇄살인범과 고문범** : 악의 심리의 최고봉들 313

연쇄살인범의 네 가지 심리적 동기 316
연쇄살인범의 사전 징후와 원인의 리스트 318
근친의 성적 유혹으로 연쇄살인범이 된 경우 327
연쇄살인범들의 다양한 정신질환들 329
정신분열증을 앓았던 리처드 체이스와 조셉 캘린저 330
"나이트 스토커" 리처드 라미레스의 주의력 결핍 장애 334
성욕 과잉 연쇄살인범 레너드 프레이저 336
연쇄살인범들의 가장 중요한 특징, 인격 장애 338
사이코패시의 끝을 보여준 폴 버나도와 제러드 쉐이퍼 339
분열성 인격 장애 살인범 데니스 닐슨의 냉정함 342
최악 중의 최악, 가학성 인격 장애 살인범 데이비드 파커 레이 348
네 가지 파괴적인 가정환경에서 자라난 연쇄살인범들 360
부모의 잔학 행위가 만들어 낸 괴물, 마이크 디바들레이번 361
부모의 방임 케이스 : 여자들에게 신으로 군림하려 한 레너드 레이크 364
부모가 주는 인격 모독 : 제럴드 가예고와 제리 브루도스의 경우 368
부모의 성적 유혹 : 토미 리 셀스의 허심탄회한 고백 371
연쇄살인범이 되는 그 밖의 다른 원인들 377

제8장. **최악의 가족** : 신성불가침의 영역 안에서 일어난 비극들   **393**

차마 형언할 수 없는 범죄를 저지른 부모들   **398**
"코티지" 사건 : 원인을 알 수 없는 세자르 부부의 아이 학대   **424**
"저택" 사건 : 광신적인 믿음이 자녀 학대로 이어진 경우들   **427**
가족을 살해하기 위해 지옥에서 온 아이들   **432**
친부모를 살해한 소시오패스 메넨데스 형제   **433**
질투 때문에 의자매를 죽인 연쇄 독살범 제인 토편   **436**
유산 때문에 입양 가족을 살해한 "나쁜 씨앗" 제러미 밤버   **439**
흉악 범죄의 해트트릭을 기록한 패티 컬럼보와 불행의 악순환   **442**
극단의 고통을 선물한 악마성의 배우자들   **446**
부유함이 독이 된 남편 살해범 제너로사 애몬   **449**
예고된 미완성 가족 연쇄살인범 존 레이 웨버   **452**

제9장. **뇌과학과 정신의학이 밝혀낸 범죄의 원인들**   **461**

감정을 처리하는 두뇌의 기본적인 메커니즘   **470**
뇌의 네 영역에서 나누는 가상의 대화 시나리오   **474**
정신질환이 악의 심리에 미치는 영향과 다양한 범죄 양상   **479**
감정 연구 실험에서 사이코패스 기질을 보인 어린아이들   **511**
사디즘과 악의 핵심에 대한 짤막한 견해   **525**

결론: **살인자와 붓다 사이에 놓여 있는 인간**   **531**
덧붙이는 글: 정신의학과 범죄 심리학 연구의 기념비적 저작/오토 F. 컨버그 박사   **572**
주석   **577**

프롤로그: 악의 심리에 대한 정신분석학적 접근

Per me si va nella citta dolente

Per me si va nell' eterno dolore

Per me si va tra la perduta gente

길은 나를 통해 황량한 도시로 이어지고

길은 나를 통해 영원한 슬픔으로 이어지며

길은 나를 통해 길 잃은 이들로 통한다.

Giustizia mosse il mio alto Fattore;

Fecemi la divina potestate,

La somma sapienza e 'l primo amore

나의 신은 정의로만 움직이시니;

전지전능한 힘으로 나에게

더없는 지혜와 태초의 사랑을 주셨다.

Dinanzi a me non fuor cose create

Se non etterne, ed io etterno duro.

Lasciate ogne speranza, voi ch'intrate.

나 이전에 창조된 것 중에 영원치 않은 것은 없나니

나도 영원히 남으리라.

여기에 들어오는 이는 모든 희망을 버릴지어다.

《신곡》 1권 '지옥편' 제3곡 1~9행

  이 책을 쓴 근본적인 목적은 악(惡)을 이해하기 위해서다. 물론 악의 실체를 완전히 파악하는 것은 불가능에 가깝다. 그러나 나는 우리가 노력하면 악이라는 녀석을 어느 정도는 이해할 수 있다고 믿는다. 물론 그렇게 해도 도저히 이해가 안 되는 부분은 여전히 남아 있을 것이다. 그런 부분도 세대를 거듭하면서 과학적인 방향에서 연구를 계속해 나가면 점차 줄어들 것이라 믿는다.

  여러분과 이 연구를 함께 해 나가면서, 넘어야 할 큰 산을 최소한 몇 개는 맞닥뜨릴 것이라 본다. 예를 들면, 먼저 '악이란 무엇인가'를 놓고 보편적으로 받아들일 수 있는 합의가 필요하다. '악의 정도나 해당 여부를 판단할 자격이 있는 사람은—그럴 사람이 있기나 하다면—과연 누구인가?'라는 질문도 던져 봐야 한다. 또한, 악이 존재한다고 의미 있게 말할 수 있는 합리적 영역은 어디까지인가 하는 문제도 있다. 만약 악이 토론에 합당한 주제로 대두된다면(나는 충분히 합당하다고 본다), 다음과 같은 질문도 대두된다. 전시戰時나 집단간 분쟁 시의 악행으로 간주되는 것과 평시平時에 자행된 악으로 간주되는 것 사이에 중요한 차이가 존재하는가?

절대악이란 존재하는가?

우리가 추상적으로 생각하는 악과 그러한 관념의 기원이 된 종교적 개념으로서의 악은 매우 깊은 관련이 있다. '악evil'이라는 단어 자체는 성서에 (구약과 신약을 통틀어) 604회나 등장하는데, 그것이 의미하는 바는 땅에 배를 대고 기어가는 생물을 만지는 경미한 죄부터 근친상간이나 살인 같은 중죄까지 인간의 광범위한 결점과 죄악을 두루 아우른다. 〈레위기〉와 〈신명기〉를 보면 악행을 나열한 긴 목록이 나오는데, 십계명의 항목도 등장한다. 신약의 〈갈라디아서〉에서도 비슷한 목록을 찾아볼 수 있다.[1] 〈갈라디아서〉에서 바울은 열다섯 가지 잘못된 태도와 행동을 비난하고 있다. 여기에는 질투와 방탕함, 이기주의, 우상 숭배나 이단 같은 종교적 행위, 그리고 증오나 살인 같은 폭력과 관련된 행위도 등장한다. 성경에서 "악"은 "부정한" 또는 "나쁜"과 같은 뜻으로 쓰이며, 우리가 생각하듯 나쁜 것 중에서도 최악의 것만을 뜻하는 단어로 쓰이지는 않는다. 이런 보편적인 쓰임은 코란에서도 확인할 수 있다.[2] 서기 3세기에 페르시아의 예언자였던 마니[3](마니교의 창시자)는, 그에 앞서 조로아스터[4]가 그랬듯이 인간의 경험을 '선'과 '악' 두 가지로 나누었다. 조로아스터는 선과 악이 그 둘을 대표하는 쌍둥이 신에게서 나온다고 믿었다. 바로 빛과 선의 신 아후라 마즈다$^{Ahura\ Mazda}$와 어둠과 악의 신 아흐리만^{Ahriman}이다. 불교는 번뇌를 가장 큰 죄악으로 치는 것 외에, 화와 탐욕 그리고 어리석음을 3대 중죄로 간주한다.[5]

우리가 현재 가지고 있는 악의 개념을 형성하는 데에는 무엇보다 종교가 큰 몫을 했다. 악을 논하는 것은 종교 지도자—성직자나 신학대 교수—또는 철학자들이 주도할 때만 의미를 갖는다고 주장하는 이들도 많다. 철학자들은, 우리가 몇 세기에 걸쳐 우리를 대신해 선과 악을 분별해 줄 특권을 양도한 또 하나의 집단이다. 옛 철학자와 신학자들에게서만 납득이 갈 만한 악의 정의를 헛되이 구하는 사람도 있다.

현대 철학자 중에서 악에 대한 실제적인 정의를 내리는 데 따르는 문제들을 인정한 이들이 있다. 대표적인 인물이 수전 나이먼(Susan Neiman: 미국의 철학자. 1955년생 - 옮긴이)이다.[6] 실제로 나이먼은 저서에서, 자신은 악의 정의를 내릴 수 없으며 악의 고유 특성을 정의하는 것이 불가능하다고 생각한다고 밝혔다. 그러나 어떤 것을 악하다고 말하는 것은 그것이 "세상에 대한 우리의 믿음을 산산조각냈다"는 말과 같다고 덧붙였다.[7] 골치 아픈 문제는 이것 하나만이 아니다. "아주 나쁜"에서 "진정으로 악한"으로 넘어가는 경계를 어디로 봐야 할까? 극단적인 예에 한해서라면—이를테면 아이를 때리는 것처럼 어느 정도 나쁜 행위와 전시의 아우슈비츠 학살이나 평시의 아동 성폭행처럼 아주 흉악한 행위를 놓고 본다면 — 델방코(Andrew Delbanco: 미국의 사회 비평가. 1952년생 - 옮긴이)도 언급했듯[8], 보편적이라고 할 수 있는 합의가 존재한다. 그러나 그 사이에는 결코 만장일치의 합의가 이루어질 수 없는 회색 지대가 항상 있다. 더불어 나이먼은 '자연적' 악과 '도덕적' 악 또한 구분해야 한다고 주장한다. 과거에는 지진이나 홍수 등을, 전지전능한 존재가 우리의 죄를 벌하기 위해 내리는 자연적인 악으로 간주했다. 반면 도덕적 악은 우리 인간이 범하는 것이다. 더 이상 사람들이 자연재해를 신이 내리는 천벌로 간주하지 않으므로, 이제 자연재해를 "악"이라고 하면 은유적인 표현이라고 생각하면 된다. 이 책에서는 우리 인간이 저지르는 악, 즉 도덕적 악만을 다루기로 한다. 많은 종교 교리가 이러한 측면에서 공통적으로 우리에게 악의 책임을 묻고 있다. 그 예로, 코란에는 이런 말이 나온다. "우리가 얻는 이득은 알라가 준 것이고, 우리가 겪는 불운은 우리 스스로 자초한 것이다."[9] 비슷한 구절이 신약과 구약 성경에도 나오는데, 악이 우리 안에 분명히 존재한다고 못 박고 있기는 하지만 악의 특성이나 경계는 정의하지 않고 있다.

연쇄살인마 데니스 닐슨[Dennis Nilsen]의 전기를 쓴 브라이언 매스터스[Brian Masters]는 악의 정의, 그리고 수수께끼에 관한 한 전문가로 꼽힌다.[10] 그는 악이 "실제로는 '너무 나빠서 차라리 외면하는 게 나은 행위'를 뜻하는 말 정도로 쓰이는 불가해한 단어"라고 주장한다.[11]

최소한 "절대악"이 뭔지 정의 내릴 수 있다면, 그리고 똑같이 애매모호한 질문인 "사람이 천성적으로 악하게 태어날 수 있는가?"에 답할 수 있다면 얼마나 좋을까? 답을 내릴 수만 있다면 철학자들이나 검찰 관계자들은 꽤나 흡족해 할 것이다. 그러나 첫 번째 질문에 대한 답은 내릴 수가 없고, 두 번째 질문에 대한 답은 "아니요"이다.[12] 절대악을 정의하고 설명하기 위해서는, 내 생각에는 선의의 집단—철학자 및 신학자, 법의학 전문가 그리고 일반인들도 포함해서—내에 이 극단적 현상의 특성에 대한 보편적 합의가 이루어져야 한다. 아우슈비츠의 집단 처형이나 그와 비슷한 20세기 대량 학살에 대해서라면 만장일치의 합의를 볼 수 있으리라고 생각하기 쉽다. 그러나 이러한 문제에 대해서도 이견異見을 갖는 소수가 반드시 존재한다. 아동 강간 살해라면 절대악의 정점이라 할 수 있지 않겠는가 하고 생각할 수도 있다. 아마 우리 중 99퍼센트는 동의할 것이다. 그러나 동의하지 않는 나머지 1퍼센트가 항상 존재한다. 또한 "악하게 태어났다" 함은, 운명의 장난으로 잘못된 유전자를 가지고 태어난 아기가 아무리 사랑이 넘치고 화목하고 풍족한 가정에서 자라난다 해도 사회가 악행으로 간주하는 행위를 불가항력적으로, 그리고 반복적으로 저지른다는 것을 뜻한다. 이것이 바로 햄릿이 호레이시오에게 말한 "지독한 천성적 결함"일 것이다. 매스터스는 자신의 저서에서 이 구절을 인용하면서 "선과 악은 서로의 일부로서 유기적으로 공존하며, 이 둘의 정확하고 적절한 균형에서 조화가 이루어진다"고 설득력 있게 주장하고 있다.[13] 천성적으로 악하다? 나는 수많은 범죄 사료와 폭군들의 전기를 읽으면서 그런 사람을 단 한 명도 본 적이 없다. "그런 사람은 없다"는 것이 내 대답이다.

혹여 지금까지 한 이야기가 전부 쓸데없는 이야기로 보일 수도 있다. 악을 실제적으로 정의하는 것이 불가능하며 심지어 악행을 어느 정도 유의미한 기준이나 척도로 분류하는 것마저 어렵다고 하니 말이다. 내가 내린 악에 대한 임상적 정의와 적용하는 척도를 여러분에게 소개하기 전에, 애초에 이런 식의 판단을 내리는 것이 무엇을 뜻하는지 먼저 짚고 넘어가야겠다.

인간의 악에 대한 정신분석학적 접근

어떤 이들은 악에 대한 판단을 내릴 권리는 누구에게도 없다고 강력하게 주장한다. 특히 종교를 가진 사람들은 신만이 이 문제에 있어서 최종적이고 유일하게 타당한 결정자라고 믿는다. 그런데 신이 우리와 직접 대화하지 않기 때문에, 많은 종교인들이 중간점에서 기꺼이 타협을 한다. 속세에서 신을 대표하는 성직자들에게 그러한 판단을 내릴 권한을 주는 것이다. 철학자들도, 특히나 먼 과거에는, 지혜롭다는 이유로 같은 권한을 위임받았다. 기독교 내에서만 보면 성 아우구스티누스와 성 토머스 아퀴나스는 성직자이자 철학자였으니 두 배의 특권을 부여받은 이들이었다. 유대교에서는 마이모니데스(Moses Maimonides: 중세의 유대교 철학자. 1135~1240년 - 옮긴이) 같은 존경받는 랍비가 악의 판단 문제에 있어 거의 신성하다고 할 만한 위치를 차지한다. 이슬람에서는 알라의 예언자인 마호메트의 말이 존경을 받는 것은 물론이고 법과 같은 힘을 가진다.

인도주의적이지만 종교적이지는 않은 가정에서 자란 사람들은 성직자보다는 철학자들의 의견에 더 무게를 두는 경향이 있다. 그러나 여러 종교 지도자나 비종교 철학자들이 실제 사례에 관여하는 경우는 극히 드물다. 우리가 그들에게 기대할 수 있는 것은 가이드라인과 규범적 조언뿐이다. 이를테면 〈갈라디아서〉의 일반론적 지침이나 〈레위기〉와 〈신명기〉에 나오는 선행과 악행에 대한 대략적 설명 정도다. 개개인에 대한 세세하고 분석적인 묘사, 우리가 사례사$^{case\ history}$라고 하는 것은, 왕과 귀족의 전기를 제외하면 18세기 후반에 이르러서야 자료를 겨우 찾아볼 수 있다.[14]

문제를 복잡하게 만드는 또 하나의 요소가 있는데, 바로 구약과 신약의 어조 차이다. 구약과 신약 모두에서 최후의 심판이 하나님의 것인 것은 맞지만, 구약에서는 죄 없는 자에게 심판의 특권이 부여되었다. 〈레위기〉에서는 이러한 구절이 나온다. "너희는 의로움 안에서만 이웃을 재판할지라."[15] 예언자 에스겔^{Ezekiel}은 당대 이스라엘 사람들이 행한 죄를 좀 더 엄한 논조로 비난하고 있다. "이제는 네게 끝이 이르렀나니, 내가 내 진노를 네게 나타내어 네 행위를 심판하고 너의 모든 가증한 일을 보응하리라."[16] (여기서 "보응하다"는 빚을 갚는 것이 아니라 판결을 내리거나 벌을 준다는 뜻으로 쓰였다) 신약은 어조가 상대적으로 온화하다. 다음과 같은 예수의 말도 나온다. "심판받지 않으려거든 남을 심판하지 말라."[17] 그 뒤에는 이런 말도 뒤따른다. "어째서 형제의 눈 속에 있는 티는 보고 네 눈 속에 있는 들보는 보지 못하느냐."[18]

정신과 의사이자 정신분석학자의 입장에서 이 책을 집필하면서 나는 또 하나의 벽을 만났다. 정신과 의사는 환자를 도덕적으로 판단해선 안 된다고 교육받는다. 정신분석학에서는 이 점을 더욱 강조한다. 그런데 초기 학자들은, 사회 규범을 습관적으로 위반하는 이들이 정신분석학자들이 사용하는 치료법에 적합한 대상이 아니라는 것을 일찍이 깨달았다. 같은 맥락에서 프로이트는 수백 년 전, 정신분석학으로 효과를 보려면 환자가 좋은 성품을 가지고 있는 것이 아주 중요하다고 말한 적이 있다. 후대의 정신분석학자들 중 몇몇은 비행 청소년들을 대상으로 새로운 치료법을 대입해, 반사회적 행동을 친사회적 행동으로 전환시키는 연구를 하기 시작했다. 그러다 보면 더 심한 문제성 성격을 가진 환자에게 효과가 있는, 새로운 치료법을 발견할 수 있을지도 모르는 일이다. 환자에 대한 판단을 보류하고 치료를 제공하는 관행은, 의학 전반에서만이 아니라 정신의학 분야에서도 똑같이 존중되고 있다. 그러나 정신과 의사들도 하나의 시민으로서 다른 사람들과 똑같이 도덕적인 판단을 내린다. 성폭행을 저질렀거나 연쇄 강간 살인을 저지른 사람이 정신과 의사의 상담을 받는 일은 거의 없다. 그런 사람들은 대부분 자기 표출을 잘 안 하며, 다른 사람 같으면 정신과의의 도움을 찾게 만들었을 부끄러움이나 죄의식을 느끼지 못하고 범죄를 저지른다. 정신과 의사나 정신분석학자들도 그런 범죄자에 대한 기사를 읽으면 당연히 도덕적으로 판단을 내린다. 그들도 사람인 이상 "저런 극악무도한 짓을 저지르다니", "저런 흉악범을 봤나"라는 말을 안 할 수가 없는 것이다.

이렇듯 직업 의사의 입장과 일반인의 입장을 적절히 조절하는 문제를 이야기하자니, 약 50년 전에 뉴욕의 벨뷰병원에서 있었던 사건이 떠오른다. 어느 날 내가 인턴으로 있는 병동 바로 앞의 주차장에 죄수 호송차 한 대가

들어왔다. 그런데 죄수가 차에서 내리자마자 손과 발이 묶인 상태에서 도주를 시도했다. 기를 쓰고 도망가는 죄수를 경찰이 뒤에서 총으로 쏘았다. 호송 죄수의 도주를 막는 것이 그들의 임무였으니 경찰은 할 일을 한 것이었다. 더 이상 달릴 수 없게 된 죄수는 주차장 반대편에 있는 응급실로 운반됐고, 의사들은 즉시 지혈을 하고 총알을 제거했다. 죄수건 아니건 환자의 생명을 구하는 것, 그것이 그들이 할 일이었다. 또 다른 일화가 있는데, 그로부터 얼마 후 내가 응급 병동에서 일할 때의 일이다. 의식이 오락가락하는 지독한 알코올중독 환자가 손바닥이 찢어져 치료를 받으러 실려 왔다. 그런데 정신이 들 때마다 그 환자는 입에 담지도 못할 욕설과 인종차별적 모욕을 내뱉는 것이었다. 그럴 때마다 의사는 잠시 멈추고 물러나 있다가 환자가 또 정신을 잃으면 와서 치료를 계속했다. 그 과정을 몇 번 반복하고 나서야 겨우 상처의 봉합을 마칠 수 있었다. 만약 환자의 모욕적인 태도 때문에 치료를 거부했다면, 그것은 비윤리적인 처사가 됐을 것이다.

그렇다면, 악의 여부를 판단하지 말라는 종교적 명령과 도덕적 제약에 묶인 입장에서 정신과 의사는 이 문제를 가지고 어떻게 글을 풀어 나가야 할까? 이 영역에 발을 들여놓는 모든 이의 발목을 잡는 '윤리적 딜레마'를 과연 어떻게 피해 가야 할까? 나는 대중의 판단을 믿는 것에 그 해답이 있다고 생각한다. 가만 보면 보통사람들은 — 범죄 관련서의 저자나 저널리스트, 언론인들도 포함해 — 특정 범주의 폭력 범죄와 그런 범죄를 저지른 이들을 묘사하면서 '흉악하다'는 단어를 자주, 그리고 거리낌 없이 사용한다. 그들은 아니, 우리는 그 단어에 으레 따르는 초자연적 혹은 형이상학적 뉘앙스, 말로 설명하기 어렵고 "불가해한" 뉘앙스에 별로 신경 쓰지 않고 무의식적으로 내뱉는다. 또한 유난히 비인간적인 폭력 범죄를 보면 성직자나 철학자, 판사와 변호사, 정신분석학자 및 기타 의사들도 일반 시민의 입장에서 반응하면서 악하다는 표현을 '주기적으로' 사용한다.

나도 이러한 일반적인 쓰임을 기준으로 '악하다'는 단어의 뉘앙스를 규정하려고 한다. 철학자 루드비히 비트겐슈타인은 "단어의 의미는 그 쓰임에 있다"고 했다.[19] 이 말이 사실이라고 치자. 그렇다면 종교나 철학에서의 (엄청나게 모호한) 쓰임 외에도, 일상에서 보통사람들이 대화에 사용하면서 타당성을 띠게 된, 특정한 의미의 쓰임 또한 존재한다는 말이다. 헝가리 속담에 "세 사람이 '너는 말馬이야'라고 하면, 안장을 사라!"는 말이 있다. 판사와 저널리스트 그리고 일반 대중이 특정 범행을 악하다고 하면, 그 범행은 악한 것이다. 이 정도면—적어도 이 속세에서는—악의 정의로 볼 수 있다. 이를 악의 임상적 정의로 받아들이면, 더 이상 어떤 행위를 "악하다"고 말하면서 마치 성직자의 영역을 침범한 것처럼 불편해지지 않아도 된다.

1장에서 더 자세히 설명하겠지만, 앞으로 악을 논하면서 이러한 접근 방식을 고수할 것이다. 더불어 1장에서는, 유난히 끔찍한 폭력 행위나 가해 행위는 다른 비교적 덜 끔찍한 행위에 비해 근본적으로 악에 더 가깝다고 본다는 것을 설명하고자 한다. 그렇게 하면 비로소 대중의 인식에 기반을 둔 악의 등급화가 최소한 '해 볼 만한' 작업, 과학적 탐구의 가치가 있는 작업이 될 것이다. 대중의 인식에 기초한 이 정의가 지금 그리고 여기에서는 정당성을 갖지만 영구불변한 것은 아님을 덧붙인다.

강간보다 이교 숭배를 더 큰 범죄로 봤던 사람들

사회 공동체란 성장하고 변화하고 진화하는 유기적 존재이기에, 어떤 것이 악한가 악하지 않은가에 대한 일반적 견해는 지역적 배경 및 역사적 시기에 따라 달라질 수 있다. 가장 보편적으로 악하다고 간주될 법한 것이 바로 살인이다. 살인은 (단어 정의상) 옳지 않은 행위로 간주되며, 문화와 시대를 막론하고 거의 항상 악행으로 받아들여진다. 반면, 강간은 이야기가 다르다. 여성의 지위는 오늘날 선진국에서의 지위를 구약 시대의 그것과 비교해 보면, 가히 천지차이라 할 수 있다. 여성이 더 이상 남성의 재산이나 노예가 아니게 될 경우, 언제나 그에 상응하여 강간을 바라보는 시각도 변화해 왔다. 구약에는 강간을 뜻하는 단어가 아예 없지만, 강제된 성관계에 대한 언급은 있다. 그것도 아주 자세하게 구분되어 있다. 만약 정혼자가 있는 숫처녀와 들판에서 강제로 성관계를 맺을 경우, 여자는 죄가 없는 것으로 간주되었다. 여자가 소리쳐 도움을 구했는데 아무도 도와주지 않았다면, 남자는 사형을 당했다. 그러나 처녀이긴 하나 정혼자가 없는 여자를 강간했을 경우, 그 남자는 여자의 아버지에게 50셰켈(1년 치 급료의 3분의 1)을 주고 여자와 결혼해야 했나. 이 경우 이혼은 허락되지 않았다.[20] 성관계가 상호합의에 의한 것이 아니었을 테니(피임약이나 여성 해방 운동이 있기 3,000년 전의 일임을 상기하자), 피해 여성은 사실상 강간범과 울며 겨자 먹기로 결혼을 해야 했던 셈이다. 피해자의 기분 따위는 전혀 문제가 되지 않았다. 우리가 엄청난 악행으로 간주하는 것이 그 시대, 그 문화에서는 비교적 사소한 악행이었던 것이다.

성서의 시대(구약과 신약 모두)에는 대개 150명 안팎으로 모여 작은 부족을 이루어 살았다. 그런데 이웃의 더 큰 부족에게 정복되지 않으려면, 자손을 많이 낳을 필요가 있었다(우리 부족 남자들이 상대 부족 남자보다 수적으로 우세해지기 위해서는 그래야만 했다). 이 점을 고려하면, 자위나 매춘, 낙태, 동성애 및 간통 등 한마디로 다산多産이나 최상의 양육에 걸림돌이 되는 것들을 금하는 법 또는 그것들을 경계하는 태도는 그 당시 논리적으로 타당한 근거가 있었다.[21] 이러한 행위들은 집단의 생존, 나아가 개인의 생존을 위협하는 것이었다(정복된 부족은 몰살당하거나 노예가 되었다). 가만히 보면, 번식을 위협하는 풍속은 전부 진화론의 원리에 위배되는 것들임을 알 수 있다. 같은 이유로, 이교도들이 행했던 영아 살해나 어린이를 제물로 바치는 풍속은 유대인들에게 혐오 행위로 간주되었다.[22] 영아 살해는 아직도 세계 곳곳에서 자행되거나 허용되고 있다. '보편적으로' 범죄로 간주되지 않고 있다는 뜻이다. 근친상간은 거의 보편적으로 부정한 행위로 간주되고 있으며, 성경에서는 더 강한 단어로("저주받을", "사악한") 경계하고 있다. 오히려 오늘날보다 성서의 시대에 더 강력한 벌을 받았다(화형을 당하거나 돌에 맞아 죽었다).

집단이 생존하려면 집단의 단결이 매우 중요하다. 집단을 단결시키는 한 가지 방법은 리더가 하나의 가치관과 신념을 강요하는 것이다. 이론상으로는, 모든 구성원이 집단의 단일성을 위해 필요한 것은 뭐든 할 준비가 되어 있어야 한다. 여기에는 집단의 가치를 지키기 위해 목숨을 거는 행위라든가 집단의 관습이나 신념의 일치에 위협이 되는 사람을 제거하는 행위도 포함된다. 집단이 아직 규모가 작거나 취약한 상태에서 새로운 종교가 자리 잡으려 하면 사정없이 이교를 박해하는 것도 바로 이 때문이다. 대부분의 선진국에서 '이단'은 케케묵은 책에서나 등장하는 단어가 됐다. 당시에는 이교 숭배가 적발되면 운 좋으면 (제명과 함께) 추방을 당했고 운이 나쁘면 사형을 당했다. 심하면 화형을 당하기도 했다.[23] 당시 이교 숭배는 큰 악행으로 간주된 것이다. 물론 지금도 일부 국가에서는 대죄로 간주된다. 종교 집단이 아닌 국가 집단의 경우, 체제에 저항하는 것 또는 리더가 내세우는 것과 다른 가치관 및 신념을 지지하는 태도가 바로 이교 숭배에 해당하는 죄다. 나치 독일에서 비아리아인, 전체주의 러시아에서 비공산주의자도, 그 옛날 이교도들이 당했던 것과 똑같이 박해당하고 사형에 처해졌다.

과거에는 마녀로 몰린 사람도 집단에 위협이 된다는 이유로 (주로 인간이 생각해 낼 수 있는 가장 잔인한 방법으로) 박해하고 처형했다. 사실 그 위협은 사람들이 그들에게 부과한 초인적 힘에서 오는 것이었다. 그러나 그것은 아무리 수가 적어도 마녀가—마법을 믿는 사람들의 말에 따르면—공동체를 파괴할 수 있음을 의미했다.[24] 심지어 오늘날의 미국에서도 가끔 가다 몇몇(주로 여성)이 자신이 마녀라고 주장하며, 역시 수는 많지 않지만 그들의 힘을 두려워하고 그들이 악마(이런 사람들은 악마의 존재도 믿는다)의 하수인이라고 주장하는 사람도 있다.

21세기에 사는 우리는, 사회가 "악"으로 간주하는 "아웃사이더"들을 낙인찍고 박해하고 심지어 죽이기까지 하는 미신적 풍습에서 우리가 완전히 벗어났다고 믿고 싶어 한다. 또한 우리는 이 시대 이 문화에서 우리가 "악"이라고 하면 "진짜" 악한 사람들, 영원히 악인으로 낙인찍혀 마땅한 사람들을 칭하는 것이라 믿고 싶어 한다. 아동 성폭행이나 연쇄살인, 고문, 배우자 폭행 등이 어느 시대건 괜찮은 것으로 받아들여져서는 안 된다고 믿고 싶은 것이다. 이런 희망을 품는 것도 이해할 만하다. 그러나 이 세계의 역사를 돌아봤을 때, 나는 그것이 비합리적인 희망이라고 생각한다. 나아가 집단 분쟁이나 전쟁시 — 고문이나 신체 훼손, 노예화가 갑자기 "정당한" 것이 되어 버리는 시기 — 에 발생하는 비교적 강도가 심한 악행이 지구상에서 완전히 사라지기를 바라는 것은 더욱 비합리적인 희망이다. 요한계시록의 네 기사(백·적·흑·청색의 말에 탄 네 기사로, 각각 질병과 전쟁, 기근, 죽음을 상징한다 - 옮긴이)는 아직 말 위에서 내려오지 않았음을 잊지 말자.

나쁜 범죄와 나쁜 정도를 넘어서는 범죄

수전 나이먼이 '아주 나쁜'과 '악한' 사이에 선을 긋기를 주저한 것은, 그러한 표현이 종교적 또는 철학적인 글에서 얼마나 애매모호하게 사용돼 왔는지 알기 때문이었던 것도 같다. 과거의 그리고 오늘날의 법전은 나쁜 것과 아주 나쁜 것, 그리고 극히 나쁜 것을 아주 잘 구분하고 있다—등급을 나누고 있다고 봐도 좋다. 그러나 법은 '악하다' 혹은 '악'이라는 단어의 사용을 기피하며, 대신 우리 사회가 사용하는 '악하다'에 근접한 표현, 예를 들면 '극악한'이나 '타락한' 같은 단어를 선호한다. 책이나 기사를 보면 "악한"이라는 단어와 함께 '악마 같은', '악마적인', '괴물 같은', '가증스러운' 등의, 비슷하게 강한 단어가 종종 등장한다. 이는 전부 대중이 사용하는 "악하다"라는 표현과 의미가 겹치는 단어들이다. 최소한 용납할 수 없는, 혹은 "옳지 않은" 행동을 분류하는 시스템은 항상 존재해 왔다. 예를 들면, '경범죄'나 '중범죄' 같은 카테고리를 말한다. 그런가 하면, 중범죄를 넘어서 사형—사형제가 폐지된 지역에서는 사형에 준하는 형벌—을 요하는 극악 범죄도 있다. 예를 들면 국가 반역죄나 특정한 형태의 살인죄가 여기 해당한다. 법에서 중죄로 간주하는 것은 대부분 사회도 흉악 범죄로 간주한다. 그러나 두 가지가 반드시 일치하지는 않는다. 무장 강도 중에 의도치 않은 살인이 발생한 사건은 "끔찍한" 사건이라고 입에 오르내리는 반면, 어린이 강간 살해나 납치 살해에는 "흉악하다"는 표현이 주로 따른다. 2,000년 전 탈무드에서 말하는 세 가지 대죄, 근친상간과 살인 그리고 신의 이름을 욕되게 하는 것은—이를 저지른 자는 모두 사형에 처해졌다—그보다 약한 다른 모든 죄악과 분리해 특별 취급을 했는데, 전부 "라^{ra}"라고 했다. "나쁘다"이라는 뜻의 이 단어는, 이와 구별해 '악하다'에 해당하는 단어가 따로 없으므로, "악하다"라고도 충분히 풀이될 수 있다. 기독교 구교에도 죄를 "사면 가능한"(즉, 경미한) 죄와 "용서받지 못할" 죄로 나누는 분류 시스템이 존재한다. 그런데 이 "용서받지 못할" 죄의 리스트는 항목이 서른 개도 넘는다. 그 중 몇 개는, 오늘날의 사고방식으로 보면 훨씬 가벼운 것들이다. 시샘하거나 술주정을 하거나 비겁하게 구는 것이 사기횡령이나 강도, 살인과 같은 수준은 아니지 않은가. 게다가, 무슨 이유에선지 강간과 방화, 폭행은 딱히 언급되지 않았다. 종교에서 말하는 대죄와 우리가 생각하는 악을 연결 짓기란 아무래도 어려운 일이다.

오늘날 말하는 '악'은 그냥 '나쁜' 것과 '나쁜 정도를 넘어서는 것'을 명백히 구분해 준다. 여기에서는 "악"이라는 말로 모호하게 뭉뚱그려 놓은 대상에서 뭔가 의미 있는 구분을 하기 위해, '나쁜 정도를 넘어서는'에 해당하는 영역을 돋보기를 들이대고 자세히 살펴보고자 한다.

인간에게만 존재하는 악의 심리

내가 생각하는 악에 대한 정의를 풀어 놓기 전에, 먼저 악에 대한 두 가지 전제를 확실히 해야겠다. 첫째, 나는 악이 오직 인간에게만 적용된다고 생각한다.[25] 우리는 오늘날 극히 고통스러운 방식으로 남을 해치거나 죽이려는 의도를 가진 사람들이 저지른 특정 행동을 묘사하면서 '악하다'는 말을 사용하고 있다. 여기서 말하는 고통은 신체적 고통일 수도 있고, 감정적 고통 혹은 극도의 치욕에 따른 정신적 고통일 수도 있다. 어느 쪽이건, 가해자는 죽음에 대해 잘 알고 있으며 자신의 행동이 희생자를 죽게 만들리라는 것도 분명히 알고 있다. '악하다'라는 말을 적용하려면 또한, 희생자가 극도의 고통을 경험하리라는 걸 가해자가 잘 알고 있어야 한다. 즉, 가해자가 입장을 바꿔 자신이 희생자가 되어 똑같은 일을 당하는 것을 상상할 수 있다는 것이 전제가 되어야 한다. 죽음과 고통에 대해 이 정도로 잘 알고 또 상상할 수 있는 좋은 인간이 유일하다. 보통 인간에게는 수치심이라는 것이 있어서, 그것이 폭력적 행동이나 앙갚음을 실제 행동으로 옮기는 것을 막는 장치가 되어 준다.[26] 범죄자 중에는 수치를 느낄 줄 알긴 하지만 긴박한 상황에서는 잠시 잊는 사람도 있다. 그런가 하면 애초에 수치심이 제대로 발달하지 않은 사람도 있다.[27] 우리 인간은 또한 남을 증오할 줄도 안다. 증오의 대상이 사라지면 이 세상이 얼마나 더 행복해질까 상상할 줄 안다는 말이다. 다른 동물에게는 이런 면이 없다. 따라서 악행을 저지르는 것이 불가능하다. 가젤을 덮치는 사자, 쥐를 공격하는 고양이는 단지 저녁거리를 마련하기 위해 그러는 것이다. 가젤이나 쥐를 미워해서 그러는 것도 아니고, 자신이 하는 짓이 상대방에게 고통과 죽음을 초래하리라는 것을 심각하게 인지하고 있지도 않다. 사실 고양이과를 포함한 육식 동물은 사냥감이 즉사하도록 목을 한 번에 으스러뜨리는 온정을 베푼다. 어쩌면 침팬지도, 혼자서 또는 집단적으로, 다른 침팬지를 죽이거나 심하게 고통을 줄 정도로 구타하기 위해 음모를 꾸밀 정도의 지능은 있을 것이다. 침팬지가 수치심을 느끼는지, 혹은 미리 범행을 계획해서—복잡한 인간의 용어를 사용하자면—"미리 악의를 가지고$^{\text{malice aforethought}}$" 다른 침팬지의 짝을 강간하거나 나뭇가지로 경쟁자를 때려죽일 능력이 있는지는 나도 모르겠다. 그렇다 해도 그것을 악이라고 하기에는 무리가 있다. 같은 선상에서, 고양이도 때로는 이미 포획한 쥐를 놔 줬다가 다시 잡고 또 놔 주고 하는 식으로 한참 가지고 놀다가 잡아먹는다. 이것이 우리가 보기에는 "가학적^{sadistic}"으로 보일 수도 있다. 만약 우리가 다른 인간을 상대로 그렇게 했다면 틀림없이 사디스트라는 소리를 들었을 것이다. 그러나 고양이는 연습 겸 놀이로, 다음 날 쥐를 더 빨리 잡기 위해 기술을 다듬는 훈련을 하는 것이라고 보는 편이 옳다. 악의도 없고, 고통이나 죽음을 준다는 의식도 없으며, 수치나 양심의 가책도 느끼지 않는다. 다시 말해, 인간 고유의 특성은 하나도 갖고 있지 않다.

두 번째 전제는, 내가 앞에서 힌트를 준 바 있다. 평범한 시민의 일상, 즉 평시에는 개인이 저지르는 행동 중에 어떤 것이 악행인가 하는 문제에 대해 대부분 의견이 일치한다. 반면, 전쟁을 포함한 집단간 분쟁 시에는 사람들이 두 편으로 갈려 서로 상대방을 "악"으로 간주한다. 때로는 이런 주관의 함정을 피해 가기가 매우 어렵다. 우리는 중립적 관찰자가 상황을 재 보고, A국이 B국을 침략해 B국의 국민들에게 잔학 행위를 했으니 명백히 A국가가 악당이라고 판결을 내려 줄 수 있다고 생각한다. 이 점에는 역사도 동의하는 것 같다. 스페인의 종교 재판을 두고, 희생당한 쪽이 악한 인간들이니 그런 일을 당해도 싸다고 주장하는 사람은 이제 많지 않다. 그러나 우리 시대에 일어나는 전쟁은, 강대국 대 테러리스트 집단 같은 "비대칭" 구도의 전쟁까지 포함해, 욕하는 사람만큼 지지자도 많다. 이슬람 극단주의자들은 우리가 9/11 사태를 비난하는 만큼 그 사건을 찬미한다. 우리가 "공중 납치범"이라고 부르는 이들을 그들은 "샤히디스(Shaheedis, 순교자)"라 부른다. 이러한 주관성을 계속 배제하다 보면, 결국 전시의 악보다는 평시의 악을 가지고 등급을 만드는 것이 더 쉽고 신뢰도 있을 것이라는 결론이 나온다. 나치의 인종 청소나 터키의 아르메니아인 학살이 악한 짓인가? 스탈린이 우크라이나인들을 굶기고 수백만을 굴락(강제 수용소 - 옮긴이)으로 보낸 것이 악한 짓인가? 일본이 난징 대학살을 일으키고 마오쩌둥이 노동 개조 캠프에서 수천만 명을 죽음으로 몰아넣은 것이 악행이라고 생각하는가? 물론이다(게다가 이는 소수의 사례에 지나지 않는다). 그러나 그건 내 생각이고, 이럴 때 전지전능한 신이 우리에게 메모를 보내 이렇게 최종 판결을 내려 준다면 정말 좋겠다는 생각이 드는 것은 어쩔 수 없다. "내가 A국가와 B국가의 상황을 위에서 내려다봤는데, A가 악당이고 B는 피해자더라. 신으로부터." 하지만 안타깝게도 종교 여부와 신앙심의 깊이를 막론하고 그런 메모를 받아 본 사람은 지금까지 단 한 명도 없었다. 존경받는 역사학자들이 (운이 좋다면 우리가 살아 있는 동안) 도출해 낸 합의로 그나마 결론을 대신할 뿐이다. 사실 이 복잡한 주제에 제대로 결론을 내리자면 — 전시에 발생하는 악행을 제대로 분석하자면 — 이 책에서 잠시 다루는 정도로는 어림도 없으며, 사실 책 한 권을 따로 써도 부족할 것이다.

다시 평시의 상황으로 초점을 돌려, 나는 여기서 평상시에 사람들 — "악"이 무엇인지 최종적으로 결론을 내릴 당사자들 — 이 어떤 일을 보고 들을 때 그 단어를 뱉게 되는지, 그 정수를 제대로 포착한 정의를 내려 보고자 한다. 여기서 내리는 정의는 종교적 혹은 철학적 가르침과는 전혀 관계가 없으며, 전적으로 실용주의에 기인한 것이다.

악의 심리를 어떻게 설명할 것인가?

"악하다"는 말은, 보거나 듣는 이가 끔찍함과 충격을 느끼게 하는 '상황' 또는 '특정 행위'에 적용하여 하는 말이다. 오늘날 일상적 대화에서는, 그 말을 악한 행위를 저지른 '사람'에게 적용해서 사용하는 경우가 드물다. 바꿔 말하면, 기가 막히도록 끔찍한 행위에 한정해서 주로 사용한다. 희생자에게 가한 폭력과 고통 혹은 모욕이 짜증이나 증오를 표출하거나 상대방을 복종시키기 위해 필요한 정도를 훨씬 넘어섰기 때문에 기가 막히도록 끔찍하다고 하는 것이다.

이 '과도함'의 요소는 우리가 일반적으로 '악하다'고 묘사하는 대상에 필수적으로 들어가는 요소다. 앵글로색슨어에서 '악(evil)'의 어원은 (철자는 'yfel'이었으나 발음은 지금과 똑같았다) 무언가를 "넘어서" 혹은 "초월해서"의 뜻을 가지고 있다.[28] 따라서 어떤 것을 악행으로 분류하려면, 특정 문화와 시대의 사회에서 용인되는 행동 기준에서 명백히 탈선된 면이 있어야 한다. 그 탈선도, 해당 사회의 평범한 구성원들이 다른 사람이 저지를 수 있을 것이라고 상상하는 수준을 훨씬 초월한 정도여야 한다.

항상 그런 것은 아니지만 대개 악행에는 의도나 사전 계획premeditation이 앞선다. 이는 일반적으로 악의를 가지고 다른 사람을 신체적 혹은 정신적으로 해칠 의도가 있었음을 뜻한다. 사람들은 대개 악행에 대해 세세한 부분까지 알고 난 뒤에 비로소 악행을 저지른 사람에 대해 알게 된다. 그 가해자에 관해서라면, 그들이 제정신이라는 것이 분명할수록(여기서 '제정신'은 "미친" 상태와 비교해서, 옳고 그름의 판단이 가능한 상태를 뜻하는 법률 용어로 쓰인 것이다), 우리는 더 쉽게 그들 혹은 그들이 저지른 범행이 악하다고 이야기한다. 나중에 가해자가 제정신이 아니거나[29] 심한 정신질환을 앓고 있었음이[30] 밝혀지면, 그들이 저지른 행위는 악하나 그들 자신은 악하지 않다고 결론 내린다.

우리는, 범죄가 극도의 신체적 고통이나 신체 훼손 혹은 죽음으로 끝이 날 경우, 좀 더 확신을 가지고 '악행'이라고 비난하는 경향이 있다. 그러나 비폭력 범죄도 악행이라고 하기에 충분할 만큼 지나치게 끔찍한 수준에 이르는 경우가 종종 있다.

좀 더 간명한 정의를 내리기 위해, 무엇이 악의 '정수'인지 정리해 보자. 어떤 행위가 악행이 되기 위해서는,

1. 기가 막힐 정도로 끔찍해야 하고,
2. 사전의 악의(악한 의도)가 행위에 앞서야 하며,
3. 희생자에게 가한 고통의 정도에 극도의 과함이 있어야 하고,
4. 범행의 성질이 이해 불가능하고 당혹스러우며 평범한 사람들의 상상을 초월하는 수준이라야 한다.

1번 항목과 관련해서, 과연 무엇이 "기가 막힐 정도로 끔찍한" 것이냐를 두고 한 지역 혹은 비교적 큰 집단에서 보편적 합의를 이루어 내는 일은 굉장히 드물다. 다만, 어린이를 납치하고 고문하는 행위에 한해서는 거의 보

편적이라 할 수 있는 합의가 종종 도출된다. 아이러니컬하게도, 살인으로 끝나지 않는 범죄가 오히려 살인보다 더 흉악한 것으로 받아들여지기도 한다. 주로 희생자가 당한 고통 때문에 그렇게 느껴지는 것이며, 자신을 희생자와 동일시하고 만약 자신이 희생자였다면 얼마나 고통스러웠을까 상상해 보는 인간의 본능적 성향 때문이기도 하다. 여기 그 대표적인 사례가 있다.

 몇 년 전에 나는 연속 살인을 저지르고 실형을 선고받은 한 남자를 인터뷰한 적이 있었다. 메탐페타민^{methamphetamine}과 코카인에 잔뜩 취한 그는 모두가 자기를 해치려 한다고 믿고, 점점 더 사람을 의심하고 공격적으로 행동했다. 그런 상태에서, 길에서 일하고 있던 노동자 세 명을 총으로 쏴 죽였다. 세 명 모두 전선을 손보느라 범인에게 등을 돌린 자세로 서 있다가 총에 맞은 것이었다. 한 명은 사망했지만, 두 명은 살아남았고 그 중 한 명은 양쪽 눈을 실명하고 말았다. 실명한 사람은 게다가 결혼한 지 일주일밖에 안 된 신랑이었다. 재판에서 실명한 희생자에게 배심원단—그리고 사건 소식을 들은 사람들 대부분—의 동정이 집중되었다. 사망한 피해자의 유족들은 한동안 슬퍼하겠지만 시간이 충분히 지나면 현실을 받아들이고 다시 정상적으로 살아갈 것이다. 그러나 실명한 피해자의 지인과 가족들(나는 이들과 직접 만나 이야기를 나눴고, 그들에게 동정심을 느끼지 않을 수 없었다)은 피해자를 보면서 앞으로 50년 이상을 맹인으로 사는 기분이 어떨까, 돈도 많이 못 벌고 아내—앞으로 다시는 보지 못할—도 제대로 돌봐 주지 못할 텐데, 이런 생각을 하며 몹시 괴로워했다. 피해자는 자기 인생이 어떻게 단 한 순간에, 그것도 웬 "미친 놈"의 어이없는 폭력으로 뒤집어졌는지 거듭 되새기며 평생을 살아가야 할 것이다. 이 사건—3일간 "뉴스"로 신문에 실렸다—에 대해 기사를 작성한 기자들은, 갓 결혼한 젊은이를 눈이 멀게 한 악행에 대해 흥분해서 떠들어 댔다. 그러나 사망한 희생자에 대해서는 겨우 몇 마디밖에 하지 않았다.

앞에서 언급한 악행의 정의에 덧붙이자면, 우리가 (어떤 '행위'를 악하다고 하는 것과 비교해) 어떤 '사람'을 "악하다"고 할 때는 그 사람이 습관적으로, 자주 그러한 행위를 저지를 것이라고 생각한다는 것을 암시하는 것이다. 그렇다 해도, 그 사람이 깨어 있는 모든 시간을 악행을 저지르며 보낼 것이라고 단정할 수는 없다. 어떤 이들은 평소에 겸손하고 싹싹한 이웃이 혹은 유쾌하고 아무 해도 끼칠 것 같지 않은 회사 동료였는데 사실은 수년간 아무에게도 의심받거나 들키지 않고 악행을 저지르는 "이중 인생"을 살아왔음이 밝혀지기도 한다.

극단적으로 악한 몇 가지 범죄 사례들

우리는 유난히 끔찍한 행위에 대해 듣거나 그런 일을 목격했을 때 "저런 사악한 인간을 봤나!"라는 말을 종종 내뱉는다. 이는 철학적 비평도 아니고 성경 구절을 옮긴 것도 아니다. 그저 우리의 기분을 표현한 것이다. 평소의 대화에서 "악하다"는 말은 "내가 이해할 수 있는 수준, 말로 표현할 수 있는 수준을 넘는 끔찍함을 느꼈다"는 뜻으로 쓰인다.

일상적 대화에서 '악하다'는 말이 어떻게 쓰이는지는, 살인이나 폭력 범죄에 대한 신문 기사나 그러한 범행을 저지른 범죄자들의 전기를 읽으면 가장 쉽게 이해할 수 있다. 그런 글을 읽다 보면 특정 범죄나 범죄자에게서 발견되는 공통된 특징도 포착할 수가 있다. 여기, 수천 건의 신문 기사와 범죄 기록에서 추려낸 짤막한 사례를 몇 가지 소개해 보겠다.

루이지애나 주의 연쇄살인범 데릭 토드 리^{Derrick Todd Lee}가 마침내 체포되고 유죄 판결을 받았을 때 그는 "악의 화신"으로 불렸다.[31]

와이오밍주 캐스퍼의 로널드 케네디^{Ronald Kennedy}와 제리 젠킨스^{Jerry Jenkins}는 프리몬트 캐니언 다리 근처의 외딴 곳으로 베키 톰슨^{Becky Thompson}과 베키의 동생 에이미 버리지^{Amy Burridge}를 유인해, 베키를 강간한 다음 두 소녀를 다리 밑으로 던져 버렸다. 이 사건을 가지고 책을 쓴 작가는 사건 발생 당시 자신이 와이오밍에 사는 소년이었음을 밝히고는, 사건이 일어났을 때 "상상도 못할 흉악함에 몸서리가 쳐졌다"고 했다.[32]

필립 스키퍼^{Phillip Skipper}는 루이지애나 북동부에서 누이와 매부, 의붓아들과 함께 이웃에 사는 흑인을 때려 죽였다. 희생된 여성은 생전에 필립의 가족을 재정적으로 도와주고 그들에게 유산까지 물려준 친절한 사람이었다. 필립은 어느 흑인 남자에게 컵에다 사정을 하게 한 다음, 그 정액을 사체 위에 뿌렸다. 경찰이 수사 과정에서 범인을 백인 이웃이 아닌 흑인으로 추정하도록 유도하기 위함이었다. 마을 사람들은, 그리고 스키퍼 가족을 알고 지낸 번치^{Bunch} 보안관은 필립의 누이 리사^{Lisa}를 "사악한 가족에서 나온, 사악한 여자"라고 묘사했다.[33]

홍콩의 외국인 거주 지역에서 부유한 남편 로버트$^{Robert\ Kissel}$와 살고 있던 낸시 키슬$^{Nancy\ Kissel}$은 남편 몰래 바람을 피우다가 들켜 버렸다. 남편이 사립 탐정을 고용해 그 사실을 알아낸 것이다. 그러자 낸시는 남편을 금속 조각 상으로 때려죽인 다음, 마치 남편의 "학대"에 저항하다가 일어난 "정당방위" 사고사처럼 보이도록 위장했다. 진실이 드러나고 낸시가 유죄 판결을 받자, 홍콩의 신문들은 "사악한 외국 여자, 남편을 살해하다"식의 기사 제목을 뽑아냈다.[34]

스카일러 델리온$^{Skylar\ Deleon}$은 은퇴한 노부부를 속여 요트를 팔게 한 다음, "계약을 마무리하자"며 요트로 그들을 유인했다. 거기서 델리온은 노부부를 힘으로 제압한 뒤 바다에 던져 버렸다. 그 전에 스카일러는 공증인을 속여 문서의 날짜를 위조하게 해, 마치 노부부가 재산 관리 권한을 자신에게 부여한 것처럼 보이게 조작해 두었다. 스카일러의 사촌은 그를 "악마 같은 놈"이라고 했고, 사건을 담당한 형사도 그를 "좀처럼 보기 드문 사악함을 지닌, 의심의 여지없는 소시오패스(반사회적 인격 장애자 - 옮긴이)"라고 표현했다.[35]

워싱턴주의 연쇄살인범 게리 리지웨이$^{Gary\ Ridgeway}$는 오랫동안 법의 심판을 피했다. 18년이나 되는 기간 동안 그는 (그의 자백에 따르면) 70여 명의 여자를 살해했다. 리지웨이의 체포에 일조한 보안관 데이비드 라이커트$^{David\ Reichert}$는 마침내 리지웨이와 대면했을 때 그에게 "사악하고 비겁한 살인마"라고 했고, 그러자 리지웨이는 "그 말이 맞다"고 맞장구쳤다.[36]

자기 스스로 "BTK(결박^{bind}-고문^{torture}-살인^{killing}의 의미로)"라는 별명을 붙

33

인 데니스 레이더Dennis Rader는 마침내 체포됐을 때 FBI 전문가 로이 헤이즐우드Roy Hazelwood에게 자신의 결박 성폭행 환상을 숨김없이 털어놓았다. 재판에서 법무장관 필 클라인Phil Kline은 방청객에게 이렇게 말했다. "잠시 후 여러분은 완전한 악과 대면하게 될 겁니다. 이 흉악한 인간에게 잔인하게 목숨을 잃은 희생자들의 이야기를 여러분이 이제 들어 주셔야 합니다."[37]

레이Ray Duvall와 돈 듀발Don Duvall 형제는 미시건주 북부에 있는 한 술집에서 사냥꾼 두 명을 끔찍하게 구타해 살해한 뒤 "그 놈들을 돼지에게 먹이로 줬다"고 자랑하고 다녔다. 진짜로 그렇게 했는지는 확실치 않지만, 듀발 형제에게 겁을 먹은 마을사람들은 17년이 지나도록 단 한 명도 목격자로 나서지 않았다. 마침내 듀발 형제가 체포돼 재판에 회부됐을 때, 사건을 담당한 검사 도나 프렌더개스트Donna Prendergast는 배심원단에게 이렇게 말했다. "우리가 악을 이해하는 것은 불가능합니다. 악이란 어떤 것인지 깨달을 수 있을 뿐입니다."[38]

***

이제 우리는 다음 장부터 악행의 사례를 본격적으로 연구할 것이다. 그중 대부분은 살인 사건이지만, 아닌 것도 있다. 또한 대중과 언론, 작가들과 희생자 및 희생자 가족들까지 입을 모아 조금의 망설임도 없이 "악하다"고 한 범죄자들의 사례도 함께 살펴볼 것이다.

제1장

살인으로 보는 악의 심리 22단계

O muse, o alto ingegno, or m'aiutate;
O mente che scrivesti ciò ch'io vidi,
Qui si parrà la tua nobilitate.
오 뮤즈(시詩의 여신 - 옮긴이)여, 지고한 지성이여, 지금 나를 도우소서;
오 내가 본 바를 기록할 기억이여,
그대의 고귀함이 여기 임하기를.

Io comincial: Peota che mi guidi
guarda la mia virtù s'ell' è possente
prima ch'a l'alto passo tu mi fidi.
내가 말합니다: "나의 인도자이신 시인이여,
나를 험난한 관문에 임하게 하기 전에,
먼저 내가 충분한 힘을 가지고 있는지 헤아려 주시옵소서.

《신곡》 1권 '지옥편' 제2곡 7~12행

나는 이 책 전반에 걸쳐, 평상시

에 발생하는 여러 가지 형태 및 정도의 악에 초점을 맞추려고 한다. 여기서 "평상시"의 악은, 한 명 혹은 여러 명의 가해자가 함께 저지른 범죄 행위를 뜻하는 말로 사용했다. 물론 폭도나 조직 폭력단, 시위대가 저지른 악행도 있고 그들을 저지하느라 경찰이 저지른 악행도 수없이 많다. 이는 모두 전시에 가까운 상황이라고 볼 수 있는데, 이러한 충돌에 가담한 이들은 주로 이름 없는 군중이며 대개는 순간의 열기에 휩쓸려 일을 저지른 것이다. 예를 들면, 폭동이 일어나면 거기에 가담한 자들은 상대방에게 폭력을 휘두르면서—여기에는 우리가 상상도 못할 끔찍하고 충격적인 만행도 포함된다—자신의 행동에 대한 책임을 순간적으로 까맣게 잊는다. 나중에 한 사람씩 떼어 놓고 심문하면, 그들은 "내가 그랬어요" 대신 주로 "우리가 그랬어요"라고 대답한다. "저쪽에서 먼저 시작했어요!"라는 대답도 심심찮게 나온다. 중요한 것은 폭동에 가담한 평범한 사람들, 즉 전과도 없고, 폭동에서 어떤 짓을 저지를 것인지 계획한 적도 없으며, 심지어 폭동에 가담할 거라고 상상도 못해 본 사람들이 정신적으로 장애가 있거나 특별히 기질이 흉악한 경우는 거의 없다는 것이다. 극단적인 상황에서는, 평소에는 준법정신이 투철하고 남을 패거나 칼로 찌르는 것은 꿈도 못 꿔 본 사람들에게 어떤 불가해한 힘이 작용한다. 그러면 자기도 모르게, 훗날 목격자나 분석가들이

"흉악하다"고 밖에 표현할 수 없는 행위를 저지르게 되는 것이다. 나는 군중이나 폭도, 갱단이 저지르는 악행에서는 우리가 새로이 알아낼 것이 없다고 본다. 한 가지, 극단적 상황에서는 거의 모든 사람이 훗날 떠올리면 부끄럽고 후회스러울, 또 그래야 마땅할 행동을 저지르게 된다는 사실 외에는 말이다.

우리가 어떤 행위를 '평상시의 악'으로 간주하려면 문화적, 역사적 요소도 함께 고려해야 한다. 과거에 권력자가 저지른 행위 중에는, 비록 그 당시에도 많은 이들이 악하다고 평했지만, 적어도 권력자들은 '필요한 행위'로 간주한 것이 많다. 수백 년이 지나 그러한 사건을 기록한 글을 읽는 우리도 그것을 악행으로 간주한다. 역사적 사건 중에는 우리가 지금 악행으로 간주하는 행위가 수도 없이 많다. 수도회의 수장이나 한 나라의 군주가 다수에게 본을 보인답시고 "나쁜 짓을 저지른 사람"에게 고문 등의 끔찍한 형벌을 내린 것을 예로 들 수 있다. 대표적 인물로 영국의 헨리 8세가 있다. 대를 이을 아들을 너무나 원한 나머지 그는 첫 번째 아내인 아라곤의 캐서린 Catherine of Aragon 과의 결혼을 무효화했다(캐서린이 낳은 딸은 아이러니컬하게도 훗날 '피의 메리 Bloody Mary'라 불린 여왕이 된다). 두 번째 아내인 앤 불린 Anne Boleyn 은 처음에는 헨리의 총애를 한 몸에 받았지만, 대를 이을 아들을 사산하자 건강한 딸을 낳아 줬음에도 불구하고 참수형을 당했다(이 딸이 훗날 엘리자베스 1세가 된다).[1] 다섯 번째 아내이자 당시 10대 소녀에 불과했던 캐서린 하워드 Catherine Howard 는, 불륜을 저지르다 발각되어 역시 참수형을 당했다.[2] 여기서 누군가 악을 행했다고 볼 수 있을까? 물론 사형 집행인은 고려 대상에서 제외해야 한다. 그는 자기 할 일을 했을 뿐이며, 그것도 최대한 효율적이고 고통을 줄이는 방향으로 수행했다. 캐서린 하워드의 처형만 놓고 보면, 사실 배우자가 한눈을 팔아도 눈감아 준 왕들도 있었다. 그러나 헨리 8세는 그런 성격이 아니었다. 그의 분노는, 너무하다는 생각이 들긴 하지만, 최소한 우리가 이해는 할 수 있다. 어쩌면 앤의(그리고 똑같이 죄 없는 동생 조지^{George} ^{Bolyen}의) 목을 벤 것은 악한 행위였다고 볼 수도 있다. 순전히 이기적인 이유로 처형을 했기 때문이다. 헨리는 아들을 생산할 가망이 없는 결혼에서 발을 빼기 위해, 권력으로 측근을 움직여 죄 없는 앤과 앤의 동생에게 불륜 혐의와 반역죄를 뒤집어씌웠다. 16세기 영국에는 여론조사라는 것이 없었으니, 당시 얼마나 많은 이들이 (물론 익명으로!) 헨리의 행동을 '악하다'고 판단했을지 우리는 알 수 없다. 캐서린 하워드의 경우, 당시 참수형에 반대한 사람은 거의 없었을 것이다. 게다가 캐서린 하워드의 공개 처형은 공포심 조장을 노린 조처로, 왕을 우습게 여기면 어떻게 되는지 눈이 있으면 보라는 일종의 경고이기도 했다. 그러나 헨리 8세는 광기 어린 폭군은 아니었다. 그저 천성대로 행동했을 뿐이다. 그는 자신이 아끼고 자신에게 충성을 바친 사람에게는 더할 나위 없이 잘해 줬지만, 항상 자신의 뜻만 고집했으며, 자신의 뜻을 거역하는 사람은 가차 없이 처벌했다. 어쩌면 그런 통치 방식을 정당화하기 위해, 그는 마키아벨리의 《군주론》에서 한 구절을 따다가 지침으로 삼기도 했다. 헨리가 스물두 살 때 저술된 《군주론》은, 군주란 어떻게 통치해야 마땅하며 또 질서를 회복하기 위해 군주가 어떤 경우에 냉엄해져야 하는지 조언하는 내용을 담고 있다.[3]

앞의 예들은 차치하고, 이 책에서 내가 주목하고 싶은 대상은 보통 독단적으로 행동하며 보통사람들이 악하다고 할 만한 행위를 다른 사람에게 가한 사람들이다. 이 특별한 대상에 관심을 갖게 된 계기는 약 22년 전에 일어난 한 살인 사건이었다. 당시 나는 전문가 증인으로 법정에 소환되기도 했었다. 피의자가 임신한 아내와 자기 자식들을 칼로 찔러 죽인 사건이었는데, 언론은 물론이고 사건에 대해 조금이라도 들어 본 사람들의 입에서 자연스럽게 "흉악하다"는 말이 흘러나왔다. 범행 동기는, 자신이 저지른 짓이 들통 나면 어쩌나 하는 두려움이었다. 범인이 아내를 두고 바람을 피웠고 그 외에도 질 나쁜 짓을 여러 차례 저질렀던 것이다. 그러나 가족을 살해한 것은 계획하지 않은 "충동적인" 범행이었다.

이 사건이 살인에 대한 나의 호기심을 자극했다. 나는 배심원들이 살인(그리고 살인범)의 범주를 나누는 기준을 알면 판결을 내리는 데 도움이 될지도 모른다는 생각이 들었다. 사람들이 쉽게 이해할 수 있도록, 그다지 끔찍하지 않은 사건에서부터 도저히 이해할 수도 없고 최고로 잔악한 사건까지 범주를 나누어 보고 싶었다. 이것이 내가 "악의 등급"이라고 부르게 된 분류표의 시초였다. 그때부터 나는 서점에 가면 범죄 다큐멘터리 코너에 있는, 악명 높은 살인범들의 무삭제판 전기를 닥치는 대로 읽기 시작했다. 그런 책을 읽으면 각 살인범의 개인사에 관한 디테일을 많이 알아낼 수 있기 때문이었다. 살인범의 어린 시절이 어땠고 가족들은 어땠는지, 살인을 하기 전에는 어떤 범죄를 저질렀는지 등의 자료를 쏠쏠하게 얻을 수 있었다. 또 살인범이 마약이나 알코올을 남용했는지, 정신 병력은 없었는지, 어렸을 때

뇌 손상을 입은 적이 있는지, 혹은 동물을 학대하거나 방화를 저지른 적이 있는지 따위도 알아낼 수 있었다. 인격 장애를 전문으로 하는 정신의학자이니만큼, 나는 각 전기에서 살인범을 잘 알던 사람들, 즉 친구와 친척, 변호사나 담당 의사 그리고 교도관과 다른 수감자들이 전하는 범인에 대한 인상이나 회고담을 주의 깊게 읽으면서, 살인범이 평소에 어떤 사람이었는지 파악하려고 노력했다. 범인은 내향적이었나, 외향적이었나? 남을 배려할 줄 알았나, 아니면 완전히 자기중심적이었나? 개방적인 성격이었나, 아니면 속을 알 수 없는 사람이었나? 솔직한 성격이었나, 아니면 습관적으로 거짓말을 했는가? 차분한 성격이었나, 성질이 급했나? 남에게 관대했나, 아니면 당하고는 못 사는 성격이었나? 순종적이었나, 고압적이었나? 질투가 심하거나, 탐욕스럽거나, 폭력적인 사람은 아니었는가? 혹시 다른 악한 기질을 가지고 있지는 않았는가? 나는 저자가 살인 사건이나 살인범을 묘사하면서 '악하다[예]'는 단어를 사용했는지에 특히 주목했다. 동일 인물을 다룬 신문이나 잡지 기사에서도 같은 단어가 사용되었는지 살펴보았다. 만약 사용됐다면 그것은 저자가 받은 인상이었나, 아니면 경찰이나 판사, 검사 혹은 희생자의 유족이 받은 인상이었나? 그리고 무엇보다도, 도대체 어떤 점이 사람들로 하여금 '악하다'는 말을 하게 만들었는가? 희생자를 사냥한 방법이 유난히 간악해서인가? 살인범의 무감각함 때문인가? 아니면 희생자가 겪어야 했던 극도의 고통 때문인가?

이렇게 분석한 이유는 살인범이 평소에 어떤 사람이었는지, 그리고 가장 덜 끔찍한 살인에서 가장 끔찍하고 비인간적인 살인까지 분류한 가상의 등급에서 사건이 어디에 해당하는지 배심원들이 좀 더 잘 파악할 수 있도록 하기 위함이었다. 바꿔 말하면, 이런 생각이 들었던 것이다. "내가 검찰 관계자나 대중이 판단을 내리는 데 도움이 되도록 'A사건은 B사건보다 더 흉악한 것 같다'는 분류 기준 혹은 등급을 제시할 수 있을까?"

법정에서 처음으로 증언했을 당시, 내가 읽어본 살인범 전기는 고작 몇십 권이었다. 조사하면서 자연스럽게 떠오른 분류 기준도 몇 개에 불과했지만, 그것만 가지고도 대여섯 개의 카테고리를 만들 수 있을 것 같았다. 임신한 아내와 두 어린 자식을 살해한 사건은 물론 끔찍하지만, 여기서 살인범은 충동적으로 행동했고 가족을 고문하지도 않았다. 때문에, 많은 사람들이 '흉악하다'고 말함에도 불구하고, 내가 보기에 이 살인은 더 죄질이 나쁜 사건에 비하면 덜 처참하다고 할 수 있었다. 그 예로, 1960년대 중반 이언 브레이디Ian Brady와 그의 공범인 여자친구 마이라 힌들리Myra Hindley가 영국의 황무지에서 저지른 어린이 연쇄살인 사건을 들 수 있다.[4] 브레이디는 먼저 희생자들의 목을 조르고 테이프에 그들의 비명 소리를 녹음했다. 나중에 여자친구와 함께 성적 희열을 느끼는 데 사용할 용도로 녹음한 것이었다.[5] 그것은 내가 그때까지 읽은 어떤 범죄 기록보다 더 잔악하고 냉혹한 사건이었다. 그게 벌써 20년 전의 일이고, 나는 그 후로 훨씬 더 끔찍한 사건들을 많이 접했다. 그러나 당시에는 그 사건이 계속 다듬어 가던 '악의 등급' 이론에서 가장 오른쪽, '극도의 흉악함' 카테고리에 해당하는 사건이었다.

등급의 다른 쪽 끝에는 사람을 죽이긴 했으나 '정당한 살인'으로 취급되며 따라서 악행은 고사하고 실질적으로는 살인이라고 할 수도 없는(이런 사건은 그냥 'unlawful killing'으로 분류된다) 경우에 해당하는 항목을 배치했다. 이 항목은 악의 개념이 거의 배제된 가장 낮은 카테고리로, 전체 등급의 기준점이 된다. 내가 흥미를 가진 사례는 와이오밍에서 일어난 사건이었다. 리처드 얀키 주니어Richard Jahnke Jr.라는 10대 소년이 자신을 학대하는 아버지를 죽인 사건이다.[6] 아버지 리처드 시니어는 지속적으로 아들과 딸, 아내를 폭행하고 시시때때로 가족에게 총을 들이댄 것 외에도, 오랫동안 딸을 성적으로 학대해 왔다. 열여섯 살의 리처드 주니어는, 아무리 머리를 쥐어짜도 이 상황을 벗어날 방법이 보이지 않았다. 아버지가 미 국세청 직원이었던 것도 한몫했다. 어머니는 아버지가 가족을 학대하고 있다는 사실을 인정할 용기도 없는 사람이었다. 리처드는 경찰에 신고도 해 보았지만, (가해자가 자기들과 같은 편인 경우 흔히 그렇듯이) 당국은 신고를 묵살해 버렸다. 그러다가 1982년 11월, 결국 리처드 주니어는 라이플총으로 아버지를 쏘아 죽였다. 이 사건은 시대에 따라 옳고 그름, 또는 악의 여부에 대한 판단이 얼마나 변할 수 있는지 극명히 보여주는 사건이다. 리처드의 행동은 성경의 다섯 번째 계명 "네 아버지와 어머니를 공경하라"와 일곱 번째 계명 "살인하지 말지어다"를 명백히 위반한 것이다. 성서 시대에 부모를 죽인 대가는 결코 가볍지 않았다. 부모를 살해한 자식은 "당연히 사형에 처하는" 것이 관례였다.[7] 심지어 부모를 저주하는 말을 입에 올리거나 부모에게 순종하지 않은 자식을 "그 성에 사는 장로들이" 돌로 쳐 죽이던 시대였다.[8] 순종하지 않는 아이들에게 본때를 보여주기 위함이었다.

나는 모세의 시대에 자식 학대가 존재하지 않았다고는 믿지 않는다. 그러나 당시에는, 그리고 이후로도 3,000년간은, 그러한 우발 사건에서 정상 참작이 이루어지지 않았다. 1982년에도 리처드는 자발적 과실치사(voluntary manslaughter: 감정을 참지 못하고 우발적으로 저지른 살인. 우리나라 법에는 없는 조항으로, '고의적 과실치사'로 번역하기도 한다 - 옮긴이)에 대해 유죄를 선고받고 5년에서 15년형을 선고받았다. 다행히 와이오밍의 주지사가 시대를 앞서가는 사람이었는지라, 즉시 감형시켜 "21세가 될 때까지" 주가 운영하는 소년원에서 형을 살도록 조처했다. 리처드는 그곳에서 1년도 안 되어 조건부 석방되었다. 여기서 우리는 50년 전에 명백한 살인죄로 취급됐던 것이 1982년에도 여전히 "정당한 살인"과는 동떨어진 것으로 취급됐음을 알 수 있다. 이후로 미국의 법은, 심하게 학대당한 어린이나 아내의 입장에서는 기습 공격 혹은 속임수를 써서 신체적으로 훨씬 강한 상대—남편이나 아버지—를 죽이는 것 말고는 학대 상황에서 벗어날 다른 방법이 없다는 사실을 인정하기 시작했다. 그러나 아주 조금이라도 범행 계획이나 살인 계획이 개입됐을 경우, 아주 최근까지만 해도 일급 살인 판결을 내리곤 했다. 100킬로그램 나가는 남자가 죽자고 덤벼들면 45킬로그램의 여자는 상대를 제압하는 것은 고사하고 목숨을 유지할 가망이 거의 없다는 것을 법률 관계자들이 미미하게나마 인지하고 있었는데도 말이다. 탈출이 불가능할 경우 여자(혹은 비슷한 상황에 처한 어린이)는 상대방을 불시에 공격하는 것 말고는 다른 수가 없다. 얀키 사건과 그 비슷한 사례들은 악의 등급표에서 "기준점" 역할을 하게 되었다.

 이때까지만 해도 내 등급표에는 세 개의 카테고리만 존재했다. 양극단

그리고 그 중간인 '죄질이 악하기는 하나 고문은 없고 범행 계획이 아주 미미하게 개입된 경우', 이렇게 세 개였다. 이 어설픈 표를 배심원단에게 보여주기 전에 나는 몇 가지 카테고리를 첨가했다. '질투에 의한 살인', 그리고 '중대한 목적을 이루는 데 걸림돌이 된다고 생각하는 사람을 죽이려고 명백히 모의한(미리 악의를 가지고, 즉 "범의"와 의도성을 가지고 저지른[9]) 살인'을 추가했다. 그리고 이언 브레이디와는 달리 희생자를 고문하지는 않은 연쇄살인범 항목을 또 추가했다.

질투에 의한 살인은 배우자가 숨겨 둔 애인과 침대에 있는 현장을 덮쳐 배우자나 그 애인(혹은 둘 다)을 살해하는 경우가 일반적인데, 사람들이 가장 너그럽게 이해해 주고 동정하는 종류의 살인이다. 물론 살인이 도덕적으로 변호의 여지가 없으며 잘못된 일이라는 것은 다들 알고 있다. 그럼에도 사람들이 공감하고 동정을 표하는 이유는, 주로 이렇게 생각해서다. '내가 저 사람 처지였다면 나도 똑같이 했거나 아니면 최소한 똑같이 하고 싶었을 거야.' 이러한 종류의 살인은 '악'의 레벨 중에서도 최하위 판정을 받거나 아니면 전혀 악하지 않은 것으로 간주된다. 질투에 눈이 멀어 살인을 저지르는 사람들은 자신이 "정의로운 살인"을 했다고 생각한다. 이러한 경우에 살인은 배신에 따른 감당할 수 없는 굴욕감과 감정적 고통에 해독제로 작용한다.[10] 어쩌면 '죄는 악하나 사람은 악하지 않다'는 말은 이런 경우에 적용되는 거라고 말할 수도 있다. 당시 내가 채택한 사례는, "스카즈데일 다이어트(하루 700킬로칼로리의 고단백 식단으로 이루어진 단기 다이어트 요법 – 옮긴이)"로 유명한 허먼 타노워Herman Tarnower 박사가 바람을 피운 것을 알고 그를 살해

한 연인 진 해리스$^{Jean Harris}$의 사건이었다.[11]

악의를 가지고 살인을 저지른 계획 살인범의 사례로는 스티븐 벤슨^{Steven} ^{Benson} 사건을 들었다. 63세의 담배 회사 상속인 마거릿 벤슨$^{Margaret Benson}$의 아들 스티븐 벤슨은 여기저기 벤처 사업에 투자했다가 큰 손실을 보았다. 더 큰 문제는 어머니의 돈을 수백만 달러나 횡령했다는 것이었다. 어머니가 돈이 빠져나간 이유를 알아내려고 장부를 조사하려 들자, 스티븐은 점점 초조해졌다. 스티븐이 생각하기에 횡령한 공금을 채워 넣을 수 있는 방법은, 어머니의 죽음을 신이 정한 스케줄보다 조금 앞당겨 자신이 예정보다 빨리 유산을 상속받는 것이었다. 이를 실현시키기 위해 그는 어머니가 탈 차에 파이프 폭탄 두 개를 설치했다. 차가 폭발하면서 마거릿 벤슨 그리고 스티븐의 조카가 사망했고, 스티븐의 누이는 심각한 화상을 입었다.[12] 2년 뒤 열린 재판에서 유죄 판결을 받은 스티븐은, 그가 원했던 1,000만 달러 대신 두 번의 종신형을 선고받았다. 스티븐이 세운 음모에서 엿보이는 극악무도함 때문에(누이마저 죽었더라면 유산 상속의 경쟁자가 전부 "제거되는" 것이었다), 그는 악의 심리 등급에서 비교적 높은(더 흉악한) 카테고리, 심지어 온 가족을 몰살한 남자보다 더 높은 카테고리로 분류되었다.

여기서 나는 상속 때문에 어머니를 살해한 사건보다는 더 충격적이지만 희생자를 고문한 연쇄살인보다는 덜 끔찍한 범죄에 해당하는 항목을 추가로 만들 필요성을 느꼈다. 그래서 선택한 사례가, 수많은 여자를 죽였지만 그 여자들을 고문하지는 않은 테드 번디$^{Ted Bundy}$였다.[13]

이 시점의 등급표에는 여섯 개의 카테고리가 있었다. 가장 끔찍한 사건―사람들이 만장일치로 "흉악하다"고 말하는, 바로 왼쪽 항목보다 훨씬 더 끔찍한―을 가장 오른 쪽에 놓고 배열하면, 다음과 같은 단순한 등급표가 나온다.

A	B	C	D	E	F
정당한 살인. 악하다고 할 수 없음.	질투가 동기가 된 살인과 그 외 충동 살인.	방해가 되는 사람을 제거하기 위한 살인. 범행 계획은 개입되지 않음.	방해가 되는 사람을 제거하기 위한 살인. 미리 악의를 가지고 범행.	연쇄살인, 반복적인 잔학 행위. 그러나 고문은 하지 않음.	고문을 주목적으로 한 연쇄살인.

처음에 나는 살인에 초점을 맞추기로 했다. 내가 법정 증언을 한 사건들이 주로 살인 사건이라는 이유도 있지만, 사람들이 사기 같은 민사 사건보다는 살인 사건에 대해 들었을 때 "악하다"는 말을 입에 잘 올리기 때문이었다. 그리고 살인범이 더 흉악할수록(범행 계획과 악의가 더 많이 개입됐을수록), 혹은 희생자가 더 큰 고통을 당했을수록, 우리는 흉악하다는 말을 더 쉽게 사용한다.

세상에는 물론 살인과 관계없는 악도 존재한다. 이 점은 얀키 사건에서도 증명되었다. 만약 지나가는 사람이 얀키 주니어가 총으로 아버지를 쏘는 장면을 목격했다면, 그 사람은 그 소년이 "악하다"고 했을 것이다. 그러나 그 사람이 호기심이 동해 사건의 배경을 조사해 봤다면, 소년의 아버지가 온 가족을 끊임없이 폭행했고 매일같이 총을 들이대며 가족들을 위협했으며 그것으로 모자라 딸을 지속적으로 강간했음을 알게 됐을 것이다. 자, 이제 누가 악한 사람인가? 얀키 사건은 보통사람들이 가지고 있는 "부모를 공경하라"는 불문율에 대한 믿음을 시험하는 사건이다. 우리는 자식에게 잔인하게 구는 부모나 약자를 괴롭히는 사람, 부하 직원이 신경쇠약에 걸리거나 자살을 할 정도로 못살게 구는 상사를 보고 종종 "악하다"는 표현을 쓴다. 아직 사례 목록이 완성된 것은 아니지만, 나중에 (살인만 안 했다 뿐이지) 자식에게 비정상적으로 잔인하게 구는 부모들에 대해 따로 이야기할 작정이다.

범죄 다큐멘터리 서적을 수백 권 읽고 나자, 다양한 살인 사건을 제대로 분류하기 위해서는 등급표에 몇 칸을 추가해야 한다는 것이 분명해졌다. 그래서 항목을 점점 추가하다 보니 결국 22개가 되었다. 그렇다고 이 세상에 살인과 관련된 스물두 가지 종류의 악이 존재한다는 뜻은 아니다. 아니, 정확히 말하면 스물한 가지라고 해야겠다. 1번 항목은 얼핏 보면 살인 사건 같지만 알고 보면 정당한 살인에 해당하는 항목이니, 별개로 생각해야 한다. 스물 둘이라는 숫자는 내가 임의로 정한 것이다. 다른 사람이 똑같은 자료를 읽고 더 적은 혹은 더 많은 카테고리가 필요하다고 생각할지도 모른다. 관련 도서를 600권 이상 읽고 병원과 감옥에 수감된 범죄자들을 수도 없이 인터뷰한 나도, 때로 분류표의 어디에도 들어맞지 않는 범죄자들을 만나곤 한다. 예를 들어, 깜짝 놀랄 정도로 끔찍한 범죄를 저질렀지만 누가 봐도 정신질환이 심해 자신이 한 짓을 아예 인지하지 못하고 그 일에 법적으로 책임을 질 수 없는 사람도 있다.

여기서 "정신질환mentally il"이라 함은 정신병적 질환(보통 "정신병psychosis"이라고 한다)을 앓아 현실 감각이 지극히 떨어지는 것을 말한다. 이 현실 감각의 부재는 망상의 형태로 나타나기도 한다. 현실과 대치되고 이성적 사고와 동떨어진 믿음을 고수하는 것이다. 예를 들면, 내 머리 위로 비행기가 지나갈 때마다 그 비행기가 내 모든 생각을 특별한 센서로 포착해 세상에 퍼뜨린다고 믿는 것이 이러한 망상에 속한다. 가공의 목소리를 듣는 것(환청)도 정신이상의 한 증상이다. 끔찍한 범죄자들 중에는, 신이나 사탄 혹은 막강한 영향력을 가진 사회 지도자가 자신에게 특정 인물을 죽이라고 명령했으며 그 명령을 반드시 따라야 하고 또 그러는 것이 옳다고 굳게 믿어서 살인을 저지른 이들도 있다.

실제 사례를 하나 들어보겠다. 한 청년이 자신과 남동생에게 평생 지독하게 대한 아버지 때문에 심한 망상증에 시달리게 되었다. 이 청년은 급기야 커다란 칼로 아버지의 목을 베어 머리통을 창밖으로 던져버렸다. 밖으로 던져 버리지 않으면 머리가 다시 몸통에 붙여 아버지가 다시 자기와 동생을 괴롭힐 거라는 두려움에 사로잡혔던 것이다. 당시 꽤나 극적인 사건이었고, 신문마다 "흉악한 사건"이라고 떠들어댔다. 그러나 범인은 정신이상이 생기기 전에는 공부 잘하고 남동생도 극진히 보살피는 청년이었고, 법을 어긴 적도 없었다. 한마디로, 전혀 그런 범행을 저지를 만한 사람이 아니었다. 순전히 정신이상 상태에서 저지른 충동 범죄, 정신병이 발병하기 전의 기질과는 완전히 대치되는 "일회성" 범죄였던 것이다.

내가 만든 악의 심리 등급에 들어맞지 않는 다른 예외적 사건들도 있다. 한 예로, 정신적으로 전혀 이상이 없으면서 자신이 특별히 고안한 장치까지 써서 남을 끔찍하게 고문하는 것에 평생을 바친, 내가 "극단"으로 분류한 22번째 카테고리에도 들어맞지 않을 살인범이 있었다. 이 부류를 22번 카테고리에 끼워 넣은 것은, 고문 살해 사건 중에서도 어떤 것은 다른 사건들보다 훨씬 더 흉악하게 비칠 수 있음을 인정한다는 전제하에, 분류를 더 복잡하게 하지 않기 위해서였다. 바꿔 말하면, 이러한 사건들은 비슷한 '타입'이고 단지 '강도強度'만 다르다는 이야기다. 고문 살해범, 즉 고문을 하면서 성적으로 자극을 받는 연쇄살인범들은 정신질환을 앓는 경우가 거의 없다. 망상에 사로잡히거나 환청을 듣지 않으며, 현실 감각을 완전히 잃지도 않는다는 뜻이다. 보통사람들은 이 차이를 쉽게 이해하지 못한다. 그렇게 끔찍한 범죄를 저지르는 사람은 그저 "미친" 게 틀림없다고 생각하는 것이다. 다시 말해, 일반 대중이 악하다고 판단하는 것은 주로 그들의 '행위'이다. 그러나 정신 능력에 아무 이상이 없는 이들이 저지르는 흉악 범죄(대부분이 이에 해당한다)와 정신질환자들이 저지르는 흉악 범죄(비교적 드물지만 범행 양상은 상당히 극단적이다)를 구별하려면, 정신질환에 대해 어느 정도 알고 있어야 한다. 어떤 행위가 악한지 아닌지의 문제는, 사실 대중의 판단이 꽤 믿을 만하다. 그러나 범행은 그 행위를 저지르는 사람의 기질보다 훨씬 더 가시적이다. 내가 악의 심리 등급을 만든 목적 중 하나는, 범행의 죄질과 희생자가 당한 고통의 정도뿐 아니라 범죄자의 기질까지 고려해, 악을 판단하는 감각을 미세 조정하려는 것이었다. 범인은 정신질환자였나? 정신질환자가 아니라면 성질이 격한 사람이었나, 아니면 계산적이고 차가운 사람이었나? 나는 이러한 뉘앙스도 악의 심리 등급을 다듬어 가는 데 똑같이 중요하다고 본다. 그런데 뉘앙스를 잘 포착하려면 살인이나 심각한 폭력 범죄의 소식이 알려졌을 때 대중이 곧바로 알아챌 수 없는 성질의 정보를 최대한 수집해야 한다.

이해를 돕기 위해 예를 하나 들어 보겠다.

몇 년 전, 한 남자가 다른 남자를 폭행하고 거세한 혐의로 체포되었다. 사건이 법정으로 가자, 판사는 범인이 분명 정신질환이 있어서(정확히 말하면 정신분열증) 그런 끔찍한 일을 저질렀을 거라고 어림짐작했다. 그때는 정신의학자나 법률 전문가들이 성적 가학증sexual sadism이 뭔지도 잘 모르고 그런 가학증을 행동으로 옮기는 자들이 정신질환을 앓는 경우가 거의 없다는 사실도 제대로 몰랐을 때였다. 일반 대중과 언론은 물론이고, 판사를 포함하여 사건과 관계된 전문가들은 입을 모아 이렇게 말했다. "이보다 흉악할 순 없다." 판사는 (당시로서는) 당연히 폭행범이 정신질환자라고 잘못된 결론을 내렸고, 교도소 대신 특수 목적의 병원에 감금되어 정신과 치료를 받을 것을 권고했다.

우리는 보통, 사람들이 끔찍한 고문 범죄 이야기를 들으면 그것이 살인으로 끝났건 아니건 똑같이 "이것은 극악무도한 범죄다!"라고 격노하는 줄 안다. 실제로 여론의 반응이 만장일치에 가까울수록 사건에 대한 "주관성"은 줄어든다. 그러나 때로는 살인에 대한 대중의 반응과 죄질의 "흉악성"에 대한 평가가 (우리가 인정하고 싶은 것보다 더) 희생자의 특징이나 사회적 지위에 따라 달라지기도 한다. 미국의 헌법은 기특하게도 모든 인간이 평등하다고 선언하고 있으며, 대부분의 종교도 모든 인간이 신 앞에 평등하다고 가르친다. 그러나 우리는 항상 신이나 우리의 고상한 헌법이 원하는 대로 반응하지는 않는다. 이 때문에 특정 범행이 악의 심리 등급에서 어느 카테고리에 속하느냐를 두고 혼란이 생길 수 있다.[14] 이 문제의 핵심을 잘 보여주는 두 가지 사례를 소개하겠다. 하나는 미국으로 돌아온 퇴역 군인이 길에서 자고 있던 흑인 노숙자를 칼로 찔러 죽인 사건이다. 내가 범인을 교도소 감방에서 인터뷰했을 때, 그는 이렇게 말했다. "흑인들이 이 나라를 집어 삼키려고 해서 화가 났어요."(이것은 범인이 실제로 한 말을 적절히 순화해서 옮긴 것이다) 이 통탄할 사건은 지역 신문에 "흉악 범죄" 운운하며 짤막한 기사로 발표되었다. 그러고 끝이었다. 이 사건을 또 다른 살인 사건과 비교해보자. 1969년 여름, 샤론 테이트Sharon Tate와 그 친구들이 LA 자택에서 찰스 맨슨Charles Manson의 추종자들에게 살해당한 사건이다. 이 사건은 신문의 저 뒷면 구석에 짤막하게 실리고 잊혀질 사건이 아니었다. 테이트 사건은 오랫동안 신문에 제1면 기사로 실린 것은 물론, 미국 전체를 충격에 빠트렸고 관련 서적과 기사를 끝도 없이 양산했다.[15] 샤론 테이트는 유명한 영화감독 로만 폴란스키Roman Polanski를 남편으로 둔, 임신 8개월의 금발머리 백인 여성이었다. 게다가 외모가 매우 출중하고 마음씨도 착한 여자였다. 테이트의 살인을 두고 사람들은 입을 모아 극악무도한 범죄라고 했다. 당시 여론을 보면, 소리 소문 없이 묻혀버린 이름 없는 흑인의 살인 사건보다 몇 배는 더 흉악하다고 보는 것 같았다. 동일 시점에서 봤을 때, 두 사건은 똑같이 어이없고 비열한 범죄였다. 아마 신의 견지에서, 혹은 헌법의 견지에서 보면 그렇게 생각하는 것이 공정한 평가였을 것이다. 그러나 비교적 주관적인 대중의 반응을 보면, 아름다운 임산부 유명 인사의 죽음이 더 무게가 나갔다. 물론 테이트 사건에는 테러리즘의 요소가 있었다. 실제로 맨슨이 노린 것도 사회에 공포를 불러일으키는 것이었다. 맨슨이 내세운 "헬터 스켈터(Helter-Skelter: '당황한, 혼란스러운'이라는 뜻으로, 비틀스의 노래 제목이다. 맨슨은 이 노래를 듣고 영감을 얻어, 백인과 흑인간의 인종 전쟁을 예언하고 추종자들로 하여금 살인을 저지르게 만들었다 - 옮긴이)" 철학의 바탕도 바로 그것이었다. 흑인 노숙자를 살해한 퇴역 군인 못지않게 흑인에게 비우호적이었던 맨슨은, 흑인들이 들고 일어나 모든 백인을(물론 맨슨과 그 추종자들만 빼고) 죽일 거라는 왜곡된 비전을 가지고 있었다. 그날이 오면 그가 생각하기에 흑인들은 사회를 통치할 능력이 없으므로 자신이 남은 인구의 지도자가 되겠다는 것이었다. 그러니 어떻게 보면 테이트 사건이 어째서 노숙자 살인 사건보다 악의 등급표에서 더 높은 자리를 차지하는지 이해가 될 법도 하다. 그렇다 해도, 퇴역 군인의 편협한 가치관이라든가 자고 있는 사람을 죽이는 비겁함, 그리고 그 노숙자도 샤론 테이트만큼 무고하고 똑같이 무방비상태였다는 정황을 다 고려하면, 두 사건을 비슷한 선상에 놓아야 하지 않을까 싶다.

살인의 심리를 여러 개의 카테고리로 세분화하는 이유

이런 질문이 나올 수 있다. 악의 심리를 이렇게 여러 카테고리로 세분화해서 어쩌자는 것인가? 악에 대한 새로운 정의를 받아들이면 ― 종교와 철학의 범주에서 끄집어내 일상 언어로 풀이하면 ― 어떤 폭력 범죄, 특히 여자와 어린이를 대상으로 한 잔악한 범죄는, 다른 것들보다 훨씬 악하다는 것을 새삼 느끼게 된다. 이 차이는 우리가 "흉악한" 범죄의 뉴스를 들었을 때 숨을 더 강하게 들이킨다거나 턱이 더 벌어진다거나 눈썹이 더 올라가는 등, 얼굴 표정만으로도 드러나는 것이다. 이러한 표정 변화는 사건 소식을 들었을 때 우리가 받는 충격의 정도와 거의 일치한다. 그러나 이것만 가지고는 악행을 22개의 카테고리로 나누는 이유를 설명할 수 없다.

악을 분류하는 이유로 내가 내세우는 것은, 인간 행동과 관련된 다른 영역에서는 이러한 분류 작업을 통해 종종 유용한 정보를 도출하곤 했다는 것이다. 악에 대해서도 이 같은 접근법을 취한다면 몇 가지 중요한 질문에 대한 답을 비교적 쉽게 찾을 수 있을지도 모른다. "악하다"는 딱지가 붙는 모든 사건을 하나로 뭉뚱그려 놓으면, 다양한 형태로 나타나는 악행의 근원을 밝혀내는 것이 그만큼 힘들어질 것이다. 자, 여기 끔찍한 범죄를 저질러 투옥된 죄수들이 한 무더기 있다. 이 중에 어떤 사람이 구할 가치가 있는지 그리고 어떤 사람이 바깥 세상에 나가 정상적인 사회 구성원으로 생활할 수 있는지 어떻게 결정해야 할까? 이 중에 어떤 사람을 장기간 혹은 남은 평생 동안 감옥에 가둬 놓아야 할까? 사람이 부모로부터 특정 형질을 물려받거나 어린 시절에 정신적 외상을 입어 잔악성이 증대될 수 있을까? 이러한 질문에 답을 구하려면 가장 먼저 특정 범죄자 집단이 공유한, 그러나 다른 집단에서는 거의 발견되지 않는, 공통적 요소―자라온 배경이나 행동 양상, 성격 등―를 찾아내야 한다. 앞에서 소개한 6개의 카테고리에 속하는 범죄자들은, 단순한 범죄 타입의 차이를 넘어 다른 부분에서도 차이를 보인다.

애초에 내가 한 가정도, 연쇄살인범들은 밤에 잠자리에 누워 아내를 어떻게 죽일까 궁리하는 남자들과는 다르며 또 그런 남편들도 충동적으로 일생일대의 극적인 범죄를 저지르는 사람과는 뭔가 달라도 다를 거라는 것이었다. 우선 이러한 '외적인' 차이에 따라 범죄자를 나눈 다음에야 우리는 비로소 좀 더 미묘한 차이, 그리고 더 나아가 '내적인' 차이를 찾아볼 수 있다. 여기서 "내적인 차이"라 함은 이런 저런 유전적 성향이나 유·소년기 성장 환경의 차이 또는 두뇌 구조의 차이 등, 범인의 정체가 밝혀졌을 때 겉으로 드러나지 않는 차이점을 말한다.

정신의학에서는 이미 이 같은 접근법이 큰 효과를 보고 있다. 50년 전만 해도 미국의 정신의학 분류 체계가 워낙 개괄적이어서, 조금이라도 현실과의 괴리 증상을 보이는 환자는 전부 "분열증"으로 분류했다.[16] 더 심각한 것은, 이렇게 대충 분류한 증상의 소위 "발병 원인"을 '자식을 망치는 어머니' 한 가지로 귀결시켰다는 것이다. 당시 환자 중에는 과대망상 증세가 너무나 허무맹랑한 수준이어서("나는 나폴레옹이다", "내가 동정녀 마리아다") "조병躁病"으로 분류된 경우도 있었다. 사실 두 부류 모두 딱히 치료법은 없었기 때문에, 정확한 진단은 당시 우선순위가 아니었다. 1950년대에 클로르프로마진chlorpromazine[17] 같은 약물이 개발되자, 환자들 대부분은 클로르프로마진 처방을 받았다. 정신 치료법의 종류도 그리 많지 않았기에, 분열증 진단을 받은 환자들은 주로 정신분석에 기초한 치료를 받았다. 이 '한 가지 약물로 모든 병에 처방하는' 식의 치료는, 리튬이 조증 치료에 효과가 있다는 것이 밝혀질 때까지 계속되었다. 조증 환자는 지나치게 흥분하는 증상과 함께 망상증이나 과민 반응(혹은 동시에 둘 다)도 종종 보이며, 두뇌 회전이나 말하는 속도가 굉장히 빠르다. 조증에 따라오는 망상증은 자신이 구세주라든가 영국의 여왕, 나폴레옹 또는 동정녀 마리아 같은 고귀한 인물이라고 믿는 형태로 나타나기도 한다. 그런데 이 시점에서 정확하고 세분화된 진단의 중요성이 대두되기 시작했다. 분열증으로 잘못 분류된 환자들 다수가 마침내 조증으로 제대로 진단받았고(유럽은 1950년대에 이미 그러기 시작했지만 미국은 1960년대 들어서야 바로잡히기 시작했다) 이에 따라 적절한 약물도 처방받게 되었다.[18] 또한, 분열증 환자와 조증 환자 모두를 위한 더 적절한 정신 치료법이 개발되었다. 병의 원인이 되는 요소를 더 잘 이해하게 되면서, 부적절한 양육보다는 유전적 요인에 무게가 실리게 되었다. 더 이상 분열증 환자의 어머니에게 비난의 화살이 쏠리지 않게 된 것이다. 최근 몇 년 사이에는 MRI로, 얼마 전까지만 해도 동일 증상으로 여겨졌던 이 두 가지 증상의 두뇌 활동을 확인함으로써 그 차이를 더욱 확연히 알 수 있게 됐다.[19]

중증 정신질환의 영역에 다양한 치료 기법을 동원함으로써 우리는 정신 역학을 더 잘 이해할 수 있게 되었다. '악'이라는 모호한 영역에도 비슷한 접근법을 적용해 악을 발현시키는 복잡한 요소들을 더 잘 이해하고자 하는 것이 바로 내가 의도한 바다. 악은 어떤 형태로 존재하는가? 각 형태의 악에 잠재되어 있는 특징적 요소들은 무엇인가?

사람들이 극악무도하다고 할 만큼 사회를 놀라게 한 범죄자들을 쫓으면서 경찰이 주로 초점을 두는 것은 다음 네 가지 질문이다. '누가, 언제, 어디서, 어떻게 범죄를 저질렀는가?' 정신의학자의 입장에서, 체포가 이루어지고 또 앞의 네 가지 질문에 답이 내려진 지 한참 후에 사건에 개입하는 나는 단 한 가지 물음에만 흥미가 있다. '왜 그랬는가?' 살인 사건에서 경찰이나 검사, 심지어 판사도 '왜?'라는 질문에는 크게 중요성을 두지 않는다. 반면 피고 측 변호사에게는 아무래도 '왜'가 중요할 수밖에 없다. 애인을 잃은 슬픔으로 충격에 빠졌다든지, 편견의 희생양이 됐다든지, 어렸을 때 부모에게 심한 학대를 받았든지 하는 "책임 경감 사유"를 호소해야 하기 때문이다. 정신의학과 법이 만나면—"법정신의학"—'얼마나 위험한가?'라는 아주 중요한 질문이 대두된다. 정신질환의 치료 가능 여부도 중요하지만, 그것보다 더 중요한 것이 이 질문이다. 여기서는 살인에 초점을 맞추고 있으니, 악의 심리 등급에서 특정 카테고리에 속하는 이들이 과연 '풀려났을 때 다른 사람을 또 해칠 것인가' 하는 것이 우리의 관심사가 될 것이다. 애초에 악의 심리 등급을 만든 이유도 바로 다음과 같은 것을 알고자 함이었다. 흉악 범죄자들 중에 과연 어떤 사람이 사회에 지속적인 위험이 되는가? 그 중 어떤 사람이 위험 요소를 최소화해 사회에 복귀할 수 있는가?

등급표의 각 카테고리에 해당하는 범죄자들의 범행 전적과 범행 이후의 운명(석방된 죄수의 경우)을 연구하면, 다음 질문에 대한 단서를 얻을 수 있다. '악의 심리 등급에서 가장 높은 카테고리에 속할 정도의 범죄를 단 한 번만 저지른 사람은, 그보다 덜 충격적인 사건을 여러 번 저지른 사람보다 더 위험한가?' 이와 관련하여 법적 관행의 문제도 생각해 봐야 한다. 지난 몇 세기 동안 순전히 범죄의 성질과 초범 여부에 따라 형량을 선고하는 관행이 이어져 왔다. 물론 분별력 있고 엄격한 판사도 많다. 그러나 판결 문헌 자료를 살펴보면, 생판 모르는 사람을 강간하고 신체 훼손까지 범했는데 "피고를 10년형에 처하고, 모범을 보일 경우 3년 경감의 여지를 준다" 따위의 선고를 내린 경우도 많다. 열아홉 살 청년이 강간죄를 저질렀는데 스물여섯 살에 풀려난다면 어떻게 될까? 10대 시절 못지않게 호르몬과 정력이 넘치는 인생의 전성기에 사회에 풀려난다고 상상해 보라. 우리는 수많은 연구를 통해, 석방된 죄수들이 출소 몇 년 내 높은 재범률을 보인다는 것을 잘 알고 있다. 연구 보고에 따르면, 전체 석방범의 2분의 1 내지 3분의 1이 2~3년 내에 다시 성폭행을 저지른다.[20] 이렇게 보면 "10년형에, 모범을 보이면 3년 감형"은 다소 관대한 처벌로 보인다. 아니, 너무 관대하다. 특히, 여자는 한 명도 없고 온통 남자뿐이라 죄수의 행동이 "개선"됐는지 시험해 볼 수도 없는 감옥의 환경 조건을 고려하면 말이다. 요새는 감옥을 의식적으로 '교도소 correctional facility'라고 부른다. 수감돼 있는 동안 죄수들이 폭력적이고 반사회적인 행동을 "교정corrected"해서 나오기를 바라는 마음에 그런 말을 만들어 낸 것이다. 때로는 실제로 행동 교정이 이루어지기도 한다. 과거에는 감옥을 '감화원(penitentiary, 또는 '회개원' - 옮긴이)'이라고 했다. 자신이 저지른 일을 회개하는 곳이라는 의미에서였다(라틴어 'paenitet'이 어원인데, "뉘우치다"라는 뜻이다). 역시, 죄수들이 실제로 회개를 하기도 한다. 그러나 그러한 바람을 비껴가는 경우가 더 많은 것이 사실이다. 우리가 "흉악하다"고 하는 범죄를 포함해 다양한 형태의 중범죄를 더욱 정확하게 분류하려는 이유 중 하나는, 누구를 얼마나 오랫동안 감옥에 가두어야 하며 반대로 누구를 사회에 복귀시킬지 결정하는, 좀 더 유용한 가이드라인을 만들기 위해서다. 사실

공평하게 말하자면, "흉악한" 범죄를 저지르고 투옥된 범죄자들 중에 진심으로 뉘우치고 "교도"되는 사람들도 있다는 것도 인정해야 한다. 이들은 더이상 사회에 위협이 되지 않음에도, 복잡한 법 시스템 때문에 훨씬 더 긴 형을 살고 있다. 아이러니컬하게도 같은 시스템이 진짜 위험한 범죄자를 먼저 사회에 복귀시키기도 한다. 좀 더 업그레이드된 악의 등급을 선보이기 전에, 먼저 두 가지 사례를 소개하고 싶다. 하나는 절대로 풀려나면 안 되는데 사회에 풀려난 사람의 예이고, 다른 하나는 (내가 아는 한) 석방의 가망은 없지만 사회에 복귀해도 괜찮다고 보이는 사람의 예다.

첫 번째 사례는 매사추세츠주 출신의 데이비드 폴 브라운David Paul Brown의 예다. 브라운은 여섯 살 때부터 이미 폭력 성향을 보이기 시작해, 여섯 살짜리 여학생의 목을 조르는 행동을 보이기도 했다. 점점 뚱뚱해지고 아이들과 어울리지 못하는 브라운을 급우들은 심하게 놀려 댔다. 열다섯 살 때 그는 남자아이 둘을 근처 묘지로 유인해 성추행을 했다. 그러나 성폭행까지는 가지 못했고, 두 소년의 어머니는 기소하지 않고 넘어갔다.[21]

이후로 브라운은 어린 소년들을 유인하기 위해 경찰관 행세를 하기 시작했다. 그러다가 열여덟 살 때 급기야 남자아이 한 명을 목 졸라 살해했는데, 그 일로 브라운은 겨우 집행유에 1년을 선고받았다. 스무 살 때, 역시 경찰관 행세를 하면서 10대 소년 둘을 꾀어냈다. 칼과 수갑을 이용해 납치해서 성폭행을 시도했는데, 둘 중 한 명이 죽은 척하고 있다가 탈출해 진짜 경찰에 신고했다. 덕분에 희생자 두 명 모두 살아남았다. 체포된 브라운은 성폭행범들이 가는 교도소에 배치되었고, 한 정신과 의사는 데이비드를 죽을 때까지 석방하지 말 것을 권고했다. 감옥에서 브라운은 "너대니얼 벤자민 리바이 바-조나Nathaniel Benjamine Levi Bar-Jonah"로 이름을 바꿨다.[22] 수감된 14년 동안 그는 다양한 치료 프로그램에 참여를 거부하고 나아가 치료 자체를 거부했지만, 그럼에도 불구하고 석방되었다. 이는 그의 어머니가 애를 쓴 결과이기도 했다. 당시 브라운은 170킬로그램에 육박했다. 브라운의 어머니는 자기 아들이 더 이상 사회에 위협이 되지 않는다고 진술해 줄 외부 정신과 의사 두 명을 구했다. 그들의 진술에 근거해(브라운의 범죄 기록은 언급되지도 않았다), 판사는 브라운을 석방하도록 설득당했다. 꾀임에 넘어갔다고 하는 편이 정확하겠다. 겨우 한 달 반도 안 지나 브라운은 다시 체포됐다. 이번에는 주차된 차 안에 침입해 엄마가 쇼핑에서 돌아오길 기다리는 일곱 살 난 소년을 덮치다가 잡힌 것이었다. 브라운의 어머니는 피해 소년의 어머니에게 이제 34세가 된 브라운을 데리고 몬태나 주로 이사를 갈 테니 제발 기소하지 말아 달라고 사정했다. 그런데 몬태나로 이주한 뒤 얼마 안 지나, 브라운은 여덟 살짜리 남자아이를 성폭행해 또 다시 체포되었다. 이번에는 단 5개월만 감옥살이를 했을 뿐이다. 1년 후 브라운은 또 경찰 행세를 하면서 학교 앞에서 10살짜리 소년을 유인해 스턴 건(전기 충격으로 마비시키는 총 - 옮긴이)으로 소년을 일시적으로 마비시켰다. 브라운은 이 소년을 성폭행하고 살해한 다음 인육을 먹은 혐의로 기소됐지만, 시체가 발견되지 않았기 때문에 살인에 대해서는 유죄 판결을 받을 수 없었다. 희생자의 어머니는 자식이 죽었다는 사실을 받아들이지 못해 검찰 당국에 협조해 주지 않았다. 살인죄 대신 아동 성폭행 및 기타 죄목으로 유죄 판결을 받은 브라운은 마침내 종신형을 선고받았다.²³ 그는 죽는 날까지 혐의를 부인했고, 의심의 여지가 없는 명백한 범행에 대해서도 끝까지 진실을 털어놓지 않았다. 2008년 브라운이 사망하기 몇 년 전 그를 인터뷰할 기회가 있었는데, 그때 그에게 왜 몬태나로 이사 갔냐고 물어보았다. 그는 "매사추세츠가 슬슬 지겨워지기 시작했거든요." 내가 "매사추세츠도 당신을 지겨워하기 시작했고요"라고 받아치자, 그 말에는 대꾸하지 못했다.

다른 장에서 더 자세히 이야기하겠지만, 이런 식으로 중범으로 투옥됐다가 어이없게 석방되고 또다시 더 끔찍한 범죄를 저지르는 패턴은 성적 연쇄살인(sexual homicide: '쾌락 살인'이라고 하기도 한다 – 옮긴이)이라고 한다.

두 번째 사례는, 자칭 목사라는 사기꾼에게 속아 오하이오주의 소규모 컬트 집단에 말려든 남자 로널드 러프Ronald Luff의 이야기다. 컬트 집단의 리더 제프 룬드그렌Jeff Lundgren은 모르몬교 분파인 예수 그리스도 후기 성도회의 자칭 예언자였다. 겸손함이라고는 눈곱만큼도 없었던 룬드그렌은 자신이 하나님이 보내신 예언자며 하나님의 음성을 항시 듣는다고 했고, 나중에 가서는 아예 자기가 하나님이라고 주장했다.²⁴ 그는 활동 무대를 모르몬교의 성지 중 하나와 아주 가까운, 오하이오주 커클랜드(클리블랜드에서 약 60킬로미터 떨어진 곳)로 정했다. 19세기에 서부로 내이동한 초기 모르몬교도들이 이동로 중간에 교회를 세운 곳 중 하나였다. 룬드그렌이 컬트에 끌어들인 스물네 명 중에는 정통 모르몬교 집안 출신의 독실한 신자가 한 명 있었다. 바로 로널드 러프였다. 결혼하고 아이들까지 있는 러프는 신앙심이 매우 깊었고 고향인 미주리주에서도 평판이 좋은, 성실하고 근면한 남자였다. 러프는 룬드그렌의 감언이설에 넘어가, 그가 정말로 예언자라고 믿게 되었다. 시간이 지나 러프는 부사령관급으로 지위가 올라갔다. 그런데 똑같이 미주리주 출신으로 룬드그렌의 망상에 동화된 또 다른 가족이 있었다. 데니스Dennis Avery와 셰릴 에이버리Cheryl Avery 부부 그리고 그들의 세 아이였다. 룬드그렌이 살살 구슬려 그들이 저축해 온 돈을 갈취하려 하자, 에이버리 가족은 룬드그렌과 대치하게 되었다. 룬드그렌은 그런 "반항"은 참아 줄 수 없다며, 에이버리 가족 전부를 처형하라는 명령을 내렸다. 이미 룬드그렌에게 완전히 넘어가 도덕적 가치관에 혼란이 온 러프는, 히틀러의 추종자들 못지않은 열성적인 태도로 이 살해 계획에 가담했다. 1989년 4월의 어느 날 저녁, 룬드그렌은 러프에게 에이버리 가족을 한 번에 한 명씩 본채에서 끌어내 멀리 떨어진 농가로 데려가도록 했다. 그렇게 온 가족이 농가로 이동하자, 룬드그렌은 한 명씩 총으로 쏘아 미리 파 둔 구덩이에 떨어지도록 한 뒤 그 위에 흙을 덮어 매장했다.[25] 그런 다음 룬드그렌은 일행을 데리고 다른 지역으로 떠났다. 그는 마음에 드는 여자와 마음대로 결혼할 수 있는 특권을 스스로에게 부여해, 일행 중 유부녀 한 명을 자신의 "두 번째 아내"로 삼으려고 했다. 그러자 그 여자의 남편은 참다못해 에이버리 가족 살인을 경찰에 신고해 버렸다. 룬드그렌은 2006년에, 일가족을 학살한 죄로 사형되었다. 로널드 러프는 종신형을 선고받았다. 정확히 말하면 "170년형"이지만, 실질적으로 종신형이라고 봐도 좋다. 머리 좋고 사려 깊으며 양심적이고 그때까지는 법을 어긴 적이 한 번도 없었던 한 남자가 벌써 20여 년째 감옥에 수감되어 있다. 러프는 어느 모로 보나 사회에 보탬이 되고 법을 준수하는 모범 시민으로 돌아갈 준비가 되어 있다. 사회에 돌아가면 자신의 경험을 살려, 판단력이 부족한 사람들이 권력욕에 심취한 컬트 리더에게 넘어가는 것에 대해 경각심을 일깨워 주는 일을 할 수도 있다. 그러나 러프가 석방될 가망은 없어 보인다.

두 사례의 다른 점은, 한 사람의 위험성은 너무 늦게야 사회가 깨달았고 다른 한 사람의 무해성은 제대로 고려되지 않았다는 것이다. 위대한 법관 올리버 웬델 홈스(Oliver Weldell Holmes: 미국에서 가장 위대한 법사상가로 꼽히는 법률가, 연방대법관. 1841~1935년 - 옮긴이)는 "정의가 법에 승리하기를"이라는 유명한 말을 남겼다. 로널드 러프는 법의 무게는 온전히 감당해야 했지만, 그에게 정의는 제대로 베풀어지지 않았다. 적어도 내 생각은 그렇다. 물론 판결이 잘못된 것은 아니었다. 러프는 의심의 여지없이 학살의 공범자였다. 그 죄목에 대해서는 중형을 부과한 것이 옳았다. 어쩌면 지금까지 채운 20년 형량이 적당한 것이었을지도 모르겠다. 그러나 우리가 지금 다루고 있는 핵심 주제인 '악'을 기준으로 보면, 아동 성폭행범과 컬트 리더는 명백히 악하다고 말할 수 있다. 사실 룬드그렌은 성인이 되고부터 평생에 걸쳐 일상적으로 잔학한 행동을 계속해 온, 아주 드문 경우다(룬드그렌에 대해서는 나중에 조금 더 다룰 예정이다). 분명 로널드 러프는 흉악 범죄에 가담했다. 하지만 여기서는 초점이 악의 '등급'인 만큼, 러프는 타인에게 철저하게 냉담하며 러프를 정신적으로 완전히 지배한 룬드그렌보다 낮은 등급에 속함을 짚고 넘어가야 한다.[26] 러프는 룬드그렌의 살인 계획을 사전에 알고 있었다. 러프가 용기를 냈으면 충분히 그곳에서 탈출해 경찰에 신고할 수 있었다. 어쩌면 에이버리 가족을 살릴 수도 있었다. 따라서 러프의 경우 악의 심리 등급이 아주 낮을 수는 없다. 비교적 "덜한" 악을 보여주는 좀 더 극적인 예로, 갱생의 의지를 보여줄 기회를 얻은 한 남자의 사례를 소개하겠다. 빌리 웨인 싱클레어Billy Wayne Sinclair의 이야기다.[27]

대강의 줄거리를 말하자면, 빌리 싱클레어는 스무 살 때 루이지애나주에서 어설픈 강도짓을 벌이다 가게 주인을 총으로 쏘아 죽였다. 도망치면서 뒤도 돌아보지 않고 어깨 너머로 총을 쐈는데, 운 나쁘게도 가게 주인이 총알에 맞아 죽은 것이다. 체포된 빌리는 사형수로 7년을 살고, 사형 제도가 잠시 폐지된 시기에 일반 죄수로 28년을 더 살았다. 그러던 중 빌리는 감옥에서 발행하는 신문의 편집 일을 담당하게 됐고, 악명 높은 "앙골라" 교도소(루이지애나주립교도소)에서 자행되던 '돈을 받고 석방을 파는' 비리를 폭로하는 데 일조했다. 그러는 와중에 기자 한 명과 친분을 맺어, 나중에는 그 기자와 결혼도 했다. 싱클레어는 돈을 주면 석방시켜 주겠다는 제의를 거절하면서 청렴함을 증명해 보였고, 형기를 거의 다 채우고 60세가 되기 얼마 전 고령을 이유로 정식 석방됐다. 지금은 아내와 함께 텍사스주 휴스턴에서 살고 있다. 그곳에 찾아가 인터뷰를 하면서 알게 된 사실이 하나 있다. 빌리 싱클레어가 현재 법률 회사에서 일하면서, 자신이 수감됐던 시대에 오랫동안 교도소 문화를 지배했던 부정을 똑같이 겪는 다른 재소자들을 도와주고 있다는 것이었다. 싱클레어가 부인과 공동 집필한 책은, 악행을 저질렀어도 자신의 한계를 극복하고 속죄하는 것이 가능하다는 것을 보여주는 증거가 되었다. 속죄는 고사하고 나이 들면서 성숙해지지도 않았고, 범죄 성향이 죽을 때까지 수그러들지 않았던 제프 룬드그렌의 삶과는 극명한 대조를 이룬다.

정당한 살인부터 사이코패스 고문 살인까지
스물두 가지 악의 심리 등급

이쯤에서 항목이 22개로 늘어난 악의 등급표를 소개해도 좋을 것 같다. 애초에 등급을 만들게 된 계기가 살인 사건 때문이었으니, 여기서는 살인에 초점을 맞추었다. 다수 강간multiple rape 혹은 혐의는 짙으나 법정에서 유죄 판결을 받지 못한 살인 사건 등의 예외도 몇 개 포함되었다. 지역 사회에서 악랄하다는 평을 얻은 사건, 예를 들면 배우자나 자식을 유난히 잔악하게 학대한 사건도 포함시켰다. 살인만 안했다 뿐이지 가족 구성원을 자살로 몰아간 사건도 있다. 부부 중 한 쪽(주로 남편)이 배우자에게 "가스등" 행태를 보이는 경우도 있다. '가스등'이라는 용어는 패트릭 해밀턴Patrick Hamilton의 유명한 희곡 〈천사의 거리Angel Street〉, 그리고 그 작품을 소설화한 윌리엄 드러먼드William Drummond의 《가스등Gaslight》에서 따온 것이다.[20] 이제 '가스등'이라고 하면, 잔인한 언행으로 아내가 자기 자신을 의심하게 만들어 급기야 자살로 몰고 가는 행위를 뜻하게 됐다. 드러먼드의 책 뒤표지에는 이런 문구가 쓰여 있다. "엔젤 가의 악의 저택에 갇힌 벨라는 사악한 남편 매닝엄 씨가 자신을 광기로 몰아가는 것이 아닌지 의심한다." 가스등 행위의 피해자가 죽지 않고 살아남을 경우(대부분은 살아남는다), 살인이 일어났다고는 볼 수 없다. 따라서 이 경우 악의 등급에 포함시키기 애매하다. 그러나 이런 경우를 포함해 장기간 특정 상대에게 잔인하게 대하는 행위는, 그 행위가 어떤 형태로 나타나건 의심의 여지없이 넓은 범주의 '악'에 속한다.

표 1.1 악의 등급
정당방위 살인 혹은 정당한 살인
카테고리 1. 정당화할 수 있는 살인
사이코패스 기질이 없는 사람이 저지른 충동적 살인
카테고리 2. 질투에 눈이 먼 애인, 자기중심적이고 미성숙한 사람, 치정 범죄
카테고리 3. 살인범의 자발적 공범자, 충동적 범행, 반사회적 성향
카테고리 4. 정당방위 살인, 그러나 조금만 자극받으면 상대방을 해칠 준비가 되어 있음
카테고리 5. 트라우마*가 있으며, 절박한 상황에서 가족이나 다른 사람들을 살해하지만 양심의 가책은 느끼지 않음
카테고리 6. 매우 격하고 급한 성격의 살인자. 그러나 두드러진 사이코패스 기질은 없음
사이코패스 기질이 조금 있거나 전혀 없는 사람. 더 심각한 유형의 살인을 저지름
카테고리 7. 심하게 자기도취적인 사람, 정신병적 성향이 강함, 가족이나 연인 살해
카테고리 8. 주체할 수 없는 분노로 살인을 저지름 — 때로 대량 살인으로 이어짐
사이코패스 기질이 현저한 사람: 미리 악의를 가지고 살인
카테고리 9. 사이코패스 기질이 강하거나 완연한 사람, 질투심 강한 연인
카테고리 10. (목격자를 포함하여) "방해가 되는" 사람을 살해; 극단적인 자기도취적 성향
카테고리 11. "방해가 되는" 사람을 제거하는, 사이코패스 기질이 다분한 사람
카테고리 12. 권력 추구형 사이코패스, "궁지에 몰리면" 살인을 저지름
카테고리 13. 사회 부적응형, 분노에 휩싸인 사이코패스. 다수 살인으로 연결되는 경우도 있음
카테고리 14. 지독하게 자기중심적인 사이코패스 계획 살인자
연속 살인 혹은 다중 살인. 사이코패스 기질이 뚜렷한 경우
카테고리 15. 사이코패스적, 타인에게 냉담함, 연속 살인 또는 다중 살인을 저지름
카테고리 16. (살인을 포함해) 다수의 끔찍한 범죄를 저지르는 사이코패스적 인물
연쇄살인자, 고문자, 사디스트
카테고리 17. 변태 성욕을 가진 연쇄살인자; 증거 인멸을 위해 살인; 고문은 하지 않음
카테고리 18. 고문이 포함된 살인 범죄. 그러나 장시간 고문하지는 않음

카테고리 19. 테러리즘, 상대방 복종시키기, 강간 등 살인을 제외한 모든 행위를 즐기는 사이코패스 살인자

카테고리 20. 고문 살인자, 그러나 명백한 정신병(예를 들어 정신분열증)이 있음

카테고리 21. 살인보다는 극도의 고문을 즐기는 사이코패스

카테고리 22. 고문이 주요 동기가 되는 사이코패스적 고문 살인자. 항상 섹스가 동기가 되지는 않음

(*트라우마: 심한 신체적·정신적 충격을 겪은 뒤 나타나는 정신적 외상 – 옮긴이)

'사이코패스 기질'이라든가 '사이코패스'라는 용어는 9번부터 거의 모든 카테고리에 일관되게 등장한다. 한 세기 전만 해도 사이코패스는 어근의 의미 중 하나인 "정신질환"을 뜻하는 말로밖에 사용되지 않았다.[29] 그런데 2차 대전을 즈음해서는 용어의 사용 양상이 변했다. 속임수를 써서 남을 "등쳐먹는" 사람들, 사회적으로 신뢰할 수 없으며 자신이 습관적으로 저지르는 무례하고 때로 폭력적인 행동에 전혀 양심의 가책을 못 느끼는 사람을 일컫는 용어가 되었다.[30] 사이코패스의 정의는 1980년 이후 캐나다의 심리학자 로버트 헤어Robert Hare와 그의 동료들이 원래의 의미를 가다듬어 사이코패스 진단법Psychopath Checklist을 개발하면서 지금의 형태로 구체화되었다. 이 진단법은 20개의 항목으로 구성되어 있는데, 성격에 관계된 항목이 주를 이루며 행동과 관련된 항목도 있다. 각 항목에는 ('아주 많이', '조금' '전혀' 중 무엇에 해당하느냐에 따라) 2점, 1점, 0점이 주어지므로, 최대 점수는 40점이다. 30점 이상이 나오면 사이코패스로 간주한다. 그 이하인 10점대에서 20점대는 '사이코패스 기질'을 가진 것으로 분석한다. 우리가 흥미를 가져야 할 부분은 성격과 관련된 항목들이다. 그 항목을 다 취합하면, 자기중심적 혹은 "자기도취적"이며 남의 권리나 기분은 조금도 신경 쓰지 않는 사람이 그려진

다. 그러한 사람이 가진 특징을 나열해 보면, 놀라운 언변과 외적 매력, 과장하는 버릇, 남을 속이거나 조종하려는 태도, 병적인 거짓말 습관, 양심의 가책이나 죄책감의 부재, 타인에 대한 냉담함, 공감 능력 부족, 자기 행동에 책임을 지지 않는 태도 등이다. 행동과 관련된 항목으로는 충동성, 성적 문란함, 자제력 부족, 남에게 기생하는 생활 습관 등이 있다.[31] 악행을 범하는 사람들에게서 유난히 두드러져 보이는 특징이 바로 이런 극단적 자기도취성, 특히 속임수를 잘 쓰고 타인의 고통에 무심하며 양심의 가책을 느끼지 못하는 것이다. 이런 특징을 갖춘 사람은 어떤 악행도 저지를 수 있다.[32]

이를 가장 잘 보여주는 예로는 연쇄살인범 테드 번디가 있다.[33] 번디가 희생자를 사냥할 때 자주 쓴 수법은, 팔이 부러진 것처럼 깁스를 하고 슈퍼마켓 주차장에서 식료품이 든 봉투를 들고 서 있다가 젊은 여자가 지나가면 봉투를 차에 실어 달라고 부탁하는 것이었다. 여자가 짐을 차의 좌석에 놓으러 들어가면, 번디는 차 문을 잠그고 그대로 출발해 버렸다. 그리고 멀리 떨어진 곳으로 가, 바퀴벌레를 밟아 죽였을 때 느끼는 만큼의 연민도 보이지 않고 아무렇지 않게 여자를 강간하고 살해했다.

앞으로 등급표의 상위 카테고리에 부합하는 다양한 범죄자들을 살펴보면서, 사이코패시psychopathy 또는 사이코패스의 주요 특질을 반복해서 접하게 될 것이다. 그 중에서도 가장 끔찍한 형태의 범죄를 저지른 자들, 즉 '흉악하다'는 말을 가장 빨리, 만장일치로 내뱉게 만드는 범죄자들은 "가학적 혹은 사디스트적" 성향도 함께 보인다. '사디즘sadism'과 '사디스트적sadistic'이라는 말은, 악명 높은 18세기의 작가 마키 드 사드Marquis de Sade의 작품과 생애에서 따온 것이다.³⁴ 사실 사드의 소설에 등장하는 장면들은 그가 실제로 경험한 것보다 잔학성의 레벨이 훨씬 높다. 어린 시절 사립학교에서 걸핏하면 매와 채찍으로 맞고 자란 사드는, 성인이 되어 사귄 "헤픈" 여자들을 채찍질하는 것을 즐기게 되었다. 그러나 살인은 하지 않았고, 아마 오늘날의 연쇄살인범들 이야기를 들었다면 넌더리를 냈을 것이다. 사디즘의 핵심은, 오늘날의 용어 쓰임에 비추어 보면, '다른 사람에게 고통을 주면서 쾌락을 느끼는 것'이다. 사디즘의 두 가지 주요 특징은 '굴욕 주기'와 '통제하기'인데, 가해자가 그 두 가지를 극한까지 몰고 가는 경우가 대부분이다. 실제 사례를 보면, 사이코패스이면서 사디스트는 아닌 경우도 있고(양심의 가책 없이 가짜 롤렉스 시계를 팔면서 자기 아내와 자식에게는 잘해 주는 사람처럼), 반대로 사이코패스는 아니면서 가학적 성향은 다분한 경우도 있다. 후자의 예는, 아버지나 어머니가 가족들을 언어적 또는 신체적으로 학대하면서 직장이나 기타 사교 모임에서는 더없이 정상적으로 행동하는 경우다. 앞에서 예로 든 로버트 얀키 시니어가 바로 그런 경우다. 집에서는 가족을 실컷 학대하면서, 직장인 국세청에서는 성실하고 존경할 만한 사람 행세를 했다. 짐작하기에 최소한 사이코패스 기질을 몇 개는 가지고 있었겠지만, 사이코패스 성향이 완연한 사람이라고는 할 수 없다.

9번부터 22번까지 거의 모든 카테고리에 일관적으로 나타나는 공통 요소는 악의^malice 또는 "의도성"이다. 13번 카테고리에 해당하는 '분노와 충동으로 살인을 저지르는 사람'의 경우도, 비록 누가 희생자가 될지는 사전에 몰랐을 수 있지만 상대방을 해치거나 죽일 의도는 분명 가지고 있었다고 봐야 한다. 혹은, 강도짓을 저지르는 동안 자신에게 저항하는 사람은 누구든 죽일 준비가 되어 있었다. 알코올중독의 부랑자 리처드 스펙$^{Richard\,Speck}$은 시카고병원 기숙사에 침입해 간호사 여덟 명을 살해했다. 처음엔 돈을 구걸할 의도로 침입했지만, 마음이 바뀌어 간호사들을 결박해 총으로 위협하다가 그 중 몇 명이 저항하자 여덟 명 모두 총으로 쏴 죽인 것이다.[35] 생존자는 침대 밑에 숨어 있던 간호사 한 명뿐이었다.

　이번 장에서 소개한 악의 등급표는, 시중에 출판된 범죄자 전기에서 얻은 자료만을 토대로 했기 때문에, 전체 살인범의 극히 일부만을 대표한다. 내가 읽은 일대기에 등장한 살인범들의 89퍼센트가 미국인이다. 그런데 매년 미국에서 일어나는 각종 살인 사건과 비교해 보면, 전기가 출판될 정도의 악명을 떨치는 살인범은 1,000명에 1명 될까 말까 한다. 바꿔 말하면, 이 "전기 그룹"은 여러 모로 아주 특별하다는 이야기다. 이들이 저지른 살인은 어떤 면에서든 아주 극적인 요소가 있다. 아주 교묘하게 범죄를 은폐했거나, 범죄의 성질이 유난히 잔인했거나, 아니면 (대량 학살처럼) 희생자 수가 아주 많았거나 하는 식이다. 실제로 발생하는 살인 사건의 대부분은 악의 심리 등급에서 낮은 카테고리에 속하는 것들이며, 보통은 술집 난동이 통제를 벗어나 살인이 나거나 부부가 싸우다가 우발적으로 상대방을 죽이는 식의 충동 범죄에 속한다. 후자의 경우는 아내가 짐 싸서 집을 나가면서 이혼을 요구하는 상황에서 자주 일어난다. 다음 순간 정신을 차린 남편이 경찰에 전화해 자신이 끔찍한 짓을 저질렀다고 자수하는 식이다. 그러므로 "일상적인" 살인 사건에는 '사전 악의'의 요소가 거의 없다고 봐도 좋다.

단테가 제시한 7가지 악의 등급표

내가 악의 등급표를 처음 발표한 것은 1993년이었고, 당시 등급표의 형태는 지금의 형태와 거의 비슷했다.[36] 때로 초기 등급표의 어느 카테고리에도 해당되지 않는 사건을 만나는데, 특히 가해자가 중증의 정신질환을 앓고 있는 경우가 그렇다. 이 경우, 행위는 흉악하다고 보지만 가해자가 그 행위에 책임이 거의 없다고 보고 낮은 등급을 주었다. 살인적인 컬트 집단의 리더도 쉽게 등급을 주기 힘든 부류다. 추종자들을 설득해, 자기 손에 피 안 묻히고 그들이 대신 살인을 하도록 유도하기 때문이다. 대표적인 예로, 찰스 맨슨도 직접 살인 행위에 가담하지 않고 추종자들에게 지시만 내렸다. 제프 룬드그렌은 예외적인 경우다. 공범자를 끌어들이긴 했으나 에이버리 가족을 직접 몰살했기 때문이다.

그런데 이런 식으로 악의 등급을 만든 것이 내가 처음은 아니었다. 악의 등급을 나누려는 시도가 별로 많지는 않았지만, 그래도 과거의 모델 중 하나는 꽤 큰 명성을 얻었으며 또 명성이 오래 지속되기도 했다. 작자가 의도한 바는 아니지만, 이 초기 모델은 '무엇이 절대악이고 무엇이 어느 정도 악한 것이며 또 무엇이 별로 악하지 않은 것인지'에 대한 사회의 판단이 시대에 따라 변한다는 것을 잘 보여주고 있다. 여기서 말하는 작품은 바로 단테의《신곡》이다.《신곡》을 이루는 세 권 중 첫 번째인《지옥편》은 700년 전(1310년)에 저술되었다.[37]

단테가 본 지옥은, 단테의 시대보다 약 2,000년은 앞서 기록된 잠언에 나오는 '일곱 가지 큰 죄'에 어느 정도 영향을 받았다. 잠언에 이런 구절이 있다. "여호와의 미워하시는 것 곧 그 마음에 싫어하시는 것이 예닐곱 가지니, 곧 교만한 눈과 거짓된 혀와 무죄한 자의 피를 흘리는 손과 악한 계교를 꾀하는 마음과 빨리 악으로 달려가는 발과 거짓을 말하는 망령된 증인과 및 형제 사이를 이간하는 자니라."[38] 예수의 시대에도 그랬고 오늘날에도 똑같이 '일곱 가지 큰 죄'로 꼽히는 것은 교만과 시기, 탐욕, 나태, 정욕, 분노 그리고 탐식이다. 신약의 〈갈라디아서〉에 그보다 더 긴 리스트가 나오는 것을 감안하면, 이 일곱 가지는 그냥 리스트에 불과하며 어떤 죄가 다른 죄보다 더 크고 더 악한지 등급이 나뉘어 있는 것도 아니다.[39] 이 중에 분노는 증오와 복수심, 남을 해치거나 남에게 악을 행하고픈 욕구를 낳는데, 이것이 폭행이나 살인의 형태로 나타나기도 한다. 잠언에 살인도 언급되어 있긴 하지만, 일곱 가지 큰 죄는 '행위'가 아니며 현대적 관점에서 봤을 때 사실 '악행'도 아니다. 그것을 품는 사람이 어떤 행동을 하도록 유도하는 '태도'나 '감정'에 불과하다. 이 일곱 가지는 등급표의 어느 카테고리에도 해당되지 않는다. 그러나 분노는 살인과 연관된다는 점에서, 나태나 탐식에 비해 사회적 비난을 받을 여지가 있다. 그렇다 해도 분노와 악의 교집합은 그리 크지 않다. 강도가 덜한 형태의 분노는 우리가 사회적 불의에 맞서 싸우는 동기가 되기도 하기 때문이다. 이런 관점에서 보면, 단테는 로마의 위대한 시인 베르길리우스의 안내를 받으며 지옥의 아홉 고리를 여행하면서, 가장 약한 (그리고 우리의 시각에서 보면 "악"에서 가장 먼) 것부터 가장 혐오스럽고 불쾌한(그러므로 우리가 생각하는 "악"에 더 가까운) 것까지, 옳지 못한 태도 및 행동의 등급 혹은 단계를 우리에게 보여주고 있다.

단테는 사람들이 저지르는 죄와 악덕을 광범위하게 세 종류로 나누면서, 등급 체계에 역시 "기준점"을 도입했다. 단테의 등급표에서 기준점은 유일한 죄 혹은 불운이라고는 예수 그리스도 이전에 태어난 것밖에 없는, 죄 없는 사람이다.[40] 사실 너무 일찍 태어난 고결한 이교도(비기독교를 말함 – 옮긴이)의 대표자는 베르길리우스다. 베르길리우스의 안내를 받으며 단테는 그리스도 이전과 이후 시대의 모든 종류의 인간들, 그리고 단테 자신이 산 시대의 모든 인간 군상을 들여다볼 수 있었다. 표 1.2는 단테가 나눈 등급의 개괄적인 도표이다.

표 1.2 단테의 지옥에 나오는 인간 군상
그리스도 이전 시대의 죄 없는 인간
고리 1. 고결한 이교도
무절제: 욕망을 억제하지 못해 저지르는 부정한 행동
고리 2. 정욕이 넘치는 자
고리 3. 폭식하는 자
고리 4. 탐욕스러운 자와 방탕한 자
고리 5. 분노하는 자와 화를 풀지 않는 자
고리 6. 이교를 믿는 자
야수성: 혐오감을 일으켜야 마땅한 것에 매력을 느끼는, 병적인 성향
고리 7. 이웃에 폭력을 가하는 자, 살인자, 전쟁을 일으키는 자, 고리대금업자
악의 또는 악덕: 인간에게만 주어진 속성인 이성을 오용함으로써 저지르는 악행
고리 8. 유혹하는 자, 입에 발린 칭찬을 하는 자, 성직 매매자,[41] 관직을 독식하는 자, 위선자, 도둑질 하는 자, 분란을 조장하는 자, 다른 사람 행세를 하는 자, 거짓 증언하는 자.
고리 8. 가족이나 국가를 배반하는 자, 손님을 죽이는 자, 신과 은혜를 베푼 사람을 저버리는 자,

단테의 지옥을 토대로 한 악의 분류와 내가 앞서 소개한 악의 등급 사이

에는 몇 가지 결정적인 차이가 있다. 내 등급표는 평시에 저지르는 악행에 초점을 맞추고 있으며, 살인 또는 살인에 준하는 폭력 행위를 중심으로 한다. 나는 '우리를 충격에 떨게 하는 행위'를 곧 악으로 보았다. 단테는 평시뿐 아니라 집단 간의 분쟁 시기 그리고 전시에 일어난 잘못된 행동까지 포함시키고 있다. 또한 단테가 생각하는 "악"에는 '남에게 위해를 가하지 않으면서 짓는 죄'와 '남에게 피를 흘리게 하면서 짓는 죄'를 둘 다 포함해, 교회가 강조하는 대죄들이 모두 들어간다. 단테는 어떤 행동이 충격적이거나 끔찍한가 아닌가를 분류 기준으로 삼지 않았다. 다만, 굳이 분류를 해야 한다면 이교를 믿는 행위(여섯 번째 고리)를 분노(다섯 번째 고리)나 탐욕(네 번째 고리)보다 더 혐오스럽고 어쩌면 더 무서운 것으로 분류했을 것이다. 단테가 살았던 13세기 피렌체의 가치관은 오늘날 우리의 가치관과 사뭇 달랐다. 그러나 우리는 잔 다르크가 살았던 15세기에도 성적 연쇄살인이 존재했음을 알고 있다. 프랑스에서 가장 지체 높은 귀족이자 잔 다르크의 부관이기도 했던 질 드 래$^{Gilles\ de\ Rais}$는 소아 성애자였으며, 처형되기 전까지 수백 명의 소년을 유린하고 살해했다.[42] 16세기 헝가리의 백작 부인 에르제베트 바토리$^{Erz\ bet\ B\ thory}$는 처녀 400여 명을 성으로 불러들여 성고문하고 살해했다.[43] 이런 사람들이 단테의 시대에도 존재했는지, 우리는 알 수 없다. 만약 존재했다면, 단테가 그들을 무죄라고 보지는 않았을 것이다. 그러나 당시에는 종교의 영향력이 지대했기 때문에, 단테가 보기에 가장 큰 죄를 지은 사람은 예수를 배신한 가롯 유다였다. 단테는 등급표 상에서 이성의 오용에 기인한 악행을 야수성에 의한 악행보다 아래에 배치했다. 성직 매매자를 살인자보다 더 악하다고 본 것이다.⁴⁴ 우리 시대 최악의 살인자들과 비교해 보면, 단테가 최악으로 치부한 집단은 유산을 상속받으려고 친족을 살해한 자들이었다. 현대의 예를 들자면 (이번 장에 등장한) 스티븐 벤슨이 있는데, 나는 그를 "지독하게 자기중심적인 사이코패스 계획 살인범"에 해당하는 카테고리 14로 분류했다. 단테가 '참을성 없는 상속자'로 분류한 사람은 피렌체 사람 사솔 마스케로니$^{Sassol\ Mascheroni}$였다. 당시 흔히 그랬듯이 벌은 실제 저지른 죄악보다 훨씬 무시무시했다. 사솔은 작은아버지의 유산을 독차지하려고 조카를 살해했다.⁴⁵ 그러다 범행이 발각되자, 그는 못으로 가득 찬 커다란 배럴에 들어가 시내를 굴러다니는 형벌을 받았고 그 다음엔 참수형에 처해졌다.⁴⁶ 이를 보면 단테의 시대에 그런 종류의 죄를 얼마나 심각하게 받아들였는지 알 수 있다.

이제 앞에서 간략하게 소개한 악의 등급을 조목조목 자세히 살펴볼 텐데, 대략 등급표에 나온 순서를 따라 살펴볼 작정이다. 아쉽게도 나에겐 베르길리우스 같은 안내자는 없지만, 길잡이 삼기에는 단테에게서 받은 영감만으로 충분하다.

THE ANATOMY OF EVIL

제2장

충동 살인 :
살인의 발화점, 질투와 분노

Ma ficca li occhi a valle, ché s'approccia
la riviera del sanque in la qual bolle
qaul che per vïolenza in altrui noccia

하지만 이 골짜기를 둘러보라
우리는 지금 부글부글 끓는 피의 강물로 다가가고 있는데,
다른 사람들을 폭력으로 해하는 이들이 거기서 삶아지고 있구나

Oh cieca cupidigia e ira folle,
Che sì ci sproni ne la vita corte
E ne l'etterna poi sì mal c'immole!

오 눈먼 탐욕과 어리석은 분노여,
우리를 이 짧은 생에서 몰아붙이더니
영원한 생에서는 간악하게도 우리를 망쳐 버리는구나!

《신곡》 1권 '지옥편' 제12곡 46~51행

앞장에서 살펴봤듯이, 악의 등급은 악이 전혀 개입되지 않은 항목 하나와 나머지 21개의 항목으로 이루어져 있다. 숫자가 클수록 해당 카테고리에 속하는 범죄를 묘사하는 말로 '악하다'라는 단어가 더 많이 등장한다. 이 21개의 카테고리를 이번에는 5개의 그룹으로 묶어 보았다. 사이코패스 성향은 안 보이는 충동 범죄와 사이코패스 성향이 다소 보이는 충동 범죄, 미리 악의를 가지고 저질렀으며 사이코패스 성향도 다분한 범죄, 사이코패스가 저지른 다수 폭력 범죄, 그리고 마지막으로 사이코패스가 저지른 고문 범죄 또는 고문이 포함된 성적 연쇄살인, 이렇게 다섯 가지다.

이를 더 단순화하려면, 광범위하게 두 범주로 나눌 수 있다. 사이코패스 기질이 없거나 조금만 보이는 사람과 사이코패스 성향이 완연한 사람이다. 또 다른 기준으로 나누자면, '충동적'으로 범죄를 저지른 사람과 미리 '계획'을 하고 폭력이나 살인을 저지른 사람, 이렇게 둘로 나눌 수 있다. 이번 장에서는 충동 범죄를 저질렀으나 사이코패스 기질은 없는 경우, 혹은 사이코패스 기질이 있다 해도 아주 적은 경우에 초점을 맞출 것이다. 이번에도 일반 대중의 반응, 그리고 기자나 법 관계자, 희생자의 가족 등 사건에 개입된 사람들의 반응을 반영하는 선에서 "악하다"라는 표현을 사용했다.

법정에서 또는 범죄를 다룬 책에서는, 같은 것을 뜻하는 특정 표현이 반복해서 사용된다. 충동 범죄는 치정 범죄('crime of passion'인데, 직역하면 '순간의 격정에 휘말려 저지른 범죄'에 더 가깝다 - 옮긴이)라고 말하는 경우가 많다. 주로 연인 관계나 성적인 관계가 개입된 경우가 많고, 아니면 단순히 분노와 같은 강한 감정에 휩싸여 저지른 범죄를 뜻할 수도 있다. 그보다 드물게 나오는 표현으로 "표출적 범죄$^{expressive\ crime}$"라는 말이 있다. 말 그대로 강한 감정을 표출하고픈 욕구에 이끌려 저지른 범행을 뜻한다. 사전에 계획했고 미리 악의를 가지고 실행한 범죄, 즉 의식적으로 남을 해칠 의도를 가지고 저지른 범죄는 종종 "도구적 범죄$^{instrumental\ crime}$"라고도 한다. 도구를 사용해 범행을 저지른 게 아니라, 범행 자체가 다른 목적을 위한 "도구"가 됐다는 뜻이다. 예를 들어 애인과 자유롭게 만나려고 청부 살인업자에게 사주해 배우자를 살해했을 경우, 범인이 다른 사람과 새 인생을 살려는 목적을 위해 살인을 "도구"로 사용한 것이 된다. 이것은 앞장에서 언급한 사례, 아내가 남편에게 "뜬금없이" 헤어지자고 선언하고 집을 나가려는 순간 남편이 아내를 둔기로 내려치는 범죄와는 성질이 전혀 다르다. 이 경우는 충동 범죄 그리고 표출적 범죄면서 동시에 치정 범죄라고 봐야 한다.

질투 또는 다른 감정이 동기가 된 살인

사람들은 잔인성뿐 아니라 고의적 범행 의도가 엿보이는 범죄를 두고 흉악하다는 말을 더 많이 입에 올린다. 주로 가족 내에서 일어나며 당국에 신고하지 않아서 덮이고 마는 잔학 행위에 대해서도 마찬가지다. 의도적 범행은 '도구적 범죄' 카테고리에 속한다. 이와 관련해서 "사전 계획적"이라는 용어가 자주 쓰인다.[1] 강간과 유괴, 강도 범죄 역시 도구적 범죄에 속한다. 이러한 범행은 미리 계획된 범죄인 경우가 대부분이다. 반면 표출적 범죄로 분류되는 것들은 계획성이나 자발성이 없다는 것이 공통적인 특징이다. 대부분 순간의 감정에 사로잡혀 저지르는 범죄들이다.[2]

우리는 어떤 사건이 흉악 범죄인지 아닌지 판단하기 전에 범행을 촉발한 동기를 먼저 따져 보는 경향이 있다. 어떤 동기는 비교적 쉽게 이해되고 용서받지만, 또 어떤 동기는 너무나 혐오스럽고 비인간적인 것으로 간주되기도 한다.

어째서 어떤 범행은 용서받을 만하고 어떤 범행은 그렇지 않은지, 즉 어떤 것이 더 큰 악인지 제대로 이해하기 위해 지그문트 프로이트의 말을 잠시 인용해야겠다.

프로이트는 죽기 얼마 전에 한 저널리스트로부터 "인생이 뭐라고 생각하느냐"는 질문을 받았다. 아마 그 저널리스트는 반세기에 걸친 인간 정신 탐구를 응축한, 다소 긴 연설을 기대했던 모양이다. 하지만 프로이트의 답은 딱 두 마디였다. 아니, 중간의 "그리고"까지 치면, 세 마디였다. "Liebe und Arbeit." 사랑 그리고 일. 사랑의 영역에서 문제가 생기면, 질투가 생겨난다. 그리고 질투가 극에 달하면 살인을 비롯한 심각한 범죄가 발생할 수 있다. 그것도 아주 갑자기 발생한다. 그래서 '치정 살인'이라고 하는 것이다. 애인에게 거절당한 후 그 사람을 스토킹하는 것도 애정 전선에 문제가 생겼을 때 발생하는 또 다른 범죄다. 이것도 심각한 범죄로 연결될 수 있는데, 다만 여기에는 더 의식적인 범행 계획이 개입되며, 따라서 스토커의 범행은 "도구적" 범죄라고 볼 수 있다.

일상적인 대화에서 우리는 질투와 시기를 명확히 구분해서 사용하지 않는다. 이는 구약 시대에도 마찬가지였던 것으로 보인다. "qin'ah(킨아)"가 그 둘을 모두 뜻하는 단어로 쓰였고, 감정과 관련해서는 "정열"과 "흥분"을 모두 뜻하는 말로 쓰인 것을 보면 말이다. 정열과 흥분의 방정식은 태초부터 있어 왔다. 이 방정식은 전에도 그랬고 지금도 쌍방향으로 작용한다. 두 사람이 열정적으로 사랑에 불타오르다가, 한 쪽의 사랑이 식으면 그 다음엔 분노로 불타오른다(이 전환은 단 1초 만에 일어나기도 한다). 고대 로마인들 역시 질투와 시기를 구분하지 않고 'invidia(인비디아)'라는 말로 통칭했다. 어원을 추적해 보면 부정적인 의미에서의 '보다^{vidēre}'였는데, 비유적으로 해석하면 어떤 사람을 '악의를 가지고 보다'라는 뜻이 된다. 그러나 오늘날 '시기'는 보통 두 사람이 관련된 상황에서의 감정을 묘사하는 데 주로 사용한다. 나는 낡아빠진 시보레를 몰고 다니는데 옆집 남자가 내가 그토록 원하는 페라리를 몰고 다닌다면 나는 자연히 이웃의 차를 몹시 갈망하게 되는데, 이 감정이 바로 '시기'다. 이에 비해 '질투'는 주로 세 사람이 관련된 상황에서 발생한다. 나를 사랑하는 줄 알았는데 그 사람이 나를 버리고 다른 애인에게 가 버렸다. 그러면 나는 그 사람을 뺏어간 다른 애인을 미워하거나 나를 버리고 다른 애인에게 가 버린 그 사람을 미워하게 된다. 사랑하는 사람이 떠나갔을 때, 특히 오랫동안 지속된 관계에서 배우자나 파트너를 잃었을 때 그 아픔이 얼마나 큰지 잘 알기에, 우리는 질투가 동기가 된 살인 사건 소식을 들으면 크게 놀라지 않는다. 우리는 또한 사랑하는 사람을 잃는 것이 일자리를 잃는 것보다 회복하기 어렵다는 것도 알고 있다. 때문에 우리는 해고당한 노동자가 사장을 총으로 쏘아 죽인 사건보다 질투심에(특히 배우자가 다른 사람과 침대에 있는 것을 목격하고) 살인을 저지른 사건에 더 동정심을 보인다. 상황이 웬만큼 특수하지 않으면, 사람들은 질투 살인에 대해 이야기하면서 '악하다'는 말을 입에 잘 올리지 않는다. 특수한 상황의 예로 두 가지 정도를 들 수 있는데, 희생자가 가해자의 질투심을 불러일으킬 만한 행동을 전혀 하지 않은 경우[3]와 희생자가 바람을 피우긴 했으나 가해자가 "복수"를 한답시고 지나친 고문이나 신체 훼손을 가한 경우다. 이렇게 극단적인 경우를 제외하면 질투 살인은 가장 덜 악한 종류의 범죄라고 할 수 있으며, 악의 심리 등급에서도 가장 낮은 2번 카테고리 혹은 그보다 약간 높은 카테고리에 넣는 것이 적당하다.

술집에서 싸우다가 혹은 누군가와 말다툼을 하다가 폭력을 행사하는 등, 질투와는 상관없이 일어나는 다른 종류의 충동적 또는 "표출적" 폭력이나 살인도 있다. 가족 구성원들끼리 싸움이 일어나 살인으로 끝나는 경우가 여기에 속한다. 이 문제는 8장에서 더 자세히 다룰 예정이다. 이런 종류의 살인은 상대적으로 예방이 가능한 것으로 보이는데, 사건의 양상이 우리가 '흉악하다'고 말하는 것에 근접한 경우가 많다. 심각한 정신질환자가 저지른 충동적 살인이나 폭력 범행도 이 "표출적" 범죄에 포함되는데, 때로 범행이 너무 끔찍해서 흉악하게 느껴진다. 아니, 가해자가 환청을 듣고 범행을 저질렀다는 사실이 밝혀지기 전까지는 그렇다. 앞서 소개한 사례 중에 아버지의 머리를 베어 창밖으로 던진 청년의 사건도 그렇고, 어머니에게 악마가 씌어 "착한" 엄마가 안에서 풀려나기를 기다리고 있다고 믿어 어머니의 배를 가른 정신질환자의 사건도 비슷한 경우다.

'일'의 영역에서 문제가 생기면, 사뭇 다른 반응이 나온다. 범행 동기도 전혀 다르다. 공통적인 동기는 '탐욕'이다. 보험금을 노린 방화나 도둑질, 강도질 같은 비교적 흔한 범죄도 탐욕 때문에 발생하는 것이다. 일과 관련된 살인 중에는 사업상의 라이벌을 제거하는 경우, 또 실제로 일어난 일 혹은 상상 속에서 일어난 일에 대한 앙갚음을 하려는 마음이 동기로 작용한 경우도 있다. 해고당했다고 보복하는 것이 후자의 아주 흔한 예다. 학교 공부도 넓은 의미로 보면 '일'이다. 캠퍼스 대량 살인 사건 중에는 고등학교나 대학교에서 퇴학을 당한 학생이 보복 심리로 저지르는 경우가 많다. 대량 살인은 동기가 무엇이건(주로 '보복'이다), 그리고 가해자가 정신질환자건 아니건 보통 흉악 범죄로 받아들여진다. 엄청난 손실이 발생하고 수많은 죄 없는 사람이 목숨을 잃기 때문이다.[4] 극히 드문 경우를 제외하고, 대량 살인은 대개 도구적 범죄에 속한다.

질투라는 소재에 실례를 들어 이야기의 살을 붙여 나가기 전에 먼저 짚고 넘어갈 것이 있다. 표출적 동기와 도구적 동기가 함께 작용해 하나의 폭력 범죄로 나타날 수도 있다는 것이다. 누군가가 나에게 한 행동이 주체 못할 분노를 유발했을 때 이런 범죄가 일어나는데, 보통 참을 수 없는 굴욕감과 보복에 대한 열망(순간의 격정에 휩쓸린, "표출적인" 요소)이 결합하여 이 분노에 점화를 한다. 그러면 가해자는 곧 치밀한 계획을 세우기 시작한다. 폭력(주로 살인에 가까운 폭력 또는 살인을 포함한 폭력) 행위로 자신이 받은 굴욕을 만회해 "상대방과 대등"해짐으로써 자존심을 회복하려는 것이다. 저명한 법의학심리학자 리드 멜로이[Reid Meloy]는 자신의 저서에서 '카타시믹 크라이시스(catathymic crisis: 특별히 동기를 찾을 수 없는 폭력이나 살인을 설명하기 위해 제시된 이론. 범인은 (1)사고 과정의 장애 발생 (2)범행 계획을 세움 (3)감정적 긴장이 고조되어 폭력 범죄를 저지름 (4)긴장이 제거되어 표면적으로는 정상으로 돌아옴 (5)사고 체계를 회복하고 내면적 평정을 찾음이라는 다섯 단계를 거치며 범죄를 저지른다. 연쇄살인범은 마지막 단계에 이르지 않고 (2)번으로 돌아가 이 과정을 반복한다 - 옮긴이)'라는 이론으로 이러한 현상과 뒤따르는 범죄에 대해 자세히 설명했다.[5] 폭력을 유발하는 과정을 설명한 이 이론과 잭 캣츠(Jack Katz: 미국의 사회학자 - 옮긴이)가 말하는 "정의로운 학살[righteous slaughter]" 사이에는 밀접한 연관성이 있다.[6]

질투의 힘은 어디에서 오는가?

진화론적 관점에서 본 해석

질투는 우리에게 가장 소중한 것을 보호하기 위해 발산하도록 우리 두뇌에 프로그램 되어 있는, 가장 강렬한 감정이라고 볼 수 있다. 여기서 가장 소중한 것이란, 성관계를 맺고 자식을 낳아 다음 세대에 유전자를(정확히 말하면 유전자의 절반을) 함께 물려줄 섹스 파트너를 뜻한다. 평범한 사람이 영원한 생명을 얻는 가장 좋은 방법은 자식을 낳는 것이다. 소수의 천재들은 자식을 낳는 대신 다른 방법으로 불멸을 얻는다. 미켈란젤로나 베토벤, 슈베르트를 떠올리면 이해가 될 것이다. 그러나 우리 같은 보통사람들은 자손에게 의지하는 수밖에 없다. 우리의 뇌는 5만여 년 전 아프리카 대초원에 씨를 퍼뜨리던 시절과 비교해 크게 변하지 않았다. 당시에는 집단의 생존과 집단 내 개인의 생존이 남녀의 노동 분담에 달려 있었다. 여자는 아이를 낳고 양육했고, 남자는 집단의 생존을 보장하기 위해 영토 경계선을 지키고 사냥과 채집으로 먹을거리를 마련했다.[7] 그때부터 남자들에게는 지금 자신이 부양하고 있는 아이가 진짜 자신의 아이라는 확신을 갖는 것이 매우 중요했다. 또 여자들에게는 아이들이 아직 어리고 최대한의 보호와 보살핌이 필요한 시기에 상대 남자가 한눈팔지 않고 자신과 아이들에게 헌신하는 것이 매우 중요했는데, 이는 지금도 그러하다. 질투는 남자가 섹스 파트너를 빼앗기거나 아니면 자신이 그동안 부양해 온 아이가 다른 남자의 아이가 아닐까 의심이 가는 상황에서 발생한다. 여자도 마찬가지로 섹스 파트너를 잃으면 위협을 느끼지만, 아이가 아직 어리고 힘이 없을 때 자신이 버림을 받아 아이에게 필요한 부양을 받지 못하게 됐을 때 특히 더 위기감을 느낀다. 기본적으로 여자는 최소한 자신이 배고 있는 아이가 자신의 아이임을 안다. 반면 남자에게 친자 여부는 불확실한 문제다. 때문에 남자들은 상대 여자가 밴 아이가 자신의 아이임이 분명하도록 하기 위해 무슨 짓이든 다 한다. 1980년대에 DNA 테스트로 친자 확인 분쟁을 해결하는 것이 가능해지기 전까지, 친자 여부를 확신할 수 있는 거의 유일한 남자는 오스만제국의 술탄들이었다.[8] 각 술탄에게는 하렘이 있었고(하렘은 "금단의"라는 뜻이다), 이 하렘은 환관들이 보호했다(하렘의 여자들과 바람이 나는 것을 막기 위해 환관은 술탄과 다른 인종으로 뽑았다). 아직 사춘기도 안 지난 여자아이들을 금으로 장식한 하렘의 감옥으로 데려와 임신을 할 수 있는 나이가 되면 술탄이 "거둬들였"는데, 그렇게 거둬들일 권리는 오직 술탄에게만 있었다. 다른 남자들은 장기간의 약혼을 감내해야 했고, 그동안 상대 소녀의 순결은 소녀의 아버지와 남자 형제들이 보호했다. 또 정략결혼만 허용되는 나라도 많았다. 결혼 전 "데이트"는 있을 수 없는 일이었고, 신부의 처녀성이 당연한 듯 요구되었다. 배우자 한쪽이 바람을 피우는 것, 즉 간통은 엄중한 처벌을 받았고 사형에 처해지기도 했다. 그때에 비하면, 사회적으로는 그동안 많은 변화가 있었다. 그러나 우리의 뇌는 소중한 유전자의 번식을 보장하는 방향으로 진화했기 때문에, 섹스 파트너의 배신을 알게 되거나 혹은 그런 낌새를 눈치 채면 우리는 여전히 폭력적으로 반응한다. 다른 사람과 침대에 있다가 현장을 들킨 섹스 파트너를 죽이는 것이 죄가 안 되는 나라(또는 부족)도 여전히 많다. 어떤 경우는 배신의 의혹만 있는 정도인데도 "정당한 살인"으로 간주되기도 한다. 몇 년 전 컬럼비아 보고타에 있을 때, 나는 지역 신문의 7면에 아주 작게 실린 살인 사건 기사를 읽었다. 칵테일파티에서 아내가 "다른 남자를 쳐다봤다"는 이유로 한 판사가 아내를 총으로 쏘아 죽인 사건이었다(판사의 아내가 파티의 안주인이었기 때문에 남자들을 쳐다보지 않을 수 없었다). 그곳에서 그 사건은 범죄도 아니었고, 판사는 징계조차 받지 않았다.

섹스 파트너의 배신 사실 또는 배신 의혹이 질투를 위험 수위로 치닫게 만드는 다른 이유가 몇 가지 있다. 파트너에게 버림받았을 때 새로운 파트너를 구할 확률은 나이 또는 불리한 사회적 입지, 매력적이지 않은 외모, 성격 혹은 행동 때문에 극적으로 낮아질 수 있다. 젊고, 사회적 지위도 높고, 부유하고, 잘생기고, 성격도 밝으면, 잠시 상처는 받지만 위험 수준의 질투를 느끼지는 않는다. 그러나 예외는 있다. 높은 공직에 있거나 사회적으로 존경받는 위치에 있는 사람이 배신을 당하면 체면이 크게 깎이고 공개적으로 망신을 당하기 때문에 (상대방을 살해하는 것을 포함하여) 극단적인 조치만이, 최소한 배신당한 장본인에게는 유일한 해결책으로 생각되기도 한다. 셰익스피어의《오셀로》에서 오셀로가 처한 상황이 바로 이러했다. 베니스의 장군이자 키프로스의 총독 오셀로는, 데스데모나가 카시오와 바람을 피웠다고 생각했을 때, 결혼할 다른 여자를 얼마든지 구할 수 있었다. 물론 독자들은 데스데모나가 결백하며, 사악하고 교활한 이아고가 자신이 증오하는 부관의 마음속에 질투의 씨앗을 심은 것임을 알고 있다. 그러나 당시의 문화 그리고 자신의 공적인 지위 때문에 오셀로는 데스데모나의 부정을 침착하고 품위 있게 떨쳐 버릴 수가 없었다. 그래서 체면을 살리기 위해 오셀로는 아내를 죽인다. 우리는 이것을 살인으로 간주한다. 오셀로는 자신의 행동을 즉결 심판감으로 보았다—적어도 데스데모나의 하녀가 이아고의 음모를 폭로할 때까지는 그랬다. 아내를 "정의로운 살인"에 처한 것이 아니라 근거 없는 의심으로 살해했음을 알게 된 오셀로는 결국 자기 목숨을 끊는다.

셰익스피어의 희곡이 힘을 갖는 이유는, 플롯이 실제 생활에서 일어나는 상황과 비슷하며 거의 모든 사람이 살면서 한 번쯤은 느껴봤을 감정을 바탕으로 하고 있기 때문이다. 베르디의 오페라《오셀로》에는 '불타는 사랑'이 순식간에 '불타는 분노'로 변하는 장면이 나온다. 이 질투에 어떤 치명적인 결과가 따를지 우리는 충분히 짐작할 수 있다. "불타는"이라는 형용사는 질투에 사로잡힌 마음 안에 아슬아슬하게 공존하는 두 가지 감정, 사랑을 나누고픈 절실한 욕구와 폭발할 것 같은 살인 충동을 완벽하게 표현하는 단어다.

질투를 자극해 살인으로 치닫게 하는 또 다른 요소를 간과하지 말아야 한다. 때로는 위대한 열정이라고 부르고 때로는 지나친 사랑에 의한 집착이라고 부르는 감정이다. 주로 젊은 연인들의 전유물로 취급되는데, 특히 젊은이들이 《로미오와 줄리엣》의 주인공들처럼) 세상의 어느 누구도 상대방을 대신할 수 없을 것처럼 강렬하게 사랑하기 때문인 듯하다.[9] 이런 형태의 사랑을 보면 엄마와 갓난아기의 독특한 유대감이 연상된다. 갓난아기에게 엄마는 다른 사람이 대신할 수 없는 애정의 대상이다. 그러나 심리적 기반이 무엇이건, 모든 것을 소진해 버리는(그리고 그 때문에 병적이라고 말할 수 있는) 이런 식의 사랑은, 애정의 대상이 갑자기 자신을 버리고 다른 사람에게 갈 경우 살인 충동이나 자살 충동을 불러일으키기 쉽다. 스페인에 이런 속담이 있다. "El raton que no sabe mas de un agujero, el gato lo coge presto(쥐가 한 구멍으로만 드나들면 고양이에게 잡히기 쉽다)." 이 말은 애정의 상대를 단 한 명에게만 국한시키는 사람, 애정의 문제에 있어서 단 한 가지 해결책만을 고집하는 사람에게 적용시킬 수 있다. 이런 사람에게는 사랑하는 사람이 자신을 떠나가면, 특히 자신을 버리고 다른 사람에게 가면 갑자기 삶의 의미가 사라진다. 남은 선택은 죽음뿐인데, 그것이 자살일지 살인일지 혹은 살인 후 자살이 될지는 사소한 디테일에 불과하다. 여기서 흥미를 가질 만한 부분은, 이 세 가지 옵션 중 두 가지에 살인이 들어가며 그렇기 때문에 '악'의 문제가 대두된다는 것이다.

　질투 때문에 저지른 살인의 예는, 잡지나 신문에 실리는 비교적 덜 알려진 사건들은 말할 것도 없고, 범죄를 다룬 문헌에서도 수도 없이 찾아볼 수 있다. 그러한 사례들이 우리의 마음에 와 닿는 이유는, '신의 은총이 없었더라면 나도 저렇게 됐을 것'이라는 생각이 들게 만들기 때문이다. 질투를 쉽게 느끼는 성향은 모든 문화의 모든 인간이 가진 공통적 특징이다. 그리고 질투가 오페라나 연극, 소설의 주요 소재로 자주 등장하는 이유이기도 하다. 다음은 질투를 테마로 한 수백 편의 오페라 중 7개를 골라 세부 사항을 비교해 본 것이다.

표 2.1 오페라에 나오는 질투에 의한 살인 및 자살

오페라	작곡가	삼각관계	결과
오셀로 Othello	베르디 Verdi	오셀로, 오셀로의 아내 데스데모나, 카시오(오셀로가 아내의 애인이라고 착각한 대상)	오셀로가 데스데모나를 교살하고 자신도 자살.
카르멘 Carmen	비제 Bizet	카르멘, 돈 호세, 마타도르(투우사) 에스카미요	돈 호세가 카르멘을 칼로 찔러 죽임.

일 타바로 Il Tabarro(외투)	푸치니 Puccini	미셸, 미셸의 아내 죠르제타, 죠르제타의 애인 루이지	미셸이 루이지를 살해.
카티야 카바노바 Katya Kabanova	야나첵 Janáček	카티야 카바노바, 카티야의 남편 티콘, 카티야의 애인 보리스 그리고르예비치	카티야가 바람피운 것을 고백하고 물에 빠져 죽음.
메데아 Medea	케루비니 Cherubini	메데아, 지아소네, 지아소네의 새 아내 글라우체	메데아가 글라우체를 죽이고, 지아소네와의 사이에서 낳은 두 아들마저 죽인다.
카발레리아 루스티카나 Cavalleria Rusticana	마스카니 Mascagni	롤라, 롤라의 남편 알피오, 롤라의 애인 투리두	알피오가 투리두를 살해.
팔리아치 Pagliacci(광대)	레온카발로 Leoncavallo	카니오, 카니오의 아내 네다, 네다의 애인 토니오	카니오가 네다를 살해.

질투가 생물학적 장치에 의해 생기는 감정이라고 보는 견해도 있다. 진화가 우리로 하여금, 한눈파는 것을 최소화하기 위한 초기 경고 장치로서 질투라는 감정을 느끼게 만들었다고 보는 것이다. 인간이라는 종은—특히 남자가 여자보다 더—본능적으로 어느 정도 성적 문란함을 추구하는 경향이 있다. 시인 도로시 파커(Dorothy Parker: 1898~1967. 미국의 소설가 · 시인 - 옮긴이)[10]는 어느 진화심리학자보다도 이 점을 잘 이해했고, 다음과 같은 유명한 4행시를 남겼다.

히기무스 호가무스 Higgimus hoggamus

여자는 일부일처 Women — monogamous

호가무스 히가무스 Hoggamus higgamus

남자는 일부다처 Men are polygamous

인간과 가장 가까운 유인원 사촌인 침팬지는 인간보다 훨씬 문란한 것으로 유명하다.[11] 반대로, 기러기와 프레리들쥐는 평생 한 상대하고만 짝짓기를 한다. 우리 인간은 그 중간쯤에 위치하는데, 아마 기러기와 프레리들쥐 쪽에 더 가까울 것이다. 침팬지는 질투를 소재로 한 오페라를 들으면 말도 안 되는 소리라고 할 것이다. 프레리들쥐는 아예 줄거리를 이해조차 못 할 것이다. 우리가 알고 있는 대부분의 문화는 하나의 상대를 고수할 것을 장려하는데, 하나의 상대만 고수하다 보면 의무와 희망 사항이 충돌을 일으키기 마련이다. 우리에게 부과된 규칙들은 아주 오래 전에 주어진 것들이다. 한 예로, 구약성서에서는 우리에게 이렇게 경고한다. "네 이웃의 아내나 그의 여종을 탐내지 말지어다."[12] 주기도문을 암송하는 사람은 신에게 이렇게 간청한다. "우리가 유혹에 빠지지 않게 하시옵소서."[13]

질투가 불러온 희대의 살인 사건들

여기에서 소개할 질투 살인의 사례들은 사전 계획이 개입되었다면 아주 조금만 개입됐으며 주로 순간의 충동에 의해 저지른, 표출적 살인 혹은 치정 살인 타입의 사건들이다. 범행 계획이 개입된 경우도 대개는 법정에 서는 것을 피하려고 증거를 감추는 과정에서 개입된 것이다.

- 조지 스키아도폴러스 George Skiadopoulos

이 사건은 아름다운 "핀업 걸" 줄리 스컬리Julie Scully에 대한 이야기다. 줄리 스컬리는 잡지 모델로 활동하다가 부유한 사업가 팀 니스트Tim Nist와 결혼했다. 남자들은 줄리를 보고 "화끈하다"고 했지만, 사실 줄리는 매우 영리하고 기억력도 비상한 사람이었다. 그러나 마약 중독이라는 문제가 있었고, 성미가 다소 격했으며, 끊임없이 새롭고 자극적인 것을 경험하지 못하면 삶을 지루해 하는 타입이었다. 줄리는 몇 년 만에 남편에게 싫증이 났고, 카리브해 크루즈 여행 중에 젊은 그리스 선원 조지 스키아도폴러스를 만나 눈이 맞았다. 줄리는 곧 팀과 이혼하고 조지와 동거를 시작했다. 질투가 심한 조지는 번번이 줄리의 전화 통화를 엿듣고 시비를 걸었다. 심지어 줄리의 어머니가 전화를 해도 질투를 할 정도였다. 한 번은 줄리의 어머니를 목 졸라 죽이려고 한 적이 있었다. 함께 낳은 딸 때문에 계속 줄리와 연락을 주고받던 팀은, 줄리의 어머니에게 조지를 고소할 것을 권했다. 그 결과 조지는 그리스로 추방당했는데, 줄리에게 자신의 고향에 와서 함께 살자고 간청했다. 줄리는 기꺼이 그렇게 했지만, 그곳은 줄리에게 따분하고 싫증나는 작은 마을이었다. 조지에 대한 애정이 식은 줄리는, 딸을 보러 미국으로 돌아가겠다고 했다. 그러자 조지는 줄리를 외딴 곳으로 유인해 목 졸라 죽이고, 시체를 토막 내 에게해에 던져 버렸다. 경찰은 아내가 "실종됐다"는 조지의 주장이 거짓말임을 간파했고, 조지는 재판에서 가석방의 여지가 없는 종신형을 받았다. 사건의 극적인 성질 때문에 흉악 범죄로 보이지만, 사실 스키아도폴러스의 결함은 지나친 질투와 분노, 충동 성향 정도에 불과했다. 덧붙이자면, 줄리를 놓아 주지 않음으로써 자신이 감당할 수 있는 것 이상으로 욕심을 내고 만 것이 결정적인 과오였다. 나는 조지 스키아도폴러스를 악의 심리 등급에서 카테고리 2에 넣었다. 이 사건은 《카르멘》의 줄거리와 닮은 점이 많다. 매혹적인 집시 카르멘은 줄리와 닮았고, 여자에게 버림받자마자 그 여자를 죽여 버린 조지는 돈 호세를 생각나게 한다.[14]

– 클라라 해리스 Clara Harris

미국의 유복한 가정의 무남독녀로 자라난 클라라 수아레스 해리스 Clara Suarez Harris 는 커서 치과의사가 됐는데, 같은 치과의사 데이비드 해리스 David Harris 와 만나 결혼에 골인했다. 클라라 부부는 텍사스주 휴스턴의 부자 동네에 살면서 사업도 크게 번창시켰다. 처음 몇 년간은 아이가 없었지만, 얼마 후 클라라는 쌍둥이를 낳았다. 키가 후리후리하게 크고 매력적인 클라라는, 아이를 낳은 후에는 엄마로서 그리고 치과의사로서 더욱 바쁜 나날을 보내게 되었다. 클라라의 삶에서 밀려난 기분이 든 데이비드는 병원의 접수원 게일 브리지스 Gail Bridges 와 바람을 피우기 시작했다. 그러나 두 사람은 신중하지 못했고, 곧 클라라의 귀에 소식이 들어갔다. 클라라는 사립탐정을 통해, 데이비드와 게일이 호텔에 투숙한 것을 알게 되었다. 당장 차를 몰고 그곳으로 달려간 클라라는 두 사람이 호텔에서 함께 나오는 장면을 본 순간, 액셀러레이터를 밟아 남편을 향해 돌진했다. 그리고 남편을 세 번이나 들이받아 그 자리에서 죽여 버렸다. 클라라 해리스 사건은 타노워 박사를 살해한 진 해리스(클라라와는 관계가 없다)나 앞서 언급한 조지 스키아도폴러스처럼,

질투에 눈이 멀어 순간적으로 "이성을 잃은" 전형적인 케이스였다. 그러나 클라라의 행동에는 어느 정도 고의성이 엿보인다(남편과 애인이 있다는 곳으로 직접 찾아갔고, 그럼으로써 자신의 감정을 일부러 고취시키고 폭력을 저지를 가능성을 높였다). 또한, 남편이 이미 바닥에 쓰러졌는데 차를 후진시켰다가 다시 돌진한 "과잉 살상"의 면도 무시할 수 없다.[15] 이러한 점들을 고려해 나는 클라라 해리스를 카테고리 6에 집어넣었다.

- 제러미 에이커스^{Jeremy Akers}

미시시피주 노동자 계층의 가정에서 태어난 제러미 에이커스는 A학점만 받는 모범생에 뛰어난 보디빌더였으며, 모든 면에서 경쟁심이 강한 사람이었다. 키에 콤플렉스가 있었던 그는, 무엇을 하든 필요 이상으로 노력하면서 항상 자신의 한계를 시험하곤 했다. 제러미는 법대를 졸업하고 베트남전에 참전해 훈장도 여러 개 탔다. 돌아오자마자 그는 미 동북부 유복한 가문 출신의 낸시 리처즈^{Nancy Richards}와 결혼했다. 낸시의 부모는 제러미의 급한 성질과 거친 매너를 보고 결혼에 반대했다. 지나칠 정도로 남성우월주의 성향이 강했던 제러미는 평소에 성질을 잘 내고 아내에게 위압적으로 굴었으며 고집도 셌다. 그러나 진짜 문제는 질투가 너무 심하고 소유욕이 강하다는 것이었다. 결혼 생활은 이내 삐걱거리기 시작했다. 낸시는 세 번째 아이를 낳고서 우울증이 심해졌고 체중도 많이 늘었다. 제러미는 낸시의 외모를 가지고 트집을 잡으며 모욕을 주기 시작했다. 낸시가 살을 빼서 원래의 몸매로 돌아오고 성형수술까지 받았는데도 제러미의 태도는 변함이 없었다.

결혼 생활에 점점 불만이 쌓인 낸시는 자기보다 스무 살이나 어린 트럭 운전수 짐 렘키Jim Lemke와 부쩍 친해졌다. 두 사람은 문학에 공통적으로 관심이 있었다. 짐은 취미로 시를 썼고, 낸시는 소설을 썼다. 곧 두 사람은 연인 관계로 발전했고, 한동안은 짐이 그냥 "친구" 행세를 하며 에이커스 부부의 집에 들어와 살기까지 했다. 비록 짐은 부인했지만 제러미는 두 사람의 관계를 의심하기 시작했다. 그러다가 낸시가 이혼 신청을 하자, 이미 부글부글 끓고 있던 질투심이 마침내 폭발했다. 제러미는 다시 한 번 잘해 보자고 낸시를 설득했지만, 낸시는 거절하고 다른 곳에 가서 짐과 동거를 시작했다. 그러나 이혼 소송을 걸면 죽여 버리겠다는 제러미의 협박을 가볍게 여긴 것이 실수였다. 결국 이혼의 세부 조건을 의논하자며 집으로 낸시를 유인한 제러미는 38구경 권총으로 낸시를 살해했고, 몇 시간 후 자신도 권총으로 자살했다.[16] 이 사건은 평소에는 ('비열하다' 정도면 몰라도) 아무도 '악하다'고 보지 않았을 사람이 상황에 따라 "흉악한" 범행을 저지르게 될 수 있다는 것을 보여주는 또 하나의 사례가 된다. 제러미가 살인 외에 다른 해결책은 없다고 믿게 된 데에는 자존심과 질투심이 가장 큰 몫을 했을 것이다. 캣츠 교수가 말하는 "정의로운 살인"이 바로 이런 경우다. 제러미의 심각한 자기중심적 성향은 둘째치고라도 사건에 치밀한 범행 계획 그리고 속임수(낸시를 집으로 유인한 것)까지 개입됐으므로, 이 사건은 카테고리 7에 적합하다.

- 조너선 나이스Jonathan Nyce

펜실베이니아주의 노동자 가정에서 네 형제 중 첫째로 태어난 조너선 나이스는 공부를 좋아하고 조용한 성격이었다. 사람을 대할 때면 쭈뼛거렸고 특히 여자애들 앞에 가면 유난히 자신감을 잃었다. 그러나 인격 형성기에 학대를 당하거나 부모를 잃은 것은 아니었다. 어렸을 때 공부를 잘한 조너선은 자라서 분자생물학 박사 학위를 땄다. 그리고 본인이 천식 환자였기 때문에 자연스럽게 천식 연구에 매진하게 되었다. 조너선의 첫 번째 결혼은 7년 만에 파경을 맞았다. 그 후 조너선은 필리핀 여자 메쉴리 리비에라 Mechily Riviera와 편지를 주고받기 시작했고, 결국 마닐라에 가서 메쉴리를 직접 만나고 청혼을 했다. 메쉴리는 청혼을 받아들였다. 조너선은 당시 메쉴리보다 나이가 두 배나 많은 마흔 살이었지만, 서른두 살이라고 속였다. 1990년대 초에 두 사람은 벌써 아이 둘을 낳았고, 조너선은 천식 특효약을 생산할 목적으로 제약회사를 설립했다. 조너선이 사업 투자 자본을 웬만큼 끌어 모았기 때문에, 그들은 큰 집으로 이사가 호화롭게 살 수 있었다. 그런데 9/11 사태 이후 자본이 빠져나가면서 사업은 하락세를 타기 시작했다. 그런데도 조너선은 집 안에 체육실을 설치했다. 메쉴리가 동네 헬스클럽에 가서 다른 남자들과 눈이 맞을까봐 두려워한 것이다. 메쉴리는 젊고 매력적인 여자였다. 그러나 진짜 문제는 메쉴리를 대하는 조너선의 태도였다. 그는 메쉴리가 자기 하렘의 첩이라도 되는 양 구속하려 들었다. 설상가상으로 조너선이 나이를 속인 것이 발각되었다. 거기에다 돈 문제까지 겹치자 상황은 걷잡을 수 없이 나빠졌다.

이렇게 불안한 상황에서 메쉴리는 자신이 고용한 조경사에게 호감을 갖게 되었는데, 이번에도 그녀는 거짓말쟁이에게 걸려든 셈이 되었다. 상대방이 이름을 속인 것이다. 메쉴리는 그 조경사를, 그가 사용한 여러 가명 중 하나인 "엔요^{Enyo}"로 알고 있었는데, 진짜 이름은 미겔 데헤수스$^{Miguel\ DeJesus}$였다. 조너선은 회사 운영권을 빼앗겨 그렇잖아도 우울해 하고 있던 차에, 아내의 외도를 눈치 채고는 사립탐정을 고용해 사실을 확인했다. 그리고 어느 날 밤, 미겔과 함께 있다가 집에 돌아온 메쉴리를 덮쳐 야구방망이로 머리를 부숴 버렸다. 조너선은 자기 차의 조종석에 시체를 넣고 차를 강둑 너머로 밀어 버린 다음, 경찰에는 메쉴리가 사고로 사망했다고 신고했다. 그러나 곧 사건의 진상이 밝혀졌고, 체포된 조너선은 유죄 판결을 받았다. 판사는 이례적으로 관대함을 베풀어, "치정 살인/과실치사"로 5년형을 선고했다. 조너선은 오늘날까지도 살인 혐의를 부인하고 있다. 이 사건은 충동 살인이지만 경찰을 속이고 체포를 피하려고 사건 현장을 "조작"하는 치밀함이 개입되었다. "표출적" 범죄에 "도구적" 범행이 더해진 사건인 것이다. 조너선 나이스는 비록 질투심이 심하고 자기도취적이긴 하지만, 사이코패스 성향은 없었다.[17] 따라서 이 사건은 악의 심리 등급에서 카테고리 8에 속한다.

다른 종류의 충동 살인: 분노가 불러온 사례를 중심으로

순간의 충동으로 일어난 살인 사건이라고 해서 전부 질투심 때문에 일어나는 것은 아니다. 단 몇 초 만에 불타오른 분노가 원동력이 될 수도 있고, 서서히 화가 쌓이다가 어느 순간 살인적인 분노로 폭발하는 경우도 있다.

이때 가해자는 "너무 화가 나서 눈앞이 하얘진 상태"에서 살인을 저지른다고 한다. 이런 상태가 되면 이성과 통제력이 순간적으로 사라진다. 마치, 눈가리개를 한 채 브레이크도 없는 차를 최대한 속력을 내서 달리는 것과 같다. 이 정도의 분노를 불러일으킨 요인은 극도의 굴욕감일 수도 있고 아니면 견딜 수 없는 상황에 갇혀 있는 숨 막히는 기분일 수도 있다. 이런 상황에서 살인을 저지르는 사람들은 대부분 사이코패스 기질은 없다. 그러나 악의 등급표에서 카테고리 번호가 점점 올라갈수록 극도의 자기중심적 성격과 함께 사이코패스 기질을(예를 들면 타인에게 냉담하다거나 양심의 가책을 못 느끼는 것) 다소 보이는 경우가 간간이 있다. 여기서 논할 대상은, 평소에는 악하다는 소리를 거의 듣지 않는 사람들이 저지르는 흉악한 "범행"이다. 그런데 앞으로 살펴보겠지만, 어떤 경우에는 분노가 지나쳐 희생자를 수십 번 찔러 신체를 훼손한다거나 시체를 불태우기까지 한 사건도 있다. 이 경우 우리는 희생자들이 얼마나 고통스러웠을까 상상하면서, 심장을 칼에 찔리거나 관자놀이에 총알 한 방 맞아 죽은 경우에 비해 더 주저 없이 "악하다"는 판단을 내리게 된다.

- **수전 커밍스**Susan Cummings

억만장자 군수업자와 그의 스위스인 아내 사이에서 태어난 이란성 쌍둥이 자매 중 한 명인 수전 커밍스는, 버지니아주의 농지에 있는 거대한 저택에 살면서 말 사육장을 운영했다. 쌍둥이 중 다른 한쪽이 얼굴도 예쁘장하고 인기가 많았던 데 반해, 수전은 데이트도 거의 못 하고 수줍음을 많이 탔으며 여성적이기보다는 사내아이 같은 구석이 있었다. 그런 수전이 아르헨티나 출신 폴로 선수 로베르토 비예가스$^{Roberto\ Villegas}$와 사랑에 빠졌다. 로베르토는 원래 수전에게 폴로를 가르치기 위해 고용된 사람으로, 가난한 집에서 태어났지만 이제는 버지니아주에서 "승마에 열광하는" 부유층 사람들과 어울려 지냈다. 1995년 두 사람은 동거를 시작했지만, "신혼"은 오래 가지 않았다. 서로에게 싫증이 나기 시작한 것이다. 로베르토는 화를 잘 냈고 말도 함부로 했다. 수전을 두고 바람을 피운다는 소문도 있었다. 수전은 로베르토를 성적으로 냉담하게 대했고, 돈 문제에 인색해서 로베르토뿐 아니라 다른 사람들까지 멀리했다. 그 지역 농장주들의 말에 따르면, 수전이 엄청난 부자임에도 불구하고 5,000달러나 하는 말을 끈질기게 값을 깎아 겨우 500달러에 사가려고 했을 정도였다. 1997년에 이르자 로베르토와 수전의 관계는 폭발 지점에 이르렀다. 결국 그들의 관계는 수전이 자신의 집 부엌에서 총으로 로베르토를 (네 방이나) 쏘아 죽이는 것으로 결말이 났다. 무기를 취급하는 아버지 밑에서 자란 덕분에 수전은 9밀리미터 발터 반자동 소총을 제법 다룰 줄 알았다. 체포됐을 때 그녀는 정당방위를 주장하며 자기 몸에 난 상처를 보여줬고 증거로 칼까지 제시했다. 그러나 일부 검찰 관계자들은 그 상처가 살인을 정당화하기 위해 자기 스스로 낸 것이라고 보았다. 법정에서 과실치사 유죄 판결이 내려졌지만, 수전은 겨우 60일 수감형을 받는 데 그쳤다.[18] 수전 사건은 에밀리 브론테$^{Emily\ Bronte}$의 《폭풍의 언덕》에서 히스클리프가 캐시의 딸에게 그랬듯, 증오와 앙심에 찬 짐승 같은 남자가 연약한 여자를 학대해서 초래된 사건이 아니다.[19] 로베르토가 이상적인 애인은 아니었지만, 두 사람 사이의 긴장을 고조시켜 살인으로 치닫게 한 데는 수전도 분명 큰 몫을 했다. 이런 이유로 나는 수전의 사건이 카테고리 4, '정당 방위로 죽였으나, 이미 희생자를 해칠 준비가 돼 있었던 경우'에 해당한다고 본다.

– 로버트 로우 Robert Rowe

로버트 로우는 개신교 집안의 두 형제 중 맏이로 태어나 변호사가 되었다. 그는 완고한 어머니의 끈질긴 반대에도 불구하고 카톨릭 신자인 메리Mary와 결혼했다. 두 사람은 아들 둘을 낳았는데, 바비Bobby는 정상적인 아이였지만 크리스Chris는 메리가 임신 초기에 풍진에 걸리는 바람에 날 때부터 시각과 청각을 못 쓰게 되었다. 로버트는 놀랍게도 장애를 가진 아이를 아주 담담하게 받아들였다. 그는 자신과 같은 처지의 부부들을 모아 서포트 그룹을 결성했고, 회원들은 로버트의 밝은 태도와 어려움을 극복하려는 자세에서 힘을 얻었다. 로버트가 마흔이 되던 해, 메리와 로버트 부부는 제니라는 여자아이를 입양했다. 그로부터 3년 후 로버트의 어머니가 돌아가셨다. 그런데 임종 전 로버트에게, 다른 두 아이를 낙태한 것처럼 너도 낙태를 했어야 했다고 잔인한 "고백"을 한 것이 화근이었다. 그것으로 멈추지 않고 그녀는 로버트에게 보잘것없는 회사원에 별 볼일 없는 인간, 하자 있는 집안의 가장이라고 모욕했다. 그리고 마지막 일격으로, 로버트의 상속권을 박탈하고 얼마 있지도 않은 유산을 동생인 케니Kenny에게 몰아주었다. 로버트는 어머니가 자신에게 가족을 다 죽이라고 부추기는 꿈을 반복해서 꾸었다.

더불어 심각한 우울증에 빠졌고, 환청도 듣기 시작했다. 한 번은 자기도 모르게 부엌칼을 집어 들었다가 정신을 차리고 황급히 집 밖으로 뛰쳐나가기도 했다.

로버트는 정신과 의사와 상담을 하면서 우울증과 불안증에 대한 약을 처방받아 먹기 시작했다. 이 때문에 더 이상 변호사로 일할 수 없게 되자, 대신 뉴욕에서 택시 운전사로 일하기로 했다. 그런데 그만 자신의 부주의로 택시를 도둑맞았고, 택시 영업 면허증 값으로 지불한 2만 5,000달러를 그대로 날리게 됐다. 이제 메리가 밖에서 일하는 대신 가정주부로 눌러앉게 된 로버트는 더 심한 우울 증상을 겪기 시작했다. 설상가상으로 "정상적인" 아들 바비가 선천성 고관절병으로 평생 휠체어 신세를 질지도 모른다는 소식을 듣자, 그는 더욱 극심한 우울증에 빠졌다. 로버트는 약 복용을 중단했고, 우울과 절망의 나락으로 떨어졌다. 그는 크리스를 특수 시설에 보내자고 했지만, 메리가 격하게 반대했다. 이렇게 끝없이 악화되던 상황이 마침내 막장으로 치달은 것은 1978년 2월이었다. 로버트가 야구방망이로 세 아이를 때려죽인 것이다. 그는 퇴근한 메리에게 눈가리개를 씌우고, "깜짝 놀랄 일"이 기다리고 있다고 했다. 그 깜짝 놀랄 일이란 야구방망이에 맞아 죽는 일이었다. 그런 다음 로버트는 오븐의 가스를 틀어 놓고 자살을 기도했지만, 이웃이 그를 구조해 냈고 경찰에 신고했다. 로버트 로우는 가족 살해 혐의를 인정했고, 법무 정신병원에 수감되었다.

3년 후 석방된 그는 서서히 정상적인 삶을 되찾아 갔다. 재혼을 하고 아들까지 하나 낳은 로버트 로우는 5년 후 68세의 나이로 삶을 마쳤다. 이 사건은 비극적 상황과 후회, 속죄까지 삼박자를 모두 갖춘 사건이다. 로우는 비록 일시적으로 (환청을 듣는 증상의) 정신병적 우울증[20]을 앓기는 했지만 사이코패스 기질은 전혀 보이지 않았다. 로우의 사건은 카테고리 5, '절박한 상황에 몰려 (주로 가족이나 친척을) 살해하지만 사이코패스 성향은 없는 경우'에 해당한다. 이 사건이 대중에게 "흉악한" 범죄로 비친 것은, 온 가족을 둔기로 때려 죽였다는 것 때문이었다. 또한 아내에게 눈가리개를 씌우고 거짓말을 했다는 점에서, 사전 계획이 개입되었다고 봐야 한다.[21]

– 수전 라이트 Susan Wright

열여덟 살의 젊고 예쁜 수전 와이크 Susan Wyche는 한때 디스코클럽에서 고고 댄서로 일한 적이 있었다. 수전이 일하는 클럽에 놀러온 제프 라이트 Jeff Wright는 수전에게 한눈에 반하고 말았다. 그렇게 시작된 격렬한 연애로 수전은 임신을 하게 됐는데, 제프는 수전이 임신 8개월이 되도록 결혼을 미뤄 그녀를 답답하게 만들었다. 제프가 꽤 성공한 세일즈맨이었기 때문에, 두 사람은 텍사스주 휴스턴의 깨끗한 동네로 이사해 쾌적하게 살 수 있었다. 그러나 제프는 코카인 중독에 여자 중독이었다. 이런 환락적인 취미는 그들의 재정 상태를 파탄으로 몰고 갔다. 제프의 바람기 때문에 수전은 성병에 걸렸다. 게다가 제프는 바람은 바람대로 피우면서 질투가 심해, 수전에게 폭력까지 행사했다. 폭력 혐의는 수전의 모친은 확증하고 제프의 모친은 부인했다.

2003년 1월, 수전의 화는 폭발점에 도달했다. 어느 날 밤 수전은 섹스 게임을 하자고 제프를 불러들여, 침대 네 모서리에 제프의 팔다리를 결박했다. 그리고 분노의 표출로, 제프의 성기를 칼로 긋고 몸 전체를 200번도 넘게 찔렀다. 제정신이 돌아오자 크게 당황한 수전은 제프의 시체를 뒤뜰로 끌어가, 제프가 (무슨 이유에선지) 파 놓은 구덩이에 넣고 덮었다. 사람들에게 남편이 "사라졌다"고 말할 작정이었지만, 두 사람이 기르던 개가 며칠 후 사체를 파내는 바람에 범죄가 들통 났다. 체포 후 열린 공판에서 검찰은 수전이 보험금을 노리고 남편을 살해했다고 주장했지만, 이는 다소 억지스러운 주장이었다. 시체가 발견되지 않았더라면 향후 7년 동안은 제프가 공식적으로 사망했다고 선고할 수 없었기 때문이다. 피고 측 변호사는 수전이 학대받는 아내였고, 분노에 사로잡혀 순간적으로 "이성을 잃었"으며, 남편이 덩치가 수전의 두 배는 되고 힘도 훨씬 셌기 때문에 수전으로서는 속임수를 쓸 수밖에 없었다고 주장했다. 여기서 주목할 것은 몸집이 큰 남자가 연약한 여자를 학대한 경우, "불공평한 몸싸움"이라는 요소를 고려해 여자 쪽에 처벌을 관대하게 내리는 경우가 있고 그렇지 않은 경우가 있다는 것이다. 수전은 절반의 형량을 채운 후 가석방이 가능한 25년형을 선고받았다. 수전 라이트는 사이코패스가 아니었다. 이 사건은 충동 살인의 요소가 있지만, 남편과의 체구 차이 때문에 공격 직전과 직후에 범행 계획이 개입되었다.[22] 수전 라이트의 살인은 카테고리 5에 적합해 보인다.

– 에드 깅어리치 Ed Gingerich

펜실베이니아주 아미시파 공동체의 구아미시파 Old Order Amish 집안 여자와 결혼한 에드 깅어리치는, 그 지역 비아미시파 중에서도 복음주의파 개신교도인 데이비드 린지David Linsey와 친구가 되었다. 데이비드는 서로 다른 두 가지 생활 방식 때문에 혼란을 겪고 있는 에드를 개신교로 전도하려고 했다. 에드는 "잉글랜드에서 온" 사람들—에드가 비아미시파 사람들을 두고 쓰는 표현이었다—처럼 "자유롭고" 싶었지만, 한편으로는 자동차와 전화, 전기나 외부인 의사의 치료를 거부하는 아미시파의 생활 방식에 깊은 유대감을 느끼고 있었다. 이런 상황이 지속되다 보니 에드는 신경쇠약에 걸려, 자신이 아미시파를 떠나는 환각을 보거나 꿈을 꾸기 시작했다. 에드는 때로 아내 케이티에게 폭력을 행사했다. 처음에 이상 증세가 나타났을 때 에드는 병원에 갔지만, 에드의 아내와 형이 의사 처방약을 먹지 말라고 설득했다. 대신 그들은 에드를 아미시 공동체의 지압사 겸 민간 치료사에게 데려갔고, 이 민간 치료사는 (다른 모든 증상에 내리는 것과 똑같이) 에드의 증상에 당밀차를 처방했다. 그러자 환각이 보이고 악마가 보이는 편집 증상이 즉시 되돌아왔다. 에드는 아무한테나 싸움을 걸고 달려들었다가 갑자기 바닥을 울면서 기어 다니는 등의 이상 행동을 보였다. 1993년 어느 날 에드가 지인의 결혼식에 참석하기 위해 다른 지역에 다녀오겠다고 했을 때, 케이티는 대신 먼 곳에 있는 약초학자를 찾아가 보라고 했다.

그 약초학자는 에드를 고치는 것이 자신의 능력 밖이라고 솔직히 시인하면서, 대신 병원에 입원할 것을 권유했다. 가족들은 강력히 반대하면서, 민간 치료사에게 다시 진료를 받는 게 좋겠다고 주장했다. 결국 지인의 결혼식 날, 에드는 분노에 사로잡혀 케이티를 주먹으로 때려 숨지게 한 뒤 아이들이 보는 앞에서 케이티의 내장을 죄다 꺼내고 두개골을 부숴 버렸다. 재판에서 에드는 "비자발적 과실치사involuntary manslaughter 유죄에 해당하나, 정신질환이 인정된다"는 판결을 받고 펜실베이니아주립교도소 내의 정신병원에 수감되었다. 그곳에서 에드는 2년을 보냈다. 한참 후에, 에드가 열 살 때쯤 말에서 떨어져 잠시 의식을 잃은 적이 있다는 사실이 밝혀졌다. 어쩌면 이것이 훗날 정신질환이 발발한 일부 원인이 됐을지도 모른다. 동네 사람 몇몇은 여전히 그를 불안정하고 언제라도 폭력을 휘두를 수 있는 사람으로 간주한다.[23] 깅어리치는 카테고리 6*, '충동적이고 성질이 격하나 사이코패스 기질은 없는 살인자'에 해당한다. 별표를 붙인 것은, 정신질환 요소에 주목하라는 뜻에서다. 이번 장의 끝에 가서, 다른 범죄에 비해 정신질환자들이 저지르는 특정 형태의 범죄가 어째서 일반인들에게 충격을 불러일으키는지 더 자세히 설명할 예정이다.

– 브루스 로완Bruce Rowan 박사

아이다호주의 대가족에서 막내로 태어난 브루스 로완은 평생 우울증에 시달리며 자살 충동 그리고 자신이 "가치 없는" 인간이라는 어두운 생각과 싸워 왔다. 우울증은 의대에 진학해서도 완화되지 않았고, 브루스는 학업 중간에 자살 충동 때문에 잠시 입원하기도 했다. 약물로 자살 기도를 한 적도 있었다. 여자친구 데비Debbie는 그럴 때마다 항상 브루스의 곁을 지켰는데, 물론 애정도 있었지만 한편으로는 자신이 떠나면 브루스가 자살을 할까 봐 두려워서 그런 것이었다. 두 사람은 결혼 후 한동안 극빈국을 돌며 의료

자선 활동을 했다. 그리고 미국에 돌아와서 여자아이 하나를 입양했다. 데비는 집을 마련해 정착하고 싶었지만, 브루스는 전 세계를 돌며 가난한 사람들을 돕고자 하는 야망이 있었다. 자신이 가치 없는 사람이라는 기분을 조금이나마 덜 수 있지 않을까 하는 희망 때문이었다. 데비는 물론 하루의 대부분을 아기와 함께 보냈다. 브루스는 자신이 집안일을 도맡아 하는 것과 아내와 "좋은 시간"을 갖지 못하는 것에 점점 더 불만이 쌓여 갔다.

그 불만이 마침내 한계점을 넘어 분노로 번진 1998년 3월, 브루스는 데비를 도끼로 살해했다. 그리고 시체를 차에 싣고 차를 언덕 너머로 굴려, 사고사로 보이도록 조작했다. 그런 다음 자기 배에 칼로 상처를 냈는데, 의학 지식을 이용해 치명적이지 않은 부위만 골라서 찔렀다. 이 사건이 일어난 날은 브루스가 데비 앞으로 부은 50만 달러짜리 보험(브루스가 수혜자였다)이 만기가 되는 날이었다. 법정에서 브루스 로완 박사는 정신질환을 이유로 무죄 판결을 받았고, 법무 정신병원으로 호송되었다. 다른 경우 같으면 분노에 의한 충동 살인으로 판결이 났을 테고 범행에 뒤따른 계획적 은폐도 고려 대상이 됐겠지만, 오랫동안 앓아온 우울증에 더 무게가 실려 무죄 판결이 난 것이었다. 이러한 관대한 판결은 아마 가해자가 극도의 자기중심적 성향에도 불구하고 사이코패스나 사디스트가 아니라는 것을 중점적으로 반영한 결과일 것이다.[24] 브루스 로완 사건은 카테고리 7, '매우 자기도취적이나 딱히 사이코패스 기질은 없으며, 정신질환이 심각하고, 주로 연인이나 가족을 살해하는 타입'에 들어맞는다. 사고처럼 보이게 "조작"한 점이나 억대 보험금을 받은 점은 차치하더라도, 도끼로 아내를 살해한 것만으로도 사람들에게 "흉악하다"는 반응을 불러일으킬 만하다. 특히 가해자가 '해를 끼치지 않는다'는 히포크라테스 선서를 한 의사였다는 점도 무시할 수 없다.

− 강 루Gang Lu

중국 중산층 가정의 네 자녀 중 하나로 태어난 강은 학업 성적이 뛰어났고, 덕분에 미국 아이오와주립대학 물리학과의 대학원에 진학할 수 있었다. 거기에서 박사 학위를 딴 그는 자신이 물리학과 우수 논문상을 탈 것이라고 내심 기대했다. 그런데 근소한 차이로 다른 중국 학생 린-화 샨Lin-hua Shan에게 상이 돌아갔다. 그러자 강은 교수들을 원망했고, 피해망상 증세도 보이기 시작했다. 그는 물리학과 교수들이 자기에게 상을 안 주려고 담합했다고 주장했다. 1991년 가을, 스물여덟 살의 강은 총기 소지 허가증을 발급받았다. 미국에서는 전과 기록만 없으면 총기 소지 허가를 받기가 매우 쉽다. 그해 11월, 강은 물리학과 과장과 자신의 논문 발표를 심사한 교수, 자신의 지도 교수였던 다른 교수 한 명, 그리고 자신이 보낸 (객관적으로 봐도 피해망상으로 가득 찬) 탄원서를 "거들떠도 안 본" 학장을 아무렇지도 않게 쏴 죽였다. 그리고 마지막으로 그의 적인 린-화 샨을 쏘아 죽이고 자살했다.

학창시절 강 루를 조금이라도 알았던 사람들은 그의 성격을 다음과 같이 묘사했다. 호전적이다, 논쟁적이다, 시샘이 심하다, 불만이 많다, 같이 지내기 힘들다, 수줍음을 잘 탄다, 외톨이다, 조용하고 사색적이다, 골을 잘 낸다, 부주의하다, 자기가 세상에서 제일 잘난 줄 안다, 자기중심적이고 까다롭다, 남의 신경을 잘 거스른다, 딱딱하다, 냉담하다, 트집을 잘 잡는다, 성마르다, 분위기를 잘 망친다, 자만심이 강하다, 피해망상이 심하다……. 포르노 영화와 폭력 영화의 팬이었던 강은, 자기도취적이고 남을 짜증나게 하는 성격이었을지는 몰라도 사이코패스는 아니었다. 이는 사실 대량 학살을 저지르는 사람들에게서 흔히 보이는 조합이다—이 이야기는 나중에 자세히 하기로 하자. 우리는 다른 종류의 살인범들에 비해 대량 살인범의 생전 모습에 대해서는 별로 아는 것이 없다. 자살을 하든 경찰의 총에 맞아 죽든, 사건이 마무리될 즈음에는 가해자도 죽어 버리기 때문이다. 강 루는 카테고리 8, '분노를 주체하지 못하며, 분노에 불이 붙으면 즉시 살인을 저지르는, 사이코패스가 아닌 살인자'에 해당한다. 이 사건을 둘러싼 반응, 특히 흉악 범죄라는 반응은 범죄의 스케일이 크다는 것—다섯 명이 사망했다—과 희생자 모두 학계에서 존경받는 멤버였다는 점이 반영된 것이다.[25]

정신질환자가 저지르는 충동 살인

정신질환자가 저지른 살인 및 기타 범행, 그 중에서도 "흉악하다"는 반응을 불러일으키는 범행을 논하면서 가장 먼저 해야 할 일은, "정신질환"이라는 용어에 내재된 모호함을 없애는 것이다. 보통사람들은 누군가가 유난히 끔찍한 범행을 저지르면, 그 사람을 두고 "미쳤다"든가 "정신이 이상하다"고 쉽게 내뱉는다. 아무 이유도 없이 그런 범행을 저질렀을 경우 더 그렇다. 누가 웬 남자의 성기를 자르고 그 성기를, 또는 신체의 다른 일부를 먹기까지 했다면, 일반 대중뿐 아니라 그 사건을 가지고 기사를 쓰는 기자들 그리고 재판을 주재하는 판사까지도 십중팔구 그 사람을 "미쳤다"고 할 것이다. 이는 그런 종류의 범행이 너무 혐오스럽고 원초적일 뿐 아니라 너무 역겹고 또 너무 드물어서, 일반인이 보기에 가해자가 도저히 "제정신"일 수가 없다고 생각돼서 그러는 것이다. 그러나 "제정신^{sane}"이라는 말은 이제 정신의학 용어보다는 법률 용어로 쓰인다. 옳고 그름을 분별할 수 있으며 자신이 저지른 행동이 어떤 성질의 것인지 이해할 수 있음을 뜻하는 말이다.[26] 대부분의 정신질환자들은 옳고 그름이나 자신의 행동을 이해 못할 정도로 현실 감각을 잃지는 않으며, 따라서 법적인 정신장애$^{legal\ insanity}$에 해당하는 경우는 매우 드물다. 편의를 위해 여기서는 '정신질환'을 현실 감각 상실, 망상 및 환각, 언어 장애 등의 증상을 장기간 앓아 온 사람에게만 국한해 사용하기로 하자. 그런데 이는 분열증 환자, 또는 (조병 환자의 전형적 증상인) 말을 아주 빨리 하는 증세나 과장 증세가 나타날 정도로 심한 기분 장애 환자들에게서 공통적으로 나타나는 증상이기도 하다. 앞서 로버트 로우나 로완 박사의 사례에서 봤듯이, 심각한 우울증 혹은 우울감으로 고통받는 사람들이 자주 보이는 극도의 자기비하도 정신질환의 한 증상이다. 어떤 경우는 생각과 기분 모두가 어두운 쪽으로 치닫기도 한다.

    이에 해당하는 사례를 하나 소개하겠다. 한 여성이 남편에게 이혼당한 뒤 정신병원에 입원했다. 얼마 후 퇴원한 그 여성은 심한 우울증을 앓게 됐는데, 동시에 수 킬로미터 떨어진 곳에 사는 전 남편이 눈으로 쏘아 보내는 독기가 창으로 들어와 자신을 아프게 만든다고 믿게 되었다. 또 다른 예로,

한 남자가 신의 명령을 받았다며 이웃을 라이플총으로 쏴 죽인 사건이 있었다. 신이 "사탄"을 죽여 세상을 "구원"하라고 명령했다며, 이웃(범인의 눈에는 이웃이 악마로 보였다)을 살해한 것이다. 가끔가다 신 또는 지하 테러 조직의 명령으로 임신한 아내나 약혼녀를 칼로 찔러 죽인 정신질환자의 이야기가 들려온다. 아내나 약혼자가 실제로는 바빌론의 창녀 또는 적국의 스파이며, 세상의 멸망을 막기 위해 그들을 반드시 죽여야만 했다는 것이다. 여기까지, 전부 정신질환의 예에 해당한다. 앞에서 정의한 의미에서의 정신질환자 대다수는 분열증(주로 사고思考에 영향을 준다)이나 조울증(주로 기분에 영향을 준다)을 앓고 있지만, 심각한 머리 부상 또는 메탐페타민이나 코카인, LSD, 알코올 같은 약물의 남용으로도 비슷한 증상을 겪을 수 있다. 마리화나를 극도로 많이, 자주 피워도 비슷한 형태의 정신질환을 유발할 수 있다. 이 모든 증상이 "정신병"에 포함되는데, 정신병이란 한 마디로 현실 감각에 심각한 이상이 오는 증상을 통칭하는 용어다. 정신병에 분열증 같은 만성 질환이나 심각한 수준의 기분 장애 또는 머리 부상이 결합되면 확실히 정신질환의 범주 안에 들어가게 된다. 다만 약물 남용의 경우는 남용이 자발적으로 이루어진다는 점 때문에, 판단하기 모호하고 논란의 여지도 있다. 우리는 얼마든지 술에 취하지 않기로 선택할 수 있고, 따라서 알코올이 나에게 "하게 만든" 짓(법정에서 가해자가 이렇게 주장하는 일이 많다)을 안 하는 쪽을 선택할 수가 있다. 사람들의 의견이 갈리는 것은 바로 이 부분이다. 일례로, 몇 년 전 노스캐롤라이나주에서 한 청년이 술에 취해 차를 몰고 가다가 운전석 창문 너머로 총을 쏘아 나란히 달리던 차에 탄 사람을 죽인 일이 있었다. 법정에서 변호사는 가해자가 "알코올로 인해 일시적 정신질환을 경험"했고 그 당시 옳고 그름의 판단이 불가능한 상태였으므로 자신의 행동에 책임이 없다고 변론했다. 놀랍게도(적어도 나에게는 놀랍다) 판사는 이 주장을 받아들였고, 가해자를 감옥이 아닌 갱생 시설로 보냈다. 내가 보기에 가해자는 자신을 어리석고 위험한 짓을 저지를 수도 있는 통제력 상실의 상태로 의도적으로 몰아넣었고, 따라서 두 배로 죄가 있으며 두 배로 위해한 사람이라고 봐야 마땅하다.

그러나 명백하고 만성적인 정신질환으로 초점을 돌리면, 논란의 여지나 의견 차이는 사라진다. 조사 결과에 따르면, 흉악하다는 말이 즉시 떠오를 정도로 끔찍하고 역겨운 범행 중에 일정 비율은 정신질환자, 특히 분열증 환자가 저지른 것이다. 망상증에 시달리거나 병적인 수준의 분노에 압도당한 사람은 마치 모든 억제에서 풀려난 듯, 혹은 자신이 공격하고 있는 희생자가 "사람"이 아닌 것처럼 행동한다. 나를 구속하는 건 아무것도 없고, 상대방에게 내리는 "벌"은 아무리 심해도 부족하다. 이런 정신병자가 사지절단이나 인육 섭취, 신체 훼손 등의 폭력 범죄를 저지르면, 당장 타블로이드신문 일면에 '미친 사람은 이런 짓도 저지를 수 있다'는 일종의 경고성, 자극성 기사가 실린다. 바로 여기서 대중에 엄청난 파장이 발생하는 것이다. 보통사람들은 신문의 일면에 실린 사건이 곧 "평소에 일어나는 일"이며 그렇기 때문에 평소에 지속적으로 경계해야 한다고 생각한다. 그러나 '엄연한 사실'과 통계를 따져 보면 이야기가 다르다. 이는 정신질환과 악 그리고 두 가지의 교집합을 논하는 데 중요한 의미를 갖는 부분이다. 연쇄살인범과 대량 살인범(대개 세상에 불만이 많은 외톨이이며, 정신병자는 드물다)이 저지른 범죄를 제외하면, 정신질환자가 저지른 폭력 범죄를 묘사하는 데 '악'이라는 단어가 가장 빈번하게 사용된다. 앞서 분열증 환자인 에드 깅어리치와 병적 우울증을 앓은 로우 박사의 사례에서 이미 확인한 바 있다. 하지만 인구 전체를 표본으로 하여 살펴보면 어떤 결과가 나올까?

미국의 인구 전체를 놓고 보면, 1992년부터 1998년까지 매년 2만 건의 살인 사건이 발생했다. 그러던 것이 2003년에는 연간 1만 7,000건으로 감소했다.[27] 같은 해 폭력 범죄 희생자 수가 48만 명인데(대개는 살아남기 때문에 살인 사건보다 희생자 수가 더 크다), 다섯 명에 한 명은 응급 처치를 받았거나 병원에 입원했다. 가해자는 주로 애인(48퍼센트)이나 가족(32퍼센트)이었고, 전혀 모르는 사람인 경우는 비교적 적었다(20퍼센트). 미국에서 발생한 살인 사건에 주로 사용된 무기는 총기였다(72퍼센트). 살인범의 대다수는 남자였으며(90퍼센트), 희생자도 주로 남자였다(77퍼센트). 10만 명당 살인 발생률은 10퍼센트(1972년~1994년)에서 최근 5.5에서 6퍼센트 사이로 떨어졌다. 스웨덴은 살인범 중에 정신질환 병력이 있는 비율이 90퍼센트나 되는 데 반해 미국의 해당 수치는 매우 낮은데, 이는 미국에서 총기를 구하기가 비교적 쉽고 따라서 제정신인 사람 중에 권총이나 라이플을 구해 범죄를 저지르는 사람이 너무 많기 때문이다. 미국에서 "심각한 정도의 지속적인 정신질환"을 앓는 사람이 저지른 살인에 대한 가장 최근의 추정치는 매년 약 1,000명에 1명 정도다. 1998년 통계 수치가 1만 7,000건이었던 것을 감안하면, 그해 살인 사건의 약 6퍼센트가 심각한 수준의 정신질환자가 저지른 것이었다는 뜻이 된다. 그러나 이 수치는 잘못된 것이다. 약물 남용자 아닌 정신질환자가 저지른 살인은 전체 살인에서 겨우 3퍼센트만 차지하기 때문이다. 알코올이나 기타 약물 남용자가 저지른 살인은 전체의 9퍼센트에서 심하면 15퍼센트까지 차지한다.[28] 영국에서도 "미친 사람"에 살해될 확률보다 알코올중독자에게 살해될 확률이 훨씬 높다.[29]

기억해 둬야 할 수치가 또 하나 있는데, 정신질환자(예를 들면 분열증 환자나 조울증 환자)가 저지르는 폭력 범죄(비교적 드문 케이스인 살인은 물론이고, 경미한 폭력 범죄까지 전부 포함해서)의 비율이 3퍼센트에서 5퍼센트에 불과하다는 것이다.[30] 미국에서 병원에 강제 입원됐다가 풀려난 정신질환자 100명을 몇 년간 추적해 조사해 보면, 그 중 세 명에서 다섯 명이 폭력 행위를 저지른다는 사실을 알 수 있다. 나머지 95명에서 97명은 범행을 저지르지 않는다는 뜻이다. 이 수치를 보면, 정신질환자에게 당할까 두려워하는 일반 대중은 마음을 놓아야 마땅하다.[31] 그런데 그렇지 않다. 왜 그럴까? 우선, 정신질환자가 저지르는 폭력은 대개 충동적으로 일어난다. 이는 정신질환 범죄자들이 불안할 정도로 예측불가능하며 따라서 그만큼 무섭다는 이야기다. 둘째, 비록 드물게 일어난다 해도 정신질환자의 폭력 범행은 예측이 불가능할 뿐 아니라 종종 극단적이고 사람들을 불안하게 만드는 면이 있다. 신문 기사에도 '흉악한'이라는 형용사가 더 자주 등장한다. 이런 종류의 범죄를 논하면서 선정주의(센세이셔널리즘)를 피하기는 쉽지 않다. 다음에 소개할 몇 가지 사례는, 범행의 성질을 흐리지 않으면서 최대한 자극적인 면을 배제한 것이다.

미국 전역을 떠들썩하게 만든 사건이 있었다. 정신분열증 환자 앤드류 골드스틴Andrew Goldstein이 뉴욕시의 지하철역에서 기차가 들어오는 순간 켄드라 웹데일Kendra Webdale이라는 여성을 플랫폼에서 떠밀어 죽인 사건이었다. 체포된 앤드류는 한동안 감시를 받으며 처방된 항정신병 약을 복용했지만, 얼마 후 혼자 살기 시작했고 동시에 약 복용도 멈췄다. 그러자 병이 재발해 망상과 환각에 시달리게 됐고, 누가 자극하지 않았는데도 공격적인 행동을 보였다. 응급실에 실려 오는 횟수가 부쩍 늘었고, 더불어 강제로 약을 복용하다가 혼자가 되면 또 약 복용을 등한시하고 그 결과 극심한 정신병 증상이 재발하는 "회전문" 현상이 시작됐다. 켄드라 웹데일 살인 사건을 계기로 미 국회는 심각한 정신질환자에게 장기적으로 외래 치료를 지원해 주는 "켄드라 법"을 제정했다.³² 이 프로그램을 실시한 지역들은 정신질환자의 폭력 행위 빈도를 (완전히 제거하지는 못했지만) 크게 감소시키는 데 성공했다.³³

2007년 3월 시애틀의 한 지역 신문에는 이런 기사가 실린 적이 있다. "여섯 살 난 딸을 익사시키고 머리를 벤 뒤 남은 사체를 다리에서 던져 버린 정신질환 여성이 일급 살인 혐의에 대한 유죄를 인정했다."³⁴

어머니를 오랫동안 학대한 전력이 있는 40대의 정신분열증 남성의 사례도 있다. 그는 병원에 여러 차례 입원했다 퇴원하는 것을 반복했다. 앤드류 골드스틴과 비슷한 패턴으로, 이 사람도 집에 돌아오면 약 복용을 중단했고 그 결과 병이 재발했다. 그는 FBI가 자기를 따라다닌다는 망상에 빠졌고, 다른 사람들의 돈과 신용카드를 다 뺏으면 세상을 구원할 수 있다고 믿었다. 돈과 신용카드만 없으면 "전쟁이나 범죄가 사라질 것"이라고 생각한 것이다. 그는 환각을 쫓아 거리를 배회하거나 아니면 자신이 곰으로 변했다는 망상에 사로잡혀 이상 행동을 했다. 어느 날부터는 어머니가 "사탄"이라고 믿기 시작하더니, 급기야 칼로 어머니를 여러 차례 찔러 살해한 뒤 어머니의 두 눈을 도려내고 이렇게 말했다. "이제 세상이 다시 앞을 볼 수 있게 됐다." 그는 신이 "사탄을 죽이라"고 명령을 내리는 환각에 시달렸고, 어머니를 죽여야 한다는 생각에 사로잡힌 것도 그 때문이었다. 그런데 그 사건이 있기 며칠 전 병원 응급실에 갔을 때 그는, 인공위성에서 나오는 방사선이 자기 뇌에 들어와 생각을 조종하고 있으며 자신이 위험에 빠졌다는 생각이 들게 만든다고 의사에게 털어놓았다. 사건이 터지자마자 언론은 흉악 범죄니 뭐니 떠들어댔지만, 가해자가 심한 정신병자임이 밝혀지자 대중의 반응은 수그러들었다. 이웃들은 그가 약을 복용하는 동안에는, 병원에 입원했을 때 빼고 항상 같이 지낸 어머니에게 줄곧 예의바르고 따뜻하게 굴었다고 증언했다.

이번에는 자식을 낳은 지 얼마 안 된 20대 후반 남성의 이야기다. 그는 아버지가 되면서 생긴 새로운 책임과 요구—아기에게 살갑게 굴어야 하고, 늘어난 가족을 부양하기 위해 끊임없이 일해야 하며, 아내의 관심이 갓난아기에게만 쏠리는 것도 감내해야 하는 등—에 힘들어했고, 그 부담감이 이 나약한 남자를 한계로 몰아붙였다. 결혼 전에도 우울증과 싸워온 그는 이제 병적인 우울증에 시달리게 되었다. 어느 날, 아기와 함께 죽어서 더 큰 파멸로부터 세상을 구원하라는 신의 음성을 들은 그는 아기를 품에 안고 창밖으로 뛰어내렸다. 아기 아버지는 목숨을 건졌지만, 불행히도 아기는 죽고 말았다. 그는 법원의 명령으로 법무 정신병원에 수감되었다.

마리화나 때문에 "극악무도"하거나 "타락한" 범죄를 저지르게 되는 일은 드물지만, 약물에 유난히 취약한 사람이 마리화나를 남용하면 때때로 폭력 범죄를 저지르기도 한다. 한 재능 있는 젊은 예술가가 점점 악화되는 가정 문제 때문에 하루에도 여러 번씩, 매일같이 마리화나를 피우기 시작했다. 그 가족 문제란 아버지가 죽고 난 뒤 어머니가 자신을 자꾸 유혹하려고 드는 것이었다. 긴장은 고조되고 마리화나에 취해 자제력은 점점 약해져 가는 상태에서, 어느 날 갑자기 그는 "이성을 잃고" 충동적으로 어머니를 둔기로 때려 숨지게 했다. 마리화나를 피우는 동안 그는 어머니가 악마이며 어머니를 죽이는 것이 자신에게 주어진 임무라는 망상에 시달렸다. 그러나 마리화나를 끊은 지 몇 년 째인 지금은 병원에서 처방한 약도 성실하게 복용하고 있고, 그동안 갤러리에서 개인전도 몇 차례 열었다. 이렇게 빠른 회복이 가능했던 데는 가해자에게 사이코패스 기질이 없었다는 점이 가장 큰 이유가 됐다. 더불어, 마리화나를 끊자마자 정신병적 사고에서 벗어난 것도 한몫을 했다.

사이코패스 성향을 가진 인간이 마리화나를 남용하면 극단적인 결과를 초래할 수 있다. 대중이 보기에 흉악하기 그지없는 범죄를 저지르는 것이다. 1989년에 언론이 "처참한 모니카 벌Monica Berle 살인"이라고 떠들어 댄 사건이 있었다.[35] 댄서 모니카 벌의 살해범은 친구의 소개로 모니카를 만나 동거하게 된 남자로, 마리화나를 피우기도 많이 피웠지만 밀매도 했다. 그는 과대망상에 사로잡혀 자신이 "하나님"이라고 믿기 시작했다. 그리고 자신의 임무는 "사탄 숭배 컬트 집단의 리더가 되어 단원들로 하여금 내 성전에 불복종하는 인간들, 나를 악마라 부르는 이들, 내가 새로운 메시아라는 것을 부정하는 인간들을 파멸시키도록 하는 것"이라고 믿었다. 그는 자신을 "966"이라고 불렀는데, 이유는 1966년에 벽에서 세 명의 신이 나와 그의 앞에 홀연히 나타났기 때문이었다. 그는 모니카를 살해한 뒤 시체를 토막 낸 다음 잘라낸 머리를 물에 삶았고, 발라낸 살점은 양동이에 담아 창고에 보관했다. 그 살점을 익혀 "고기"라며 동네 노숙자들에게 나눠 주는 '비뚤어진 관대함'을 보였다. 그는 살아 있는 생물의 고통에 일찍부터 경멸을 보였는데, 그 증거로 청소년기와 성인기 내내 개와 고양이를 학대했다. 이것이 어쩌면 훗날 희생자를 살해하고 사체를 절단한 범행 방식의 전조였는지도 모른다. 가해자가 사이코패스이면서 약물을 남용할 때만 일시적으로 정신병적 징후를 보였으므로, 이 사건은 카테고리 16, '살인을 포함하여 다수의 잔학 행위를 저지른 경우'에 들어간다. 이상하게도 그는, 어쨌든 알려진 바에 의하면 자신은 인육을 먹지 않았다. 대신 증거를 없애기 위해 희생자의 사체를 토막 내기는 했다. 그 토막 낸 희생자의 살점을 마치 진짜 식용 고기인 것처럼 남에게 나눠준 것은 대리 식인 행위라고 볼 수 있다. 물론 그렇게 해서 시체를 더 편리하게 없앨 수 있었고, 그 때문에 검찰 당국이 사건을 기소하는 데 어려움을 겪기도 했다.

때로는 "크랙(순도를 높인 코카인 - 옮긴이)" 같은 강력한 약물의 만성적 남용이 편집형 정신분열증과 유사한 정신병적 증세를 유발하기도 한다. 누군가 자기를 괴롭힌다는 망상이 가장 두드러진 증상이고, 누군가 자기에게 폭력을 저지르라고 명령하는 환각도 흔한 증상 중 하나다. 람 루옹$^{Lam\ Luong}$이 그런 환청을 들었는지 아닌지는 확실히 밝혀지지 않았지만, 분명한 건 그가 심한 크랙 중독자였다는 것이다. 아내(부부가 둘 다 베트남계 이민자였다)와 심한 말싸움을 벌인 그는, 어느 날 앨라배마주 모빌의 어느 다리에서 네 아이를 던져 버렸다. 제일 큰 아이가 세 살이었고, 겨우 4개월 된 아기도 있었다. 루옹은 처음엔 범행을 인정했다가 곧 증언을 철회하고, 어떤 여자가 아이들을 먹여 주고 입혀 준다고 데려갔다고 우겼다. 그러나 얼마 후 며칠에 걸쳐 네 아이의 시신이 발견되었다. 언론은 루옹을 "짐승 같은 인간"이라고 비난했고, 사형 제도에 반대하는 사람들은 당국에 편지를 보내 '원칙적으로는 사형제에 반대하지만, 루옹은 예외로 사형시켜 달라'고 요구했다.[36]

루옹 살인 사건은 네 아이를 한꺼번에 살해했다는 충격 때문에 일제히 신문 일면에 실렸지만, 언론의 주목이 그리 오래 가지는 않았다. 루옹의 사회 경제적 지위가 낮았기 때문이다. 2001년 6월 텍사스에서 자신의 다섯 아이를 전부 익사시킨 앤드리아 예이츠$^{Andrea\ Yates}$의 경우는 사뭇 달랐다. 앤드리아는 고교 졸업 때 졸업생 대표를 할 정도로 공부를 잘 했는데, 간호사로 일하다가 1993년 러셀 예이츠$^{Russel\ Yates}$를 만나 결혼했다. 남편은 앤드리아에게 집에서 아이들을 돌볼 것을 요구했고, 학교 교과과정도 집에서 가르치게 하고 심지어 일요일 예배도 집에서 보게 했다. 러셀은 NASA의 컴퓨터 엔지니어로, 당시 중상층 정도의 수입을 벌어들이고 있었다. 그런데도 그는 한때 자신이 트레일러하우스(이동 간이 주택)로 개조한 버스에서 온 가족이 살도록 했다. 앤드리아는 우울증 가족력이 있었다. 넷째 아이를 낳고 산후우울증에 걸린 앤드리아는 막내 아이를 낳고서는 아기가 생후 6개월이 될 때까지 한 층 극심한 우울증에 시달렸다(자살 기도도 한 번 했다). 그렇게 답답한 공간에 갇혀 다섯 아이를 돌보며 살기란 결코 쉽지 않았을 것이다.

어쩌면 그러한 현실이 우울증을 불러왔고 결국 정신병의 수준에 이르렀는지도 모른다. 앤드리아는 환청을 듣기 시작했고, 아이들을 죽여야 한다는 충동에 한동안 시달렸다. 평소 앤드리아의 다정한 성격을 알면, 상상할 수도 없는 증상이었다. 막판에 받은 정신과 치료는 질적으로 그리 좋은 치료가 아니었다. 의사는 두 가지 다른 항우울제와 항정신병약을 처방해 줬는데, 항정신병약은 그나마 사건이 나기 직전에 복용을 중단했다. 어리석은 결정이었다. 그때쯤에는 가족들 모두 제대로 된 집에 들어와 살고 있었는데, 바로 이 집에서 앤드리아는 아이들을 익사시켰다.[37] 아이를 한 명 죽인 것보다 네다섯 명을 죽였을 때 사회적 파장이 더 큰 것은 어찌 보면 당연하다. 그러나 앤드리아 예이츠 사건이 루옹 사건에 비해 더 파장이 컸던 것은 앤드리아의 가족이 사회적 지위가 더 높았기 때문이었다. 당시 앤드리아는 "자존감을 완전히 잃고, 아무 도움 없이 혼자 다섯 아이를 키우느라 지칠 대로 지쳤는데 답답함을 호소할 데도 없었던, 수줍음 많은 여성"으로 묘사되었다.[38] 우리가 생각하는 "악"의 범주에는 어울리지 않는 사람으로 보인다. 그러나 일단 재판이 시작되자 사건의 극적인 성질과 여론의 방향 때문에 정신착란을 책임 경감 사유로 내세운 변호가 먹히지 않았고, 앤드리아는 종신형을 선고받았다. 그러다가 항소심에서 1심의 판결이 뒤집혀, 앤드리아는 애초에 받았어야 마땅한 법무 정신병원 수감형을 받았다.

식인 행위가 포함된 범죄에는 근친상간보다도 더 격한 혐오감을 불러일으키는 면이 있다. 성기 절단이나 다른 신체 부위의 훼손과 같은 예외적 경우를 제외하고는, 다른 어떤 폭력 범죄와도 비교가 안 될 정도다. 어쩌면 식인 행위의 원초적인 성질 때문인지도 모른다. 우리 안에 태곳적부터 내재된, 그러나 사회적으로 금기시되는 열망을 상징하는 것 같아서 거부감이 드는 것이다. 정신분석학 공부를 할 당시 나는 프로이트의 이론에 따라, 유아가 발달 과정에 따른 단계를 밟으며 정신적 성숙으로 간다고 배웠다. 첫 번째 단계는 구강 포식기$^{oral\ cannibalism}$로, 갓난아기가 엄마 젖만 원하는 게 아니라 엄마를 통째로 먹어 버리고 싶어 한다는 가정에 기반을 둔 것이다. 그러나 갓난아기는 말을 못 한다. 자신이 뭘 원하는지 우리에게 힌트만 줄뿐이다. 사실 이 이론은 아직 정식으로 인정을 못 받고 있다. 어쨌거나, 인육을 먹는다고 하면 치를 떠는 것은 보편적인 반응이다. 식인은 나 자신과 똑같은 한 인간을 완전히 소멸하는 행위다. 게다가 악어나 호랑이가 그러는 것도 아니고(동물에 똑같은 기준을 적용할 순 없다), 같은 인간이 사회 관습 중에서도 가장 신성한 금기를 기꺼이 짓밟겠다고 나서서 다른 인간을 잡아먹는 것이다. 나는 이렇게 생각하는 것이 보통사람들의 반응에 깔린 심리이고 또 식인 살인, 특히 "미친" 사람이 충동적으로 저지른 이야기를 들었을 때 "흉악하다"는 소리가 절로 나오는 이유라고 생각한다. 우리가 생각하기에 그런 사람은 언제든, 아무나, 전혀 예측 불가능한 방법으로 공격할 수 있다. 21세의 마크 새핑턴$^{Mark\ Sappington}$이 캔자스주 캔자스시티에서 네 사람을 충동 살인한 뒤 그들의 인육을 먹고 피를 마셨을 때, 언론은 당장 그에게 "캔자스시티 뱀파이어"라는 별명을 붙여 주었다.[39] 새핑턴은 정신분열증 환자였다. 그러나 사람들은 그를 그저 재치 있고 매력적인 젊은이로 알고 있었다. 새핑턴은 정신병 증상의 일환으로, 길에서 마주치는 사람의 피를 마시고 살점을 뜯어먹으라고 명령하는 환청을 들었다. 희생자 중 몇 명은 그가 아는 사람이었다. 이렇게 세간의 이목을 집중시킨 정신질환자의 잔학 범죄 사건이 대개 그렇듯, 법정에서는 이도저도 아닌 판결이 내려졌다. 정신병원에 수감시키되 대신 종신형을 살게 하라는 판결이었다.

심각한 정신질환에 대한 치료법이 지난 20년 사이 어느 정도 발전하긴 했지만, 정신의학과 법체계의 불완전성 때문에 여전히 위험한 환자가 사회에 풀려나기도 한다. 그래도 우리는 이제 정신질환자가 폭력을 저지를 가능성을 알려주는 단서를 전보다 훨씬 많이 알고 있다. 이 '위험 요소'들은 대부분이 경찰[40]과 정신 건강 관계자들[41]이 선정한 것이다. 정신질환자에게서 폭력성의 징후를 찾을 때 주의 깊게 봐야 할 것은 명령 환각(어떤 행동, 특히 폭력 행위를 하라고 명령하는 환청을 듣는 것)과 박해 망상(다른 사람들이 자신을 해하려고 노리고 있다는 망상)을 겪고 있는지, 최근에 무기나 위장 도구를 구입했는지, 복수에 대한 환상을 품고 있는지, 알코올 및 약물을 남용하고 있는지, 범죄(특히 폭력 범행) 전과가 있는지, 머리에 외상을 입은 적이 있는지 등이다. 또한, 여자보다는 남자일 경우가 더 위험하며 분열증이나 조울증을 앓고 있을 사람도 조심해야 한다. 또 다른 위험 요소로 꼽을 수 있는 것이 특정 성향이 두드러지는 성격 장애인데, 예를 들면 편집증이나 반사회적 행동 장애, 사이코패시 등이다. 만일 정신질환자가 이 중에 몇몇 요소만 가지고 있다면, 그 사람이 보통사람보다 살인은 고사하고 폭력을 행사할 확률이 특별히 높다고 할 수 없다. 반면 여러 가지 요소를 가지고 있으면서 특히 폭력을 사용한 전적이 있고 최근에 약물 남용까지 한 정신질환자라면, 향후 폭력 범행을 저지를 확률이 상당히 높다. 그러나 이 경고 신호 중 몇 개나 해당되는지는 폭력 혹은 살인이 발생한 뒤에야 알게 되는 비극적인 경우가 종종 일어난다. 폭력 징후를 미리 알았더라면 막을 수도 있었을, 비극적인 사건의 사례를 하나 소개하겠다.

22세에 분열증 진단을 받은 39세의 남자가 있었다. 그 사이에 그는 병원을 수도 없이 들락거렸는데, 부모에게 분노를 터뜨리고 폭력을 행사해서 병원에 들어간 적도 몇 번 있었다. 이 시기에 일을 하거나 집에서 생활한 적은 한 번도 없었다. 병이 반복해서 도진 것은 본인이 처방약을 먹기를 자꾸만 거부했기 때문이었는데, 그럴 때마다 그는 병원에 단기간 입원했다가 나왔다. 그는 누군가 자신을 비난하는 환청을 자주 들었고, 사람들이 자신을 "해치려고 한다"고 믿었다. 또한 특이한 습관도 몇 가지 있었는데, 밤이고 낮이고 길거리를 배회한다거나 바닥에 떨어진 담배꽁초를 줍고 다닌다거나 하루에 샤워를 스무 번도 넘게 하는 등의 이상한 습관이었다. 부모는 그가 사춘기 때 이혼했고, 이후 그는 어머니와 함께 살았다. 그러다 어머니가 요양원에 들어가게 됐을 때 그의 인생은 또 한 번 혼란에 빠지고 말았다. 이때는 이미 어머니도 그를 두려워해서, 요양원에 찾아오지 말라고 단단히 일러 둘 정도였다. 그런데도 방문을 하자 요양원 직원들이 몸으로 막았고, 그가 공격적으로 돌변해 결국 경찰을 불러야 했다. 이런 일이 두 번이나 일어났고,

그때마다 그는 병원 응급실에 실려가 정신 감정을 받았다. 병원에 입원시켜 적절한 약물 조치를 했지만, 병원은 겨우 이틀 만에 그를 퇴원시켰다. 아무도 그의 긴 병력을 제대로 조사해 보려 하지 않았다. 수년 전 그를 처음 진찰한 그리고 강제 입원을 권유한 정신과 의사에게 앙심을 품은 그는, 그 의사의 사무실을 털어 그 돈으로 어머니와 멀리 도망가 다시 함께 살아야겠다는 계획을 세웠다. 그런 생각을 품고서, 요양원에서 난동을 부린 지 겨우 2주 후에 그는 각종 칼과 접착테이프를 포함해 범행과 탈출에 필요한 도구로 가득 채운 가방을 들고 의사의 사무실에 침입했다. 원래 의도가 의사를 겁주려던 것인지 아니면 죽이려던 것이었는지는 확실치 않다. 그러나 어쨌든 그는 칼로 의사를 공격했다. 그 소란을 듣고 사무실을 함께 쓰는 다른 의사가 동료를 도우러 달려왔다가, 고기용 칼과 식칼을 든 남자에게 공격을 당했다. 가해자는 첫 번째 의사를 공격했던 것보다 훨씬 격렬하게 달려들었다. 첫 번째 의사는 살아남았고, 두 번째 의사는 죽고 말았다. 첫 번째 의사를 공격한 범행에는 어느 정도의 치밀한 계획이 개입됐지만, 두 번째 의사에 대한 공격은 충동적으로 저지른 것이었다. 가해자는 건물을 빠져나가 며칠간 도망 다니다가 결국 체포되었다. 사망한 여의사가 유명하고 사회적으로 명망 있는 심리학자였기에, 이 사건은 즉시 톱뉴스로 떠올랐다.[42] 처음 며칠간 실린 머리기사는 특히 자극적이었다. 대중의 공포를 극대화하는 "미친 살인마가 시내를 활보하고 있다"는 식의 제목을 연일 실어 댄 것이다.

 가해자에 대해 살인 사건 '후' 뒤늦게 실시된 철저한 조사 결과, 약물 남용만 제외하고 폭력을 예측하는 지표가 되는 거의 모든 요소를(정신질환자에서 보이는 특징도 포함하여) 가지고 있었던 것으로 밝혀졌다. 가해자는 상상 속에서 범죄 예행연습을 해본 것은 물론, 무기 습득과 억제력 상실(처방약 복용을 중단한 결과였다), 과거에 자신을 진료한 의사에 대한 집착, 최근 및 과거의 폭력 전적, 반복된 강제 입원, 상대방이 자신에게 부당하게 대했다는 생각, 정도가 심한 망상 그리고 정신질환자들이 흔히 겪는 형태의 환각 등의 요소를 다 가지고 있었다. 이 모든 요소를 편집증적 정신분열증 환자가 가지고 있었던 것이다. 그것도 여성보다 위험성이 훨씬 높은 성 환자였다. 불행하게도 살인 사건 전에 범인을 진찰한 응급실 의사들은 이 남자가 곧 폭력 범죄를 저지르리라는 것을 감지할 시간도 없었고, 어쩌면 그럴 만한 직관이 부족했는지도 모른다. 범인은 가까운 미래에 폭력을 저지를 확률이 거의 90퍼센트에 육박하는, 극소수의 정신질환자 그룹에 속한 사람이었다. 비록 살인을 저지를 확률은 그보다 다소 낮았지만, 폭력 위험이 1~2퍼센트에 살인률은 거의 0퍼센트 수준인 '대다수의 환자'는 결코 아니었다. 그러나 정신과 개업의들에게 환자가 진료실에 들어오는 순간 위험 여부를 알려주는 금속탐지기가 있는 것도 아니고, 또 의사가 환자에게 항상 도움을 줄 수 있는 것도 아니다. 미 국립정신보건원 협력 이사 웨인 펜튼$^{Wayne\ Fenton}$ 박사는 2006년, 자신의 개인 병원에서 진료했던 정신분열 환자에게 살해당했다. 살인 도구는 주먹이었다.[43]

일반 대중이 잘 이해하지 못하는 것이 하나 있다. 평범한 일상을 영위하는 보통사람이 갑자기 난폭해진 정신질환자에게 (살해당하는 것은 고사하고) 심각한 상해를 입을 위험은, 번개에 맞을 확률만큼 낮다는 것이다. 그럼에도 정신질환자가 보통사람을 해치는 일은 굉장히 흉악한 범죄로 느껴지고 이상할 정도로 빈도가 잦은 것 같다. 반면에 우리는, 번개에 맞는 것은 그저 운이 나빠서 그러는 것으로 생각하며 또 (비교적 정확하게도) 극히 드문 일이라고 알고 있다. 내 생각에 사람들이 이렇게 받아들이는 이유는, 동물의 왕국에서 인간에게 가장 위협적인 동물은 당연히 다른 인간이라는 사실 때문이다. 게다가 우리 인간은 악행을 저지를 수 있는 유일한 동물이기에 죽음, 특히 다른 인간이 충동적 분노로 초래한 끔찍한 죽음을 때로 '악'으로 해석하는 것이다.

이 점을 좀 더 명확히 설명하자면, 먼저 충격적인 형태의 살인, 특히 신체 훼손이나 극도의 고통, 굴욕, 고문 등이 개입된 살인 사건에 대한 사람들의 감정적 반응은 지극히 정상적인 것들이다. 이러한 감정적 반응에 종종 덧붙여지는 것이 '악하다'는 말이다. 우리가 '악하다'고 할 때 그 말은 특정 행위가 유발하는 공포감을 언어로 대치한 것이라고 보면 된다. 이런 반응이 우리 문화의 일부, 우리 본성의 일부라는 것은 따로 가르쳐 줄 필요도 없다. 내가 여기서 "우리"라고 한 것은, 대부분의 인간은 살면서 화나거나 심하게 낙담했을 때 누구를 죽이고픈 마음이 한 번쯤 들어도 자제력을 잃거나 악행을 저지르지 않는다는 것을 지적하기 위한 것이다. 우리가 사이코패스 살인범이나 상습 강간범보다 정신질환자 가족 살해범(얼마나 끔찍하게 살해하건 간에)을 더 두려워해야 할 이유는 없다. 사실, 전자가 사회에 훨씬 위협이 되는 존재다. 평생 한 번 범행을 저질렀는데 그것이 부모 살해가 된 정신병자와 사이코패스 연쇄살인자의 중간에는, 폭력 성향이 짙은데 치료는 거부하는 정신질환자가 있다. 이들은 자신의 심리 치료사를 때려죽인 분열증 환자처럼, 평소에 되는 대로 생활하고 치료 프로그램을 잘 따르지 않으며 향후 다른 사람을 해칠 위험도 크다. 흉악 범행을 저지른 정신질환자들은, 범행에는 책임이 있으나 병을 이유로 "한정 책임 능력(심신 기능의 장애 또는 미성숙으로 책임 능력이 제한되는 것 - 옮긴이)" 적용 대상으로 간주된다. 심리 치료사 살해 사건 같은 경우, 책임의 일부는 애초에 경솔하게 환자를 퇴원시킨 "시스템"에 지워진다. 그 사건의 가해자는 의사의 치료를 거부하거나 다른 사람에게 위해를 가한 적이 수도 없이 많았다. 또 의료 시스템(병원)은 그를 정신 병동에 가둬 놓는 데 여러 번 실패했다. 병이 재발해 다시 폭력을 행사하게 될 경우로부터 가해자 자신을 보호하는 데 실패했고, 가해자가 시기상조로 사회에 나왔을 때 저지를 법한 폭력 행위로부터 사람들을 보호하는 데도 실패한 것이다.

THE ANATOMY OF EVIL

제3장

또 다른 충동 살인 :
반사회적 악인들의 살인 사건

Non ti rimembra di quelle parole
con le quai la tua Etica pertratta
le tre disposizion che 'l ciel non vole
incontinenza malizia e la matta
bestialidade? E come incontinenza
men Dio offende e man biasimo accatta?

너의 《윤리학》이 그렇게 중요시한
말들을 잊었는가?
— '하늘이 거부하는 세 가지 성향은
무절제와 악의 그리고 지독한 잔인성이다'라고 한 것을?
그리고 그 중에 무절제가 다른 두 가지보다
신을 덜 노엽게 하고 비난도 덜 받는다는 것을?

《신곡》 1권 '지옥편' 제11곡 79~84행

2장에서는 주로 질투, 애인간의 격정 또는 특정 인물간의 분노가 동기가 되어 일어나는 충동 살인에 대해 살펴보았다. 질투는 삼각관계에서만 일어나는 것이 아니다. 가족 안에서도 강한 질투가 문제를 발생시키기도 한다. 아내가 아기를 낳고 아기에게 관심을 집중한다고 남편이 질투가 나서 아기나 아내 혹은 둘 다를 죽이는 사건도 종종 발생한다. 이렇게 자제력을 상실하는 데에는 정신질환이 하나의 요인으로 작용하기도 한다.

여기서는 충동 범죄 중에서도 특히 반사회적 성향이 두드러진 이들이 저지르는 폭력 범죄에 초점을 맞춰 보기로 하자. 이번 장에서 살펴볼 대상은 앞장에 나온 범죄자들에 비해 범죄를 저지른 후 주로 범행 증거를 은폐하기 위해 계획적으로 움직이는 경우가 많은 부류다. 그들이 저지르는 폭력 범죄는 통제할 수 없는 충동으로 인해 일어나는 것이지만, '사전 악의'가 개입된 제2의 범죄 행위가 뒤따른다고 볼 수 있다. 이들의 행동 양상을 보면, 자신이 저지른 짓에 깜짝 놀라 충격을 받았다가 다음 순간 늘키면 큰일 나겠다는 생각에 기를 쓰고 증거를 감추고 처벌을 피하려 하는 것 같다.[1]

이들의 범죄는 술집에서 일어나는 싸움처럼 "전적으로" 충동적이지는 않다. 술집에서 두 남자가 맞붙는 상황을 떠올려 보라. 한 사람이 기분 나쁜 말을 내뱉자 듣고 있던 사람이 의자를 집어 들어 상대방의 머리를 내리친다. 미리 악의를 가지고 쳤다고는 볼 수 없다. 두 사람은 서로 아는 사이도 아니다. 목격자가 최소한 열댓 명은 되니, 시체를 끌어다 어디 묻어 놓고 시치미를 뗄 수도 없다. '사전 악의'라는 요소를 배제하면, 앞으로 논할 사례들에서 악하다고 할 수 있는 부분은 악의 다른 핵심 구성 요소, 즉 죄질의 특성상 느낄 수밖에 없는 끔찍함이다. 그리고 사람들에게 이러한 반응을 불러일으키는 범죄는 거의 항상 폭력 범죄들이다. 이번 장에서 논할 사건들은 어딘지 모르게 정도가 지나친, "막 나간" 면이 있는 사례들이다. 우리가 느끼는 충격은 주로 사건의 끔찍함 때문에 오는 것인데, 예를 들면 어린이를 살해하고 토막 낸 사건을 접했을 때 그런 반응을 보이게 된다. 또는 대량 살인 사건 같은 경우, 희생자의 규모만으로도 큰 충격을 받는다. 이는 희생자들 전부가 머리에 총을 맞고 고통 없는 죽음을 맞았더라도 마찬가지다. 또 다른 경우는 우리가 희생자의 순수함이나 아름다운 외모, 사회적 지위에 반응하는 경우다. 희생자가 수녀라든가 리베카 쉐이퍼[Rebecca Schaeffer], 샤론 테이트 같은 유명 여배우인 경우, 혹은 마틴 루터 킹 주니어처럼 저명하고 존경받는 인사인 경우를 떠올리면 이해가 쉬울 것이다. 1981년에 청부 살인자 마흐메트 알리 아자[Mehmet Ali Ağca]가 교황 요한 바오로 2세의 암살을 시도했을 때도 대중은 같은 반응을 보였다.

'충동적[impulsive]'이라는 말이 이러한 범죄의 핵심을 제대로 설명해 주긴 하지만, 어떤 작가들은 '반응적[reactive2]' 또는 '순향적[proactive]'이라는 단어를 사용한다. 그러나 '계획적', '냉혈한', '악의적인' 혹은 '도구적'이라는 단어가 나아 보인다. 사실 이 중에 어떤 말도 '순향적'이라는 말보다는 낫다.

'proactive'는 ('앞을 내다보고 행동하는'이라는 뜻도 있다 - 옮긴이) 주로 긍정적인 상황을 묘사하는 단어로 쓰이기 때문이다. 예를 들면 면허 필기시험을 보기 전에 시험 책자를 먼저 훑어보는 것도 'proactive'한 행동이라고 말할 수 있다. 이번 장에서 다룰 범죄자들의 또 다른 특징은 그들이 비록 반사회적 기질은 있어도 경력 범죄자는 아니라는 것이다. 이들이 저지르는 범죄는 대개 "일회성"(평생 한 번만 저지르는 범죄라는 얘기다)이라, 주변인들을 깜짝 놀라게 한다. 이웃이나 친구들은 TV 기자와 인터뷰를 하면 주로 이런 말을 쏟아놓는다. "그 사람이 그런 짓을 했다니, 믿을 수 없어요." "내가 그 사람을 10년 넘게 알아 왔는데, 그런 사람 아닙니다." 마치 '모든 인간의 잠재의식에 숨어 있는 악'—이것은 사회규범을 반복적으로 어기는 사람을 두고 우리가 자주 사용하는 관용구이다—이라는 표현은, 아내를 도끼로 찍어 죽인 착한 옆집 아저씨나 어느 날 가족을 총으로 전부 쏴 죽인 신앙심 깊은 치어리더 여학생에게 전혀 해당되지 않는다는 것처럼 말이다. 사람들이 그렇게 애써 부정을 하는 이유는, 겉보기에 멀쩡한 사람도 스트레스를 감당하지 못해 이성을 잃으면 그 순간—우리가 사는 세계, 그리고 우리가 지켜 온 규범이 1,000분의 1초 만에 뒤집어지는 순간—신체 상해라든지 사지 절단, 살인 같은 폭력 범죄를 얼마든지 저지를 수 있다는 사실을 받아들이기 힘들기 때문이다.

이러한 종류의 범행을 우리가 잘 받아들이지 못하는 또 다른 이유는, 자기 자신은 아무리 감당 못할 스트레스를 받아도 흉악 범죄를 저지르는 수준으로 타락하지는 않을 거라고 스스로 확신시키고 싶기 때문이다. 그렇게 극구 부정함으로써 우리는 "그런" 사람들과 심리적으로 지구 직경만큼 거리를 두는 것이다. 이번 장에서는 앞서 이야기한 충동적 또는 "반응적" 범죄, 즉 많은 이들에게 "악하다"는 비난을 얻은 범행 그리고 기저에 숨어 있는 동기를 살펴볼 것이다. 동기는 부부간의 불화, 특정인에 대한 증오, 부모의 학대, 학교 문제, 연인간의 치정 관계 등 다양하다. 강간이나 연쇄살인에서 주로 보이는 비면식非面識 범행과는 달리, 이번 장에 나오는 범죄는 대부분 아는 사람, 특히 친밀한 사람을 대상으로 저지르는 폭력이 주를 이룬다.

'반사회적 인간이 저지른 반응적 범죄'의 범주에 들어맞는 사례를 찾는 과정에서 나는 대체로 신문과 잡지의 기사를 참고로 해야 했다. 왜냐하면, 이번 장에서 논할 범죄자들은 작가들이 그들의 "업적"을 파고들어 전기를 쓸 만큼 충분히 흉악하지도 않고 또 그렇게 장기간에 걸쳐 흉악 범죄를 저지른 것도 아니기 때문이다. 게다가 이런 사건의 주인공들은 한술 더 떠 범행을 은폐하는 과정에서 꼭 부주의함, 나아가 허술함까지 보인다. 아니면 아예 은폐 시도조차 하지 않는다. 이들은 대부분 금방 체포되기 때문에, 사건 자체도 시시하지만 수사 과정 또한 책 한 권을 쓸 만큼 흥미롭거나 기발하지는 않다. 대신 이런 종류의 이야기는 타블로이드 신문 일면에 실려 3,4일간 대중의 이목을 끌다가 또 다른 자극적인 사건이 터지면 곧바로 자리를 내준다.

반응적 범죄를 일으키는 동력은 대개 짧고 강하게 타오르는 종류의 감정인 열정과 증오이다. '일곱 가지 대죄'로 치면 정욕과 분노에 해당한다. 교만과 시기도 때로 폭력을 유발할 정도로 강한 분노를 불러일으키곤 한다.

격정으로 인한 범죄에서 동기가 되는 경우가 거의 없는 것은 탐욕뿐이다.

2008년 3월에 ELF(Earth Liberation Front, 지구해방전선)라는 과격 환경 단체가 가정집 세 채에 불을 질러 완전히 연소시킨 사건이 있었다. 세 채 모두 각각 200만 달러 이상 나가는 고급 주택이었다. 그들의 주장은 그 집들이 충분히 "녹색"이 아니라는(즉, 환경 친화적이 아니라는) 것이었다. 그들이 알고 있었는지는 모르겠지만, 사실 세 채 모두 열손실을 최소화하는 등 여러 가지 환경 친화적 장치를 해 가며 최근에 새로 지은 집이었다. 정신분석의의 입장에서 봤을 때, 사실 진짜 문제는 범행 집단이 내세운 "녹색" 문제가 아니라 그들의 질투였던 듯싶다. 자기가 제일 잘났다는 이 '선구자'들의 속을 들여다보면, 과격한 환경운동은 자기들도 그렇게 아름다운(그리고 환경 친화적인!) 집에서 살고 싶다는 은밀한 열망을 감추기 위한 도구에 불과할 거라는 게 내 추측이다. 다행히 집에는 아무도 없었기 때문에 사상자는 없었고, 이 사건은 "흉악"까지는 안 가고 "고약한" 사건 정도로 그쳤다.[3]

지금부터 다양한 범주의 충동적-반응적 폭력 범죄 사례를 소개하려고 한다. 앞서 말했지만 범죄자의 생애를 다룬 전기보다는 언론 기사에서 얻은 정보가 대부분이므로, 각 사건마다 범인의 성장기에 대해서는 별로 이야기할 것이 없다. 대개는 사건을 저지르기 전까지 한 번도 법을 어긴 적이 없는 사람들이다. 이런 이유로, 앞으로 다룰 범죄자들은 악의 등급표에서 어느 한 카테고리에 집어넣기가 쉽지 않다. 굳이 넣자면, 대다수가 카테고리 6(격한 성격의 살인자, 그러나 눈에 띄는 사이코패스 기질은 없음)에서 카테고리 10("방해가 되는" 사람을 죽임, 자기중심적 성향이 두드러짐) 사이에 해당하는 듯하다. 정보를 얻기 위해 참고한 기사들 대부분은 '흉악한'이나 '타락한', '끔찍한', '극악무도한' 등의 형용사를 반복적으로 사용했다. 이번 장의 사례들은 등급을 매기기가 비교적 애매하기 때문에 대신 범행 동기나 유형에 따라 소개한다.

시기 때문에 상사를 살해한 세실

시기가 동기가 되어 충동 살인을 저지른 예는 그리 많지 않다. 내가 보고 들은 사례들 중에 가장 기억에 남는 것은, 런던에서 비서로 일하던 한 젊은 여성이 자신이 모시던 상사를 살해한 사건이었다. 범인은 희생자의 수석 보좌관 자리를 제안받고 캐나다에서 영국으로 이민 온 세실^{Cecile}이라는 여자였다. 당시 33세였던 세실은 소문에 의하면 사람을 "홀릴" 정도로 매력적인 여자였고, 그 매력을 이용해 남자들을 자기 마음대로 조종했다. 세실은 금융업계에서 잘 나가는, 자신보다 일곱 살이나 어린 상관보다 훨씬 예뻤지만, 세실의 강점은 외모에서 그쳤다. 평범한 가정에서 자라 (자신이 생각하기에) 쥐꼬리 만한 월급을 받으며 일하는 세실에 비해, 상사는 상류층 가정에서 태어나 명문대를 거쳐 억대 연봉을 받으며 일하고 있었다. 우리는 세실 쪽의 이야기밖에 들을 수 없지만, 주변인들의 증언에 따르면 세실은 자기보다 어린 상사에 대한 "증오와 시샘"으로 무섭게 불타올랐다고 한다. 두 사람의 마지막 충돌은 2003년 봄에 있었는데, 세실의 봉급 인상 문제를 놓고 의견이 불일치한 것이 원인이었다. 세실은 자신이 월급을 훨씬 더 많이 받아야 한다고 주장했고, 세실의 상사는 단호하게 거절했다. 그러자 화가 난 세실은 묵직한 문진을 집어 들어 상사의 머리를 여러 차례 내려쳤고, 상사는 두개골이 깨져 사망했다. 부검 결과 희생자의 손가락에서도 몇 군데 골절이 발견됐는데, 상대방의 공격을 막으려다가 생긴 부상으로 추정된다. 부검을 담당한 병리학자마저도 희생자의 몸에 난 상처가 너무 "끔찍하다"고 할 정도였다. 골절 부위가 지나치게 많다는 것은 가해자가 필요 이상으로 공격했음을 의미하는데, 이는 공격이 분노로 촉발된 것임을 암시한다. 이 '분노로 촉발된 공격'이라는 요소가 "한정 책임 능력" 혹은 "일시적 정신이상"을 적용할 것인가의 문제를 도마 위에 올려놓았다. 그러나 정작 재판 당시에는 세실이 "얼음같이 차가운" 여자이며 사건을 저질렀을 때 충분히 제정신이었다는 인상을 주었다. 대신, 그때까지 폭력 범죄의 전적은 물론이고 법을 어긴 기록이 전혀 없다는 점이 책임 경감 사유로 인정되었다.

세실의 변호사는 세실이 전과가 없다는 점과 "저항 불가능한 충동"에 사로잡혔다는 점을 이유로 들어 판결을 과실치사로 낮추는 데 성공했다. 이런 식의 변호는 미국의 몇몇 주에서 종종 볼 수 있는데, 저항 불가능한 충동에 의해 범죄를 저질렀다는 전제하에 "한정 책임 능력"임을 내세워 결국 '정신이상에 의한 무죄' 선고에 버금가는 가벼운 형량을 받아내는 식이다. 1993년 6월 남편의 성기를 자르는 범죄를 저지른 로레나 바비트[Lorena Bobbitt]라는 여성이 1994년에 열린 재판에서 '저항 불가능한 충동'을 내세운 변호로 무죄 판결을 받아낸 유명한 전례가 있다. 로레나는 남편이 외도를 했을 뿐 아니라 자신을 신체적, 성적, 정신적으로 학대했다는 증거를 제시했다. 이는 로레나의 범행이 그동안 꾸준히 쌓여 온 자극으로 촉발됐음을 의미한다.[4] 반면 세실의 경우 상대방이 범행을 자극했음을 암시하는 증거가 전혀 없으며, 때문에 세실은 법정에서 배심원단의 동정을 얻지 못했다. 범죄 양상이 유난히 끔찍했던 것은 사실이지만, 사건이 유명세를 얻은 것과 언론에서 '흉악한'이라는 수식어를 남발한 것은 어쩌면 희생자의 높은 사회적 지위 때문일 수도 있다. 세실은 카테고리 8 '주체할 수 없는 분노로 범행을 저지르지만 사이코패스 기질은 없는 살인자'에 해당한다.

장-클로드 로망이 가족들을 몰살시킨 이유

가족을 몰살하는 범죄는 치밀한 계획을 세워 저지르는 것보다 충동적으로 저지르는 경우가 많다. 가족 중 핵심 멤버 한 사람을 향한 분노가 서서히 쌓이다가, 그 사람이 "마지막으로 한 번 건드린 것"이 계기가 되어 마치 불에 기름을 끼얹은 것처럼 분노가 폭발한 것이다. 때로는 수치스러운 비밀이 폭로되어 심한 창피를 당할까 두려워서 그것을 막으려고 살인을 저지르기도 한다. 유진 시몬스Eugene Simmons 사건이 좋은 예다. 해병대 중사였던 시몬스는 딸을 겁탈해 아이를 낳게 했다는 소문이 돌기 시작하자 가족 열두 명을 전부 살해했다.[5] 시몬스는 악의 심리 등급에서 카테고리 10에 해당한다.

가족 살해에서 탐욕이 동기로 작용하는 경우는 드물다. 대표적인 예로는 부유한 영국 가정에 입양되어 유산을 독차지하기 위해 가족 다섯 명을 살해한 제러미 뱀버Jeremy Bamber 사건을 들 수 있다.6 가족 학살의 또 다른 전형적인 케이스로는, 1989년 뉴욕 북부의 한 가정에서 부모님과 남동생을 전부 총으로 쏘아 죽인 브라이언 브리튼Brian Britton 사건을 들 수 있다. 이 사건은 학교 숙제를 놓고 벌어진 부모자식간의 싸움이 촉매제가 된 것으로 보인다. 브라이언은 위법 행위를 한 기록은 없었지만, 학교에서는 총과 죽음에 집착하는 아이로 알려져 있었다. 한번은 선생님이 여름휴가를 주제로 에세이를 쓰라고 했는데, 브라이언은 나무에 앉은 새를 쏘아 죽인 이야기와 고양이를 자전거로 밟고 지나간 이야기를 썼다. 브라이언의 여자친구는 그가 "온순하고 총을 싫어하는 사람"이라고 주장했지만7, 다른 이들은 그와 상반된 증언을 했다. 부모님은 폭력적인 브라이언을 참다못해 정신과 상담의에게 데려갔다. 그리고 브라이언의 아버지는 점심때마다 집에 들러 "람보"가 혹시 무슨 짓을 저지르지 않았는지 확인하기까지 했다. "람보"는 실베스터 스탤론이 걸핏하면 총질을 하는 터프가이로 나온 영화 제목을 따서 브라이언 자신이 지은 별명이었다.

가족 학살 사례 중에 특별한 사건이 하나 있는데, 바로 장-클로드 로망Jean-Claude Roman 사건이다. 프랑스 리옹에 사는 어느 부부의 외아들로 자라난 장-클로드는, 어떤 종류의 소식이든 나쁜 소식은 무조건 심약한 어머니의 귀에 들어가지 않게 하려고 평생 안간힘을 썼다. 예를 들면, 시험을 망쳐도 어머니에게는 잘 봤다고 거짓말을 하는 식이었다. 그는 어찌어찌해서 의대에 들어갔지만 의대 3년차 시험을 10년 연속으로 떨어졌고, 그때마다 교수들에게 (암에 걸렸다는 등) 기가 막힌 변명을 해 댔다. 장-클로드는 당연히 학업을 제대로 마칠 수가 없었다. 그러다가 나중에는 부모님에게 자신이 의학 박사 학위를 땄으며 국경 넘어 제네바에 있는 국제 보건 기구에서 일하게 됐다고 거짓말을 했다. 여기까지가 기괴한 비극과도 같은 장-클로드의 인생에서 1막에 해당하는 시기였다.

2막이 열렸다. 이제 결혼까지 한 장-클로드는 아내에게 자신의 직업이 "극비"라서 직장에 절대로 전화하면 안 된다고 신신당부했다. 아내에게 가져다주는 돈은 봉급이 아니라 부모님이 재테크로 벌어서 주는 돈이었다. 그 돈을 장-클로드는 내키는 대로 펑펑 썼다. 매일 아침마다 출근하는 것처럼 집을 나섰지만, 실제로는 근처 숲에 차를 세워놓고 하루 종일 책을 읽다가 퇴근 시간 즈음해서 집에 돌아왔다. "투자"를 해 준답시고 부모와 사돈, 친구들에게서 거액의 돈을 사취한 그는, 무려 20년 동안이나 아무에게도 들키지 않고 연극을 계속할 수 있었다. 그러던 어느 날 파리에서 한 여자를 만나 외도를 시작하면서 모든 것이 무너졌다. 이로써 2막이 내리고 마지막 3막이 시작된다.

장-클로드는 애인을 설득하여 자신이 대신 그녀의 자산을 관리하도록 했다. 그리고는 메르세데스를 장만하거나 애인에게 비싼 보석을 선물하는 데 그 돈을 썼다. 그러다 결국 장-클로드가 파산하자, 그때서야 애인은 뭔가 잘못됐음을 감지했다. 애인은 90만 프랑을 돌려 달라고 요구했지만, 이미 장-클로드가 다 써 버린 뒤였다. 장-클로드는 애인을 목 졸라 죽이려고 했지만, 그녀는 간신히 살아남았다. 한편, 장-클로드의 아내도 남편이 자신에게 거짓말을 했음을 슬슬 알아채 가고 있었다. 어느 날 장인이 사위에게 빌려준 돈을 돌려달라고 요구하자, 장-클로드는 장인을 계단 아래로 떠밀어 죽였다. 그런 다음 그는 아버지의 라이플총으로 두 아이를 쏘아 죽이고, 그다음엔 아내를, 마지막으로 자신의 부모를 쏘아 죽였다. 그렇게 충동 살인을 저지르고 난 후, "악의를 가지고" 일을 처리하기 시작했다. 그는 집에 기름을 붓고 불을 붙여 가족들이 화재로 목숨을 잃은 것처럼 조작했다. 마침내 3막도 막이 내렸다.

그동안의 사기 행각이 드러나자, 장-클로드는 유통기한이 훨씬 지난 수면제 몇 알을 삼켜 별로 그럴듯하지도 않은 자살 기도를 했다. 결국 장-클로드 로망은 가석방 없는 종신형을 선고받았고, 빨라야 2015년에나 조기 석방 심사를 받을 수 있다. 장-클로드 로망은, 무모한 사기 행각이 들통 나고 인생의 막이 내리기 전에, 자그마치 20년이나 사치스러운 생활을 유지한 희대의 사기꾼이다. 막판에 살인을 저지르기 전까지는 포악한 모습을 단 한 번도 안 보였던 그는, 마치 1930년대 영화에 나오는 우아한 보석털이 같은 인생을 살았다. 부드럽고 매력적인 인간이었고, 또 친구들의 증언에 따르면 좋은 파티 호스트이자 좋은 남편 그리고 좋은 아버지였다.[8]

로망의 사건을 "가족 살해"의 범주에 넣긴 했지만, 사실 너무나 여러 가지 소재가 혼합되어 있기 때문에 어느 한 범주에 넣기가 힘들다. 악의 심리 등급에서 가장 적절한 카테고리는 아마 10번이 될 것이다. '일곱 가지 대죄'에 대입해 보면, 거의 모든 죄가 해당된다. (20년 가까이 거짓 허세를 부린 점에서) 교만, (진짜 능력 있는 사람에 대한) 시기, (자신이 아는 모든 사람에게서 거액의 돈을 사취한 점에서) 탐욕, (평생 직접 일해서 1프랑도 벌어본 적이 없으니) 나태, (비극으로 끝난 외도를 벌였기 때문에) 정욕, (돈을 돌려 달라고 요구한 정부와 장인에 대한) 분노가 전부 작용했다고 볼 수 있다. 그래도 내가 아는 한 장-클로드는 탐식의 죄는 짓지 않았다.

다른 범행 중 살인을 저지르는 중범죄 살인 : 디에고 필코의 경우

살인 자체가 중죄이긴 하지만, 다른 범행(주로 강도) 도중에 저지른 살인은 보통 "중범죄 살인"이라고 한다. 이 중범죄 살인은 사형을 포함해 최대치의 형량을 받을 수 있다. 2006년 11월, 미국의 영화배우 에이드리언 쉘리 Adrienne Shelly가 뉴욕 그리니치빌리지에 있는 아파트 겸 사무실에서 목을 매달고 죽어 있는 채 발견됐다. 언뜻 보기엔 자살 같았지만, 배우로서 또 엄마로서 성공한 삶을 살고 있었기에 자살할 이유가 없어 보였다. 며칠 후 진실이 밝혀졌다. 디에고 필코 Diego Pilco라는 열아홉 살의 불법체류자가 쉘리의 바로 아랫집 개조 공사에 막노동꾼으로 일하고 있었다. 소음이 너무 심해 쉘리가 불평을 하러 내려오자, 이 청년은 그만 겁을 먹고 당황했다. 혹시라도 경찰에 신고하면 고향인 에콰도르로 당장 쫓겨날까봐 두려워진 것이다.[9] 원래 성질이 격했던 디에고는 순간적으로 화가 나 쉘리를 목 졸라 죽였다. 그리고는 시체를 샤워 커튼 봉에 매달아 자살처럼 보이게 했다. 그러나 경찰이 쉘리의 욕실에서 발자국을 발견하고 추궁하자 디에고 필코는 범행을 자백했다. 이 사건은 계획적 모살이 아니었다. 디에고는 쉘리가 소음 때문에 아래층으로 내려오기 전까지, 쉘리가 누군지도 모르고 있었다. 그러나 두 사람의 대면은 충동 살인을 유발했고, 사전 악의가 개입된 범죄 은폐로 이어졌다. 이 사건은 희생자의 유명세 때문에 대중의 이목을 끌었고, 다른 사건보다 더 큰 파장을 일으켰으며, '흉악하다'는 비난을 몇 곱절로 받았다. 악의 심리 등급에서 카테고리 6에 넣으면 알맞을 사건이다.

백인 우월주의자 벤자민 스미스의 증오 범죄

유명 인사나 존경받는 인물[10]에게 또 다른 잘 알려진 사람[11]이 폭력 범죄를 저질렀을 경우 사람들은 "흉악하다!"는 비난을 해대기가 쉽다. 또한 (대량 살인이나 연쇄살인처럼) 희생자 수가 많거나 아니면 폭력이 지나치게 끔찍한 양상을 보일 경우, 특히 희생자가 여자나 어린이일 경우도 마찬가지다. 증오 범죄도 똑같은 반응을 불러일으킨다. 어쩌면 가해자의 사악함과 희생자의 결백함이 너무 극명히 대조돼서 그런지도 모른다. 여기서는 우리가 가장 소중히 여겨야 할 공정함과 평등이라는 가치가 전면 침해된다.

증오 범죄는 구체적인 범행 계획을 세운 후 실행에 옮기는 경우가 대부분이므로, 대개는 충동이 개입되지 않는다. 그러나 때로는 왜곡된 편견에 사로잡힌 한 남자가(십중팔구 "남자"다) 평소에 특정 대상을 향해 증오심을 불태워 오다가, 실질적 범행은 고려해 보지 않은 상황에서 예기치 못한 상황과 맞닥뜨려 순간적으로 범행을 저지르는 경우도 있다.

백인 우월주의자 벤자민 스미스Benjamin Smith 사건이 아마도 그런 경우가 아닌가 싶다.[12] 유태인과 흑인, 동양인, 동성애자 및 기타 소수자에 대한 증오를 불태우다가 급기야 1999년 7월 초에 며칠에 걸쳐 두 명을 살해하고 열 명 가까이 부상을 입힌 사건이다. 이는 콜로라도주 컬럼바인 고교의 총기 난사 사건이 일어나고 겨우 2달 지나서 발생한 일이었다.[13] 이름이 너무 "유태인" 같다는 이유로 어거스트August로 개명한 벤자민은, 백인 우월주의 단체인 창조주세계교회의 창시자인 매튜 헤일Matthew Hale의 열렬한 추종자였다. 헤일은 비폭력주의를 고수했다고 하지만, 그의 선동적인 "설교"를 듣고 있으면 누구든 당장 달려 나가 폭력을 저지르게 될 정도였다. 그런데 스미스는 (자녀 학대를 하지 않은) 상류층 가정에서 자라났음에도, 매튜 헤일을 만나기 전에 이미 문제성을 보이고 있었다. 대학에 들어가자마자 관음 행위와 마리화나 때문에 말썽을 일으켰고, 또 여자친구를 병적으로 의심해 폭력을 행사하다가 법원의 접근 금지 명령을 받기도 했다. 스미스는 1999년 1월, 학교 당국이 퇴학 처분을 내리기 직전에 스스로 자퇴했다. 어떻게 해서 권총 한 자루를 손에 넣은 그는(접근 금지 명령을 받은 전과 때문에 합법적으로는 구할 수 없었다), 처음에는 "잡것들" ― 헤일과 그의 추종자들이 "다른 사람들"을 일컫는 말이었다 ― 을 쏘아 죽일 명백한 의도를 가지고 있었던 건 아니었다. 살인의 촉매제가 된 것은 1999년 7월 2일 일리노이주 변호사협회가 스미스의 영웅인 헤일에게 도덕성 결핍을 이유로 변호사 자격증 교부를 거부한 것이었다.[14] 스미스의 광포한 발악은 바로 그날 시작됐다. 그는 정통

파 유대교도 몇 명(부상)과 흑인 농구팀 감독 한 명(사망) 그리고 동양인 남자 한 명(부상)을 총으로 쏘고, 다음날 흑인 여러 명과 중국인 남성 한 명에게 또 총질을 했다. 다음 날인 7월 4일에 한국인 대학원생 한 명을 쏘아 죽이고는, 자기 턱 밑에 총구를 대고 방아쇠를 당겨 자살했다.

대량 살인을 저지르는 사람들은 불가해한 대상이다. 스미스의 경우, 좋은 집안에서 자랐기 때문에 더욱 그렇다. 이들은 보통 체포되기 전에 자살하거나 아니면 경찰과 대치한 상황에서 경찰의 총에 맞고 죽는다. 이 부류는 거의 모두가 편집성 인격 장애를 가지고 있는데, 발병 원인의 어디까지가 유전 때문이고 어디부터가 유년기의 불행한 가정환경 때문인지 제대로 밝혀지는 경우는 거의 없다. 스미스는 악의 심리 등급에서 카테고리 13에 해당한다.

친딸을 대상으로 납치 행각을 벌인 에릭 더글러스 닐슨

납치 사건의 대부분은 충동 범죄로 일어난 것이 아니다. 탐욕이 동기가 되어, 오래 전부터 치밀한 계획을 세우고 행동에 옮겨진 경우가 많다. 이 경우보다는 드물지만, 성적인 목적을 위해 납치하는 사건도 많다. 예를 들면 아이를 유괴해 강간 살해하거나 혹은 10년 이상 감금해놓고 성 노예로 이용하는 일도 있다.[15] 후자는 항상 치밀한 범행 계획이 선행된다. 그런가 하면, 아이가 없는 외로운 여자가 대형 슈퍼마켓 주차장 또는 비슷한 공공장소에서 유모차에 타고 있는 아기를 채가는 사건도 간간이 발생한다. 언뜻 보기엔 충동 범죄 같지만, 범인은 이미 한동안 남의 아이를 납치할 생각을 하고 있었을 가능성이 높다. 그러다가 우연히 엄마가 아이에게서 등을 돌린 순간을 포착하면 재빨리 행동에 착수하는 것이다. 이러한 유형의 유괴 및 납치 범죄는 사람들이 가장 혐오하는 범죄로 손꼽힌다. 이러한 이유로 납치 범죄는 계획 살인이나 국가 반역죄와 함께 사형을 받을 수 있는 대형 사건으로 취급된다. 이러한 종류의 범죄는 희생자의 죽음으로 끝나지 않더라도 죄질이 지극히 흉악한 경우가 대부분이다.

납치 사건 중에서 동기가 비교적 "이해할 만한" 경우는 양육권 분쟁으로 인한 사건들이다. 부모 중 한 쪽이 합의를 깨고, 양육권을 가진 상대에게서 아이를 빼앗아 가는 경우를 말한다. 이런 상황에서는 아이가 죽는 일은 드물다. 아이를 유괴해 간 쪽이 아이를 불행한 환경에서 "구해 온 것"이라고 주장하는 일도 심심찮게 일어난다. 물론 양육비 지불 회피라는 명예롭지 못한 동기가 작용하는 경우도 있다. 순전히 상대방에 대한 원한만으로 아이를 납치하는 경우도 꽤 있다. 이런 유형의 사건에서는 악의 등급 지수가 높게 나올 만한 결과는 발생하지 않는다. 대개는 아이가 적합한 가정과 부모에게 돌아갈 수 있게 법원이 제대로 조처해 주기 때문이다.

양육권 분쟁이 개입된 납치 사건이 극단적 수준으로 치닫는 경우는 아주 드물다. 하다못해 그리스 신화에서도, 하데스가 데메테르의 아름다운 딸 페르세포네를 납치하긴 했지만 적어도 하데스가 납치한 대상은 그의 딸은 아니었다. 하데스는 결혼을 목적으로 남의 딸 페르세포네를 납치했을 뿐이다. 그러나 1976년에 있었던 에릭 더글러스 닐슨$^{Eric\ Douglas\ Neilson}$ 사건은 다르다. 닐슨은 생후 21개월 된 친딸 제너비브^{Genevieve}를 어머니의 날에 납치해 사라졌는데, 그날은 법원이 아이의 엄마에게 양육권을 공식적으로 부여하기 바로 전날이었다.[16] 제너비브의 엄마인 로라 구더$^{Laura\ Gooder}$는 고통 속에 살다가 29년 뒤의 어머니날이 되어서야 겨우 딸의 행방을 알 수 있었다. 고등학교 때부터 사귀어서 1970년에 결혼에 골인한 이 커플이 도대체 무엇 때문에 이런 파괴적인 관계로 전락했는지 우리는 알 수 없다. 우리가 아는 것은, 딸과 전남편이 사라진 이래 로라가 헤아릴 수 없는 고통을 겪었다는 것이다. 이 납치 사건은 언뜻 기회주의적이고 충동적인 범죄로 보인다. 닐슨이 원래 하룻밤 방문해서 딸과 지내기로 한 날 딸을 납치해 갔기 때문이다. 그런데 닐슨은 그날 당장 미국을 반 바퀴나 가로질러 도주했으며, 자기 이름과 딸의 이름을 바꾸고 주민등록번호도 이후로 일체 사용하지 않았다. 아마 캘리포니아주에 사는 가족들의 도움을 받았을 것으로 추정된다. 아무 도움도 받지 않고 그렇게 오랫동안 법망을 피해 다닐 수 있다고는 생각하기 힘들다.

악착같은 수사로 마침내 애리조나 주에서 제너비브를 찾아냈을 때, 닐슨은 납치와 전혀 무관한 다른 죄목으로 감옥에 들어가 있었다. 닐슨은 수십 년 동안 아이를 데리고 잠적한 것도 모자라, 딸에게 엄마가 "자동차 사고로 죽었다"고 거짓말을 했다. 때문에 제너비브는 엄마가 살아 있다는 것도 모르고 있었다. 이 사건은 진정 이기심의 최고봉을 보여주는 사건이다. 닐슨은 주변 사람들의 심정은 조금도 개의치 않고 한 어머니에게서 아기를 빼앗아 갔고 또 그 아기에게서는 엄마를 빼앗아 갔다. 납치 범죄라는 범주에서 보면 책 한 권을 써도 될 정도로 상당히 차별화된 사건이다. 그러나 제너비브의 정신 건강을 위해 이 이야기는 절대 책으로 출판돼서는 안 된다고 생각한다. 제너비브는 자신의 정체성에 혼란을 겪으면서 이미 정신적 충격을 받을 만큼 받았다. 인생에서 진실로 믿고 있었던 것들이 전부 거짓으로 드러났고, 아버지가 거짓말쟁이에 범죄자라는 것을 알게 됐으며, 그걸로 모자라 또 한 번 새로운 정체성에 익숙해지는 과정을 겪어야 한다. 원래 악의 등급은 살인을 염두에 두고 만들었기 때문에, 닐슨 사건은 적당한 항목을 찾기가 쉽지 않다. 그러나 철저히 이기적인 이유로 자신의 아이를 아이 엄마에게서, 그것도 엄마의 사랑이 가장 필요한 시기에 영구적으로 떼어 놓는 범죄를 계획하고 실행했다는 점에서, 카테고리 14 '냉혹하고 자기중심적인 사이코패스 계획 살인자'에 집어넣는 것이 가장 적절할 것 같다.

극단적인 부부 갈등이 빚어낸 노먼 해럴 살인 사건

인생의 중대사를 연구하는 정신분석학자들은 이혼과 부부 갈등이 '스트레스 주는 상황' 랭킹에서 (1위인 '자식을 잃는 것'에 이어) 상위권을 다툰다는 것을 누구보다 잘 알고 있다. 배우자를 잃거나 해결이 불가능한 부부 갈등을 겪는 것도 그에 못지않게 스트레스를 준다. 그 중 후자가 폭력의 큰 원인이 된다는 것을, "가정불화" 신고를 받고 출동한 적이 있는 경찰관이라면 다 알고 있을 것이다. 폭력이 발생하면 주로 충동에 의한 경우가 많다. 사소한 의견 불일치나 질투 섞인 비난이 말싸움으로 번지고, 말싸움이 순식간에 폭행으로 변한다. 처음부터 계획하거나 예측한 폭력은 아니라는 얘기다. 여기서는 결혼을 안 하고 동거만 하는 파트너 관계도 같은 범주로 다룰 생각이다. 호주에서는 비혼非婚 커플을 지칭하는 말로 "사실혼 관계de facto"라는 좋은 표현이 있다. 법적 부부 관계는 아니지만 사실상 함께 살고 있는 커플이라는 뜻이다. 부부나 사실혼 관계의 커플 간에 일어나는 충동 살인은 책으로 출판되는 일이 거의 없다. 좀 더 치밀한 범행 계획이 개입된 배우자 살해 사건에 비해 대중의 흥미를 불러일으킬 만한 요소가 부족하기 때문이다. 특히 청부업자를 고용한다든가 "지나치게 똑똑한" 가해자가 결백을 주장하려고 사건을 조작하는(그러나 결국엔 잡히고 마는), 더 "사악"하고 더 "흉악"한 사건과 비교하면 특히 더 그렇다.

뉴욕시에서 발생한 허버트 와인스타인Herbert Weinstein과 바버라 와인스타인Barbara Weinstein 부부 사건은 분명 계획된 모살이 아닌 충동 살인이었다. 1991년 1월, 두 사람이 살던 뉴욕 이스트사이드에 있는 호화 아파트 옆의 인도에서 바버라가 죽은 채 발견됐다. 자살이었다. 당시 허버트는 65세, 부인인 바버라는 56세였다.[17] 두 사람 다 재혼이었고, 누가 봐도 행복한 결혼 생활을 꾸려 가고 있었다. 두 사람 사이에 싸움은커녕 불화의 조짐을 느꼈다는 사람은 주변인들 중에 단 한 명도 없었다. 두 사람은 허버트의 도박 습관에도 불구하고 어느 정도 풍족하게 지냈다. 허버트의 도박이 선을 넘지 않았기 때문이다. 바버라가 자살할 이유는 하나도 없는 것 같았다. 부검

이 실시되자 곧 경찰이 의심했던 것이 사실로 드러났다. 바버라는 목이 졸려 사망한 뒤 아파트 20층 창밖으로 내던져진 것이었다. 허버트는 이내 자살로 위장하기 위해 그렇게 했다고 자백했다.[18] 살인을 은폐하기 위해 시체를 창밖으로 내던지는 행위는 굉장히 드물다. 그런데 이 사건에는 특이한 점이 또 하나 있다. 가해자의 나이와 범죄의 "의외성" 때문인지, 변호인단의 권고로 허버트 와인스타인은 뇌 PET 스캔(양전자 방사 단층 촬영)을 받았다. 그 결과, 좌뇌 전두엽과 측두엽에 낭종이 생긴 것이 확인되었다. 나중에 신경과학과 연계해서 이러한 이상 병리가 무엇을 뜻하는지 좀 더 자세히 설명할 텐데, 일단은 지금 언급한 부위의 이상이 뇌 기능의 손상을 가져왔을 수 있다는 점만 밝히고 넘어가겠다. (옳고 그름을 분간 못하는) 법적 정신이상까지는 아니지만 화가 나면 정상적 사고를 하지 못하고 자제력을 잃는 수준이라고 보면 된다. 아마 이 부분의 뇌 이상이 성질을 격하게 만들었을 것이다. 이 사건은 1991년 당시 상당한 논란을 불러일으켰다. 판사는 변호인 측이 배심원단에게 낭종을 언급하는 것은 허락했지만, 폭력과 연관 지어서 설명하는 것은 허락하지 않았다. 배심원단이 단편적 설명만 듣고도 살인에 대해 무죄 판결을 내릴까봐 우려한 검사 측은, 과실치사로 낮춰 유죄 답변 교섭(유죄를 시인하는 대가로 검찰 측이 형량을 감해서 구형해 주는 협상 – 옮긴이)을 하는 쪽을 택했다.[19] 허버트 와인스타인이 사이코패스는 아니므로, 뇌 이상이 책임 경감 사유로 인정됐다는 가정하에 이 사건은 악의 심리 등급 카테고리 7에 해당한다.

워싱턴에서 일어난 노먼 해럴Norman Harrell 사건도 부부 갈등, 아니 정확히 말하면 한 여자 그리고 그 여자와 한때 "사실혼" 관계였던 사람 간의 갈등으로 일어난 사건이었다. 사망 당시 42세였던 다이앤 호킨스$^{Diane\ Hawkins}$는 지인들에게 다정하고 따뜻한 사람으로 알려져 있었다. 다이앤에게는 여섯 명의 자식이 있었다. 셋은 첫 번째 사실혼 관계에서 낳은 아이들이고, 나머지 셋은 각각 세 명의 다른 남자에게서 낳은 아이들이었다. 그 중에는 해럴의 아들 라쉰^{Rasheen}도 있었다. 노먼 해럴은 고정적 일감이 있는 트럭운전수였지만, 과거가 지저분했다. 젊었을 때 무장 강도죄로 체포된 전과가 두 건이나 있었고, 성폭행으로 기소됐다가 기소가 취하된 일도 있었다. 병적으로 질투가 심한 그는, 키가 196센티미터나 돼서 언뜻 보기에도 상당히 위협적이었다. 그와 사귀었거나 그의 아이를 낳은 여자들 중 몇몇은 폭행을 견디다 못해 그를 떠나기도 했다. 해럴은 또한 양육비를 내라고 하면 두드러기가 돋는 체질이었던 모양이다. 헤어진 여자 중 한 명이 딸을 위해 얼마 되지도 않는 액수의 양육비를 청구하자 하도 안 주고 버터서 법원이 봉급을 압류해 강제로 지불하게 했을 정도였다. 그런데 몇 년 후 다이앤이 똑같은 상황에 처했다. 1993년 5월, 양육비 문제로 법정에 출두하기로 한 바로 전날, 해럴은 다이앤의 집에 찾아갔다. 베테랑 사냥꾼이라 칼 쓰기에 능숙한 해럴은 (칼을 항상 지니고 다녔다) 분노에 사로잡혀 다이앤을 수차례 찔러 죽인 다음, 시체를 사냥한 짐승처럼 묶어 놓고 내장을 다 꺼내고 심장을 도려냈다. 그러는 동안 다이앤의 열두 살 난 딸 카트리나는 위층에서 벌벌 떨며 그 소리를 다 듣고 있었다. 해럴은 그 아이의 방으로 들어가 똑같은 방법으로 아이를 죽이고, 도려낸 심장을 근처 숲 어딘가에 던져 버렸다(그 심장은 결국 발견되지 않았다). 해럴은 즉시 용의자로 지목됐지만 혐의를 극구 부인했다. 담당 검사인 케빌 플린Kevil Flynn은 이 두 사건을 해결하는 데 모든 것을 쏟아 부었다. 아마 해럴이 분노와 증오를 표출한 방식이 너무나 끔찍해서 그런 것도 있었을 것이다.[20] 결국 DNA 분석과 혈흔 패턴 분석이 충분한 증거가 되어 유죄 판결과 60년 수감형을 받아낼 수 있었다. 노먼 해럴은 아직도 무죄를 주장하고 있다. 플린은 사건 기록에 이런 말을 남겼다. "노먼 해럴은 악인이라서 이런 살인을 저지른 게 아니다. 이런 살인을 저질렀기 때문에 악인인 것이다." 플린은 또한, 해럴이 악하게 "태어난" 것이 아니라—악하게 태어나는 사람은 아무도 없다고 덧붙였다—그가 저지른 짓이 얼마나 끔찍한지 사람들이 알게 된 후에 악한 행위를 저지르는 사람으로 사회에 인식된 것이라고 강조했다.[21]

지글러 사건이 보여준 처참한 자녀 학대

자녀 학대는 계부나 계모가 있는 집에서 많이 일어난다. 조사 결과만 봐도 아이가 계부나 계모의 손에 죽을 확률이 친부모에게 죽을 확률보다 몇 배 높다.[22] 이보다 더 나쁜 상황은, 여자가 헤어진 남자와의 사이에 아이가 있는데 새 남자친구를 사귀어 동거를 하게 됐을 경우다(이 경우 결혼까지 안 갈 확률이 높다). 남자친구의 주요 관심사는 여자와의 성관계다. 여기서 아이는 남자가 여자의 환심을 사기 위해 감내해야 하는 방해물에 불과하다. 많은 경우 이런 상황에서 다른 종들과 크게 다르지 않게 행동한다. 예컨대, 사자 무리에서 새로운 수컷이 무리의 우두머리가 되면 그 수컷은 전의 우두머리가 낳은 새끼들을 전부 죽이고 여러 암컷들과 교미해 새끼를 낳아 새 가족을 형성한다.[23] 그렇게 해야 새로 태어나는 새끼들이 다 자기의 친자식이 되기 때문이다.[24] 이것이 자연의 섭리다. 부모가 자식을 해친다면, 남의 자식을 해칠 확률보다는 자기 DNA를 가진 자식을 해칠 확률이 적다. 못된 계모 이야기는 계모가 된 여자들을 중상모략하려고 만들어 낸 것이 아니라, 아이가 친부모가 아닌 양부모에게 더 나쁜 대우를 받을 확률이 높다는 사실을 반영한 것이다.[25] 같은 이유로 계부가 딸을 성폭행할 확률이 친부일 경우보다 거의 6,7배나 높다.[26]

까다로운 절차를 걸쳐 아이를 입양하는 커플은 아이의 복지에 전적으로 헌신하며 아이를 친자식처럼 사랑으로 돌봐 주는 일이 많다는 점을 짚고 넘어가야겠다. 그러나 때로는 예외적으로 의붓 아들딸이나 입양 자녀에게 신체적이든, 성적이든, 정신적이든, 아니면 종합적으로든 해를 입히는 통탄할 일도 발생한다. 여기서는 '자녀 학대'라는 제목으로, 아이의 사소한 결점이나 실수에 대해 정상적인 부모라면 상상도 못할 잔인한 보복을 가한 사례를 살펴보겠다. 아이가 아무 짓도 하지 않았는데 오랫동안 가둬 놓고 노예처럼 부리거나 고문한 계획적인 학대의 사례는 나중에 더 큰 범주로 묶어 따로 다루도록 하겠다.

충동적인 자녀 학대 중 가장 마음 아픈 사건으로 꼽히는 사례가 있다. 2007년 10월 말경, 텍사스주의 갤버스턴 해안에 두 살배기 금발머리 여자

아이의 시체가 떠밀려 왔다. 정확히 말하면 아이의 시체가 떠밀려 온 것이 아니라, 아이의 시체가 들어 있는 가방이 갤버스턴 만의 어느 무인도 해안에 쓸려온 것이었다. 한 어부가 우연히 그 가방을 발견했고, 그 안에 든 시체를 보고 깜짝 놀라 경찰에 신고했다. 두개골에 세 군데 골절상이 보이는, 아직 신원이 확인되지 않은 그 아기는 임시로 "그레이스 아기Baby Grace"라고 불렸다. 경찰은 아기 얼굴을 스케치해 인근 주민에게 돌렸고, 오하이오주에 살고 있던 친할머니 셰릴 소이어스Sheryl Sawyers도 보게 되었다. 셰릴은 당장 아기를 알아보았다. 그 아기는 셰릴의 아들 로버트 소이어스Robert Sawyers가 2년 전, 당시 열일곱 살이던 킴벌리 트레너Kimberly Trenor와의 사이에서 낳은 라일리 앤 소이어스Riley Ann Sawyers였다. 로버트가 가정 내 폭력을 사용했다고 소송을 걸어 양육권을 차지한 킴벌리는, 앤을 데리고 텍사스로 이주했다. 그런데 2007년 초, 아직 오하이오에 있을 당시 킴벌리는 로이스 지글러Royce Zeigler라는 텍사스 출신의 스물네 살짜리 남자를 사귀게 되었다. 두 사람은 처음에 월드 오브 워크래프트 게임을 하다가 사이버공간에서 만났는데, 로이스는 킴벌리가 아직 로버트와 동거 중인데도 비싼 선물을 보내곤 했다. 로이스와의 관계가 점점 깊어지면서 킴벌리는 텍사스로 이주하기로 결심을 했고, 그해 늦봄에는 석유업계 기술자인 로이스와 결혼까지 하기에 이르렀다. 그리고 2007년 여름, 라일리 앤은 자취를 감췄다. 킴벌리는 이웃과 친지들에게 "사회 복지사"가 와서는 이유도 설명해 주지 않고 아이를 오하이오로 도로 데려갔다고 말했다.

실상은 전혀 달랐다. 만 2세의 여자아이에게 아빠 노릇을 어떻게 해야 할지 몰랐던 지글러는, 반항기 넘치는 신병을 훈련시키는 해병대 교관의 자세로 이 새 식구를 대하기 시작했다. 지글러는 두 살 먹은 라일리 앤에게 말끝마다 "예, 아버지" "아뇨, 아버지"로 대답하게 했고, 무엇을 요청할 때는 반드시 "플리즈Please"를 먼저 붙이도록 했다. 그러나 스물두 살의 신병이 아닌 만 두 살짜리 아기 라일리 앤은 지글러의 명령을 잊어버리기 일쑤였다. 그럴 때마다 지글러는 킴벌리에게 아이 엉덩이를 벨트로 때리게 했다. 이런 잔혹한 체벌에도 불구하고, 지글러가 보기에 라일리 앤의 태도는 별로 달라진 게 없었던 듯하다. 지글러는 문제를 — 말 그대로 — 자기 손으로 직접 처리해, 아이에게 평생 못 잊을 교훈을 주기로 했다. 결과적으로, 그것은 아이가 못 잊을 교훈이 아니라 살아남을 수 없는 교훈이었다. 라일리 앤이 도대체 무슨 실수를 저질렀기에 지글러를 그렇게 화나게 만들었는지, 우리는 알 수 없다. 어쨌거나 2007년 7월 24일, 지글러는 아이에게 (한 기자의 묘사에 따르면) "온몸에 검붉은 자국과 멍이 남도록 잔인한 매질"을 했다.[27] 라일리 앤은, "사악한 의붓아버지에게 심하게 맞은 아이라면 당연히 그러겠지만, 목 놓아 울고 또 울었다." 그러자 지글러는 더 화를 냈다. 상황은 점점 통제를 벗어났다. 지글러는 욕조에 물을 가득 채운 다음, — 어쩌면 킴벌리도 옆에 있었을지 모른다 — 아이가 의식을 잃기 직전까지 아이의 머리를 물속에 집어넣었다가 잠시 꺼내서 숨을 쉬게 하고는 다시 머리를 물속에 처넣기를 반복했다. "물고문 체벌"을 마친 지글러는 아이의 머리채를 휘어잡고는 아이를 욕실 반대편으로 집어던졌다. 라일리 앤은 타일 바닥에 머리를 부딪쳤고, 두개골이 깨지면서 사망했다. 분노로 점화된 반응적 범죄 — 두 살배기 아이를 충동적으로 고문하고 살해—는 이 시점에서 계획적인 범행으로 변모했다. "매를 아끼면 아이를 망친다"[28]는 성경의 교훈에도 넘으면 안 될 선이 있음을, 그리고 자신들이 방금 그 선을 넘어섰음을 깨달은 두 사람은, 곧바로 근처 월마트에 가서 인조 가죽으로 된 대형 손가방을 사왔다. 그리고 그 가방에 아이의 시체를 넣고 뒤뜰 창고에, 무려 두 달 동안이나 넣어 두었다. 그때가 2007년 가을이었는데, 그 두 달 사이에 사람들이 라일리 앤이 사라진 것을 눈치 채기 시작했다. 그래서 지글러와 킴벌리는 가방과 가방에 든 시체를 갤버스턴 만에 던져 버렸고, 10월 29일 가방이 발견된 것이다. 나머지는 알려진 대로다.

　라일리 앤의 시체가 발견되자, 지글러는 뒤늦게 기사도 정신을 발휘해 "내 아내는 결백하고 다 내가 한 짓이다"라는 말을 남기고 자살을 기도했다.[29] 이런 경우 으레 그렇듯 지글러의 변호사는 킴벌리를 탓했고, 킴벌리의 변호사는 지글러가 단독으로 저지른 죄라고 주장했다. 친모와 의부가 똑같이 공범이었기 때문에, 이는 순전히 형식적인 변론이었다. 두 사람 모두 텍사스주 법정에서 엄한 처벌을 피할 수 없게 되었다. 형이 집행되면 두 사람은, 라일리 앤의 생명을 앗아간 순간의 분노가 어떻게 자신의 여생을 앗아갈 수 있는지, 생각해 볼 시간이 아주 많을 것이다. 로이스 지글러는 50년형을 받았고, 킴벌리는 60년형을 받았다.[30] 라일리 앤이 지글러에게 "성가신 존재" 혹은 인생의 "걸림돌"이었다는 점에서, 지글러의 범행은 보통 카테고리 10에 들어간다. 그러나 고문이 개입됐기 때문에, 카테고리 18이 더 적절하다.

만성 정신분열증 환자 케네스 피에로의 분노

심각한 정신질환, 예를 들면 정신분열증이나 조병이 있는 사람이 폭력을 행사하면, 그것은 계획된 행동이기보다는 충동적 행동인 경우가 많다. 이들은 종종 괴이한 환각에 시달리기 때문에, 특히 분열증 환자들은 때로 충격적이고 혐오감을 주는 범행을 저지른다. 보통사람이 평소에 들어보지 못한, 죄질이 상상을 뛰어넘어 비현실적으로까지 느껴지는 종류의 범행을 저지르는 것이다. 바로 이 때문에 "흉악하다"는 말이 사람들 입에 오르내리게 된다—가해자가 정신병자며('미쳤다'는 단어가 더 자주 쓰인다) 그런 이유로 범행에 책임이 없다는 사실이 드러나기 전까지는 그렇다. 이러한 범죄 사례는 이미 앞에서 살펴본 바 있다. 그래도 정신질환자가 저지른, 범행의 성질이 기괴한 충동 살인의 예를 하나만 더 살펴보겠다.

1996년에 텍사스주 보몬트에 사는 케네스 리 피에로 주니어^{Kenneth Lee Pierrot Jr.}는 뇌성마비로 휠체어 신세를 지고 있던 누이를 둔기로 때려 죽였다. 그는 편집성 분열증 진단을 받고 법무 병원에 감금되었다. 그러자 정신질환 외에도 그동안 포름알데히드 같은 방부액에 적셔 환각 효과를 몇 배 강화한 마리화나를 피워 왔다는 사실이 드러났다. 피에로는 4개월간 적절한 약물 치료를 받아 더 이상 정신병적 환상에 사로잡히지 않을 정도로 회복했고, 회복된 상태로 퇴원했다. 그러나 불행히도 그는 약을 꼬박꼬박 챙겨 먹지 않았다. 그리고 2004년 4월, 약을 복용하지 않은 상태에서 여자친구의 여섯 살 난 아들을 살해했다. 아이를 질식사시키고 시체를 오븐 안에 집어

넣은 것이다. 시체를 급히 처리하느라 오븐 스위치를 켜지 않아 시체에 화상은 남지 않았다. 얼마 후 체포된 피에로는 체포 과정에서 경찰에게 자신이 "예수 그리스도의 피로 정화된 몸"이라고 고래고래 소리를 질렀다. 경찰 보고서에 따르면 피에로는 "눈이 번들거리고 만면에는 미소를 띠고" 있었다고 한다.[31] 이 사건의 동기를 분석할 때 고려해야 할 사실이 있는데, 피에로가 여자친구와의 사이에 다른 아들을 하나 낳았다는 것과 평소 여자친구가 다른 남자와 낳은 첫째 아들에게 쏟는 관심을 그가 못마땅해 했다는 것이다. "아빠" 사자가 다른 수컷이 낳은 새끼들을 제거하는 것과 피에로가 여자친구의 다른 아들을 살해한 것의 유사점을 눈치 챈 독자들이 많을 것이다. 그런데 이런 종류의 사건만큼 법 관계자들을 골치 아프게 만드는 것도 없다. 검찰 측은 피에로가 자신이 무슨 일을 저지르는지 알고 있었고, 그것이 잘못이라는 것도 알고 있었다고 주장했다. 그는 다른 사람들이 자고 있을 때 아이를 죽였으며, 충동 범죄를 저지른 후 "뒤늦은 궁리"로 사건 현장에서 도망칠 생각을 한 것이었다. 따라서 법적인 정신이상이라고 볼 수 없었다. 그러나 피에로는 만성 정신분열증 환자였다. 여자친구가 오직 자기와 낳은 아들에게만 신경을 쏟고 다른 남자와 낳은 아이는 무시해야 한다고 믿었고, 또 그 다른 남자의 아이가 죽어도 싸다고 믿을 정도로 "미친" 사람이었다는 뜻이다. 따라서 문제의 핵심은 피에로가 감옥에 가야하느냐 아니냐(실제로 60년형을 선고받았다)가 아니라, 위험성(살인 전과, 만성 정신병, 약물치료 거부)이 너무 높아서 병원이든 감옥이든 아주 오랫동안 감금해야 한다는 것이었다. 여기서 어떤 시설에 감금되느냐는 그리 중요하지 않다.

환각 때문에 무차별 범죄를 저지른 케니 알렉시스

무차별 범죄의 특징은 폭력과 광란, 무모함 그리고 파괴성이다. 희생자가 나와도 주로 한 명이 아니라 다수로 나온다. 폭동 중에 자동차 수십 대를 전복시키고 불을 지르는 행동(실제로 2005년에 파리에서 두 소년이 이런 범죄를 저지르고 도망치다가 지하철 레일에 뛰어들어 감전사한 사건이 있었다)이 바로 이 무차별 범죄에 속한다. 그러나 결과적으로 사상자가 한 명도 발생하지 않으면 사람들은 이러한 범죄를 흉악 범죄로 보지 않는다.

사람을 타깃으로 한 무차별 범죄가 2006년 뉴욕에서 발생했다. 케니 알렉시스Kenny Alexis라는 노숙자가 편집증적 망상과 약물로 인한 환각에 사로잡혀 살인을 하고 돌아다녔다. 희생자는 남자 둘 그리고 케니가 치근덕거리는 걸 물리친 여자 둘, 이렇게 넷이었다(케니는 이 여자 둘에게 "창녀"라고 욕을 했다). 경찰 당국은 범인이 "정신이상일 가능성이 있다"고 했다.[32] 케니는 실제로 몇 달 전, 다른 폭행 범죄를 몇 차례 저지른 후 보스턴의 브리지워터에 있는 정신병원에 수감된 적이 있었다. 그곳의 의사들은 케니가 "재판을 받는 데 아무 문제가 없다"고 선언했는데, 이 말은 딱 변호사에게 협조할 수 있을 만큼만 제정신이라는 뜻이었다. 케니 알렉시스는 정신질환자였지만, 어디까지가 약물 남용 때문이고 또 얼마만큼이 약물과 무관하게 평소의 상태에 해당하는지 확실치 않았다. 그런데 희생자를 칼로 찌른 횟수와 그 끔찍함 때문에, 언론은 앞 다투어 '악하다'는 단어로 장식한 머리기사를 내보냈다. 케니는 당장에 "악마의 얼굴을 한 살인마"가 되었다.[33] 이 사건은 사전 범행 계획도, 사후 증거 은폐 시도도 없는 충동적 폭력 범죄였다. 정상인으로서의 기능에 심각한 제한이 있고 (근본적 질환이든 약물 남용으로 인한 것이든) 정신질환도 심했다는 점 때문에, 케빈 알렉시스는 악의 심리 등급에서 카테고리 13 '사회 부적응적이며 분노에 사로잡힌 사이코패스, 때로 살인을 저지르기도 함'에 해당한다.

배신한 애인에 대한 분노, 해피 랜드 나이트클럽 화재 사건

'열 받는 일'을 당하고 가장 짧은 시간 안에 '복수 살인'을 저지른 기록 중 하나로, 1990년 3월 25일에 있었던 해피 랜드 나이트클럽 대량 살인 사건이 있다. 그날은 온두라스의 마디 그라(Mardi Gras: '재의 수요일'인 사순절이 시작되기 전날인 '참회의 화요일'. 사순절이 시작되면 고기를 못 먹는다는 이유로, 많은 나라가 이날 축제를 연다 - 옮긴이)에 해당하는 날이었다. 서른일곱 살의 쿠바계 이민 훌리오 곤살레스$^{Julio\ Gonzalez}$는 물류 창고 노동자였는데, 탈영과 범죄 전과가 있었다. 그날 저녁 곤살레스는 헤어지고 다시 만나기를 반복한 여자친구 리디아 펠리시아노$^{Lydia\ Feliciano}$에게서 최종 이별 통보를 받았다. 리디아는 브롱크스에 있는 해피 랜드 나이트클럽의 물품 보관소 담당 직원이었다. 그날 밤 나이트클럽은 온두라스 이민자들로 발 디딜 틈 없이 꽉 찼다. 공교롭게도 바로 그날 곤살레스는 직장에서도 잘려 막 거리에 나앉을 신세가 된 참이었다. 자존심도 상하고 술기운에 화가 잔뜩 난 곤살레스는 석유 1갤런을 사와 나이트클럽의 유일한 출입구(다른 출입구는 공짜 손님의 출입을 막기 위해 불법적으로 봉쇄한 상태였다)에 들이붓고 불을 질렀다. 지옥 같은 이 화재에서 곤살레스의주 타깃이었던 리디아 펠리시아노를 제외한 87명—나이트클럽에 있던 손님 대부분—이 목숨을 잃었다. 리디아는 평소에 잘 사용하지 않는 비밀 출구를 알고 있어서, 다른 손님 몇 명과 함께 간신히 탈출할 수 있었다.

몇 분 후 이미 늦었지만 현장에 도착한 소방대원들은 마치 나치의 가스실 살인을 목격한 듯한 기분이 들었다고 한다. 곤살레스는 이 '홀로코스트' 현장 건너편에 서서 소방차가 도착할 때까지 기다리며 가만히 불길을 지켜보았다. 기름기에 찌든 옷차림 그대로 그날 바로 검거된 곤살레스는 경찰에게 이렇게 말했다. "마치 내가 악마에게 사로잡힌 것 같았어요." 타블로이드 신문들이 이 사건을 실으면서 일제히 "악마와의 데이트", "인면수심" 등의 제목을 붙인 이유는, 일차적으로는 엄청난 희생자의 수 때문이었다.[34] 불행 중 다행으로 희생자들 대부분은 연기를 들이마시고 몇 분 내로 사망했다. 그렇다 해도 이 사건은 79년 전 같은 날 발생했던 트라이앵글 셔트웨이스트 공장 화재(1911년 3월 25일 뉴욕에 있는 의류 공장에서 불이나 146명의 직원이 숨진 화재. 이 화재를 계기로 공장 안전 기준법이 제정되었다 - 옮긴이) 이후 뉴욕주 최악의 화재 사건이었다. 곤살레스는 불을 지른 후 걸어서 집으로 돌아갔지만 도주 시도는 하지 않았고 체포됐을 때 후회의 빛도 보였다. 특히 리디아가 죽은 줄 알았을 때는 더 심하게 괴로워했다. 이듬해 이루어진 재판에서 곤살레스는 174년형을 선고받았다. 각 희생자당 1년 그리고 각 희생자에 대한 무심함에 대해 또 1년씩 부과한 것이었다.[35] 곤살레스의 범죄는 카테고리 15 '연속 살인 또는 다수 살인'에 해당한다.

아버지의 책임을 파괴한 브라이언 스튜어트

임신한 여성이 아기의 아버지에게 살해당한 사건을 접하면 사람들은 보통 살해범의 분노가 아기 엄마를 향한 것이라고 추정한다. 이 추측이 맞는 경우는 매우 드물다. 대개는 아버지로서의 책임감을 받아들이는 것에 두려움을 느낀 것이 숨은 동기로 밝혀진다. 그런데 남자들은 자신이 이러한 두려움을 느끼는 것을 자존심 상해 한다. 그래서 "내 새끼가 아니라는 거 알고 있었어요", "그 년이 다른 남자를 이상한 눈길로 쳐다봤어요" 따위의 덜 창피한 변명을 지어 낸다. 아니면, 범인이 정신병자일 경우 악마가 시켰다든가 누군가의 "목소리"가 그 여자를 죽이라고 명령했다고 우긴다. 그런 "자기 합리화"가 진실보다 덜 부끄럽기 때문이다. 살해범이 대놓고 경멸조로 '아이가 죽었으면 했다'고 인정한 적이 과연 몇 번이나 있을까. 이러한 점에서, 브라이언 스튜어트Brian Stewart 사건은 주목할 가치가 있다. 1992년 2월, 스튜어트는 인간이 가진 기본적인 믿음을 뒤엎는 범죄, 모두에게서 "사악하다"는 비난을 이끌어 낼 범행을 저질렀다. 평범한 사람들의 입에서 "꿈에서도 상상할 수 없는 짓이에요"라든가 "내가 세상에서 제일 미워하는 사람한테라도 그런 짓은 차마 못할 거예요" 등의 말이 나오게 만드는 범행이었다.

스튜어트가 한 짓은 HIV 양성의 혈액을 다른 사람도 아닌 자신의 다섯 살 난 아들에게 주입한 것이었다.

어느 정도 범행 계획이 필요한 범죄였다는 점에서, 스튜어트의 범행을 100퍼센트 충동 범죄로 보기는 어렵다. 그러나 스튜어트가 병원에서 주사를 놓는 전문가('사혈瀉血 전문의'라는 그럴듯한 타이틀도 있다)였다는 점과 HIV 환자를 치료하는 팀에 있었다는 점을 고려하면, 기회와 수단은 비교적 쉽게 얻을 수 있었을 것이다. 희생자의 어머니는 1990년에 스튜어트를 만나 1991년에 아들을 낳았다. 그리고 이듬해 스튜어트와 헤어지고 양육비 소송을 제기했다. 스튜어트는 "내 아이가 아니"라고 주장하며 책임을 회피하려 했다. 그러나 1997년 실시한 검사에서 친자임이 확인되었다. 그때 이미 소년은 원인도 없이 이런저런 병을 앓으며 심각한 상태로 접어들고 있었다. 스튜어트는 아이의 엄마에게 이렇게 말했다. "나한테 양육비를 뜯어 낼 필요가 없게 될 거야. 네 아들('우리' 아들이라고 하지 않은 것에 주의하라)은 얼마 못 살 테니까."[36] 그리고, 까불면 "손봐 주겠다"고 협박하면서, 아무도 자기가 그런 줄 모를 거라고 으름장을 놓았다. 법원은 스튜어트에게 매달 267달러의 양육비를 대라고 명령했다. 그러는 동안 아이는 HIV 양성 판정을 받았고, 얼마 안 가 에이즈 양성 판정을 받았다. 스튜어트는 아이가 사망한다면 더 중한 죄목으로 업그레이드될 수 있는 "일급 살인" 유죄 판결을 받고 감옥에 수감되었다. 재판에서 검사인 로스 부엘러[Ross Buehler]는 스튜어트를 "짐승만도 못한 인간"으로 묘사하면서 이렇게 덧붙였다. "저런 악독한 천재가 생각하기에 HIV는 아이의 혈관에 죽음을 주입하는 완벽한 방법이었을 것이다."³⁷ 심리학자 캐서린 램슬런드^Katherine Ramsland는 악을 주제로 한 자신의 저서에서 검찰 측이 협박죄로 밀고 나간 것은 "협박죄로 최대 종신형까지 받아낼 수 있는 데 반해 미주리주에서 살인미수는 15년형이 최대치이기 때문"이라고 설명했다.³⁸ 이제 10대에 접어든 희생자 소년은 학교에서 제대로 수업을 받거나 친구들과 뛰어 놀기에는 너무 약해진 상태며, 언젠가 아버지가 감옥에서 나와 가족을 모두 살해하는 악몽을 자주 꾼다고 한다. '무정하고 자기중심적인 사이코패스 계획 살인자'인 스튜어트는 악의 심리 등급에서 카테고리 14에 해당한다.

종교적 신념으로 살인을 저지른 자인 이사

우리는 종교적 믿음이 강한 사람들, 신을 두려워하는 사람들은 악과는 거리가 멀 거라고 믿고 싶어 한다. 그러나 우리는 곧 이상에서 현실로 돌아와, 파스칼의 경고를 되새긴다. "종교적 신념으로 악행을 저지르는 이들보다 더 철저하고 즐겁게 악행을 저지르는 사람은 없다."³⁹ 그런데 여기에는 문화적 오류가 있다. 한 문화에서 허용된 특정 의식이 다른 문화에서는 야만적인 것으로 받아들여질 수 있다는 것이다. 나는 여기서 소개할 사건이 어떤 문화에서든, 악행이 아니라면 최소한 역겨운 행위로 간주되리라고 믿고 싶다. 그러나 현실은 그렇지 않으니, 얼마나 통탄할 일인가?

1989년 11월 6일 밤, 미주리주 세인트루이스에 살고 있는 팔레스타인

이민자 자인 이사$^{Zein\ Isa}$의 집에 예전에 FBI가 설치해 놓은 도청장치를 통해 우연히 가족의 비밀스런 대화가 잡혔다. 세 사람의 목소리가 들렸는데, 목소리의 주인공은 자인과 그의 아내 그리고 열여섯 살 난 딸 티나^{Tina}였다. '티나'라는 이름에 주목해 보자. 티나의 원래 이름은 '팔레스티나^{Palestina}'로, 누가 봐도 뿌리가 이슬람임을 알 수 있는 이름이었다. 그 이름을 미국식으로 개명해 '티나'가 됐는데, 대부분의 사람들은 '크리스티나^{Christina}'의 애칭이라고 추측했고, 어쩌면 비이슬람 출신이라고 넘겨짚은 사람도 많았을 것이다. 티나의 집안에서는 이것부터가 벌써 문제가 됐다. 이미 티나는 아버지와는 다른 삶의 방식을 받아들이고 있었던 것이다. 비이슬람교도, 그것도 흑인 남자아이와 데이트를 하고 있었는데, 편견에 찬 자인이 생각하기에는 여러 면에서 용납할 수 없는 행동이었다. 딸이 아버지가 반대하는 남자를 계속 만나 가족 전체를 욕보이기 전에 이슬람 문화에 따라 "명예 살인"을 해야 마땅한 일이었다. 자신 자신도 브라질계 기독교인 여자와 재혼했다는 사실은 까맣게 잊은 모양이었다. 그들에게는 티나의 반항이 살인을 정당화한 셈이었다. 이는 녹음된 대화에서 확인할 수 있다.

자인: 얘야, 오늘이 너의 마지막 날인 걸 알고 있니? 오늘밤 너는 죽을 거야.

마리아: (티나의 엄마, 티나가 비명을 지르자 티나를 잡고 바닥에 누르며) 가만히 있어!

티나: 엄마, 도와주세요!

마리아: 뭐라고? 무슨 소리야?

티나: 도와줘요! 도와줘요!

마리아: 그럼 아버지 말씀 잘 들을 거냐?

티나: 네! 네! 들을게요! (기침) 안돼요, 제발!

자인: 죽어라! 빨리 죽어! 빨리 죽으란 말이야!

티나: (신음)

자인: 조용히 해라, 얘야! 죽으란 말이다! 죽어![40]

자인은 보닝 나이프(뼈에 붙은 살을 제거하는 칼 - 옮긴이)로 딸의 심장과 폐, 간 등 여섯 군데를 찔러 딸을 살해했다. FBI가 이 대화를 엿들을 수 있었던 것은, 테러리스트 그룹인 아부 니달(Abu Nidal: 1970~1980년대 활동한 팔레스타인 테러 지도자. 혹은 아부 니달이 조직한 테러리스트 그룹 - 옮긴이) 조직에 가담한 자인을 감시하기 위해 도청장치를 설치해 두었기 때문이었다. 티나의 부검을 실시한 필립 버치[Phillip Burch] 박사는 "이것은 사악한 정의다"라고 한마디로 못 박았다.[41] 강력계 형사인 거지[Guzy] 경사도 "자인은 사악한 놈"이라며 치를 떨었다. 검사보 밥 크래딕[Bob Craddick]은 이번 사건을 이렇게 표현했다. "어떤 영화보다, 그리고 내 평생 들어 본 어떤 대화보다 더 끔찍했다."[42] 미주리주의 법원은 자인과 마리아 모두에게 사형을 선고했다. 자인은 당뇨병 합병증으로 감옥에서 사망했고, 마리아의 형량은 '가석방 없는 종신형'으로 감형되었다. 명예 살인은 이슬람 과격파들 사이에서 종종 일어난다. 그 횟수가 드물기를 바라지만, 정확한 발생 빈도는 파악하기 어렵다. "부모를 존경하지 않는 자식을 죽이는 것은 어떤 나라에서든 쉬쉬하고 감추는 문제"이기 때문이다.⁴³ 이 사건이 자인의 고향에서 일어났더라면 아무 논란도 일지 않았을 것이다. 그러나 자인은 이곳에서 명예 살인이 아무 문제 없이 지나가지 않을 것을 알 정도로 이미 미국 문화에 익숙해진 사람이었다. 그래서 자인과 마리아는 반항심 많은 딸이 자기들을 "공격"해서 정당방위로 딸을 죽일 수밖에 없었다고 우겼다. 이 빤한 거짓말은 법정에서도 물론 먹히지 않았고, 배심원단을 더 화나게 만들어 최고형을 선고하게 하는 결과만 가져왔다.⁴⁴

망상이 불러온 너대니얼 게일의 복수극

'복수'는 이번 장에 등장한 다른 충동 범죄 사례에서도 여러 번 접했던 주제다. 너대니얼 게일Nathaniel Gale 사건도 복수가 동기가 된 범죄의 대표적인 사례이다. 복수를 향한 게일의 욕망은 그의 잘못된 확신, 비현실적이며, 아마도 망상에 가까웠을 확신에서 비롯된 것이었다. 유명한 기타리스트와 그 기타리스트가 속한 밴드 판테라가 자신의 아이덴티티와 자신이 만든 노래 가사를 훔치려고 한다는 믿음이었다. 게일은 아주 오랫동안 판테라의 열렬한 팬이었다. 그러나 어느 순간 이성을 잃었고, 2004년 12월에 오하이오주 콜럼버스에서 열린 공연에서 무대에 뛰어들어 기타리스트 대럴 "다임백" 애버트Darrell "Dimebag" Abbott을 총으로 쏘아 죽였다. 그는 연이어 다른 세 명을 쏘아 죽이고, 마침내 자신도 경찰의 총에 맞아 죽었다. 게일의 친구였던 제러미 브레이Jeramie Brey는, 게일이 판테라의 가사를 베끼고는 자신이 그 가사를 썼다고 믿게 된 것 같다고 경찰에 증언했다. 게일은 처음엔 밴드를 고소하 겠다고 협박하더니, 어느 날 갑자기 충동적으로 "다임백"과 그 옆에 있던 사람들을 전부 죽이기로 한 것이다. 게일이 어떤 사람이었는지는 알려진 바가 거의 없다. 그러나 범행 동기는 게일 자신이 "지적 재산권 침해"라고 생각했던 것에 대한 복수였던 것으로 보인다. 사람들은 게일이 원래 키가 크고 위압적이며 "혼자 있기 좋아하는" 사람이었는데[45], 시간이 흐르면서 점점 시비를 많이 걸고 편집증적으로 변해 갔다고 증언했다. 앤디 워홀은 사람들이 "15분의 명성"을 얻기 위해 무슨 짓이든 할 거라는 말을 한 적이 있다. 이는 유명 가수를 살해한 또 한 명의 편집증적 외톨이, 마크 데이비드 채프먼Mark David Chapman에게도 해당되는 말이었다. 채프먼은 존 레논의 살해범으로, 존 레논은 "다임백"보다 몇 배는 더 유명했으며 그의 살인도 채프먼에게 15분 이상의 유명세를 안겨 주었다. 그러나 게일이 노린 것은 유명세가 아니었다. 하지만 그것과는 상관없이, 판테라 사건은 희생자들이 살해된 방식보다는 유명인이 살해됐다는 것 때문에 흉악하다는 비난을 더 받았다.[46]

대량 살인범의 청소년 버전, 캠퍼스 총기 난사

비록 드물긴 하지만 사춘기 청소년들이 저지르는 캠퍼스 총기 난사 범죄는 희생자의 수 그리고 범죄의 성질 때문에 큰 주목을 받는다. 아이들이

다른 아이들(주로 같은 반 동급생들)을 총으로 쏴 죽이는 모습을 상상해 보라. 얼마나 끔찍한가? 때로는 교사가 타깃이 되기도 한다. 아무튼 이 두 가지 요소가 일반 대중에게서 끔찍하다, 흉악하다는 반응을 불러일으킨다. 1999년 4월에 콜로라도주 덴버 근처의 컬럼바인 고등학교에서 에릭 해리스$^{\text{Eric Harris}}$와 딜런 클레볼드$^{\text{Dylan Klebold}}$가 저지른 대량 살인이 바로 그런 경우였다. 이 두 10대 소년은 학생 열두 명과 교사 한 명을 살해하고 다른 스물한 명에게 총상을 입혔다. 컬럼바인 학살의 주인공 두 명 중에 좀 더 주도적인 쪽이었던 에릭 해리스는 사이코패스로 간주됐지만, 대부분의 캠퍼스 학살의 주범들은 사이코패스가 아니다. 오히려 클레볼드처럼 의기소침한 청소년 혹은 불만에 가득 찬 "왕따", "사회 부적응자", 그도 아니면 단순히 다른 학생들과 잘 어울리지 못하는 주눅 든 아이인 경우가 더 많다. 어떤 아이들은, 정말로 왕따라서 아니면 다른 이유로 동급생들에게 괴롭힘과 따돌림을 받아 불만에 가득 차 있다. 그 '다른 이유'란 소수 집단의 일원이라서 아니면 태도가 재수가 없어서, 게이라서, 키가 작아서, 뚱뚱해서, 못생겨서, 멍청해서, 숫기가 없어서, 거짓말을 잘 해서 등등, 인기 있는 "배타적 소집단"에게 인정받기를 열망하는 사춘기 청소년들을 비주류로 몰아내는 이유라면 전부 다 해당된다. 캠퍼스 총기 살인범들은 여러 모로 성인 대량 살인범의 청소년 버전이라고 볼 수 있다. 범인이 편집증적이고 꽁한 성격에 다른 사람들과 거의 안 어울리는 사람들로, 처음이자 마지막 한 방의 충동적 폭력 범죄를 행하기 전에는 법을 어긴 적이 거의 없다는 것이 특징이다.

호베르트 슈타인하우저$^{\text{Robert Steinhäuser}}$도 그런 경우였다. 열아홉 살의 독일

소년으로, 학교 총기 난사 사건을 일으켜 에르푸르트^{Erfurt}라는 지명을 역사상 두 번째로 사람들의 뇌리에 각인시킨 주인공이다. 독일의 지리학적 중심부에서 약간 동쪽으로 비껴나 있는 에르푸르트는 온 국민의 사랑을 받는 인물, 요한 세바스천 바흐를 낳은 곳이다. 요한 세바스천의 부친인 바이올리니스트 요한 암브로시우스 바흐$^{Johann\ Ambrosius\ Bach}$와 조부인 궁정 악사 크리스토프 바흐$^{Christophe\ Bach}$가 바로 이곳에서 태어났기 때문이다. 다른 캠퍼스 총기 난사범들과 마찬가지로 슈타인하우저도 외톨이에 부적응자였지만, 그것 말고도 다른 결점이 있었다. 게으르고 차림새가 꾀죄죄했으며, 행동이나 태도도 부자연스러웠던 것이다. 아이들은 슈타인하우저를 "눈에 띌 정도로 눈에 안 띄는 녀석"이라고 평했다.[47] 슈타인하우저는 시험 시간에 부정행위를 하거나 조퇴 사유서를 위조하다가 여러 차례 적발됐고, 결국 마지막 학기 시험을 보기 전에 퇴학당했다. 슈타인하우저는 부모님이 퇴학 사실을 모르도록 매일 학교에 가는 척했다. 이는 운명의 그 사건이 있기 바로 며칠 전의 상황이었다. 2002년 4월의 어느 날, 호베르트 슈타인하우저는 합법적으로 마련한 글록-17 권총을 가지고 학교에 들어가 17명을 쏘아 죽였다. 교사 13명이 주요 타깃이었고, 행정 직원 한 명, 학생 두 명 그리고 경찰관 한 명을 더 사살한 뒤 슈타인하우저 자신도 자살했다. 성인 대량 살인범들과 마찬가지로, 캠퍼스 총기 살인을 저지르는 청소년들에 대해서도 알려진 것이 많지 않다. 보통 자살하거나 경찰의 대응 사격에 사망하기 때문이다. 재판도 없고 가족사나 정신과 기록, 출생시 기록에 대한 조사도 이루어지지 않는다. 가해자가 어린이나 청소년임이 밝혀지면 흉악하다는 비난이 다소 수

그러드는 경향이 있다. 특히 학대받거나 가정에서 방임된 아이들이라고 하면, 성인 대량 학살범들과 똑같은 잣대로 평가하지는 않는다. 나중에 더 자세히 살펴보겠지만, 10대 청소년의 두뇌는 여러 가지 중요한 부분이 아직 미발달의 상태라서 자제력이 성인만큼 발휘되기 힘들다. 이는 책임 경감 사유로 인정된다.

충족될 수 없는 사랑, 퍼넬 제퍼슨의 스토킹 범죄

우리가 "스토킹"이라 부르는 강박적이고 은밀하게 한 사람을 쫓아다니는 행위는, 실제든 상상이든 열망하는 연애 대상에게 집착하는 사람이 주로 저지른다. 스토킹이라는 용어는 특정 동물이 조용히 뒤에서 목표물에게 접근하는 것을 묘사하는 말에서 빌려온 것이다. 고양이가 소리 없이 천천히 사냥감에게 다가가는 모습을 떠올리면 이해가 쉽다. 스토킹의 일반적인 동기는 거부당한 애정 또는 충족될 수 없는 사랑이다. 다른 동기도 있다. 자신을 해고한 상사에 대한 분노라든가, "연쇄살인범"의 경우처럼 성적으로 제압하려는 대상에 대한 분노가 그것이다. (연쇄살인은 다른 장에서 따로 다룰 예정이다.)[48]

일단 스토킹이 시작되면, 어느 정도의 범행 의도가 생기고 계획을 세우게 된다. 그러나 예를 들면 애인에게 거부당하거나 결혼 생활이 갑자기 파탄난 후, 단 한 순간에 스토킹이 시작되어 점점 충동을 억제할 수 없게 되는 경우도 있다. 스토커가 집착이 강하고 병적으로 질투가 심해 자신이 원하는 대상이 "세상에서 나에게 의미가 있는 단 한 사람"이라고 굳게 믿는 타입이라면 특히 그러하다. 이렇게 믿어 버리면 두 사람의 관계는 '너 죽고 나 죽자' 식으로 변해 버린다. 스토커의 입장에서는 반드시 상대방을 자기 것으로 만들어야만 하는 것이다. 이런 병적인 집착이 헤어진 애인이나 배우자를 괴롭히는 행위로 이어지리라는 것은 쉽게 상상할 수 있다. 그리고 괴롭힘은 순식간에 살인으로 이어진다. 연쇄살인범을 논할 때는 사이코패시를 언급 안 할 수 없지만, 평범한 스토커와 사이코패시는 큰 연관이 없다. 대신 불확신과 자기중심적 사고, 자신이 그 사람을 차지할 자격이 있다고 믿는 태도 등이 스토커들이 공통적으로 보이는 특징이다. 바꿔 말하면, 지는 것을 받아들이지 못하는 사람인 것이다.

퍼넬 제퍼슨Pernell Jefferson은 '애인에게 거절당해 스토커로 변신'한 대표적인 케이스다. 퍼넬은 신체 강건하고 운동에 뛰어났지만, 10대 후반부터 몸을 더 강하게 만들기 위해 단백 동화 스테로이드(단백질의 흡수를 촉진시키는 합성 스테로이드 – 옮긴이)를 남용했다. 원래도 뭔가를 요구하거나 명령하기 좋아하고 남을 지배하려는 성향이 강했던 퍼넬은 질투도 병적으로 심해, 처음으로 심각하게 사귄 여자친구가 자기를 떠났을 때는 기절하기까지 했다. 퍼넬은 그 여자친구를 임신시켰고, 두 사람은 1982년에 아들 퍼넬 주니어Pernell Jr.를 낳았다.[49] 스테로이드를 남용하는 다른 운동선수들처럼, 퍼넬도 점점 공격적이고 폭력적으로 변해 갔다. 다음에 사귄 여자친구 두 명에게 심하게 폭력적으로 굴어서, 여자들은 폭력과 소유욕을 견디다 못해 연달아 퍼넬을 떠났다. 그 중 두 번째 여자를 퍼넬은 스토킹하고 겁주다가 급기야 납치해 강간했다.

1984년에 퍼넬은 프로 풋볼팀에 지원했는데, 코치에게서 스테로이드를 절대 사용하면 안 된다는 경고를 받았다. 약물을 갑자기 중단하면서 그는 우울증에 빠졌고 팀에 합류할 기회도 날려 버렸다. 새로운 여자를 만났지만, 전에 사귄 여자들보다 이번 여자친구에게 훨씬 더 강압적이고 폭력적으로 굴었다. 그래서 새 여자친구도 그를 버리고 다른 남자를 만나기 시작했다. 그러나 퍼넬은 "내가 널 가질 수 없다면 아무도 가질 수 없어"라고 협박하며 스토킹하기 시작했고, 얼마 안 가 사는 곳까지 알아냈다.

1989년, 퍼넬은 그녀를 납치해 총으로 쏴 죽인 다음 친구의 도움을 받아 시체를 땅에 묻었다. 나중에 그 친구는 양심의 가책을 느껴 경찰에 신고했다. 시체는 찾아냈지만 부패가 너무 심각해 치아 잔해로 겨우 신원을 파악할 수 있었다. 퍼넬은 애인들에게 가학적이고 강압적으로 굴었지만, 사이코패스는 아니었다. 예를 들면 사이코패스의 전형적 특징인 극단적 자기도취 성향, 즉 냉정함이나 무심함, 기만적인 태도 등은 보이지 않았다. 퍼넬의 성향은 오히려 '집착이 심한 애인'에 가깝다.[50] 법정에서 유죄 판결을 받고 종신형을 선고받은 퍼넬 제퍼슨은 일단 스테로이드 중독에서 벗어나자 모범 죄수가 되었다. 나중에는 다른 죄수들을 대상으로 화 다스리기 강연을 열기도 했다. 20대 후반에 저지른 충동적 폭력과 악행들은 이제 과거의 일이 됐다. 2011년 가석방 심사를 앞둔 퍼넬에게 가장 중요한 문제는 이러한 폭력 성향, 특히 심한 질투와 여성에게 거부당했을 때 과민 반응하는 버릇을 과연 완전히 버릴 수 있는가 하는 것이다. 퍼넬은 악의 심리 등급에서 카테고리 7 '주로 애인을 살해하는, 극도의 자기도취적 인간'에 들어맞는다.

여성들에 의한 충격적 범죄, 태아 절도

분만일이 가까운 임신부를 살해하고 태아를 훔치는 범죄는 다른 범죄들보다 더 소름끼치고 충격적이다. 이유는 간단하다. 여자들이 저지르는 몇 안 되는 범죄 중 하나이기 때문이다. 여자는 남자보다 폭력 성향이 현저히 낮은 것으로 알려져 있는데, 그래서 그런지 여성이 폭력 범죄를 저지르면 훨씬 더 충격적이다. 또한, '임신한' 여자를 죽였다는 점이 극적 요소를 더해 준다. 임신한 여성은 세계 보편적으로 사람들이 신성하게 여기는 것이다. 더불어, 똑같이 소중하게 지켜 줘야 할 아기를 납치하고—아기가 사망하는 경우도 많으니—살해했다는 점도 충격을 더해 주는 요소 중 하나다.

나는 해당 사례 아홉 건의 자료를 발견할 수 있었는데, 공교롭게도 전부 미국 여성이 저지른 사건이었다. 그 중 다섯 명은 폐경기에 가까운 나이였고, 네 명은 인구수가 얼마 안 되는 작은 마을 출신이었다. 이 중에 가장 먼저 일어난 사건은 1987년 다시 피어스[Darci Pierce] 사건이다. 다시는 아홉 명 중 가장 어리고(당시 스무 살) 명백한 사이코패스 기질을 보인 유일한 경우였다.[51] 다시는 임신했다고 남자친구를 속여 결혼에 골인했다. 그런 다음 임신 9개월의 신디 레이[Cindy Ray]를 뉴멕시코주 앨버커키 근처 외딴 곳에서 살해하고, 자동차 열쇠로 배를 갈라 태아를 꺼냈다(아기는 다행히 살아남았다).

또 다른 사례로, 미셸 비카Michelle Bica[52]의 사건이 있다. 미셸은 서른아홉의 나이에 임신을 해, 기대감에 가득 차서 젖병 등 신생아 용품을 사들이고 아기 방을 예쁘게 장식했다. 그런데 불행히도 유산을 하고 말았다. 얼마 후 미셸은 남편에게 또 임신했음을 알렸다. 그리고 2000년 9월 말에 건강한 사내아이를 집에 데리고 왔다. 워낙 통통한 몸매여서 남편을 속이는 데 큰 어려움은 없었다. 그런데 두 가지 문제가 있었다. 하나는 미셸이 임신을 하지 않았다는 것이고, 다른 하나는 미셸이 몇 블록 떨어져 사는 여자를 죽이고 태아를 훔쳤다는 것이었다. 일주일 후 경찰 조사에서 미셸이 실종된 테레사 앤드루스Theresa Andrews를 살해했으며 아기는 테레사 부부의 아기임이 밝혀졌다. 테레사를 자기 집 차고에 묻은 미셸은, 체포되기 직전 테레사를 죽이는 데 사용한 총으로 자살했다. 어이없게도 미셸의 남편은 교도관이었다. 그는 인사 평가에서 상관들에게 "순진하다", "사람 볼 줄 모른다", "잘 속는다"는 평을 받은 사람이었다. 미셸은 전과도 있었다. 토머스 비카Thomas Bica가 아내 미셸을 만난 것도 미셸이 절도죄로 복역할 때였다.

이론의 여지는 있지만 태아 절도 사건 중 가장 많이 알려진 것은 캔자스 주 멜번이라는 작은 마을(인구 423명)의 리사 몬트고머리Lisa Montgomery라는 여성이 저지른 범죄다.[53] 첫 번째 결혼에서 낳은 아이가 넷이나 있는데도, 리사는 아기를 또 하나 가져 두 번째 결혼을 "굳히고자" 했다. 그런데 리사는 첫 번째 결혼이 파경을 맞았을 무렵 이미 난관(나팔관)을 묶는 수술을 받았기 때문에, 더 이상 아이를 낳을 수 없었다. 토머스 비카만큼 남의 말에 잘 속는 남편을 둔 리사는, 우선 더 작은 마을인 미주리주 스키드모어(인구 342명)에 사는 스물세 살의 임신부 바비 조 스티넷$^{Bobbi\ Jo\ Stinnett}$을 만났다. 강아지를 사고 싶으니 보여 달라는 말로 꼬여낸 리사는, 당장 바비 조를 살해하고 배를 갈라 아기를 꺼냈다. 다행히 아기는 목숨을 건졌다. 우리는 이 여자 살인범들이, 보통사람이 보기에 극악무도하다는 점 외에도 틀림없이 사이코패스 기질을 공통적으로 가졌을 거라고 생각한다. 그러나 이들 중에 사이코패스는 한 명도 없었다. 반대로 지나치게 순진하고 사회적, 심리적으로 현실과 동떨어진 사람들이었다. 물론 극단적으로 자기중심적인 면은 있었다. 그러나 정신이상은 결코 아니었다. 세상에는 작은 마을이 수도 없이 많고, 아이를 갖고 싶어 안달이 난 여자도 차고 넘친다. 왜 내가 찾아낸 태아 절도 사건이 전부 미국에만 국한됐는지 묻는다면, 나는 대답해 줄 수 없다. 다른 나라에서도 비슷한 사건들이 발생하지만 단지 세상에 알려지지 않은 것인지는 모르겠다. 어쨌든 이러한 여성들이 악의 심리 등급에서 어느 카테고리에 들어맞는지 판단하는 것은 쉽지 않다. 다시 피어스는 사이코패스였고 따라서 카테고리 11 '주로 "방해가 되는" 사람을 제거하는 살인자'에 넣는 것이 가장 적합할 것이다(이 경우 "방해가 되는 사람"은 다시가 훔치려는 아기의 친모였다). 미셸 비카는 조금이라도 후회의 빛을 보였기 때문에(자살한 것을 말한다), 아마 카테고리 5 정도가 적당할 것이다. 리사 몬트고머리는 완전한 사이코패스는 아니었지만, 태아를 훔치기 위해 바비 조 스티넷을 아무렇지도 않게 살해했다. 카테고리 14 '무정한 계획 살인자'와 일치하는 부분이 있지만, 사이코패스 기질은 몇 개밖에 가지고 있지 않았다는 점을 지적하고 넘어가야겠다.

재미로 살인을 저지르는 스릴 킬

어떠한 일반적인 범주에도 들어맞지 않는 유형의 충동 살인이 있다. 누가 봐도 "그냥 재밌어서" 저지르는 종류의 살인이다. 일부 분석가들은 이러한 범죄에 '스릴 킬'이라는 이름을 붙였다. 스릴 킬의 특징은, 가해자가 주로 10대 청소년이거나 아니면 최소한 젊은 층이라는 것이다. 추측컨대, 이러한 살인을 저지르면서 강력한 "쾌감"을 느끼는 모양이다. 코카인을 흡입하거나, 오토바이를 타고 땅의 갈라진 틈을 건너뛰거나, 개조한 차로 "치킨 게임(차를 타고 마주보며 달려오다가 먼저 피하는 쪽이 지는 게임 – 옮긴이)"을 하는 등 위험 수위가 높은 무모한 놀이를 할 때보다 더 큰 쾌감을 느낄 수 있다고 한다.[54] 디트로이트에서 2007년 11월에 열일곱 살의 장-피에르 올레비츠Jean-Pierre Orlewicz가 나이트클럽 기도로 일하는 스물여섯 살의 댄 소렌슨Dan Sorenson을 할아버지 댁 차고로 불러들여 뒤에서 찔러 죽인 일이 있었다. 장-피에르는 친구 알렉산더 렛커만Alexander Letkemann에게 사후 처리를 도와주겠다는 약속을 미리 받아 놓았던 것 같다. 알렉산더는 나중에 경찰에 이렇게 증언했다. "저는 JP네 할아버지 댁에서 걔랑 그냥 놀고 있었어요……. 저는 치우는 것만 하기로 돼 있었어요. 실제 범행에는 절대 가담하지 않았어요. 뒤처리만 해 주면 개한테 빚진 100달러를 없는 걸로 해 주겠다고 했어요. JP가

왜 그렇게 그 사람을 죽이고 싶어서 안달했는지 저도 잘 모르겠어요."[55] 두 사람은 소렌슨의 머리를 톱으로 잘라낸 다음, 신원 확인이 불가능하도록 손과 발을 소형 발염 장치로 지졌다. 그러고도 모자라 몸통을 멀리 떨어진 곳으로 가져가 불태웠고, 머리는 몸통과 약 25킬로미터 떨어진 강에 던져 버렸다.

그러나 장-피에르는 청소년 살인범의 전형적 특징인 아둔함과 성급함으로 그만 실수를 범했다. 다른 친구에게 시체를 운반하는 것을 도와 달라고 부탁한 것이다. 그 친구가 경찰 당국에 신고를 했고, 범인 두 사람은 즉시 체포됐다. 그 친구가 신고하지 않았더라도, 댄의 여자친구도 댄이 장-피에르의 집으로 꿔 준 돈을 받으러 간 것을 알고 있었다. 비면식 살인은 미결 사건으로 남을 확률이 높은 것에 반해, 이번 사건은 댄이 장-피에르와 연관이 있다는 걸 모두가 알고 있었다. 언론과 인터넷 블로그는 이 사건을 "이 달의 흉악 범죄" 리스트에 올리고 또 "이보다 악할 순 없다: 미시건의 스릴 킬" 같은 제목으로 글을 써 댔다.[56] 사람들을 더욱 충격에 빠뜨린 것은 살인에 명백한 동기가 없다는 점이었다. 일부는 지푸라기라도 잡는 심정으로 댄이 "성폭행 전과범"이라서 경멸을 받았고 표적이 된 거라고 믿으려 했다. 그러나 이 주장은 범인 두 사람이 댄의 전과를 알고 있었을 경우에나 해당되는 얘기였다. 그나마 댄의 전과라는 것도, 그가 열일곱 살 때 열네 살짜리 여자아이와 성관계를 가진 것이었다. 이는 대부분의 주에서 "로미오와 줄리엣" 법(두 사람 중 한 명이 미성년자라도 둘의 나이차가 많지 않을 경우 성범죄로 인정 안 하거나 혹은 비교적 경미한 형벌을 내리도록 규정한 법 - 옮긴이)에 따라 범법 행위가 아닌 것으로 간주되고 있다. 장-피에르와 알렉산더는 어쩌면 최근 출판된 관련 저서에서 설명하는 '청소년 사이코패스' 항목과 일치하는 특징을 가지고 있었는지도 모른다.[57] 그들은 카테고리 11 "방해가 되는" 인물을 살해하는 사이코패스 살인범'에 부합하는 행동을 했지만, 그들이 희생자를 왜 "제거"하려 했는지는 정확히 밝혀지지 않았다. 사체 훼손은 충격적이고 끔찍하긴 하지만, 사후에 벌인 행위라 (살아 있는 사람에게 고통을 준 것은 아니기 때문에) 가학적이라고 볼 수는 없다. 그렇다 해도 살인죄만으로도 두 사람은 자동으로 종신형을 선고받았고, 시체 훼손죄로 10년형을 추가로 선고받았다.

충동 살인을 저지르는 데는 단 1분도 안 걸리지만, 그 결과는 평생을 간다.

THE ANATOMY OF EVIL

제4장

살인의 목적 :
사이코패스 계획 살인자를 중심으로

Ché dove l'argomento de la mente
s'aggiugne al mal volere e a la possa
nessun riparo vi può far la gente.
날카로운 사고력에 사악한 의지
그리고 힘이 결합하면, 인간이 그것을
막을 수 있는 방법은 없다.

《신곡》 1권 '지옥편' 제31곡 55~57행

3장에 소개한 사례 대부분은 순

간적으로 파괴적 행동을 저질렀다가 살인으로 끝난 사건들이었다. 이런 파괴적 행위에 "악하다"는 비난을 한다면, 아마 보통은 범죄자의 인성 때문이라기보다는 범행 때문일 것이다. 앞의 사례들에서 범행 계획이 선행된 경우, 계획 세우기와 실제 범행의 간극은 아주 짧았다. 범행 의도가 있었다면 그 의도는 범죄를 저지르려는 의도이지, 범행 은폐 의도처럼 '어떻게'에 초점을 맞춘 것은 아니었다. 이런 의도가 때로는 "사전 악의"로 인정되기도 하지만, 이번 장에서 살펴볼 사례들처럼 명백하고 노골적인 "악의"는 아니다. 이번 장에서는 진짜 계획 살인자들, 치열한 노력으로 흉악하다는 명성을 얻었다고까지 말할 수 있는 살인자들에 초점을 맞춰 보려고 한다. 이들은 실제 범행을 저지르기 한참 전에, 때로는 청부업자나 애인 또는 다른 공모자를 끌어들여 가며, 최종 목적을 이루기 위해 복잡하고 치밀한 계획과 음모를 세운다. 그 최종 목적이란 대개 배우자나 연인을 제거하는 것이며, 비교적 드문 경우지만 돈을 얻기 위해 타인을 살해하는 경우도 있다. 우리가 여기서 만나볼 범죄자들은 거의 모두가 범행이 드러나기 전까지는 지역 사회에서 평판이 깨끗했던 자들이다. 때문에, 사람들이 알고 있던 이미지와 그 사람이 저지른 범행의 극심한 불일치가 더 큰 충격을 불러일으킨다. 가해자는 십중팔구 풍족한 집안 출신으로, 그 중 일부는 엄청난 부잣집 출신, 대다수는 중산층에 속한다. 이 중에 충격적인 살인으로 세상에 악명을 떨치기 전에 법을 어긴 적이 있는 사람은 극히 일부에 불과하다. 이들은 타블로이드 신문에 며칠 실리다가 마는 수준의 살인자가 아니다. 적당한 표현인지는 모르지만, 무삭제판 전기가 쓰여질 자격이 충분한 살인마들이다. 이들을 우리가 지금까지 살펴본 폭력 범죄자들과 구분시켜 주는 또 하나의 특징이 있다. 다른 살인범들은 앞서 언급한 사이코패스 기질 중에 기껏해야 몇 가지를 가지고 있는 정도인데 비해, 여기서 소개할 살인범들은 '완전한 사이코패스'들이다. 더 정확히 말하면, 이번 장에 나오는 범죄자들은 사이코패스 기질 중 주로 '자기중심적 성격'과 관련된 기질을 더 많이 보이며 충동 살인범들에게서 발견되는 행동 관련 기질은 덜 보인다. 이것은 아주 중요한 부분이다. 이 점을 제대로 이해시키기 위해 먼저 부연 설명을 조금 해야겠다.

　사이코패시 여부를 판단하는 데 가장 보편적으로 사용되는 도구는 로버트 헤어 박사가 개발한 '사이코패스 진단법'이라는 테스트다. 헤어 박사가 만든 표는 크게 두 가지로 나뉘어 있다. 하나는 성격과 정서 관련 지표, 다른 하나는 행동 지표라고 보면 된다. 이 진단표는 감옥이나 법무 병원에 수감된 범죄자들의 인터뷰 및 범죄 기록 수천 건을 분석해 만든 결과물이다. 이들 투옥된 범죄자 중 다수는 긴 전과 기록을 자랑하는 습관적 범죄자며, 대개는 저지른 범죄의 종류도 다양하다. 대다수는 사회적으로 불리한 계층 출신이며, 행동 관련 사이코패스 성향과 성격 관련 사이코패스 성향을 골고루 보인다. 예를 들면, 전문 사기꾼이면서 동시에 과거에 비행 청소년이었던 경우가 많으며, 병적으로 거짓말을 일삼는데 동시에 행동 통제력도 떨어지는 식이다. 만약 이들이 40점(나올 수 있는 최고점이자 '명백한 사이코패스'의 필요 충분 점수) 만점의 진단표에서 30점 이상 나왔다면, 아마 점수가 두 범주에서 골고루 나왔을 확률이 높다.

그러나 이번 장에서 다루는 대상은, 10대 때 비행 청소년도 아니었으며 전과범이 아니므로 가석방 후 문제를 일으킨 기록도 없는 이들이다. 몇몇은 청소년 시절에 나쁜 짓을 저질렀겠지만 풍족한 집안과 관대한 부모 덕분에 범죄가 은폐됐을 가능성이 높다. 한두 번 체포된 적이 있을지 모르나 유죄 판결을 받은 적은 없으며, 돈이 풍족하니 약물이 다 떨어져도 절박한 심정에 절도를 저지를 일은 없었을 것이다. 대신 이들은 성격 및 정서 관련 사이코패스 성향을 전반적으로 다 가지고 있다. 앞에서도 말했지만, 헤어 박사는 사이코패스 성향을 크게 두 가지 카테고리로 나누고 있다.

제 1요인

1. 달변과 외적 매력 둘 중 하나 또는 둘 다
2. 과장된 자존감
3. 병적인 거짓말
4. 사기를 잘 치거나 사람을 능숙하게 조종함
5. 후회나 양심의 가책을 느끼지 못함
6. 정서적 무반응(깊은 감정을 드러내지 못함)
7. 냉담함, 공감 능력 부재(동정심의 부재도 포함)
8. 자신의 행동에 책임을 느끼지 못함

두 번째 요인은 행동과 관련된 것으로 총 아홉 개의 항목이 있다.

제 2요인

1. 남에게 기생하는 생활 방식

2. 행동 통제력이 떨어짐

3. 현실적이며 장기적인 목표의 부재

4. 충동성

5. 무책임함

6. 미성년 범죄

7. 유소년기의 문제 행동

8. 자극 갈구, 권태

9. (수감된 사람의 경우) 가석방의 조건을 위반

여기에, 첫 번째와 두 번째 범주에 딱 들어맞지 않는 세 가지 기질이 더 있다.

1. 성적 문란함

2. 범죄적 능력이 다양함(협박과 사기, 절도, 도주, 납치, 기물 파괴, 강간 등 광범위하고 다양한 종류의 범죄를 저지른 전적이 있다는 뜻)

3. 여러 차례의 짧은 결혼(혹은 사실혼) 생활

어떤 사람이 제 1요인 여덟 개 모두 최대치로 만족시킨다고 해도, 점수는 겨우 16점밖에 안 된다. 사이코패스로 인정받기 위해 필요한 30점에 한참 못 미치는 점수다. 그런데 이 '성격 관련' 기질(달변, 과장성, 속임수에 능함, 사람을 조종하는 능력, 냉담함, 죄책감이나 공감 능력의 부재)은 평생 가도 변하지 않을 확률이 높은 것들이다. 뿐만 아니라, 어떤 사람이 타인의 감정에 냉담하고 죄책감이나 동정심을 느끼지 않으며 습관적 거짓말쟁이에 사기꾼이라면, 그는('그녀'일 확률보다 '그'일 확률이 훨씬 높다) 그저 충동적이고 성질이 급한 사람에 비해 사회적인 위험성을 평생 제거하지 못할 가능성이 크다. 충동적이고 성질이 급한 사람들은 대개 중년이 되면 그러한 행동 성향을 극복한다. 그것이 유일한 문제라면, 나이를 먹으면서 점점 "반사회적" 행동을 멈추게 되는 것이다.[1] 예컨대, 젊을 때 술기운에 나쁜 짓을 저지르고 다녔다면 알코올중독자 모임에 나가면서 차차 술을 끊을 수 있다. 반면, 헤어 박사의 리스트에 포함된 성격 관련 기질들은 평생에 걸쳐 남는 것들이다. 이것은 죽을 때까지(혹은 인생 말년까지) 감옥에 가지 않는 사이코패스, 진단 테스트의 점수가 30점에 한참 못 미치는 사이코패스, 그리고—진단 테스트에만 의존해 판단한다면—결코 사이코패스로 보이지 않는 사이코패스들이 존재한다는 뜻이다. 헤어 박사는 이러한 속속을 일컬어 "화이트칼라" 사이코패스라고 했다. 우리가 알고 있는 비양심적인 기업가나 부패한 정치인 등등이 여기 속한다.[2] 이들 중 일부는 살인도 저지른다. 그렇다면, 제 1요인에 해당하는 기질들은 사이코패시의 '정수'라고 표현해도 좋을 것이다. 어떤 사람을 처음 만났을 때 제 1요인 성향이 보였다면, 그 사람이 죽을 때까지 그 성향은 사라지지 않는다.

공금 횡령이나 뇌물 수수 정도를 이야기하는 것이 아니다. 여기서 말하는 것은 폭력적 사이코패스다. 보통 이웃에게는 (외적인 매력 덕분에) 좋은 인상을 남기고, 사람을 (달변과 침착함을 무기로 거짓말을 해 가며) 능숙하게 주물러 곤란한 상황에서 잘 빠져나가며, 잡힐 때까지는 겉보기에 성공적이고 도덕적으로 올바른 삶을 사는 이들이다. 그러나 그 도덕성은 표면에 불과하며, 위장 수단에 지나지 않는다. 그들은 필요할 때면 망설임 없이 폭력을 사용하며, 그 폭력이 가깝고 친밀한 사람들을 파괴하더라도 개의치 않는다. 때로는 생활환경, 예를 들면 부유함이나 애정 넘치는 가족이 이 사이코패스들에게 보호막을 쳐 줘서, 그것을 믿고 너무 설치지 않는 한 최대한 법망에 안 걸리게 해 준다. 아무리 좋은 상황에서도 사이코패스는 의미 있고 지속적인 관계, 특히 연인 관계를 맺는 것이 불가능하다. 뼛속까지 '약탈자'인 사이코패스는, 목적에 부합하면 "사랑해"라는 말을 얼마든지 내뱉을 수 있지만 더 좋은 대상, 더 매력적인 대상이 나타나면 1초의 망설임도 없이 떠나간다. 그런 사람의 예를 하나 보여주겠다.

대학 생활 2년 만에 중퇴하고 평생 자기 손으로 1원도 벌어 본 적이 없는 20대 중반의 청년이 있었다. 신탁 기금으로 풍족하게 살던 그는 할아버지에게서 50만 달러 약간 못 미치는 돈을 또 물려받았다. 그는 몇 주에 한 번씩 유럽을 오가며 "제트족(개인 소유의 제트 여객기로 세계를 여행하는 상류 계급 - 옮긴이)"들과 파티를 즐기는 생활을 계속하더니, 1년 만에 유산을 탕진했다. 10대 시절에도 무모하기 짝이 없어서 음주운전 사고도 여러 차례 일으켰지만 그때마다 부모님의 도움으로 법망을 피해 갈 수 있었다. 고등학교 졸업식 날 선물받은 새 차를 3일 만에 완전히 망가뜨린 적도 있었다. 부모님께 혼날까봐 걱정이 된 그는, 자동차 딜러를 찾아가 신탁 기금에서 빼돌린 돈으로 똑같은 모델, 똑같은 색깔의 차를 구입했다. 아버지가 평소처럼 술에 취해 눈치 못 챌 거라고 계산했던 것이다. 여자관계도 복잡해서, 이 여자 저 여자 여자를 전전하며 몇 번 사귀다가 허풍 실력을 발휘해 여러 명의 여자를 한 번에 사귄 적도 있었다. 쓸 만한 기술은 하나도 없으면서, "유명한 영화 제작자"나 "세계적인 테니스 선수"가 되고 싶다는 등의 비현실적인 공상은 끊임없이 했다. 보다 못한 먼 친척이 부동산 회사에 직원으로 앉혀 줬는데, 겨우 몇 주도 안 지나서 그는 뉴욕 중심가에 있는 상업용 건물 하나를 수백만 달러에 팔았다고 떠벌리고 다녔다. 그런데 이는 새빨간 거짓말이었다. 친척에게서 얻은 일자리는 책상 앞에 붙어 있어야 하는 한직이었다. 그나마 근무 시간에도 그는 신문의 스포츠 섹션만 줄곧 읽었고, 사무실 밖으로는 거의 나가지 않았다. 문제의 이 사람은 폭력 성향을 보인 적이 없다. 그러나 살다가 갑자기 상황이 극적으로 나빠진다면, 아무래도 도덕심이 투철한 사람에 비해 폭력적으로 변할 가능성이 크다.

아직 폭력 성향은 안 보이나 사이코패스 성향을 보여 온 사람이 앞으로 흉악 범죄를 저지르는 수준까지 치달을지 여부는 누구도 확실히 말할 수 없다. 그것은 예측할 수 없는 여러 가지 상황이 복합적으로 작용하면서 일어나는 변화이기 때문이다. 이번 장에서 다루는 인물들은 이미 그 수준까지 다다른 사람들이다. 우리는 그들의 인생 모자이크 조각을 충분히 확보하고 있으므로, 꽤 믿을 만한 초상화를 그려 볼 수 있다. 완성된 초상화는 악의 가장 두드러진 부분, 즉 "과잉"을 상징하는 부분을 강조해서 보여준다. 이 초상화를 보고 비로소 '그들은 왜 그런 짓을 하게 됐을까?'라는 의문을 조금이나마 해소할 수 있게 될 것이다. 그렇게 된다면 그들은 이제 이해할 수 없는 돌연변이가 아니라 최악의 순간의 나 자신을 그린, 일그러진 — 아주 심하게 일그러진 — 자화상으로 보일 것이다. 이러한 관념은 저명한 법정신의학자 로버트 I. 사이먼Robert I. Simon의 책 제목《악한 사람은 선한 사람이 꿈꾸는 것을 실제로 한다Bad Men Do What Good Men Dream》에 잘 나타나 있다.[3]

3장에서는 관련 인물들에 대한 정보가 충분치 않아서 각 범죄자를 악의 등급 카테고리에 딱 맞아떨어지게 배치하는 것이 쉽지 않았다. 그러나 이번 장은 무삭제 전기를 참고로 했기 때문에, 특정 카테고리에 배치하는 것이 비교적 쉬울 것이다. 그런 이유로 나는 가장 적절하다고 생각되는 카테고리 순서대로 사례를 나열했다.

사이코패스 기질이 현저한, 질투가 강한 연인 : 악의 심리 카테고리 9

– 리처드 민스Richard Minns

1977년 콜로라도주 애스펜의 스키 슬로프에서 두 사람이 처음 만났을 때, 47세의 리처드 민스는 헬스 스파 사업으로 성공한 재벌이었고 처녀 적이름인 바버라 피어트로우스키$^{Barbara\ Piotrowski}$로 알려진 상대 여자는 23세의 눈부시게 아름다운 모델이었다. 바버라는 UCLA 대학 의학부 예과에서 전 과목 A를 받는 우수 학생이기도 했다. 젊음과 남자다움에 집착해 자신이 운영하는 헬스클럽에서 미친 듯이 운동을 해 온 리처드는, 47세의 나이에도 미청년에 가까운 외모를 유지하고 있었다. 바버라를 보자마자 첫눈에 반한 그는 바버라에게 제발 자기가 사는 휴스턴으로 와 달라고 졸랐다. 바버라는 처음엔 주저했지만 결국 부탁을 들어주었다. 두 사람은 열정적인 연애를 시작했고, 바버라는 곧 그의 집에 들어가 동거를 하게 됐다. 그런데 민스가 자신에 대해 뭐라고 이야기했건, 한 가지 말해 주지 않은 정보가 있었다. 그가 유부남이며 아이도 넷이나 있다는 사실이었다. 얼마 후 그는 "결혼한 적이 있으나" 별거 중이라고 마지못해 밝혔다. 그러나 그 결혼은 25년째 지속된 결혼이었고, 그의 아내 미미^{Mimi}는 동업자이기도 했다. 미미는 남편과 바버라의 관계를 알게 됐고, 이혼 소송을 제기했다. 바버라는 방해물이 사라졌으니 민스가 곧 청혼할 거라고 생각했다. 리처드는 그럴 마음은 없었지만, 대신 바버라를 화려한 저택에 살게 해 주었다. 얼마 안 가 두 사람은 다투기 시작했다. 시간이 갈수록 민스의 소유욕과 질투는 점점 심해져 갔다. 그래도 그는 바버라와 결혼하려 들지 않았다. 싸우다가 바버라를 때린 적도 몇 번 있었다. 이에 신물이 난 바버라는 민스와의 관계를 끝내고, 휴스턴에 계속 머물면서 학업을 계속하기로 결정했다.

그로부터 얼마 후인 1980년 10월, 바버라가 도넛 가게에 서있는데 한 남자가 차를 몰고 지나가면서 바버라의 등을 총으로 네 번 쏘았다. 급히 병원으로 호송된 바버라는 목숨은 건졌지만 흉부 아래로 하반신 마비가 되고 말았다. 이 사건에는 여러 명의 청부업자가 개입되었다. 리처드가 A를 고용했고 A는 다시 B를 고용해, C와 D에게 돈을 주고 실제 범행을 맡기라고 지시했다. 민스를 제외한 네 사람 모두 체포되어 실형을 선고받았다. 민스는 끝까지 공식적으로 기소되지 않았으며, 유럽으로 도주해 최소 다섯 개의 가명과 각각 다른 이름으로 된 일곱 개의 여권을 사용하며 이 나라 저 나라를 돌아다녔다(이스라엘에서는 잠시 육군에 복무하기도 했다). 한번은 바하마 제도에서 "리처드 오툴Richard O'Toole"이라는 가명으로 조세 전문 변호사 행세를 하기도 했다.[4] 끝까지 용의선상에서 없어지지 않았던 그는 마침내 1994년에 멕시코에서 밴쿠버로 가려다 댈러스-포트 워스 공항에서 체포되었다. 당시 리처드 민스는 64세로, 할란 앨런 리처드슨Harlan Allen Richardson이라는 가명으로 활동하고 있었다. 그때 경찰이 충분한 증거를 제시할 수 있는 죄목이 사기죄밖에 없었기 때문에, 민스는 단 4개월만 복역하고 아일랜드로 추방되어 거기서 새롭게 생활 터전을 잡았다.[5] 그런데 그에 앞서 1987년에 지방 법원 판사인 윌리엄 엘리엇William Elliott이 민사 재판에서 '민스에게 총격의 책임이 있으며 바버라에게 2,860만 달러의 피해 보상을 해야 한다'는 판결을 내린 적이 있었다.[6] 그런데 바버라는 이미 이름을 재니 스미스Janni Smith로 바꾸고, 누군가 목숨을 노리고 또 공격해 올까봐 캘리포니아로 이주한 뒤였다. 바버라는 1991년에 다시 민사 소송에서 승소했고, 배심원단은 민스에게 배상금 3,200만 달러를 지불하라는 판결을 내렸다. 바버라는 아직까지 민스에게서 단 1페니도 못 받아냈다.

리처드 민스가 진짜 어떤 사람인지 이해하기 위해서는 더 자세한 자료를 읽어 볼 필요가 있다. 민스는 텍사스주의 어느 중산층 가정에서 태어나 별로 특별할 것 없는 환경에서 자랐고, 일곱 살 아래로 재니스Janice라는 여동생이 있었다. 민스는 여덟 살 때 이미 가학적이고 폭력적인 성향을 보였으며, 부모가 통제할 수 있는 수준을 벗어나 있었다. 동생에게 동전을 삼키게 해 응급실에 실려 가게 한 적도 있고, 동생이 기기 시작하자 활짝 열린 창문 옆에 데려다 놓고 동생이 창밖으로 떨어지자 옆에서 배를 잡고 웃은 적도 있었다. 동생이 두 살 때는 동생의 손가락을 영사기의 전구에 갖다 댔다. "살이 타는 냄새를 맡아 보고 싶어서"라는 게 이유였다.[7] 또 불붙은 성냥을 동생에게 던지는 놀이도 즐겼다.[8] 열네 살 때는 그것을 자랑하다가 가중 폭행죄로 경찰 조서에 오르기도 했다. 진실은 알 수 없으나, 그렇게 아무렇지도 않게 자기가 한 짓을 자랑한 것에서 사이코패스 성향이 서서히 드러나기 시작했음을 알 수 있다. 성인이 된 민스는 매력이 철철 넘치지만 동시에 악의에 불타는 사람이 되어 있었다. 그는 에너지가 넘쳐 잠도 거의 안 잤고 정력적이며 의욕이 넘쳤지만, 정직하지 못하고 변덕이 심하며 교활하고 호전적이었다. 한번은 아내 미미와 둘째 딸을 폭행해 두 사람의 코를 부러뜨린 적이 있었고, 앞서 말한 것처럼 바버라와 사이가 나빠진 뒤에는 바버라노구타했다. 그는 바버라를 폭행한 뒤 이렇게 말했다. "내가 그런 게 아니야! 나한테 뭐가 씌었나봐!"[9] 카리스마 넘치고 끊임없이 자극을 추구하는 민스를, 사람들이 몰려들어 춤추게 만드는 불꽃 같다고 표현한 이들도 있었다.[10]

두 사람이 사귄 지 얼마 안 됐을 때 바버라가 임신을 하자 민스는 낙태를 강요했다. 바버라는 낙태까지 가기 전에 아이를 유산하고 말았지만, 그래도 민스를 떠나지는 않았다. 민스는 또한 사업을 하면서도 깡패처럼 굴었고, 지나치게 호전적이어서 감히 자신이 밀어붙이는 비도덕적인 협상에 반대하는 사람이 있으면 가차 없이 고소하곤 했다. 또, 자기 뜻을 관철하기 위해서라면 숨겨둔 정부를 폭로하겠다며 사업 동료를 협박하는 짓도 서슴지 않았다.[11] 아내 미미가 이혼을 요구하자, 그는 아내를 살살 달래도 보고 협박도 했다. 미미가 한 발 물러섰다가 다시 이혼을 요구하자, 민스는 친구에게 미미와 간통을 저질렀다고 법정에서 증언해 달라고 했다. 친구는 거절했다. 민스는 청부업자를 고용해 미미를 살해하거나 아니면 미미와 네 아이가 탄 샌안토니오행 비행기를 날려 버리겠다고 협박했다. 이 협박을 비록 행동으로 옮기진 않았지만, 민스의 사고방식이 어땠는지 그리고 어디까지 갈 수 있는 사람이었는지 대충 파악이 된다.

민스는 "경조증輕躁症"의 특징을 많이 보였는데, 경조증은 조증에 조금 못 미치는 정도의 병증을 뜻한다. 조증의 특징을 보이지만 모든 증상이 조증보다 정도가 덜하다. 예를 들어 민스는 사회적으로 외향적이고, 과장이 심하며, 정력적이고, 성욕도 그 나이에 비해 강하고, 모험을 좋아하고, 성질이 격하고, 오만하며, 허풍을 잘 떨었다. 그러나 이러한 성향들은 경조증이라기보다는 전형적인 사이코패스의 기질이다. 민스는 습관적인 거짓말쟁이였고, 남을 착취하기를 잘했으며, 비도덕적이고, 자기 자식들의 신탁 기금을 사취할 정도로 부정직했다. 그는 이혼에 극구 반대했는데, 그 이유는 아내 미미가 텍사스주의 법에 따라 재산의 절반을 가져가는 것을 참을 수 없었기 때문이다. 허위 증언을 하고 미미를 중상하려는 노력이 실패하자, 판사는 미미에게 재산의 60퍼센트를 가져갈 권리를 주고 민스는 겨우 40퍼센트만 주었다. 이것은 민스에게 인생의 "참패"나 마찬가지였고, 이후 그는 급격히 내리막길을 걷기 시작했다. 아내와 이혼했는데도 바버라와 결혼하려고 하지도 않았다.

이혼 후 민스가 점점 잔인하고 강압적으로 굴자, 바버라는 그에게 애정 대신 증오심만 느끼게 됐다. 그래서 민스를 떠났고, 결국 총에 맞게 된 것이다. 앞에서도 말했지만 민스는 마치 마피아 두목이 라이벌을 "해치울" 때 그러는 것처럼 삼중의 중개인 뒤에 숨었기 때문에, 미국 첩보 기관이 말하는 "설득력 있는 부인 권한(plausible deniability: 제삼자를 통해 일을 처리함으로써 실질적인 책임자까지 역추적이 불가능하도록 하는 것 - 옮긴이)"의 혜택을 얻을 수 있었다. 이것은 민스의 작은 승리로 인정해 줘야 할 것 같다. 왜냐하면 바버라가 그나마 얻은 작은 정의는 형사 소송도 아닌 민사 소송에서 얻은 것이었기 때문이다. 아일랜드로 추방당한 민스는 어쩌면 아직도 거기서 자유의 몸으로 잘 살고 있을지도 모른다. 이 글을 쓰고 있는 지금, 살아 있다면 그는 여든 살이 됐을 것이다.

뒤에서 뇌에 부정적 영향을 끼치고 폭력성 발현의 원인이 될 수 있는 여러 가지 조건에 대해 따로 이야기할 계획이다. 그런데 민스를 볼 때 흥미로운 부분은, 우리가 아는 한 이러한 조건들 중 아무 것도 해당이 안 된다는 것이다. 민스가 어렸을 때 머리에 외상을 입어 의식을 잃은 적이 있다는 기록은 없다. 민스의 어머니가 민스를 임신했을 때 담배를 심하게 피웠거나 술을 지나치게 많이 마셨다는 기록도 없다. 이 두 가지는 태어난 아이가 나중에 (반드시 폭력적으로 변하는 것은 아니나) 반사회적 행동을 보일 확률을 부쩍 높이는 요인이다.[12] 민스의 부모님이 이혼을 한 것도 아니다. 게다가 민스는 보통 아이들보다 훨씬 똑똑했다. 한마디로, 민스가 태아기 또는 유년기에 불리한 조건에 노출돼, '후천적 소시오패시'를 얻었다는 증거는 없다.[13] 따라서 유전적 형질이 가장 큰 역할을 했다는 설명이 더 신빙성을 갖는다. 다른 말로 하면, 민스는 태어날 때부터 집념이 강하고, 극도로 자기중심적인 성격에 남들의 기분에는 무심하며, 무모하고 가학적일 정도로(민스가 어릴 때 여동생에게 한 짓을 보면 알 수 있듯이) "쾌감" 추구의 욕구가 강한 성향이었다는 것이다. 여기에 성욕 과잉과 강한 소유욕 그리고 "중년의 위기"까지 더하면, 살인의 '필연성'이 아닌 살인의 재료를 전부 갖춘 셈이 된다. 살인의 필연성이 아니라고 하는 이유는 이러한 상황에서 꼭 살인이 일어나는 것은 아니기 때문이다. 그러나 그렇다 해도 평범한 사람들에 비하면 살인을 저지를 위험이 훨씬 높다. 민스는 패배를 인정하거나 받아들일 수 있는 사람이 아니었다(이혼 그리고 이혼 법정에서 판사가 자신에게 불리한 판결을 내린 일, 애인에게 거부당한 일 등이 민스에게는 전부 패배였다). 한번 이러한 일들이 복수 심리를 건드리자, 그 패배의 원인들을 영구히 제거하지 않고서는 못 배기게 되었다. 그래서 민스는 미미를 죽이는 일을 심각하게 고려했다. 바버라의 경우는 실행에 옮기기까지 했다. 그러면서도 그는 다른 사람들을 시켜 범행을 저지르고 (1994년 사기죄로 잠시 복역한 것 빼고는) 법망을 거의 30년간 피해 다닐 정도로 "쿨"했다. 이제 여든 살인 리처드 민스는 타향에서 숨지겠지만 그래도 자유의 몸으로 죽을 것이다.

– 아이라 아인혼^{Ira Einhorn}

아이라 아인혼의 이야기는 리처드 민스 사건의 복제판처럼 들린다. 혹시 리처드 민스보다 11살 어린 친동생이 아닌가 의심이 들 정도다. 아인혼도 역시 경조증이었고, 잠을 극히 적게 잤으며, 성욕 과잉, 병적인 자기중심주의, 과장성을 다 갖추고 있었다. 또한 카리스마적이며, 도덕관념이 없고, 멀쩡하다가도 툭하면 공격적으로 돌변했다. 아인혼은 1970년대에 필라델피아 지역에서 베트남전 반대 운동가와 히피 지도자로 이름을 날렸다. 그러나 그 전에 이미 아인혼의 어두운 성격은 조금씩 드러나고 있었다. 한 예로, 아인혼이 스물두 살 때(1962년) 리타 시걸^{Rita Siegel}이라는 댄서와 한창 열애를 하고 있었다. 리타는 아인혼이 거부할 수 없을 정도로 매력적이긴 하지만 니체나 D. H. 로렌스, 마키 드 사드 같은 유명한 반체제 인물들에 대해 장황하고 자세하게 설명할 때는 소름끼치게 무서웠다고 훗날 증언했다.[14] 아인혼은 고양이를 샤워 물줄기 아래 놓고 고양이가 비명을 지르는 것을 보며 즐거워하기도 했다.[15]

그해 아인혼이 쓴 글을 보면 더 소름끼친다. "사디즘, 멋진 단어다. 혀에서 굴리면, 내가 강렬한 쾌감으로 산화되는 순간 남이 느낄 고통을 떠올리며 기쁨을 만끽한다……. 아름다움과 순수함은 소유할 수 없기에 파괴해야 한다."[16] 그해 7월, 그는 리타가 의식을 잃을 때까지 목을 조른 후 이렇게 기록했다. "소유할 수 없어서 사랑하는 것을 죽이는 것은 너무나 자연스러운 일로 느껴진다. 그래서 어젯밤 리타의 목을 조를 때 옳은 일을 하고 있다는 느낌이 들었다."[17] 4년 후, 별로 달라진 것도 없는 상황에서 아인혼은 다른 여자친구 주디 루이스[Judy Lewis]를 상대로 가중 폭력을 가했다. 깨진 콜라병으로 폭행한 다음 주디가 기절할 때까지 목을 조른 것이다. 그런데 리타에게 그랬을 때와 마찬가지로 아인혼은 이번에도 경고 조치만 받고 풀려났다. 두 여자 모두 기소를 하지 않았기 때문이다. 비록 아인혼은 애인이 떠나겠다고 할 때만 폭력적으로 돌변했지만, 이 사건들은 앞으로의 일을 예견하는 전조와도 같았다.[18]

아인혼은 1974년에 일곱 살 어린 홀리 매덕스[Holly Maddux]라는 아름다운 여자를 만났다. 리처드 민스 사건의 바버라처럼 홀리 역시 외모만큼 머리도 뛰어나서, 텍사스 대학에서 치어리더로 활동했을 뿐 아니라 학부를 차석으로 졸업하기까지 했다. 아인혼은 다른 여자들에게 대한 것처럼 홀리에게도 강박적이고 강압적으로 대했으며, 때로 폭력을 사용했다. 얼마나 심했는가 하면, 홀리의 몸에 난 피멍을 주변 사람들이 눈치 챌 정도였다. 홀리는 3년을 견디다가 마침내 그를 떠나 뉴욕으로 갔고, 거기서 새로운 남자를 만나 사귀기 시작했다. 이 소식을 들은 아인혼은 홀리에게 필라델피아로 돌아오라고 했다. 불행히도 홀리는 그곳으로 갔고, 그 길로 행방불명됐다. 아인혼이 홀리를 죽이고 시체를 납작한 트렁크 가방에 넣어 벽장에 숨긴 것이었다. 2년 뒤인 1979년, 이웃들이 아인혼의 아파트에서 나는 썩은 냄새에 대해 불평하기 시작했다. 이에 경찰이 조사에 나섰고, 미이라처럼 바싹 마른 홀리의 시체를 발견하고는 곧바로 아인혼을 체포했다. 보석금이 4만 달러로 책정되었는데, 시그럼이라는 술 제조 기업 가문의 며느리인 바버라 브론프먼Barbara Bronfman이라는 여자가 보석금을 대 주었다. 유럽으로 도주한 아인혼은 "벤 무어Ben Moore"라는 가명으로 아일랜드에 눌러앉으려고 했다. 그런데 아일랜드 경찰 당국이 그의 정체를 알아내 체포를 시도했고, 아인혼은 일단 잉글랜드로 갔다가 다시 스웨덴으로 도피했다. 거기서 그는 이름을 또 바꾸고 아니카 플로딘Anika Flodin이라는 부유한 여성을 유혹해 사귀기 시작했다. 아인혼을 "유진 멀론Eugene Mallon"이라는 이름으로 알고 있었던 아니카는, 그와 함께 프랑스로 건너가 결혼식을 올렸다. 당시 아인혼은 나이가 벌써 60대였다. 그런데 1988년 무렵 바버라 브론프먼이 스티븐 레비Steven Levy의 범죄 다큐멘터리 책에서 아인혼의 일화를 읽고, 그의 실체를 깨달아 경찰에 그의 스웨덴 거처를 알렸다. 그러자 아인혼은 그의 스웨덴 애인과 함께 당장 프랑스로 도망갔다.

그러나 끈질긴 추적과 프랑스 당국과의 싸움 끝에 마침내 아인혼을 미국으로 송환시킬 수 있었다. 무려 20여 년이나 지속된 자유와 화려한 삶에 종지부를 찍게 된 것이다. 세월은 많은 것을 변화시켜 턱수염이 사라지고 머리는 하얗게 셌으며 체중도 20킬로그램이나 줄었지만, 지문만은 똑같았다.[19] 아인혼은 2002년 10월에 홀리 매덕스의 살인죄로 가석방의 여지가 없는 종신형을 선고받았다. 리처드 민스 사건과 마찬가지로, 매덕스 가족도 이미 몇 년 전에 민사 소송에서 '부재 중 재판'으로 아인혼의 유죄 판결과 9억 700만 달러의 배상 판결을 받아냈다. 물론 단돈 1페니도 못 받을 게 뻔하다. 아인혼은 지금까지 무죄를 주장하고 있다.

민스 사건과 아인혼 사건에 겹치는 부분이 많지만, 그 중에서도 특히 주목할 점은 충동적 폭력 행위를 저지르는 중에 살인을 저질렀다는 것이다. 그런 다음 두 사람 모두 놀랄 정도의 차분함과 영악함으로 범행을 은폐한 것은 물론, 대의를 내세워 부유한 사람을 자기편으로 만들고 그들 돈으로 몇 년간 도피 생활을 했다. "자신의 죄"를 인정한—그래서 사이코패스라기보다는 반사회적 인물로 분류한—로이스 지글러와는 달리, 민스와 아인혼은 끝까지 거짓말을 하고 범행을 부인했다. 이러한 사이코패스 기질, 특히 냉담함과 타인에 대한 무심함, 범행 계획을 세우는 치밀함 등이 앞장에서 살펴본 사건들에 비해 이번 사건에 "악하다"는 인상을 더해 주고 있다.

방해자를 제거하는 자기도취적 살인범들 : 악의 심리 카테고리 10

여기서 살펴볼 사례들은, 충동적으로 저지른 것이 '아닌' 살인 행위로 세인들을 충격에 빠뜨린 자들의 이야기다. 처음부터 냉정하고 계획적으로 저지른 범행, 그리고 뒤이은 계획적인 은폐 행각이 핵심이다. 똑같이 도덕관념이 없고 사이코패스 기질 중 제 1요인에 해당하는 특징이 두드러지지만, 분노와 폭력적인 행동이 수반되지 않는다는 점이 중요하다. 뿐만 아니라, 살인 계획을 세운 동기 또한 전혀 다르다. 민스와 아인혼은 자신이 미치도록 사랑했던 여자가 자신을 떠나려고 해서 살인을 했다. 그들에게는 자신을 아프게 한 여자를 죽이는 것 외에는 상실감과 상처 입은 자존심을 치유할 다른 방법이 없었다. 이 두 사람이 폭력적인 태도로 여자를 떠나가게 했음은 누가 봐도 명백하다. 그런데 본인들은 이 명백한 사실을 깨닫지 못하고 복수가 "정당하다"고 생각했다. 이번에 살펴볼 살인범들은 다른 사람과 함께 하기 위해, 혹은 점점 악화되는 상황을 벗어나기 위해 누군가를 살해한 이들이다. 그들은 그 누군가를 "방해물"로 본 것이다.

– 존 리스트 John List

존 리스트 사건을 아는 사람들이 그의 이름을 악과 결부시키는 것은, 부엌에서 윙윙거리는 파리를 처치하듯 일가족을 무심하게 처치한 그의 살해 방식 때문이다. 그러나 그것이 다가 아니다. 리스트는 나중에 말도 안 되게 허황된 논리로 자신의 범행을 정당화하면서, 세상에서 가장 타락한 정치인도 닿지 못한 가장 높은 레벨의 위선에 도달했다.

존 리스트는 1925년에 미시건 주의 어느 루터교 집안 외동아들로 태어났다. 아버지는 무뚝뚝하고 어둡고 화를 잘 내는 사람이었고, 동네에서 괴짜로 꼽히는 극도로 보수적인 광신도였다.[20] 어머니 앨마Alma는 아들을 지배하려 들거나 아니면 과잉보호하려 했다.[21] 존도 어릴 적에 벌써 성질 까다로운 "마마보이"와 "깔끔 떠는 애"로 유명했고, 행실도 괴팍하고 군대에 관한 책만 파고들었다. 존이 감기라도 걸릴까봐 앨마는 아들이 밖에 나가서 다른 아이들과 노는 것도 금지했다. 존에게 "놀이"는 저녁때 어머니와 함께 성경을 읽는 것이었다. 훗날 어머니가 자신의 집에 들어와 함께 살게 되면서 존

은 이 습관을 유지하게 됐고, 성경 읽기는 모든 것이 끝난 그날까지 지속되었다.[22]

비록 2차 대전에 참가하진 않았지만 존은 총기에 대해서라면 빠삭했고, 실제로 총기를 다루는 것도 능숙했다. 총은 그의 인생에서 아주 중요한 부분을 차지했는데, 그 중에서도 특별히 들여온 오스트리아산 권총을 유난히 아꼈다. 겉보기에는 도덕적이고 충동적으로 행동하는 일이 거의 없으며 세세한 부분까지 신경 쓰기 좋아하는 그는, 마치 강박성 인격 장애의 표본 같았다. 대학에서 회계학 학위를 땄지만 사교술이나 경영 능력이 부족해 번번이 해고당했고, 그러다 보니 빚은 쌓여만 갔다. 이 빚은 존이 가족과 함께 뉴저지주 웨스트필드의 방 열여덟 개짜리 대저택으로 이사하면서 걷잡을 수 없이 불어났다. 당시 존은 아내 헬렌[Helen]과 세 아이들뿐 아니라 노쇠한 어머니까지 부양하고 있었다. 저택은 존의 수입으로 감당할 수 없는 수준이었다. 설상가상으로 전 남편에게서 옮은 매독이 말기에 접어들어 헬렌의 상태가 급격히 악화되면서, 상황은 점점 나빠졌다.[23] 존이 10대 자녀 셋의 행실을 마음에 안 들어 한 것도 한몫 했다. 셋 중에 열여섯 살 먹은 쾌활한 첫째 딸 패트리샤[Patricia]를 가장 못마땅하게 여겼는데, 하루는 패트리샤가 밤에 다른 여자아이와 함께 아무 생각 없이 산책을 하다가 경찰서에 끌려가자 딸에게 "헤픈 년"이라고 욕을 하기도 했다.

바로 이러한 상황에서 존은 1971년 11월 9일 계획적인 범행을 저지르게 되었다. 마지막 인사로 어머니의 뺨에 입을 맞춘 존은, 곧이어 어머니의 뒤통수에 대고 총을 쏘았다. 그리고 헬렌도 같은 방법으로 죽였다. 오후에 딸 패트리샤와 아들 프레드릭Frederick이 학교에서 돌아오자 두 아이도 똑같이 총을 쏘아 죽였다. 그렇게, 애지중지하던 오스트리아산 권총으로 식구들을 하나하나 살해했다. 막내아들 존 주니어John Jr.는 학교에서 축구를 하고 있어서, 존은 학교까지 차를 몰고 가 아들의 축구 경기를 지켜본 후 아이를 집에 데려와 살해했다. 무슨 이유에선지 존 주니어는 즉사하지 않았고, 이 때문에 일을 끝내기 위해 존은 아홉 발을 더 쏴야 했다. 가족의 시체를 침낭에 집어넣은 다음 존은 그들을 위해 기도하고 집을 떠났다. 당장은 가족들을 찾는 사람이 없었고 또 시체가 한 달 동안 발견되지 않았기 때문에, 존은 목적지가 어디든 도망칠 시간이 충분했다.

존은 목사에게 살인의 이유를 설명하는 편지를 써 보내, 위선적 사고의 최고봉을 보여주었다. 존의 견해에 따르면, 1970년대는 죄악에 물든 시대이며 이미 큰딸이 유혹에 넘어가 '사탄의 직업'인 배우가 되겠다고 한 마당에, 가족이 신앙을 버리기 전에 자신이 다 죽여 줬으니 천국에 그들의 자리를 맡아 놓아 준 셈이라는 것이었다. 존은 대학 때 만난 동창생 로버트 클라크Robert Clark의 이름을 빌려 사용하면서, 재혼까지 하고 새로운 삶을 시작했다. 훗날 체포될 때까지 처음에는 덴버, 그 다음에는 버지니아에서 자유의 몸으로 살았다. 마침내 제포된 것은 18년이나 흐른 뒤였다. 존 리스트 제포는 법의학 미술 전문가 프랭크 벤더Frank Bender의 도움이 있었기에 가능했다. 벤더는 존 리스트가 64세에 어떤 모습일지 분석해서 찰흙으로 흉상을 만들었다. 그 이미지가 방송을 타 "미국의 1급 지명수배"라는 TV 프로그램에 나갔고, 약 열흘 뒤 누군가 그 얼굴을 알아보고 경찰에 신고했다. 1990년 5월,

존 리스트는 일급 살인의 다섯 가지 항목이 인정되어 종신형을 선고받았다. 존은 후회의 빛이라고는 눈곱만큼도 보이지 않았고, 오히려 자신이 가족들을 천국에 보내 줬다고 굳게 믿었다. 2002년에 코니 청$^{Connie\ Chung}$이 진행하는 ABC사의 "다운타운"이라는 프로그램에 출연해 실제로 그렇게 이야기했다. 코니 청은 존에게, 평생 걸려도 다 못 갚을 빚을 졌으면 왜 스스로 목숨을 끊지 않았느냐고 물었다. 그러자 존은, 자살은 죄악인데 자살을 하면 천국에 가서 가족을 만날 수 없지 않느냐고, 어린애 가르치듯 천천히 설명했다. 가족을 살해했지만 용서를 빌면 그들이 용서해 줄 것이고, 그게 아니더라도 가족들은 자신이 그들을 죽인 줄 모르고 있으므로, 어찌됐든 자신은 가족들과 천국에서 만나 영원토록 함께 살 수 있다는 것이었다. 존은 또한, 아내를 죽이고 핏자국을 깨끗이 닦은 다음 아내가 앉아 있던 테이블에서 점심을 먹은 것을 자세히 묘사했다. 그렇게 한 이유는 그냥 "배가 고파서"였다.

리스트의 이기적인 정당화는 청과 인터뷰하기 한참 전에 이미 최고조에 이른 상태였다. 1995년에 있었던 라디오 인터뷰 중에, "고아의 항변(orphan's plea: 아이가 부모를 살해해 법정에 섰는데 자신은 이제 고아가 됐으니 관대히 봐 달라고 하는 식의 아이러니한 변론을 말함 - 옮긴이)"이라고 하는 변론을 내세워 자신은 재심을 받을 권리가 있다고 주장한 적이 있었다. "내 가족을 살해한" 결과로 "외상 후 스트레스 장애(큰 충격이나 공포를 겪은 뒤에 나타나는 정신적 후유증 - 옮긴이)"를 겪고 있으니 정상 참작을 해 줘야 한다는 것이었다.

앞에서도 강조했지만 "악하다"는 평가는 감정적인 반응인 동시에, 이번 사건처럼 세간의 주목을 받는 사건의 경우 대중적인 반응이기도 하다. 이러한 관점에서 봤을 때, 악의 심리의 등급은 대중의 반응을 반영해야 하고, 사건의 정보가 취합됨에 따라 사건을 깊이 있게 분석할 수 있는 토대가 되어야 한다. 또 다른 목표도 있다. 등급 분류의 결과를 자세히 연구해, 특정 카테고리로 규정된 범죄자들에게서 유난히 자주 발견되는 배경이나 범행의 원인을 알아내는 것이다.

존 리스트가 연로한 어머니와 병든 아내, 죄 없는 아이들을 살해한 것만으로도 사람들은 그의 행위를 충분히 악하다고 평할 수 있다. 그런데 존은 한 술 더 떠, 아주 냉담한 태도로 성경 구절을 말도 안 되게 왜곡시켜 "방해가 되는" 사람들을 살해한 것을 정당화하기까지 했다. 하향세를 탄 기업의 CEO는 자신이 할 수 있는 일이 매출을 늘리거나 비용을 줄이는 것밖에 없음을 알고 있다. 이때 가장 쉬운 방법이 비용을 줄이는 것인데, 그러기 위한 가장 빠른 방법은 수익을 창출하지 않는 직원을 해고하는 것이다. 우편물 담당 직원, 인사과 직원 등이 해고 1순위에 해당한다. 존 리스트는 큰 수입을 벌어들일 만큼 능력 있는 회계사는 아니었지만, 여섯 사람을 먹여 살리는 것보다 한 사람(자기 자신)을 먹여 살리는 것이 83퍼센트 싸게 먹힌다는 정도는 알고 있었다. 그래서 다섯 명이 '숙어 쉬야' 했던 것이다.

– 크리스틴 로섬 Kristin Rossum

그녀는 나를 달래 잠재웠고

나는 꿈을 꾸었다—아! 이렇게 슬플 수가!

차가운 언덕에서

내가 마지막으로 꾼 꿈이라.

나는 창백한 왕들과 왕자들, 그리고

창백한 전사들을 보았는데, 그들은 모두 죽은 사람처럼 창백했다;

그들은 이렇게 부르짖었다—'무정한 미녀가

당신을 노예로 삼았구나!'

-무정한 미녀La Belle Dame Sans Merci (존 키이츠John Keats, 1819년 작)

    키이츠의 이 유명한 시는 그의 동생 토머스가 장난에 속아 넘어가 은밀한 연애를 하게 된 일화에서,[24] 아니면 키이츠 자신이 친구들의 반대를 무릅쓰고 패니 브라운Fanny Brawne이라는 여성과 결혼을 해야 할지 고민한 것에서 영감을 얻어 쓴 것이라고 한다.

    키이츠가 묘사한 신비한 여인의 이미지에 크리스틴 로섬은 딱 들어맞는다. 크리스틴은 아름답고 차가운 여성이었다. 랄프 로섬Ralph Rossum 교수와 콘스탄스 로섬Constance Rossum 사이에서 첫째로 태어난 크리스틴은, 아름다움과 영리함 그리고 발레에 대한 재능을 타고 났다. 그녀는 '호두까기 인형' 공연에 주연으로 서서 성공한 이후[25] 발레리나로서 탄탄대로를 걸을 것처럼 보였다. 그런데 다리 부상을 당해 더 이상 춤을 출 수 없게 됐다. 이 일이 촉매가 되어 "못 한 개 부족해 왕국이 무너진다(사소한 것이 발단이 되어 큰 재앙이

일어난다)"는 속담을 연상케 하는, 재앙과 같은 일련의 사건들이 일어나게 된 것이다.[26]

전기에도 나와 있지만,[27] 크리스틴은 어렸을 때부터 모델로 일했고 학교 성적도 좋았는데 열여섯 살 때 부상을 입으면서 모든 것에 환멸을 느끼고 성격도 음울해지기 시작했다. 어느 날 같은 고등학교에 다니는 친구 한 명이 메탐페타민의 세계로 크리스틴을 끌어들였다. 마약에 취해 "황홀감"을 느낄 때마다 크리스틴은, 그녀 자신의 말에 따르면,[28] 기운이 넘치고 행복해졌다. 그런데 마약을 계속하면서 성격이 변했다. 먼저 섭식 장애가 왔고, 얼굴을 벅벅 긁는 행동을 하기 시작했으며, 얼마 후에는 코카인까지 손을 댔다. 부모님은 딸의 약물 중독과 거짓말을 눈치 채고, 딸을 엄하게 나무랐다. 부모님의 신용카드와 개인 수표 그리고 카메라가 없어졌는데, 크리스틴이 마약을 구하기 위해서 가져간 것으로 추측되었다. 크리스틴은 손목을 칼로 그어 부모님에게 보여주며 자살하겠다고 협박했다. 마약 중독자 모임에 강제로 나가는 동안은 약물을 끊었지만, 곧 옛날 버릇으로 되돌아왔다. 그러는 와중에 고등학교는 졸업했지만, 대학에 가서는 약물 문제 때문에 퇴학을 당했다. 크리스털 메스(메탐페타민의 다른 이름 - 옮긴이)를 다시 사용하기 시작한 크리스틴은, 국경 지대에 있는 멕시코의 도시 티후아나까지 차를 몰고 가서 딜러에게 약을 구입하곤 했다.

1994년, 아직 열여덟 살밖에 안 된 크리스틴은 가출해서 매일 크리스털 메스를 복용했다. 그리고 성적으로 문란한 생활을 하기 시작했다. 그러던 어느 날 티후아나로 건너가는 다리 위에서 크리스틴이 재킷을 떨어뜨렸는데, 좋은 집안에서 자란 그레고리 드 빌러스Gregory de Villers라는 청년이 지나가다가 우연히 그것을 보고 재킷을 주워 주었다. 그레고리는 첫눈에 크리스틴에게 반해, 크리스틴이 약을 끊도록 도와주겠다고 맹세했다. 한동안 그 노력이 결실을 맺는 듯했다. 그레고리를 향한 크리스틴의 감정은 순수한 사랑은 아니었지만, 그래도 두 사람은 오랫동안 함께했다. 그리고 크리스틴이 마지막 순간에 결혼을 취소하겠다고 난리를 쳤는데도 불구하고, 두 사람은 1999년에 결혼했다. 그 사이 크리스틴은 학업으로 돌아가 1998년에 대학을 우등으로 졸업했다. 아이러니컬하게도, 아니 당연하게도, 크리스틴은 독물학을 전공했고 졸업 후에는 샌디에이고에 있는 독극물 연구소에 취직했다. 크리스틴의 상사인 마이클 로버트슨Michael Robertson은 호주에서 온 독물학자로, 나이가 많고 잘생긴 사람이었다―그리고 유부남이었다. 2000년 무렵 크리스틴은 이미 결혼 생활에 염증을 느끼고 마이클과 바람을 피우고 있었다. 마이클은 마이클대로 크리스틴 모르게 또 다른 여자를 만나고 다녔다. 크리스틴은 다시 메탐페타민에 손을 대기 시작했는데, 이번에는 연구실에서 빼돌린 것이었다.

그레고리가 외도를 알아채고 화를 냈지만, 크리스틴은 부인했다. 그러나 크리스틴과 마이클은 이메일로 연애편지를 수도 없이 주고받았고, 이를 발견한 그레고리가 편지를 프린트해 크리스틴에게 내밀며 불같이 화를 냈다. 크리스틴이 편지를 찢어 버리자 그레고리는 편지 조각을 다시 이어 붙였고, 두 사람은 한참을 옥신각신 싸웠다. 그레고리가 연구소에 비밀을 폭로하겠다고 위협하자, 크리스틴은 애정을 호소하며 남편을 달랬다. 그러는 동안에도 마이클과의 만남은 계속됐다. 그러던 어느 날 크리스틴은, 독극물을 다루는 기술을 이용해 치명적인 약물을 제조해 냈다. 그리고 그것으로 2000년 11월 그레고리를 독살했다. 이 독극물 칵테일에 들어간 재료 중에는 펜타닐도 있었다. 펜타닐은 모르핀보다 80배에서 100배 정도 강력한 아편계 진통제로, 적은 양으로도 심각한 호흡 곤란을 일으켜 사망에 이르게 할 수 있는 약물이었다. 크리스틴은 그레고리의 머리맡에 두 사람의 결혼사진과 결혼 생활을 끝내고 싶다고 쓴 일기를 갖다 놓아, 마치 그레고리가 절망하여 자살한 것처럼 조작했다. 이 조작된 증거 때문에 경찰은 처음에 그레고리가 아내 없이 살 수 없어 자살했다고 결론을 내렸다.

그러나 다른 연구실에 조직 검사를 의뢰한 결과, 그레고리의 사체에서 치사량의 일곱 배나 되는 펜타닐이 검출되었다. 이 분석 결과와 그레고리의 두 형제가 2년 동안 수집한 다른 증거들 덕분에, 크리스틴은 기소되고 유죄 판결을 받아 가석방 없는 종신형을 살게 되었다. 크리스틴은 후회의 빛을 조금도 보이지 않았고, 감옥에 가서도 죄를 인정하지 않고 계속 거짓말을 했다. 크리스틴이 약물에 손대지 않았더라면 어떤 인격을 형성하게 됐을지 우리는 알 수 없다. 발레리나로 성공하는 꿈이 좌절돼—크리스틴에게는 이것이 '부족한 못 한 개'였다—마약을 하기 시작했고, 마약의 영향으로 주변 사람들을 속이고 조종하기 시작했으며, 문란한 생활, 양심의 마비, 약물 절도가 뒤따랐다. 이 모든 것이 결합해, 남편을 죽이는 일에 눈이 먼 "후천성 사이코패스"가 탄생했다. 크랙이나 크리스털 메스 같은 강력한 약물 때문에 살인이나 영아 살해 등 흉악 범죄를 저지른 일화는 법정에서나 경찰의 입을 통해서 자주 들을 수 있다. 이런 경우는 어린 시절 부모에게 방치되거나 학대당한 사람에게서 더 자주 볼 수 있지만,[29] 크리스틴 로섬처럼 처음에 모든 것을 가지고 있었던 사람에게도 얼마든지 일어날 수 있는 일이다.

방해자를 제거하는 사이코패스 살인범들 :
악의 심리 카테고리 11

카테고리 10과 카테고리 11의 차이는 행동이 아니라 사이코패스 성향의 정도와 원인에 있다. 카테고리 11에 속한 이들은 말하자면 좀 더 "골수" 사이코패스로, 여덟아홉 살부터 성인이 된 후까지 지속적으로 품행 장애라든가 반사회적 행동을 보인다는 특징이 있다.[30] 이들 중 일정 비율이 나중에 완전한 사이코패스 성향을 보인다.

– 크리스천 롱고 Christian Longo

크리스천 롱고는 천주교 가정에서 두 형제 중 장남으로 태어났는데, 그가 네 살 때 부모님이 이혼했다. 크리스천의 어머니 조이[Joy]는 아직 10대 소녀일 때 첫 남편과 이혼했는데, 남편이 임신한 조이의 배를 구타해 아기를 유산시키려 했기 때문이었다. 조 롱고[Joe Longo]와 재혼한 조이는, 크리스천이 10살 때 여호와의 증인으로 개종했다. 자기들만의 엄격한 룰을 따르는 여호와의 증인은 종종 "속세의 사람들"과의 접촉을 피해 아이들을 홈 스쿨로 지도한다. 크리스천은 열 살 때까지 밤에 자다가 오줌을 쌌는데, 이는 불안정한 심리를 알리는 전형적인 신호였다. 그는 공립학교를 다녔지만 학업 결과가 좋지 못했고, 그래서 불법으로 학교 컴퓨터 시스템을 해킹해 자신의 점수를 조작하기까지 했다. 이 일을 계기로, 고등학교에 진학할 무렵 부모님은 크리스천을 자퇴시키고 홈 스쿨을 시키기 시작했다.[31]

크리스천은 열여덟 살이 됐는데도 데이트를 금지당했다. 이 조치에 대한 반항으로, 크리스천은 그 다음 주에 가출했다. 그리고 얼마 후, 같은 여호와의 증인이며 일곱 살 연상인 메리-제인$^{Mary-Jane}$과 결혼했다. 크리스천은 고등학교도 졸업하지 않았기 때문에 할 줄 아는 것이 별로 없었고 직업 전망도 밝지 않았다. 보석상에 일자리를 얻었지만, 108달러를 훔쳤다가 발각돼 돈을 갚고 일을 그만두었다. 이 사람 저 사람에게 돈을 빌리고 갚지는 않아서 여러 차례 고소도 당했다. 크리스천은 뭐 하나를 가져도 최고의 것만 원했다. 금욕 생활을 강조하는 여호와의 증인과는 많이 동떨어졌다는 또 하나의 증거였다. 크리스천은 가명을 사용해 범죄를 저지르기 시작했고, 사치 욕구를 충족시키기 위해 신용카드를 훔치고 다녔으며, 한번은 시운전을 한답시고 새 차를 타서는 그대로 사라지기도 했다. 현금 마련을 위해 3만 달러어치의 수표를 위조한 그는 황급히 가족을 데리고 오하이오주 미시건으로 이주했다. 그때는 이미 아이도 셋이나 있었는데, 전부 1997년에서 1999년 사이에 태어난 아이들이었다. 어느 날 메리-제인이 크리스천이 다른 여자와 주고받은 이메일을 발견하고 크리스천에게 가서 따졌다. 그에 대한 크리스천의 대답은 "아이들을 낳고서 당신에 대한 애정이 사라졌으며, 더 이상

당신과 있는 게 즐겁지 않다"는 것이었다.[32]

메리-제인은 무슨 일이 있어도 남편에게 복종하라고 배웠기 때문에, 크리스천의 외도와 사기 행각을 전부 눈감아 주었다. 아직까지는 경찰보다 한 발 앞서 있었던 크리스천은, 또 한 번 밴을 훔쳐 타고 가족과 함께 오리건주로 이사했다. 거기에서는 보수가 적은 일밖에 구할 수 없었고, 때문에 가족을 먹여 살리기 위해 또 절도 행각을 저지르게 됐다. 마침내 경찰이 수사망을 좁혀 오자, 크리스천은 메리-제인과 세 아이를 익사시키고 시체 네 구를 오리건주에 있는 각각 다른 강에 던져 버렸다. 그런 다음 멕시코의 칸쿤으로 도주했다. 세 살배기 딸 세이디^{Sadie}의 시체에는 돌덩이를 달아 강바닥으로 가라앉게 했다. 크리스천은 시체들이 절대 발견되지 않을 것이며 자신은 더 나은 삶을 시작할 수 있을 거라고 굳게 믿은 모양이다. 마치 스탈린이 숙적을 제거한 뒤 내뱉은 유명한 말 "시체가 없으니, 문제될 게 없다"를 교훈으로 삼은 것 같았다.

칸쿤에 간 크리스천은, 이번에는 〈뉴욕타임스〉의 저널리스트 마이클 핀클$^{Michael\ Finkel}$로 행세하기 시작했다. 그러나 몇 주 후, 여전히 유명 저널리스트의 신분으로 요란한 파티와 거짓 유명세를 즐기던 중 경찰에 체포됐다. 곧 크리스천의 정체가 드러났고, 크리스천은 유죄 판결을 받고 사형을 선고받았다. 그는 자신이 가족들을 "더 좋은 곳"으로 보내 줬다고 주장하며 살인을 정당화했다. 이는 그가 어렸을 때 받은 교리 수업의 내용을 그대로 읊은 것이었다.[33] 크리스천은 겉보기에는 매력이 철철 넘치는 사람이었으며, 자신도 그것을 알고 어떤 곤란한 상황에서도 빠져나갈 수 있다고 굳게 믿었다.

크리스천의 처제 중 한 명은 사람을 홀리는 그의 능력에 감탄하면서, "그 사람은 누구에게든 사기를 칠 수 있다"고 칭찬 아닌 칭찬을 했다.

지독하게 자기중심적인 사이코패스 계획 살인자 : 악의 심리 카테고리 14[34]

카테고리 14에 포함된 인물들은, 이번 장에서 우리가 이미 만나 본 이들과 마찬가지로, 걸림돌이 되는 사람을 제거하는 것을 목표로 한 이들이다. 그 걸림돌이 부모일 수도 있고, 돈 많은 비면식인일 수도 있다. 그러나 배우자인 경우가 가장 많다. 더불어, 아내를 죽이려는 남편이 남편을 죽이고 싶어 하는 아내보다 몇 배는 많기 때문에 아내 살해범이 남편 살해범보다 훨씬 많다. 그런데 일반인들이 보기에 이러한 타입의 살인범은 앞서 등장한 살인범들보다 더 사악하고 계획적이며 사이코패스적인—따라서 더 악한—면이 있다. 이들은 악의 심리의 등급에서 낮은 카테고리에 속한 이들보다 더 긴 전과 기록과 더 어두운 과거를 가졌다. 이 책을 쓰면서 참고한 600여 권의 범죄자 전기 중에 가장 큰 비중을 차지한 것이 바로 카테고리 14에 해당하는 이들이었다. 거의 일곱 명 중 한 명꼴이었다. 아내 살해라는 주제에 대해서는 잠시 후에 더 자세히 논하겠지만, 교육 수준이 높고 부유한 계층에서 일어나는 배우자 살해 사건에서 '현장 조작'이 얼마나 자주 일어나는지 알고 넘어가야 할 것 같다. 여기서는 "뻔뻔스러움에서 오는 악함"

을 발견할 수 있다. 자신이 경찰보다 훨씬 똑똑하며 따라서 절대로 기소될 일이 없다고 뻔뻔하게 믿는 것에서 오는 악함이다. 고^故 리오나 헴슬리(Leona Helmsley: 소득세 탈루로 기소돼 유죄 판결을 받은 미국의 사업가. "우리는 세금 같은 것 안 내. 세금은 못난 놈들이나 내는 거야"라는 말을 흘려서 유명해졌다 – 옮긴이)의 표현을 빌리면, 이들은 감옥은 못난 놈들이나 가는 곳이라고 믿는 것 같다.[35] 현장 조작이란 범행 현장을 사고 현장처럼 의도적으로 조작하는 것을 말한다. 청부업자를 고용하는 것도 배우자 살인범이(보통 아내보다는 남편이다) 무죄를 주장하거나 혹은 범죄에 거리를 둠으로써 양심의 가책을 느끼지 않으려는 하나의 방법으로 이용된다. 다음의 사례가 이를 잘 보여준다.

– 토드 가튼^{Todd Garton}

캘리포니아의 아일랜드 이민계 가정에서 두 형제 중 막내로 태어난 토드는, 어렸을 때부터 모험과 스릴에 중독된 기미를 보였다. 습관처럼 이야기를 과장해 떠벌렸고, 역경을 이겨낸 일화라든가 꾸며 낸 공로로 자신의 이미지를 미화시키기를 좋아했다. 원래 사기꾼들이 잘 속는 사람을 잘 알아보긴 하지만, 토드의 탁월한 사기 솜씨는 타의추종을 불허했다. 자신이 열두 살 때 벨파스트에서 아일랜드 공화국군의 용병 저격수로 활약하다가 고향 캘리포니아로 돌아왔다고 친구들을 감쪽같이 속인 적도 있다. 또, 자기가 열여섯 살 때는 "나쁜 놈들" 둘을 죽이고 컬럼비아 강에 시체를 던져 버렸다고 자랑하기도 했다. 토드는 베이스 기타 실력이 꽤 좋아서 밴드 리더로 활동했는데, 그 밴드는 오리건과 캘리포니아 지역에서 상당한 인기를 누렸다. 토드는 자신의 밴드가 차세대 비틀스가 될 거라고 허풍을 떨었다. 그는 "더 컴퍼니The Company"라는 이름의 암살단을 조직하는 꿈에 집착하기 시작했다. 진심이라는 것을 증명하기 위해, 친구와 길을 걷다가 괜히 고양이를 총으로 쏘아 보이기도 했다. 토드는 노먼 대니얼스Norman Daniels라는 친구를 팀에 끌어들여 살인에 가담시켰다. 그는 노먼에게, "랭글리(CIA 본부가 있는 곳)에서 나와 비밀 작전을 수행하고 있는" 션 대령이라는 사람이 컴퍼니의 리더를 맡고 있다고 했다.36 또, 데일 고든Dale Gordon이라는 친구도 이 "정의로운 살인"에 가담시켰다. 토드는, 딘 노이스Dean Noyes라는 사람이 있는데 "의료기관에서 돈을 뜯어내고 아내를 패는 인간쓰레기"라고 패거리에게 그럴듯하게 둘러댔다.37 훗날 데일은 이렇게 말했다. "나한테 한 이야기가 전부 실제 이야기처럼 들렸기 때문에 토드를 철석같이 믿었습니다. 토드는 이야기할 때 냄새나 장면, 모든 것을 생생하게 묘사했거든요."38

토드 가튼은 스물한 살 때 캐롤 홀먼Carole Holman과 결혼했는데, 사실은 린 노이스Lynn Noyes라는 여자와 계속 바람을 피우고 있었다. 린은 토드가 밴드 활동을 할 당시부터 "광적인 팬"이었다. 7년 만에 캐롤에게 싫증이 난 토드는 린과 본격적으로 잘해 보고 싶었다. 그런데 공교롭게도 캐롤은 임신 8개월이었다. 토드는 특기인 말재주를 최대한으로 발휘해 노먼과 데일에게, 캐롤이 "사악한 IRA 요원"이며 사람들에게 테러 위협을 가하고 있으니 캐롤이 행동에 나서기 전에 먼저 그들이 컴퍼니에 합류해 캐롤을 암살해야 한다고 설득했다. 이런 일에는 보수를 지불해야 한다는 사실을 깨달은 토드는, 자신과 캐롤의 명의로 12만 5,000달러짜리 보험을 들고 둘 중 한 사람이 죽으면 남은 사람이 수혜자가 되도록 했다.[39] 친구들에게 약속한 보수를 지불하고도 남을 금액이었다. 그리고 마침내 1998년 5월 16일, 데일 고든이 자고 있는 캐롤을 총으로 쏘아 죽였다(다섯 발 중 한 발은 배에 쏘아 8개월 된 태아까지 살해했다). 데일은 죄책감에 시달리다가 경찰에 자수했다. 사건에 데일과 노먼, 토드, 린이 전부 개입됐으므로, 네 사람 모두 체포돼 유죄 판결을 받았다. 범행을 주도한 사이코패스 토드는 최대형인 사형을 선고받았다. 그는 끝까지 죄를 인정하지 않았다. 담당 검사 그렉 고울Greg Gaul은 작가 로버트 스콧Robert Scott이 상세히 묘사한 사건의 전말을 읽고는 사람들에게 이렇게 경고했다. "남이 하는 말을 절대 곧이곧대로 믿지 마십시오." 토드처럼 그럴듯한 거짓말을 지어내는 사람을 조심하라는 뜻이었다. 고울은 또 이렇게 덧붙였다. "세상에는 악한 사람이 정말 많습니다……. 토드 가튼도 그 중 하나였습니다."[40] 마지막으로, 살인의 타이밍(캐롤이 임신 8개월이었다는 점)을 고려하면 토드가 아버지로서의 책임을 받아들이기 싫어서 사건을 저질렀을 가능성이 있다는 점을 짚고 넘어가야겠다.

- 샨테 카임스Sante Kimes

샨테 카임스와 그녀의 아들 케니 주니어Kenny Jr.는 1998년 여름, 뉴욕의 부유한 과부 아이린 실버만Irene Silverman을 살해하고 시체를 유기한 사건으로 유명해졌다. 이 사건은, 샨테가 어린 시절에서 시작해 아들에게 각종 범죄 수법을 전수한 시점까지 장기간에 걸쳐 이루어진 절도 및 사기, 도주, 살인 등의 현란한 범죄 경력에 종지부를 찍는 사건이었다.[41] 샨테의 범죄 행각과 범행에 사용한 가명을 다 적자면 이번 장이 두 배로 길어질 테니 생략하겠다. 이런 종류의 끔찍한 범죄에 관심이 많다면 에이드리언 하빌[Adrian Havill]의 저서 《어머니와 아들 그리고 사교계 명사[The Mother, the Son and the Socialite]》를 읽어 보거나 아니면 하빌의 웹사이트를 방문해 축약 버전의 기사를 읽어 볼 것을 권한다(http://www.trutv.com/library/crime/notorious_murders/women/kimes/1.html – 옮긴이).[42]

샨테는 1934년 오클라호마주의 어느 가정에서 네 아이 중 셋째로 태어났다. 어머니는 아일랜드인이고 아버지 라탄 싱어스[Rattan Singhrs]는 인도인이었다. 몇 년 후 그들은 캘리포니아로 이주했는데, 얼마 안 있어 아버지는 가정을 버리고 떠났고 어머니는 매춘을 하기 시작했다. 아이들은 고아원이나 양부모에게 맡겨졌다. 한동안 샨테는 로스앤젤레스의 길바닥에서 부랑아로 지냈다. 아홉 살 때는 먹을 것을 훔치다가 경찰에 체포됐고, 성폭행을 당한 적도 있는 듯하다. 그러던 어느 날 한 여성이 샨테의 딱한 사정을 알고는 자신의 언니와 형부에게 샨테를 입양할 것을 권했고, 부부는 기꺼이 그 제안을 받아들였다. 샨테 체임버스[Sante Chambers]라는 이름으로 고등학생이 된 그녀는, 치어리더 활동을 하면서 남자아이들을 유혹하는 데 재미를 붙였다. 거기에서 그치지 않고 가게에서 좀도둑질을 일삼았고, 걸핏하면 양아버지의 신용카드를 훔쳤다. 고등학교 졸업 후 결혼을 했는데, 처음에 리 파워스[Lee Powers]라는 남자와 결혼했다가 금세 헤어지고 곧 에드 워커[Ed Walker]와 결혼해 아들 켄 워커[Ken Walker]를 낳았다. 당시 샨테는 꽤 미인이었는데, 배우 엘리자베스 테일러로 가끔 오인받을 정도였다. 그 오해가 사기나 강도 행각에 큰 도움이 되었다. 한번은 자동차 딜러를 속여, 신형 캐딜락을 동승자 없이 혼자 시운전해도 좋다는 허락을 얻어냈다. 샨테는 그대로 새 차를 몰고 도망갔다. 그러다 경찰에 잡히자 "아직도 시운전 중"이라고 뻔뻔하게 둘러댔다. 한때는 로스앤젤레스에서 매춘을 하기도 했다. 그러던 중 1971년에 케네스 카임스Kenneth Kimes(일명 "빅 켄Big Ken")라는 자수성가한 백만장자를 만났는데, 이 부분에서는 사람들의 진술이 다소 엇갈린다. 케네스는 샨테보다 열일곱 살 연상이었다. 샨테는 케네스와의 사이에서 아들 하나를 낳았고, 아직 케네스와 결혼하기 전이었는데도 아들에게 카임스라는 성을 주었다. 빅 켄이 부자였는데도 불구하고 샨테는 절도 행각을 멈추지 않았고, 아들 케네스 카림 카임스Kenneth Kareem Kimes(켄 주니어Ken Jr.)에게도 "상술"을 가르치기 시작했다.

　빅 켄은 샨테 만큼이나 양심의 가책을 느끼지 못하는 사람이었다. 두 사람은 워싱턴을 주 무대로 명사와 부자들을 낚을 음모를 세웠다. 두 사람은 자신들을 "명예 사절"이라고 소개하고 다녔고, 심지어 당시 부통령이었던 제럴드 포드의 파티에 초대장도 없이 참석하기도 했다. 경제적으로는 그럴 이유가 전혀 없었던 샨테는 순전히 '스릴' 때문에 도둑질을 계속했다. 워싱턴에서 열린 한 파티에서는 누가 의자에 걸쳐 놓은 밍크코트를 훔쳤는데, 먼저 밍크코트를 입고 그 위에 자기 코트를 덧입는 수법으로 도둑질에 성공했다. 그 일로 체포되자 이 핑계 저 핑계 대서 재판을 5년이나 미루더니, 유죄 판결을 받자마자 아예 도망가 버렸다. 두 켄Ken과 라 호야에 있는 호화 저택에 머물 때마다 샨테는 멕시코에서 온 가정부를 고용해 부려 먹으며 잔인하게 괴롭혔다. 뜨거운 다리미로 살을 지지거나, 벽장에 가둬 두거나, 아니면 자신이 원하는 대로 요리를 만들지 못했다고 마구 구타하는 식이었다. 이 일로 샨테는 처음 감옥에 갔고 3년 후인 1989년 석방됐다.

이때까지 샨테는, 일하는 사람들을 학대한 것 외에는 재산 범죄만 저지르고 있었다. 그런데 이것이 변하기 시작했다. 이제 켄 주니어의 협조에 힘입어, 부자들을 등쳐먹고 살해하려는 야망을 현실로 옮기기 시작한 것이다. 한 변호사가 샨테와 켄 주니어에게 "당신들이 소유한 집에 화재를 내 보험금을 타라"고 부추겼는데, 그 변호사가 그만 술집에서 모르는 사람들에게 자랑을 하고 말았다. 사실을 알아낸 검찰은, 그 변호사에게 정보 제공자 노릇을 하라고 설득했다. 얼마 후 샨테와 켄이 중앙아메리카로 휴가를 떠나면서 그 변호사를 초대했다. 그 여행에서 샨테와 켄은 돌아왔지만 변호사는 돌아오지 않았고, 그의 시체는 결국 발견되지 않았다. 두 사람은 바하마 제도에서 사예드 빌랄 아메드$^{Sayed\ Bilal\ Ahmed}$라는 은행원을 상대로 사기와 살인 행각을 벌였고, 이어서 고인이 된 샨테의 남편(운 좋게도 자연사했다)의 오랜 친구인 데이비드 카즈딘$^{David\ Kazdin}$과 부동산 거래를 시도했다. 그런데 카즈딘은 샨테의 사기에 넘어가지 않고 검찰에 정보를 제공하려 했다. 얼마 후 총에 맞아 사망한 카즈딘의 시체가 대형 쓰레기통에서 발견되었다.

뉴욕 5번가에 사는 부유한 과부 아이린 실버만의 이야기를 들은 샨테와 켄은, 당장 뉴욕으로 가 더 큰 규모의 범행을 계획했다. 일단 아이린이 능숙한 사기술로 아이린의 호감을 산 뒤, 그녀가 소유한 아파트 건물을 통째로 샨테와 켄에게 남긴다는 문서를 조작하고, 아이린을 살해하여 시체를 "사라지게" 만든다는 계획이었다. 샨테가 아이린의 필체를 열심히 연습한 끝에,

두 사람은 계획을 완수할 수 있었다. 두 사람은 살해한 아이린의 시체를 커다란 여행용 가방에 넣어 아파트 밖으로 내갔고, 잠시 후 건물을 카임스 모자에게 양도한다는 내용의 위조문서를 가지고 돌아왔다. 그런데 샨테가 어떤 남자에게 전화를 걸어 그 아파트를 관리해 달라고 부탁하는 실수를 저질렀다. FBI는 당장 그 사람을 포섭했고, 그는 검찰에 협조했으며, 결정적 증거도 발견됐다(그 중에는 샨테가 아이린의 필체를 반복해서 연습한 메모지도 있었다). 샨테와 켄 주니어는 결국 체포되었다. 그러나 아이린의 시체는 끝까지 발견되지 않았다. 켄은 이 점이 유죄 판결을 받는 것을 막아 줄 것이라고 믿었는지(아니면 그도 스탈린의 또 다른 추종자였는지도 모르겠다), 법정에서 이렇게 말했다. "시체가 없으니, 범죄도 없는 거 아닙니까?" 두 사람은 현재 종신형을 살고 있다. 마침 샨테가 내 사무실에서 겨우 50킬로미터 떨어진 여자 형무소에 수감돼 있기 때문에, 나는 구미가 당겨 인터뷰를 시도해 보았다. 샨테는 내 편지에 우아한 문체로 답장을 해 왔는데, 자신이 억울하게 누명을 쓰고 수감되어 있다는 내용이었다. 인터뷰는 불발됐지만, 혹여 인터뷰가 이루어졌다 해도 샨테가 한 이야기에 일말의 진실이라도 들어 있었을지는 장담할 수 없다.

아내 계획 살인범들의 심리와 범죄 부정

나는 앞서, 우리가 악의 심리의 등급에서 높은 항목으로 갈수록 "충동적" 살인에서 멀어지고 좀 더 계획적이고 "도구적"인 폭력 범죄에 가까워진다고 지적한 바 있다.

미국에서는 남편이 저지르는 배우자 살인이 아내가 저지르는 것보다 두 배 정도 많다.[43] 내가 참고한 수백 권의 범죄자 전기를 살펴보면 배우자 살해는 보통 도구적 살인 형태가 많았는데, 여기에서도 유사한 비율이 나왔다. 아내를 죽인 남편(114명)이 남편을 죽인 아내(44명)보다 2.5배나 많았던 것이다. 아내 살인범은 두 명을 제외하고 전부 백인이었다(예외로는 흑인 외과의사 한 명과 흑인 치과의사 한 명이 있었다). 충동적 아내 살해는 아홉 건당 한 건에 불과했다. 그 중 세 건의 사례를 우리는 이미 앞에서 다루었다(깅어리치, 로우, 스키아도폴러스의 사례). 나머지는 전부 "계획 살인자"에 해당한다. 이는 전체 인구수를 놓고 봐도 평균을 훨씬 웃도는 수치다.

일반적으로 남자는 여자보다 더 공격적이다. 아내 구타는 흔하고, 남편 구타는 드물다. 이것은 남편을 죽이는 아내는 보통 육체적 학대를 견디다 못해 살인을 저지르는 것이라는 의미를 포함하고 있다. 그러나 내가 "계획 살인자"로 분류한 집단에서는 보험금 때문에 남편을 살해한 경우도 거의 절반이나 됐다. 남자들이 아내를 살해하는 동기는, 때로는 보험금이지만(10건 중 1건) 대개는 질투, 또는 이혼을 요구하는 아내에 대한 분노, 그것도 아니면 정부와 자유롭게 만나고 싶은 욕구 등이 주를 이룬다. 다섯 건 중 세 건 꼴로 이 세 가지 동기가 작용했다. 그리고 열 명 중 한 명이 명예 실추를 피하기 위해 아내를 살해했다. 예를 들면, 남편이 저지른 비열하고 불법적인 짓을 아내가 알아차리고 고발하려고 한 경우다. 의대생이라는 남편이 사실은 사기꾼이었음이 드러난 사건도 있다.[44] 또 다른 예로는 남편이 불법 약물 거래에 연루된 부정한 변호사라는 것을 아내가 알아내는 바람에 일어난 사건도 있었다.[45]

살인은 미국 임신부의 사망 원인 중 1위를 차지하고 있다.[46] 이번 장에서는 토드 가튼의 사례를 살펴봤는데, 앞으로 다른 세 건의 사례를 더 살펴볼 작정이다. 그 중 하나는 비교적 유명한 사건으로, 임신 8개월 된 아내 레이시Laci를 살해한 스콧 피터슨Scott Peterson의 사례다.[47] 그런데 이 세 건은 아내가 아니라 곧 태어날 아기가 살해 동기가 된 경우였다.

아내 살해 사건들을 조사하면서 나를 가장 놀라게 한 것은 두 가지였다. 첫째는 남자들이 심지어 유죄 판결을 받은 뒤에도 범행을 결코 인정하지 않은 것이고, 다른 하나는 사고사로 위장하기 위해 범행 현장에서 시신의 위치를 조작하거나 청부업자를 고용한다는 것이었다. 이러한 수법은 "계획 살인자들"(사전에 계획을 세우고 배우자 살인을 저지른 남편들)에게서는 관례인 것으로 보인다. 충동적으로 아내를 살해한 남편들은 범행 고백을 잘 하는 편이지만(10건 중 7건), "계획 살인자들"은 5명 중 1명만이 범행을 자백했다. 이러한 점들이 아내 살해범들을 더욱 흉악하게 보이도록 만드는 것이다. 보통사람들은 사이코패스처럼 침착하고 수월하게 거짓말을 늘어놓지 못한다. 보통사람들은 속으로 자신에게 상처 준 사람들을 죽이거나 해치는 상상을 가끔 해 볼지라도 적절한 통제력을 발휘해 이러한 상상에 브레이크를 걸 수 있다. 그러면 그런 나쁜 생각들은 점차 사그라진다.

제5장

연속 살인과 대량 살인:
1,000명이 죽어도 후회하지 않는 살인자

Chi porta mai pur con parole sciolte
dicer del sangue e de le piaghe a pieno
ch'i' ora vidi, per narrar più volte?
Ogne lingua per certo verria meno
per lo nostro sermone e per la mente
c'hanno a tanto comprender poco seno.

아무리 자유로운 혀로 몇 번을 이야기한다 해도
내가 방금 본 피와 상처의 광경을
제대로 묘사할 수 있을까?
누구도 충분히 표현하지 못할 것이니,
우리의 언어와 기억은
그렇게 엄청난 것을 이해할 능력이 안 되기 때문이다.

《신곡》 1권 '지옥편' 28곡 1~6행

지금까지 소개한 이들은 대부분 한 사람만 살인한 이들이었다. 살해 동기 같은 특정 요소를 설명하기 위해 "다수" 살인자를 예로 든 적이 몇 번 있었는데, 이번 장에서는 두 가지의 다수 살인multiple murder을 집중적으로 살펴볼 것이다. 그 전에 용어를 둘러싼 혼란을 막기 위해 먼저 정의를 내리고 넘어가기로 하자.

며칠이나 몇 주, 때로는 더 긴 시간을 두고 불규칙적으로 여러 명을 살인하는 것을 연속 살인spree murder이라고 한다. 미국의 불경기에 활약한 유명한 2인조 범죄단 보니와 클라이드처럼 가해자가 커플인 경우도 있다.[1] 또 다른 유명한 커플로 찰스 스타크웨더Charles Starkweather와 그의 어린 애인 캐럴 퓨게이트Caril Fugate가 있는데, 이들은 1958년 네브래스카주에서 한 달에 걸쳐 연속 살인 행각을 벌여 열한 명이나 총으로 쏘아 죽였다.[2]

전문용어로 대량 살인mass murder이라고 하면 네 사람 이상을 한 번에, 그리고 하루 동안에 살해하는 것을 말한다.[3] 1966년 8월 1일 찰스 휘트먼Charles Whitman이 텍사스주 오스틴에 있는 텍사스주립대학에서 저지른 '텍사스 전망대 살인'이 대표적인 예다. 이 사건으로 학교에서 열네 명이 죽었으며, 휘트먼이 전망대에 오르기 전에 죽인 자신의 아내와 어머니까지 합치면 총 열여섯 명이다. 때로는 '살인' 대신 보통사람들의 대화나 언론 보도에서는 '학살massacre'이라는 단어가 쓰이기도 한다. 1929년에 시카고에서 일곱 명이 살

225

해당한 성 발렌타인데이 학살(미국 금주법 시대에 불법 주류 유통을 둘러싸고 알 카포네^Al Capone가 이끄는 이탈리아계 사우스사이드 갱과 조지 "벅스" 모런^George "Bugs" Moran이 이끄는 아일랜드계 노스사이드 갱이 충돌해 일곱 명이 사망한 사건 – 옮긴이)을 예로 들 수 있다. 이 사건은 알 카포네의 사우스사이드 갱단 네 명이 주도해서 벌인 일로, 사망자의 대부분은 벅스 모런 갱단이었다. '학살'은 다소 어감이 강한 단어로, 대량 살인에 대한 이야기를 들은, 혹은 최악의 경우 그것을 목격한 사람이 느낀 충격과 끔찍함이 좀 더 강하게 반영된 표현이다. 1900년부터 있었던 수백 건의 대량 살인을 조사해 본 결과, 세 가지 특징이 눈에 띄었다. 첫째, 가장 많이 사용된 무기는 라이플이든 권총이든 단연 총이었다. 칼로는 대량 살인을 저지르기 어렵다. 가해자가 상대방에게 힘으로 제압당하기 더 쉽기 때문이다. 둘째, 대량 살인의 '평균' 희생자 수는 8명이다. 간간이 수십 명 규모로 사망자가 나오는 사건이 발생하기도 한다. 앞에서도 그러한 사례가 등장했는데, 화재로 87명이 사망한 해피 랜드 나이트클럽 사건이다. 사상 최대의 총기 대량 살인 사망자 수는 57명으로, 1982년 한국의 한 순경이 저지른 사건이었다. 우범곤 순경은 약혼녀와 심하게 싸운 뒤, 경찰관으로서의 본분을 잊고 경상남도 의령군의 한 마을을 돌아다니며 닥치는 대로 사람을 사살하고 마지막으로 자신도 자살했다. 방화나 폭탄 투척은 대량 살인에서 좀처럼 사용되지 않는 방법이지만, 만약 사용하면 당연히 훨씬 큰 파괴력을 갖는다.

대량 살인에서는 '희생자의 수'가 죄질의 흉악함을 더하는 핵심 요소로 작용하는데, 특히 범행에 개인적인 의미가 전혀 없기 때문에 더 그렇다. 범행의 목적 자체가 마주치는 사람을 무조건 많이 죽이는 것이다. 그것이 전형적인 범죄 양상이다. 몇몇 예외도 있는데, 그 중 하나가 특정인을 목표로 한 치명적 공격에서 부차적으로 대량 살인이 일어나는 경우다. 그 특정인을 제외한 나머지 희생자들은 "부수적 피해자"이다. 가장 규모가 큰 사건으로 잭 길버트 그레이엄Jack Gilbert Graham 사건이 있는데, 나중에 더 자세히 살펴볼 계획이다.

세 번째 특징은, 대량 살인은 거의 예외 없이 남자가 저지르는 범죄라는 점이다. 가해자가 여성인 경우는 극히 드문데, 그 중 한 경우는 여러 명이 총에 맞았지만 사망자는 한 명이었다. 이 경우 '대량 살인 미수'라고 불러야 할 것이다. 다행히 이 대량 살인 시도는 실패로 끝났는데, 아마 가해자 여성이 남자들보다 총기를 다루는 데 능숙하지 못했기 때문일 것이다. 일반적으로 여자는 남자보다 광적인 사냥꾼이 될 경향이 상대적으로 낮으며, 총기를 소유하거나 사격 연습을 할 확률도 낮다. 한 예로, 제대를 앞둔 열아홉 살의 예비군 질리언 로빈스Jillian Robbins는 1996년 어느 날 펜실베이니아주립대학 캠퍼스에 들어가 학생들에게 총을 난사하기 시작했다. 그런데 예비군 출신임에도 불구하고 로빈스는 사격술이 별로 좋지 않았던 듯하다. 로빈스는 한 명을 사살하고 다른 한 명에게 부상을 입힌 후 제압되었다.[4]

전혀 다른 용어로 '연쇄살인serial killing'이 있는데, 연속 살인과 구분이 잘 안 되며 또 단어를 사용하는 사람이 어떤 종류의 연쇄살인을 말하는 것인지 불분명하게 사용하는 경우도 많다. 연쇄살인은 살인이 비교적 긴 시간을 두고, 주로 몇 주에서 몇 달에 걸쳐 일어나는 것을 말한다. 그러나 우리는 "연쇄살인"이라고 하면 주로 성적 연쇄살인을 떠올린다. 이 주제는 다른 장에서 자세히 다룰 예정이다. 성적 연쇄살인이 여러 종류의 "연쇄살인" 중에서는 가장 흔한 살인이다. 두 번째로 언급할 연쇄살인은 "죽음의 천사"라는 별명이 붙은 종류의 사건이다. 연쇄살인에서 '죽음의 천사'란 치명적인 약물에 쉽게 손댈 수 있는 의료 전문가들, 주로 의사나 간호사들을 말한다. 보통은 병원에 입원해 있는 환자가 희생되는데, 영국에서 일어난 악명 높은 해롤드 쉽먼Harold Shipman 박사 사건에서는 입원 환자건 통원 환자건 쉽먼 박사의 환자 명부에 올라 있는 사람은 모두 쉽먼 박사의 손에 희생되었다.[5] 쉽먼은 환자 수백 명(아마 정확한 희생자 수는 결코 밝혀지지 않을 것이다)을, 주로 강력한 진통제를 주사하는 방법으로 살해했다.

이 두 부류 외에도 다양한 형태의 연쇄살인범들이 존재한다. 갓난아기를 하나씩 (보통 일 년이나 그 이상의 간격을 두고) 질식사시키는 엄마도 있고, 인간에 대한 증오로 (그러나 성적인 동기는 없이) 성인 남녀와 아이들을 살해하는 인간혐오주의자도 있으며, 범주에 넣을 수 없는 독특한 살인범들도 있다.

연속 살인 : 맥캐퍼티의 회개와 끝까지 사이코패스로 남은 맨슨

살면서 때때로 정신이 번쩍 드는 만남을 경험하는데, 그 중 하나가 2007년 봄 연속 살인범 아치볼드 맥캐퍼티Archibold McCafferty와의 만남이었다. 그때까지 내가 연속 살인범과 대량 살인범에 대해 아는 것이라곤 책을 통해 알게 된 지식이 전부였다. 그렇기 때문에 나는 책 내용의 정확성, 그리고 때로는 저자의 편견에 좌우될 수밖에 없었다. 살인자라는 부류 자체가 끔찍한 짓―일반 대중이나 작가들이 보기에 역겹고 흉악한 짓―을 저지른 이들이기에, 책의 저자가 느낀 감정이 나에게까지 고스란히 전달되었다. 연속살인범이나 대량 살인범들은 대개 자살하거나 경찰의 대응 사격에 사망하기 때문에, 우리는 성격이든 행동이든 사망 당시 그들의 모습이 곧 훗날 그들의 모습이었을 거라고 단정한다. 그러나 우리는 찰스 스타크웨더가 만약 50세 넘어서까지 살았더라면 반사회적 행동 장애를 점차 극복했을지 결코 알 수 없다. 스타크웨더는 살인을 저지른 1958년에 겨우 스무 살이었다. 비록 살아남아 재판을 받았지만, 당시는 사형 선고를 내리면 뜸들이지 않고 바로 집행하던 시절이었다. 스타크웨더는 사형 선고를 받은 지 1년 뒤 전기의자에서 사망했을 때도 여전히 사납고 복수심에 불타는 청년이었다.

  내가 아치볼드 맥캐퍼티를 처음 알게 된 것은 《다시는 풀려나서는 안 될 사람Never to Be Released》이라는 무서운 제목이 붙은 폴 키드Paul Kidd의 책을 통해서였다.[6] 책 내용은 암울했다. 아치는 1949년에 스코틀랜드의 글래스고에서 태어났다. 아치가 여덟아홉 살 무렵부터 사람들은 그를 "문제아" 취급하기 시작했다. 아치의 '문제' 행동은 부단결석과 절도, 여자아이늘 머리카락 자르기, 고양이나 개 목 조르기, 강도짓, 기물 파손, 뱀이나 쥐 던져서 사람들 겁주기 등 다양했다. 아치의 아버지는 (아들의 사회성을 높이려는 헛된 시도로) 평소에 아치에게 강도 높은 체벌을 내렸다. 아들에게 새 출발의 기회를 주면 문제 행동이 개선될 거라는 기대로 온 가족을 데리고 호주로 이주했지만, 아치는 시드니에 가서도 달라진 것이 없었다. 글래스고에서 저지르던 재산 범죄(사람을 상대로 저지르는 폭력 범죄와 달리 재산상의 손실을 가하는 범죄를 말한다 - 옮긴이)를 그곳에서도 똑같이 저지르고 다녀, 열 살 때 이미 "구제불능의 비행 청소년"으로 낙인찍혔다. 구치소와 소년원을 밥 먹듯 드나들었고, 스물네 살이 되자 차량 절도죄와 협박죄를 포함하여 이미 서른다섯 개 항목에 대한 전과가 쌓였다. 아치는 성질이 매우 격했는데, 알코올과 각종 불법 약물 남용으로 더 격해진 면도 있었다. 그는 LSD나 '엔젤 더스트(펜시클리딘의 속어. 축약해서 PCP라고도 한다 - 옮긴이)', 헤로인, 마리화나, 암페타민, 바르비투르(진정제) 등을 닥치는 대로 사용했다. 여기까지는 정말 누가 봐도 암울한 전적이다. 그러나 오비디우스가 "amor omnia vincit(사랑이 모든 것을 이긴다)"고 했던가. 한동안은 정말로 사랑이 아치를 평화로운 삶에 안착하게 만드는 듯했다.

 스물세 살이 된 아치는 재니스 레딩턴^{Janice Redington}이라는 여자를 만나 한눈에 반했고, 곧 두 사람은 결혼했다. 아치의 가족은 이제 아치의 반사회적 행동이 사라지기를 바랐다. 몇 달 간은 정말로 그렇게 될 것처럼 보였다. 아치는 안정된 일자리를 구했고, 정직하게 번 돈으로 가족을 먹여 살리는 것을 자랑스럽게 여겼다. 더 이상 범죄도 저지르지 않았다. 그러나 불행히도 가족들의 희망은 실현되지 않았다. 아치가 여전히 심각한 알코올중독에서 벗어나지 못했기 때문이다. 그는 재니스를 두고 바람을 피웠고, 재니스에게 폭력을 행사했다. 또한 재니스를 죽이고 싶다는 충동에 시달려서, 자발적으로 정신과 의사를 찾아가 이 "사악한 생각"을 없애 달라고 하기도 했다. 그러나 치료를 받고 퇴원을 해서도 그러한 생각과 행동은 변하지 않았다. 그래도 여전히 재니스를 사랑했다고, 아치는 나와 면담하는 자리에서 털어놓았다. 1973년 2월에 태어난 아들 크레이그 아치볼드$^{Craig\ Archibold\ McCafferty}$에게는 무한한 사랑을 보여주기도 했다. 비록 술과 마약을 계속하긴 했지만, 재니스의 말에 따르면 아치는 조금씩 가정적인 남자로 변해 가고 있었다.[7]

그런데 6주 후에 아기가 그만 죽고 말았다. 만약 이 이야기가 사실이라면, 재니스가 깊이 잠든 상태에서 옆으로 뒤척였는데 옆에서 자던 아기가 엄마에게 깔린 것이었다. 아들 크레이그의 죽음으로 아치는 현실과의 끈을 놓았다. 아치는 나에게 이렇게 이야기했다. "저는 완전히 미쳐 버렸어요. 그때 LSD며 합성 헤로인이며, 하여튼 손댈 수 있는 약은 다 했는데, 아들의 무덤에 갔더니 웬 빛줄기가 보이는 겁니다. 스무 살이 된 아들 크레이그가 내 눈앞에 나타나더니 나한테 '일곱 명을 죽이세요, 아빠. 그럼 제가 살아 돌아올 거예요!' 이렇게 말하는 거예요." 아치는 그 길로 십대 청소년 몇 명을 모아 그들을 데리고, 아들이 되살아나기를 바라는 마음으로 닥치는 대로 사람들을 죽이고 다녔다. 2주 동안 아치와 그의 일당은 세 명을 살해했고, 아치는 임무를 완수하지 못한 채 체포됐다. 재판에서 아치는 "저는 해야 할 일을 한 겁니다"라고 말하며, 사형을 내려 줄 것을 요구했다. 아치는 종신형 3회 복역을 선고받았다. 감옥에 가서도 그는 네 명을 더 죽여야 한다는 강박 관념에 계속해서 폭력적인 행동을 보였고, 폭력이 너무 심해져 나중에는 특수 감방에 들어가 있었다. 아치는 감옥에서 "미친 개 맥캐퍼티"라는 별명을 얻었다. 아주 오랫동안, 담당 간수들과 정신과 전문의들은 '아치는 절대 석방되어서는 안 된다'는 의견에 만장일치로 동의했다.

아치의 분노와 폭력은 8년 동안 계속되었다. 그러다 어느 날 아치는 다른 수감자를 면회하러 온 아만다 퀸$^{Amanda\ Queen}$이라는 여성을 만났다. 아만다에게는, 아치의 말을 그대로 옮기면, 그의 "인간적인 면"을 자극하는 뭔가가 있었다. 아치는 맨디(아만다의 애칭 - 옮긴이)를 이렇게 묘사했다. "맨디는 천사입니다. 제게 사랑이 뭔지 보여줬고, 16년간 변함없이 면회를 와 줬어요. 맨디와 함께 있으면 저는 새끼 고양이나 다름없습니다. 이제 저는 더 이상 분노와 복수의 망상에 시달리지 않습니다." 교도소 관계자들은 아치의 태도가 180도 변한 것을 알아채고, 그의 석방 요구에 귀를 기울이기 시작했다. 교도소 내 노동 프로그램에 참여할 기회를 얻은 아치는, 최대한 성실히 일해 자신도 교화될 수 있음을 증명해 보였다. 그리고 마침내 1997년, 조건부 협상이 이루어졌다. 아치가 고향인 스코틀랜드로 돌아간다는 조건으로 석방이 허락된 것이다. 아치와 맨디는 결혼했고, 얼마 후 아이 둘을 낳았다. 그러나 삼류 언론은 여전히 아치를 끔찍한 범죄자로 그리면서, 첫 아기가 태어나자 "미친 개, 새끼를 낳다" 식의 잔인한 기사 제목을 서슴지 않고 달았다. 이렇게 아치의 과거 이미지에 집착한, 집요하리만치 부정적인 여론 때문에 맨디는 아치와의 삶을 견딜 수 없게 됐다. 결국 몇 년 후 맨디는 아이들을 데리고 호주로 돌아갔다. 아치는 이렇게 말했다. "맨디가 한 일이라곤 나 같은 인간을 사랑해 준 것밖에 없습니다. 저는 맨디를 탓하지 않습니다. 하지만 저는 더 이상 '미친 개'가 아닙니다." 이제 예순이 된 아치는 스코틀랜드에서 아무도 괴롭히지 않고 조용히 새 사람으로 살고 있다. 아치의 말을 그대로 옮겨 보겠다. "제가 저지른 죄를 뉘우치고 있습니다. 하지만 후회에 사로잡혀 사는 건 아닙니다. 과거를 되돌릴 순 없으니까요. 저는 합당한 벌을 받았습니다. 감옥에서 25년을 살았고 언론의 뭇매를 맞았죠. 아직도 언론에서 떠들어 댄 말들 때문에 화가 납니다. 저는 이제 예전의 제가 아닙니다. 저에게도 인간답게 살 자격이 있습니다."

아치볼드 맥캐퍼티는, 사회가 악인으로 규정하고 "다시는 풀어 주면 안 될" 사람으로 낙인찍은 범죄자도 결국 갱생과 구원이 가능하다는 것을 내게 보여주었다. 아치의 인생에는 수많은 어두움이 존재했지만, 한편으로는 긍정적인 발견도 있었다. 아만다와 함께한 시기를 보면, 아치에게도 애정을 바탕으로 한 관계를 장기적으로 지속시킬 능력이 있음을 알 수 있다. 그리고 짧지만 아들 크레이그와 함께한 기간을 보면, 성실하고 다정한 아빠가 될 능력이 있다는 것도 알 수 있다. 아들이 죽고 혼란스러운 상태에서, 그리고 그 일이 있기 전에도 그는 자신이 정신과 상담이 필요한 사람이라는 것을 인지하고 있었다. 유죄 판결을 받고 나서는, 판사에게 사형 선고를 요청할 정도로 죄의식을 느꼈다. 나는 몇 시간에 걸쳐 인터뷰를 진행하면서 그의 솔직함과 정직함, 자아성찰 능력에 새삼 감탄했다. 아치는 알코올중독자 모임에서 사용하는 '평온을 비는 기도'를 따서, 나름대로 평소에 도움이 될 만한 기도문을 만들었다. "제가 바꿀 수 없는 일들을 받아들이는 평온함과 제가 바꿀 수 있는 것들을 바꾸는 용기, 그리고 그 둘을 구분할 지혜를 주시옵소서." 이것은 "반사회적 인격"을 가졌으나, 인생의 중년에 들어서면서 갱생의 기미를 보이고 성실한 시민으로 살아갈 능력을 가진 '일부' 범죄자들에게서 찾아볼 수 있는 자질이다. 또한 사이코패스에게서는 절대로 볼 수 없는 자질이기도 하다.

아치의 삶을 앞 장에 등장한 샨테 카임스의 삶과 비교해 보자. 이제 70대 중반인 샨테는 여전히 남을 속일 궁리만 하고 있으며, 자신이 살면서 무슨 짓을 저질렀는지 전혀 인정하지 않고 아직도 "음모"의 희생양이라고 주장하고 있다. 두 사람의 인생을 비교해 보면, 로버트 헤어의 사이코패스 진단표에서 제 1요인이 끼치는 영향이 얼마나 큰지 알 수 있다. 제 2요인을 놓고 비교해 보면, 맥캐퍼티와 카임스 둘 다 비행으로 점철된 젊은 시절을 보냈다. 그러나 완전한 사이코패스의 특징인 극도의 약탈자적 성향이 없었던 맥캐퍼티는, 타오르던 젊음의 혈기가 다소 사그라지자 무법 행위와 폭력에서 멀어질 수 있었다. 카임스는 끝까지 변하지 않았다.

10대와 20대 시절에는 거의 분간이 안 갈 정도로 비슷하던 이 두 사람이 어떻게 이렇게 다른 길을 걷게 됐을까? 한 가지 단서는 '가족'에서 찾을 수 있다. 맥캐퍼티는 정상적인 가정에서 성장했다. 아버지는 비록 가혹한 체벌을 일삼았지만, 아들에게 새 출발의 기회를 주기 위해 1만 6,000킬로미터 떨어진 곳으로 이주할 정도로 아들을 아꼈다. 기대한 만큼의 효과는 없었지만, 최소한 아치는 그 도의적 가치를 깨닫고 결국 곤경에서 벗어날 수 있었다. 비록 30년이라는 세월이 걸리긴 했지만 말이다. 샨테 카임스는 아버지에게, 이어서 어머니에게 버림받고 로스앤젤레스의 거리를 떠돌며 처음엔 도둑질로, 그 다음엔 매춘을 하며 혼자 생존해야 했다. 무조건적인 사랑을 한 번도 받아보지 못하고 어린 시절을 지나게 된 것이다.

유전적인 요인도 영향을 미쳤을 것이다. 카임스는 사이코패스 성향이 발달할 확률을 맥캐퍼티보다 높게 가지고 태어났을 것이다. 범법 행위, 특히 폭력을 저지르기 시작한 청소년에게서 그러한 특징을 포착하기란 매우 어려우며, 정신과 의사나 배심원이라고 해서 더 잘 발견하는 것도 아니다. 그런 특징적 요소를 구분해 본 적이 없는 보통사람들에게는 훨씬 더 어려운 문제다. 그러니 보통사람들은 당연히 나중에 후회하느니 미리 조심하는 편을 택할 것이다. 맥캐퍼티가 석방된 날 교도소 앞에 몰려가, 희대의 살인마를 풀어 주는 게 웬 말이냐고 시위하던 시민들도 아마 같은 생각이었을 것이다. 폴 키드의 책은 맥캐퍼티가 석방되기 4년 전, 그리고 내가 맥캐퍼티와 인터뷰하기 14년 전에 출간된 책인데, 아마 나도 그 책만 읽고 실제 상황은 잘 몰랐더라면 석방에 똑같이 반대했을 것이다. 나는 그를 만나 어떤 악은 평생 동안 지속되지 않는다는 사실을 직접 확인할 수 있었던 것에 감사한다.

이와 관련하여, 아치 맥캐퍼티의 범죄 행각에 영향을 준 또 하나의 운명의 장난이 있다. 이는 제임스 글릭$^{James\ Gleick}$이 그의 선구적인 저서 《카오스: 현대 과학의 대혁명$^{Chaos:\ Making\ a\ New\ Science}$》에 소개하면서 세간의 이목을 집중시킨, "초기 조건에 대한 민감한 의존성"(초기의 작은 변화가 결과적으로 엄청난 변화를 초래할 수 있다는 개념 - 옮긴이)이라는 개념과 관계가 있다.[8] 이 책에서 글릭은, 브라질에서 나비 한 마리가 날개를 펄럭이는 것이 오클라호마에 토네이도 현상을 일으킨다는 아주 유명한 가설을 언급하고 있다. 사소한 충격이 주변에 미묘한 변화를 초래하고, 그것이 또 다른 변화를 불러와 결국 아주 큰 변화를 야기한다는 개념이다. 예컨대, 한 작은 도시에 시장 후보로 두 사람이 출마했다고 치자. 한 명은 부정직한 사람이고 한 명은 정직한 사람이다. 두 사람은 표를 250대 250으로 똑같이 얻었다. 그런데 행동이 굼뜬 한 시민이 투표 마감 직전에 나타나 자신의 한 표를 행사했다. 자기도 모르게 그 시민은 부정직한 후보와 정직한 후보 중 누가 당선되느냐를 판가름할 결정적 한 표를 행사하게 된 것이다. 아치 사건에서 '날개를 펄럭인 나비'에 해당하는 것은 이것이다. 아치와 그 일당이 세 사람을 살해한 뒤 아치의 아내 재니스와 재니스의 가족을 죽이러 가던 길에 차에 기름이 떨어졌다! 아치는 계획을 포기해야 했고, 이내 체포됐다. 기름만 안 떨어졌어도 아치는 일곱 명의 사망 명부를 다 채웠을 것이고, 배심원도 자기 아내를 포함해 일곱 명이나 살해한 사람에게 더 무거운 형을 선고했을 것이다. 아치의 석방에 대한 반대 여론도 너무 거세서 아마 석방 자체가 불가능했을 것이며, 따라서 아치는 자신이 구원받을 수 있는 존재임을 증명해 보일 기회를 얻지 못했을 것이다. 아치는 수많은 형사와 의사들이 초기에 의심한 대로 구제불능의 사이코패스로 영구적인 낙인이 찍혔을 테고, 아마도 감옥에서 인생의 마지막 순간을 맞았을 것이다. 나도 폴 키드처럼 아치가 절대로 사회에 풀려나서는 안 되는 사람이라 믿었을 것이다. 그리고 당연히 아치를 만날 기회도, 그가 새 사람이 된 모습을 볼 기회도 얻지 못했을 것이다. 나는 세상에는 분명히 진정으로 구제불능인 사람들이 존재한다고 믿는다.[9] 그러나 아치 맥캐퍼티를 만나본 뒤로는, 누가 "진정 구제불능"인지 섣불리 판단해서는 안 된다는 경각심을 갖게 되었다.

- 찰스 맨슨

1969년 로스앤젤레스 일대에서 찰스 맨슨의 사주로 일어난 연속 살인 사건은 특별한 사건으로 취급받는다. 7월 31일에 발생한 게리 힌먼[Gary Hinman] 살인과 8월 9일에 샤론 테이트의 자택에서 일어난 샤론 외 네 명의 살인 그리고 하루 뒤에 발생한 라비앙카[LaBianca] 부부 살인의 주동자가 범행 현장에 있지도 않았던 맨슨이었다는 점 때문이다. 맨슨은 이 여덟 명 중 누구에게도 직접 총을 쏘지 않았다. 대신 그는 자신이 조직한 컬트 집단과 그 집단의 비윤리적인 목표에 맹목적으로 충성하는 추종자 집단을 규합했다. 이 맨슨의 "가족"들은 조직에 어찌나 충성스러웠는지, 맨슨이 누구를 처형하라고 하면 조금의 망설임도 없이 실행했다.

맨슨의 연속 살인은 스타크웨더나 맥캐퍼티 사건 같은 "평범한" 연속 살인과 차별성을 갖는다. 후자의 두 사건은 가족들에게 느끼는 분노가 동기가 된 경우였다. 스타크웨더는 자신의 아버지와 여자친구의 부모님에게, 맥캐퍼티는 아내에게 강한 분노를 느꼈다. 반면에 1장에서도 말했다시피 맨슨 사건의 동기는 테러리즘이었다. 자기 과대화[self-aggrandizement]가 두 번째 동기로 작용했을 것이다. 맨슨은 〈요한계시록〉의 일부를 인용해 추종자들로 하여금 자신이 하나님 또는 예수 그리스도라고 믿게 만들었다. 또한 〈요한계시록〉 9장에 나오는 "네 명의 천사"가 환생한 것이 인기 밴드 비틀스의 네 멤버라고 주장했다. 비틀스가 "헬터 스켈터"라는 곡을 썼는데, 그 가사에 이런 구절이 나온다. "헬터 스켈터를 조심해······. 아주 빠르게 내려오고 있어." 맨슨은 이 가사가 아마겟돈을 예고하는 뜻이 되도록 의도적으로 비틀었는데, 그가 주장하는 아마겟돈이란 흑인 집단이 봉기해 세계를 지배하게 되는 것이었다. 그런데 이 아마겟돈이 일어날 기미가 안 보이자 1969년경 맨슨은 자신이 직접 나서서 아마겟돈을 일으키기로 했다. 그 방법으로 택한 것이, 추종자들 가운데 가장 충실한 그리고 도덕성이 결여된 몇 명을 추려내 사회적 지위가 높고 부유한 백인을 살해하는 임무를 맡기는 것이었다. 여기서 우리는 맨슨이 흑인과 유태인, 동성애자들을 혐오한 것만큼 유복한 백인을 질시해 그들을 타깃으로 삼았음을 알 수 있다. 추종자들을 매료시키는 그의 능력에는 그저 감탄할—혹은 경악할—뿐이다. 자신의 증오심을 어찌나 철저히 추종자들에게 주입시켰던지, 그들은 자발적인 사고가 불가능했고 오직 맨슨의 지시에 맹목적으로 따르기만 했다. 맨슨의 사악한 꼭두각시 부대로 전락한 것이다.

맥캐퍼티의 연속 살인과 맨슨이 선동한 연속 살인을 비교해 보면, 두 사건의 배경적 요인이 극적으로 다르다는 것을 알 수 있다. 맨슨은 사이코패스였으며 75세인 지금도 사이코패스로 남아 있다. 어린 시절은 샨테 카임스와 비슷했다. 그러나 어떻게 보면 몇 배 더 암울했다. 카임스와 마찬가지로 맨슨은 어머니에게 버림받았고 아버지는 누군지도 몰랐다. 그는 누군가의 희미한 애정조차 한 번도 받아보지 못하고 자랐다. 생모인 캐슬린 매덕스Kathleen Maddox는 아들이 태어났을 때 고작 열여섯 살이었다. 캐슬린은 성적으로 문란했거나 아니면 매춘부였거나 혹은 둘 다였던 것으로 추정되는데, 며칠씩 집에 안 돌아오면서 어린 찰스를 할머니나 아주 엄격한 이모에게 떠맡기곤 했다. 캐슬린은 윌리엄 맨슨이라는 사람과 잠시 결혼한 적이 있었는데, 그때부터 찰스는 맨슨이라는 성을 사용하기 시작했다. 생부는 "스콧 대령"이라고 불린 켄터키 출신의 남자일 가능성도 있다. 맨슨이 다섯 살 때 캐슬린은 무장 강도죄로 감옥에 갔는데, 석방된 후 아들을 맡지 않겠다고 했다. 그뿐 아니라 아들을 맥주 한 잔과 바꾸기까지 했다. 의지할 친구 하나 없었던 맨슨은 도둑질을 하다가 아홉 살의 나이에 소년원에 갔는데, 거기서 탈출해 어린 시절의 끝자락과 10대 시절을 교도소와 각종 시설을 들락거리며 보냈다. 맨슨은 수감됐을 당시 (본인의 주장에 따르면) 몸집이 훨씬 큰 남자들에게 강간을 당했는데, 그 중 다수가 흑인이었다(이것도 본인의 주장이다). 흑인이 그의 증오 대상 1호로 떠오른 것은 바로 이 때문이었다. 스물네 살에 석방된 맨슨은 한동안 포주 노릇을 하다가 1년 후 다시 체포됐다. 그러나 다시 감옥에 간 것은 2년 뒤였다. 강간과 약물 사용, 매춘 알선, 절도 그리고 사기 죄목이었다.[10] 훗날 맨슨이 직접 한 이야기에 따르면, 서른두 살에 감옥에서 나온 그는 거의 평생을 감옥에서 보냈기 때문에 바깥 세상에 적응할 수가 없었다고 한다. 한 논평가는 이렇게 말했다. "교도관들이 모르는 체하고 그 흉악한 사내를 사회에 다시 풀어놓았다."[11] 훗날 맨슨이 한 짓을 생각하면 흉악하다는 말이 틀린 것은 아니지만, 맨슨의 이른 석방은 교도관의 잘못이 아니었다. 죄수의 석방 문제는 교도관의 소관이 아니기 때문이다.

그로부터 얼마 후, 서른네 살이 된 해에 그는 우리가 아는 맨슨, 즉 컬트 집단의 리더이자 길 잃은 영혼들을 등쳐먹는 사기꾼의 모습을 갖추었다. 그 길 잃은 영혼들을 타락시켜 강도짓과 도둑질로 이끄는 한편, 유혹해서 집단에 끌어들인 젊은 여자들을 성적 노리개로 삼는 리더의 특권을 누렸다. 맨슨은 인격 형성기에 인간적인 환경을 거의 다 박탈당했기 때문에, 일찍부터 나타난 반사회적 행동과 성인기까지 지속된 사이코패스 기질에 유전이 얼마나 큰 작용을 했는지 정확히 파악하기란 불가능하다. 바꿔 말하면, 맨슨에게 주어진 나쁜 환경(아버지와 어머니의 부재, 어머니의 반사회적 성향, 맨슨이 소년원과 감옥에서 겪어야 했던 폭력)은 어떤 젊은이든 "이차적" 사이코패스로 만드는 데 충분했을 거라는 얘기다. 나는 맨슨의 경우 어느 정도 유전적 불운에 이러한 환경적 불운이 더해져 사이코패스를 탄생시킨 것이라고 생각한다. 이 두 가지가 결합해, 사이코패스 진단표에서 불변의 요인에 해당하는 제 1요인(과장성, 달변, 습관적 거짓말, 타인에 대한 무심함)에 치우친 '자기중심적 사이코패스'를 만들어 낸 것이다. 반대로 맥캐퍼티는 온전한 가정에서 성장했다. 아버지가 보통 아버지들에 비해서 좀 더 체벌이 심했던 것은 사실이지만, 그래도 가족은 가족이다.

맨슨은 지난 40년 동안 감옥에 갇혀 있었다. 이 정도 되면 맨슨이 세상에서 잊혀졌다고 생각할 사람도 있을 것이다. 아니면 최소한, 알 카포네나 나단 레오폴드Nathan Leopold와 리차드 로웁Richard Loeb(부유한 집안 출신의 시카고 대학 학생들로, 1924년에 14세 소년 바비 프랭크스Bobby Franks를 살해하고 시체를 유기했다 - 옮긴이) 또는 린드버그 납치 사건의 범인 (정말로 그가 범인이 맞다면) 브루노 홉트만Bruno Hauptmann(1932년에 있었던 20개월 된 영아 찰스 린드버그Charles Lindbergh 납치 및 살해 사건의 주 용의자. 유죄 판결을 받고 사형당했다 - 옮긴이)과 함께 구석에 처박혀 먼지에 덮여 있을 거라 생각할 수도 있다. 그러나 맨슨은 우리 기억 속에 악의 화신으로 선명하게 각인되어 있다. 검사이자 작가인 빈센트 불리오시Vincent Bugliosi는 맨슨 사건에 대한 지속적인 관심에 대해 이런 말을 했다. "'맨슨'이라는 이름 자체가 악의 상징이 되어 버렸다……. 그는 인간의 어둡고 악한 면을 상징하는 인물이 되었다. 인간의 본성에는 순수하고 진정한 악에 매료되는 면이 숨어 있다."[12] 맨슨은 나약하고 길 잃고 홀대 받는 이들에게 영감을 주는 능력으로 희대의 악명을 얻었다. 맨슨의 마성에 무릎 꿇은 추종자들은 맨슨의 지시에 살인도 마다하지 않았을 뿐 아니라, 맨슨의 이름으로 저지른 끔찍한 악행들을 자랑스러워하기까지 했다.

맨슨과 히틀러의 유사성은 기가 막힐 정도다. 히틀러가 지상 최고의 악이라고 한다면, 맨슨은 히틀러급 악이라고 할 수 있다. 두 사람 다 자기 손에 피를 안 묻히고 살인을 했다. 두 사람 다 뿌리 깊은 편견에 근거해 타깃을 선정했다. 둘 다 무명이었다가 악명을 떨치면서 유명인사의 반열에 올랐다. 둘 다 증오에서 힘을 얻어 세상을 뒤집을 혁명을 시도했다. 아무도 모르는 "미천한 인간"으로 남는 대신, 그들은 모두가 알고 또 두려워하는 제왕이 되었다. 두 사람 다 "이목을 끄는" 집단을 타깃으로 삼아 악명을 얻었다. 히틀러에게 그것은 유태인이었고, 맨슨에게는 부유하고 유명한 사람들이었다. 수많은 독일인이 히틀러의 죽음 직후 제정신으로 되돌아와 자신들이 묵과한 일을 끔찍해하고 후회했듯이, 많은 "맨슨 추종자"들도 맨슨이 체포되고 감옥에 가자마자 자신들이 저지른 짓을 끔찍해하고 후회했다. 이 점은 내가 확실히 이야기할 수 있다. 맨슨 패밀리의 일원이었던 여성 두 명을 알게 될 기회가 있었기 때문이다. 두 사람 모두 살인에 직접 개입하지는 않았으며,

40년 넘게 남을 도우면서 범죄와는 거리가 먼 생활을 해 오고 있다.

여기까지 연속 살인이라는 주제를 살펴봤으니, 이제 대량 살인이라는 더 큰 주제로 관심을 돌려보자.

대량 살인범들의 사전 징후와 태생적 악의 심리

"흉악하다"는 반응을 불러일으키는 범죄 중에 가장 일반적인 것이 대량 살인이다. 나는 인터넷에서 정보를 수집해 20세기에 일어난 대량 살인을 전부 목록으로 작성하는 것이 가능할 줄 알았다. 사건 수가 몇 백을 넘어가자, 나는 그쯤에서 포기했다. 그 중 4분의 3이 미국에서 일어난 사건이었다. 그러나 분명한 것은 불가리아나 파키스탄, 짐바브웨, 버마를 비롯해, 전쟁만 아니면 미국처럼 총기를 구하는 게 쉽지 않은 다른 나라에서도 대량 살인은 주기적으로 일어나고 있으며 다만 우리가 그 소식을 접하지 못할 뿐이라는 것이다. 범죄와 관련하여 더 철저히 통계를 내고 있는 몇몇 나라에서도 인터넷만으로는 전체 윤곽을 파악하기가 쉽지 않다. 영국이나 캐나다, 서유럽에서 일어난 사건들도 주목할 만한 사건들만 기사로 나기 때문이다.

대량 살인에서 '악하다'는 반응은 주로 희생자의 규모에서 나온다. 대부분의 경우 가해자가 자신이 저지른 폭력에서 거의 살아남지 못하기 때문에, 가해자보다는 희생자에 초점이 맞춰지는 것이다. 대량 살인범이 일으킨 소란은 신문의 일면을 장식하지만, 정말 충격적인 사건이 아니면 금세 잊혀진다. 대부분의 대량 살인은 지역 신문에만 실리고 마는데, 전국적으로 주목을 받는 사건은 희생자 규모가 유난히 크거나 90년대 후반에 발생한 캠퍼스 총기 난사 사건들처럼 가해자가 10대 청소년이라거나 아니면 희생자 대다수가 어린이 또는 대학생이어서 사회에 충격을 주고 희생자와 그 가족에게 동정이 쏟아지는 특수한 요소가 있는 것들이다. 조사해 보니 1900년부터 1999년 사이에 미국에서는 거의 1,000건에 이르는 대량 살인(FBI의 엄격한 정의에 따라, '단시간에 벌어진 한 사건에서 4명 이상의 희생자가 나온 경우'로 한정)이 발생했는데[13], 1975년과 1996년 사이에만 495건이 발생했다. 20세기를 통틀어 여성이 저지른 총기 난사 사건은 한 건도 없었다.[14] 내가 아는 사건은 2006년에 캘리포니아에 사는 제니퍼 산마르코Jennifer Sanmarco라는 우체국 직원이 여섯 명을 살해한 뒤 자살한 사건 하나뿐이다.[15]

대량 살인범들은, 대부분이 현장에서 죽는데도 불구하고 사회에 큰 공포를 불러일으킨다. 전체 대량 살인범 중 5분의 1이 스스로 목숨을 끊는다.[16] 아직 잡히지 않은 연쇄살인범 — 이들은 아직 "우리들 중에 있기" 때문에 언제 어디서 위험으로 다가올지 모르는 존재다 — 에 비해, 대량 살인범은 우리가 공공장소나 직장, 학교, 쇼핑센터, 심지어는 집에서도 불안에 떨게 만든다. 불안을 자극하는 핵심은 아무도 의심하지 않았던 사람이 내일 갑자기 대량 살인을 저지를 수 있다는 것이다. 이런 종류의 공포가 극대화된 시기가 있었는데, 리처드 스펙이 시카고에서 간호사 8명을 살해한 직후, 그리고 찰스 휘트먼이 텍사스주립대학 안뜰에서 14명을 살해한 직후였다. 이 두 사건은 1966년에 겨우 2주의 간격을 두고 발생했다.[17] 게다가 이 극적인 두 사건은 1959년 허버트 클러터$^{Herbert\ Clutter}$와 그의 가족이 집안에서 살해된 사건이 있고서 얼마 후에 일어났다. 이 사건은 트루먼 카포티$^{Truman\ Capote}$의 유명한 논픽션 《인 콜드 블러드$^{In\ Cold\ Blood}$》에 자세히 기술되어 있다.[18] 안전과 생존에 관련된 문제라면 우리는 통계 감각을 잃어버린다. 대량 살인이 드물게 일어나며 캠퍼스 총기 난사는 극히 드물다는 점은 머리에 들어오지도 않는다. 이런 종류의 사건, 특히 공공장소에서 노출로 체포된 적이 있고 회사 동료들 앞에서 "환청"과 싸우곤 했던 제니퍼 산마르코 같은 "미친 사람"이나, 1984년 샌이시드로 맥도널드 학살의 주범인 제임스 휴버티$^{James\ Huberty}$ 같은 "불만에 찬 노동자"가 저지른 대량 살인 사건에는 언론의 호들갑이 뒤따른다. 이 언론들은 대중에게 '아무나' 노리는 흉악범의 이미지와 "당신도 당할 수 있다!"는 메시지를 더욱 극대화해서 보여주는 데 일조하고 있다.

1960년대 이래 대량 살인이 증가 추세인 듯하지만, 그 중 일부는 표면적으로만 그런 것이다. 그 이유로 최소 두 가지를 들 수 있다. 하나는, 미국만 해도 인구가 50년 전에 비해 두 배 이상 늘었다는 것이다. 이는 언뜻 두 배로 보이는 수치도, 비율로 따져 보면 전과 똑같은 수치라는 뜻이다. 다른 하나는, 최근으로 올수록 대량 살인이 대중을 무차별적으로 공격하는 양상을 띤다는 것이다. 반면 두 세계대전 사이에 일어난 대량 살인은 주로 갱단과 관련된 것들이었다. 라이벌 갱단의 숙청 리스트에 올라 있지 않은 사람은 두려워할 이유가 없었고, 신문도 대중에게 "당신도 당할 수 있다"는 공포를 열심히 심어 주지 않았다. 우리가 알 카포네나 존 딜린저$^{John\ Dillinger}$(1930년대 초 미국의 은행털이범. 은행을 수십 군데나 털고 탈옥도 두 번이나 성공하여 '공공의 적'으로 불렸다 - 옮긴이)는 그냥 "악당"으로 생각하면서, 1989년 몬트리올의 에콜폴리테크닉공대에서 열네 명의 여자를 살해한 마크 레핀$^{Mark\ Lêpine}$이나, 역시 1989년에 캘리포니아주 클리블랜드초등학교에서 캄보디아 난민 아이들 다섯 명을 사살한 패트릭 퍼디$^{Patrick\ Purdy}$는 "흉악범"으로 간주하는 이유도 그 때문인지 모른다. 레핀은 지적인 여자를 증오했고, 퍼디는 아시아인을 증오했다. 우리가 벅스 모런 갱 멤버들보다 대량 살인에 희생된 여자와 어린이를 훨씬 더 불쌍히 여기는 것은 어찌 보면 당연한 일이다.

대량 살인의 동기는 수없이 많지만, 오늘날 우리는 "불만에 찬 노동자", 즉 최근에 해고당했거나 해고될 위험에 처한 노동자를 가장 먼저 떠올린다. 이러한 생각은 사실에 근거를 둔 것이 아님에도 불구하고, 선정성만을 추구하는 언론의 영향으로 대중의 고정관념으로 자리 잡았다.[19] 이러한 선정주의는 "우체국 직원처럼 미쳐 날뛰다$^{go\ postal}$"라는 말을 유행시키는 데 큰 역할을 했다. 이 말은 1986년 8월 20일 오클라호마주 에드먼드에서 패트릭 셰릴$^{Patrick\ Sherrill}$이 일으킨 대량 살인을 계기로 유행어가 되었다. 우체국에서 해고될 위기에 처한 셰릴은 직장에 자신이 소유한 총을 여러 자루 가져와 동료 열네 명을 사살한 뒤 자살했다. 이 사건이 전국적으로 주목받은 것은 희생자의 규모 때문이었다. 셰릴은 친구나 가족이 없는 외톨이였고, 심지어 아무도 시체를 찾아가 묻어 주려고 하지 않았다. 셰릴이 유일하게 애착을 가졌던 대상은 자신이 소속되어 있는 주 방위군과 그의 총기 컬렉션이었다. 그는 자신이 베트남 전쟁에서 싸웠다고 자랑하고 다녔지만, 현역 복무한 적이 없음이 밝혀졌다.[20] 셰릴은 자신의 직장인 우체국에서 동료 직원을 열네 명이나 살해함으로써 사람들에게 우체국 직원에 대한 나쁜 편견만을 심어주었다. 그러나 언론이 보여준 그림과는 달리, 실제로 우체국 직원이라고 해서 다른 대기업의 직원들보다 대량 살인을 저지를 확률이 더 높지는 않다.

그 문제는 그렇다 치고, 대량 살인은 대체로 여섯 개의 범주 중 하나에 속한다. 가장 많은 것은 앞에서 언급한 불만에 찬 노동자가 저지르는 사건이다('고용 분쟁으로 인한 사건'이라는 말이 많이 쓰이지만, 고용자가 아니라 벤처사업을 시작했다가 실패한 자영업자도 사건을 일으킨다).[21] 그러나 불만에 찬 노동자들은 사실 전체 대량 살인범의 20퍼센트밖에 안 된다.[22] 이에 못지않게 많은 것이 8퍼센트를 차지하는 '거절당한 애인'(관계를 맺고 있다는 착각에 상대방을 쫓아다니는 스토커도 포함), 11퍼센트를 차지하는 증오 범죄자 그리고 기타 중범죄자 부류다. 비교적 드문 부류로는 명백한 정신이상자와 궁지에 몰린 컬트 집단의 리더가 있고, 또 매우 드물지만 특정인을 살인하고 그것을 감추기 위해 대량 살인을 저지르는 사람도 존재한다.

대량 살인에는 용어 사용상의 문제가 존재한다. 대량 살인의 다섯 건 중 두 건이 가정에서 일어나는데, 그 중에서도 아버지가 자기 아내와 아이들을 살해하고 때로 자신의 목숨까지 끊는 사건이 가장 많다.[23] 일부 전문가들은 이것이 매우 특수하고 중요한 부류라고 보고, 이러한 종류의 사건을 "가족 살해"라고 따로 지칭한다. 나도 이 용어를 선호한다.

내가 알고 있는 여성 대량 살인범 여섯 명은 전부 정신이상자였는데, 조울증 혹은 정신 분열증을 앓고 있었다.[24] 앞서 언급한 '대량 살인 미수' 사건을 일으킨 로리 와서먼 댄Laurie Wasserman Dann이 그 중 한 명이다. 일리노이주의 자기 집에서 남편을 얼음송곳으로 찔러 죽이려다 실패한 전적이 있는 댄은, 1988년 5월에는 여러 차례 방화를 저지른 뒤 권총 세 자루를 가지고 일리노이주 위네트카의 한 초등학교에 난입해 2학년 학생 한 명을 죽이고 다섯 명에게 부상을 입혔다. 그날 저녁 경찰이 포위망을 좁혀오자 결국 권총으로 자살했다.[25] 댄은 일찌감치 정신약리학자 존 그리스트[John Greist] 박사에게 상담을 받아 왔다. 아마도 조울증 치료 때문에 상담을 받은 것으로 보인다. 한번은 댄이 비소를 탄 탄산음료를 박사에게 가져다준 적이 있었다. 그리스트 박사는 눈치 빠르게 음료를 거절했고, 덕분에 살아서 훗날 그 일화를 생생히 전해줄 수 있었다. 그 이야기를 들으면서 나는 베르길리우스가 쓴 《아이네이드[Aeneid]》의 한 문장이 떠올랐다. "Timeo Danos et dona ferentes(나는 그리스인들이 선물을 줄 때도 그들이 두렵다)."[26]

- 토머스 해밀턴[Thomas Hamilton]

불만에 찬 노동자가 저지른 대량 살인의 사례를 보여주기 위해 내가 선택한 사건은 글래스고의 토머스 해밀턴 사건이다. 1952년에 토머스 와트[Thomas Watt]라는 이름으로 태어난 그는, 네 살 때 외할아버지에게 입양되면서 성을 해밀턴으로 바꾸었다. 훗날 대량 살인자가 된 이들이 대개 그렇듯, 해밀턴도 외톨이에 사회 부적응자, 사회 소외 계층이었다. 게다가 편집증이 심해서, 자신은 청소년을 지도하는 일을 하고 싶은데 관계자들이 막고 있다고 국회의원들에게, 그리고 나중에는 엘리자베스 여왕에게까지 항의 편지를 보내기도 했다. 그런데 바로 여기에 문제가 있었다. 해밀턴은 동성애 소아 성애자, 혹은 성적 사이코패스였던 것이다. 해밀턴은 소년들을 대상으로 체력 훈련과 캠프 프로그램을 운영하는 스카우트 지도자가 되었다. 그는 아이들에게 수영복 팬티만 입고 훈련을 받도록 했다. 그리고는 아이들 사진을 찍었는데, 특히 하반신에 초점을 맞춰서 찍는 것이었다. 정확하게 말하자면, 해밀턴이 실제로 아이들과 성관계를 맺었다는 증거는 없다. 그러나 학부모들의 항의로 그의 행실이 관계자들 귀에 들어가자, 그는 "잘못 움직이면 교정해 줘야 하니까, 운동할 때 어떤 근육을 사용하는지 잘 봐둬야 했다"는 변명을 늘어놓았다.[27] 그러나 해밀턴은 하는 일마다 꼬이면서 결국 엄청난 빚더미에 올라앉았고, 신용카드 돌려 막기와 사회 보조금으로 근근이 살아가기 시작했다.

총기류 수집에 열심이었던 해밀턴은 총을 최소한 여섯 자루는 소유하고 있었고, 자신이 총 애호가 모임의 멤버임을 아이들에게 자랑스럽게 떠벌렸다. 당시 사회 복지사나 경찰 그리고 보이스카우트 관계자들은 이런 '경고 신호'들을 (캠프에 참여한 아이들의 학부모들로부터 그렇게 자주 항의를 받았는데도) 무시하거나 과소평가했다. 대량 살인범의 과거를 되짚어 보면 항상 그렇듯이, 이 경우에도 다가올 재앙을 예고하는 신호가 명백히 존재했다 - 단, 지금 와서 되돌아보면 그렇다는 것이다. 가브리엘 가르시아 마르케스Gabriel García Márquez의 유명한 작품《예고된 죽음의 연대기Chronicle of a Death Foretold》가 떠오른다. 학부모의 항의에 앙심을 품은 데다 돈까지 바닥나 절박해진 해밀턴은 1996년 3월 13일, 브라우닝 9밀리미터 자동 소총 두 자루와 357 매그넘 연발 권총 두 자루를 가지고 스코틀랜드 던블레인의 어느 초등학교에 들어가 교사 한 명과 학생 열여섯 명을 죽이고 자살했다.

이 비극이 있은 후, 스코틀랜드의 저명한 정신과 의사 몇 명이 앞 다투어 전문가적 의견을 내놓았다. 특히 글래스고의 법심리학자 데이비드 쿡^{David} $_{Cooke}$의 견해가 상황을 제대로 꿰뚫은 것 같다. "토머스 해밀턴의 인생에는 어려움이 많았고, 그것들이 해밀턴의 자존감을 위협했다. 그는 빚이 많았다……. 게다가 그토록 애착을 가진 보이스카우트 단원들에게 접근할 수도 없게 되었다……. 어쩌면 다른 대량 살인범들이 그런 것처럼 해밀턴도 자신을 박해했다고 생각되는 사람들에게 복수를 하는 장면을 상상하면서 우월감과 정복감을 느꼈는지 모른다……. 그는 학부모들이 그가 변태라는 소문을 퍼뜨렸다고 생각했다."[28] 해밀턴은 가장 "달콤한" 복수는 학부모가 아니라 그들의 자식을 죽이는 것임을 깨달은 듯하다. 이것은 상황을 따져 보면 상당히 논리적인 결론이었다. 아이들은 몇 초 만에 숨이 끊기겠지만, 최대의 적인 학부모들은 평생 고통을 받으며 살아갈 것이기 때문이었다. 물론 그러한 선택을 함으로써 해밀턴 자신은 희대의 악마라는 영원한 악명을 얻었다. 법정신의학자 베어드$^{John\ Baird}$ 박사는 해밀턴의 주 범행 동기가 자살에 대한 충동이라고 보았다. 그러나 나는 이것을 이분법적으로 나눌 수 없는 문제라고 본다. 해밀턴은 쿡이 지적했듯이 복수를 원했다. 또한 사람들이 자기를 봐 주길 바랐고, 무기력하고 무시당하는 기분에서 벗어나 영향력과 결정권을 가진 위치에 올라서고자 했다.[29] 그런데 그러자니 자살이 가장 유혹적인 선택이었던 것이다. 자살도 그냥 자살이 아니라 화려한 자살이어야 했다. 복수와 명성을 단번에 얻을 수 있는, 세상에 "Après moi, le déluge(내가 죽은 후, 대홍수가 밀어닥칠 것이다)"라고 선포하는 마지막 한 방이어야 했던 것이다.

언론 보도 자료를 찾아보면 비슷한 범죄 사례는 수없이 많다. 2008년 2월에는 노던일리노이주립대학 졸업생인 20대 청년 스티븐 카즈미에르책Steven Kazmierczak이 모교에 쳐들어가 여섯 명을 살해하고 스스로 목숨을 끊은 사건이 있었다.[30] 이 청년은 정신병으로 입원한 병력이 있고 심한 우울증을 앓고 있었음에도 약물 복용을 거부했던 것으로 밝혀졌다. 스티븐은 여러 직장에서 해고당하고 벤처 사업을 했다가 실패했는데, 결국 복수 겸 자폭 행위로 자기보다 잘 사는 사람들에게 "앙갚음"을 하고 자신도 생을 마감했다. 일본에서도 20세 청년 가토 토모히로加藤智大가 "사는 게 지겨워졌다"는 이유로, 차를 몰고 돌진해 사람을 치어 죽이고 차에서 내려 근처에 있던 시민을 칼로 찔러 죽이는 등 열 명을 살해한 뒤 자살한 사건이 있었다.[31] 동기가 더 뚜렷한 사건으로는, 오클라호마에 사는 스무 살 청년 리처드 호킨스Richard Hawkins가 직장에서 해고당하고 여자친구에게도 차인 뒤, 닥치는 대로 여덟 명을 살해하고 자살한 사건이 있다.[32]

— 리처드 팔리Richard Farley

'애인에게 거부당한 남자'는 대량 살인에서 또 하나의 "인기 있는 장르"다. 대량 살인범에게서 자주 보이는 성향, 즉 사회 부적응, 사교성 부족, 꽁한 성격과 편집증적 성향, 하는 일마다 실패하지만 실패를 받아들이고 앞으로 나가지 못하는 성격 등은 일뿐 아니라 사랑에서도 똑같이 문제가 된다.

리처드 팔리는 서른여섯 살 때 로라 블랙Laura Black이라는 여성을 만났다. 그때가 1984년이었는데, 둘 다 캘리포니아에 있는 일렉트로매그네틱시스템스랩이라는 회사에서 일하고 있었다. 로라가 리처드의 접근에 거부 의사를 밝히자, 그때부터 리처드는 로라를 스토킹하기 시작했다. 같은 체육관에 등록한다거나, 집 앞에서 기다린다거나, 협박 편지를 보내는 식이었다. 집착은 2년이 지나도 수그러들지 않았고, 급기야 데이트를 거절하면 죽이겠다고 협박하는 지경에 이르렀다. 어떻게 다른 면에서는 그리도 똑똑한 사람이 협박과 스토킹으로 여자의 마음을 얻을 수 있다고 믿을 수 있는지 놀라울 따름이다. 리처드는 로라의 열쇠를 훔쳐서 복사한 다음, 복사한 열쇠를 로라의 차 안에 놔두었다. '나는 언제든지 너의 집에 들어갈 수 있다'는 무언의 협박이었다. 이 일로 리처드는 회사에서 해고되었지만, 스토킹은 멈추지 않았다. 로라는 세 번이나 이사를 하고 전화번호도 비공개 번호로 바꿨지만 소용이 없었다. 법원에서 접근 금지 명령도 받아냈지만, 예상했다시피 전혀 효과가 없었다. 리처드의 분노는 이제 폭발점에 이르렀다. 1988년 2월 16일, 그는 권총 두 자루와 라이플 세 자루를 가지고 회사로 가서 직원 일곱 명을 쏘아 죽였다. 로라도 죽일 생각이었지만, 로라는 어깨에 총상을 입고 살아남았다. 리처드는 자기 손으로 자살하거나 "경찰의 손에 자살"하는 대신, SWAT 팀(미국의 경찰 특수 기동대 - 옮긴이)에 항복하는 쪽을 택했다. 얼마 후 열린 재판에서 그는 사형을 선고받았다. 이 사건은 세간의 이목을 집중시켰다. 리처드와 로라 둘 다 고학력의 전문직 종사자였고, 마침 캘리포니아에서 다른 스토킹 살해가 몇 차례 있었는데 경찰이 제대로 대응을 못하고 넘어간 차에 일어났기 때문이다. 이 사건을 모티브로 한 영화까지 만들어졌고("I Can Make You Love Me"), 캘리포니아주는 미국 최초로 반反스토킹 법을 제정했다.

– 조지 헤너드 George Hennard

특정 집단을 향한 증오심이 대량 살인의 동기가 되는 일은 흔하다. 마치 요오드화암모늄 결정이 (다른 것도 아니고!) 물에 닿으면 폭발하는 것처럼, 여러 가지 요소가 갑자기 혼합 반응을 일으켜 폭발한다. 예를 들면, 편견에 사로잡힌 이상 성격자가 오랫동안 아무렇지 않게 잘 살다가, 좋아하는 사람에게 거절당하거나 직장에서 잘리거나 시험에 떨어지면 그 일이 기폭제가 되어 자신이 증오하는 집단에 속한 사람들을 대량 살인하게 되는 것이다.

조지 헤너드는 어머니를 증오했고(이유는 밝혀지지 않았다) 그 연결선상에서 모든 여자들을 증오했다. 그는 여자들을 "뱀"이라고 불렀다. 또한 라틴계 인종과 흑인과 동성애자도 증오했다. 스위스 태생인 헤너드의 아버지는 군의관이었는데, 그 때문에 조지는 성장기에 아버지의 발령지를 따라 수도 없이 이사를 다녀야 했다. 학교에서 그는 내성적이고 음울하며 데이트도 안 하고 친구도 안 사귀는 외톨이로 알려져 있었다. 해군에 입대했지만 마리화나를 피우고 인종차별 발언으로 싸움을 하는 등 말썽만 일으키다가 쫓겨났다. 또한 여자에 대한 경멸적 발언을 자주 뱉었는데, 어머니와 말싸움을 한 날에는 더욱 심했다.[33] 30대 중반에는 텍사스에 있는 시멘트 공장에서 일을 하게 됐는데, 당시 이미 문제 행동이 심각한 수준에 이르고 있었다. 사건이 있기 일주일 전 헤너드는 일을 그만두었는데, 어쩌면 자기 인생이 곧 끝나라라는 것을 알고 있었는지도 모른다. 1991년 10월 15일, 헤너드는 서른 다섯 번째 생일을 맞았다. 그날 저녁 그는 전도유망한 흑인 대법원 판사 클래런스 토머스Clarence Thomas의 청문회를 TV로 시청하고 있었다. 토머스는 보좌관인 흑인 여성 애니타 힐Anita Hill을 성추행했다는 소문으로 곤욕을 치르고 있었다. 그날 TV에 나온 애니타 힐을 보고 헤너드는 이렇게 소리를 질렀다고 한다. "이 바보 같은 년! 너 같은 것들이 있으니 여자들이 다 그 모양이지!" 여성 혐오와 편견이 만나 폭발한 순간이었다.

그 두 가지의 결합이 기폭제였던 것 같다. 그리고 "인생의 절반이 끝났다"는 생각, 인생 절반이 지났는데 아무것도 이루어 놓은 게 없다는 절망감도 합쳐진 듯하다. 어찌됐든, 다음 날 아침 헤너드는 트럭을 몰고 텍사스주 킬린에 있는 '루비네 식당'의 유리 벽면을 부수고 들어갔다. 그리고는 양손에 권총을 하나씩 들고 닥치는 대로 쏘았다. 식당 밖으로 내보내 준 손님은 젊은 여자와 그녀의 네 살 난 딸, 두 명뿐이었다. 그것도 그 여자의 부모를 총으로 쏘아 죽인 뒤에 내보내 준 것이었다.[34] 그렇게 한 여자를 내보내더니 또 다른 여자에게는 "미친년!"이라고 욕을 퍼붓고 총질을 했다. 이날 헤너드는 경찰이 들이닥치기 전까지 총 스물두 명을 죽였는데, 그 중 열네 명이 여성이었다(한 명은 지역 유명인사의 미망인인 흑인 노부인이었고, 나머지는 다 백인이었다). 경찰이 도착하자 그는 자살했다. 헤너드가 제임스 휴버티(7년 전 샌이시드로의 맥도널드 매장에서 스물두 명을 살해한 대량 살인범)를 능가하려고 그런 짓을 저질렀는지는 알 수 없다. 사실 헤너드에 대한 것은 알려진 바가 거의 없다. 헤너드의 부모와 세 동생은 당연히 관계자들과의 인터뷰를 달가워하지 않았다. 가해자가 호전적이고 편집증적이며 편견에 사로잡힌 외톨이인 경우 으레 그렇듯, 우리는 헤너드에 대해 기본적인 심리적 특징 외에는 아는 것이 없다. 헤너드에게는 술친구가 몇 명 있었는데, 그 중 한 명은 헤너드가 "술에 취하면 입이 험해지긴 했지만, 술에 안 취했을 땐 좋은 녀석이었다"고 말했다.[35]

분명 헤너드는 대량 살인의 "위험 인자"를 많이 가지고 있었다. 편집증적 복수심에 불탔고, 증오 대상도 많았으며, 친구나 애인이 없고, 약물 중독과 총기 소지, 직장에서 해고당한 전적이 있고, 부모와의 관계는 껄끄러웠다. 위험 인자에는 18세에서 40세 사이의 남성이라는 점도 포함된다. 이 모든 요소를 고려하면 헤너드가 그렇게 감정을 폭발시킬 가능성이 높긴 했다. 하지만 그렇다고 피할 수 없는 일은 아니었다. 우리는 "좀 더 일찍 도움을 받았더라면"이라는 말을 자주 한다. 여기에 딜레마가 있다. 헤너드 같은 성격을 가진 사람을 정신병원에 가게 만들 수 없다는 것이다. 그런 사람이 자발적으로 정신과 의사 도움을 얻을 가능성은 제로에 가깝다. 만약 치료를 받게 됐다 해도 실질적인 도움은 받기 어려우며, 강제로 병원에 입원했다면 특히 더 그렇다. 헤너드는 토머스 해밀턴 같은 사이코패스가 아니었다. 호전적이고 반사회적이며 성질이 격하긴 했지만, 찰스 휘트먼처럼 엄청난 살상을 저질렀음에도 불구하고 악의 심리 등급에서는 낮은 항목에 속하는 부류다. 아마 카테고리 8 '사이코패스 기질은 없으나 억제할 수 없는 분노로 대량 살인을 포함한 살인을 저지른 사람'에 속할 것이다. 반면에 해밀턴은 대량 살인을 저지르기 전에 이미 사이코패스 기질을 보이고 있었으니, 카테고리 16에 적합하다.

- 데일 피에르 Dale Pierre

악의 심리 등급의 극단에 해당하는 사례 중 하나로 1974년 4월 22일에 유타주 오그던에서 발생한 오디오 숍 살인 사건이 있다. 유타주에서 발생한 사상 최악의 살인으로 꼽히는 사건이다. 나는 사디즘과 희생자들이 당한 고통 면에서도 이보다 더한 사건은 없었다고 본다. 이 사건은 "중죄 살인"에 해당하는데, 이는 중죄를 저지르는 중에 범한 살인이라는 뜻이다. 이 사건의 경우, 무장 강도 중에 저지른 살인이었다.

데일 피에르는 1953년 서인도제도의 토바고 섬에서 태어났는데, 얼마 후 가족과 함께 트리니다드 섬으로 이주했다. 양친 모두 괜찮은 일자리를 가지고 있었는데, 아버지는 목수였고 어머니는 병원에서 근무했다. 데일은 일찍부터 문제 행동을 보이기 시작했다. 반항은 물론이고 선생님이 다른 아이를 더 예뻐한다고 심술을 부렸으며, 남의 물건을 훔치는 일은 예사였고, 가출도 자주 했다. 그러다가 일찌감치 학교에서 퇴학당했다. 데일은 부와 명성에 대한 꿈이 원대해서, 차를 몰아도 남들의 시선을 한 몸에 받을 수 있는 화려한 차를 몰고 싶어 했다. 그러나 현실에서는 친구 하나 없는 외톨이였고, 꿈은 너무 멀게만 느껴졌다. 데일이 10대 중반쯤 됐을 때, 온 가족이 뉴욕주 브루클린으로 이주했다. 거기서 데일은 자신의 꿈을 실현시키기엔 보수가 너무 적은, 하찮은 일자리들만 전전했다. 그러다 스물한 살이 되자 공군에 입대했는데, 조종사가 되기 위해 몇 년씩 훈련을 받을 인내심이 없었기 때문에 지상 근무를 지원했다. 훈련을 마친 데일은 솔트레이크 시티 북쪽, 오그던에 위치한 공군 기지에 배치되었다. 거기서도 습관적인 절도 행각은 계속됐고, 심지어 범행이 점점 대담해졌다. 군 기지에서 상사의 차를 훔치다 들키자, 데일은 상사를 살해했다. 그것도 총검으로 얼굴을 수차례 찔러 죽였다. 처음부터 데일은 유력한 용의자였지만, 검찰 측이 충분한 증거를 확보하지 못했다. 증인 심문 때 데일은 눈 하나 깜빡하지 않고 태연히 거짓말을 했고, 시종일관 무표정한 얼굴로 그 자리에 있던 모두를 소름 끼치게 만들었다.

얼마 후 데일은 스테레오 장비를 훔치기 위해 오디오 기기 판매점을 털 계획을 세웠다. 이 계획에 데일은 윌리엄 앤드루스^{William Andrews}라는 공범, 그리고 도주용 차량을 운전할 다른 한 명을 끌어들였다. 데일과 윌리엄은 퇴근 시간 무렵 오디오 숍에 들어가, 안에 있던 네 사람을 총으로 위협해 한쪽 구석에 몰아 놓고 손발을 결박했다. 한편 그 시각, 열여섯 살 난 코트니 네즈빗^{Cortney Naisbitt}이 저녁때가 됐는데도 집에 안 들어오자 코트니의 어머니는 아들을 찾아 나섰다. 아들의 차가 오디오 숍 바깥에 주차되어 있는 것을 보고, 코트니의 어머니는 가게로 들어가 보았다. 그리고 곧바로 인질로 잡혔다. 데일은 범행 며칠 전에 영화 한 편을 봐 두었는데, 그 영화에는 악당들이 드라노(막힌 배수구를 뚫는 용액)를 인질의 목구멍에 들이부어 즉사시키는 장면이 있었다. 그걸 보고 아이디어를 얻은 데일은 인질로 잡은 사람들에게 똑같이 해 보기로 했다. 사람이 드라노를 마시면 대개는 그대로 죽지 않는다는 것을 몰랐던 것이다. 데일은 인질들에게 이제부터 이 "보드카"를 마시게 될 거라고 겁을 줘 놓고, 윌리엄에게 그것을 강제로 먹이라고 명령했다. 윌리엄이 머뭇거리다 거부하자, 데일이 직접 인질들의 목에 드라노를 들이부었다. 용액이 닿자마자 입과 식도가 타들어 갔고, 인질들은 극심한 고통을 느껴야 했다. 데일은 잠시 "휴식"을 취한답시고 드라노 때문에 토하고 있는 가게 여직원을 데려가 강간까지 하는 잔인함을 보였다. 그 일이 끝나자 데일은 인질들의 머리에 차례로 총을 쏘아 죽였다. 다섯 명 중 세 명이 즉사했다. 남자 인질 한 명이 꿈틀거리자, 데일은 볼펜을 그 사람 귀에 쑤셔 박고 볼펜 끝이 목을 뚫고 나올 때까지 깊숙이 찔렀다. 그는 기적적으로 살아남아, 나중에 경찰에게 범인들의 인상착의를 설명해 줄 수 있었다. 윌리엄과 데일은 도주를 시도하다가 얼마 못 가 체포됐다. 공군은 그동안 데일을 불명예제대 시킬 명분을 찾고 있었는데, 유타주 역사상 가장 끔찍한 사건의 주범으로 데일이 체포되자 더 이상 명분을 찾을 필요가 없게 되었다. 데일과 윌리엄은 둘 다 사형을 선고받았다. 데일은 1987년, 윌리엄은 1992년이 되어서야 처형되었다.[36]

정신분석학자들이 데일 피에르 같은 인간을 묘사하면서 사용하는 말들, 예를 들면 "선천적인 반사회적 성향", "사이코패스적", "사디스트" 같은 용어는 비록 틀린 말은 아니지만, 데일의 냉담함이나 그가 보여준 악랄함을 제대로 표현하지 못하는 무미건조한 단어들이다. 때문에 나는 사회학자 잭 캣츠가 이 사건을 묘사하면서 사용한 비전문용어 "태생적 악$^{primordal\ evil}$"이 데일 피에르라는 인간과 그가 저지른 오디오 숍 살인 사건의 핵심을 더 잘 포착한 말이라고 생각한다.[37] 데일이 총알 한 방으로 죽이는 대신 인질의 귀에 볼펜을 박은 것은 상대방이 최대한 고통을 맛보기를 원했다는 것을 뜻한다. 타깃 집단이 정해져 있으며 자신이 경멸하는 "그들"을 최대한 많이 살해함으로써 권력감을 맛보려는 일반적인 대량 살인범들과 달리, 어쩌면 데일은 퇴근 시간에 덮치면 그날의 매상을 정산하고 있는 직원 한 명만 맞닥뜨릴 거라고 계산했는지도 모른다. 그 한 사람만 죽였다면, 아마 데일은 끔찍한 만행에도 불구하고 이름을 남기지는 못했을 것이다.

– 잭 길버트 그레이엄 Jack Gilbert Graham

잭 그레이엄의 대량 살인은 지금까지 예로 든 어떤 사건과도 다르다. 살해 동기도 복수심 같은 일반적인 것이 아니었다. 자신이 저지른 범행의 목격자를 제거하려는 것도 아니었다. 그레이엄의 범행 동기는 독특했다. '등잔 밑이 더 어두운' 효과를 노려, 범인이 진짜로 노린 타깃이 누군지 경찰이 알아내지 못하도록(그래서 살인범도 영영 찾아내지 못하도록!) 하기 위해 대량 살인을 저지른 것이다. 아이들이 좋아하는 "월리를 찾아라!"라는 놀이를 생각하면 쉽다. 먼저, 아이에게 그림책을 보여준다. 그림 속에는 수십 명의 사람들이 서로 가까이 붙어 있다. 아이는 그 속에서 월리라는 특정 인물을 찾아야 하는데, 수십 명이 뭉쳐 있으므로 한 사람만 찾아내기가 여간 어려운 게 아니다. 1955년 11월 1일 덴버에서 이륙한 유나이티드항공 629 여객기가 공중에서 터져 산산조각 났을 때, 사건을 담당한 형사에게 주어진 과제가 바로 그것이었다. 항공기 파편은 공항을 중심으로 반경 50킬로미터에 이르는 시골 논밭에 흩어졌다. 공항 직원들과 FBI가 벌인 대대적인 수색 작업만 묘사해도 아마 한 장은 될 것이다.

사건 당일 밤, 희생자 44명 전원의 신원과 인적 사항이 확인된 후, 희생자 중 한 명인 데이지 킹Daisie King 부인의 소지품에서 은행 대여 금고의 열쇠가 발견됐다. 금고에는 킹 부인의 아들인 잭 길버트 그레이엄에 관한 신문 기사를 잘라 낸 조각이 들어 있었다. 잭 그레이엄은 위조죄로 기소되어 덴버 검찰의 수배 명단에 올라 있는 인물이었다. 추락 사고 2주 후 부인의 집을 수색하자, 아들이 수혜자로 되어 있는 보험 증서가 나왔다. 게다가 그레이엄은 어머니의 사망시 적지 않은 액수의 유산까지 상속받도록 되어 있었다. 그런데 그는 마침 얼마 전에 새로 산 트럭을 몰고 나갔다가 부숴 버리고는 그 "사고"의 보험금이 나올 것을 잔뜩 기대하고 있었다. 그는 비행기 사고가 있기 4년 전에도 위조죄로 유죄 판결을 받은 적이 있었는데, 그때는 배상을 하는 조건으로 집행유예를 선고받는 선에서 끝났다. 사건을 점점 파고들던 FBI는, 그레이엄이 어머니에게 비행기 탑승 직전에 크리스마스용 포장지로 곱게 싼 큼직한 선물을 전달했다는 것을 알게 됐다. 그레이엄은 아내에게 그것이 전부터 어머니에게 선물하려던 "공구 세트"라고 거짓말을 했다. 그래 놓고, 아무에게도 들키지 않고 그 선물을 어머니의 여행 가방에 살짝 넣어 둔 것이다. 조사를 계속하자, 그레이엄의 집에서 뇌관을 터뜨리는 데 사용되는 구리철사와 절연제가 발견됐다. 이때부터 사건의 내막이 전부 드러나기까지는 시간이 얼마 걸리지 않았다. 어머니에게 준 선물은 공구 상자가 아니라 다이너마이트 25개와 그 다이너마이트가 이륙 직후 터지도록 맞춰 놓은 타이머였다. 결국 그레이엄은 이 드라마에서 '월리'에 해당하는 자기 어머니를, 그리고 더불어 43명의 "부수적 피해자"들을 죽게 한 폭탄을 자신이 직접 제작했음을 시인했다.[38]

그레이엄과는 아버지가 다른 여동생이 경찰에 증언한 바에 따르면, 그레이엄은 어려서부터 폭력 성향을 보였다. 여동생을 때려눕혀 갈비뼈가 부러지게 만든 적도 있고, 망치로 때리겠다고 위협한 적도 있었다. 아내에게도 폭력적인 것은 마찬가지였다. 재판이 끝나고 14개월 후 가스실에서 처형되기 직전, 얼마나 죄책감을 느끼느냐는 질문을 받고 그레이엄은 이렇게 대답했다. "죽은 사람들에게 얼마나 죄스럽게 생각하느냐고 묻는 거라면, 전혀 안 느낍니다. 저도 어쩔 수가 없습니다. 사람은 누구나 자기 할 일이 있고 또 각자 기회를 잡습니다. 인생은 어차피 그런 겁니다."[39] 이런 말도 덧붙였다. "몇 명이 죽었는가는 저에게 아무런 의미가 없습니다. 1,000명이 죽었더라도 마찬가지였을 겁니다." 세상에는 자신이 저지른 폭력과 살인에 아무런 죄책감을 느끼지 못하는 사이코패스가 많다. 그러나 그레이엄처럼 그것을 입 밖으로 꺼내 인정한 사람은 극히 드물다. 때문에 그레이엄은 악의 심리의 연대기에서도 남들보다 한층 특별한 자리를 차지하게 되었다. 그레이엄이 밝히지 않은 것, 그에 대해 미스터리로 남아 있는 것은, 보험금에 대한 욕심은 둘째 치고 왜 그렇게 어머니에게 주체 못할 증오심을 느꼈는가 하는 것이다. 아내와 두 아이들과 함께 자기 인생을 사는 것보다 어머니를 파괴하는 것이 더 큰 욕심이 될 정도로 강한 증오심이었다. 그 증오심은 결국 그 자신도 파괴하고 말았다.

대량 살인에 대한 법심리학자의 가설과 반론

법심리학자 리드 멜로이 박사는 대량 살인에 관한 몇 가지 흥미로운 견해를 제시했다. 멜로이 박사에 따르면, 10대 대량 살인범들은 성인 대량 살인범들과 다르게 현장에서 자살하거나 죽는 일이 거의 없다고 한다. 그러나 대량 살인 자체가 비교적 드물기 때문에, 표본에 따라 통계가 다르게 나올 수 있다. 예컨대, 잡지와 신문 기사를 토대로 내가 수집한 대량 살인 관련 자료 60건을 분석하면, 성인 대량 살인범 53명 중 19명(36퍼센트)이 현장에서 자살했고, 표본 규모가 작긴 하지만 10대 대량 살인범은 7명 중 3명(42퍼센트)이 자살했다. 멜로이의 표본은 성인이 30명에 10대 살인범이 34명이었는데, 10대 대량 살인범은 자살률이 9퍼센트인 반면 성인 대량 살인범의 자살률은 53퍼센트였다. 두 번째로 주목할 점은, 대량 살인범 리처드 팔리의 범행 의도에 대한 것이다. 사건 평론에서 멜로이 박사는 팔리가 로라 블랙에게 부상만 입히려고 했으며, 그 표면상의 이유는 그녀가 자신에게 "초래한" 끔찍한 기분을 그녀도 살아서 느끼기를 바란 것이었다고 결론 내렸다. 그러나 총알이 어느 쪽으로든 몇 센티미터만 비껴갔어도 로라는 동맥 출혈로 죽었을 것이다. 그래서 팔리의 범행은 살인 미수로 봐야 한다. 사실 팔리가 로라를 총으로 쐈을 때 그가 속으로 무슨 생각을 가지고 있었는지 누가 알겠는가?

THE ANATOMY OF EVIL

제6장

본격적인 사이코패스 살인:

죽음의 천사부터

테러리스트들까지

Onde omicide e ciascun che mal fiere
guastotori e predon, tutti tormenta
giron primo per diverse schiere.

그리하여 살인자와 함부로 폭력을 휘두르는 자,
약탈자와 무법자들이 모두 첫 번째 구렁에서
무리 지어 고문을 받는다.

《신곡》 1권 '지옥편' 제11곡 37~39행

5장에서는 연속 살인범과 그보

다 비교적 흔한 대량 살인범들을 집중적으로 살펴보았다. 이 중에는 사이코패스가 단연 많았지만, 일부는 아치 맥캐퍼티처럼 결국 사이코패스가 아닌 것으로, 혹은 패트릴 셰릴처럼 단순히 정서적으로 불안하고 통제할 수 없는 분노를 품고 있었던 경우로 밝혀졌다. 우리는 이제 악의 심리에는 정형화된 공식이 없다는 것을 알고 있다. 몇몇 위험 인자는 점점 더 실체가 분명해지고 있지만, 반대로 성장 배경에 열댓 개의 위험 인자가 있었는데도 사회에 해를 안 끼치고 살아가는 사람이 있다는 것 또한 분명해졌다. 이들은 죽을 때까지 남에게 해를 안 끼치고 살거나, 혹은 인생의 어느 시점에 폭력 행위 또는 악행에 가까운 굉장히 모욕적인 짓을 저지른다. 텍사스 전망대 살인범 찰스 휘트먼은 두 가지 두드러진 위험 인자를 가지고 있었다. 폭력을 행사하는 아버지 그리고 악성 뇌종양이다. 둘 중 하나만 가지고 있었다면 대량 살인범까지는 안 되지 않았을까? 이것은 우리가 결코 알 수 없는 문제다. 휘트먼은 사이코패스도 아니고 "왕따"나 사회 부적응자도 아니었다. 주변 사람들이 휘트먼을 "나쁜 놈"으로 보지도 않았다. 그는 미래가 창창한 사람으로 보였다. IQ가 138로 "천재 수준"이었고, 원한다면 어떤 직장이든 들어갈 수 있을 것 같았다. 휘트먼의 최후 행각이 악행으로 낙인찍힌 것은 오로지 그것이 너무 많은 목숨을 앗아갔기 때문이었다. 그의 분노가 단지 아내 캐시에게 "창녀"라고 욕하고(물론 캐시는 창녀가 아니었다) 따귀를 때리는 수준에 그쳤더라면, 캐시는 이혼을 요구했겠지만 우리는 찰스 휘트먼이라는 사람을 영영 몰랐을 것이다.

이번 장에 소개할 이들은 대부분 사회적으로 더 성공한 이들이다. 배우자가 있고, 몇몇은 자식도 있으며, 반 이상이 좋은 직장에 다녔다. 다른 사람들과 다른 점은— 물론 눈에 띄는 예외적인 면들은 제외하고—이들이 인생의 대부분을 끔찍한 짓을 저지르면서 보냈다는 것이다. 이들 중 대다수가 최소 한 명 이상을 살해했다. 몇몇은 다수를 살해했다. 거의 모두가 사이코패스였으며, 몇몇은 "완전한" 사이코패스에 약간 못 미치는 정도의 사이코패스 성향을 보였다. 이 중 사이코패스에 해당하는 이들은 자기가 하려는 일에 방해가 되는 사람들을 아주 끔찍하고 고통스러운 방식으로 해치거나 죽였다는 것이 다른 이들과 구별되는 점이다. 여기서 "악함"은 이들이 해친 사람의 수가 아니라 이들이 저지른 범행의 "성질"과 관계있다. 이들이 저지른 범행은 그 끔찍함이 특히 두드러지는데, 이는 사건 "소식"이 터졌을 때 사람들이 사용하는 단어만 봐도 알 수 있다. "극악무도한", "역겨운", "흉악한"은 기본이고 "비인간적인"이라는 말도 꽤 자주 등장한다. 이런 식으로 우리는 그들의 범행과 우리 자신을 분리시킨다. "인간이라면 저런 짓을 할 수 없어"라는 말을 다르게 표현하고 있는 것이다. 오직 인간만이 그런 짓을 저지른다는 것을 애써 부인하는 것 같다. 우리에게 유일한 위안은, 우리가 악행이라고 부르는 것들이 다행히 드물게 일어난다는 것이다.

이번 장에서는 또한, 악이 고정된 관념이 아니라는 점을 이야기하고 싶다. 1장에서 살펴본 바와 같이, 단테의 시대 이후 강간범이나 어린이 살해범, 고문 살해범은 이단자나 반역자, 손님을 살해한 자보다 악의 등급에서 훨씬 높은 계급을 차지하고 있다. 단테가 그렇게 경멸했던 교회의 성직 매매는 우리 시대에는 거의 관심 밖이다. 단테의 시대에는 성적 연쇄살인은 존재하지 않았고[1] 타락한 의사가 주사기와 바늘, 약물을 자기 마음대로 사용해 환자를 살해할 수도 없었다. 어떤 면에서 보면 악의 심리는 진화했다. 그에 따라 우리의 감수성도 변했다.

악의 등급을 기준으로 이번 장에 소개할 사례들을 개괄하자면, 대부분이 카테고리 16 '살인을 포함하여 다수의 잔학 행위를 저지른 사이코패스'에 속한다.

살인에 매혹된 의사와 간호사들, 죽음의 천사

– 크리스틴 길버트 Kristen Gilbert

크리스틴 스트릭랜드 Kristen Strickland는 1967년에 한 가정의 두 딸 중 맏이로 태어났다. 일곱 살 때 동생 타라 Tara가 태어난 후 크리스틴의 성격이 급변했다고 주변인들은 증언하고 있다. 크리스틴은 습관적으로 거짓말을 하기 시작했고, 동생의 물건을 자꾸 훔쳤다. 겉으로는 착한 척했지만 학교 동급생들에겐 이기적이고 못된 아이로 알려져 있었다. 남자친구들에게 폭력을 행사하기도 했다. 간호학교로 진학한 크리스틴은 거기서 남편감 글렌 길버트

Glenn Gilbert를 만났다. 두 사람은 크리스틴이 스물한 살이 되던 해에 결혼했다. 그런데 결혼하고 한 달밖에 안 됐는데 집안에서 말싸움을 하던 도중 크리스틴이 큰 식칼을 들고 글렌을 위협한 일이 있었다.[2] 얼마 후 크리스틴은 매사추세츠주에 있는 재향 군인 병원에 첫 일자리를 얻었는데, 크리스틴이 일하는 병동의 환자 사망률이 급증했다. 그러자 동료들은 반 농담으로 크리스틴에게 "죽음의 천사"라는 별명을 붙여주었다. 크리스틴은 병원에 폭탄 테러 위협을 하거나 클리넥스 상자에 나치의 상징을 그려 넣고는 즐거워했다. 그뿐 아니라 지각을 하면, 출근길에 의식을 잃은 사람을 발견해서 심폐소생술을 하느라 늦었다는 둥 터무니없는 거짓말을 꾸며 대곤 했다. 가정도 평화롭지 못했다. 크리스틴은 글렌에게 칼륨을 과다 주입해 살인을 시도했는데, 글렌은 심박수가 위험할 정도로 치솟았지만 천만다행으로 살아남았다. 당연히 결혼 생활은 막을 내렸고, 두 사람은 크리스틴이 스물일곱이 되던 해 이혼했다. 당시 크리스틴은 이미 병원에서 경비로 일하는 유부남과 외도를 하고 있었다. 그 사람과 전화 통화를 하던 중 크리스틴은 자기가 환자들을 죽였다고 털어놓았다. 얼마 후 간호사 세 명이 그동안 품고 있던 의심을 책임자에게 전달했고, 1996년 경찰이 조사에 착수했다. 몇 달 후 정식 기소된 크리스틴은 재판 후 '가석방 없는 종신형 4회'를 선고받았다. 크리스틴은 몇몇 환자에게 인슐린을 과다 투여했지만, 다른 환자들에게는 주로 에피네프린(아드레날린제)[3] 치사량을 투여하는 방법으로 살인을 저질렀다. 결국 일급 살인 세 건 그리고 이급 살인 한 건에 대해 유죄 판결이 내려졌다. 그러나 실제로는 담당 환자를 40명 넘게 죽였을 거라는 의혹이 여전히 남아 있다.

– 마이클 스왕고Michael Swango 박사

스왕고는 1954년 워싱턴주 타코마에서 태어났는데, 육군 대령인 아버지가 세 형제 모두를 신병 훈련시키듯 엄하게 키웠다. 아버지는 마이클의 형 로버트Robert와 어머니 뮤리엘Muriel에게는 폭력을 행사했지만 마이클은 때리지 않았다. 집안 분위기는 항상 냉랭하고 불안했다고 한다.[4] 마이클은 열여섯 번 넘게 이사를 다니다가, 대학에 진학하면서 집을 떠났다. 그 당시 마이클의 아버지는 가족과 거의 교류가 없었다. 뮤리엘과는 별거에 들어갔고, 베트남 여자를 첩으로 두고 동거하고 있었기 때문이다.

마이클은 어렸을 때부터 끔찍한 변사變死나 참사에 관한 기사를 수집했다. 대학 시절에는 비행기 추락이나 자동차 충돌 사고, 유혈이 낭자한 군사 쿠데타, 잔인한 성범죄나 방화, 폭동에 관한 기사의 스크랩북까지 만들었다. 한번은 자기가 누군가를 살해하면 그 스크랩북이 증거가 되어 "정신이상에 의한 책임 능력 한정"이 인정될 테니 실형을 피할 수 있다는 농담을 한 적도 있다. 그러면서도 학업 성적은 뛰어나 대학을 최우등으로 졸업했지만, 의대에 진학해서는 성적이 그리 좋지 않았다. 환자를 보지도 않고 진단서를 위조했고, 환자들을 경멸하고 자신이 맡은 환자가 자꾸 사망하는 것도 대수롭지 않게 여겼다. 그러나 그는 교수단의 강력한 의혹에도 불구하고 1983년에 졸업을 할 수 있었다. 퇴학 여부를 놓고 이사회 멤버 9명 중 8명만이 찬성 표를 던졌기 때문이었다. 퇴학을 시키려면 만장일치가 필요했던 것이다. 그 전에 스왕고는 앰뷸런스 팀에서 일하다가 내쳐진 적이 있었는데, 심장마비가 온 환자를 차까지 걸어가게 했다는 이유에서였다.

스왕고가 오하이오주립대학에서 인턴으로 일했을 당시, 환자들에게 무심하다는 이유로 의사 한 명이 그를 해고하려고 했었다. 그뿐 아니라 나치에 대한 지나친 관심과 프로답지 않은 태도도 큰 문제가 됐다. 심지어 특정 환자를 죽였다는 의심도 받았지만, 스왕고는 그 환자의 방에 들어간 적도 없다고 시치미를 뗐다. 이후로도 스왕고가 맡은 환자 몇 명이 아무 이유도 없이 또 사망했다. 스왕고는 독극물을 묻힌 닭튀김을 동료 여러 명에게 먹이는 엽기적인 짓도 저질렀다. 다들 갑자기 몸이 이상해졌는데 스왕고만 멀쩡해서 의혹을 샀다. 앰뷸런스 구급 대원으로 일할 당시에는 1984년 샌이시드로에서 있었던 휴버티의 맥도널드 대량 살해 사건에 매우 흥분하는 모습을 보였고, 헨리 리 루카스Henry Lee Lucas 같은 연쇄살인범을 대놓고 찬양하기도 했다. 1985년 스왕고는 동료 구급대원 네 명에게 비소를 먹였다가, 이번에는 발각돼서 5년형을 선고받았다. 그러나 실제로는 2년만 복역하고 풀려났다.

출소한 뒤 그는 이름을 데이비드 애덤스David Adams로 바꾸고 잠시 결혼 생활도 했으며, 추천서를 위조해 다른 병원에 취직했다. 제 버릇 못 버리고 크리스틴Kristin이라는 여자친구에게까지 독극물을 먹였고, 크리스틴은 목숨을 건졌지만 훗날 자살했다. 스왕고가 들어간 스토니브룩병원에서 환자들이 또 줄줄이 죽어 나가기 시작하자, 스왕고는 그곳에서도 쫓겨났다. 이제 미국 남부에 있는 병원에는 더 이상 취직이 불가능해졌다. 그러자 1994년 스왕고는 갑자기 자취를 감추었다. 그리고 어느 날, 과거를 위조하는 것이 비교적 손쉬운 남로디지아(현 짐바브웨)에서 다시 모습을 드러냈다. 그곳 시골

병원에서 스왕고는 또 다시 살인 행각을 시작했고, 새 여자친구와 그녀의 네 아이를 살해했다. 아프리카에서 체포된 그는 재판 직전에 탈출했으나 미국으로 들어오려다가 체포되었다. 처음에는 위조죄만 적용됐다. 살인의 결정적 증거를 수집하기가 어려웠기 때문이다. 이전 근무지에서 스왕고가 환자들을 죽이는 데 사용한 큐라레(남미의 원주민들이 화살촉에 칠하는 독 - 옮긴이)류의 독이 묻은 바늘은 간호원들이 이미 내다 버린 지 오래였다. 그러다가 결국 2000년에 스왕고는 세 건의 살인에 대해 유죄를 인정하고 가석방 없는 종신형을 선고받았다. 그러나 실제로는 60명 이상을 살해했을 것이라는 강한 의혹을 받고 있다. 스왕고가 개입된 사건 중 슬픈 일화 하나를 소개하겠다. 신시아 앤 맥기Cynthia Ann McGee라는 젊은 여성이 자전거를 타고 가다가 차에 치여 오하이오주립대학병원에 실려 왔다. 스왕고의 손에 맡겨진 신시아는 부상이 심하지 않았음에도 불구하고 사망하고 말았다. 당시 차 운전자는 "미필적 고의에 의한 살인" 유죄 판결을 받고 집행유예 30개월을 선고받았다. 그러나 시간이 흐른 지금은 신시아의 사망이 사고에 의한 부상이 아닌 스왕고가 주사한 칼륨 때문인 것으로 추정하고 있다.[5]

'죽음의 천사' 타입의 연쇄살인에서는, 살인범이 많은 것을 숨기고 있었다는 점이 가장 충격을 주는 요소로 꼽힌다. 이런 종류의 사건에서 사이코패시는 압도적으로 제1요인, 즉 극도의 자기중심적 성향에 치중되어 있는데, 그 중에서도 특히 과장성이 두드러진다. '죽음의 천사'로 불리는 의사와 간호사들은 대개 중산층 가정 출신이며, 스릴과 자극에 대한 강렬한 욕구 외에는 딱히 이상 행동을 보이지 않는다. 어린 시절 가정환경이 이상적이지는 않았겠지만, 그렇다고 성적 연쇄살인을 저지르는 이들처럼 끔찍한 환경에서 자란 것도 아니다. 죽음의 천사들이 왜 그런 사람이 되었는가를 밝히는 것은 쉽지 않은 문제다. 주변 사람들의 말에 따르면, 스왕고의 아버지는 아들이 베트남 전쟁을 비판하자 아들에게 "빨갱이 게이 새끼"라고 욕하면서 비난했다고 한다. 그러나 스왕고는 어머니가 가장 아끼는 아들이었고, 나머지 두 형제는 문제를 전혀 일으키지 않는 모범생들이었다. 가정이 극단적으로 불행하지는 않았다는 증거다. 그렇다 해도 스왕고가 훗날 살인을 저지르게 된 동기 중에는 부모에 대한 복수심도 있었을지 모른다. 어린 시절 자신을 "잘못 기른" 부모님에게 상징적으로 복수를 하려고 했는지도 모르겠다. 더불어, 환자에게 몰래 독극물을 주입하면서 자신이 마치 신이 된 듯한 기분, 연약한 인간의 생사를 자기 손에 쥐고 있는 듯한 기분을 느꼈을 수도 있다. 어쩌면 이것이 스왕고가 그토록 히틀러[6]와 나치에 매료된 이유인지도 모른다. 스왕고뿐만이 아니다. 연쇄 성폭행 살인범인 이언 브레이디와 제이슨 매시[Jason Massey], 연쇄 독극물 살인범 그레이엄 영[Graham Young], 아내 살해범 글렌 엥글먼[Glen Engleman]도 그랬다―이것도 소수의 예에 불과하다. 우리 같은 평범한 사람에게 나치는 악마 같은 존재다. 그런데 이들에게는 나치가 영웅이었다. 때로 죽음의 천사들은 환자에게 먼저 독극물을 투여한 다음 "기적적으로" 그 환자를 살려 냄으로써 얼마나 자신이 대단한 사람인지 보여주는 방식으로 사이코패스적 과장성을 나타내기도 한다. 병원 육아실의 갓난아기들에게 큐라레류의 약물을 주사한 제닌 존스[Genene Jones]의 의도도 바로 그런 것이었다.[7] 위기에 처한 아기들을 살려 냄으로써 자신이 능력 있는 간호사임을 증명하고 동료들에게서 찬양을 받으려는 속셈이었다. 불행히도 그 과정에서 상당수의 아기가 목숨을 잃고 말았다.

마이클 스왕고와 제닌 존스는 10대 시절까지도 사이코패스 성향이 명백히 드러나지 않았다. 이들은 비행 청소년도 아니었다. 앞으로 이번 장에서 살펴볼 다른 살인범들과 비교하면, 이 두 사람은 예외에 속한다고 할 수 있다.

이들이 훗날 문제를 일으키리라고는 누구도 예측하기 어려웠을 것이다. 타고난 교활함과 영악함 덕분에, 성인이 되어 '죽음의 천사'로 활동을 시작한 이후에도 스왕고와 존스는 사이코패스 성향을 오랫동안 숨길 수 있었다.

대를 이어 전승되는 살인의 심리 유전자, 어린이 살해

우리 문화에서는 어린이, 특히 여자아이를 아끼고 보호하는 것을 굉장히 중요하게 생각한다. 연령을 불문하고 어린이를 살해하는 사람은 사회에서 흉악범이라는 비난을 면치 못한다. 아이가 아직 "순수한" 나이 대라면―대충 사춘기 이전의 나이를 말한다―그 아이의 살해범은 더욱 가차 없는 비난을 받는다. 그렇게 어린아이가 고문이나 살인은 고사하고, 거친 대접을 받아 마땅할 만큼 남에게 나쁜 짓을 저질렀을 리 없기 때문이다.

어린이 살해라는 영역 내에서도 심리 등급이 존재한다. 판사들은 미혼의 젊은 여성들이(이런 경우 10대 소녀가 많다) 갓난아기를 대형 쓰레기통에 버린 범죄에 한해서는 관대한 처분을 내리는 경향이 있다. 이런 짓을 저지르는 엄마들은 정신이상인 경우가 드물다. 다만, 가난하고 아기를 키우기에는 정신적으로 그리고 경제적으로 준비가 안 되어 있을 뿐이다. 엄마가 한 살이 넘은 아기를 죽이는 경우는 드물다.[8] 한 살 넘은 아기를 죽이는 엄마들은 정신이상으로 판명되는 경우가 많다. 이렇게 자기 아기를 죽이는 엄마들은 여론의 뭇매를 맞는다. 그러나 아기 엄마가 정신병자이며 따라서 자신의 행동에 완전한 책임이 없음이 드러나면 비난이 다소 가라앉는다. 좀 더 명백하게 악하다고 할 수 있는 경우는, 부모나 양부모가 사전에 악의를 가지고 탐욕이라든가(아이의 죽음으로 보험 수혜를 받는 경우) 편리 추구(아이라는 "짐"이 없어지면 새로운 상대를 자유롭게 만날 수 있는 경우) 등의 동기로 살인을 저지른 경우다. 논쟁의 여지없이 가장 흉악한 유형은, 어린이 고문 — 3장에 나온 지글러 사건을 참고하라 — 과 어린이 강간 살해 사건이다. 단순 앙심으로 인한 어린이 살해(해밀턴 사건, 댄 사건)나 증오가 동기가 된 어린이 살해(퍼디 사건)는 앞장에서 이미 살펴본 바 있다.

– 존 바탈리아 주니어 John Battaglia Jr.

3장에서 이미 나온 이야기지만, 자인 이사는 (자신이 보기에) 탈선한 딸을 살해하고서 법정에서 정당방위를 주장할 만큼 미국 문화에 익숙했던 이슬람 광신도 테러리스트였다. 반면 존 바탈리아는, 앞서 이야기하자면, 담당 변호사에게 변론할 거리를 안 남겨 줄 정도로 흉악한 미국 토종 테러리스트다. 할아버지는 무장 강도 전과가 있는 마피아 단원이었고, 아버지는 육군 중령으로 융통성 없고 폭력적인 규율 중시자였다. 얼마나 폭력적이었냐면,

기타로 아들의 등을 후려치다가 기타를 부숴 버릴 정도였다. 어머니는 우울증 환자에 알코올중독자로 존이 17세 때 자살했다. 그때부터 존은 비뚤어지기 시작했다. 통제할 수 없을 정도로 폭력적으로 돌변해, 두 형제 중 한 명에게 권총을 겨누기까지 했다. 코카인을 사용은 물론 밀매도 했고, 이 때문에 체포된 적도 있다.

한때는 해병대에 입대하고 공인회계사 자격증도 딸 정도로 삶을 추스르는가 싶었다. 그러나 1985년에 첫 결혼을 하고서 또다시 어두운 면을 드러내기 시작했다. 사소한 일에 살인적인 분노를 보였고, 아내 미셸Michelle에게 폭력을 사용해 집에서 쫓겨나기도 했다. 그러자 존은 미셸을 스토킹하고 심하게 구타했으며, 집에서 또 쫓겨나자 같은 짓을 반복했다. 미셸의 차에 돌을 던진 일로 8일간 수감됐다 풀려나긴 했지만, 항상 체포될 상황에서 요리조리 빠져나온다고 해서 "테플론 맨('눌어붙지 않는' 장점을 내세운 조리 기구 브랜드 테플론을 따서, 어떤 혐의를 받아도 무사히 빠져나가는 사람을 뜻하는 별명으로 종종 사용된다 - 옮긴이)"이라는 별명을 얻었다. 미셸의 전화를 도청해 대화를 엿들었고, 그 덕분에 미셸이 어떤 죄목으로 기소할지 미리 알고 대비할 수 있었던 것이다.

그러다가 존은 다른 여자를 만나게 되었다. 메리 펄Mary Pearle이라는 여자였는데, 존은 메리의 가족이 사회적 지위가 훨씬 높고 부유하다는 이유로 메리를 질시했다. 존의 폭력 전과가 화려함에도 불구하고 메리는 그 모든 경고 신호를 무시하고 존과 결혼했다. 그리고 얼마 안 가 존이 여전히 폭력성과 잔인성을 못 버렸음을 깨달았다. 존이 온갖 협박을 일삼자, 메리는 존을 집에서 쫓아냈다. 이때 두 사람 사이에는 이미 어린 딸 둘이 있었다. 코카인에 심하게 취한 상태에서 존은 접근 금지 명령도 무시한 채 집에 들어가 메리를 잔인하게 구타했다. 결국 두 사람은 별거를 시작했다.

그로부터 2년 후인 2001년, 존은 갑자기 두 딸들에 대한 방문권을 주장했다. 그것도 꼭 자기 집에서 만나야겠다는 것이었다. 그렇게 해서 두 딸이 자기 집에 방문하자 존은 메리에게 전화를 걸었다. 그리고 전화를 끊지 않은 상태에서 두 딸을 총으로 쏴 죽였다. 아이들의 엄마가 속수무책으로 비명과 총성을 듣고 있을 수밖에 없도록 한 것이다. 그래 놓고 존은 체포되기 전에 문신 숍에 가, 빗나간 자상함의 표시로 자신이 방금 살해한 어린 두 딸의 얼굴을 양쪽 팔에 하나씩 새겼다.

재판에서 변호사는 유죄 판결이 당연한 이 사건에서 어떻게든 정상 참작 사유를 찾아내려고 애썼다. 그래서 내놓은 변론이 "조울증"이라는 "병"이 자신의 고객을 패륜적인 범행으로 몰아갔다는 것이었다. 배심원은 콧방귀만 뀌었고, 존은 일급살인에 대한 유죄 판결을 받았다. 만약 존이 정말로 정신이 온전치 못한 상태였다면, 그것은 입증도 안 된 정신병 때문이 아니라 암페타민과 코카인에 취해서였을 것이다. 그는 재판에서 조금도 후회의 빛을 보이지 않았다. 그의 사이코패스 성향, 그 중에서도 극도의 자기중심 성향과 일치하는 면이다.[9]

- **라타샤 풀리엄**Latasha Pulliam

시카고 사우스사이드에 위치한 섹스턴초등학교 부속 유치원생인 셔노샤 리처즈Shenosha Richards의 슬픈 이야기는, 1991년 3월 21일에 셔노샤가 유치원에서 집으로 돌아오면서부터 시작되었다. 여섯 살짜리 소녀 셔노샤를 데려간 사람은, 셔노샤의 엄마와 아는 사이인 드와이트 조던Dwight Jordan(탱크라는 별명으로 알려져 있다)과 그의 여자친구인 스무 살의 라타샤 풀리엄이었다. 그런데 라타샤는 바로 전날에도 셔노샤를 어린이 동물원에 데려갔었다. 그날 집에 돌아온 셔노샤는 엄마에게 그날 있었던 일을 이야기하면서 "정말 재미있었다"고 자랑을 했다. 셔노샤의 엄마는 딸에게 모르는 사람을 따라가지 말라고 단단히 일렀다. 아마 셔노샤는 라타샤가 더 이상 모르는 사람이 아니라고 생각한 모양이다. 어쨌든 셔노샤는 바로 다음 날 오후, 과자를 주고 영화도 보여주겠다는 말에 거리낌 없이 탱크와 라타샤를 따라 근처 라타샤의 아파트로 갔다.

이후 무슨 일이 일어났는지 말하기는 참으로 암울하다. 두 범인이 서로 자기를 보호하느라 엇갈린 진술을 했기 때문에 누가 아이에게 무슨 짓을 했는지는 다소 분명치 않은 면이 있다. 먼저, 라타샤가 코카인을 구하러 다른 곳에 간 사이 셔노샤는 40대 전과자인 탱크와 단둘이 남겨졌다. 라타샤가 돌아왔을 때 탱크는 셔노샤를 강간하려 하고 있었다고 한다. 라타샤의 증언에 따르면, 그러다 잘 안 되자 탱크는 일종의 성기 대용으로 구두약 병을 셔노샤의 항문에 넣었다 뺐다 하며 아이를 성폭행했다. 그 와중에 셔노샤는 계속 눈물을 흘리며 아무에게도 말하지 않겠다고 울부짖었다.

그러나 내가 재판 전 라타샤의 법의학 감정을 담당했던 폴 포텍Paul Fauteck 박사를 최근에 인터뷰했을 때, 포텍 박사는 라타샤가 탱크의 강요로 아이를 폭행한 것이 아니라고 했다. 라타샤가 자발적으로 폭행을 했다는 것이었다. 구두약 병으로 아이를 성폭행한 것도 라타샤였다. 포텍 박사는 또한 라타샤가 헤어 박사가 말하는 사이코패스의 조건을 전부 충족시키는 것으로 판명됐다고 했다. 라타샤가 셔노샤를 죽인 것은 셔노샤가 그날 있었던 일을 엄마에게 이야기할 거라고 시인했을 때였다. 이는 라타샤가 어떻게 해서든 경찰에 잡히지 않으려는 생각에서 아이를 살해했다는 뜻이다. 죽이기 몇 분전, 폭행을 당한 셔노샤가 비명을 지르자, 라타샤는 아이를 아파트 복도 저편의 빈 집으로 데려가 전선으로 아이의 목을 졸랐다. 그것도 한 번만 그런 것이 아니라, 전선을 조였다 풀었다 하면서 아이에게 겁을 잔뜩 주었다. 그것으로도 모자라, 못이 튀어나온 각목을 발견하고는 그것으로 아이의 흉부를 힘껏 찔러 양쪽 폐 두 군데에 구멍을 냈다. 셔노샤는 "사랑해요! 제발 때리지 마세요" 하고 애원했다. 그러자 라타샤는 전선으로 목을 졸라 셔노샤를 죽였다. 그러고도 혹시나 해서 라타샤는 망치의 쇠 부분으로 아이의 머리를 내리쳐 두개골을 깨뜨렸다. 아이의 운동화를 창밖으로 내던진 후, 라타샤는 시체를 쓰레기통에 처넣고 최대한 가려 놓은 다음 현장에서 달아났다. 탱크는 이미 도망간 지 오래였다. 그날 오후 늦게 리처즈 부인이 쓰레기통에서 셔노샤의 시체를 발견했다. 부인은 처음에 그것을 버려진 인형으로 착각했다. "그런데 그 인형이 내 아이였어요." 부인은 나중에 법정에서 이렇게 말했다.[10]

라타샤와 탱크는 즉시 체포됐다. 재판에서 탱크는 가석방 없는 종신형을 선고받았고, 라타샤는 사형을 선고받았다. 라타샤는 자신도 어린 시절 내내 알코올중독자 어머니에게 학대받고, 성폭행을 당했다는 점을 근거로 항소를 제기했다. 심지어 라타샤의 어머니는 라타샤에게 매춘을 강요하기도 했다. 라타샤는 열다섯 살 때 어머니의 애인 중 한 명에 의해 임신을 한 적도 있었다. 그런데 변호사가 더 호소력이 있을 거라고 생각한 변호는, 라타샤가 IQ 69로 "정신 지체"에 해당하며 따라서 "사형 선고를 받을 수 없는" 조건이라는 주장이었다. 이 변호는 전혀 먹혀들지 않았다. 왜냐하면 재판 전의 테스트에서 IQ가 70 이상으로 나왔고, 라타샤와 대화를 나눠 본 사람들이 라타샤가 "정신 지체"라고 하기엔 단어 구사 수준이 너무 높다는 데 동의했기 때문이다.[11] 라타샤가 어머니에게 학대를 당했다는 사실도 배심원단에게 동정표를 얻는 데 실패했다. 라타샤가 각각 다섯 살과 두 살 난 자기 딸들에게 비슷한 학대(담배로 지지기, 화상 입히기 등)를 했다는 점이 결정적으로 작용했다.

약 15년 뒤 나와 인터뷰하는 자리에서, 라타샤는 셔노샤의 고문 살해 사건을 이야기하면서 눈물과 후회의 빛을 보였다. 라타샤는 최근 몇 년 간 차분하고 협조적인 모습을 보였지만, 그 전까지는 감옥에서 항상 공격적이었고 다른 수감자에게 성행위를 강요한 적도 있었다. 2003년에 일리노이 주지사 조지 라이언George Ryan이 (희생자들 유가족들에게는 유감스럽게도) 모든 사형제를 폐지하기 전까지, 라타샤는 환청이 들리는 시늉을 했다. 항소가 전부 기각되자 정상 참작의 사유로 정신이상을 내세울 속셈인 것 같았다. 포텍 박사가 라타샤의 증세를 꾀병이라고 단정한 결정적 이유도, 바로 이 '정신이상자' 흉내였다.[12] 사형을 기다리는 죄수가 그런 행동을 보이는 것이 얼마나 "비정상적"인 것인지는 여러분 각자가 판단하기 바란다. 오늘날까지도 라타샤는 자신이 적극적으로 나서서 아이를 고문한 적은 없으며, 사실은 탱크가 주범인데 협박을 받고 거짓 고백을 한 것이라고 주장하고 있다. 그렇게 하지 않으면 탱크가 라타샤의 둘째딸 패트리스[Patrice]를 죽이겠다고 했다는 것이다.

이 당황스러운 사건은 유명한 일본의 영화 "라쇼몽"의 몇 가지 특징적 요소를 갖추고 있다. 라쇼몽은 하나의 살인 사건을 두고 네 명의 증인이 각기 다른 증언을 한다는 내용이다.[13] 탱크가 진짜 주범일까? 아니면 라타샤가 주범일까? 증거를 다시 살펴보면서 나는 라타샤에게 가장 큰 책임이 있다고 결론을 내렸다. 셔노샤가 목이 졸리고 못에 찔리고 구타당하고 살해당했을 때 탱크는 그 방에 있지도 않았다. 두 사람이 함께 살인을 저질렀을 경우, 두 가해자가 서로에게 죄를 뒤집어씌우려 하는 일이 흔하다. 그런데 그러다 보면 혼자서 저지를 때보다 범행의 양상이 더 잔인하고 끔찍해지는 경향이 있다.

시간이 이렇게 많이 흘렀지만 리처즈 부인이 라타샤에게 동정심을 가져야 할 이유는 전혀 없다. 그래도 나는, 라타샤가 부모님 이혼 후 어머니 르네[Renee]의 "보살핌"을 받게 된 이래 어떤 고문을 당해 왔는지 상세히 기록된 자료를 읽고, 라타샤에게 일말의 동정심을 느끼게 됐다. 폭력이 폭력을 낳으며 극단적 폭력은 또 다음 세대의 극단적 폭력으로 대물림된다는 것을, 우리는 잘 알고 있다. 르네가 저지른 짓은 "영혼의 살인"인데[14], 이는 법이 기소하고 합당한 벌을 내리기 힘든 범죄다. 라타샤가 저지른 범행은 실제 살인이었고, 이는 법이 비교적 쉽게 처리할 수 있는 범죄였다. 어린 시절 폭력에 시달리고 인간성을 짓밟힌 라타샤가 자라나 살인범이 된 것은 필연적인 일이었을까? 아니다. 그렇다면, 어렸을 때 가혹한 환경에 노출되지 않은 여자에 비해 라타샤가 훗날 어린아이를 고문하고 살해하게 될 확률이 훨씬 높았을까? 물론이다. 우리가 여기서 논하고 있는 것은 세대를 타고 전해 내려가는 악의 심리의 유전이다. 유전자가 아닌 부모의 학대와 가학 행위에 의해 전승되는 악의 유전인 것이다.

8장에서 자세히 이야기하겠지만, 학대받는 아이들 중 일부는 그 환경에서 탈출하기도 한다. 그러나 결손 가정과 가난 속에 자라난 아이들, 그리고 지적 능력에 한계가 있는 아이들에게는 탈출구가 그리 많지 않다. 이번 사건을 담당한 검사 중 한 명이 라타샤의 성장 배경을 두고 이런 질문을 던졌다. "그것이 셔노샤 리처즈에게 한 짓에 대한 변명입니까? 학대받은 사람이라면 학대를 당할 때 겪는 고통을 더 잘 알지 않습니까?"[15] 어떤 사람은 순진하게 이 주장에 동조할 수도 있다. 그러나 진실에 더 가까운 주장은 이것이다. 부모의 학대를 받으면 뇌에서 변화를 일으켜 약하고 무방비 상태인 아이에게 복수를 하려는 욕구를 증폭시킨다. 이렇게 뇌에 변화가 오면, 스트레스를 받을 때마다 자신에게 가장 익숙한 방식, 즉 폭력으로 반응하게 된다. 폭력을 꺼리기보다는 오히려 폭력에 의지하게 될 확률이 높다는 것이다. 라타샤는 인생의 절반을 감옥에서 보냈다. 악의 제조 시설이라고밖에 할 수 없는 환경에서 자라난 라타샤가 평생 유일하게 접해 본 동정심이라고는, 아이러니컬하게도 일리노이주 드와이트교도소에서 겪은 것이 전부다.

그곳은 이제 라타샤가 유일하게 집이라고 부를 수 있는 곳, 유일하게 따뜻함을 경험할 수 있는 곳이 되었다.

탐욕부터 성적 목적까지 교활한 납치범들의 동기

사형 제도를 보는 사람들의 시선이 바뀌기 전에는, 납치와 살인, 국가 반역 그리고 법 관계자를 살해하는 것이 모두 사형을 받아 마땅한 범죄로 간주되었다. 납치 사건이 일어나면 희생자 가족이 겪는 정신적 고통과 희생자 본인이 죽음에 대한 두려움 때문에 겪는 고통은 극도의 심리적 고문에 가깝다. 납치범에게 사형 판결이 적절하다는 의견이 대세였던 것도 그런 이유에서였다. 예전에는 납치 사건의 대부분이 탐욕 때문에 일어났다. 사랑하는 가족을 되돌려주고 그 대가로 몸값을 지불받는 게 관례였는데, 이때 납치 대상은 주로 어린이였다. 그러더니 지난 수십 년 사이에 다른 양상의 납치 사건이 부쩍 증가했다. 대표적인 예가 무자비한 독재 정권이 대대적인 정적 제거의 수단으로 납치를 사용하는 것이다. 나는 "의사 아빠" 뒤발리에François Duvalier(1957년부터 1971년까지 재임한 아이티의 독재 대통령. 대통령이 되기 전에, 의학을 공부해 전염병 퇴치에 힘쓰면서 "의사 아빠"라는 별명을 얻었다 - 옮긴이)가 정권을 잡았던 1960년대에 아이티를 방문한 적이 있었는데, 그때 한밤중에 쥐도 새도 모르게 통통 마쿠트Tonton Macoute(1959년 조직된 아이티의 비밀경찰 조직. 프랑수와 뒤발리에의 뒤를 이어 대통령이 된 아들 장 클로드 뒤발리에 Jean-Claude Duvalier가 실각한 후 해체되었다 - 옮긴이)[16]에게 잡혀가 다시는 돌아오지 않은 사람이 수없이 많다는 사실을 알게 되었다. 아르헨티나의 반체제 인사들도 같은 운명을 겪었다. 이러한 정치적 잔학 행위를 다 열거하기에는 지면이 부족하다.

최근 들어서 우리는 탐욕 외에 다른 요인이 동기가 된 납치 사건을 자주 접하게 되었다. 성폭행을 목적으로 한 납치가 있고(거의 항상 살인으로 끝난다), 상대방의 의사에 반하여 잡아와 무기한 가둬 두고 섹스 파트너로 이용할 목적으로 납치하는 사건도 있다. 후자에는 소아 성애자(십중팔구 남성이다)가 어린아이를 납치하는 경우도 포함된다. 소아 성애자는 몸값에는 관심이 없으며 아이를 성관계의 목적으로 불법적으로 감금하는데, 감금은 몇 달 혹은 몇 년 이상 지속될 수도 있다. 때문에 아이의 부모가 겪는 심적 고통은 수천 배에 달한다. 아니, 사실상 가늠할 수 없을 정도이다. 따라서 이러한 종류의 납치는 당연히 흉악 범죄라는 비난을 피하지 못한다.

2006년에 오스트리아의 나타샤 캄푸쉬Natascha Kampusch 사건이 큰 주목을 받았다. 나타샤는 소아 성애자 울프강 프리클로필Wolfgang Priklopil에게 납치되어 지하 벙커에 8년간 감금돼 있다가, 열여덟 살 때 탈출해 가족의 품으로 돌아갔다.[17] 실종된 사람이 7년 내로 발견되지 않으면 법적으로 사망자 처리가 된다. 그래서 나타샤의 부모는 속으로 일말의 희망을 품고 있으면서도, 겉으로는 나타샤가 납치범에게 살해됐다고 생각하고 애써 단념했을 것이다. 1993년에 미국 롱아일랜드에서 비슷한 사건이 있었다. 12세의 소녀 케이티 비어스Katie Beers의 가족과 친하게 지내던 43세의 미혼 남성 존 에스포지토John

Esposito가 케이티를 납치해 집 차고 밑에 있는 비밀 지하방에 감금한 사건이었다. 그 방으로 이어진 통로는 에스포지토가 직접 만든 것으로, 약 100킬로그램의 콘크리트 벽으로 외부와 차단되어 있었다. 방에는 통풍 장치가 되어 있고 욕실도 딸려 있으며 TV까지 설치돼 있었다. 이를 보면 장기간 감금을 계획했음을 알 수 있다. 그러나 몇 년 전에 열두 살 난 남자아이를 납치한 전과가 있는 에스포지토는 즉시 용의자로 지목되었다. 그는 계속된 경찰의 집중 감시에 무너졌고, 케이티를 납치한 지 16일째 되는 날 범행을 자백했다.[18] 심리학적 견지에서, 이 두 범죄자가 사이코패스 기질을 충분히 갖추었다고는 볼 수 없다. 그러나 에스포지토는 남을 교묘하게 속이는 능력이 뛰어났다. 자백하기 전에는 공개 인터뷰 중에 "실종된 아이"를 위해 눈물을 흘리는 모습까지 보였으니 말이다. 이 두 사람은 아마 어느 정도의 자기도취적 성향(사이코패스 진단표의 제 1요인), 그 중에서도 특히 남을 이용하는 성향과 습관적인 거짓말 성향이 있는, 내향적이고 사회 부적응적인 소아 성애자로 분류하는 것이 더 적절할 것이다. 좀 더 사이코패스 기질이 극명히 드러나는 사람은 일찍이 여러 가지 경고 신호를 보내는데, 불행히도 너무 늦을 때까지 그 신호가 무시되는 일이 다반사다. 다음에 소개할 사례가 바로 그러한 경우다.

– 케네스 파넬 Kenneth Parnell

케네스는 1931년 텍사스에서 태어났다. 광신도인 어머니는 평소에 아버지를 들들 볶았고, 케네스가 다섯 살 때 아버지는 어머니와 이혼하고 가족을 떠났다. 열세 살 때 케네스는 어머니가 받은 하숙인 중 한 명에게 성폭행을 당했다. 얼마 후 케네스는 방화를 저지르고 1년간 감옥살이를 했다. 출소하자마자 차를 훔치는 바람에 또 다시 소년원에서 2년을 살다 나왔다.[19] 스무 살 때는 남자아이를 성폭행하고 가짜 보안관 배지로 경찰관을 사칭한 죄로 체포되었다.[20] 복역 중간에 캘리포니아에 있는 어느 병원에 이동 구금된 케네스는 탈출했다가 곧바로 체포됐고, 또다시 탈출을 시도했다. 이 일로 샌퀜틴주립교도소에서 3년 6개월을 복역하다 나왔고, 나와서는 가석방 조건을 위배해 또 체포되었다. 케네스는 1950년 중반에 두 번의 짧은 결혼 생활을 했고, 각각의 결혼에서 딸을 하나씩 낳았다. 그는 정확히 말하면 양성애자였지만, 동성애 성향이 더 강했다. 1960년대 들어서는 무장 강도로 범행 수위가 올라갔고, 그로 인해 유타주의 교도소에서 6년형을 살게 된다. 케네스에게 악명을 안겨 준 계기는 그보다 뒤인 1972년에 저지른 사건이었다. 그 해 케네스는 캘리포니아주 유키아에서 일곱 살 난 소년 스티븐 스테이너Steven Stayner를 납치했다. 아이에게 구강성교와 고통스러운 항문 성교를 강요한 것에서 그치지 않고, 케네스는 스티븐에게 "너의 부모가 더 이상 너를 키울 여유가 없어서" 포기했으며 법원이 자신에게 양육권을 쳤다고 거짓말을 했다. 그리고 아이에게 이제부터 "데니스Dennis"라는 이름을 쓰도록 했다. 스티븐은 7년이 넘게 붙들려 있었고, 이제 자신의 성마저 기억 못하게 됐다. 스티븐이 탈출한 것은 케네스가 다른 남자아이(이번에는 다섯 살짜리였다)를 데려왔을 때였다. 이제 열다섯 살이 된 스티븐은 케네스가 일하러 나간 사이 탈출해, 새로 온 아이를 등에 업고 경찰서로 달려갔다. 그곳에서 사건의 전말이 밝혀졌고, 스티븐의 본명도 추적해 낼 수 있었다. 당시 캘리포니아 법정에서는 소아 성애 범죄와 살인으로 끝나지 않은 납치는 중범으로 취급되지 않았으므로, 케네스 파넬은 겨우 7년형을 선고받았다. 그런데 2003년에 이르러, 이제 71세가 된 케네스가 네 살짜리 남자아이를 돈 주고 사려고 한 사건이 있었다. 그는 "직장直腸이 깨끗한" 아이로 소개해 달라는 조건을 내세웠는데, 이는 관계자들이 경고 신호로 해석하기에 충분한 단서였다. 케네스는 아동 성 학대로 체포됐고, 여생을 교도소에서 살다가 2008년에 76세의 나이로 사망했다.

사이코패스와 관련하여, 교도소나 법무 병원의 수감자들과 면담을 해 본 내 경험에 비춰 보면, 로버트 헤어가 "범죄적 다능함"이라고 명명한 기질을 보이는 이들(여섯 가지 이상의 죄목으로 체포된 전적이 있는 범죄자들이다)은 거의 항상 사이코패스의 조건을 충족시키는 경향을 보였다. 전과 기록을 전부 훑어볼 필요도 없다. "경력범" 케네스 파넬에게 붙은 죄목은 무장 강도와 성범죄, 탈옥, 납치, 절도와 방화, 사기에 이르기까지 총 일곱 가지에 달한다. 파넬은 거의 하루도 빼놓지 않고 범행을 저지른, 비교적 드문 케이스였다. 그리고 그 범행은 성폭행이나 납치, 방화 같이 전부 "흉악하다"는 반응을 불러일으킬 만한 잔악한 범죄들이었다.

- 게리 스티븐 크리스트 Gary Steven Krist

이번에 소개할 납치 사건은 탐욕이 동기가 된 사건이다. 1945년 미국 북서부에서 태어난 크리스트는 스무 살 무렵 이미 마약 사용, 폭행, 절도, 무기 소지, 소년원 수감에 탈옥까지, 화려한 전과를 자랑하게 되었다. 크리스트의 사이코패스 성향 중 가장 두드러진 것은 과장성과 외적 매력이었다. 어떤 사람은 그가 굉장히 매력적인 사람이라고 했고, 또 어떤 이들은 그가 "자기 잘난 줄만 아는 놈"이라고 했다.[21] 과장성은 다음과 같은 말로 드러났다. "나는 그저 그런 삶을 살고 싶지는 않았어. 이 세상을 움직이는, 세상에 기억될 만한 사람이 되고 싶었지"라든가 혹은 "나는 다른 사람들과 종자가 다른 것 같아. 나는 과학자들이 아직 유전적으로 분류하지 못한 전혀 다른 종자야"[22] 등의 말을 흘리고 다녔다. 크리스트가 내세운 주장에 일말의 진실은 있었다. IQ가 160에 달했으니, 소위 천재 수준(IQ 135 이상)이라는 사람들보다 더 머리가 좋았던 건 사실이다. 스물네 살 때 그는 저명한 가문의 젊은 여자를 납치할 범행 계획을 세웠고, 그 계획을 실행하는 데 성공했다. 납치한 여성 바버라 맥클Barbara Mackle을 나무 관에 넣은 다음, 조지아주의 어느 한적한 곳에 땅을 약 50센티미터 가량 파고 그 관을 묻었다. 거기에 물과 주전부리, 담요를 넣어 주었고, 튜브를 연결해 호흡도 가능하게 했다. 바버라의 아버지가 50만 달러의 몸값을 지불할 때까지 바버라는 거기에 묻혀 있어야 했다. 납치는 크리스트가 저지른 범행 중에 여섯 번째에 해당하는 죄목이었고, 따라서 우리는 크리스트를 (파넬과 마찬가지로) "범죄적 다능함"을 가진 범죄자로 분류할 수 있다. 몸값이 지불되었고, 바버라는 땅에 묻힌 지 3일 반 만에 구조되었다. 납치의 정황, 즉 정교하게 제작한 나무 관, 희생자의 인지도 같은 요소 때문에 이 사건은 즉시 유명세와 악명을 얻었다. 크리스트는 종신형을 선고받았으나 10년 복역 후 가석방되었다.

40대에 접어든 크리스트는 외과 의사를 꿈꿨지만, 전과가 드러나자 뛰어난 지능과 매력에도 불구하고 막다른 길에 이르고 말았다. 그로부터 몇 년 후 크리스트는 다시 모습을 드러냈다. "더 많은 것이 변할수록, 더 많은 것이 전과 똑같다"는 프랑스 속담을 떠오르게 하는 사건이었다. 이번 사건에서 "전과 똑같은" 점은 지하 공간에 대한 선호였다. 2006년에 집의 간이 창고 밑에서 지하 제조실이 발견되면서 크리스트는 다시 체포됐는데, 수도와 조명, 전기 장치, 탈출용 터널 등이 전부 마련된 이 지하 공간에서 크리스트는 수백만 달러어치의 코카인을 제조하고 있었다. 이번 지하 제조소에서도 맥클 사건 때 고안한 장치와 비슷한 수준의 천재성을 확인할 수 있었다.

– 리처드 앨런 데이비스 Richard Allen Davis

성폭행과 살인의 예비 행위로 납치를 한다는 개념은, 1993년 리처드 앨런 데이비스가 폴리 클라스Polly Klaas를 납치 살해한 사건을 계기로 대중의 뇌리에 확실히 각인되었다. 캘리포니아의 베이에어리어에서 노동자 가정의 다섯 아이 중 셋째로 태어난 데이비스는, 열한 살 때 부모가 이혼한 후 할머니와 여러 양어머니의 손을 전전하며 자랐다. 데이비스는 어머니가 섹스 파트너로 이 남자 저 남자를 집에 데려오자 어머니에 대한 분노가 쌓이기 시작했고 어머니를 "창녀"로 보게 되었다. 담배를 피웠다고 어머니가 데이비스의 손을 불로 지진 사건도 어머니에 대한 증오를 키우는 데 한몫 했다. 데이비스의 어머니는 다양한 방식으로 아들을 학대했다. 부모님의 이혼 후 잠시 아버지와 산 적도 있었지만, 그때의 상황도 그다지 좋지는 않았다. 어머니 못지않게 가혹했던 아버지는, 폭력을 행사해 아들의 턱을 부스러뜨린 적도 있었다. 1969년에 데이비스의 아버지는 '선도 불가'를 이유로 데이비스와 데이비스의 형을 청소년 보호 시설에게 넘겨 버렸다.[23] 최소한 열두 살 때부터 비행을 일삼아 온 데이비스는 이제 도둑질은 물론이고 강도질과 위조도 마다하지 않았다. 그리고 항상 칼을 지니고 다녔다. 데이비스를 아는 사람들은 그가 "사악한 눈"을 가졌다고 이야기했다. 그는 고양이나 개에게 기름을 붓고 불을 붙이는 놀이를 즐겨 했다. 한번은 살아 있는 소를 칼로 가른 적도 있었다. 열일곱 살 때 육군에 입대했지만, 일 년 후 칼을 휘두르며 싸운 일을 계기로 불명예 제대했다. 약물도 마리화나, 코카인, 헤로인 가리는 것 없이 닥치는 대로 사용했다.

1975년, 스물한 살이 된 데이비스는 다양한 죄목으로 스무 번이나 체포된 전과를 자랑하게 되었다. 그 중에는 자동차 절도도 있었는데, 그 범행으로 데이비스는 잠시 철창신세를 졌다. 이듬해에는 여성을 칼로 위협해 강간을 하려다가 지나가던 경관에게 체포되었다. 감옥에서 자살 기도를 위장해 정신과 병동으로 보내진 데이비스는 거기서 탈출하는 데 성공했다. 1977년에는 납치를 시도했다가 중형을 선고받았는데, 사이코패스 진단을 받은 것은 바로 이때였다. 1982년 석방된 그는 다시 납치를 시도했다가 1985년에 16년형을 선고받았으나 형기를 다 안 채우고 1993년에 조기 석방되었다. 바로 그해 10월, 데이비스는 12세 소녀 폴리 클라스의 집으로 잠입해 폴리를 납치해 왔고, 아이를 강간한 뒤 살해했다. 이 사건은 즉시 전국적으로 큰 반향을 일으켰다. 두 달 후 체포된 데이비스는, '같은 중죄를 세 번 저지르면 자동으로 가석방 없는 종신형을 선고받는다'는 캘리포니아주의 "삼진 아웃 법"의 적용을 받아 결국 종신형을 선고받았다.[24] 1996년 샌호세의 대법원 법정에서 데이비스는 폴리의 아버지가 폴리를 오랫동안 성폭행해 왔다고 말했다. 자신이 폴리의 아버지보다 더 나쁠 게 없다는 것을 암시함으로써, 심리학 용어로 말하면 "경쟁의 장"을 만들 목적으로 거짓말을 한 것이었다. 그러나 그에 넘어가지 않고, 사형 선고를 내린 헤이스팅스Hastings 판사는 마지막 한마디이자 최고의 한마디를 던졌다. "데이비스 씨, 판사에게 사형 선고는 언제나 충격적이고 감정적으로 힘든 결정입니다. 그런데 당신은 오늘 보여준 행동으로 사형 선고를 한결 수월하게 내리도록 해 줬습니다."[25]

성적 욕구와 권력욕이 결탁된 강간 사건

비면식 성폭행은 대개 사회적으로 비교적 하위 계층에 속하고 사교성도 떨어지며 여성에게 강한 증오를 품은 남자들이 저지른다. 풍족한 환경에서 자라고 훌륭한 외모와 매너를 가진 남자가 강간 범죄를 저지르면, 그것도 반복적으로 그러면, 사람들에게 더 '흉악하다'는 인상을 심어 준다. 우리는 혜택을 누리며 자란 사람에게는 더 나은 행동을 기대한다. 그래서 그런 남자들이 성폭행을 저지르면 더 큰 충격과 혐오감(이것들은 "악하다"는 반응을 유발하는 핵심 요소들이다)을 느낀다. 요즘 들어 격렬한 논쟁이 벌어지고 있는데, 강간을 우선 성범죄로 봐야 하느냐 아니면 폭력을 통해 권력욕을 충족시키려는 범죄로 봐야 하느냐는 논쟁이다. "이것입니까? 아니면 저것입니까?"라는 질문에 어느 현명한 랍비가 "그렇다"고 대답한 것처럼, 이 문제의 정답은 "그렇다"이다. 즉, 강간은 성범죄인 동시에 폭력 범죄라는 뜻이다. 단, 각 사건마다 동일하지 않은 요소가 있다면 성과 폭력이라는 두 동기 사이의 균형이다. 어떤 남자들은 어머니로 인해 여성에 대한 증오를 키우며 자라난다. 어머니가 가혹 행위를 하거나 아니면 성적 문란함을 과시하는 환경에서 자라면 그렇게 된다. 그런가 하면 또 어떤 강간범들은 양친이 다 있고 집안에 눈에 띄는 문제도 없는 가정, 아니면 최소한 학대가 없는 가정에서 자란다. 더불어, 집안 식구들 중에 정신질환을 앓거나 머리에 부상을 입은 사람이 한 명도 없는 집안에서 자랐는데 강간범이 되는 사람도 있다. 이들은 우리가 이해하지 못하는 이유로 약탈자, 나아가 사이코패스가 되어 "여자란 내가 원하는 대로 취할 수 있는 존재들"이라고 믿고 그렇게 행동한다. 이런 경우 유전적인 요소를 의심할 수밖에 없다. 사이코패시의 핵심인 자기도취적 성향을 선천적으로 타고난 게 아닌가 의심하게 되는 것이다. 여기 대표적인 사례가 있다.

– 프레드 코우Fred Coe

부모의 학대나 방임, 혹은 폭력성이나 사이코패시의 "위험 인자"에 노출되지 않았는데도 프레드 코우가 다수 강간범이 된 이유를 설명하기란 쉽지 않다. 프레드는 1947년 워싱턴주 스포케인 지역의 저명한 집안에서 태어났다. 아버지는 지역 신문사의 전무 이사였고, 어머니 루스 코우Ruth Coe는 무척 아름다운 여자로 외모에 집착하는 경향이 있었다. 루스는 프레드와 프레드의 여동생에게 억지로 성형수술을 받게 했다. 둘 다 잘생기고 예뻐서 그럴 필요가 없었는데도 강제로 수술을 받게 한 것이었다. 루스는 특히 아들에게 지나치게 집착했다. 루스와 프레드 모자는, 지역사회에서의 지위에 걸맞지 않게 둘 다 도덕적 양심이 부족했다. 평균 B학점을 받는 학생이었던 프레드는 선생님의 책상 열쇠를 따고 자기 성적을 A로 고치는 짓을 서슴지 않았다. 들켜서 제적당할 위기에 처했을 때도 프레드는 그 "오류"를 "행정상의 실수"로 돌리면서 교묘한 거짓말로 빠져나갔다. 결혼해서는 거의 항상 파산 상태였는데, 아내에게 레스토랑에서 돈을 안 내고 도망가는 법을 가르치기도 했다. 그러면서 사이코패스의 특징인 자기 합리화 논리로 설명하기를, 가난한 사람은 "훔칠 도덕적 권리"가 있다는 것이었다.[26]

프레드는 위대한 작가가 될 꿈을 꿨지만ㅡ"차세대 헤밍웨이 혹은 셰익스피어"라고 자화자찬할 정도였다ㅡ재능이 전혀 없었다. 문체는 과장됐고, 조증 환자 특유의 유치한 말장난만 남발하는 식이었다. 또한 기생충처럼 부모에게 경제적으로 빌붙어서 생활했는데 30대에 들어섰는데도 계속 용돈을 뜯어낼 정도였고, 잠시 부동산업에 발 담았지만 결국 한 푼도 벌지 못했다. 기본 지출 경비를 자꾸 부도수표로 처리하다가 해고당했는데, 그 와중에도 회사 최고의 영업 사원이 되겠다는 둥 언젠가는 "세상에서 제일 부자"가 될 거라는 둥 허풍을 떨었다.[27] 그러한 과장성의 전형적인 발로로, 그는 일을 시작하기도 전에 있지도 않은 돈으로 비싼 옷을 사 입었다. 아내가 "프레드, 그냥 일하러 가. 가서 집을 팔아. 그런 다음에 옷을 사라고!"라며 화를

냈는데도 아랑곳없이 자기 하고픈 대로만 했다.[28]

프레드가 저지른 첫 번째 성폭행은 1978년, 그가 서른한 살이었을 때로 기록되어 있다. 이후 40여 건에 이르는 강간 범죄를 더 저질렀는데, 사실 정확한 수치를 내는 것은 불가능하다. 집안의 영향력과 어머니 루스의 부끄러운 줄 모르는 보호, 여기에 3년간 스포케인 사우스힐 지역에서 발생한 성폭행 사건들의 연관성을 제때 파악하지 못한 경찰의 무능함까지 더해져, 프레드가는 한참 후에야 법의 심판을 받게 되었다. 마침내 1981년에 프레드가 성적 사이코패스이자 강간범으로 재판을 받고 75년형을 선고받자, 루스는 어떻게 "우리 애"를 기소하고 감옥에 보낼 수 있느냐며 불같이 화를 냈다. 그 정도로 그치지 않고, 4,000달러에 청부업자를 고용해 판사를 살해하려고 했다. 그런데 그 청부업자는 위장 근무 중인 경찰이었고, 그 경관의 증언으로 결국 어머니 루스도 비록 형량이 훨씬 가볍긴 하지만 실형을 선고받았다. 프레드 코우는 오늘날까지도 혐의를 부인하고 있다. 그의 수많은 성폭행 피해자들은 프레드의 세련되고 잘생긴 얼굴 뒤에 숨은 사악함과 교활함을 느꼈을 것이다. 그러나 이미 수많은 사람들이 그에게 속아 넘어갔다. 재판에 참석한 누군가가 한 말이 우리의 우려를 잘 표현해 주고 있다. "코우 씨는 평범한 범죄자가 아닙니다. 그는 병적인 거짓말쟁이에, 배우 뺨치는 연기 실력도 가지고 있으며, 두뇌 회전이 굉장히 빠릅니다. 대부분의 사이코패스처럼 그도 평생을 남을 속이며 살아왔습니다....... 그의 잠재적 희생자인 우리는, 코우 씨가 그 영리함으로 우리 중 가장 똑똑한 사람마저 속여 넘겨 자신을 석방시키도록 설득하면 어쩌나 걱정해야 하게 생겼습니다."[29]

프레드 코우의 사이코패시를 이해하는 가장 큰 열쇠는 그의 어머니에게 있다. 프레드의 아버지는 루스 측의 증인으로 법정에 섰을 때, 아내 루스가 몇 차례 수술을 받으면서 성격이 변했으며 나중에 갱년기를 겪으면서 심한 우울증에 빠졌다고 증언했다. 정신과 의사의 처방으로 다양한 약물 치료를 받던 중 루스는 조증에 걸려 필요하지도 않은 온갖 값비싼 물건을 사들였고, 리튬 처방으로 간신히 증상을 컨트롤할 수 있게 되었다. 프레드의 극단적인 과장증과 충동 성향, 나아가 (그의 글에서 드러나는) 좋지 못한 언어 습관은 어쩌면 어머니가 앓은 조증이 프레드에게 비교적 약하게 나타난 결과였는지도 모른다. 물론 조증 성향이 없는 자기 과장형 사이코패스도 많다. 또한 조증 환자의 거의 대부분은 사이코패스가 아니다. 그러나 프레드의 경우 겹치는 부분이 분명 있다. 이 요인(나는 이것이 코우의 경우 좀 더 결정적인 요인이었다고 생각하지만) 말고도, 어머니의 맹목적인 보호와 도덕심의 부재가 영향을 끼쳤다. 어머니의 눈에 프레드는 무슨 짓을 해도 괜찮은 아이였다. 프레드에게는 선천적인 제어 장치가 없었다. 만약 부모가 지속적으로 제어 장치 노릇을 하면서 프레드가 사회규범을 지키도록 이끌어 줬더라면, 그는 어쩌면 자기중심적인 사기꾼이나 다수 강간범 대신 그토록 원하던 최고의 영업 사원이나 관중 흡입력이 뛰어난 행사 진행자가 됐을지도 모른다.

고통을 가하면서 쾌감을 느끼는 가학 살인자들

악을 주제로 이야기를 하자면, 1장에서 언급한 악의 동족 '사디즘(가학성)'을 자주 입에 올리지 않을 수 없다. 20년 전, "가학적 인격Sadistic Personality"이라는 용어가 미국정신의학협회에서 공식 발행하는 진단 매뉴얼에 잠시 실린 적이 있었다.[30] 그런데 페미니스트 조직들이 정치적 압력을 넣으면서 다음 호부터는 실리지 않게 되었다. 압력을 넣은 쪽은 아내 구타 사건이 발생할 때마다 피의자의 변호사들이, 마치 그들의 고객이 가학적 인격이라는 병을 "앓아서" 폭력을 행사할 수밖에 없었던 것으로 몰고갈까봐 우려해서 그런 것이었다. 당연한 얘기지만, 가학적 인간은 가학성 인격 장애를 "앓는" 것이 아니다. 오히려 다른 사람들이 그로 인해 고통받을 뿐이다. 나는 가학성 인격 장애가 진단 매뉴얼에 들어가야 한다고 본다. 왜냐하면 어쨌든 그런 것이 엄연히 존재하며, 가학적 인간들이 저지르는 행위로 엄청나게 고통받는 이들도 많기 때문이다. 하지만 변호사들이 때로 발뺌 변호를 얼마나 잘하는지 떠올려 보면—로버트 체임버스Robert Chambers의 손에(목 졸려 죽었으므로, 말 그대로 그의 '손에') 죽은 제니퍼 레빈Jennifer Levin을 마치 "거친 섹스"를 하다가 죽은 것처럼 몰아간 것을 보라—페미니스트들이 그런 이의를 제기한 것도 이해가 된다.[31] 당시 진단 메뉴얼은 "가학적 인격"에 여덟 가지 특징이 있는 것으로 설명했는데, 그 중 네 가지 이상을 갖추면 가학적 인격 장애로 인정했다. 그 특징으로는 상대방을 제압하기 위해 가혹 행위나 폭력 사용하기, 여러 사람 앞에서 모욕 주기, 겁주기, 상대방의 자유를 제한하기 그리고 '다른 사람의 고통에서 쾌감 느끼기' 등이 있다. 마지막 따옴표를 한 항목이 핵심이다. 이번 장에서 소개한 사례들 중에 상대방을 위협하거나 굴욕을 주거나 잔인하게 제압한 이들이 몇몇 있었지만, 그들 전부가 상대방에게 고통을 주면서 희열을 느낀 것은 아니었다. 그들은 사디즘의 일면을 보여주긴 했으나 사디즘의 진수, 즉 남에게 고통을 가하면서 그것을 즐기는 모습은 보여주지 않았다.

텍사스주 재스퍼에서 일어난 증오 범죄

1998년 6월 초의 어느 날, 술에 취한 세 남자―존 윌리엄 킹John William King, 숀 베리Shawn Berry, 로렌스 브루어Lawrence Brewer―는, 술집이 문을 닫은 후 차를 얻어 타려고 서성대고 있던 흑인 제임스 버드 주니어James Byrd Jr.를 납치했다. 세 사람은 차를 태워 주겠다는 말로 제임스를 안심시킨 다음, 둔기로 그를 구타해 거의 정신을 잃게 만들고 쇠사슬로 소형 트럭 뒤에 묶었다. 그리고는, 아직 의식이 남아 있어 고통을 느낄 수 있는 제임스를 약 5킬로미터 정도 질질 끌고 갔다. 그렇게 달리다가 제임스의 몸이 배수관에 부딪혀 머리와 오른쪽 팔이 떨어져 나갔다. 할 일이 끝나자 세 사람은 흑인 전용 묘지에 제임스의 시체를 내다 버리고 아무렇지도 않게 바비큐 파티를 하러 갔다. 세 명 모두 감옥에서 만난, 공공연한 백인 우월주의자들이었다. 킹의 몸을 뒤덮은 문신 중에는 흑인이 교수형을 당하는 그림도 있었다. 그래도 킹은 나름 '공평한 편견'을 가지고 있어서, 유태인과 동양인, 동성애자도 똑같이 증오했다. 킹은 인종차별을 전혀 하지 않는 가정에 어렸을 때 입양되었는데, 킹이 10대에 접어들었을 때 입양 가족은 이미 그를 버거워했다. 이러한 배경을 보면 킹의 문제는 유전에 있는 것 같다. 그러나 그 유전자의 근원에 대해서는 아무것도 알려진 것이 없다. 아무튼 비열한 범행의 증거를 여기저기 흘려놓은 덕에, 세 사람은 바로 다음 날 체포됐다. 재판 당일 배심원단은 열한 명의 백인과 한 명의 흑인으로 구성되어 있었다. 자신의 행동을 자랑스러워 한 킹은 뉘우침의 빛을 조금도 보이지 않은 브루어와 함께 사형을 선고받았고, 베리는 종신형을 선고받았다. 기자가 "제임스 버드의 가족에게 뭐라고 하고 싶습니까?"라고 물었을 때 킹이 한 대답은 "나가 뒈지라고 해"였다.[32] 이 대답에서 그가 양심의 가책을 어느 정도 느꼈는지 쉽게 짐작할 수 있다. 이는 텍사스주에서 백인이 흑인을 살해한 일로 사형을 선고받은 최초의 사건이었다. 한 기자는, 마을 사람들이 흑인 백인을 막론하고 "인종을 초월해 하나가 됐으며, 악의 정체를 마주하자 지역 공동체가 하나로 단결하는 모습을 보였다"고 보도했다.[33]

— 필립 스키퍼

우리는 세대를 이어가며 반복해서 나타나는 행동 패턴을 보면 이렇게 말한다. "그 아비에 그 자식이지." 앞서 루스 코우와 아들 프레드 코우의 사례에서도 그러한 패턴을 확인했다. 물론, 유전이 어느 정도나 영향을 미쳤고 또 부모를 모방하는 아이들의 습성이 어느 정도나 반영된 것인지 명확히 답을 내릴 수는 없다. 전에도 말했지만, 성장 환경이 안 좋을수록 유전적인 요소가 얼마나 영향을 끼쳐 최종 결과가 나왔는지 알아내기가 더 어렵다. 그러나 필립 스키퍼의 아버지도 강간과 가중 비역 그리고 살인으로 루이지애나주에서 종신형을 선고받은 것을 보면, 유전적인 요소는 분명 관련이 있는 듯하다. 필립의 두 누이 중 한 명은 약물 남용으로 사망했고, 나머지 한 명 리사^{Lisa}는 존 호이트$^{Joyn\ Hoyt}$라는 남자와 결혼했다. 필립과 그의 아내는 조니 베일리오$^{Johnny\ Baillio}$라는 10대 소년을 집에 들였는데, 누이 부부와 함께 이 다섯 명은 미시시피주 경계 부근의 시골 마을에서 살기 시작했다. 남자 두 명과 어린 조니는 쿠클럭스클랜$^{Ku\ Klux\ Klan}$을 모방한 인종차별주의 갱단의 멤버였다. 그리고 그 집단의 리더는 필립이었다. 이들은 모두 가난해서 트레일러하우스에서 살았는데, 협박 및 폭행, 마약 밀매 그리고 나중에는 살인과 묘지 도굴까지 저질러 전과 기록이 화려했다. 게다가 리사는 마약 중독자였다. 이런 가족에 베일리오가 처음 합류했을 때 필립의 학대를 다 참아 낸 것을 보면, 의지할 데 없는 아이가 학대하는 대리 부모에게 얼마나 쉽게 매달리게 되는지 알 수 있다. 필립은 조니를 나무에 묶어 놓고 시가로 지지는가 하면, 칼로 위협해 오럴 섹스를 강요했고, 걸핏하면 주먹이나 정원용 호스로 구타했다. 그런데도 조니는 필에게 충성을 다했고, 필이 "가서 검둥이나 죽이자"고 제안했을 때도 주저 없이 따라나섰다.[34]

그들이 노린 상대는 이웃에 사는 42세의 흑인 여성 제인 노라 길로리$^{Jane\ Nora\ Guillory}$였다. 친구들에게 제노어^{Genore}라는 애칭으로 불린 이 여성은 필립 패거리와는 다르게 그 지역에서 존경받는 인물이었고, 배턴루지에 있는 좋은 직장도 다니고 있었으며, "너무 너그럽다"는 소리를 들을 정도로 마음씨가 좋아 모든 이의 사랑을 받았다.[35] 제노어는 필립 패거리보다 훨씬 나은 환경에서 혼자 살고 있었는데, 필립 부부의 아기를 위해 음식과 기저귀를 살 돈을 주었을 뿐 아니라 그들을 유언장에 포함시키기까지 했다. 그리고 그렇게 한 것을 필립에게 알렸다. 제노어가 그렇게 잘해 줬는데도 불구하고, 필립은 당시 제노어가 잠시 돌보고 있던 자기 개가 역시 자신의 애완동물인 염소를 물어 죽였다는 이유로 제노어에게 불같이 화를 냈다. 이 작은 사건이 "도화선"이 되었다. 필립은 리사와 호이트 부부 그리고 조니를 데리고 제노어의 집에 쳐들어가 제노어를 칼로 찌르고, 총으로 쏘고, 구타해 살해했다. 얼마나 심하게 구타를 했는지, 안면 인식이 불가능할 정도였다. 그리고 남자들은 돌아가며 제노어를 시간屍姦했는데, DNA 증거를 남기지 않게 위해 콘돔을 사용하는 치밀함도 보였다. 필립은 문맹이었지만 영악해서, 한 흑인 남자에게 돈을 주고 컵에 사정을 하게 한 다음 그 정액을 제노어의 시신에 뿌렸다. 경찰이 용의자로 흑인을 찾도록 하기 위함이었다. 그렇게 해 놓고 필립 일당은 다시 "원래 직업"인 무덤털이로 돌아가 제노어의 집을 털었다. 훔친 보석과 금붙이는 전부 녹여서, 어디서 난 것인지 추적이 불가능하도록 했다. 필립이 다른 사람의 정액을 뿌려 놓는 바람에 법의 심판이 다소 지연되긴 했지만, 얼마 안 가 검찰 측은 아직 청소년인 조니를 설득해 공범자 증언을 받아내는 데 성공했다. 필립과 호이트, 리사는 모두 종신형을 선고받았다. 사건을 조사한 탈마지 번치Talmadge Bunch 보안관은 리사를 두고 "저런 사악한 여자는 처음 본다……. 사악한 집안의 피가 흐르는 여자다"라고 했다.[36] 담당 검사 샘 다퀼라Sam D'Aquilla도 "정말로 사악한 인간들이다"라며 혀를 내둘렀다. 성적 연쇄살인범과 고문 살인범을 본격적으로 다룰 다음 장에서도, 제노어 길로리 살인 사건에 필적할 흉악 범죄는 별로 찾아볼 수 없을 것이다.

– 제프 룬드그렌

1장에서 모르몬 컬트 집단의 자칭 리더 겸 신의 사제 제프 룬드그렌의 이야기를 짧게 언급했었다. 그런데 룬드그렌이 저지른 가학 행위는, 1장에서 이야기한 살인과는 다른 문제다. 에이버리 가족이 룬드그렌에게 환멸을 느끼고 반항했을 때, 룬드그렌은 그들을 뒤에서 쏘아 죽였다. 비교적 고통 없는 죽음이었다. 그러나 사디즘은 살인과 별개로 존재한다. 이번 장에서 살인 사건에 중점을 두는 것은, 보통은 살인이 다른 폭력 범죄나 정신적인 고문 범죄보다 더 자세하게 기록되어 있기 때문이다. 룬드그렌을 보면, 사실 그가 뛰어난 사기꾼 겸 컬트 리더라고는 볼 수 없다. 가이아나 인민 사원의 짐 존스Jim Jones나 텍사스주 웨이코의 데이비드 코레시David Koresh(사교 종파인 "다윗파"의 리더 - 옮긴이)는 둘 다 룬드그렌처럼 과장증 환자였는데, 룬드그렌보다 훨씬 더 큰 집단을 이끌었다. 그러나 둘 다 가학 행위에 있어서는 룬드그렌보다 한 수 아래였다. 어떻게 보면 에이버리 가족은 가볍게 끝난 편이다. 에이버리 가족을 처형하기 전에 있었던 일화가 있다. 룬드그렌은 그의 "충실한 신도들"을 모아 놓고, 자신이 "경전을 읽어 봤는데" 복종하지 않는 자에 합당한 벌을 찾아냈다고 했다. 남자는 두 동강을 내서 죽이고, 여자는 칼로 배를 갈라 창자를 꺼내며, 어린아이는 발뒤꿈치를 잡고 머리를 벽에 힘껏 부딪혀 뇌가 쏟아지게 해야 한다는 것이었다.[37]

다른 성공한 "사기꾼 메시아"들과 마찬가지로[38], 룬드그렌도 자신은 집단 내에서 원하는 여자는 누구든 성관계를 맺거나 첩으로 삼을 자격이 있다고 믿었다. 이는 훗날 룬드그렌이 파멸하는 계기가 됐는데, 불행히도 파멸하기 전에 그는 궁극의 가학 행위를 저질렀다. 어쩌면 글로 기록되어 있던 어떤 가학 행위와도 견줄 수 없을 정도로 역겨운 행위였다. 에이버리 가족을 살해하고 오하이오를 뜬 룬드그렌은 멤버들 몇 명과 함께 미주리로 가 자리를 잡았다. 그때는 이미 캐스린^{Kathry}이라는 두 번째 첩이 있었는데, 역시나 추종자들 중 한 명의 아내였다. 다소 촌스러운 아내 앨리스^{Alice}보다 얼굴도 더 예쁘고 룬드그렌의 아이까지 임신한 캐스린은 앨리스의 질투심을 불러일으켰다. 신경쇠약에 걸릴 정도로 불안해진 앨리스는, 자살을 하겠다고 약 몇 알을 맥주와 함께 삼키는 소동까지 벌였다. 앨리스의 옹졸함에 룬드그렌이 내린 벌은 이러했다. 먼저 앨리스에게 룬드그렌의 변을 그의 성기에 바르게 한 다음, 오럴 섹스를 시켰다. 그 과정에서 앨리스는 입에 들어온 변을 삼켜야 했다.[39] 룬드그렌이 2006년 10월 사형된 것은 에이버리 가족 살해 때문이었지, 남도 아닌 자신의 아내에게 그런 끔찍한 굴욕을 준 것에 대한 벌이 아니었다.[40] 그러나 후자를 더 심한 범죄로 보는 사람도 적지 않을 것이다. 제프 룬드그렌의 전기 작가들은 그가 추종자들의 협조 없이는 에이버리 가족을 죽일 수 없었을 거라고 지적했지만, 담당 검사 켄 라투레트^{Ken} $_{LaTourette}$는 재판에서 "제프 룬드그렌처럼 철저하게 사악한 사람"은 본 적이 없다고 말했다.[41] 덧붙여, 룬드그렌이 처형되기 5년 전에 전기 작가들은 사형 판결에 대해 이러한 견해를 피력했다. "제프 룬드그렌은 눈곱만큼도 마음 아파하거나 후회하는 빛을 보이지 않았다. 그는 위험하고 사악한 사람이며, 악에서 시민을 보호할 의무가 있는 모든 문명사회는 그를 계속 살게 내버려 둬서는 안 된다."[42]

사이코패스 배우자 살인범의 케이스

우리가 지금까지 살펴본 배우자 살해는 주로 충동 살인이었다. 주인공은 대개 질투에 사로잡힌 섹스 파트너나 매 맞는 아내 등등이었다. 그런데 대중에게 "흉악하다"는 반응을 이끌어 내는 '사전 악의'라든가 너무나 치밀한 '범죄 계획' 등의 요소는, 충동 살해범보다는 완전한 사이코패스 살해범들에게서 자주 보이는 특징이다. 때로는 플롯이 어찌나 황당한지, 아마 스티븐 킹에게 갖다 줘도 이야기 소재로 안 써먹을 것이다. 문제는 이것이 소설이 아니라 실제라는 것이다. 범죄 현장을 창조적, 독창적으로, 심혈을 기울여 연출했기 때문에 경찰이 범인 잡는 것은 고사하고 살인이 일어났다는 것도 알아차리지 못한다(아니, 범인은 그렇게 생각한다). 그러다가 어느 날 사건의 진상이 밝혀진다. 이러한 특징을 보이는 사례를 두 개 소개하겠다.

- 리처드 크래프츠 Richard Crafts

1986년 가을, 헬 헬스너 크래프츠Helle Helsner Crafts라는 여성이 실종됐다. 덴마크인 여객기 승무원이었는데 미국인 조종사와 결혼해 세 아이의 엄마가 된 여성이었다. 남편 리처드 크래프츠는 50세로 헬보다 나이가 한참 많았는데, 오래 전부터 끊임없이 외도를 해 왔다. 이 때문에 헬이 진지하게 이혼 계획을 세우고 있던 참에 실종된 것이었다. 헬이 덴마크로 돌아갔다는 둥 아프리카에 갔다는 둥 리처드가 둘러대자, 헬의 친구들은 걱정이 되기 시작했다. 게다가 리처드의 폭력 성향은 지인들 사이에 공공연한 비밀이었다. 헬은 친구들에게 이런 말까지 한 적이 있었다. "나한테 무슨 일이 생기거든, 사고라고 생각하지 마."[43]

그러다가 경찰에 제보가 들어왔다. 실종 당일 밤에 어떤 남자가 코네티컷의 어느 호수 다리 위에서 목재 파쇄기 옆에 서 있는 것을 목격했다는 것이었다. 이어서 몇 가지 사실이 드러났다. 리처드가 며칠 전 목재 파쇄기뿐 아니라 휴대용 전기 사슬 톱과 냉동고까지 렌트했다는 것이었다. 경찰은 서서히 사건의 조각을 맞춰 나갔다. 호수 근처에서 헬의 금발과 똑같은 색인 머리카락과 손톱, 치아 파편 그리고 헬의 혈액형인 O형의 피(물론 가장 흔한 혈액형이긴 하다)를 발견했다. 리처드는 아마도 둔기로 아내를 때려서 죽인 후 전기톱으로 사체를 토막 냈고, 그것을 냉동시켜서 호수로 운반했을 것이다. 그리고 거기서 목재 파쇄기로 더 잘게 조각냈을 것이다. 그러면 헬은 감쪽같이 자취를 감추고 리처드는 "시체가 없으면 범죄도 없다"는 속담에 따라 법의 심판을 피하게 된다는 시나리오였을 것이다. 그러나 발견된 치아 파편이 헬의 치과 진료 기록과 일치했다. 리처드 크래프츠의 첫 번째 공판은 불일치 배심(배심원들의 의견이 엇갈려 판결이 안 나는 것 - 옮긴이)으로 끝났지만, 두 번째 재판에서 그는 유죄 판결과 함께 종신형을 선고받았다.

– 수전 그런드 Susan Grund

폭력은 폭력을 낳는다. 어쩌면 이것이 수전 그런드가 범죄를 저지르게 된 이유 중 하나일지도 모른다. 더 세련된 이름인 '수전'으로 바꾸기 전에 그녀의 원래 이름은 수 앤 Sue Ann 이었다. 수전은 인디애나주의 어느 블루칼라 계층 대가족에서 태어났다. 알코올중독자인 아버지는 술에 취하면 수전을 죽도록 때려 여기저기 흉터를 남겼다고 한다. 수전은 위압적이고 매력적이며 자신이 남에게 한 짓에 조금의 미안함도 느끼지 않는 독한 여자로 자라났다. 지인들은 수전을 교활한 사람, 습관적인 거짓말쟁이라고 평했다. 수전은 결혼을 총 네 번이나 해서, 수전 샌더스 로벨 캠벨 와이티드 그런드 Susan Sanders Lovell Campbell Whited Grund 가 되었다. 첫 번째 결혼은 수전이 열일곱 살 때였고, 3년 뒤에 다시 게리 캠벨 Gary Campbell 과 결혼해 아들 제이콥 Jacob 을 낳았다. 수전은 게리에게서 돈을 훔치는가 하면, 섹스 도중에 가위로 게리를 찌르는 엽기적인 행각도 벌였다. 아들 제이콥도 사정없이 때려 부상을 입히곤 했다. 수전은 남편 게리를 두고 톰 와이티드 Tom Whited 와 바람을 피웠고, 나중에 와이티드와 결혼했다. 와이티드에게는 전 아내와의 사이에 아들 토미 Tommy 가 있었다. 그런데 수전은 장난감을 버리라고 "명령"했는데 안 따랐다는 이유로 토미를 심하게 때려 뇌에 응혈이 지게 만들었다. 그 때문에 토미는 정신지체아가 되어 평생 스스로를 돌볼 수 없게 되었다. 또 한번은 숨 막히도록 더운 날씨에 토미를 바깥의 말뚝에 묶어 놓아 심한 화상을 입게 만들었고, 담배로 토미의 허벅지를 지진 일도 있었다. 이러한 학대의 대가로 수전은 겨우 집행유예 5년을 선고 받았다. 당연히 톰은 수전과 이혼했지만, 당시 수전은 톰의 아이를 임신하고 있었다. 톰의 딸 타넬[Tanelle]은 수전이 땡전 한 푼 없이 혼자 살고 있을 때 태어났다.

오래 웅크려 있는 성격이 아니었던 수전은, 평소에 즐겨 입는 속이 훤히 비치고 나긋나긋한 옷을 입고 노던인디애나의 고향 집으로 돌아갔다. 거기서 변호사인 짐 그런드[Jim Grund]의 시선을 사로잡았다. 그 당시 수전은 나이는 아직 스물다섯이었다. 그런드에게는 첫 결혼에서 낳은 10대 아들 데이비드[David]가 있었다. 수전은 이 결혼으로 크게 신분 상승을 했지만, 거기서 만족 못하고 남편의 회계사와 바람을 피웠다. 모험의 욕구만큼 강력한 동기로 작용한 것은 탐욕이었다. 수전은 보험금을 타려고 짐이 차려준 부티크에 불을 냈다는 혐의를 받은 적도 있었다. 자기 집에 도둑이 든 것처럼 위장해 또 한 번 보험금을 타 내기도 했다. 1990년대 들어서는 의붓아들과 바람을 피우고 있다는 소문도 돌았다(의붓아들은 법정에서 부인했지만, 다른 이들은 소문이 진실이라고 증언했다). 그러다가 1992년 여름, 짐이 침대에서 한쪽 눈에 총을 맞고 죽어 있는 채로 발견됐다. 총은 짐의 아들 소유로 밝혀졌다. 수전은 언니 달린[Darlene]에게 자기가 짐을 죽였다고 고백했다. 그런데 달린은 그 말을 믿어야 할지 말아야 할지 확신하지 못했다. 그 이유를 법정에서 이렇게 밝혔다. "걔는 항상 거짓말을 밥 먹듯이 했거든요." 수전은 44년 수감형 그리고 가중 처벌로 추가 20년형을 선고받았다. 끊임없이 섹스와 사회적 지위를 맞바꾸는 수전의 버릇은 끝까지 수그러들 기미를 보이지 않았다. 마을에 떠도는 소문에 의하면, 수전이 눈독을 들인 상원의원이 있었다고 한다. 수전이 이미 올라간 곳보다 더 높은 위치에 올라가게 해 줄 수 있는 사람이었다.

배우자 살해 사건의 경우 흔히 그렇듯이, 수전도 아직까지 범행을 부인하고 있다.[44] 이번 장에 등장한 다른 범죄자들과 마찬가지로, 수전 그런드도 악의 심리 등급에서 카테고리 16에 속한다. 다만 제프 룬드그렌은 아내에게 가한 학대와 치욕이 알려진 이상, 그의 아내가 겪었을 극심한 고통을 고려해 카테고리 22에 넣는 것이 더 적합하지 않을까 한다.

단독으로 연쇄살인을 저지른 여성

여자가 살인을 저지를 때, 희생자는 범인과 가까운 사람인 경우가 많다. 주로 살인범의 아이나 부모, 애인이나 남편이고, 때로는 라이벌인 경우도 있다. 비면식 살인, 특히 일정한 간격을 두고 희생자를 한 명씩 살해하는 연속 살인은, 거의 항상 남성 살인범의 영역이다. 그러나 예외가 존재한다. 그 예외 중에는 보니와 클라이드 강도 팀처럼 남자의 공범으로 활동하는 여자 범죄자가 있고, 더 드문 경우로 성적 연쇄살인을 저지르는 남자를 위해 미끼로 활동하는 여자도 있다. 다음 장에서 그러한 사례를 몇 건 살펴볼 예정이다. 그 전에 여기서는 단독으로 비면식 연쇄살인범이 된 여자의 사례를 살펴보기로 하자.

– 도로시 푸엔테 Dorothy Puente

도로시아 헬렌 그레이Dorothea Helen Gray로 태어난 그녀는 여러 차례 결혼을 하면서 도로시 헬렌 그레이 맥폴 조핸슨 푸엔테 몬탈보Dorothy Helen Gray McFaul Johannson Puente Montalvo가 됐지만, 세 번째 남편의 성인 '푸엔테'를 사용하기로 했다. 도로시는 1929년에 태어나 어머니 트루디 예이츠Trudie Yates에게—차마 "길러졌다"고 말할 수는 없고—맡겨졌다. 트루디는 알코올중독에 아이에게 폭력을 행사하는 매춘부였는데, 도로시를 다섯 남매 중 동생 둘과 함께 고아원에 맡겨 버렸다. 당시 도로시는 네 살이었고, 아버지가 돌아가신 지도 얼마 안 됐을 때였다. 고아원에서 도로시는 그곳 남자들에게 성폭행을 당했고, 나중에는 오빠에게도 당했다. 이런 환경에서 벗어나기 위해 도로시는 학교를 자퇴하고 매춘에 뛰어들었다가, 열여섯 살 때 맥폴이라는 남자와 결혼했다. 이 결혼에서 딸 둘을 낳았지만, 둘 다 다른 사람에게 보내 버렸다. 열여덟 살 때 절도로 체포됐지만 가석방 조건을 어기고 도망갔고, 그러는 동안에도 기가 막힌 이름과 직업을 지어내 자신이 간호사, 의사, 심지어 외과 의사라며 사기를 치고 다녔다. 스물세 살에 다시 결혼한 도로시는 이제 거짓말과 자기 포장에 능한 사이코패스, 즉 일류의 사기꾼이 되어 있었다. 얼마 후 새크라멘토에 국가 보조금을 받는 노인들을 위한 하숙집을 차렸는데, 그 보조금 대부분이 쥐도 새도 모르게 도로시의 은행 계좌로 들어갔다. 그 사기술이 잠시 안 먹히는 바람에, 하숙인들 열댓 명의 돈을 갈취한 죄로 캘리포니아주립교도소에서 3년형을 살기도 했다. 도로시가 살인을 저질렀다는 혐의도 제기됐으나, 증거가 없어서 그냥 넘어갔다. 도로시의 파멸은 도로시가 60세가 된 1988년, 한 사회 복지사의 신고가 계기가 되어 찾아왔다. 만성질환을 앓고 있는 노인을 도로시 푸엔테의 집에 맡겼는데, 노인이 자취를 감추자 걱정이 된 사회 복지사가 당국에 신고를 한 것이었다. 단서를 추적해 도로시의 하숙집 주변을 조사하던 경찰이 뒤뜰에서 사람의 다리 한 쪽을 발견했고, 이어서 시체 일곱 구의 잔해를 찾아냈다. 조사가 진행되면서 다른 하숙생 25명도 실종됐음이 드러났다. 결국 도로시가 안정제 과다 투여로 25명을 전부 살해하고 그들이 받아야 할 국가 보조금을 챙겨 왔다는 사실이 밝혀졌다. 도로시의 '자상한 할머니' 같은 외모는 법정에서 또 한번 유리하게 작용했다. 재판에서 배심원단이 사형 여부를 놓고 찬반이 갈려 결국 종신형을 받는 데 그친 것이다.

수전 그런드와 도로시 푸엔테의 삶은 겹치는 부분이 많다. 둘 다 나쁜 가정환경에서 탈출하기 위해 일찍 결혼했다. 둘 다 결혼을 네 번 했다. 그리고 둘 다 전설의 인물 스위니 토드의 여성 버전이라 할 만한 인물이었다. 이야기 속에서 토드는 런던 최악의 슬럼가에서 태어나, 겨우 10대 초반에 오직 재치에 의존해 살아남아야 하는 상황에 처한다. 그러다 절도로 붙잡혀 감옥에 가는데, 거기서 이발사와 친구가 되어 출소한 뒤에 이발 기술을 배우게 된다. 이후 토드는 자신의 탐욕을 충족시키기 위해 돈 많은 자들을 교묘히 살해해 복수를 하는데, 몇 년 동안 살인 행각을 계속한 뒤에야 비로소 경찰에 잡힌다. 그런드와 푸엔테는 둘 다 비참한 환경에서 태어났다. 그리고 그 비참한 환경은 그들을 (유전적 요인보다는 불운한 환경이 주 원인이 되는) "이차적" 사이코패스로 몰아갔다. 탐욕과 복수의 화신이 된 그들은 무슨 짓을 해서라도, 심지어 살인을 해서라도 남을 밟고 올라섬으로써 어렸을 때 자신을 해친 "그들"에게 자신을 "증명해 보이는" 데 인생을 바쳤다.

병적 사랑을 품은 테러리스트의 비참한 최후

전쟁이나 집단간의 분쟁 시, 테러리즘이라고 하면 주로 약한 쪽이 강한 쪽에 저항하기 위해 사용하는 테크닉을 말한다. 자살 폭탄병이 대표적인 예다. 그러나 평시에는 상황이 역전된다. 힘이 센 쪽이 폭력과 위협을 사용해 약한 쪽을 자기 뜻대로 조종하려고 하는 것을 뜻한다. 강간도 이에 해당하지만, 보통 '테러리즘'이라는 단어는 협박과 폭력이 반복적으로 사용되고 더불어 한 명 이상이 영향을 받는 경우를 뜻할 때 사용한다. 테러리즘 사건 중에 전국적으로 유명해진 사례가 하나 있다. 한 남자가 마을 전체를 공포로 몰아넣은 사건이다. 그 마을은, 약 25년 후 전국적으로 유명해진 또 다른 사건이 일어난 장소에서 겨우 몇 블록 떨어진 곳이었다.[45] 바로 3장에 나온 리사 몬트고머리가 바비 조 스티넷을 살해하고 태아를 훔친 사건이다. 이번 사건의 무대는 미주리주 동북부에 위치한 스키드모어라는 마을이며, 테러리스트의 이름은 켄 맥엘로이Ken McElroy다.

- 켄 맥엘로이

캔자스와 네브래스카, 아이오와 그리고 미주리가 만나는 지역에 위치한 농가에서 열여섯 남매 중 열다섯 번째로 태어난 켄 맥엘로이는, 정규 교육은 거의 못 받았지만 범죄 재능이 매우 뛰어났다. 남의 가축을 훔치는 것은 물론 절도와 협박 및 폭행, 스토킹, 방화, 소아 성애 범죄, 강간, 위협 등으로 수도 없이 체포되었다. 그리고 나중에는 살인 미수로 체포되기도 했다.

그는 자기처럼 범죄에 일가견이 있는 변호사와 급속도로 친해져, 무슨 짓을 저질러도 그 친구의 도움으로 법망을 교묘히 빠져나왔다. 켄은 깡패 짓과 강도질, 협박 등으로 마을 사람들에게 흉악한 놈이라는 악명을 얻었지만, 그러면서도 자기는 아이들을 사랑한다고 공공연히 말하고 다녔다. 그런데 그 "사랑"은 누가 봐도 병적인 사랑이었다. 그는 사춘기 소녀들을 섹스 상대로 탐했고, 몇 년에 걸쳐 총 여섯 명의 여자아이들을 강간하고 그들과 결혼도 했다. 그 중 한 명은 겨우 열세 살이었다. 미주리주의 법은 물론 허용하지 않았고 피해자의 부모님은 당연히 그 결혼에 반대했지만, 켄은 그 집의 개를 쏴 죽이고 그들의 집에 불을 지르는 방법으로 강제로 동의를 얻어냈다. 겁을 먹은 신부는 도저히 켄이 자신을 강간했다는 증언을 할 수가 없었다. 켄은 네 명의 소녀가 낳은 열 명의 아이들은 무척 아끼는 듯했지만, 여섯 명의 아내와 "사실혼" 파트너는 딱 죽기 직전까지 구타해 복종시켰다. 이 여섯 명의 여자들은 켄이 무엇을 하든 항상 그를 따랐는데, 아마도 학대받은 사람이 학대를 한 자와 자신을 동일시하고 그들에게 충성하는 "스톡홀름 증후군" 때문이었을 것이다. 누구라도 자신을 거스르면, 켄은 그 사람의 집으로 반복해서 찾아가 보란 듯이 라이플을 휘둘러 댔다. 스토킹과 위협을 결합한 효과적인 전술이었다.[46]

 변호사 친구 덕분에 스물두 번이나 체포되고도 매번 무사히 풀려난 켄은 천하무적의 폭군이자 마을의 전제군주가 되었다. 그러던 어느 날 작은 사건이 발생했다. 켄의 아이들 중 한 명이 보 바우웬캠프[Bo Bowenkamp]와 로이스 바우웬캠프[Lois Bowenkamp] 부부가 운영하는 슈퍼마켓에 들어가, 계산도 안

한 과자를 들고 나간 것이다. 점원이 아이에게 소리를 질렀고, 아이의 언니가 과자를 빼앗아 다시 가게 안으로 던졌다. 그 얘기를 들은 다른 언니가 화가 나서 소리 질렀다. "감히 내 동생을 도둑으로 몰다니!" 소식을 들은 켄도 마을 사람이 자기 딸을 중상했다고(사실 아무도 안 그랬는데도) 불같이 화를 내더니, 며칠 후 총신을 짧게 자른 산탄총을 들고 가 보 바우웬캠프에게 총질을 했다. 보는 다행히 목숨을 건졌지만, 마을 사람들은 인내의 한계치에 다다랐다. 특히나 겁먹은 경찰과 판사가 살인 미수로 기소된 켄을 "항소를 앞두고" 풀어 줄 것을 명하자, 사람들의 불만은 극에 달했다. 급기야 켄이 다시 마을에 모습을 드러낸 1981년 7월 10일, 주민 몇 명이 차에 앉아 있는 켄을 총으로 쏘아 죽이는 일이 발생했다. 이 사건을 두고 어떤 이들은 스키드모어에서 법을 무시하고 민간인이 직접 보복을 하는 불상사가 일어났다며 큰 악을 막기 위해 비교적 덜한 악을 행하는 일은 용납할 수 없다고 비난했지만, 마을 사람들은 하나같이 입을 꾹 다물었고 아무도 기소되지 않았다.[47]

THE ANATOMY OF EVIL

제7장

연쇄살인범과 고문범:
악의 심리의
최고봉들

"O tu che mostri per sìbestial segno
odio sovra colui tu ti mangi
dimmi 'l perchè," diss' io……
"오, 그 자를 그렇게 짐승처럼 씹어 먹으며
강렬한 증오를 드러내는 이유가 무엇인지
말해 보라," 내가 물었다……

《신곡》 1권 '지옥편' 제32곡 133행~135행

6장에서 소개한 이들의 대부분은

악의 등급에서 카테고리 16에 속하지만, 그 중 일부는 몇 단계 아래에 넣어야 하는 이들이다. 제프 룬드그렌의 경우, 공개적으로 저지른 범행은 비교적 낮은 단계에 해당하지만, 비공개적으로 저지른 범행은 최악의 단계인 카테고리 22 '장시간의 고문이 선행된 살인'에 속한다. 룬드그렌은 하나의 범주에 깔끔하게 맞아떨어지지 않는 유형이다. 사실 우리가 주저 없이 악행으로 낙인찍는 범죄 중에는 살인이 개입되지 않은 경우도 많다. 우리는 그러한 예를 룬드그렌 사건에서도 보았고 또 (희생자 중 두 명이 살아남은) 데일 피에르 사건에서도 보았다. 어쩌면 그 살아남은 두 사람은 차라리 죽는 게 낫다고 생각했을지도 모른다. 목숨을 부지했지만 그들이 감내해야 할 육체적, 심리적 고통이 총구를 앞에 두고 드라노를 마셔야 했던 몇 분으로 끝나는 대신, 몇 년으로 연장됐으니 말이다. 이번 장에서 우리는 양 극단을 함께 살펴볼 예정이다. 하나는 연쇄살인범(고문을 업으로 삼은 것으로 보이는 부류도 포함)이고, 다른 하나는 희생자를 육체적으로 고문하면서 그것을 죽음으로 끝내 줄 의향이 전혀 없는 소수의 범죄자들이다. 그런데 그에 앞서, 먼저 "연쇄살인범"이라는 용어가 뜻하는 바를 정확히 짚고 넘어가야겠다.

연쇄살인범의 네 가지 심리적 동기

영화나 TV 드라마, 요새 나오는 "공항" 소설(기내에서 읽을 만한 가벼운 소설류 - 옮긴이)의 열렬한 팬이라면, 텔레비전이건 책이건 거의 변함없이 주기적으로 등장하는 소재가 '연쇄살인범'이라는 것을 알 것이다. 어쩌면 미국에 더 이상 개척할 지역이 없어서 대중을 사로잡을 주인공으로 카우보이 대신 연쇄살인마를 내세우는 건지도 모르겠다. 우리는 폭력 충동을 억제하면서 살아야 하는데 그들은 원하는 대로 다 한다는 이유로 살인마들을 은밀하게 숭배하는 이들도 있다.

연쇄살인범이라고 다 같은 부류는 아니다. 때문에 연쇄살인이라는 용어의 사용에 혼선이 생긴다. 연쇄살인자는 크게 세 부류로 나뉜다. 먼저 환자를 연쇄살인하는, 도덕심이 결여된 간호사와 의사들이 가장 드문 부류로, 성적인 쾌락을 추구하지 않는 부류다. 두 번째는 나이나 성별에 관계없이 모르는 사람을 무작위로, 상당히 긴 간격을 두고 살해하는 부류다. 이들은 그냥 인간을 혐오하는 부류라고 보면 된다. 역시 성적 쾌락 추구라는 동기는 없으며, 상대적으로 드문 부류에 속한다. 마지막으로, 가장 큰 부분을 차지하는 (그러나 전체 살인 사건에 비추어 보면 역시 비교적 드문) 집단이 있는데, 성적 연쇄살인을 저지르는 부류다. 우리가 "연쇄살인"이라고 말할 때는 보통 이 부류를 의미한다. 이 부류가 저지르는 살인에서는 성적 쾌락 추구라는 요소가 핵심적이다. 범죄가 대개 강간, 강간에 이은 살인(더 흔하다) 혹은 살인과 그에 뒤따르는 시간屍姦(비교적 드물다) 형태로 일어나기 때문이다.

덧붙여, 성적인 요소는 개입됐지만 강간은 일어나지 않은 또 다른 종류의 연쇄살인을 논의에 포함시킬 수 있다. 이를 네 번째 부류로 정한다면, 아마 넷 중에 가장 드문 부류가 되지 않을까 한다. 예컨대, 여자 살인범이 자신에게 성폭력을 가한 이들에게(주로 근친상간) 상징적으로 복수를 하려고 저지르는 연쇄살인이 여기 포함된다. 하지만 나는 이 부류를 성적 연쇄살인의 변형, 그것도 표면적 범행보다는 동기에 더 초점을 맞춰야 하는 변형으로 분류하고 싶다. 어쨌든 이 부류에 속하는 남자(그리고 드물게 여자)들은 악의 등급에서 비교적 높은 레벨인 카테고리 17부터 22에 속한다.

'평시에' 모든 시간과 노력을 고문 범죄에 할애하면서 변태적인 성적 취향을 들키지 않고 꼭꼭 숨길 수 있는 사람은 드물다. 전쟁이나 집단간의 분쟁 시에는 국가 공무로 고문을 행하는 사람이 차고 넘친다. 이들(주로 남자이며, 드물지만 여자도 있다)은 평소에 친구나 이웃들이 사디스트나 혹은 다른 비정상인이라고 전혀 생각지 못했을 사람들이다. 이들은 아무리 더러운 일이라도 그저 "해야 할 일"이니까 할 뿐이다. 집단의 리더 혹은 높은 자리에 계신 분들이 그렇게 세뇌시킨 부분도 있을 것이다. 전쟁이나 분쟁이 끝나면 대부분은 자기 일상과 가족에게 돌아가, 평소에 하던 일을 계속한다. 그렇다고 내가 이들을 '악'의 범주에서 벗어난 집단으로 취급하는 것은 아니다. 이 책에서 주로 다루고 있는 부류에서 벗어난 집단이라는 얘기다. 당분간은, 특히 이번 장에서 "연쇄살인범"이라고 하면—다른 부연 설명이 없을 경우—성적 연쇄살인을 저지른 사람을 칭하는 용어로 간주하기로 하자. FBI는 최소 세 사람 이상을 살인한 경우에만 연쇄살인범이라는 용어를 사용하는 쪽을 선호하지만, 보통은 두 건의 살인만으로도 연쇄살인을 암시하는 패턴이 드러난다. FBI가 연쇄살인이라는 용어의 사용을 자제하는 이유는, 대중의 불안을 쓸데없이 자극하지 않기 위해서다. 유사한 강간-살인 사건이 두 건 이상 일어난 경우가 세 건 이상 발생한 경우보다 훨씬 많다. 그런데 언론이 단기간에 동일 지역에서 유사 살인이 두 건 발생할 때마다 자극적인 기사를 써 대면 지역 사회에 공포와 히스테리가 야기될 테고, 그러한 분위기는 살인범을 잡기 위한 길고 힘든 수사 과정에 전혀 보탬이 되지 않는다.[1]

연쇄살인범의 사전 징후와 원인의 리스트

20여 년 전 연쇄살인범을 연구하기 시작했을 때 내가 아는 연쇄살인범이라고는 고작 열댓 명 정도였다. 연구에서 가장 초점을 둔 것은, 연쇄살인범들의 성장 배경에서 다른 사람들과 다른 점들을 찾아내 그것을 바탕으로 그들이 왜 그런 짓을 저질렀는지 설명해 보는 것이었다. 특히 연쇄살인범들의 인격에 흥미를 느꼈는데, 인격 장애가 내 전문 분야이기도 했거니와, 당시에는 그 주제로 출판된 책이 거의 없었기 때문이었다. 1960년대에 정신과 의사와 정신분석학자로 교육을 받은 나는 정신질환이, 심지어 정신분열증 같은 가장 심한 케이스도 포함해서 나쁜 환경이 원인이 되어 발병하는 것이라고 배웠다. 그런데 나쁜 환경이라고 하면 주로 나쁜 부모를 의미했고, 나쁜 부모는 또 나쁜 엄마를 의미했다. 그때는 '유전'이라는 요인은 무시되는 분위기였다. 왜냐하면 우리가 어떤 질환을 선천적으로 가지고 태어난다면 그것을 치유하려는 노력이 별 의미가 없다고 생각했기 때문이다. 유전적 요인이라는 것 자체가, 어떤 것이든 치료할 수 있다는 미국식 낙관주의에는 모욕이나 마찬가지였다. 나는 교육 과정을 마치고 나서야 "천성"이 정신질환을 이해하는 데 아주 중요한 요소이며, 뿐만 아니라 천성과 양육은 서로 불가분의 관계로 얽혀 있는데, 그 관계가 아주 복잡해 그것을 제대로 이해하는 사람이 드물다는 것을 비로소 깨달을 수 있었다.

나는 연쇄살인범(그리고 다른 살인범)들간의 유사점과 차이점을 이해하기 위해, 각 살인범이 가진 "변수"를 생각나는 대로 적어 표를 만들어 보았다. "천성" 항목에는, 살인범의 가까운 친척들 중에 정신질환을 앓은 사람이나 범죄, 특히 폭력 범죄를 저지른 전과가 있는 사람이 있는지 조사해 기입했다. "양육"란에는 가족 구성상의 특징을 적어 넣었다. 부모가 애정이 넘치고 견실한 사람들이었는가? 둘 중 한 사람이라도 신체적, 언어적 혹은 성적으로 미래의 연쇄살인범을 학대하지는 않았는가? 어떤 살인범이 정상 가정에서 자랐고 또 어떤 살인범이 결손 가정에서 자랐는가? 어떤 살인범이 이혼과 재혼을 수도 없이 반복해 가계도가 너덜너덜해진 가정에서 자랐는가? 그들 중 몇 명이나 입양 가정에서 자랐으며, 만약 친부모에 대해 알려진 정보가 있다면 어떤 것들이 있는가? 친부모가 정서적으로 안정된 사람들이었는가? 범죄 전과가 있는 사람들인가? 또, 양부모는 어떤 사람들이었는가? 따뜻하고 헌신적이었는가 아니면 무관심하고 착취적이었는가?

연구를 하면서 나는 천성과 양육이 전부가 아님을 알게 되었다. 조사 대상 중에는 간질이나 뇌막염 등, 행동에 영향을 줄 수 있는 뇌 관련 질병을 앓은 사람도 있었다. 혹은 심각한 두부 부상으로 장시간 의식을 잃어, 행동을 주관하는 뇌의 핵심부에 심각한 손상을 입은 이들도 있다. 이러한 부상은 운이 나빠 당하는 경우가 대부분이지만, 때로는 나쁜 부모가 부상을 당하는 데 일조하기도 한다. 그 예로, 무관심한 부모가 유난히 산만한 아이를 그대로 방치해 결국 아이가 뛰어놀다가 머리를 다치게 되는 경우를 들 수 있다. 그런가 하면, 언어폭력으로도 모자라 나무막대로 아이의 머리를 때리는 물리적 폭력까지 휘두른 부모도 있다. 이는 헨리 리 루카스의 어머니가 헨리에게 가한 수많은 모욕적 언행 중 하나에 불과하다.[2]

연쇄살인범들은 대다수가 살인범이 되기 전에 10대 시절에 "예행연습"이라는 것을 거친다. 주로 가족이나 타인을 폭행하거나 무장 강도, 방화를 저지르거나 아니면 동물을 고문하는 식이다. 시간이 흐르면서 그러한 비행을 졸업하고 성폭행이나 살인 등의 강력 범죄로 옮겨가며, 이 강력 범죄로 이름을 알리는 것이다. 나는 이러한 정보도 모두 표에 반영했다. 또 하나 중요한 항목이 있는데, 바로 약물 남용이다. 알코올은 물론이고 코카인이나 마리화나, 메탐페타민, 엔젤 더스트[3] 같은 "뒷골목 약물"들은 자제력을 극도로 저하시키고 판단력을 흐려, 충동을 쉽사리 행동으로 옮기게 하는 효과가 있다. 여기서도 천성과 양육은 서로 긴밀히 얽혀 있다. 일부 연쇄살인범들은 부모가 알코올중독자여서 알코올에 중독되기 쉬운 유전자를 물려받았거나, 아니면 알코올이 얼마나 매력적인 것인지 어렸을 때부터 보고 자란 경우도 있다.

처음 연구를 시작했을 때는 내가 아는 연쇄살인범이 열댓 명 정도밖에 안 됐기 때문에, 약물 남용과 관련하여 어떠한 일반화도 할 수 없었다. 그러나 20년에 걸쳐 130명이 넘는 연쇄살인범을 연구한 지금, 부모 중 한 사람 혹은 부모 둘 다 알코올중독자였던 경우가 3분의 1에 이른다는 것이 드러났다. "보스턴 교살자"로 불리는 앨버트 드살보Albert DeSalvo와 존 웨인 게이시John Wayne Gacy, "요크셔 살인마"로 불리는 영국의 연쇄살인범 피터 서트클리프Peter Sutcliffe는 모두 아버지가 알코올중독자였다. 토미 린 셀스Tommy Lynn Sells와 마이크 디바들레이번Mike DeBardeleben은 어머니가 알코올중독이었다. 게리 하이드닉Gary Heidnick과 헨리 리 루카스는 양친이 다 알코올중독이었다. 어떤 살인범은 천성과 양육 둘 다의 영향을 받아 알코올중독이 되기도 한다. 게리 하이드닉은 필라델피아에서 "공포의 지하실" 살인범(흑인 여자들을 납치해 지하실 벽에 사슬로 묶어 놓고 강간한 다음 살해했다)으로 악명을 떨쳤지만, 그렇게 되기 전에 먼저 어두운 유년 시절을 거쳐야 했다. 겨우 네 살밖에 안 된 게리가 울기만 하면 술에 잔뜩 취한 아버지는 화를 내면서, 게리를 4층 창밖에 거꾸로 매달아 흔들며 당장 울음을 안 그치면 떨어뜨리겠다고 협박하곤 했다.[4]

사람을 연쇄살인범으로 만드는 요인이 무엇일까 연구하면서 맞닥뜨린 문제 중 하나는, 자료를 얻을 수 있는 소스가 거의 범죄자 전기에만 한정되어 있다는 것이었다. 실제로 인터뷰할 수 있는 범죄자가 많지 않기 때문에 어쩔 수 없는 일이었다. 전기를 읽으면 살인범의 성격이나 직계 가족, 전과 기록에 대해서는 자세한 정보를 얻을 수 있다. 그러나 성인기의 반사회적 행동 또는 폭력적 행동의 중요한 전조가 되는 과거의 요소는 거의 언급되지 않았다. 그 전조로 40년 전에 주목을 받은 것이 소위 '3징후^{triad}'라고 하는 어린 시절의 방화와 야뇨 그리고 동물 학대다(그 정확성에 대한 논의는 그때부터 지금까지 계속되고 있다).[5] 이 3징후를 보이는 어린이는 커서 성범죄를 포함한 폭력 범죄를 저지를 확률이 높다고 보았다. 방화는 그 자체가 범죄이므로 전과 기록에 남을 가능성이 크다. 동물 학대는 처음에는 그다지 주목을 못 받을 수 있으나, 살인범이 체포된 후에는 그 전적이 드러난다. 그러나 야뇨증은 범죄가 아니며, 그렇기 때문에 살인범에 관한 정보로서도 무시되기 일쑤다. 나는 범죄 전기를 읽고서야 한 20대의 연쇄살인범이 유년기에 3징후를 다 보였다는 것을 알게 된 적도 있다. 그런데 어렸을 때 불을 지르고 동물, 주로 고양이를 학대한 것은 알려졌으나 이불에 오줌을 싼(전문용어로는 '유뇨증遺尿症') 과거는 알려지지 않은 경우가 훨씬 많다. 1976년도에 으슥한 곳에서 연인들을 살해하고 다닌 "샘의 아들" 데이비드 버코위츠$^{David\ Berkowitz}$는 자신이 10대 시절 저지른 방화를 전부 기록해 뒀는데, 그 기록에 따르면 총 1,488건이나 됐다.[6] 버코위츠는 어렸을 때 동물 학대도 했다. 그럼 야뇨증도 있었을까? 우리로서는 알 수 없다. 어쨌든 야뇨증보다는 동물 학대가 향후 폭력성 발현의 더 중요한 전조가 된다. 왜냐하면 아이가 고양이를 불태우거나 개에게 돌을 던지는 것은 살아 있는 생물에 동정심을 전혀 못 느끼고 그들의 고통에 무감각하다는 뜻이며, 또한 자신을 학대한 어머니나 아버지를 대신해 동물에게 복수를 하는 것일 수도 있기 때문이다. 연쇄살인범 중에는 보스턴 교살자 앨버트 드살보나 에드 켐퍼$^{Ed\ Kemper}$, "그린 리버 살인범"으로 불리는 게리 리지웨이 또는 아서 쇼크로스$^{Arthur\ Shawcross}$처럼, 부모에게 심한 학대를 받았으며 동시에 어릴 때 동물을 학대한 전적이 있는 사람이 많다.

유년기 혹은 사춘기 때의 주의력결핍장애(집중하지 못하고 안달을 하며, 자주 초조해 하거나 짜증을 잘 내는 증상을 보인다)도 훗날 반사회적 행동으로 연결될 수 있는 위험 인자 중 하나다.[7] 줄여서 ADD라고 하는 이 장애는 여자아이보다는 남자아이에게서 더 자주 발견되며, 주로 아버지에게서 아들로 유전된다. 연쇄살인범 중 다수가 어렸을 때 ADD를 앓았을 것으로 추정되지만, 전기에 언급이 된 경우는 드물다. 예외적으로, 로스앤젤레스의 "나이트 스토커"로 불리는 리처드 라미레스$^{Richard\ Ramirez}$는 어린 시절 ADD를 앓았다고 전기에 명시되어 있다.[8]

이러한 위험 인자들을 검토하면서 내린 결론은 한 가지다. "모든 연쇄살인범에게 적용할 수 있는 하나의 프로파일은 존재하지 않는다"는 것이다. 연쇄살인범은 천성과 양육의 부정적 요소가 복잡하게 얽혀 나타난 결과물이며, 그 외에 예측이 어려운 요소들이 추가로 작용하기도 한다. 예를 들면, 외모가 "이상하게" 태어나 학교에서 동급생들에게 놀림을 받는 것도 여기속한다. 가난한 집, 아니면 노동자 가정에서 태어난 것도 향후 공격적 성향을 높이는 요인이 된다.[9] 남성 우월주의가 팽배한 집안 분위기도 마찬가지로 한 요인이 된다. 남자가 여자를, 그것도 물리적 힘을 사용해, 통제하는 것이 당연시되는 분위기에서 자라기 때문이다. 아니면, 어렸을 때 가까운 가족이나 친척에게 성적으로 유혹을 당한 것도 큰 영향을 끼친다. 그런 일을 당하면 어느 날 갑자기, 웬만해서는 마음에서 몰아낼 수 없는 집착이 생겨 그것이 훗날의 행동 패턴을 결정짓는다. 이 패턴은—사실 '중독'에 더 가까운데—청소년기에 자신을 학대한 사람을 닮은 모든 이들에게 강박적으로, 반복해서 폭력적인 복수를 행하는 형태로 나타나기도 한다. 10대 중반에 그러한 경험으로 성향이 변하고 고착된 연쇄살인범의 예를 소개하겠다. 그런데 그에 앞서, 연쇄살인범들에게서 공통적으로 발견되는 태생적, 후천적 특징과 경험을 정리한 항목을 선보이고자 한다. 한마디로 연쇄살인범으로 자라는 데 크게 기여한 특징적 요소를 말한다. 물론 모든 항목을 하나도 빠짐없이 갖춘 연쇄살인범은 없으며, 거의 한 가지도 해당 사항이 없는 연쇄살인범도 소수지만 존재한다.

'천성'과 관련된 항목

- 정신질환(정신병적 증상이 수반된, 중증 질환)

- 정신분열증

- 조울증(특히 조증)

- 자폐증 또는 아스퍼거 증후군(지능과 언어 발달은 정상이나 사회생활이나 의사소통에 문제가 있는 유사 자폐 장애 - 옮긴이)

- 망상 장애

정신과적 질환(비교적 경증의 질환, 정신병은 제외)

- (과잉 행동 장애를 동반하거나 동반하지 않은) 주의력결핍장애

- 알코올중독(가족 내력 또는 유전적 성향)

- 간질병(예를 들면 측두엽 간질)

- 성욕 과잉(어렸을 때 과다 자극을 받지 않은 경우에 한함. 태아기에 테스토스테론이 지나치게 분비되어 성욕 과잉이 되는 경우도 있음)

인격 장애(유전적 요인은 인격 장애의 원인 중 절반 정도를 차지한다)

- 반사회성 인격 장애(주로 남자)

- 사이코패시(주로 남자)

- 분열성 인격 장애(냉담함이 특징. 주로 남자에게서 발병)

- 가학성 인격 장애(주로 남자에게서 보임)

- 편집성 인격 장애

- 충동-공격성/간헐적 폭발성 장애(공격적 충동을 조절하지 못해, 상황과 관계없이 심각한 파괴적 행동으로 분노를 터뜨리는 것 - 옮긴이)

'양육'과 관련된 항목

- 부모의(혹은 보호자의) 잔학 행위/신체적 학대

- 부모의 심각한 방임/유기

- 부모의 심각한 언어 학대/모욕 행위

- 부모의 죽음

- 성장기에 아버지의 부재

- 아이가 16세에 이르기 전 부모의 이혼

- 입양됨

- 사회 경제적 지위가 낮은 가정

- 부모의 성적 학대/유혹, 그에 따른 성욕 과잉증(부모의 공공연한 성욕 과시 및 문란한 성관계를 반복적으로 목격하거나 형제자매 사이에 성적 학대가 있었던 경우도 포함된다)

- 뇌 질환 또는 뇌 손상―특히 전두엽에 손상을 주는 부상

- 폭력적인 TV 프로그램에 몰입―심리적으로 취약한 어린이의 경우

두 가지가 혼합되거나 혹은 원인이 불분명한 항목

- 성 도착(관음증, 성적 가학증, 결박에 대한 환상, 노출증 등)

- 부정적인 천성 및 양육 요인에 의한 "부작용"

- 청소년 비행

- 약물 남용(특히 코카인과 메탐페타민, 엔젤 더스트)

- 알코올중독(유전의 영향으로 중독되지 않은 경우)

- 유년기 품행 장애(ADD나 조병의 초기 증세 같은 선천적 장애를 뜻할 수도 있고, 아니면 부모의 학대 같은 후천적 요인에 의한 장애를 뜻할 수도 있다)

- 동물 학대와 방화 둘 중 하나 또는 둘 다

- 10대 청소년기에 저지른 강간 또는 다른 형태의 성폭력

이 리스트를 보면 대충 감이 잡히겠지만, 앞에서 나열한 요소들은 아주 단순하게 분류할 수 있다. '나쁜 유전자'와 '나쁜 부모', '나쁜 운'(예를 들면 두부 외상), '나쁜 약물' 그리고 "주체할 수 없이 끓는 호르몬"이다.[10] 이 항목들은 '일반적인 폭력'의 기본 재료라고도 할 수 있다. 1장부터 6장까지 등장한 살인범 및 강간범들은 이 항목들 중 몇 개 혹은 여러 개를 갖춘 이들이다. 이들에게 도대체 무엇이 작용하여 연쇄살인범이 만들어지는가 하는 것은, 누가 이 항목들에서 어떤 요소를 갖추었는지 알고 있다고 해서 답을 낼 수 있는 문제가 아니다.

근친의 성적 유혹으로 연쇄살인범이 된 경우

나는 어느 교도소에서 정신과 담당의로 일하면서, 2년 동안 잠자리 상대로 만난 남자 네 명을 목 졸라 죽인 40대의 죄수 A와 친분을 쌓게 되었다. 그는 결혼과 이혼 전적이 있지만, 이성애보다는 동성애 성향이 더 강했다. A의 범죄 패턴은, 게이 바에서 만난 남자를 유혹해 우선 밖으로 데리고 나간 다음, 후미진 곳으로 가 술에 취한 상태로 성관계를 맺고, 그 사람이 자기 어머니라고 상상하면서 곧바로 상대를 목 졸라 죽이는 것이었다. 그는 다섯 형제 중 한 명으로 자랐는데, 불행하게도 어머니가 가장 "총애하는" 자식이었다. 아버지는 경찰이고 어머니는 경비원이었는데, 몸집이 크고 성격도 거친 어머니가 집에서 서열 1위였다. 집안의 규율 반장이었던 어머니는, 낮에 직장에서 말썽꾼들을 제압하는 것과 똑같은 방식으로 경찰봉을 휘두르며 자식들에게 순종과 복종을 강요했다. A는 어린 시절 어머니에게 자주, 그리고 (피를 흘릴 정도로) 심하게 구타를 당한 어두운 과거가 있었다. 나머지 형제들도 똑같이 맞았지만, A는 그에 더하여 어느 날 어머니가 그를 침대로 끌어들인 이후로 주기적으로 어머니와 성관계를 갖게 되었다. 그때부터 하루는 맞고 다음 날은 섹스를 하고 그 다음 날 또 맞고 다음 날 다시 섹스를 하는 식으로, 두 가지 행위가 그가 열아홉 살이 되어 집을 떠나는 날까지 반복되었다. 그 과정에서 A는 어머니를 죽도록 증오하게 되었다. 증오심의 70퍼센트는 구타 때문이고 나머지 30퍼센트는 '아들을 유혹한 어머니의 행동이 패륜이라는 걸 알았기 때문'에 생긴 거라고 그는 털어놓았다. 술에 잔뜩 취한 상태에서 그는 머릿속으로 어머니를 죽이고 또 죽였다. 게다가 그는 사이코패스 기질도 있었다. 병적인 거짓말쟁이에 외적 매력이 넘치고 말재주가 뛰어난 사기꾼이었던 것을 보면 알 수 있다.

악의 심리 등급표를 기준으로 보면, A는 카테고리 17 '고문은 하지 않는 성적 연쇄살인범'에 넣어야 한다. 혹자는 A가 악한 사람이 아니라고 생각할 수도 있다. A가 악한 것이 아니라, 술집에서 잠재적 타깃을 사냥해 살인하고픈 충동을 물리치지 못하고 습관적으로 행동에 나선 것만 '악'으로 보는 것이다. A는 사이코패스이긴 해도 사디스트는 아니었다. 외톨이형 인간도 아니었다. 오히려 외향적이고 매력적이며 유머 감각도 뛰어나서, 살인 충동만 아니었으면 최고의 영업사원으로 성공했을 수도 있는 사람이었다. 또한 몸이 다부지고 힘도 셌는데, 그래서 상대를 쉽게 제압하는 것도 가능했다. 나는 훗날 A의 성폭행-살인 패턴이 만들어진 주된 원인이 모자 근친상간이었 다고 생각한다. 그러나 그런 과거가 있다 해도 범죄를 저지르지 않거나 아니면 재산형 범죄에 머물렀을 수도 있다고 생각한다.

연쇄살인범 부류에 얼마나 다양한 인간 군상이 존재하는지 보여주기 위해, 여러분을 연쇄살인과 고문이라는 영역의 '바닥'으로 데려가고자 한다. 단테의 지옥이라면 아마 가장 낮은 아홉 번째 고리에서 더 깊이 파고들어가야 했을 것이다. 왜냐하면 단테가 묘사한 지옥의 "맨 밑바닥"에 떨어진 사람들 중에도 앞으로 소개할 이들만큼 끔찍한 인간은 없기 때문이다. 여기서 소개할 이들은 '천성'과 '양육'의 항목 그리고 '불운'이라고 표현할 수 있는 항목 (예컨대, 머리 부상을 입거나 소년원에서 강간을 당한 과거)에 걸쳐 거의 모든 요소를 다 갖추고 있는 이들이다. 악의 등급에서도 다양한 카테고리 — 17번에서 22번까지 — 에 걸친 인간 군상을 두루 만나볼 수 있을 것이다.

연쇄살인범들의 다양한 정신질환들

연쇄살인처럼 끔찍한 짓을 저지르는 사람은 "미친" 것이 틀림없다는 일반적 인식 때문에, 그들에게 "정신질환"이 있다고 생각하는 사람들이 꽤 많다. "정신질환"이 있다는 말 자체가 굉장히 모호하긴 하지만, 정신의학 분야의 전문가들은 아직도 이 용어를 정신분열증이나 망상 장애, 조울증 같은 선천적 중증 정신병을 칭하는 말로 사용하고 있다. 그런데 LSD나 PCP, 코카인, 메탐페타민을 남용하거나, 심신이 나약한 사람(특히 10대 청소년)의 경우 마리화나만 피워도 분열증과 유사한 지속적인 "광분" 상태를 경험할 수 있다. 문제를 더 복잡하게 만드는 것은, 처음에는 정신병 증세만 있던 사람이 마약을 복용하기 시작하면서 결국 정신병 증세가 심각해지는 상황에 이르기도 한다는 것이다. 한마디로 선천적 질환이 약물 남용으로 악화된 셈이다. 그러나 '연쇄살인범'의 범주에 속하는 이들 중에는, 약물 남용과 '별개로' 정신병적 증세(환각, 비정상적인 생각, 망상 등)가 수반되는 정신질환을 앓은 경우가 매우 드물다. 그런가 하면, 연쇄살인범들에게서 가장 흔하게 발견되는 특징은 (비교적 경증의) 정신장애, 그 중에서도 특히 인격 장애다. 연쇄살인범이면 '전부 다' 인격 장애가 있다고 말해도 틀리지 않을 것이다. 여기서 인격 장애라 함은 자아도취성 인격 장애나 반사회성, 사이코패스성, 가학성, 과민-폭발성, 분열성 인격 장애 혹은 이것들의 다양한 조합을 말한다. 일단 재판까지 가면 연쇄살인범이 어떤 정신질환을 앓고 있는지 정확히 진단하기가 쉽지 않다. 정신 착란에 기인한 책임 능력 한정으로 감형을 받으려고 정신병을 앓는 척하는 범죄자들이 많기 때문이다. 그러나 이러한 시도는 거의 항상 실패로 끝난다.

정신분열증을 앓았던 리처드 체이스와 조셉 캘린저

정신병이 있는 연쇄살인범의 예를 가장 극명하게 보여주는 두 사례는 바로 리처드 체이스Richard Chase 사건과 조셉 캘린저Joseph Kallinger 사건이다. 두 사람 다 정신분열증 판정을 받은 것으로 알고 있다.

리처드 체이스는 1950년에 새크라멘토의 노동자 가정에서 태어났는데, 부모의 불화가 잦아서 집안 분위기는 좋지 않았다. 아버지는 엄격하고 비판적이었지만, 자식들을 학대하지는 않았다. 리처드는 일찍부터 이상 행동을 보였다. 초등학교 때 이미 동물을 고문하거나 불태우는 놀이를 즐겼다. 그리고 그렇게 죽인 고양이들을 뒷마당에 묻었다. 10대 시절부터는 "소름끼치는 면"을 보이기 시작했다. 처음에는 그럭저럭 친구들에게 인기가 있었지만, 여자들과 데이트를 하면서 성격이 극적으로 변했다. 몇 차례 발기불능으로 창피를 당한 뒤에는 LSD와 알코올, 마리화나 등을 남용하기 시작했다. 한때 리처드를 진료했던 정신과 의사는 "심각한 정신질환"을 의심했지만, 입원을 권유하지는 않았다. 리처드의 행동은 점점 이상해져 갔고, 겉모습도 점점 흐트러졌다. 한번은, 사람들이 벽장 안에서 "내 방으로 침입하려 한다"면서 벽장문에 못을 박아 버린 일이 있었다. 누가 자기의 폐동맥을 훔쳐갔다고 응급실에 제 발로 찾아간 적도 있었다. 그 밖에도 자기 뒤통수에 뼈가 튀어나왔다고, 혹은 심장이 박동을 멈췄다고 우긴 적도 있었다. 이맘때쯤 그는 "편집형 분열증" 진단을 받았는데, 환각제가 병의 증세를 몇 배로 악화시키고 있다는 견해도 더불어 제기되었다. 부모님이 이혼한 뒤로 그는 어머니와 함께 살게 됐는데, 그는 어머니가 자기를 "독살하려 한다"고 주장했다.

몸에 피가 부족해서 발기부전이 오는 것이라고 생각한 리처드는, 동물을 죽여 그 피를 마시고 몸에 바르는 괴이한 행위에 집착하기 시작했다. 그래서 토끼를 사냥해 내장을 다 꺼내고 그것을 날로 먹었다. 토끼 피를 스스로 주사한 적도 있었다. 물론 거부 반응을 일으켜 죽음의 문턱까지 갔다 오면서 소동은 끝났다. 고양이와 개뿐만 아니라 소도 잡아다 고문했다. 그러다 20대에 들어서자 동물 학대를 졸업하고, 대신 사람을 죽이고 내장을 꺼내는 단계로 들어갔다. 남자 한 명, 여자 두 명, 어린아이 셋을 죽였는데, 매번 성 불능을 치료할 수 있지 않을까 하는 희망에 희생자의 피를 마셨다. 살해한 여자 중 한 명에게는 그가 저지른 일들 중에 가장 역겹고 타락한 짓을 하기도 했다. 살해 후 한쪽 유두를 잘라내고 시체의 입에는 동물의 배설물을 채워 넣은 것이다. 1978년에 마침내 체포됐을 때 리처드 체이스는 "비조직적^{disorganized}" 연쇄살인범으로 분류되었다. 분노가 동기가 되어 범행을 저질렀고(다수의 자상을 남긴 것으로 알 수 있다) 또 범행의 증거를 숨기려는 시도를 전혀 하지 않았기 때문이다.[11] 자기가 고문하고 죽인 개의 주인에게 전화를 걸어 자신이 한 짓이라고 이야기한 적도 있을 정도다.

    리처드 체이스는 교도소에서 항우울제 알약을 모아 뒀다가 한꺼번에 먹고 자살했다. 법정에서 그는 정신질환자로 인정되긴 했지만, 자신이 저지른 짓이 잘못된 것임을 이해했기 때문에 정신이상에 기인한 형사 면책은 받지 못했다. 오늘날 '정신이상'은 가해자가 자기 범행의 성질을 이해하지 못하고 그것이 잘못된 것임을 인지하지도 못하는 상태를 뜻하는 법률 용어로 쓰인다. 체이스가 희생자를 항상 강간한 것이 아니며 몇 번 강간한 것도 사후에만 했다는(강간이 아닌 시간이었다는) 이유로 그의 범죄를 '성적 연쇄살인'으로 볼 수 없다고 주장하는 사람도 있다. 그러나 범행 동기는 명백히 성적 쾌락이었다. 이러한 특이점 때문에 체이스는 악의 등급에서 어느 한 카테고리에서 딱 들어맞지 않는다. 희생자 중 일부를 고문은 하지 않고 총으로 쏘거나 칼로 찌른 것으로 봐서는 카테고리 17에 넣어야 마땅할 것 같다. 그런데 또 범행의 잔악성을 보면 등급표의 가장 극단인 카테고리 22에 더 적합할 것도 같다. 그러나 사후의 시체 훼손은 희생자가 더 이상 느낄 수 없는 고통이므로 "고문"이 아니며, 카테고리 22에 들어갈 정도의 극단적 가학 행위나 고문의 예로는 적당치 않다.

반대로, 조셉 캘린저는 희생자를 전혀 고문하지 않았다. 조셉은 어렸을 때 필라델피아에 사는 어느 부부에게 입양됐는데, 걸핏하면 아이를 벌주기 좋아했던 그 부부는 조셉을 구타하는 데 그치지 않고 10대에 들어선 조셉에게 너의 "물건"(성기를 말함)은 절대로 단단해지지 않을 거라고 놀려 댔다. 나중에 결혼하고 자식도 여럿 낳았지만, 조셉은 발기부전에 대한 두려움을 떨쳐 버릴 수가 없었다. 30대 후반에 들어선 그는, 신이 나타나서는 어린 소년들을 죽이고 성기를 잘라 버리라고 명령했다고 주장했다. 그러다가 결국 아들 중 한 명(아버지 조셉이 자신을 학대했다고 비난한 적이 있는 아들이었다)과 다른 소년 한 명을 살해했고, 간호사 한 명을 강간하고 살해했다. 조셉은 자신이 961살이며 인간이 되기 전에는 나비였다고 말한 적도 있었다. 이후 그가 정신이상으로 형사 면책을 받기 위해 이상 행동을 하거나 과장된 이야기를 늘어놓았다는 주장이 제기되었다. 1976년 10월에 열린 재판에 참석한 존 흄John Hume 박사는 조셉 캘린저가 반사회적 인격 장애를 가지고 있긴 하지만 나머지는 다 꾸며 낸 것이라고 증언했다. 배심원단은 이에 동의했고, 정신이상을 내세운 변호는 기각되었다. 캘린저는 결국 종신형을 선고받았고, 1996년에 감옥에서 사망했다. 일부 전문가들은 캘린저에게 "분열성" 인격 장애가 있다고 보았다. 이는 괴이한 행동을 보이고 비현실적인 생각을 하지만 완전한 정신분열증은 아닌 정도를 뜻한다. 또 이 사건을 가지고 글을 쓴 작가는 캘린저가 정신분열이었다고 보았다.[12] 그러나 어디까지가 그냥 미친 행동을 한 것이고 어디서부터가 진짜 미쳐서 저지른 짓인지, 우리로서는 알 수 없다. 다만, 캘린저는 약물을 복용하지 않았으므로 체이스와는 달리 정신 상태가 약물로 인해 악화된 것이 아니라는 것은 알 수 있다.

"나이트 스토커" 리처드 라미레스의 주의력결핍장애

1980년대에 로스앤젤레스에서 "나이트 스토커"로 악명을 떨친 리처드 라미레스는, 과잉 활동 장애를 동반한 주의력결핍장애가 있었는데, 사실 이 장애 외에도 다른 불리한 요인이 많았다. 내가 라미레스를 '주의력결핍장애' 항목에 집어넣은 것은, 그가 이 장애를 앓았다고 전기에 명시된 몇 안 되는 연쇄살인범에 속하기 때문이다. 라미레스는 텍사스주 엘패소의 멕시코계 미국인 가정에서 다섯 남매 중 막내로 자랐다. 리처드의 증조할아버지와 할아버지 그리고 아버지는, 자식에게 규율을 가르친답시고 대를 이어가며 각자의 아들에게 심한 폭력을 행사했다. 리처드의 세 형제 중 두 명은 헤로인 중독으로 철창신세를 지기도 했다. 리처드는 두부 부상으로 의식을 잃은 적이 최소한 두 번 이상 있었던 것으로 알려져 있다. 한 번은 리처드가 옷장 위로 기어 올라가다가 옷장이 앞으로 넘어지면서 다친 것이고, 또 한 번은 놀이터에서 그네에 맞아 다친 것이었다. 이렇게 머리를 다친 후 간질 발작이 시작됐다. 의식을 잃게 만드는 대발작 간질과, 환각이나 반복적인 자동 행동이 수반되지만 의식을 잃지는 않는 측두엽 간질이 번갈아 찾아왔다. 발작 뒤에는 성욕 과잉과 공격성 그리고 괴물이 보이는 "환각" 상태가 따랐다. 10대 중반에 들어서면서 그는 메스칼린이나 LSD, PCP, 코카인 같은 환각제를 복용하기 시작했다.

리처드에게는 베트남전에 참전했다 돌아온 마이크 라미레스$^{Mike\ Ramirez}$라는 사촌이 있었다. 마이크는 현지 여자들을 강간하고 머리를 베거나 현지인들을 기습 암살한 일 등, 그곳에서 저지른 행각을 리처드에게 자랑스럽게 떠벌렸다 리처드의 눈에는 마이크가 영웅으로 보였다. 마이크는 (리처드가 보는 앞에서 아내를 살해한 사건으로 실형을 살고 풀려난 후) 로스앤젤레스로 이주했고, 나중에 리처드가 합류했다. 그때 리처드는 이미 세상과 단절되고 지나치게 의심이 많았으며 완전히 타락해 있었다. 그는 다른 사람, 주로 여자들 집에 몰래 들어가 강간이나 살인을 저지르기 시작했다. 그 중에 한 번은 희생자의 눈알을 도려내 기념품으로 가져오기도 했다. 리처드는 자신이 '살인마 잭$^{Jack\ the\ Ripper}$(1888년 영국 런던에서 최소 다섯 명의 매춘부를 살해해 악명을 떨친 연쇄살인범 - 옮긴이)'보다 더 유명해지는 거대 환상$^{grandiose\ fantasy}$을 품었다.[13] 열네 번째 살인을 저지르고 마침내 체포된 리처드는 특유의 무심함으로 경찰 관계자들에게 이렇게 말했다. "당신들은 나를 이해 못 합니다……. 댁들은 그럴 능력이 안 되거든요. 나는 선과 악을 초월한 존재요."
"나는 살인하는 걸 즐깁니다. 죽는 모습을 지켜보는 게 좋거든요. 총으로 머리를 쏘면, 쓰러져서 파닥거리고 꿈틀대는데…… 그 피바다를 보는 게 좋아요."[14]

간간이 '악한 행위'를 저지르는 사람과는 달리 라미레스를 "악한 사람"으로 분류하게 만드는 특징 중 하나는, 그가 평생에 걸쳐 다른 누군가와 지속적이고 조화로운 관계를 맺은 적이 한 번도 없다는 것이다. 결혼해서 아내와 자식들에게는 따뜻하고 자상하게 굴고 희생자들에게는 잔악하게 구는 이중생활을 영위한 다수의 연쇄살인범들과는 달리, 라미레스는 깨어 있는 시간 전부를 인간에 대한 증오를 불태우면서 다음번 가학 행위를 구상하는 데 보낸 것으로 보인다. 이런 점에서 리처드 라미레스는 바로 다음에 소개할 살인범과 많이 닮았다. 무엇보다 성욕 과잉이라는 특징을 제대로 보여주는 인물인데, 성욕 과잉이란 성적 쾌락에 대한 욕구가 지나친 것을 말한다.

성욕 과잉 연쇄살인범 레너드 프레이저

1951년에 호주 북부에서 태어난 레너드 프레이저Leonard Fraser는 어릴 적부터 병적인 거짓말쟁이에 외톨이였고, 툭하면 짜증과 화를 폭발시키곤 했다. 잘못을 따지자면, 레너드의 아버지가 허구한 날 아들을 "피떡이 되도록" 벨트로 구타해 아들의 그런 성향을 악화시킨 면도 있다. 폭력을 두려워할 줄 모르는 아이를 신체적으로 학대해 봤자, 행동 교정 효과는 전혀 없으며 좋지 않은 상황을 더욱 악화시키기만 할 뿐이다. 그런데 학대하는 부모가 대개 그렇듯 레너드의 아버지도 그것을 끝까지 깨닫지 못했다. 어쨌든 레너드는 학교에 들어가서도 폭력적, 파괴적 성향을 보였고, 다른 아이들에 비해 성욕 과잉(동성애보다는 이성애 쪽이 강했다) 성향이나 태도 불량, 제멋대로식의 태도가 두드러졌다. 청소년기의 성욕 과잉 성향이 얼마만큼 유전의 영향이고 얼마만큼이 과잉 자극 때문인지 딱 부러지게 말할 수는 없다. 하지만 최소한 레너드의 경우에는, 나중에 소년원에 수감돼 몸집이 큰 아이들에게 성교를 강요당하기 훨씬 전부터 성욕 과잉 성향이 명백히 보였다. 소년원에서 레너드는 자신이 당한 만큼 몸집이 더 작은 남자아이들을 강간했고, 열일곱 살이 되어 석방된 후에는 여자들을 수도 없이 많이 강간하고 다녔다.

전형적인 연쇄살인범이 그렇듯 레너드도 동물 학대를 했고, 고양이를 산 채로 끓인 적도 있었다. 또한 알코올과 마약을 남용했고, 차를 훔쳤으며, 한번은 프랑스에서 온 관광객을 강간하고 살해했다. 그렇게 범죄 행각을 계속하다가 마침내 스물세 살 때 강간죄로 체포되어 21년형을 선고받았다. 그런데 교도소 정신과의가 사이코패스 진단을 내린 것을 무시하고 가석방 위원회가 레너드를 조기 석방시켜 버렸다. 레너드는 나와서 곧바로 성폭행을 저지르고 또 붙잡혔는데, 이번에는 겨우 2개월 수감형밖에 받지 않았다. 교도소를 몇 번 더 들락거린 후 레너드는 브리스번 지역을 중심으로 16명의 여자를 또 강간했고, 얼마 후 다시 여자 세 명과 아홉 살짜리 소녀를 강간 살인하고 시간했다. 고양이 학대 행각도 계속됐고, 이제는 수간^{獸姦}도 하기 시작했는데, 레너드의 경우 상대는 개였다. 여자 한 명을 방에 감금해 두고 하루에 여섯 차례씩 강간하는 범행도 저질렀다. 그러다가 결국 다시 체포됐고, 이번에는 "치유 불가능한 성 가학증"이라는 진단을 받았다. 먹잇감을 찾아 사냥하는 포식자형 살인범인 레너드 프레이저는 스토킹하고 강간할 수 있는, 떠돌이처럼 보이는 여자들을 주 타깃으로 삼아 악행을 저질렀다. 경찰마저도 그를 "깜짝 놀랄 정도로 사악한" 사람이라며 혀를 내두를 정도였다.[15]

연쇄살인범들의 가장 중요한 특징, 인격 장애

연쇄살인범들에게서 발견되는 여러 가지 인격 장애 중에, 논란의 여지는 있지만 그래도 가장 흔하다고 꼽히는 것은 사이코패시다. 내가 전기물 자료를 가지고 연구한 연쇄살인범 145명 중에 87퍼센트가 사이코패스였다. 사이코패시는 (성적 연쇄살인범 외에도) 다른 흉악 범죄자들에게서도 흔히 발견되는데, 대표적인 예가 사이코패시의 행동 성향과 자기도취적인 인격 성향을 고루 보여준 찰스 맨슨이다. 표본이 이렇게나 많은 분야에서 단 한 명의 연쇄살인범을 사례로 드는 것은 너무 독단적인 처사로 보인다. 연쇄살인범들은 일반적으로 포식자 성향이 강한데, 지극히 자기중심적이며 자기도취적 성향이 있다. 대부분은 그 정도에서 그치지 않고 상대방의 감정에 무감각하고, 양심의 가책을 못 느끼며, 말주변이 좋고 사람을 잘 속이는 등 단순히 자기도취적 인간으로만 단정할 수 없는, 사이코패스의 범주에까지 해당되는 특별한 기질을 보인다. 어쩌면 가장 중요한 특징은 희생자들에게 '연민을 전혀 못 느끼는 것'인지도 모른다. 게리 리지웨이나 허먼 머짓Herman Mudgett처럼 이중생활을 영위하면서 그나마 자기 아내에게는 어느 정도의 연민의 정을 보여줬던 연쇄살인범들도, 자신의 먹잇감이 된 희생자들에게는 눈곱만치의 동정심도 느끼지 않았다.

사이코패시의 끝을 보여준 폴 버나도와 제러드 쉐이퍼

폴 버나도Paul Bernardo는 캐나다 온타리오의 한 가정에서 태어났다. 어머니는 차림새가 항상 지저분하고 애정 표현을 잘 안 하는 사람이었고, 아버지는 성질이 급한데다 관음증까지 있었다. 어렸을 때 폴은 다른 아이들을 지독하게 놀리고 괴롭혔고, 10대에 들어서서는 돈을 마련하기 위해 사기와 갈취 행각을 하기 시작했다. 허풍이 심했던 폴은 평소의 태도도 건방지기 짝이 없었고, 데이트를 시작할 무렵에는 여자친구에 대한 지나친 소유욕도 드러냈다. 폴이 열여섯 살이 됐을 때, 어머니는 폴에게 지금 아버지가 친부가 아니라고 털어놓았다. 자기가 "절반은 의붓자식"이라는 폭탄 발언을 들은 이때부터 폴은 어머니에게 심하게 반항하고 폭력적으로 굴기 시작했다. 성인이 된 그는 수완이 뛰어난 사기꾼 겸 영업사원이 되었다. 여자친구도 끊이지 않았다. 폴은 질투가 심하고 여자에게 함부로 대했는데, 한번은 여자 친구가 다른 여자와 술집에 놀러갔다고 '창녀'라고 욕하며 두들겨 팬 적도 있었다. 폴은 강간과 섹스, 가학-피학 환상에 점점 빠져들었다.[16] 양심도 도덕심도 없었던 그는, 자신의 매력을 이용해 '단기간에 부자가 되는 것'을 목표로 하여 점점 더 사기 행각에 전념했다.

폴은 스물세 살이 되던 해에 칼라 호몰카Karla Homolka라는 여자를 만났는데, 상대방을 어찌나 완벽하게 사로잡았는지, 칼라가 자발적으로 성 노예로 전락하게 만들었고 나중에는 결혼까지 했다. 폴은 처음에는 달콤한 말과 선물로 유혹하더니 얼마 안 가 가학 섹스를 강요했고, 아내에게 "못생겼다"는 비난도 서슴없이 퍼부었다. 그런데 이런 행태가 전부 칼라를 더욱 굴종하게 만들었다.[17] 결론부터 말하자면, 폴은 관음 행위와 소아 성폭행, 납치와 살해를 저질렀고, 세 명의 여자가 폴의 손에 목숨을 잃었다.

첫 번째 희생자는 처제인 태미Tammy였다. 폴은 동물 병원에서 일하는 칼라를 꼬드겨 열다섯 살 난 여동생을 마취로 의식을 잃게 한 뒤 성폭행했다. 정신을 되찾은 태미는 심하게 구역질을 했고, 그 과정에서 위장에 남아 있던 내용물 일부가 폐로 들어갔다. 그 결과 태미는 사망했다. 태미의 사망은 계획했던 것이 아니었지만, 폴과 칼라는 재빨리 사고사처럼 보이게 꾸몄고 그 덕분에 기소되지 않고 넘어갔다. 그러나 폴은 1991년 칼라와 결혼할 즈음해서도 여자 두 명을 더 강간하고 살인했다.

칼라를 철저히 조종하기 위해 폴은 칼라가 도발적이고 야한 자세를 취한 장면을 비디오로 찍어 놓고, 그것을 칼라의 입을 막는 협박 수단으로 사용했다. 그런데 그것만 믿고 마음대로 굴다가 어느 날 칼라를 지독하게 구타해 두 눈에 시커먼 멍이 들게 하고 말았다. 결국 칼라는 공범 증언(감형을 받는 대가로 검찰 측 증인이 되어 공범에게 불리한 증언을 하는 것 - 옮긴이)을 했고, 폴은 가석방 없는 종신형을 선고받았다. 칼라 자신도 꽤 무거운 형량을 선고받았지만, 2006년에 조기 석방되었다. 폴의 가학 성향(사이코패스 살인범들이 자주 보이는 성향이다)을 잘 보여주는 일화가 하나 있다. 칼라는 애완용 이구아나를 한 마리 기르고 있었는데, 폴이 섣불리 케이지에 손가락을 넣었다가 물린 적이 있었다. 그러자 폴은 그 "보복"으로 이구아나의 머리를 절단하고는 칼라에게 죽은 이구아나를 삶아서 먹게 했다.

제러드 존 쉐이퍼Gerard John Schaefer는 폴 버나도보다 외적 매력은 조금 떨어지지만 가학 성향은 누구 못지않게 지독했던 사이코패스 연쇄살인범이다. 제러드는 미국 남부의 중산층 가정에서 태어났다. 아버지는 알코올중독자였는데, 아내를 종종 '창녀'라고 부르며 심하게 구타했다. 제러드는 10대 시절 내내 폭력적인 섹스 환상에 시달렸다. 성에 대한 그의 태도는 심히 이중적이어서, 그것을 열망하는 것과 야한 옷차림의 여자애들을 비난하는 것 사이를 변덕스럽게 오갔다. 조금이라도 차림새가 야한 여자를 보면 어김없이 "창녀"라고 욕을 했다. 제러드는 순찰 순경인 자신의 신분을 이용해 여자들을 사냥했다. 여자가 교통신호를 위반한 것처럼 차를 세운 다음, 밖으로 끌어내 수갑을 채우고 어디론가 데려가 강간하고 목 졸라 살해했다. 제러드의 "사인signature"이라고 할 수 있는 범행 수법은, 상대를 극한의 공포로 몰고 가 똥오줌을 지리게 만드는 것이었다. 겉보기엔 잘생기고 매력적이지만 성욕 과잉에 병적인 속내를 지닌 제러드는, 자기가 죽인 여자가 자그마치 80명이 넘는다고 여기저기 떠벌리고 다녔다(실제로 몇 명을 죽였는지는 정확히 밝혀지지 않았다). 체포되어 수감된 후에는 역겹고 가학적인 디테일로 가득한 범죄 픽션을 여러 편 썼다. 명망 있는 전 FBI 프로파일러 로버트 레슬러[Robert Ressler]가 "조직적" 연쇄살인범으로 분류한 제러드 존 쉐이퍼는 현재 역사상 가장 흉악하고 사디스트적인 살인범 중 하나로 꼽힌다.[18] 쉐이퍼는 종신형을 살다가 1995년에 다른 재소자에게 살해당했다.

분열성 인격 장애 살인범 데니스 닐슨의 냉정함

분열성 인격 장애의 특징은 무심함이다. 다른 사람들과의 친밀한 관계를 원하면서도 동시에 가까워지기를 두려워하는 회피성 인격 장애와는 달리, 분열성 장애가 있는 사람들은 기본적으로 은둔형이고 혼자 사는 스타일을 추구한다. 어디에도 소속되지 않고 또 아무하고도 친밀한 관계를 맺지 않고 살아가는 것이다. 이 두 범주 중 어느 쪽에도 딱 맞아들지 않는 타입도 있다. 혼자 있으면 외로움을 느끼고 다른 사람과 친밀해지고 싶지만 거절의 두려움 때문에 누구에게도 가까이 다가가지 않는 타입이 그 중 하나다. 두려움 때문이 아니라 인간관계를 지속시킬 사교적 기술이 없어서 그러는 경우도 있다. 연쇄살인범 중에 분열성 인격 장애를 가진 경우는 놀랍도록 많다. 절반 정도가 분열성 인격 장애며, 아니면 최소한 분열성 장애 '성향'을 보이는 외톨이형 살인범도 많다. 이들 중 일부는 다른 사람과의 관계를 맺기를 열망하지만 심리적으로 그 선을 뛰어넘지를 못한다.

분열성 인격 장애를 가진 사람에게서 두드러지는 또 하나의 특징은 소름끼치는 '초연함'이다. 이러한 성향은 주변 사람들이 "피드백"을 안 해 주기 때문에 시간이 지남에 따라 더 심해지며, 결과적으로 그 사람은 점점 더 자기만의 세계에 갇힌, 더욱 이상하고 별난 사람이 된다. 연쇄살인범 중에서도 분열성 인격 장애가 있는 살인범이 유난히 끔찍한 살인을 저지르는데, 이들은 전혀 감정의 동요 없이 시체를 훼손하거나 토막 낸다. 마치 어린아이가 나무의 살을 깎거나 내부가 어떻게 생겼나 궁금해서 시계를 분해해 보는 것과 똑같은 태도로 시체를 훼손하는 것이다. 바로 이러한 초연함이 사체 훼손이라는 끔찍한 요소와 합쳐져 일반인들에게 "흉악하다"는 반응을 불러일으키는 것이다. 살인범이 평소에 회사 동료나 지인들에게 딱히 잔학하게 굴지 않았다고 해서 그 사람은 "흉악범"이 아니라고 말할 수는 없다. 사실 분열성 장애의 특징인 무심함과 초연함 때문에, 언뜻 연쇄살인범들이—그들이 저지른 살인을 차치하고 보면—그럭저럭 괜찮은 인간, 심지어 멋진 인간으로 보일 수도 있다. 반대로 다른 부류의 연쇄살인범들은 평소에도 드러내놓고 잔악하게 굴어서, '저 사람은 인간이 아니구나' 하는 생각이 절로 들게 한다. 이들은 사람들이 예의바르게 "변종"이라고 부르는, 그리고 조금 더 노골적으로는 "돌연변이"나 "짐승"이라고 부르는 부류다.

데니스 닐슨^{Dennis Nilsen}은 분열성 인성 장애가 있었지만 그래도 외로움에 시달리고 다른 사람과의 접촉을 갈망했던 살인범의 대표적인 예다. 데니스는 미국에서 제프리 다머가 유명세를 얻은 것과 같은 이유로 영국에서 악명을 떨쳤다. 둘 다 분열성 인성 장애가 있는데 유난히 외로움을 타는 동성애자였고, 누군가와 오랫동안 관계를 유지하는 게 불가능함에도 다른 남자들과 관계를 만들어 보려다가 결국 실패해 상대방을 교살했으며, 시체를 자기 집에 가능한 한 오래 방치했다. 시체들은 더 이상 대화 상대는 되지 못했지만, 최소한 이 외로운 살인자들을 위해 얼마간 "곁에 있어" 주었다. 또 썩기 전까지 며칠 동안은 시간을 하기에 유용했다.

데니스는 유명 작가 버지니아 울프의 먼 친척이었던 한 영국인 여자와 2차 대전 참전 용사인 노르웨이 병사 사이에서 태어났다. 두 사람의 말 많고 탈 많았던 결혼은 데니스가 네 살이 되던 해에 막을 내렸다. 데니스와 유일하게 가까웠던 친척은 외할아버지였고, 때문에 부모님이 이혼했을 때 데니스는 외할아버지 댁에 보내졌다. 데니스가 여섯 살 때 외할아버지가 돌아가시자, 데니스는 세상에 자기 혼자만 남겨진 기분이 들었다. 다른 연쇄살인범들과는 달리 데니스는 동물을 좋아했고 개와 고양이도 각각 한 마리씩 길렀다. 그는 누구한테 학대를 당한 적도 없었고, 성인이 돼서는 썩 괜찮은 직장도 다녔다. 군대에 들어가 11년이나 복무했고, 거기서 요리하는 법도 배웠다. 그 뒤에는 잠시 순경으로 일한 적도 있다. 런던에 살았던 30대 초반 시절, 술집에서 남자들을 만나 자기 집으로 데려오는 버릇이 생겼다. 그런데 이런 습관이 생기기 전에 약 2년 동안 데이비드 갤리챈$^{David\ Gallichan}$이라는 친구와 성적인 관계는 맺지 않고 룸메이트로 함께 살았었다. 데이비드와 헤어진 무렵부터 데니스는 지독한 외로움을 느껴 술을 퍼마시기 시작했다. 그러다가 술집에서 남자를 만나 데려오기 시작한 것이다.

데니스는 서른 세 살이던 1978년에 첫 살인을 저질렀다. 집으로 데려온 남자를 목 졸라 죽인 후에 그는 한동안 시체를 자기 집 마룻바닥 밑에 보관해 두었다. 그래 놓고 때때로 마룻장을 들고 시체를 꺼내 시간을 했다. 시간은 시체가 너무 썩어 더 이상 그럴 수 없을 때까지 계속됐다. 닐슨은 전부 합쳐서 15명의 남자를 살해했고, 죽이지 않고 돌려보낸 다른 희생자들도 있었다. 그러다가 1983년 어느 날, 희생자의 시체를 토막 내 덩어리를 변기에 흘려보내려다가 그만 덩어리가 수도관에 걸려 버렸다. 곧 썩은 내가 진동을 했고, 이웃에서 신고가 들어왔다. 사정을 알아보러 경찰이 출동하자 데니스는 그 자리에서 범행을 세세하게 자백했고, 자신을 변호하거나 후회의 빛을 보이지 않았다.[19]

재판에서 그는 피고 측 변호인과 검찰 측 모두에게 정신 감정을 받았다. 변호사는 닐슨이 과거에 정체성에 손상을 입었으며, 자신의 범죄 행각에 거의 아무것도 안 느낄 정도로 대상을 객관화할 수 있다는 결론을 내렸다(여기서 '객관화'란 앞서 언급한 '초연함'과 비슷한 것이다). 검찰 측은 피고가 "정신장애"인지는 몰라도 "정신이상"은 아니라고 주장했다[20]—어쩌면 이 두 가지가 같은 것인데 그렇게 말한 것인지도 모르겠다. 어쨌거나, 요는 닐슨이 정신병자가 아니었다는 것이다. 닐슨이 다른 연쇄살인범들과 확연히 구분되는 점은, 심리적으로 증오에 사로잡혀 있지 않았다는 것이다. 그렇다고 잠재의식 속에 한줌의 증오도 없었을 거라고 단정하는 것은 아니다. 아마 겉으로 쉽게 드러나지 않는 무의식 깊은 곳에 더 복잡한 감정이 자리하고 있었을 것이다. 어쩌면 재혼하고 아이들을 낳자 자기에게서 관심을 거두어 버린 어머니에게, 아니면 항상 술에 취해 고약하게 굴다가 가정을 버리고 떠나가 버린 아버지에게 증오를 느꼈을지도 모른다.

닐슨은 자신이 집에 데려와 시체로 만들어 버린 손님들에게, 신기할 정도로 '애착을 느끼는' 듯했다. 혹시 그들은 닐슨이 무척 사랑한, 그러나 죽고 없는 외할아버지를 상징하는 것일까? 우리로서는 진실을 알 수 없다. 어쨌거나 닐슨은 가족들에 대한 증오로 가득 차 희생자들에게 대신 화풀이를 하는 전형적인 연쇄살인범으로는 보이지 않는다. 그는 희생자들에게 적대감이 없었다. 또 하나 특이한 점은, 닐슨이 지능이 꽤 높았다는 것 그리고 심지어 자아성찰도 가능했다는 것이다. 다음은 내가 인터뷰를 신청했을 때, 그가 나에게 보낸 편지 내용의 일부다.

마이클 씨, 편지 감사합니다. 10월 24일 소인이 찍혀 있지만, 제가 받은 것은 바로 어제였습니다. 할로윈데이가 있는 주네요—마법과 미신이 과학, 지식과 부적절한 만남을 갖는 날이지요. 당신의 편지는 톰 크루즈가 등장하는 영화에나 나올 법한 흔해 빠진 문구로 가득 차 있더군요. "다양한 폭력 범죄의 기원", "범행의 원인" 등등……. 우리가 인류를 "범죄자"니 "살인자"니 하는 라벨이 찍힌 검은 상자로 미리 깔끔하게 포장해 놓기 시작하면…… 인간 본연의 한 부분인 '기능 장애'라는 큰 그림에서 점점 멀어지기 시작할 것입니다…… 인간의 기능 장애는 편향적인 라벨이 갖는 인위성보다 우선하는 것인데도 말입니다.

닐슨은 이어서, 그래도 자기는 나를 만나고 싶지만 자신이 수감되어 있는 곳의 결정권자들이 면담을 허락하지 않을 것이라고 덧붙였다. 닐슨은 '최소 25년'형을 선고받았다. 닐슨이 모르고 있었던 사실은, 그가 받은 편지는 내가 범죄자 인터뷰를 할 수 있게 도와주는 에이전시에서 보낸 표준 양식의 서한이라는 것이었다. 내가 직접 쓴 것이 아니었다. 그런 상투적 문구는 그 사람이 어떤 범행을 저질렀건 읽는 사람에게서, 그가 가지고 있는 인간적 속성을 박탈해 버린다는 닐슨의 말에 나도 전적으로 동의한다. 물론 닐슨처럼 어느 정도 지각이 있고 사색적인 사람에게는 더욱 그러하다―그가 저지른 범죄에도 불구하고 말이다.

에드먼드 에밀 켐퍼 3세Edmund Emil KemperⅢ는 데니스 닐슨과 정확히 대척점에 있는 사람이다. 라미레스나 캘린저와 마찬가지로, 켐퍼가 저지른 연쇄살인의 동기는 증오심이었다. 10대 시절 다 자란 키가 206센티미터나 됐던 켐퍼는, 열다섯 살 때 이미 할머니와 할아버지를 할아버지가 선물로 주신 총으로 쏘아 죽인 전적이 있었다. 경찰 심문에서 "왜" 그런 짓을 했냐는 질문을 받자 켐퍼는 이렇게 대답했다. "할머니랑 할아버지를 죽일 때 기분이 어떨지 그냥 알고 싶었어요."[21] 켐퍼는 이미 열 살 때 고양이를 산 채로 묻어 죽인 적이 있었다. 열세 살 때는 이웃 소년의 개를 총으로 쏘아 죽이고 고양이의 머리를 벴다. 1972년부터 1973년 사이 켐퍼는 캘리포니아주 산타크루즈 지역에서 히치하이킹을 하는 여대생들을 납치해 살해했다. 칼로 찌르거나 총으로 쏘아 죽인 다음, 시체를 자신의 아파트로 운반해와 거기서 토막 냈다. 그런 다음 토막 난 사체와 섹스를 했다. 나중에는 어린 시절 자신을 극도로 학대하고 자신에게 강압적으로 굴었던 어머니(최고의 증오 대상이었다)를 유사한 방식으로 살해했다. 다른 점이 있다면, 잘라 낸 머리를 다트보드로 사용했다는 것이다. 켐퍼는 현재 종신형을 살고 있으며, 인터뷰에서 이런 말을 했다고 한다. "길에서 예쁜 여자를 보면 두 가지 생각이 동시에 듭니다. 하나는 저 여자를 집에 데려가 정말 잘 대해 주고 싶다는 거고, 다른 하나는 저 여자의 머리를 막대기에 꽂으면 어떻게 보일까 하는 생각입니다."[22]

켐퍼는 정신분열형 사이코패스였던 것으로 보인다. 그러나 닐슨과 닮은 점이 하나 있다. 두 사람 다 친밀한 관계를 맺고 지속시키는 능력이 결핍됐다는 것이다. 이 때문에 켐퍼는, 여자들은 살아 있을 때는 손에 닿을 수 없는 존재지만 죽어서는 "내 것"이라고 말하기도 했다.[23] 캘리포니아주에서 법정 신의학자로 활약한 나의 사촌 고(故) 브루스 댄토 박사 Dr. Bruce Danto가 켐퍼와 면담을 한 적이 있는데, 사형제도에 극구 반대하는 그가 켐퍼에 한해서는 "스위치를 올리는 것"을 주저하지 않겠다고 말한 것은 켐퍼가 다른 사람들에게 호감을 사는 능력이 얼마나 부족했는지 잘 보여준다.

최악 중의 최악, 가학성 인격 장애 살인범 데이비드 파커 레이

어떤 면에서 보면 악의 심리 등급은 곧 가학성(사디즘)의 등급이라고 해석할 수 있다. '악하다'는 반응을 가장 많이 불러일으킬 법한 범죄들은, 가만 보면 가학 성향이 가장 두드러지는 범죄들이다. 내가 쓴 범죄 관련 저서들에 등장한 남성 범죄자들만 봐도, 남자 살인범의 무려 70퍼센트가 가학 성향이 있는 이들이다.[24] 악의 심리 등급표에서 더 높은 레벨로 올라갈수록 그 비율도 올라간다. 카테고리 2에서 11까지는 25퍼센트만이 가학 범죄자였는데, 나머지 카테고리 12부터 22까지는 70퍼센트가 가학 범죄자였다. 대상을 카테고리 19부터 22까지만 한정시키면, 네 항목에 포함된 살인범 81명이 전부 가학 범죄자다. 이렇듯 상위 항목(카테고리 16 이상)의 대다수가 사디스트인 동시에 사이코패스니, "가학적 사이코패스"라는 말은 아마 이들을 표현하는 가장 정확한 말일 것이다. 참고로, 가장 큰 부분을 차지하는 부류는 '연쇄살인범'이다.

가학 성향을 나타내는 특징 중에 어떤 것은 다른 것들보다 훨씬 강력한 지표가 된다. '다른 사람의 고통을 즐기는 것'이 핵심적 특징이지만, 상대에게 고통을 가할 목적으로 거짓말을 하고 속임수를 쓰는 것 또한 무시하지 못할 특징이다. 이를테면, 가학 범죄자가 들키지 않고 자기 하고 싶은 짓을 마음껏 하기 위해 희생자를 속여 외딴 곳이나 은밀한 곳으로 유인하는 것을 말한다. 세 번째 특징은 위협과 잔학 행위로 상대방을 겁주는 것이다. 연쇄살인범 중에는 고문, 그것도 장시간에 걸친 고문에 대한 집착이 너무 심해서, 그들이 희생자에게 한 짓을 보면 누구라도 '사악하다'는 말을 입에 올리지 않을 수 없을 정도인 자들도 많다.

고문 살인범들 중에는 경찰이나 과학수사대조차 완전히 파악하지 못할 정도의 범행을 저지른 부류도 있다. 그 예로, 데이비드 폴 브라운의 고문에 희생됐을 것으로 추정되는 아이들은 브라운의 아파트 바닥에 묻혀 있던 뼛조각 몇 개만 남기고 완전히 자취를 감춰 버렸다. 그들은 단 몇 분 동안만 고문을 당했을까? 아니면 몇 시간 혹은 며칠에 걸쳐 당했을까? 고문을 전혀 안 당하진 않았을까? 우리로서는 알 길이 없다. 때문에 브라운을 등급표의 어디에 배치해야 할지도 확실치가 않다. 그런데 희생자를 고문하는 행위를 즐기면서 동시에 그 역겨운 행위를 강박적으로 기록한 연쇄살인범들도 있다. 그 고문 기록을 읽어 보면, 내용이 보통사람의 악몽이나 못된 상상의 한계를 초월하고도 남을 정도로 끔찍하고 극악무도하다. 이들은 그야말로 최악 중 최악을 달리는 부류다. 나는 이 부류에 속하는 70여 명의 살인범을 조사하면서, 악의 심리 등급을 처음 만든 1980년대 후반에 지금 알고 있는 것을 알았더라면 아마 상위 카테고리를 몇 개 더 만들었을 거라는 생각이 들었다.

    1장에서도 언급했지만, 나는 이런 부류가 단테의 시대에는 존재하지 않았던 것인지 내심 궁금했다. 이 세상에 이런 끔찍한 부류가 새로 등장한 것일까? 아니면 단테도 이런 인간들을 알고 있었는데 그 끔찍한 범죄 묘사로 독자들에게 충격을 줄 생각을 하니 도저히 글로 쓸 수 없었던 것일까? 아니면, 그런 범죄를 묘사하기엔 그의 고상한 시가 적당한 그릇이 아니라고 생각했던 것일까? 다음은 "가학성 인격 장애"를 가진 범죄자들의 사례인데, 그 내용이 너무 끔찍해서 이렇게 지면에 소개하는 것에 대해 독자 여러분께 미리 사과하겠다. 한편 이들의 가학 행각을 실제의 반만큼도 다 묘사하지 못했다는 점을 밝히고 싶다. 이는 마치 전장의 최전선에서 끔찍한 부상과 죽음을 목격하고 고향에 돌아온 병사들이 그곳에서 본 것을 아예 입 밖에 꺼내지 못하거나, 아니면 다른 퇴역 군인들에게만—그것도 절제된 어조로, 아주 가끔씩만—털어놓는 것과 같은 이유에서다.

데이비드 파커 레이David Parker Ray는 내가 아는, 혹은 내가 연구한 살인범들 중에서 가장 잔악하고 사디스트 성향이 강한 것으로 보이는 연쇄살인범이다. "그렇게 보인다"고 한 이유는, 레이보다 더 잔인하게 희생자들을 고문했으나 범행의 흔적은 남기지 않은 가학 살인범이 있을지도 모르기 때문이다. 레이의 이야기를 하자면 사이먼 박사의 책 제목으로 쓰인 문구 "악인은 선인이 꿈만 꾸는 것을 실제로 행한다"[25]를 다시 한 번 언급하지 않을 수 없다. 데이비드 레이는 마키 드 사드가 꿈만 꾼 것을 실제 행동으로 옮겼다. 저명한 법정신의학자인 사이먼 박사는, 정신의학자라면 다 아는 사실을 그 역시 인지하고 있었다. 많은 사람들이(여자보다는 남자들이 더) 때때로, 특히 모욕이나 거절, 실패, 공격 등을 당한 직후에 누군가를 살인하는 상상을 잠시 품게 된다는 것이다. 자신에게 크게 잘못하거나 자신을 해친 사람을 고문하는 상상을 하기도 한다. 사이먼 박사의 책 제목도 이런 의미에서 한 말이다. 혹자는 이러한 면이 인간의 본성이라는 것을 유감스럽게 생각할지 모르나, 아무리 그래도 부정할 수 없는 인간의 본성이다. 그러나 중요한 건 이것이다. 인간의 대다수, 대략 남자의 97퍼센트 그리고 여자의 99퍼센트 정도가 살면서 남을 고문하는 것은 물론이고 폭행하는 일이 없다는 것이다. 우리가 "부도덕"하고 살인적인 생각을 안 품기 때문일까? 아니다. 우리들 대부분이, 기본적으로 더 나은 유전자를 타고나기도 했지만, 더불어 따뜻하고 사랑이 넘치는 부모 밑에서 혹은 주변 사람들과 상호 호의를 나누는 과정에서 제대로 사회화가 됐기 때문이다. 그 결과, 사람을 증오하기보다는 사랑을 하는 경향이 자리 잡은 것이다. 같은 이유로, 우리 뇌에는 나쁜 생각이 들 때마다 "지금 떠올리고 있는 못된 보복은 행동에 옮겨선 안 돼!"라고 명령해 주는, 믿음직한 장치가 있다. 그래서 우리는 행동에 옮기지 않는다. 심지어 마키 드 사드도, 젊었을 때 저지른 몇몇 잔학 행위를 제외하면(살인은 하지 않았다), 자신의 끔찍한 생각들을 행동으로 옮기지 않았다. 사드의 명성은 주로 그의 가학적 환상 때문에 생긴 것으로, 사드는 그 환상을 방대한 분량으로 종이에 옮겼을 뿐(내가 가지고 있는 사드의 책은 약 3,000페이지에 달한다), 다른 사람을 상대로 실행에 옮기지는 않았다. 다시 데이비드 파커 레이의 이야기로 돌아오자.

데이비드는 보기 드문 기술을 갖춘 숙련공이자 최상급의 도안가였고, 자기 환상을 철저히 적어두는 기록가였으며, 사악하리만치 천재적인 고문 기구 개발자였다. 게다가 법망을 피하는 기술도 뛰어났다. 아우슈비츠 수용소의 죽음의 천사 멩겔레[Josef Mengele] 박사처럼, 데이비드도 두 사람 역할을 하며 살았다. 마치 지킬과 하이드처럼, 직장 동료나 자식들(아내들에게는 예외였다)에게는 자상하고 쾌활한 사람처럼 굴다가 순식간에 냉담한 사형 집행인으로 돌변했다. 그리고 희생자들을 고문하면서 코카인 중독자보다 훨씬 더 큰 짜릿함과 아드레날린 러시(에피네프린이 분비되어 순간적으로 힘이 나고 쾌감이 느껴지는 것 – 옮긴이)를 느끼곤 했다. 데이비드는 코카인을 사용하지는 않았다.

데이비드 파커 레이는 1939년에 뉴멕시코주 앨버커키에서 동남쪽으로 50킬로미터쯤 떨어진 시골에서 태어났다. 데이비드의 아버지 세실은 알코올중독자였고 원래 성질도 격했다. 데이비드의 어린 시절 친구 한 명이 이렇게 말했을 정도다. "데이비드의 아버지에 대한 얘기를 몇 가지 들었지만, 도저히 제 입으로 말하기가 싫습니다."[26] 데이비드가 열 살 때 부모님이 이혼했는데, 어머니 네티는 데이비드와 데이비드의 누나 페기를 조부모님 댁에 맡겼다. 할아버지는 아주 엄한 분이어서 데이비드의 복장까지도 엄격히 규제했고, 데이비드는 그 때문에 학교에서 캐주얼하게 입고 다니는 아이들에게 놀림을 받았다. 데이비드와 페기 남매는 아버지의 얼굴을 거의 못 보고 자랐고, 남매의 어머니도 아이들을 거의 찾아오지 않았다. 주변인들의 증언에 따르면, 데이비드는 항상 외톨이였다. 데이비드가 열세 살쯤 됐을 때, 결박 섹스에 대한 환상이 머릿속을 지배하기 시작했다. 그리고 얼마 지나지 않아 그는 그 환상을 실행에 옮기기 시작했다. 10대 중반의 나이에 여자를 납치해 나무에 묶어 놓고 실컷 고문하다가 살해한 것이다.[27] 다른 사람을 상대로 전능한 신이 된 듯한 기분을 느끼면서 쾌감을 얻는 것은, 연쇄살인범들이 공통적으로 보이는 특징이다. 희생자의 목숨이 끊어지는 순간 그 힘이 실제가 되는 것이다. 이 순간에 느끼는 쾌감은, 살인범이 과거에 겪은 무가치함과 열등감, 수치를 상쇄하고도 남을 정도로 크다. 이들이 "연쇄" 살인범이 되는 이유는, 바로 이렇게 어두운 욕구를 충족시켜 주는 "희열감"에 중독되기 때문이다. 열망과 중독은 단어의 정의상—차분함, 티핑 포인트에 이르고픈 열망의 고조, 열망의 충족, 다시 찾아오는 차분함의 주기를 따라—무한 반복될 수밖에 없는 것들이다. 한번 이 주기가 뇌에 박히면, 마치 코팅한 꽃잎처럼 영원히 새겨져 다시는 바꿀 수 없게 된다.

학업 성적은 그저 그랬던 데이비드는 곧 기계와 관련된 분야에서 놀라운 재능을 보이기 시작했다. 겉보기에 그는 친절하고 유쾌한 사람처럼 보였다. 몇 년에 걸쳐 이 일 저 일을 전전하긴 했지만, 맡은 일마다 훌륭하게 해냈다. 주유소 직원도 해 봤고 철로 수리공도 해 봤으며, 나중에는 앨버커키 남쪽에 위치한 트루스오어컨시퀀시스라는 마을에서 공원 관리원으로 몇 년간 일하기도 했다. "전문" 가학 살인범으로 변모한 것이 정확히 언제인지 확실치 않으나, 1990년대 초에 그는 이미 자신이 직접 고문실로 개조한 더블 사이즈의 모빌홈(트레일러에 차를 연결해 쉽게 옮길 수 있게 개조한 주거용 이동 주택 - 옮긴이)을 소유하고 있었다. 공원 근처 엘리펀트 뷋Elephant Butte이라는 외딴 곳(동명의 호수 근처에 위치)에 은밀히 숨겨놓은 이 커다란 트레일러—데이비드는 병적인 유머 감각을 발휘해 이 차에 '장난감 상자'라는 이름을 붙였다—안에는 방음장치는 물론 도르래와 쇠사슬, 산부인과 진료 도구, 못을 박은 모형 성기, 결박 및 신체 고정용 도구, 스턴건, 카메라와 TV 모니터, 전류가 흐르는 소몰이용 막대, 주사기와 화학 약품 그리고 강화벽과 강화문까지 모든 것이 갖추어져 있었다. 데이비드가 마련한 소름끼치는 장비들은 스페인 종교 재판이나 히틀러의 죽음의 수용소, 모스크바의 루뱐카 수용소에서 사용한 최악의 고문 장치만큼이나 끔찍한 것들이었다. 차이점은 무엇에 초점을 맞춘 고문 기구인가 하는 것이었다. 데이비드의 주 관심사는 뼈를 부러뜨리거나 살을 지지거나 자르는 것이 아니라, 성기를 중심으로 고문을 가하는 것이었다.

10대 청소년기부터 성인기 이후까지 계속된 데이비드의 결박 고문 환상은 날이 갈수록 점점 기괴해져서, 30대에 이르자 자위 도중 여자를 살해하는 상상만으로도 오르가즘에 이를 수 있을 지경이 됐다. 40대에 접어든 데이비드는 이제 여자들을 납치해 고문하기 시작했다. 희생자들을 고통스럽고 치욕적인 방법으로 강간했는데, 특히 항문 성교를 강요한 것은 이성애자면서 가학 성욕자인 범죄자들에게서 전형적으로 보이는 특징이다.

1993년에는 '입문자를 위한 테이프'라는 것을 완성했는데, (행간 없이 타이프로 치면 무려 16쪽에 달하는) 긴 설명과 고문 묘사가 주 내용이었다. 술집에서 자기 "집"에 같이 가자는 데이비드의 꼬임에 넘어가 장난감 상자로 끌려온 희생자들은, 도르래와 쇠사슬로 천장에 매달린 채 강제로 그 테이프를 들어야 했다.

우리는 데이비드 레이가 몇 년 동안이나 본격적인 가학 살해범으로 활동했는지, 그리고 총 몇 명이나 살해하고 시체를 내다 버렸는지 정확히 파악할 수 없다. 시체 증거를 없애는 데 워낙 빈틈이 없었기 때문에—아마 광활한 뉴멕시코 사막이나 엘리펀트 벗 호수에 내다버렸을 것이다—희생자의 시체를 한 구도 발견하지 못했다. 데이비드의 공범자이자 약혼자인 신디 헨디Cindy Hendy는 그가 열 명 이상, 어쩌면 수십 명까지 고문하고 살해했다고 추정했지만, 역시 정확한 숫자를 대지는 못했다.[28]

악을 주제로 이 책을 쓰면서 나는 처음부터, 가장 설득력 있는 악행 사례는 외설적이고 선정적인 묘사로 전락시키지 않으면서 독자들에게 제대로 전달하기가 어렵겠구나 하고 생각했었다. 물론 여러분은 이미 로이스 지글러나 자인 이사의 어린이 살해 또는 제프 룬드그렌의 타락 행위만으로도 '악'의 정체를 충분히 깨달았다고 말할지도 모른다. 만약 그렇다면 나는 괜한 걱정으로 지면을 낭비하고 있는 것이다. 그러나 여러분이 지금까지 본 사례만으로는 악의 개념을 충분히 파악하지 못하겠다고, 데이비드 파커 레이의 고문 행위를 들려줘야지만 "알겠다"라고 화답하겠다고 한다면, 더 이상 내가 할 수 있는 일은 없다. 나는 여러분에게 레이가 그린 끔찍하면서도 정교한 그림을 그대로 보여줄 수가 없다. 테이프의 내용도 몇 줄 이상은 여기에 옮길 수 없다. 테이프의 필사본을 처음 읽었을 때 내가 어떤 경험을 했는지는 여러분과 나눌 수 있다. 내가 20년 넘게 범죄자와 그들의 인성을 연구해 왔는데도, 레이의 테이프 내용은 전체 16페이지 중 첫 번째 페이지만 읽고 다음 페이지로 넘어갈 수가 없었다. 그 얘기를 친구에게 했더니—뛰어난 정신의학자이며 일류 병원의 정신과 과장을 지낸 친구다—그 친구는 이렇게 대답했다. "이봐, 스톤, 농담하지 마." 그런데 본인이 읽어 보더니, 비록 이 친구는 거의 끝까지 읽긴 했지만, 내 심정을 충분히 이해하겠다고 했다. 누구든 레이가 하는 말을 단 몇 마디라도 듣거나 읽으면 그 자리에서 도망가고 싶어질 것이다. 또, '장난감 상자'를 실제로 들여다보면 당장 고개를 돌리고 싶어질 것이다. 희생자들이 겪은 고통을 떠올리는 것이 너무 괴로워서 그냥 외면하고 싶어지는 것이다. 경찰은 레이가 체포된 후 '장난감 상자'를 열기 위해 그 지역의 자물쇠 전문가인 빌 킹[Bill King]이라는 남자를 소환했는데, 당시 트레일러를 들여다본 그의 반응은 이러했다. "그 안에서 악의 존재를 느꼈습니다. 공기 중에 뭔가가 느껴졌어요. 그래서 거기에 발을 들여놓고 싶지 않았습니다. 들여다본 것만으로 충분했지요."[29] 사건을 집중 보도한 몇몇 TV 채널도, 방영 프로그램에 하나같이 "엘리펀트 벗의 악마"[30] 같은 제목을 붙여 내보냈다. 레이의 입문자를 위한 강좌를 몇 줄만 옮겨 보겠다.

내 여자와 나는 몇 년간 계속 성 노예가 있었어. 우리 둘 다 취향이 변태적이거든. 강간이라든가 지하 감옥에 감금하는 놀이라든가……. 우리의 페티시와 취향 중에는 수위 높은 결박 섹스, 사디즘 행위도 포함돼 있어……. 너는 여기에 한 달이나 두 달 동안 머물게 될 거야. 만약 우리가 싫증이 안 나면 세 달도 있을 수 있고, 만약 내 여자에게 결정권이 있다면, 그녀는 너를 영원히 여기 데리고 있자고 할 거야. 그게 더 재미있고 위험도도 덜하다는 거지. 하지만 나는 개인적으로 다양성을 추구해.[31]

이 짧은 발췌문을 읽으면서 느끼는 불편함은, 입에는 재갈이 물리고 팔다리는 쇠사슬에 묶여 장난감 상자의 천장에 매달린 채 스피커를 통해 흘러나오는 레이의 목소리를 듣는 여자의 심정과는 비교도 안 된다.

레이의 체포 후 축적된 관련 서류 중에는 "성 고문을 당하는 여자를 묘사한 그림"이라는 제목의 47쪽에 달하는 자료 파일이 있다.[32] 그 중 가장 덜 역겨운 그림은 (물론 그 중 한 장도 여기에 싣지는 않을 테지만) 각종 윈치와 사슬로 테이블에 고정돼 누워 있는 여자를 묘사한 것이다. 여자는 레이와 레이의 공범자가 그때의 기분에 따라 또 어떤 고문을 할지, 공포에 질려 기다리고 있다. 의외로 그림은 성적으로 자극적이지 않다—물론 가학 성욕자가 볼 때는 제외하고 말이다. 대신 역겹고 차가운 느낌이 든다. 자신의 "청사진"이 예고하고 있는 고통을 레이가 얼마나 무심하게 바라보았는지 알 수 있다. 데이비드 파커 레이나 로버트 버델라Robert Berdella, 레너드 레이크Leonard Lake, 데니스 레이더 같은 이들의 가학 성욕이 어디에서 온 것인지, 도대체 우리가 어떻게 이해할 수 있을까?[33]

그나마 우리가 지금 아는 것은, 여러 가지 요인이 복합적으로 작용한다는 것이다. 그리고 그 다양한 요인 중에 어떤 것은 좀 더 일반적이고 또 어떤 것은 다른 것보다 더 큰 의미를 갖는다. 사이코패시 성향의 유전자, 부모의 학대, 아버지의 부재, 어머니의 자녀 방임, 유년기의 성폭행, 낮은 사회 경제적 지위, 정신질환 등의 요소를 전부 고려해야 한다.[34] 그러나 모든 가학 성욕 살인범들에게서 공통적으로 발견되는 요인은 없으며, 가학 성욕 살인범이라면 반드시 가지고 있는 "결정적인" 요소 같은 것도 없다. 결핵에 걸려보지 않고서는 결핵균을 설명하려 들 수 없다. 페르시아 카펫에 비유하면 이해가 더 쉽다. 각 카펫은 서로 다른 색깔과 굵기의 실(이것이 "다양한 요인"에 해당한다)이 엮여 한 장으로 완성된다. 그러나 절대로 똑같은 카펫은 나오지 않는다. 모든 카펫이 각각 다른 패턴과 형태를 가지고 있다. 비슷한 것은 나올 수 있다. 무늬가 비슷하면 같은 지역에서 만들어졌다는 뜻이다. 타브리즈산일 수도 있고, 이스파한이나 쉬라즈산일 수도 있다. 전문가라면 어느 지역 산물인지 알아볼 수 있다. 데이비드의 경우, 아버지는 폭력을 행사하다가 결국 가정을 버렸고 어머니는 자식을 조부모에게 맡기고 매몰차게 등을 돌렸다. 데이비드가 성폭행을 당했다는 얘기는 없다. 그러나 데이비드는 이미 10대 초반부터 결박 환상에 집착했으며, 세상의 모든 여자를 정숙한 숙녀와 창녀로 이분해 후자는 냅킨처럼 쓰고 버릴 수 있는 존재로 취급했다.

레너드 레이크는, 잠시 후 자세히 이야기할 테지만, 유아기에 어머니에게 버림받았다. 로버트 버델라는 폭력적인 아버지에게 학대를 받았다. "BTK"라는 별명으로 알려진 데니스 레이더는, 어머니가 때때로 아이가 잘못하면 엉덩이를 때려준 것 말고는 별다른 특이점이 없는 중산층 가정에서 자랐다—다만 체벌을 받을 때마다 데니스가 성적 흥분을 느낀 것이 문제였을 뿐이다. 그런데 세상에는 어린 시절에 비슷한 가정환경, 혹은 더 나쁜 환경에서 자란 수백만 명의 소년이 있는데, 그 중에 가학 성욕자는 물론 폭력 범죄자로 자라나지 않는 아이가 얼마나 많은가?

내가 오래 전에 진료한 환자 중에, 제프리 다머와 같은 동네에서 자란 A라는 환자가 있었다. A는 아홉 살 때 아버지에게 성폭행을 당했다. A의 형은 동생에게 불붙인 성냥을 던지거나 동생의 손을 억지로 난로에 갖다 대는 등, A를 지독하게 괴롭혔다. A는 분노와 사람에 대한 불신으로 가득 찬 은둔형 외톨이가 됐지만, 한편으로 언어적 재능이 뛰어난 학생이었으며, 사람을 미워했지만 평생 누구에게 손찌검 한번 해 본 적이 없었다. 반면 제프리 다머의 아버지는 아들을 성적으로든 물리적으로든 학대한 적이 없는 따뜻한 아버지였다. 다머의 가정은 A의 집안보다 경제적으로 훨씬 풍족했다. 다머의 어머니는 정서적으로 아들에게 거리를 두었던 것 같다. A는 폭력적 인간으로 자랄 "이유"가 더 많았고, 다머는 그럴 만한 보편적인 "이유"가 오히려 적었다는 얘기다. 아마 두 사람의 차이는 많은 부분 유전자에 기인했을 것이다. 이 이야기는 나중에 신경과학을 다루면서 더 자세히 할 텐데, 유전적 요인이라는 것이 아직 명확히 정의된 것이 아니며, 또 '미리' '이 사람은 나중에 사디스트 혹은 연쇄살인범이 될 것'이라고 예측하기에는 유전적 요인을 알아보는 것 자체가 그리 쉽지 않다. 어찌됐건, 유전적 요인은 어떠한 성향의 원인이 되는 요소에 불과하다. 그 성향은 훗날 긍정적 환경의 영향을 받아 약화될 수도 있고, 반대로 가혹한 환경에 노출되어 공격성의 폭발에 이를 정도로 심화될 수도 있다. 한 가지 확실한 것은, 데이비드의 경우 10대 시절에 성적 가학 행위로 흥분을 느끼는 패턴이 성립되자 그 패턴이 고착되어 돌이킬 수 없는 지경에 이르렀다는 것이다.

네 가지 파괴적인 가정환경에서 자라난 연쇄살인범들

무엇이 갓 태어난 저 순수한 아기를 연쇄살인범으로 만드는 것일까? 많은 이들이 불행한 가정환경에서 그 답을 찾으려 한다. 그들은 가정환경이라는 한 요소가 단독으로 작용해 정상적인 발달 과정에서 사람을 그토록 극적으로 탈선하게 만든다고 믿는 듯하다. 이렇게 빗나간 결론을 사람들이 믿고 싶어 하는 데는 두 가지 큰 이유가 있다. 첫째, "정상"에 가까운 가정에서 태어난 연쇄살인범은 매우 드물다. 엄마와 아빠가 사이좋게 잘 지내고, 자식들에게 애정을 가지고 따뜻하게 대하며, 아이의 "잘못"에 대한 부모의 처벌이 지나치지 않고 효과적이며 공정한, 그런 가정을 말한다. 둘째, 연쇄살인범의 배경을 보면 가정환경이 이런 이상적 환경에서 벗어나도 매우 극적으로 벗어나 있다. 아동 복지 서비스가 개입해야 할 만큼 파괴적인 환경인 경우가 많다. 문제를 좀 더 현실적으로 보자면 유전적 요인도 고려해야 한다. 연쇄살인을 논리적으로 설명하려면 출생 이전 환경과 이후 환경의 상호 작용을 반드시 함께 고려해야만 하기 때문이다. 물론 가정환경이 나쁠수록, 유전적 요인이나 태아기에 발생한 문제가 어떤 역할을 했는지 (혹은 영향을 과연 미치기는 했는지) 확인하기가 더욱 어려워진다. 가혹한 환경은 그 자체만으로도 폭력적인 사람, 나아가 우리가 흉악하다고 하는 극단적인 폭력을 행사하는 사람을 길러 낼 수 있기 때문이다. 불행한 가정환경이 미친 영향이 워낙 두드러져서, 겉으로 잘 드러나지 않은 태아기 문제가 끼친 영향을 덮어 버릴 수가 있다. 이 요소들의 상호 작용은 뒤에 신경과학을 다룬 장에서 더 자세히 논할 텐데, 일단 여기서는 네 가지 파괴적인 가정환경을 살펴보고 또 이 네 가지 요인에 영향을 받은 연쇄살인범들의 사례를 참고로 살펴보도록 하자.

부모의 잔학 행위가 만들어 낸 괴물, 마이크 디바들레이번

제임스 미첼 "마이크" 디바들레이번James Mitchell "Mike" DeBardeleben은 분열성

장애가 있는 사이코패스이면서 연쇄살인범 부류에 끼어든 사람 중 하나다.[35] 마이크는 중산층 가정에서 세 남매 중 둘째로 태어났다. 아버지는 육군 중령이었는데, 아들들에게 가혹한 체벌을 가한 것으로 알려져 있다. 한 예로, 마이크가 다섯 살이었을 때 사소한 잘못을 가지고도 마이크의 머리를 물에 처넣는 벌을 주었다. 또, 마이크를 심하게 구타한 적도 셀 수 없이 많았다.[36] 어머니는 알코올중독자였는데, 때때로 말을 안 듣는다고 마이크를 심하게 때리곤 했다.[37] 어머니는 성적으로 문란해서 술집에서 만난 남자들과 잦은 외도를 했는데, 남편이 해외로 발령이 나면 특히 더 그랬다. 마이크는 남매 셋 중에 가장 반항이 심한 아이였고, 때문에 부모에게서 체벌도 가장 많이 받았다.

마이크 디바들레이번은 부모의 학대(그리고 어머니의 문란함)와, 어린 시절의 반항기가 강력하게 시사하는 유전적 사이코패스 성향이 결합된 경우다.[38] 동생 랄프Ralph는, 마이크와는 조금 다른 유전적 성향을 물려받았는지 나중에 자살로 생을 마감했다.

데이비드 파커 레이와 마찬가지로, 마이크는 자기만의 고문실을 만들고 싶어 했다(그러나 실제로 만들지는 못했다). 레이와 다른 점은, 마이크는 사회성이 형편없었다는 것이다. 다섯 번의 결혼에서 아내에게 한결같이 거칠고 못되게 굴었으며, 강제로 야한 포즈를 취하게 해 사진을 찍어 놓고 그 사진으로 협박해 그들이 밖에 나가서 입도 뻥끗 못하게 만들었다. 자신이 저지른 연쇄살인의 희생자 20여 명에게는 상상을 초월할 정도로 잔악하게 대해서, 그 중 몇몇은 (마이크 본인이 녹음한 테이프를 들어 보면) 고문을 멈출 게 아니면 제발 죽여 달라고 애원할 정도였다.[39] 범죄 논픽션 전문 작가 스티븐 미쇼드Stephen Michaud는 마이크가 희생자들에게 최소한의 인간성도 보여주지 않았을 뿐 아니라, 그가 저지른 범행이 "너무 잔악하고 말로 표현할 수 없을 정도로 사악해서" 글을 계속 써 내려가기 힘들 정도였다고 했다. "처음부터 끝까지 너무나 잔인하고 끔찍했다"는 것이 그의 한마디 평이다.[40]

여성에 대한 마이크의 증오는—여성을 악마의 화신으로 여겼다는 표현이 더 사실에 가깝다—분명 어머니에 대한 증오에서 나온 것이었다. 그는 모든 여자를 싸구려 창녀로 보았고, 강간하고 살해해 무가치한 존재로 전락시켜야 하는 존재로 생각했다. FBI 프로파일러 출신의 범죄 분석가 로이 헤이즐우드Roy Hazelwood가 제시한 가학 성욕자 분류에 따르면, 마이크는 여자들이 "악하고" "강하다"는 이유로 그들을 벌주려 하는 "분노 흥분형" 유형이었다. 이러한 유형에 속하는 남자들은 여자들에게서 그 힘을 제거하고픈 욕구로 활기를 얻는다.[41] '그린 리버 살해범' 게리 리지웨이도 자신을 성희롱하고 물리적으로 학대한 어머니를 죽도록 증오했다. 게리 리지웨이와 마이크 디바들레이번은 어머니를 상징적으로 죽이고 또 죽이는 "연쇄 모친 살해"를 저질렀다고 봐도 좋을 것이다. 다만, 디바들레이번은 리지웨이보다 몇 배 더 잔악했으며, 18년에 걸친 연쇄살인의 거의 끝에 가서는 주위의 여자들을 닥치는 대로 파괴하는, 자아도취적 사이코패시의 블랙홀 같은 괴물이 되어 버렸다. 그런데도 디바들레이번은 이상할 정도로 "철학적"이어서—이런 인간에게 철학적이라는 형용사를 붙일 수 있다면—자신이 생각하는 사디즘을 심리학적으로 꽤 정확하게 글로 옮기기도 했다.

사디즘의 중심이 되는 충동은 다른 사람을 완전하게 지배하려는 욕구다. 상대방 여자를 우리의 뜻대로 조종되는 아무 힘도 없는 물체로 만들고픈 욕구, 여자를 절대적으로 지배하는 사람이 되고픈 욕구, 그 여자에게 신이 되고 싶은 욕구…… 그러나 가장 근본적인 목적은 여자가 고통을 받게 만드는 것이다. 내가 상대방에게 고통을 가할 때보다 그 사람에게 더 큰 힘을 행사할 수 있는 경우는 없기 때문이다.[42]

다른 사람에게 일부러 극도의 고통을 가하는 것이 바로 악의 정수이기 때문에, 마이크 디바들레이번은 악의 무리의 지도자 또는 대변자격이라고 볼 수 있다. 그런데 연쇄살인범들은 우리가 악으로 정의한 행동을—주기적이고 습관적으로—저지르는 이들이니, 일생 한두 번만 악행을 저지르는 배우자 살해범이나 대량 살인범이 아닌 연쇄살인범 집단에서 악의 지도자가 나오는 것도 어찌 보면 당연한 일이다.

부모의 방임 케이스 :
여자들에게 신으로 군림하려 한 레너드 레이크

연쇄살인범의 3분의 1이 어린 시절 부모의 방임을 경험하기 때문에, 자녀 방임의 영향을 보여주는 사례는 얼마든지 댈 수 있다. 사내아이의 경우 10대에 들어서면 어렸을 때 아버지의 부재가 큰 영향을 미치지만[43], 보통 영유아기에는 아버지의 무관심보다는 어머니의 무관심이 훨씬 큰 영향을 준다. 어머니의 사랑이나 어머니를 대신할 다른 사람의 모성애를 느끼지 못하고 자라면, 그 아이는 우리가 뭉뚱그려 "인간미"라고 표현하는 자질을 박탈당한다. 이러한 환경에서 자란 남자아이는 심리학자 해리 할로우^{Harry Harlow}의 원숭이처럼 될 확률이 높다. 할로우의 실험에서, 천으로 만든 인형이 아닌 철사로 만든 엄마 인형 곁에서 자란 새끼 원숭이들은[44] 사회적 기능과 성적 기능에서 심각한 결함을 보였다. 모성애를 받아 보지 못하고 자란 아이들은 성별을 불문하고 나중에 이 원숭이와 같은 행동을 보인다. 특히 남자아이는 정상적으로 자란 사람들에게 질시와 증오를 느끼게 되는 경향이 있다. 게다가 양부모나 다른 보호자에게 구타까지 당하며 자랐다면, 훗날 마구잡이로 폭력을 사용하고 다른 사람을 자기 마음대로 부수거나 조작해도 되는 물건처럼 취급하게 될 가능성이 크다.

레너드 레이크는 1945년에 캘리포니아에서 엘진 레이크^{Elgin Lake}와 글로리아 레이크^{Gloria Lake}의 아들로 태어났다. 레너드의 남동생이 태어난 직후 아버지 엘진은 가정을 버리고 떠났다. 글로리아는 남편과 재결합하려고, 레너드는 외조부와 외조모의 손에 맡기고 동생 둘만 데리고 떠났다. 이후 레너드는, 아홉 살 때 어머니가 이혼하고 재혼한 뒤에도 어머니와 다시는 함께 살지 않았다.[45] 간간이 연락을 주고받긴 했지만, 두 사람 사이에 오간 대화는 정상적인 모자지간의 대화와는 거리가 멀었다. 어머니는 아들에게 여자아이들과 누드 사진을 찍어 보라고 권했고, 심지어 여동생이나 사촌들과도 같이 찍어 보라고 했다. 아들에게 자기 몸에 대한 자부심을 심어 주려고 그랬는지도 모르겠다. 그러나 대신 레너드에게 포르노에 대한 관심, 그리고 나중에는 여동생과 섹스를 즐기는 패륜적 취미를 심어 주는 결과만 가져왔다. 데이비드 파커 레이처럼 레너드도 살인을 저지르는 짬짬이 결혼을 두 번이나 할 만큼 에너지가 넘쳤다. 그러다가 어느 날 우연히 만난 불법 체류자 찰스 응$^{Charles\ Ng}$과 친해져, 둘이 팀을 이루어 외딴 곳에 고문실을 만들었다. 그곳으로 20명이 넘는 사람(주로 여자)을 납치해 와 고문을 했고, 바로 옆에 붙어 있는 소각장에서 시체를 태워 버렸다. 몇몇 희생자를 데리고는 "스너프 필름"(살인 장면을 그대로 담은 영화)도 만들었다. 레너드의 두 번째 결혼은, 레너드가 결박 섹스 장면이 들어간 아마추어 포르노 영화를 만들고 있었다는 것을 아내가 알게 되면서 파탄이 났다.[46] 레너드는 이혼 후 얼마간은 절망에 빠져 있더니, 곧 회복해서는 "죽음을 두려워하지 않는 사람 앞에 사회는 무기력하다"며 오히려 하고 싶은 대로 다 할 수 있는 자유를 즐기는 듯했다. 레너드 레이크에게서 주목할 점은, 그리고 그를 악의 등급에서 데이비드 레이나 마이크 드바들레이번과 함께 최극단에 배치하게 만든 점은, 바로 강박적인 기록 습관이었다. 자신이 행한 극도의 가학 행위를 충실히 기록해 자손에게 남긴 것이다. 철사로 만든 엄마 원숭이 곁에서 자란 새끼 원숭이처럼, 레너드도 정상적인 인간관계를 맺는 것이 불가능했다. 그는 아름다운 여자와 부유한 남자가 끼리끼리 만나 잘 먹고 잘 사는 것에 질시를 느낀다면서, "그걸 바꾸는 게 내 인생의 목표"라고 선언했다.[47] 레너드가 어떤 악행을 저질렀는지 알고 싶다면, 그가 찍은 영상의 한 장면을 보는 것이 가장 이해가 빠를 것이다. 레너드와 찰리는 브렌다 오코너$^{Brenda\ O'Connor}$라는 젊은 엄마를 고문하는 장면을 화면에 담았다. 브렌다의 아기를 이미 살해한 뒤였지만, 아직 브렌다는 그 사실을 모르는 상태였다. 아기를 돌려 달라고 브렌다가 애원하자, 레너드는 다음과 같은 대화를 이끌어 갔다.

레너드: 브렌다, 너에게는 선택권이 있어. 어떤 선택권인지 지금부터 말해 주지.
브렌다: 뭔데요?
레너드: 우리에게 협조하는 거야…… 그 말은 네가 여기에 계속 감금되어 있어야 한다는 뜻이야. 우리를 위해 일을 하고, 빨래를 하고, 섹스 노예가 되는 거야. 만약 네가 "아니요, 그러기는 싫습니다"라고 한다면, 우리는 너를 침대에 묶어 놓고 강간한 다음, 널 밖에 데리고 나가서 쏴 죽일 거야. 선택은 너에게 달렸어.[48]

나중에 체포됐을 때 — 우습게도 절도죄로, 그것도 고문 살해 범행에 대해서는 전혀 모르는 경찰에게 체포된 것이었다 — 레너드는 청산칼리 두 알을 삼키고 자살을 했다. 레너드 레이크와 공범자 찰스 응이 저지른 범행을 되돌아보자니, 내가 생각하는 악의 정의에 추가로 한 마디를 덧붙여야 할 것 같다. '모든 것을 이해하면 모든 것을 용서하게 된다'는 말이 적용되는 세계의 바깥에는, 이해는 하더라도 용서는 하지 못하는 세상이 바로 존재한다. 레너드가 여자들을 감금하고 성 노예로 삼은 행위는, 어머니가 자신을 버리고 무시한 과거를 지우기 위해 레너드가 취한 해독제였다. 레너드의 여자들은 전부 꼼짝 못하게 결박당했고 감금당했다. 디바들레이번의 글에서 영감을 얻어 분석해 보자면, 레너드가 여자들을 고문한 것은 여자-어머니가 자신을 지배하는 대신 레너드가 여자들 위에 신처럼 군림하려 한 것이다. 그런데 자신을 버린 어머니에 대한 분노 때문에 결국 거기서 멈추지 않고 살인까지 가고 말았다. 레너드 레이크에 대한 나의 "심리 분석"은 겨우 이 정도다. 그러나 그가 희생자들에게 한 짓이 용서받을 수 없는 수준에 이른다는 것은 확실하다. 우리가 악하다고 말할 때는 바로 이런 것들을 두고 이야기하는 것이다.

부모가 주는 인격 모독 :
제럴드 가예고와 제리 브루도스의 경우

연쇄살인범 세 명 중 두 명이 부모 한 쪽 혹은 모두에게 인격 모독(언어폭력)을 당한다. 어린 소년이나 10대 남자아이들이 유난히 떨쳐버리기 힘든 종류의 언어폭력이 있는데, 특히 성적 능력이나 남자다움의 부족, 학업 부실 혹은 신체적 결함(고도 비만 포함)에 대한 잔인한 언사가 여기 해당된다. 이러한 모욕이 정도도 심하고 오랜 기간 계속되면 악순환을 야기할 수 있다. 이러한 모욕은 아이의 자존감을 파괴하고 상처와 분노가 쌓이게 만드는데, 그러면 아이는 지나치게 트집을 잡는 부모와 자꾸 말싸움을 하게 되고, 부모는 아이에게 더 심한 언사를 퍼부어 보복하는 주기가 반복되는 것이다. 부모에게 인격적으로 수치를 당해 본 연쇄살인범들은 다른 종류의 불행도 함께 겪어 본 경우가 일반적인데, 때로는 인격 모독이라는 특정한 불행이

다른 모든 경험을 압도하는 것으로 보인다.

제럴드 가예고$^{Gerald\ Gallego}$는 어머니와 양아버지의 손에 길러졌는데, 친아버지가 누군지는 모르고 자랐다. 많은 연쇄살인범들이 그렇듯, 가예고도 오줌을 가릴 나이가 한참 지나서도 야뇨증 때문에 고생을 했다. 그리고 그것 때문에 양아버지에게 놀림을 받고 "오줌싸개"라는 별명을 얻었다. 물론 이것이 이야기의 전부는 아니다. 여자들을 살해하고 길가에 시체를 버린 일로 체포된 후 재판 과정에서, 가예고의 배경과 관련된 일화가 하나 밝혀졌다. 가예고의 친부도 경찰관 두 명을 살해하고 시체를 길가에 버린 적이 있다는 것이었다(이 일로 그는 사형당했다).[49] 사람을 살해하고 시체를 길가에 버리는 유전자는 없는 것으로 안다. 그러나 제럴드 가예고는 어쩌면 특정 유전자(예컨대 공격성과 관련된 유전자)를 물려받아, 그것이 어릴 적에 받은 언어 학대와 합쳐져 폭력성 발현의 위험을 더 높이게 됐는지도 모른다.

오리건주에서 열 명이 넘는 여자를 살해한 연쇄살인범 제리 브루도스$^{Jerry\ Brudos}$는, 다섯 살 무렵부터 엄마의 구두를 신는 것을 좋아했다.[50] 엄격하고 청교도적이었던 어머니는 당장 구두를 빼앗아 던져 버렸고, 어디서 그런 "요상한" 짓을 배웠냐며 아들에게 창피를 주었다.[51] 어머니가 어린 시절의 가벼운 실험을 가지고 이렇게 큰 호들갑을 떠는 바람에, 여자 옷에 집착하는 패턴이 형성됐고 그 패턴은 영구히 고착되었다. 10대에 접어들자 제리는 여자 구두와 속옷을 수집해 자기 방에 숨겨 두고는, 그것을 만지면서 마음의 위안을 얻고 성적 희열을 느꼈다. 그러다가 열일곱 살 때 제리는 보이지 않는 선을 넘고 말았다. 폭력적으로 돌변해, 자기 또래 여자애를 칼로 위협해 옷을 벗게 한 것이다. 그 일로 붙잡혔을 때 제리는 정신 감정을 받았다. 정신 감정의 결론은, 제리가 어머니를 향한 분노를 품고 있으며 그 증오가 여성 전체에 대한 복수 욕구를 불러왔다는 것이었다. 20대 후반에는 범행 양상이 성적 연쇄살인으로 발전해 주로 여자를 살해한 다음 시체를 훼손했고, 시체를 강간한 것은 물론 가슴을 잘라내 모형을 떠 문진으로 사용하기도 했다.

제리 브루도스는 사이코패스여서, 타인의 감정에 냉담했고 양심을 가책도 느끼지 않았다. 그것을 전부 어머니의 탓으로 돌릴 수는 없다. 어렸을 때 엄마 구두를 신었다가 엄마에게 수치스러운 훈계를 들은 소년들이 자라서 전부 브루도스처럼 끔찍한 강간 살인 행각을 벌이는 것은 아니다. 그러므로 단순히 브루도스가 유전적으로 불리한 카드를 가지고 태어난 것일지도 모른다. 그러나 양심의 부재에 대해서는, 다음의 일화가 진실을 가감 없이 보여준다. 브루도스가 연쇄살인으로 징역형을 살고 있을 때, 한 기자가 이렇게 물었다. "제리, 이곳에 들어온 지도 꽤 됐으니 인생을 돌아볼 시간이 있었을 텐데, 자신이 죽인 여자들에게 이제 좀 다른 감정이 들지는 않습니까?" 그러자 브루도스는 종이를 구깃구깃 공처럼 말더니 바닥에 툭 던지고 이렇게 대답했다. "나한테는 그 여자들이나 저 종이나 똑같소."

부모의 성적 유혹 :
토미 리 셀스의 허심탄회한 고백

모든 연쇄살인범이 다 어머니에게 성적으로 유혹을 당하거나 아버지에게 성폭행을 당한 것은 아니다. 어렸을 때 양부모에게 성적으로 학대를 받은 경우도 있기는 있다. 그런데 아이가 이렇게 때 이르게 성생활에 발을 들여놓게 되면, 과다 자극으로 인해 섹스에 집착하게 되면서 "성욕 과잉"이 되는 결과를 가져온다. 폭력 성향의 유전 인자를 가지고 태어난 남자아이가 어렸을 때 그렇게 성적으로 "흥분되는" 환경에 노출되면, 아무래도 공금 횡령이나 은행 강도보다는 성범죄의 길로 나가게 될 확률이 훨씬 높아진다. 그 예로, 내가 인터뷰한 텍사스의 사형수 토미 린 셀스$^{Tommy\ Lynn\ Sells}$를 들고 싶다. 그가 양부모에게 어려서 성 학대를 당한 소수에 속해서가 아니라, 그 일에 대해 남달리 허심탄회하게 털어놓은 사람이라서 고른 것이다. 대부분의 살인범과 사형수들은 무죄를 주장하고 범행을 부인하는 것이 일반적인데, 특히 희생자가 범인의 가족일 경우 더 그렇다(임신한 아내 레이시를 살해한 스콧 피터슨을 떠올려 보라).[52]

토미 린과 쌍둥이 누이 태미 진$^{Tammy\ Jean}$은 1964년 캘리포니아에서 태어났는데, 친부가 누군지는 당시에도 알려지지 않았다. 둘 다 한 살 반에 뇌막염에 걸렸는데, 태미 진은 얼마 후 사망했다. 가난과 싸우며 여러 아이들을 돌보느라 지친 어머니는 토미를 숙모에게 보내 버렸다. 숙모는 다시 여덟 살 된 토니를 음식과 살 곳을 제공하겠다는 다른 남자에게 보내 버렸다. 그런데 그것은 공짜가 아니었다. 소아 성애자였던 그 남자는 토미에게 강제로 오럴 섹스를 시켰다.[53] 토미는 학업 성적이 좋지 않았고, 가난하고 말투가 특이하다는 이유로 다른 아이들에게 놀림을 받았다. 그러나 토미는 폭력으로 그들과 "공평해지는" 법을 금세 배웠다. 10대가 돼서는 혼자 힘으로 먹고살아야 했는데, 떠돌이가 되어 이 주에서 저 주로 돌아다니면서 절도로 배를 채우고 폭력으로 미워하는 사람에게 복수를 했다. 자신을 버린 여자들 그리고 자신을 성적으로 학대한 소아 성애자가 복수 대상 1순위였다. 친어머니조차 토미를 대할 때 성적 유혹과 거부를 변덕스럽게 오갔으니, 증오가 쌓일 대로 쌓여 있었다. 토미는 10대 때 벌써 살인을 하기 시작했다. 처음에는 신경에 거슬리는 남자들을 살해했고, 점차 여자와 아이들로 대상을 넓혔다. 마침내 체포됐을 때는 희생자 수가, 그의 계산에 따르면 70명에 달했다(증명하기는 어렵다). 체포에 이르게 한 결정적인 사건은 한 어린 여자아이의 목을 칼로 그은 살인 미수 사건이었다. 그 아이와 친구가 자고 있는 트레일러에 몰래 들어가 저지른 범행이었다. 친구는 죽었지만 목을 베인 아이는 피를 철철 흘리면서도 이웃집까지 가까스로 걸어가 신고를 했고, 경찰에 용의자의 생김새를 알려주었다.

 토미 린 셀스가 저지른 살인들은 대부분 끔찍하기 이를 데 없지만, 그중에서도 1987년에 일리노이주에서 저지른 다딘Dardeen 가족 살해는 말로 표현할 수도 없을 정도다. 다딘 가족에게 저녁 식사 초대를 받은 토미는, 남편은 총으로 쏘아 죽이고 아내와 세 살 난 아들은 잔인하게 구타해 죽였다. 임신한 아내는 구타를 당하다가 그만 딸을 낳았는데, 그 갓난아기마저 토미

는 죽였다.[54]

그런데 토미는 데이비드 레이와 레너드 레이크 못지않게 겉보기에 매력적이었다. 그래서 이 모든 살육 행각을 벌이는 와중에 여러 번 결혼을 하고 두 자녀도 두었다.

텍사스에서 사형을 기다리고 있는 토미를 인터뷰하게 됐을 때, 내가 처음 한 생각은 그가 저지른 끔찍한 강간과 살인을 생각하면 내 손으로 직접 죽여도 시원찮겠다는 것이었다. 사형수 면담은 항상 죄수와 방문객 사이에 10센티미터 두께의 유리벽이 설치되어 있는 특별 부스에서 진행된다. 자리에 앉아서 내가 처음 던진 말은 이것이었다. "토미, 이 10센티미터 두께의 유리는 내가 당신을 죽이지 않고 당신도 나를 죽이지 말라고 있는 모양입니다!" 그러자 그는 호탕하게 웃으며 특유의 텍사스 억양으로 이렇게 대꾸했다. "그 말이 맞소!" 그런데 잠시 후 그는 자기가 여덟아홉 살 때 자신을 학대한 남자에 대해, 그리고 그 일(그리고 다른 모든 일들) 때문에 얼마나 증오심을 불태우게 됐는지에 대해, 놀랄 만큼 허심탄회하게 털어놓았다.[55] 토미는 희생자의 목을 따고 목에서 피가 분출되는 것을 바라볼 때 느끼는 "쾌감"에 대해 이야기했다. "그러고 나면 몇 주일간은 증오가 가라앉았지요." 그러나 얼마 안 가 증오는 다시 끓어올랐고, 그러면 또 다시 살인 갈증을 달래기 위해 "한 건"을 해야 했다. 토미는 또한, 만약 자기가 약간이 아닌 아주 깊은 후회를 느끼게 된다면, 자신이 저지른 그 모든 끔찍한 일들의 대가로 자살을 하게 될지도 모른다고 말할 정도로 솔직했다. 비록 약하고 쪼그라든 양심이지만, 그래도 양심에서 나온 목소리였다. 그의 인생을 둘러싼 파괴와 타락이라는 광활한 사막에, 나에게 일말의 연민을 느끼게 한 '인간성'이라는 아주 작은 오아시스가 남아 있었던 것이다.

내가 감옥이나 법무병원에서 인터뷰한 살인범들은 거의 전부가 거짓말을 하고 자신의 범행을 부인했다. 그런 모습을 보면서 나는 경멸을 느꼈는데, 그 경멸은 쉽게 잊어 넘길 수 있는 종류의 감정이 아니었다. 그렇다고 토미 린 셀스가 저지른 살인을 "악하다"고 비난하는 것이 잘못됐다는 것은 아니다. 오히려 그 반대다. 다만 어떤 살인범에게는, 그 사람에게서 절대 볼 수 없을 거라 생각했던 몇몇 인간적인 면이 악함과 함께 공존한다는 얘기를 하려는 것이다. 토미는, 관음증이 싹튼 10대 청소년 시절 이웃집 남자가 자기 아들에게 강제로 오럴 섹스를 시키는 광경을 목격한 일이 계기가 되어 살인을 시작하게 됐음을 암시한 적이 있다. 나에게 털어놓은 바에 따르면, 그 장면이 몇 년 전 자신을 돌봐 준 남자를 떠올리게 했다는 것이었다. 그러나 이것은 진위 여부조차 알 수 없는, 토미 자신을 위해 조작된 기억일 수도 있다. 내 연민을 부른 것은 그의 정직함이 아니었다. 토미가 100퍼센트 정직하게 나온 것도 아니었기 때문이다. 또한 양심의 가책도 아니었다. 토미는 그럴 만큼 가책을 느끼지도 않았다. 결국 내 연민을 자극한 것은, 어린 시절 자신이 겪은 불행에 대해, 그리고 훗날 자신이 걸은 파괴적인 (동시에 자기 파괴적인) 복수의 길에 대해 허심탄회하게 털어놓은 열린 태도였다.

내가 전국을 돌며 연쇄살인범들과 인터뷰를 한다는 것을 아는 친구들은 종종 이런 질문을 해 온다. 그들을 마주할 때 무섭거나 아니면 조금 걱정되지는 않는가? 나도 나중에 알았지만, 첫 번째 인터뷰 때는 수십 명을 죽인 살인마와 마주하는 기분이 어떨지 조금 걱정이 됐었다. 전투에서 살상을 한 것도 아니고 평시에 "인종 청소"에 가담해 살상을 저지른 것도 아니며, 단지 사람을 죽이고 싶어서 죽인 사람과 마주하게 생겼으니 말이다. 내가 최초로 인터뷰한 사람은 뉴욕 로체스터에서 매춘부 열댓 명을 살해한 아서 쇼크로스Arthur Shawcross라는 사람이었다. 물론 경비가 삼엄한 가운데 인터뷰가 진행되었는데, 정작 아서는 아무 걱정 없다는 듯 싱글벙글했다. 내 불안은 금세 날아갔다. 토미 린 셀스를 인터뷰할 무렵에는 내가 너무 노련해져서 전혀 불안을 느끼지 않았다. 최소한 의식적으로 걱정이 되지는 않았다. 그래도 희생자들을 목을 따면서 "쾌감"을 느꼈다는 그의 말이, 인터뷰 내내 평정을 유지했던 내게 깊은 인상을 남겼나 보다. 그날 밤 나는 이런 꿈을 꾸었다.

내가 있는 곳은 어느 접견실인데, 방 안에는 사람들이 히틀러의 재집권을 축하하기 위해 줄을 지어 서있다. 히틀러는 군복 차림으로 서서 차례대로 사람들과 악수를 해 주고 있다. 때는 1954년 — 히틀러가 자살하고 9년이 흐른 뒤지만, 나는 꿈속에서 이 사실을 모르고 있다. 나는 줄에서 열 번째쯤에 서있는데, 내 차례가 다가오자 점점 불안해지기 시작한다. 히틀러와 악수를 해? 죽여도 모자란 인간인데! 근데 히틀러를 죽이는 것은 범죄일까? 살인죄에 해당할까? 나의 스승 오토 컨버그Otto Kernberg 박사님이 조금 떨어져 서 계신 것을 보고, 나는 박사님께 다가가 여쭙는다. "오토 박사님, 히틀러를 죽여야만 할 것 같은 생각이 드는데요. 그러면 살인이 될까요?" 스승님은 잠시 생각하시더니, 이렇게 대답하신다. "흠, 히틀러라면, 살인이라고 할 수 없을 걸세. 죽여도 괜찮을 거야."

분석하고 자시고 할 것도 없는 꿈이었다. 토미 린 셀스를 보는 내 마음은 양분되어 있었다. 토미는 마치 두 사람이 하나의 거대한 인격을 형성하고 있는 것 같았다. 감옥에서 탄수화물이 풍부한 식단으로 생활하다 보니 실제로 '거대한 인간'이 된 것은 사실이었다. 하여튼, 둘 중 하나는 아서 쇼크로스처럼 유쾌하면서도 한편으로 자신의 불행한 과거와 자신이 저지른 짓을 솔직하게 털어놓을 수 있는 사람이었다. 그리고 다른 하나는 수많은 여자와 아이들을 끔찍하게 살해해 다른 이들에게 공포와 경멸을 불러일으키는 사람이었다. 그를 만나기 전에 나는 그를 죽이고 싶었다. 만난 후에는 일말의 존중심이 생겼다. 자신이 한 일을 망설임 없이 인정하고 또 그에 대한 희미한 후회가 싹트기 시작한 것을 확인했기 때문이다. 반은 인간이고 반은 악마인 "분리된 자아"의 토미를 만나고 온 뒤 나는 똑같은 분리를 경험했다. 반은 그를 죽이고 싶도록 증오했고, 반은 그를 동정하게 되었다. 꿈에서 오토 컨버그를 조언자로 소환한 것도 무리가 아니다. 오토 컨버그는 1938년 오스트리아 합병 초기에 히틀러를 실제로 한 번 본 적이 있었고, 가족과 함께 피난을 가는 경험도 했다. 그 소년은 자라서 심리학적 방어기제인 '분리^{splitting}'의 연구에서 세계 일류의 학자가 되었다. 분리는 물과 기름처럼 상반된 감정, 예를 들면 사랑과 증오처럼 쉽게 하나로 합칠 수 없는 감정과 씨름할 때 일어나는 현상이다.

연쇄살인범이 되는 그 밖의 다른 요인들

연쇄살인범이라는 태피스트리를 구성하는 수많은 씨실과 날실 중에는 비교적 흔하고 거의 모든 사례에서 발견되는 것도 있고, 드물지만 눈에 잘 띄는 것도 있다. '아직 살펴보지 않은 실' 중에 비교적 중요한 것들 몇 개를 짚어 보면서 이번 장을 마무리하겠다.

입양된 과거가 있는 연쇄살인범들

입양 자녀는 미국 전체 인구의 약 2퍼센트를 차지한다. 대다수는 애정이 넘치고 헌신적인 부모에게 입양된다. 그리고 입양된 자녀들은, 친부모에 대한 궁금증은 있겠지만, 정서적으로 비교적 안정된 사람으로 성장해 건설적이고 만족스러운 삶을 영위한다. 그런데 범죄 통계로 눈을 돌리면, 특히 연쇄살인범이라는 아주 협소한 영역을 들여다보면, 그렇게 낙관적인 그림은 나오지 않는다. FBI는 연쇄살인범 500명의 자료를 분석한 결과, 그중 16퍼센트가 입양 자녀였다고 보고했다.[56] 나도 145명의 연쇄살인범을 조사했을 때 15.8퍼센트가 입양되었다는 결과가 나왔다. FBI 분석과 기본적으로 일치하는 결과다.[57]

입양 자녀가 되면 여러 가지 면에서 문제를 겪을 수 있다. 여기서는 연쇄살인범 이야기를 하고 있으니, 남자아이에 초점을 두고 얘기해 보겠다. 아이는 생모가 자기를 버린 것을 원망해, 입양 부모와 아무리 잘 지낸다 해도 마음속에 분노를 품은 사람으로 자랄 수 있다. "샘의 아들" 데이비드 버코위츠도 그런 경우였다. 버코위츠는 애정이 넘치고 일관적으로 자식을 사랑해 주며 학대라고는 전혀 하지 않는 어느 중산층 가정의 부모에게 입양됐다. 사회 부적응자에 외톨이였던 버코위츠는 양어머니가 돌아가신 후부터 폭주하기 시작했다. 10대에 들어 방화와 동물 학대를 저질렀으며, 머릿속으로 친어머니를 문란하고 무관심한 사람으로 생각하기 시작했다. 그래서 동네 젊은 연인들이 잘 가는 곳을 찾아가, 거기서 발견한 여자아이들(그리고 남자 몇 명)을 총으로 쏘아 죽였다. 그 여자들을 자신이 멋대로 문란하고 차가운 이미지로 덧씌운 친어머니와 동일시한 것이다. 비슷한 환경에 입양됐는데 연쇄살인은 고사하고 범죄를 한 번도 저지르지 않은 남자가 수도 없이 많은 것을 고려하면, 버코위츠가 그렇게 된 데는 분명 다른 요인이 작용했을 것이다. 혹시 친아버지가 폭력적인 사람이었을까? 친어머니가 임신 초기에 알코올중독이었을까? 지금 와서는 알 수 없는 일이다. 하지만 입양 '후'의 삶이 훗날 그가 저지른 폭력 범죄의 원인이 되지 않았다는 것은 알 수 있다.

롱아일랜드에서 매춘부를 17명이나 살해한 연쇄살인범 조엘 리프킨 Joel Rifkin도 따뜻하고 헌신적이며 경제적으로 풍족한 부모에게 입양되어 자랐다.[58] 여기서도, 출생 후의 삶에서 문제점이 적을수록 유전자에 문제가 있거나 태아기 때 잘못된 부분이 있을 거라는 견해에 무게가 실린다. 이러한 요인들은 나중에 신경과학을 다룬 장에서 자세히 논할 것이다.

찰스 슈미드Charles Schmid는 이야기가 복잡하다. 태어나자마자 입양된 그는 관대하고 아량 있는 부모 밑에서 컸지만, 아버지와 말다툼이 잦았고 때로 아버지에게 맞기도 했다. 슈미드는 의심의 여지없이 사이코패스였다. 외적 매력이나 언변, 과장성이나 거짓말 습관(여자들에게 잘 보이기 위해 유명한 기타리스트의 연주 테이프를 자기 기타에 장착한 적도 있었다), 스릴 추구(낙하산 점프를 즐겼는데, 마지막 순간까지 줄을 안 당기곤 했다) 성향을 보면 알 수 있다. 그러므로 그가 저지른 연쇄살인에서 보이는 악랄함은 4분의 3이 천성이고 4분의 1이 양육에서 온 듯하다. 어쩌면 아버지의 학대보다 더 치명적이었던 것은 생모의 태도였는지도 모른다. 10대 시절 생모를 추적해 찾아간 슈미드에게 어머니라는 사람이 이렇게 말했던 것이다. "네가 태어났을 때도 너를 원치 않았고, 지금도 너를 원치 않는다. 여기서 나가!"[59]

제럴드 스타노Gerald Stano는 상황이 훨씬 더 복잡했다. 인생의 처음 몇 달간 주어진 정말 끔찍한 환경을 좋은 양부모가 과연 상쇄할 수 있는 것일까 하는 문제를 고민하게 만드는 사례이기도 하다. 제럴드는 한 살 때 입양됐는데(생후 6개월 때 생모에게 버려졌다), 알코올중독에 성적으로도 문란했던 생모가 아이를 너무 심하게 방치해, 뉴욕의 전문의들이 전부 '입양 불가 상태' 판정을 내렸다. 얼마나 심했냐면, 굶어죽지 않기 위해 아기가 자기 변을 먹고 있었을 정도였다.[60] 제럴드를 입양한 유진 스타노Eugene Stano는 대기업 간부였고 그의 아내는 사회 복지사였는데, 두 사람은 미국 중산층 가정이 제공할 수 있는 모든 혜택을 아이에게 베풀었다. 그런데도 제럴드는 일찍부터 도둑질을 하기 시작했고, 점차 더 심한 비행을 저질렀다. 부모님께 잘 보이려고 아버지에게서 훔친 돈으로 동급생들을 매수해 육상 경주에서 가짜로 우승을 차지했고, 약물을 남용하고 여자들에게 폭력을 행사했다. 스물네 살 때(1975년) 잠깐 결혼했다 헤어진 아내에게도 폭력을 사용한 것은 마찬가지였다. 첫 살인을 저지른 것은 그보다 한참 전인 열여덟 살 때였다. 그로부터 11년 후, 제럴드는 41명의 여자를 살해한 죄로 결국 감옥에 들어갔다. 그러나 총 희생자 수는 그보다 많을 것으로 추정된다. 그는 희생자의 목을 천천히 조르면서 성적 흥분을 느꼈다고 털어놓았다. 제럴드 스타노는 1998년에 마흔여섯 살의 나이로 처형됐다. 제럴드의 손에 누이를 잃은 레이먼드 닐^{Raymond Neal}이 그 자리에 참석했다. 닐에게 제럴드 스타노는 악의 화신이자 짐승이었다. 마침내 스타노가 숨이 끊겼을 때 닐은 안도감을 느꼈다고 한다.[61]

현대 사회는 복수를 야만적인 행위로 보는 경향이 있다. 사형 제도를 보는 눈도 비슷하다. 둘 다 이 책에서 논하기에는 한계가 있는 문제들이다. 우리가 몹시 부당한 일을 당했을 때 느끼는 복수의 욕구는 우리의 무의식 깊은 곳에 있는 무언가가 반응하는 것이라고만 해 두겠다. 이 문제는 최근 〈뉴요커^{New Yoker}〉에 실린 기사에서 제대로 다루었다. 뉴기니의 부족에 관한 기사인데, 제목은 "부족 사회가 복수에 대해 무엇을 말해 주는가?"이다.[62] 저자는 "인간의 감정 중에 가장 강렬한 것이 복수에 대한 열망"이라고 주장하면서, (마지막 페이지에) 이렇게 덧붙였다. "하지만 우리는 그러한 감정이 야만적이고 부끄러워해야 마땅한 것이며 반드시 초월해야 한다고 가르침을 받으며 자란다." 내가 하고 싶은 말은 단 하나, 자기 누이가 연쇄살인범에게 목 졸려 죽었다면 과연 쉽게 초월할 수 있겠느냐는 것이다.

머리 부상으로 연쇄살인범이 된 리처드 스타렛

연쇄살인범 네 명 중 한 명이 어렸을 대 머리 부상이나 아니면 (더 드물지만) 뇌에 영향을 주는 병의 증세, 예를 들면 뇌막염이나 고열을 경험한다. 뇌의 어느 부분에 손상을 입느냐에 따라 많은 것이 달라진다. 특정 부위에 손상을 입으면 자제력이라든가 상황을 정확히 판단하는 능력, 다른 사람의 감정을 포착하는 능력, 다른 이들과 공감하는 능력 등에 심각한 영향을 끼칠 수가 있다. 이러한 머리 부상이 연쇄살인범들에게만 영향을 주는 것은 결코 아니지만, 모든 범죄의 전조가 되기 때문에 중요한 의미를 갖는다. 대개 살인범의 내력에 두부 부상이 있다면, 다른 부정적 요소가 함께 얽혀 있는 경우가 많다. 어렸을 때 구타를 당했다거나(연쇄살인범 헨리 리 루카스처럼 머리를 맞았다거나)[63], 정신질환이 있다거나, 아니면 사이코패스 성향을 함께 가지고 있는 식이다. 그러나 때로는 연쇄살인범의 경우에도 머리에 입은 심각한 부상이 유일한 배경 요인으로 작용하기도 한다.

리처드 스타렛Richard Starrett은 조지아주의 부유한 집안에서 태어났다. 부모는 좋은 사람들이었고, 스타렛은 수많은 연쇄살인범의 성장 환경에서 발견되는 신체적, 언어적 학대나 부모의 무관심을 한 번도 겪지 않고 자랐다. 그런데 유아기 때 머리에 부상을 입은 적이 있었고, 일곱 살 때 또 한 번 더 심한 머리 부상을 입었다. 정글짐에 거꾸로 매달려 있다가 아스팔트 바닥에 머리부터 떨어져 의식을 잃은 것이다. 어머니가 스타렛을 데리고 응급실로 달려갔지만, 응급실 의사들은 당시 별다른 이상을 발견하지 못했다.[64] 그런데 얼마 후 두통과 현기증, 일시적 기억 상실과 갑작스런 졸도 등의 증상이 나타나기 시작했다. 스타렛은 동물을 좋아하는 아이였는데, 어느새인가 결박 환상을 주로 싣는 가학 테마의 잡지에 매료되기 시작했다. 10대에 접어

들자 관음증이 발동했고, 대학생이 되어서는 폭력을 접하거나 야한 잡지를 볼 때마다 환청이나 두통 증상이 나타났다. 스타렛은 대학을 중퇴하고 캘리포니아로 갔다. 여자들을 사냥하고 싶은 참을 수 없는 충동에 이끌려서 간 것이었다. 그 와중에도 스물세 살 때 결혼을 해서 딸까지 낳았지만, 기절과 두통, "멍하니 있기" 등의 증상은 없어지지 않았다. 조지아에 잠시 돌아온 스타렛은 다른 여자와 외도를 했는데, 그 여자가 스타렛이 유부남이라는 것을 알았을 때 "어떤 일이 일어났다." 스타렛은 그 여자가 보지 못하도록 서랍에서 총을 꺼내 치웠다고 했다. 그런데 총이 사고로 발사돼 여자를 죽였다는 것이었다. 정말로 그랬을 수도 있다. 하지만 살인 쪽이 더 가능성이 크다. 어쨌든, 스타렛이 여자들을 만나 힘으로 제압해 성폭행을 하기 시작한 것은 이때쯤이었다. 그 다음에는 결박과 고문을 하기 시작했고, 체포되기 전까지 약 열 명의 여자를 살해했다. 현재 종신형을 살고 있는 스타렛 본인도, 머리에 입은 부상이 주 원인이 되어 뇌기능에 손상을 입고 비정상적인 뇌파를 보이게 됐으며 더불어 결박 섹스에 집착하는 성 도착이 생긴 것 같다는 데 동의했다. 이 모든 요인이 연쇄살인으로 이어진 것이다. 스타렛은 자신이 저지른 범행에 대해 양심의 가책도 느꼈는데, 연쇄살인범으로서는 드문 일이다. 이는 스타렛이 사이코패스가 아님을 시사한다―적어도 선천적 사이코패스가 아닌 것은 분명하다. 뇌의 핵심 기능 부위에 손상을 입어 정상에서 한참 빗나간 행동을 하게 됐다는 쪽이 맞을 것이다. 어떤 부위인지는 나중에 신경과학을 다루면서 자세히 설명하겠다.

성 도착증 살인범 데니스 레이더

인간이 아닌 대상에 성욕을 느끼거나 섹스 파트너나 어린이에게 고통과 굴욕을 가하면서 성적 희열을 느끼는 것을 전부 묶어서 "성 도착"으로 분류한다. 남을 크게 해치지 않는 선에서라면 우리는 그런 도착증을 가진 사람(거의 항상 남자다)을 보면 주로 당황하거나 역겨워하는 반응을 보인다. 관음증 환자나 "버버리 맨"이라 불리는 노출증 환자, 심지어 지하철에서 여자에게 자기 몸을 대고 문지르는 "마찰 성욕 도착증"이 있는 사람도 "악하다"는 소리는 거의 듣지 않는다. 그러나 희생자에게 가하는 위해라든가 타락성의 정도가 심해지면 대중의 반응도 그만큼 격해진다. 어린 아이를 강간하거나 희생자의 살점을 먹거나, 시체와 섹스를 하는 이들은 일반 대중이나 언론이 흉악범 딱지를 달아 줄 확률이 훨씬 높다. 살인을 하면서 성적 흥분을 느끼는 부류는 말할 것도 없는데, 사실 연쇄살인범의 최소 30퍼센트는 이 부류에 해당한다. 상대방을 움직이지 못하게 묶는 행위는 더 위험한 도착증을 예고하는 전조나 마찬가지다. 일단 결박을 해 놓으면 가해자가 원하는 짓을 마음껏 할 수 있기 때문이다.

어떻게 해서 성 도착증이 생기는지는 정확히 밝혀지지 않았다. 유전자와 가정환경이 둘 다 영향을 끼치는 듯하다. 이 문제는 다음에 더 자세히 논하겠지만, 한 가지 이상의 성 도착증을 가진 남자들 중 다수가 어렸을 때 부적절한 섹스 장면을 목격했거나 아니면 본인이 어떤 식으로든 성적으로 학대를 당한 것으로 밝혀졌다. 그러나 모두가 그런 것은 아니다. 어떤 사람은 나중에 성 도착증이 발현되는 쪽으로 뇌의 특정 부분에 이상을 가지고 태어난 듯하다. 토미 린 셀스처럼 어릴 때 상상할 수 있는 학대를 다 당하고 훗날 가학 성욕자가 된 경우라면 그다지 놀랍지 않다. 그러나 대체로 정상적인 어린 시절을 보낸 남자가 연쇄살인범의 전형적 특징인 가학 성욕을 보이면, 그것만큼 놀라운 일도 없다. 그것은 유전적 요인의 영향을 시사하는 흥미로운 자료가 되기도 한다.

거의 20년 동안 연쇄살인으로 캔자스의 경찰 관계자들을 미궁에 빠뜨린 데니스 레이더는 스스로 'BTK'라는 별명을 붙였는데, 이는 결박^{bind}-고문^{torture}-살인^{kill}의 머리글자를 딴 것이었다.[65] 그는 총 열 명을 살해하고서야 마침내 체포되었다. 첫 번째 살인 후 붙잡히기까지 그렇게 오랜 시간이 걸린 것은, 레이더가 영리해서 잘 피해 다닌 탓도 있지만, 그가 철저하게 이중생활을 해 왔기 때문이기도 했다. 연쇄살인을 저지르면서 한편으로는 자식 둘 딸린 유부남에 멀쑥한 회사원, 지역 교회 운영위원장 노릇까지 하고 있었던 것이다. 얼마나 완벽한 이중생활을 했냐 하면, 밖에서는 희생자들을 상대로 가학 성욕을 해결하고 집에 와서는 그런 사실을 까맣게 모르고 있는 아내와 다정하게 잘 지냈을 정도였다.

레이더의 어린 시절에 대해서는, 엄마가 체벌로 엉덩이를 때릴 때마다 발기를 하곤 했다는 사실을 제외하고는 별로 알려진 것이 없다. 여덟아홉 살 때부터 벌써 성 가학증 성향을 보이기 시작했는데, 겉보기에는 다른 아이들과 크게 다를 것 없이 행동했다. 가학 환상에서 성 도착으로 발전하는 데는 그리 오래 걸리지 않았다. 성 도착증도 여러 가지를 골고루 가지고 있었고, 그 중 대부분은 위험한 것이었다. 여자 옷을 입는 것(복장 도착증—무해한 성 도착증에 속한다) 외에 소아 성애증, 결박 집착, 성 가학증, 그리고 여기에 더해 자위할 때 더 강렬한 오르가슴을 맛보기 위해 스스로 목을 매다는 "자기 성애적 질식 선호증"까지 있었다. 레이더의 성 가학증에 대해 한 가지 이야기하자면, 스물아홉 살 때인 1974년에 저지른 오테로^{Otero} 가족 살인 사건 당시 그는 열한 살 난 조시 오테로$^{Josie\ Otero}$를 살해하면서 오르가슴에 이르렀는데, 이는 그 살인이 명백히 쾌락 살인이었음을 말해 준다. 레이더의 성 도착이 유전적 이상(혹은 출산시의 합병증) 때문임을 뒷받침하는 단서가 하나 있는데, 레이더의 다른 형제 셋은 정상이라는 것이다. 이상 인격 성향은 여러 가지 유전자가, 출생 후 환경과 상호 작용하여 나타나는데, 친형제 정도로 가까운 혈육도 똑같은 이상 기질을 보일 가능성은 거의 없다.[66]

데니스 레이더가 연쇄살인범이라는 것을 알고 들어도 소름끼치는 이야기를 해 주겠다. 여기 양복을 말끔하게 차려입고 매너와 말솜씨도 흠 잡을 데 없는 교회 운영위원장이, 아주 솔직하고 유쾌한 말투로 재판관에게 자신이 이 여자 혹은 저 여자를 목 졸라 죽였다고, 마치 우리가 친구에게 신문 광고를 읽어 주거나 시간을 알려주듯 평이한 목소리로 증언하고 있다. 그는 평범한 학부모들처럼 아이들의 축구 경기에 참관하기 위해, 연쇄살인에 '휴지기'까지 둔 사람이다.[67] 데니스 레이더는 다른 흉악 살인범보다는 오히려 여러분이나 나 같은 평범한 시민과 가깝다는 것이다. 또, 겉보기에는 우리도 레이더와 크게 다르지 않다는 얘기도 된다. 어쩌면 그 점을 염두에 두고 주 법무장관 필 클라인$^{Phil\ Kline}$은 배심원단에게 이렇게 말했는지도 모른다. "잠시 후 여러분은 순수한 악과 마주할 것입니다. …… 수많은 희생자가 이

한 사람의 흉악범에게 목숨을 잃었다는 것을 잊지 마십시오."[68] 레이더는, 그가 저지른 살인도 물론 끔찍하지만, 우리가 '나는 겉은 몰라도 속은 데니스 레이더와는 달라!'라고 스스로 안심시켜야 한다는 점에서 더욱 극악무도하다. 어쩌면 이런 식으로 거리를 두는 것이 어쩌면 사람들이 겉보기에 매력적이고 똑똑한—우리와 크게 다르지 않은—테드 번디에 매료되는 이유를 설명하는 데 도움이 될 수도 있겠다. 에드 게인[Ed Gein]이나 리처드 체이스 같은 엽기적인 변태 살인마의 경우, 그들이 저지른 범행은 물론이고 그들의 기이한 겉모습에서도 흉악함이 드러나는 것과 대조적이다. 이 경우 우리는 그들을 보면서 '나는 저들과 다르다'는 것을 굳이 확인하지 않아도 분명히 알 수 있다. 그들의 악함은, 다행스럽게도 우리에게 "이질적"으로 다가온다.

방화, 동물 학대, 야뇨증 : 3징후

앞에서도 말했지만, 방화를 저지르고, 동물을 학대하고, 또 배변 훈련 시기를 지나서까지 오줌을 싸는 남자아이들은 나이 들면서 폭력적으로 돌변할 위험도가 큰 것으로 알려져 있다. 보통 아이들이 좋아하는 동물, 예를 들면 개나 고양이, 토끼 등을 죽이거나 고문하는 행위에 특히 주목해야 한다. 왜냐하면 개나 고양이는 아이가 생각하기에 사람과 가장 가까운 동물이기 때문이다. 그러니 아내 살해범들보다 연쇄살인범들이 어린 시절 동물을 학대한 전적이 많은 것도 놀라운 일이 아니다.[69] 연쇄살인범이 될 징조가 보이는 남자아이, 그리고 잠재적으로 여자를 증오하는 남자아이들은, 여자를 살해하기 위한 예행연습으로 고양이를 죽이는 일이 많다. 고양이의 생김새를 보면 이해가 쉽다. 귀만 빼면 하트 모양의 얼굴이며 높은 광대뼈, 큰 눈, 조그만 코, 앙증맞은 입, 유혹하는 표정까지, 매력적인 여성의 생김새와 매우 비슷하다. 동물 학대가 결박 환상이나 가학 성욕 같은 위해한 도착증과 합쳐지면, 훨씬 더 위험한 연쇄살인범이 탄생한다. 단순한 아내 살해범들은 이런 종류의 변태적 기호를 보이지 않는다. 이런 이유로, "극악무도하다"는 꼬리표가 붙는 이들은 일찌감치 결박 섹스나 방화, 동물 학대 같은 파괴적인 행동을 보였을 가능성이 높다. 연쇄살인범 부류 안에서 어렸을 때 이 "3징후"를 보이면 향후 폭력 범죄를 저지를 가능성이 매우 크다는 뜻이다.[70]

워싱턴주에서 "그린 리버 살인범"으로 악명을 떨친 게리 리지웨이는, 본인의 정확하지 않은 추측에 따르면, 총 70명의 여자를 살해했다. 주로 매춘부를 타깃으로 삼았지만, 매춘부가 아닌 여자들도 있었다. IQ가 평균을 웃도는 다른 유명 연쇄살인범들과 달리 게리의 IQ는 다소 낮았지만(IQ 82였다), 이는 데니스 레이더의 살인만큼 오래 지속된 그의 연쇄살인에는 전혀 문제가 되지 않았다. 게리의 어머니는 아주 매력적인 여자였다. 그런데 매력적인 만큼 아들에게 매정했다. 게리가 이불에 오줌을 싸면 어머니는 게리를 홀딱 벗겨서 두 의붓형제 앞을 걸어 다니게 했다. 그리고 차가운 물을 받은 욕조에 세워 놓고, 자기도 반나체 차림으로 옆에 붙어 서서 게리의 성기를 뚫어지게 노려보곤 했다.[71] 이렇게 잔인한 대우와 성적 유혹을 오가는 어머니의 태도는 게리의 머릿속에 어머니를 끔찍하게 살해하는 환상을 심어주었고, 나중에는 다른 여자들도 칼로 살해하는 환상을 품게 만들었다. 10대 시절부터 그는 고양이나 새를 죽이고 방화를 저질렀다. 본격적으로 연쇄살인을 저지른 것은 아내가 외도를 한 사실을 알고부터였다. 그때부터 그는 아내를 "창녀"로 보기 시작했다. 게리는 사이코패스임에도 불구하고, 겉으로는 친절하고 다정한 이웃 노릇을 썩 잘 해냈다. 심지어 성경도 읽고 교회도 열심히 다녔으며, 이웃에게 좀 더 진정으로 신을 마음에 받아들이라고 조언까지 해 줄 정도였다.[72]

　게리는 세 번째 부인인 주디스Judith를 진심으로 사랑한 것으로 보인다. 나는 2007년에 (이때 게리는 감옥에 있었다) '몬텔 윌리엄스 쇼'에 주디스와 게스트로 동반 출연한 적이 있었다. 주디스는 방청객에게, 자기와 결혼한 동안 마치 진정한 행복을 찾은 듯 게리의 파괴적 충동이 수그러들었다고 말했다. 물론 이것은 주디스도 게리가 체포된 뒤에 알게 된 것이었다. 그 전까지 주디스는 게리가 무슨 짓을 벌이고 다니는지 까맣게 몰랐다. 체포된 후 FBI와 경찰의 신문을 받는 내내 게리는 상냥하고 차분하게 질문에 답변했다. 그런데 교살한 여자들의 시체를 왜 강가에 버렸느냐고 묻자, 그는 갑자기 화를 내면서 이렇게 말했다. "그 여자들은 쓰레기니까요!" 당시 전문가들은 이러한 태도로 볼 때, 게리가 성적으로 매력적이지만 강렬한 증오심을 불러일으킨 어머니를 반복해서 죽이고 또 죽이는 연쇄 모친 살해를 저질렀다는 견해를 내놓았다.[73]

알코올과 약물에 중독된 잭 운터버거와 잭 헨리 에버트

　알코올중독이나 약물 중독은 연쇄살인범들에게서 공통적으로 보이는 특징이다. 거의 절반(45퍼센트)이 술을 지나치게 마시고, 약 7퍼센트가 마리화나나 코카인, 메탐페타민 같은 환각제를 복용한다. 알코올중독 집단은 알코올을 남용하는 큰 집단, 그리고 알코올과 함께 코카인이나 LSD 등의 다른 약물을 혼합 복용하는 비교적 작은 집단으로 나눌 수 있다. 그런데 폭력 범죄를 저지르는 부류는, 저지르고 싶어 좀이 쑤시는 범행을 실행에 옮길 용기를 쥐어짜기 위해 약물을 복용하는 경우가 많다.[74] 이는 연쇄살인범도 마찬가지다. 코카인 중독자가 코카인에 중독되듯 연쇄살인범들은 연쇄살인에 중독되어 있다고 말해도 과언이 아니다. 토미 린 셀스의 사례에서 볼 수 있듯이, 살인은 성적 쾌감을 주는 동시에 그동안 차곡차곡 쌓아 둔 세상에 대한 분노도 해소해 주기 때문이다.

남자들은 주기적으로 성적 긴장감이 고조되는 것이 정상적인데[75], 연쇄살인범의 경우 이것이 희생자를 사냥해 강간 살해하고픈, 주기적으로 찾아오는 욕구와 결합된다. 그런데 그 중 반 이상이 알코올(또는 다른 약물)에서 연료를 얻어 그 엔진을 가동한다. 알코올이 뇌에 어떤 영향을 끼치는지, 또 어떻게 폭력의 촉매제로 활용되는지는 신경과학을 다룬 9장에서 더 자세히 이야기하겠다. 간단하게 설명하자면, 알코올(또는 코카인이나 메탐페타민)은 억제력을 악화시킨다. 브레이크를 망가뜨려, 맥주나 위스키 아니면 코카인 가루를 들이키기 전까지는 그냥 '하고 싶은' 정도였던 행위를 거리낌 없이 마구 저지르게 만드는 것이다.

잭 운터베거Jack Unterweger는 2차 대전 종전 몇 년 후에 오스트리아의 빈에서 태어났다. 어머니는 술집 종업원이었고(야크는 나중에 어머니가 매춘부였다고 단정했는데, 오해한 것으로 추정된다), 아버지는 미군 병사라는 것 외에 신원이 밝혀지지 않았다. 오스트리아의 전원 지역에서 외할아버지의 손에 자란 잭은, 열두 살 때부터 술을 마시기 시작했다. 이는 곧 절도와 사기, 주거 침입, 강도 등의 비행으로 이어졌다. 첫 살인을 저지른 것은 스물네 살 때였다. 이때 잭은 벌써 똑똑하고 천진난만한 매력이 있는 청년으로 한껏 매력을 발휘하고 있었다. 테드 번디의 유럽 버전이라고 생각하면 이해가 쉬울 것이다. 처음에 잭은 종신형을 선고받았지만, 얼마 후 15년으로 감형을 받았다. 2차 대전 후 유럽의 법정들은 이런 식의 관대함을 자주 베풀었다.

감옥에 있는 동안 그는 《연옥, 또는 수감 생활Purgatory, of the Life in Prison》이라는 제목의 자서전을 썼는데, 사람들은 깨닫지 못했지만 전부 자기 입맛에 맞게 지어낸 거짓말로 가득 찬 내용이었다.[76] 이 책으로 잭은 좌파 집단과 반체제 언론으로부터 열렬한 지지를 얻었다. 정신의학자들까지 감쪽같이 속아 넘어가, 잭 운터베거가 변했다는 등 자신의 죄를 뉘우치고 여자에 대한 적대감을 치료했다는 등 하며 자기 자신과 대중을 오도했다. 덕분에 잭은 1990년 5월에 조기 석방되었다. 그리고 얼마 후 자신의 매력을 무기로 수많은 애인과 지지자를 얻었고(그 지지자들은 잭의 자서전을 영화로 만드는 프로젝트까지 벌였다), 그뿐 아니라 여자 희생자들을 납치해 빈의 숲으로 데려가 항문 성폭행을 하고, 끈으로 결박하고, 목을 조르고, 살해했다. 심지어 타 지역의 매춘부 실태를 "연구"한다는 명목으로 로스앤젤레스까지 가, 똑같은 방식으로 그곳 매춘부 세 명을 살해했다.

다른 연쇄살인범들과 마찬가지로, 잭도 모든 살인에 자기만의 "사인"을 남겼다. 희생자의 브래지어를 사용해 교살하는 것이었다. 전형적인 가학 성욕자답게 그는 여자들을 목 졸라 죽이는 순간 오르가즘을 느꼈다. 그러다가 마침내 잭이 체포되고 유죄 판결을 받았을 때, 그를 지지했던 사람들은 배신감과 황당함에 치를 떨었다. 1994년 다시 실형을 선고받고 수감됐을 때, 잭은 교살이라는 자신의 범행 수법에 충실하게, 옷가지에서 나온 끈으로 올가미를 만들어 스스로 목을 맸다. 그런데 여기에 반전이 숨어 있다. 살인 열한 건에 대한 유죄 판결에 대해 잭이 항소를 하기 전에 죽었기 때문에, 오스트리아 법의 특성상 유죄 판결이 아직 효력이 없었다. 따라서 잭 운터베거는 적어도 공식적으로는 "무죄"로 남게 되었다.[77]

운터베거의 살인과 또 다른 사이코패스 살인범 잭 헨리 애버트[Jack Henry Abbott]의 살인은 소름끼치도록 비슷하다. 1944년에 미국 군인과 중국인 매춘부 사이에서 태어난 애버트는 위탁 가정을 전전하다가 비행 청소년이 되었고, 유타주에서 위조죄로 감옥에 가게 되었다. 그런데 감옥에서 다른 죄수를 칼로 찔러 죽이는 바람에 복역 기간이 늘어났다. 애버트는 살인범 게리 길모어[Gary Gilmore]의 이야기를 바탕으로 쓴 노먼 메일러[Norman Mailer]의 소설 《사형 집행인의 노래[The Executioner's Song]》에서 영감을 얻어, 감옥에서 《야수의 자궁[In the Belly of the Beast]》이라는 책을 집필했다. 그 책을 읽고 감명을 받은 메일러의 도움으로 애버트는 교도소 운영위원회의 염려에도 불구하고 1981년에 가석방되었다. 그런데 석방된 지 겨우 6주 만에 뉴욕의 어느 카페에서 점심을 먹다가 카페 주인의 사위인 극작가 리처드 애던[Richard Adan]과 입씨름이 붙었고, 싸움 끝에 그를 칼로 찔러 죽였다.[78] 다시 감옥에 들어간 그는 또 한 권의 책을 썼지만, 이번 작품은 빛을 보지 못했다. 2001년에는 가석방 심사를 받았지만, 후회의 빛을 보이지 않는다는 이유로 심사에서 탈락했다. 1년 뒤 애버트는 신발 끈과 침대 시트를 이용해 만든 올가미로 목을 매 자살했다.[79]

제8장

최악의 가족:
신성불가침의 영역 안에서 일어난 비극들

Ma perché frode è de l'uom proprio male,
più space a Dio; e però stan di sotto
li frodolente, e più dolor li assale.

배신은 인간 고유의 악이기에
신이 더욱 불쾌히 여기며, 따라서
사기꾼들은 가장 낮은 곳에 떨어지고 거기에서도 가장 큰 고통을 받는다.

《신곡》 1권 '지옥편' 제11곡 25~27행

우리가 7장에서 그 성장 배경과 범행을 살펴본 연쇄살인범들은 '악한 사람'이라고 망설임 없이 말할 수 있는 부류였다. 모두 반복적으로 살인을 저질렀으며, 반 이상이 희생자를 장시간 고문했다. 당연한 이야기지만, '악하다'는 말은 법정이나 언론에서 가장 많이 사용하며, 일반 대중들도 희생자가 당한 고통이나 그 고통을 가한 범인들을 묘사하면서 자주 사용한다. 연쇄살인의 희생자들은 거의 항상 범인과 면식이 없는 이들이다. 연쇄살인의 경우, 희생자의 죽음이 알려지면 경찰과 현장 조사단이 사건에 개입되고, 그 다음에 언론에 기사가 나가며, 지역사회는 위험에 대한 경고를 받는다. 그러면서 공포가 조성되기도 한다. 비면식 살인은 대중에게 실체가 드러난 악이다. 그런데 비슷한 양상의 악행이 가정의 울타리 안에서도 일어난다. 이러한 종류의 악행은, 가족이 외부의 침입을 받아서는 안 되는 성역이라는 이유로 장기간 겉으로 드러나지 않고 지속되는 경향이 있다.

영국의 법은 '한 사람의 집은 그의 성城과 같다'라는 명제를 최대한 적용시킨 것으로 유명하다. 그런데 이 불문율은 1860년에 잉글랜드 중부 지방에서 있었던 유명한 살인 사건을 계기로 더욱 주목을 받았다. 한 부유한 가정의 저택에서 세 살짜리 소년 사빌 켄트Saville Kent가 같은 집의 거주자에게 살해당하고 시체를 훼손당한 사건이었다. 지역 경찰은 희생자의 가족을 용의자로 지목하는 것은 물론이고 가족을 조사하는 것 자체를 달가워하지 않왔다. 그래도 하는 수 없이 런던의 위셔^{Wicher} 형사가 수사를 위해 소환되었다. 수사를 하는 것이 "성스러운 영역"을 침범하는 것이라 해도 어쩔 수 없었다.[1] 이 문제를 두고 한 지역 신문은 이렇게 성토했다. "외국 거주자들과는 달리 영국의 모든 집에 기거하는 사람은, 그 집이 저택이든 코티지(작은 주택 - 옮긴이)이든, 자기 집 문지방을 넘는 모든 종류의 침입을 저지할 수 있는 명백한 권리를 갖는다……. 황무지에 있는 코티지도 성이 될 수 있는 것은 바로 이 때문이다."[2] 위셔 형사가 반대를 무릅쓰고 성역을 침입한 덕분에, 어째서 한밤중에 자고 있는 아이의 목이 베었는지, 그리고 어떻게 해서 아이의 시체가 쓰레기처럼 영지의 오물 구덩이에 버려졌는지 단서를 추적해 범인을 가려낼 수 있었다. 범인은 집사가 아니었다. 열여섯 살 난 의붓누이 콘스탄스^{Constance}였다. 콘스탄스의 친어머니는 정신이상 증세를 보이다가 콘스탄스기 여덟 살 때 돌아가셨는데, 이후 의붓어머니가 어린 동생에게 관심을 쏟자 콘스탄스는 그것을 죽도록 질투하게 됐다. 위셔가 들춰낸 것은 "기만과 은폐의 장막"에 가려져 있던 진실이었다.[3] 위셔는 그 일로 마을 사람들로부터 거센 비난을 받았다. "그들 중 한 명"이, 그것도 명망 높은 로드 힐 하우스의 가족 중 하나가 어린이를 살해했다는 사실을 직시하는 것이 그만큼 싫었던 것이다. 수사물이나 미스터리물 소설에서 으레 그렇듯 (실제로 로드 힐 하우스 사건을 토대로 수많은 소설이 탄생했다[4]) 이 사건에서도 가족들이 제일 먼저 용의선상에 올랐다. 그런데 가족 각자가 비밀이 있었고, 그 때문에 거짓말을 하고 시치미를 뗐으며, 범인이 아닌 사람도 경찰에 협조하기를 거부했다.

그로부터 150년을 빨리감기 해 보자. 오늘날에도 가정은 여전히 성역으로 취급되며, 사실 이상적인 상황에서는 그 속에서 안전함을 느껴야 마땅한 대상이다. 그러나 때로는 집안에서 끔찍한 일들이 일어나는데 밖에서는 아무도 눈치 채지 못한다. 가족 안에서 살인이나 시체 훼손, 고문, 인격 모독 등 온갖 종류의 비인간적 학대가 일어나다가 바깥 세상에 폭로되면, 우리는 당장 '악하다'는 말을 입에 올리며 격분한다. 생판 모르는 타인이 그런 범죄를 저질렀을 때와 같은 반응이다. 그러나 반응의 강도는 훨씬 거세다. 왜냐하면 우리는 본능적으로 '설마 부모가 피 같은 자식에게 그런 짓을 저질렀겠어?'라고 생각하기 때문이다.

나는 처음에 이번 장의 제목을 "최악의 부모"라고 지으려고 했다. 그러나 가족 중에 고문이나 살해 같은 끔찍한 범죄의 원인이 존재한다면, 그것이 친부모만 되라는 법은 없다는 점을 고려해야 했다. 예컨대 배우자가 될 수도 있고, 형제자매나 양부모 혹은 부모가 아닌 보호자, 심지어 자식이 원인이 될 수도 있다. 여기서 사례로 든 사건 중에는 범죄자 전기 대신 신문이나 잡지에서 자료를 취한 것도 있다. 상대적으로 분량이 적은 신문과 잡지 기사를 훑어보면, '왜'보다는 '누구'와 '어떻게'에 대해 더 많이 알아낼 수 있다. 그러나 이 책 전반에 걸쳐 '왜'에 더 중점을 두고 있는 만큼, 여러분과 내가 원하는 만큼 '왜'에 대한 답을 깊이 캐내지 못한 것을 미리 사과하고 싶다.

차마 형언할 수 없는 범죄를 저지른 부모들

최근 오스트리아에서는 역사상 전무후무한 소름끼치는 사건이 (말 그대로) 빛을 보게 되었다. 암슈테텐[5]이라는 오스트리아 남부 지역에 사는 73세의 기술공 요세프 프리츨Josef Fritzl은 아내 로즈마리Rosemarie와의 사이에 일곱 자녀를 두었다. 1977년, 그는 집 바로 아래에 설치한 지하 벙커(몇 년에 걸쳐 준비한 감옥이었다)에 열여덟 살 난 딸 엘리자베스Elizabeth를 감금했다. 에테르를 사용해 마취한 뒤 벙커로 끌고 가, 처음에는 수갑으로 쇠파이프에 묶어놓았다. 그리고는 살려 줄 테니 강간당할지 아니면 강간당하지 않고 굶어죽을지 선택하라고 했다. 레너드 레이크가 "너에게 달렸어!"라고 최후통첩을 던진 것과 오버랩된다. 엘리자베스는 근친상간을 "선택"했다. 그 어두컴컴한 지하방에서 프리츨은 딸 엘리자베스를 강간해 다시 일곱 명의 아이를 낳았다. 엘리자베스와 아이들은 24년이 흐른 뒤에야 처음으로 바깥세상을 볼 수 있었다. 그때 엘리자베스는 마흔두 살이었는데, 그들이 밖으로 나올 수 있었던 것도 (당시 열아홉 살이었던) 첫째 딸이 심각한 병에 걸렸는데 그동안 방치되어 위험한 상황에 이르렀기 때문이었다. 그 첫째 아이가 병원에 입원하면서 사건이 세상에 알려졌다.

그런데 이는 프리츨의 최초 범행이 아니었다. 그보다 앞서, 엘리자베스의 아기 중 하나를 (사산아였다고 하는데) 화로 속에 집어던진 적이 있었다.[6] 또 그보다 몇 년 전에는 강간죄로 실형을 살다 나오기도 했다. 엘리자베스와 아이들이 바깥세상으로 풀려난 뒤, 린츠에 사는 한 여자가 수년 전 프리들에게 성폭행을 당했다고 신고하기도 했다.

 우리는 프리츨이 나치 시대에 유년기를 보냈으며 "독재자처럼 굴었으나 그가 누구보다 사랑한" 어머니의 손에 자랐다는 것 말고는, 그의 성장 배경에 대해 거의 아는 것이 없다.[7] 프리츨은 성인이 되어서 똑같이 가족에게 고압적으로 굴었고 완전한 복종을 요구했다. 또한 거짓말 솜씨도 뛰어나서, 1977년에 엘리자베스가 사라졌을 때 아내에게는 딸이 "가출해 사탄 숭배 집단에 합류"했다고 말해 두었다. 그 '사라진 곳'이 아내의 발 바로 밑에 있는 지하 벙커였는데도 말이다. 프리츨은 아내가 나이가 들어 매력이 시든 순간부터 다른 곳으로 눈을 돌린 모양이다. 아내 로즈마리도 마침 프리츨의 강압적 태도와 거짓말에 진력이 난 상태였다. 열여덟 살의 엘리자베스는 로즈마리보다 훨씬 예뻤고, 일단 지하에 감금하자 도망갈 염려 없이 프리츨이 하고 싶은 대로 마음껏 할 수 있었다.[8] 엘리자베스가 낳은 아이들은 태어나서 풀려날 때까지, 마치 플라톤의 《국가》에 나오는 죄수들(동굴에 갇혀 불빛에 비친 인형 그림자밖에 보지 못하는 죄수들)처럼 지내야 했다.[9] 아이들은 그동안 텔레비전에서 2차원적 형상만 봐 오다가, 어느 날 밝은 바깥 세상에 나와 자동차와 집들, 그리고 무엇보다 태양을 실제로 보고는 충격을 받았다. 미국 법에 익숙한 우리에게 그 못지않게 충격적인 것은, 오스트리아에서는 10년이 경과된 성범죄 전과는 기록에서 깨끗이 삭제된다는 것, 그리고 프리츨의 범죄가 겨우 15년 이하의 징역형에 해당한다는 것이다. 오스트리아의 법에 대해 더 이상 뭐라고 할 수 없으니 우리는 "왜"라는 문제로 돌아갈 수밖에 없다.

프리츨은 심한 자기도취 성향과 사이코패스 성향이 있으며 열네 자녀 (엘리자베스, 아버지의 범죄로 고개를 못 들게 된 나머지 여섯 명, 그리고 근친상간으로 태어나 세상의 이목을 감내해야 할 뿐 아니라 실제 세계에 무지하다는 짐까지 짊어지게 된 일곱 아이들까지)의 행복과 복지에 전혀 무관심할 정도로 차가운 사람이었다. 그런데 그것 외에, 혹시 '아빠 프리츨'의 순수 혈통으로 이루어진 신인류를 창조하려는 의도가 있었던 건 아닐까? 그러한 전례가 있기는 있다. 1980년대 중반에 필라델피아에서, 자칭 목사라는 게리 하이드닉이 지하실에 흑인 여자들을 감금해 놓고, 그들을 임신시켜 '아버지 하이드닉'의 피를 물려받은 신인류를 창조하려고 한 사건이었다.[10] 실험은 실패로 돌아갔다. 고문을 당한 여자들이 한 명도 임신을 안 했기 때문이었다. 하이드닉은 여자들을 죽이고 시체를 토막 내 뒤뜰에 묻었다. 하이드닉은 감옥에서 자살했지만, 프리츨은 언론에서 "악마" 소리를 듣고도 자못 의기양양한 모습을 보였다.[11]

좀 뜬금없지만, 진화심리학 이론을 잠시 거론하지 않을 수 없다. "적응" 개념과 관련된 이론인데, 진화론에서 적응은 동물이 다음 세대에 얼마나 많은 자손을 남기느냐 하는 문제로 귀결된다. 인간의 경우 생존 자녀가 몇이나 되는가를 따지며, 부모노릇을 얼마나 못했는지는 문제되지 않는다. 반사회적인 남자가 나이 서른셋에 술집 싸움에 말려들어 사망했는데 있는 줄도 모르는 자식 넷을 남겼다면, 자녀 둘을 낳고 평생 모범 시민으로 살아온 여든 살의 노인보다 더 "적응"을 잘한 것이다. 따라서 자손을 열네 명이나 둔 (그 중 절반은 자식인 동시에 손자이기도 한) 프리츨은, 아들이 둘인 나보다 그리고 자녀가 몇인지는 모르지만 열넷보다는 적을 여러분보다 더 뛰어난 "적응도"를 보인 것이다. 바꿔 말하면, 다음 세대에 자신의 DNA를 더 많이 남기는 데 성공했다는 뜻이다. 이렇게 보면 어째서 우리 사회에 일정 비율의 반사회적, 사이코패스적 인물이 존재하는지 조금 이해가 된다. 덜 극단적인 예를 들자면, 남을 등쳐먹으며 살아가는 사람, "흉악" 범죄에 조금 못 미치는 짓을 일삼는 사람들은 우리 중에 항상 일정 비율 존재한다. 그 숫자는 절대 감소하지 않는다. 그들 "부류"는 절대 멸종하지 않는다.[12]

어린아이들을 해치는 범죄, 나아가 어린이를 살해하는 범죄에 있어서는 악의 정도를 따지는 것이 거의 무의미하다. 이보다 더한 것은 없는 듯하다. 따라서 등급을 따질 필요도 없다. 그런데도 어떤 사람들은 갓난아기보다는 나이가 조금 있는 어린이가 희생됐을 때 더 강한 반응을 보인다. 걷기 시작한 아이는 이미 하나의 인격체, 자기만의 인성을 갖추기 시작한 존재로 인식되기 때문이다. 부모가 자식을 해치고 살해하는 것이 전혀 모르는 타인이 그러는 것보다 더 끔찍한가 아닌가를 따지는 것은 쓸데없는 일이다. 부모가 자식을 죽이는 것은 가장 신성한 관계의 파괴, 가장 큰 글씨로 새겨질 '죄악'이다. 그럼에도 비면식범이 아이를 죽였을 때는 큰 호수에 파장이 이는 것과 같은 데 비해, 부모가 아이를 죽였을 때의 파장은 마치 작은 연못에 조약돌 던진 듯 조금 퍼지다가 만다. 왜냐하면 완전한 타인이 아이를 살해했을 때는, 아이가 겪었을 고통에 부모와 일가친척 및 지인들이 겪는 헤아릴 수 없는 고통까지 더해지기 때문이다. 내가 자기 자식을 죽이면, 남도 아닌 부모가 그랬다는 것 때문에 격한 반응을 불러일으킨다. 내가 남의 자식을 죽이면, 아이가 겪은 고통 말고도 가족들이 겪을 엄청난 "부차적" 고통 때문에 '극악무도하다'는 반응이 나온다.

요세프 프리츨이 "짐승"이라고 불리는 것에 반감을 표하고(변호사를 제외하고, 언론뿐 아니라 사건 소식을 들은 모든 사람에게 짐승이라고 비난을 받았다) 대신 "미친" 척한 것은, 그가 영락없는 사이코패스임을 말해 준다. 딸을 장기간 감금해 놓고 근친상간을 저질렀으며 딸의 아이들까지 감금하고 외부 세계와 접촉을 완전히 차단한 것은, 육체적 고문만이 아니라 심리적 고문까지 결합된 행위였다. 자기 자식을 학대하는 행위의 끔찍함은 6장에서 이미 언급한 바 있다.[13] 어린아이를 학대하는 것이 인간이 내려갈 수 있는 가장 낮은 등급에 해당하는 듯하므로(확신하지 못하는 이유는, 내가 상상하지 못한 더 끔찍한 일이 항상 존재하기 때문이다), 자식 학대는 대부분의 사람들이 보기에 악의 등급에서 '바닥의 바닥'에 해당할 것이다. 단테의 지옥에서는 아홉 번째 고리의 가장 밑바닥보다도 더 아래에 떨어져야 마땅하다. 여기서 테레사 크노어 Theresa Knorr의 이야기를 안 할 수 없다.

테레사 지미 프랜신 크로스 샌더스 크노어 풀리엄 해리스 Theresa Jimmie Francine Cross Sanders Knorr Pulliam Harris, 줄여서 테레사 크노어(두 번째 남편의 성을 땄다)는, 1946년에 캘리포니아의 어느 가정에서 두 자매 중 동생으로 태어났다(어머니가 첫 번째 결혼에서 데려온 의붓형제 둘이 더 있었다).[14] 테레사는 어머니 스와니 크로스 Swannie Cross의 사랑을 독차지하면서도 언니를 무섭게 질투했다. 그런데 테레사가 열다섯 살 때 그만 어머니가 몸져눕더니, 테레사의 품에서 사망하고 말았다. 이후 테레사는 심한 우울증에 시달렸다.[15] 몇 년 뒤 아버지마저 병으로 드러누웠고, 그 때문에 테레사는 처음 청혼한 남자와 서둘러 결혼해 버렸다. 열여덟 살에 테레사는 클리포드 샌더스$^{Clifford\ Sanders}$ 부인이 되었다. 두 사람 사이에 곧 아들 하워드^{Howard}가 태어났는데, 테레사는 그때부터 지나치게 남편에게 집착하면서 바람을 피운다고 그를 비난했다. 1964년 7월 6일(클리프의 생일 바로 다음 날), 클리프는 마침내 이혼을 통보했다. 그런데 집을 막 나가려던 순간, 테레사가 라이플로 뒤통수를 쏘아 죽였다. 이미 둘째 아이를 임신 중이었던 테레사는 재판에서 "정당방위"를 주장했고, 판사 찰스 존슨$^{Charles\ Johnson}$은 이에 무죄 판결을 내렸다. 존슨 판사와의 만남은 이것이 마지막이 아니었다.

테레사는 1965년에 딸 쉴라^{Sheila}를 낳고서 술을 진탕 마시기 시작했다. 1년 뒤 해병대원 로버트 크노어$^{Robert\ Knorr}$를 만난 테레사는 다시 임신을 했고, 두 사람은 결혼을 했다. 결혼하고 두 달 뒤 딸 수잰^{Suesan}이 태어났다. 이듬해인 1967년에는 아들 윌리엄 로버트$^{William\ Robert}$가 태어났다. 남편 로버트가 출장이 잦았기 때문에 결혼 생활은 곧 삐걱거리기 시작했다. 테레사는 아이들을 학대하기 시작했다. 가만히 있지 않는다고 따귀를 때리는가 하면, 벽장에 가두는 일도 부지기수였다. 스물세 살이 된 테레사는 두 번째로 이혼을 하고, 2년 뒤 또 다른 남자와 결혼했다. 론 풀리엄$^{Ron\ Pulliam}$이라는 남자였다. 이번 결혼은 겨우 1년을 갔다. 테레사가 매일 파티에 가서 술을 퍼마시고 나중에는 바람까지 피우는 동안 론이 집에서 세 아이의 "보모" 노릇을 떠맡았기 때문이었다. 테레사는 술독에 빠져 살다가 쳇 해리스$^{Chet\ Harris}$라는 남자를 만나 또 결혼했다. 테레사를 만난 지 3일 만에 결혼한 해리스는, 결혼 3개월

만에 이혼 신청을 냈다. 마지막 두 번의 이혼 판결을 내려준 사람은 다름 아닌 존슨 법관이었다.

존슨 법관이 첫 번째 남편의 살인에 대한 테레사의 "정당방위" 주장을 의심하기 시작했는지는 알려지지 않았다. 이제 아이 여섯 딸린 홀몸이 된 테레사는 술도 전보다 더 마시고 아이들도 더 거칠게 대했다. 테레사의 아이들은 불행하게도 어떻게 행동해도 어머니의 마음에 들 수 없었다. 아이들이 사랑한다고 말하면 테레사는 자기를 구워삶으려 한다고 역정을 냈다. 사랑한다고 말하지 않으면 못됐다고 욕을 퍼부었다.[16] 테레사는 아이들 중에서도 특히 딸들을 쉴 새 없이 구타했고, 칼을 집어던지기도 했다. 수잰이 잠시 집을 나갔다 돌아왔을 때 학대는 더욱 심해졌다. 무단결석 학생 지도원에게 잡힌 수잰은 어머니의 학대를 고발했지만, 테레사가 딸이 거짓말을 하는 거라고 우기는 바람에 수잰은 어머니의 '따뜻한 품'으로 돌아가야 했다. 당시 고도 비만에 더 이상 매력적이라고 할 수 없었던 테레사는 예쁜 딸들을 미친 듯이 질투하기 시작했고, 똑같이 뚱뚱하고 못생겨지기를 바라는 심보로 딸들에게 마카로니앤드치즈를 억지로 먹였다. 수잰을 담뱃불로 지지고는, "저 년이 성병에 걸려 왔다"며 "요부"라고 욕을 해댄 적도 있었다.

수잰이 열여덟 살이 된 1984년에, 테레사와 아들 로버트는 캘리포니아 주 시에라 산 깊숙한 곳으로 수잰을 데리고 갔다. 거기서 테레사는 로버트에게 누나의 몸에 기름을 붓도록 한 다음, 불을 붙였다. 수잰의 몸은 형체를 알아볼 수 없을 정도로 심하게 타 버렸다. 로버트는 이 일을 발설하면 네가 "다음 차례"가 될 거라는 경고를 받았다. 2년 후, 이번에는 쉴라의 차례였다.

테레사는 쉴라를 벽장에 가두고, 쉴라가 "성병"에 걸렸다고 자백할 때까지 벽장 안 쇠파이프에 묶어 놓았다. 쉴라는 성병에 안 걸렸는데도 걸렸다고 할 수밖에 없었다. 그러나 풀려난 것은 잠시뿐, 테레사는 쉴라를 다시 벽장에 가두고 굶겨 죽였다. 딸 셋 중 막내인 테리Terry는 가출해서 매춘으로 벌어먹고 있었는데, 집안에서 일어나는 일들을 경찰에 고발했지만 경찰이 처음에는 믿어 주지 않았다. 그러다 결국 테레사는 기소되어 법정에 섰고, 1993년에 유죄 판결을 받았다. 판사는 테레사의 학대와 살인이 "믿을 수 없을 만큼 잔혹하다"는 말과 함께, 테레사에게 종신형을 선고했다.[17] 수잰의 시체가 신원 확인이 불가능할 정도로 손상됐고 쉴라의 죽음은 강제로 은폐되었기 때문에, 테레사는 살인을 저지르고도 7년 동안이나 법의 심판을 피할 수 있었다. 체포됐을 당시 테레사는 돈을 받고 노부인의 말상대가 되어 주는 일을 하고 있었다.

테레사 사건 만큼 끔찍한, "극악무도하다"는 말밖에 안 나오는 어린이 살해 사건이 지금도 수없이 많이 일어나고 있다. 텍사스주에서도, 종교에 광적으로 집착한 두 여자가 자식을 살해해 국민을 충격에 빠뜨렸다. 한 명은 돌로 머리통을 부숴 두 아이를 숨지게 했고, 다른 하나는 생후 10개월 된 딸을 양 팔을 잘라내 죽였다. 후자는 경찰이 들이닥쳤을 때 "감사합니다, 주님. 감사합니다, 하느님" 하고 중얼거리고 있었다고 한다.[18] 그러나 이 두 사람은 누가 봐도 정신이 이상한 경우다. 정신착란이라는 책임 경감 사유를 고려하면 충격의 여파가 다소 수그러든다. 정신병이 있는 엄마가 아주 어린 아기를 살해하는 경우, (정신의학자의 입장에서 봤을 때) 엄마로서 책임을 감당할 수 없는데 (정신병 때문에) 그런 어려움을 직시할 수조차 없어서 범행을 저지르게 되는 것이라고 설명할 수 있다. '나는 엄마 노릇을 할 수 없다'고 인정할 여력이 없기에 "이 아이들을 신께 맡겨야 해"라든가 "이 아이는 악마야. 세상을 구원하려면 이 아이를 죽여야 해"라는 식의 망상으로 치닫는 것이다. 하지만 테레사 크노어는 정신이상이 아니었다. 속이 배배 꼬이고, 편집증적이고, 질투가 심했지만, 정신이상은 결코 아니었다. 자기 딸들을 냉혹하고 잔인하게 고문한(그리고 아들들은 전부 자기의 꼭두각시로 세뇌시킨) 엄마, 크노어는 악의 등급에서 가장 극단에 위치한 '살인 여부와 상관없이 희생자를 장시간 고문한 자'에 속한다.

크노어 사건은 1983년에 있었던 또 다른 자식 살해 사건과 유사한 부분이 있다. 경력범인 찰스 로든버그Charles Rothenberg는 양육권 문제로 전처와 법정 싸움을 하고 있었는데, 어느 날 갑자기 여섯 살 난 아들 데이비드David를 죽이고 자신도 죽기로 결심했다. 그는 아들에게 수면제를 먹인 다음, 모텔 방에서 아들에게 등유를 붓고 작별 인사로 입을 맞춘 뒤 불을 붙였다. 다른 방에 투숙한 손님에게 구조된 데이비드는 몸의 90퍼센트에 3도 화상을 입었고, 손가락과 두 귀, 코, 그리고 성기를 잃었다.[19] 아이가 목숨을 건졌기 때문에 (그러기 위해 피부 이식 수술을 35회나 받아야 했다), 로든버그는 살인 '미수'에 그쳐 고작 13년형을 선고받았다. "자식 살인-부모 자살" 사건에서 종종 볼 수 있는 결말인데, 로든버그는 마지막 순간에 용기를 잃고 자살을 시도하지 않았다. 그래도 최소한 범행을 순순히 자백하는 최소한의 용기를 보였다. 이 사건은 "자식에게 저지른 역사상 가장 충격적인 살인"이라는 비난을 받았다.[20] 테레사 크노어가 활동을 개시하기 1년 전의 일이었다. 7년 복역 후 석방됐을 때, 로든버그는 편지에 이런 말을 썼다. "내가 풀려날 자격이 있을까? 아니! 그건 용서받을 수 없는 짓이었다."[21]

아들 데이비드 로든버그는 처음에는 기형이 너무 심해서 힘들어했지만 놀라울 정도로 현실에 잘 적응했다. 캘리포니아주립대학에서 영화를 전공한 데이비드는, 이제 감독이 되는 꿈을 꾸고 있다.[22] 데이비드는 그 사건을 두고 이렇게 이야기했다. "찰스는 사악한 인간입니다. 그 사람이 그냥 책임을 인정했으면 좋겠습니다. 나한테 불을 붙인 건 다른 사람이 아닌 그 사람이었으니까요."[23] 찰스 로든버그는 범행을 자백하고 뉘우쳤으며 그 전에는 고문 범행을 저지른 적이 없다는 점 때문에, 그를 최소한 테레사 크노어보다는 조금 더 인간성이 있는 집단에 집어넣는 것이 옳을 듯하다. 또한, 로든버그 사건에서는 "왜"의 문제도 비교적 덜 모호하다. 로든버그는 크노어보다 더 지독한 환경에서 자랐다. 어머니는 매춘부였고, 로든버그는 어릴 때부터 고아원에서 살아야 했다. 반면에 크노어는 베일에 싸인 미스터리 같은 존재다. 테레사가 열다섯 살 때 어머니가 갑자기 사망한 사건과 20년 뒤 테레사가 딸들을 계획적으로 고문한 사건을 논리적으로 깔끔하게 연결할 수 있는 사람은 없다. 언니 로즈메리Rosemary는 제대로 잘 컸고, 나머지 의붓형제들도 문제없이 컸다. 알코올중독이 한몫한 것은 확실하다—알코올은 테레사가 사용한 "촉매제"였다. 그러나 테레사가 술을 마신 것은 이미 머릿속을 지배하고 있는 악마들, 외로움과 질투, 편집증적 망상 등을 달래기 위해서였다. 어쩌면 네 번째 남편이 떠난 후 딸들을 인생의 동반자가 아닌 증오의 라이벌로 보게 만든 자기중심적 태도의 뒤에는, 우리가 모르는 유전적 결함이 복합적으로 존재했는지도 모른다. 어쨌든 지금으로서는 알 수 없는 문제다.

우리는 보통 악이라는 개념을 끔찍하고 충격적인 것들과 연관 지어 생각하는데, 어쩌면 그렇기 때문에 듣도 보도 못한 끔찍한 사건에만 악하다는 반응을 보이는지도 모르겠다. 그런 사건들은 특이한 사건에 속한다. 애인과 침대에 든 남편을 발견하고 총으로 쏘아 죽인 사건은, 살인 사건은 맞지만 아무래도 "특이하다"고는 볼 수 없다. 딸과의 사이에 일곱 아이를 낳고 그들을 24년 동안 지하에 감금해 둔 것은 특이한 사건이다. 몇 년 동안 자기 딸들을 고문 학대하다가 그 중 두 명을 살해한 엄마의 사건도 역시 평범치 않은 사건이다.

지독한 부모에 의해 파괴된 가정에서 공통적으로 보이는 또 다른 특징은 내가 '실뜨기 가계도'라고 부르는 것이다. 결혼과 이혼 그리고 비혼 관계에서 태어난 자녀들, 친형제자매, 의붓형제, 배다른 형제, 근친 관계에서 나온 형제자매 등등……. 인간관계가 너무나 복잡해서, 절대로 종이 한 장에 가계도를 깔끔하게 그려 넣을 수 없을 정도다. 대각선으로 뻗고 서로 겹치기도 하는 복잡한 선들이, 이들 가족의 혼돈과 불안정함을 대변해 준다. 이런 가정에서는 대부분 행동의 옳고 그름이나 도덕적 기준을 가려 주는 가치관 및 규범이 존재하지 않는다. 근친상간이 "옳은" 것이라면, "그른" 일은 무엇이란 말인가? 살인도 "잘못된 일"이 아닌 것인가?

내가 오래 전에 정신과 상담을 해 준 여성이 있는데, 그 환자는 어렸을 때 아버지가 자기 보는 앞에서 어머니를 쏴 죽이고는 이렇게 말했다고 한다. "네가 방금 본 일은 일어나지 않았어. 이 일을 다른 사람한테 말하면, 너도 죽여 버릴 거야!" 그런데 실뜨기 가계도는 "최악의 부모"가 저지른 사건뿐 아니라 다른 종류의 살인 사건에서도 발견된다. 그 예로 샨테 카임스와 스콧 피터슨(4장에 등장), 찰스 맨슨(5장), 켄 맥엘로이와 토미 린 셀스(6장) 그리고 데이비드 레이와 레너드 레이크(7장)의 사례에서도 발견할 수 있었다. 예를 들어 토미 린 셀스의 경우, 누가 토미의 부모였나? 생모는 누구였나? 토미를 떠맡은 숙모는? 숙모가 토미를 떠맡긴 소아 성애자는? 아버지는 누구였을까? 어쩌면 이 "보호자들"이 토미에게 성경을 읽어 주거나 옳고 그름에 대해 가르쳐 준 적이 있는지도 모른다. 그러나 아이들은 말이 아닌 부모의 행동에서 더 많은 것을 배운다. 애정 넘치는 부모로부터 지속적이고 사회적으로 적합한 지도를 받지 못하면, 아이(특히 남자아이)는 사람에 대한 신뢰는 없고 증오심만 가득하며 자제력이 전혀 없는 사람으로 자랄 수 있다. 어떤 결과가 나올지 모르는 것이다. 엄마인 테레사 크노어의 지시로 누이를 불태워 죽인 로버트 크노어는 훗날 술집 바텐더를 살해했다.

다음에 소개할 "최악의 부모" 사례는 똑같이 '특이한 잔학 행위'와 '뒤죽박죽 엉킨 가계도'라는 특징을 가지고 있다. 표 8.1은 그리는 것이 거의 불가능한 가계도를 최대한 단순하게 그려 보려고 노력한 결과물이다.

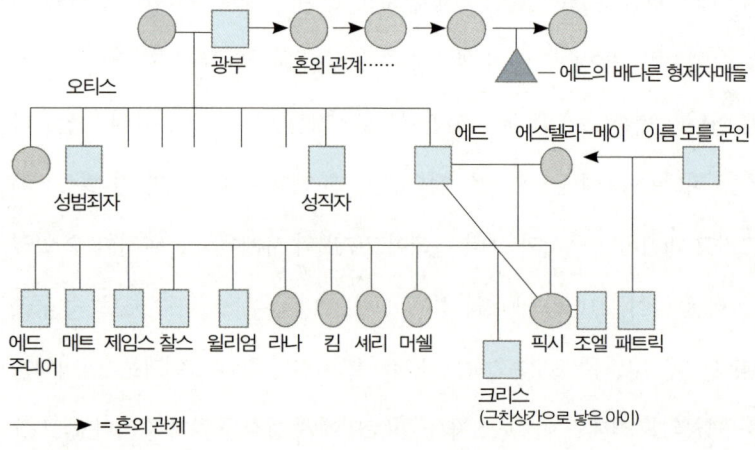

표 8.1 에드 섹스턴의 가계도

1942년에 태어난 에드 섹스턴^{Ed Sexton}은 웨스트버지니아의 탄광 마을에서 자랐다. 에드는 아홉 남매 중 하나였는데, 아버지가 최소 네 명의 내연녀와 외도해서 낳은 의붓형제들이 여럿 있었다. 에드는 열 살 때부터 개나 고양이를 태워 죽이는 짓을 즐겼다. 그러나 야뇨증까지 포함해 "3징후"를 다 갖췄는지는 알려지지 않았다.

비행 청소년이 된 에드는 절도와 강도에 가담했다가 잡혀서 잠시 철창신세를 졌다. 육군에 입대했으나 얼마 후 행실 불량으로 불명예 제대했다.[24] 스물아홉 살에 다시 출소한 에드는 에스텔라-메이^{Estella-May}라는 여자와 결혼했다. 표 8.1에서 보다시피 두 사람은 자식이 아주 많았는데, 그 중 한 명은 에스텔라-메이가 베트남전에 참전하러 가는 병사와의 사이에 낳은 자식이고, 에드가 픽시^{Pixie}라는 딸과 근친상간으로 낳은 자식도 있었다. 픽시는 아버지의 강간으로 생긴 아이가 남편과의 사이에서 생긴 아들처럼 보이도록, 비슷한 또래의 남자와 강제로 결혼을 해야 했다. 웨스트버지니아에서는 근친상간이 빈번히 일어났다고 하는데, 에드는 다른 딸 머쉘^{Machelle}도 열세 살 혹은 열네 살 때 강간해서 임신시키려고 했지만 실패했다(임신이 안 됐다는 뜻이다).

머쉘은 에드가 두 동생 킴^{Kim}과 라나^{Lana}마저 건드리려고 하자 막으려고 나섰다가, 병원에 입원해야 할 정도로 심하게 구타당했다. 그 전에 에드는 머쉘에게 이렇게 경고해 둔 적이 있었다. "열여섯 살까지는 벨트로 맞는다. 그 다음엔 주먹이야." 사실 모든 자식들이 주기적으로 벨트나 주먹으로 구타당했다. 맞은 것은 에스텔라-메이도 마찬가지였지만, 자기가 맞은 것만큼 아이들에게 되갚아 주었다. 아들들은 쉴 새 없이 구타했고, 딸들은 아버지한테 강간당할 때 움직이지 못하게 잡고 있었다. 에드는 아들 찰스^{Charles}가 피를 철철 흘릴 때까지 구타했고, 가족 전부가 보는 앞에서 나체로 서 있게 했다. 다른 아이들도 전부 똑같은 일을 당했다. 에드 자신도 평소에 나체로 집안을 돌아다녔고, 자식들에게 남매끼리 섹스를 하도록 부추겼다.

에드가 자주 사용한 벌 중 하나는 아이들을 벽장에 가둬 놓고 그 안에 바퀴벌레 약을 분사하는 것이었다. 그러다가 종종 이웃의 항의로 보건국에서 조사관이 나오곤 했다. 그러면 에드는 다발성 경화증이나 근위축증을 앓는 환자처럼 휠체어에 앉아 조사관이 돌아갈 때까지 일어나지 않았다. 또 다른 벌로, 에드는 아이들을 꽁꽁 묶어 놓고 아주 오랫동안 안 풀어 주는 방법도 사용했다. 몇몇은 자기 똥오줌 속에 누워 있어야 했다. 에드는 누구든 외부인에게 발설하면 죽여 버리겠다고 협박했다. 그는 마리화나를 줄곧 피워 댔고, 위스키도 많이 마셨다. 고양이와 개를 심심풀이로 죽인 것은 물론, 딸 셰리^{Sherri}가 키우던 토끼를 죽여 셰리에게 강제로 먹이는 엽기적인 짓도 벌였다. 나중에 가서는 픽시의 남편 조엘^{Joel}을 살해했고, 그러자 픽시는 그동안 조엘의 아이인 척했던 에드의 아이를 죽여 버렸다.

그러던 어느 날 딸들 중 한 명이 밀고를 했고, 그 집에서 무슨 일이 일어나고 있는지 마침내 바깥 세상에 알려졌다. 에드와 에스텔라-메이는 모두 체포되었고, 재판에서 에드는 사형을, 에스텔라-메이는 종신형을 선고받았다.

7장에서도 봤듯이, 아이가 자라 "흉악한" 일을 저지르면 때때로 위탁 부모나 의붓부모에게 책임을 돌리기도 한다. 사정을 들여다보면, 의붓부모가 의외로 인정 많고 이해심도 깊었는데 적대적 유전자의 힘을 거스르기엔 역부족이었던 경우도 있다(제럴드 스타노의 예를 떠올려 보라). 그런가 하면 (찰스 슈미드처럼) 다름 아닌 의붓부모가 살인범의 유년 시절에 주된 파괴자 역할을 했던 경우도 있다. 동화 속 못된 계모는 현실에 바탕을 두고 탄생한 캐릭터다. 대부분의 의붓부모가 애정 넘치고 따뜻한 사람일지라도, 의붓자식을 살해하거나[25] 심리적으로 학대하는 의붓부모가 분명 일정 정도 존재한다. 친자식에게는 온갖 정성을 다하고 의붓자식은 안데르센 동화나 그림 형제 이야기에 나오는 것보다 훨씬 잔인하게 대하는 가정을 보면, '피는 물보다 진하다'는 말이 과연 맞는 말이구나 하는 깨달음이 절로 든다.

플로리다에 사는 트럭 운전수 제시카 슈와르츠$^{Jessica\ Schwarz}$에게는 딸이 둘 있었다. 하나는 첫 결혼에서 낳은 자식이었고, 다른 하나는 역시 트럭 운전수인 두 번째 남편 데이비드 슈와르츠David Schwarz에게서 낳은 아이였다. 데이비드가 전처인 아일린 로건Ilene Logan26과 낳은 아들 앤드루Andrew를 데려와 다섯 식구가 함께 살게 되었다. 아일린은 나이트클럽 댄서였는데, 마약과 술에 찌들어 살면서 아들 앤드루를 학대했다. 측근의 주장에 따르면,27 한번은 프라이팬으로 앤드루의 머리를 때려 한쪽 귀의 청력을 잃게 만든 일도 있었다. 애인도 여럿 있었는데, 그 중 한 명은 앤드루를 너무 심하게 구타해 병원에 입원하게 만들었다. 그런데 앤드루에게는 이때가 차라리 좋은 시절이었다.

계모 제시카의 집에 들어가면서 앤드루에게 고생문이 열렸다. 이야기를 들어보면 제시카가 두 딸을 지극히 보살핀 것에는 의심의 여지가 없다. 딸들은 예쁘게 꾸미고 청소도 잘 된 자기들 방에서 지낸 반면, 앤드루는 더럽고 크기도 옷장만 한 방에서 지내야 했다. 게다가 잠금 장치도 바깥쪽에 있어서, 제시카가 원하면 언제든지 앤드루를 방에 가둘 수 있는 구조였다. 그것은 빙산의 일각에 불과했다. 제시카가 앤드루에게 한 짓을 종합해 보면 실로 '사디즘의 교본'으로 삼아도 될 수준이다. 시도 때도 없이 앤드루에게 "너를 증오해"라든가 "너를 묶어 놓고 트럭으로 밟아 주겠어" 따위의 말을 내뱉는가 하면, 생모 아일린을 보러 가면 죽여 버리겠다고 협박도 했다. 또, 어느 날부터는 마치 앤드루가 연쇄살인범의 씨앗이라도 되는 양 "제프리 다머"라는 별명으로 부르기 시작했다. 뿐만 아니라 "개자식", "미친 놈", "병신", "못생긴 돼지 새끼" 등등 이름 대신 붙일 수 있는 욕은 다 붙였다. 제시카는 두 딸에게는 손에 물 한 방울 안 묻히면서 앤드루에게는 집안일을 거의 다 떠맡겼고, 일을 시켜도 반드시 가학적인 방법으로 시켰다. 예를 들면 마당의 나무 울타리를 아주 조그만 가위로 다듬게 했고, 아버지의 차를 칫솔로 세차하게 했다. 그리고 딸들은 차로 학교에 데려다줬지만 앤드루는 비가 와도 걸어가게 했고, 이웃에게 절대로 차를 태워 주지 말라고 일러두었다. 마당에 혼자 서서 "나는 쓸모기 없다. 나는 거짓말쟁이다"를 반복하게 하는 벌도 내렸다. 집에서 "나는 쓸모없는 인간이니 나에게 말 걸지 마세요"라고 쓴 티셔츠를 입고 지내게 한 적도 있었다. 당시 아이들을 봐 주러 온 보모가 측은한 마음에 스웨터를 덧입혀 줬는데, 그래야 나중에 제시카가 티셔츠를 벗었냐고 물어보면 아니라고 대답할 수 있기 때문이었다. 하도 심하게 구타해 앤드루의 양쪽 눈에 피멍이 들고 코가 부러진 적도 있었지만, 앤드루는 학교에 가서 "자전거를 타다 넘어졌다"고 거짓말을 해야 했다.

지역 복지 당국이 얼마나 황당할 정도로 눈치를 못 채고 중재에 실패했는지는 또 다른 문제다. 한 번 발각되어 제시카가 사회봉사(음료수 캔을 주워 모으는 일) 명령을 받은 적이 있었는데, 제시카는 그마저도 앤드루에게 떠넘겨 목요일마다 학교를 결석하고 캔을 모으러 다니게 했다. 가끔가다 앤드루에게 다른 아이들에게 말을 못 걸도록 입에 테이프를 붙인 채 나체로 동네를 뛰어다니는 벌도 내렸다.

제시카는 이웃들에게 꽤나 무서운 존재여서, 감히 아무도 슈와르츠 집 안에서 일어나는 학대를 당국에 알리지 못했다. 그러다가 간신히 한 여자아이가 경찰에 아동 학대의 가능성을 제보했는데, 이 아이의 말에 따르면 제시카가 식사 때 앤드루의 입에 테이프를 붙여 놓고 딸 둘이 밥을 먹는 동안 구경만 하게 했다는 것이었다. 동네 다른 아이들도, 제시카가 타임스위치를 맞춰 놓고 앤드루가 5분 안에 식사를 끝마치지 못하면 남은 음식을 고양이 화장실 옆에 내려놓고 짐승처럼 엎드려서 먹게 했다고 증언했다.[28]

그러나 내게 가장 충격을 준 일화, 사드가 들었어도 연민의 눈물을 뚝뚝 흘렸을 일화는, 앤드루가 부엌을 청소했는데 제시카의 마음에 들지 않으면 그 자리에서 바퀴벌레를 씹어 먹게 한 것이었다. 그것 하나만으로도 70년 형을 받아 마땅하다(결국 받았다). 그러나 제시카가 갈 데까지 가, 열 살이 된 앤드루를 집 안의 풀에서 익사시키지 않았더라면 아마 끝까지 법의 처벌을 받지 않았을 것이다. 마침내 제시카를 법정에 세웠을 때, 지방 검사 스콧 컵 Scott Cupp은 이렇게 말했다. "제가 악을 정의할 수는 없지만, 특히 사전에 나오듯 딱 떨어지게 정의할 수는 없지만, 악을 마주했을 때 그것이 무엇인지 알아볼 수는 있습니다. 제시카 슈와르츠는 악의 화신이라고 망설임 없이 말할 수 있는 존재입니다."[29]

최근 제시카의 범죄 전기를 쓴 작가가 나에게 제시카의 10대 시절 사진을 몇 장 보내왔다. 제시카 L. 우즈Jessica L. Woods라는 이름으로 롱아일랜드에 있는 글렌코브고등학교에 다니던 시절의 사진이었다. 졸업 앨범에 실린 천신난만한 얼굴과 25년 후 감옥에서 썩은 험악해 보이는 얼굴이 너무나 달라서, 둘이 같은 사람이라는 것이 이해가 안 될 정도이다. 제시카의 부모는 법정에서 "집안에 마약이나 알코올 문제는 전혀 없었으며" 제시카도 약물을 사용하지 않았다고 증언했다.[30] 그러나 친척들에게서 정보를 입수한 결과, 집안에 알코올중독 내력이 있으며 제시카도 고등학교 다닐 때 친구들과

LSD를 복용했다는 것이 드러났다. 제시카는 "험하게 노는" 남자들 무리와 어울렸고 본인도 험한 여자애로 알려져 있었다. 이러한 과거를 고려하면, 훗날 사디스트 깡패로 변한 것도 그리 이해 못할 일은 아니다.

앤드루 슈와르츠의 운명을 보면서 특히 마음이 아팠던 부분은, 제시카 슈와르츠의 두 딸이 지독하게 편애를 받는 것을 빤히 보면서 앤드루 혼자만 잔인한 학대를 받아야 했다는 것이다. 제시카는 딸들은 융숭한 대접을 해주면서 앤드루는 인간이 혐오하는 동물의 수준으로 전락시켰다. 심리학적인 견지에서 볼 때, 그런 일을 당한 아이들이 어떤 면에서는 나치 수용소에 끌려온 이들보다 더 불쌍하다. 적어도 수용소에 끌려온 포로들은 대부분 그 전까지는 사랑이 넘치는 가정에서 살았고 따라서 이 세상에 좋은 사람도 존재한다는 것을 알았을 테니 말이다. 그 중 살아남은 이들은 자유의 몸으로 돌아가 비교적 쉽게 일상에 적응했다고 한다.[31] 수용소 희생자들은 자신을 괴롭히는 악한 존재가 나치라는 '외부'의 악당이라는 것을 알고 있었다. 그러나 프리츨과 크노어, 섹스턴의 자녀들에게 악당은 자신과 피와 살을 나눈 "보호자", 다름 아닌 자신의 부모였다. 그들에게는 그 부모가 세상의 전부였다. 그런데 어떻게 그 아이들이 나중에 "낯선 이의 친절"에 자신을 맡길 수 있겠는가?

부모에게 신체적 학대를 당한 아이들은[32] 다음 두 방향 중 하나로 나간다. 대부분은 분노와 증오에 휩싸이는데, 다른 사람에게 폭력을 가하기도 한다. 보통 여자아이보다는 남자아이가 그렇다. 다른 하나는 그 강렬한 감정을 내면화해 우울증에 걸리거나 자살 성향을 갖게 되는 것이다. 이는 반대로 남자아이보다 여자아이가 더 그렇다. 남자아이에게 부모가 폭력을 가하면, 나중에 그 아이가 남에게 폭력을 행사하게 될 가능성이 크다. 얼마나 가능성이 큰지는 범죄학 교수 로니 애선스Lonnie Athens의 저서에 아주 잘 설명되어 있다.[33] 여기서 애선스는 학대받은 아이들이 거치는 단계를 차근차근 설명하고 있다. 첫 번째 단계에서 아이는 "야수화"를 거치며 인간성을 박탈당한다. 심하게 구타를 당하고, 인격 모독을 당하고, 아니면 가족 중 다른 멤버가 당하는 것을 지켜보거나, 혹은 부모에게서 "깝죽대는" 놈은 패거나 죽여 버리라는 충동질을 받는다. 이 단계를 지나면 "적대화" 단계가 온다. 남을 공격하는 것이 인성의 일부가 되어, 스트레스를 받을 때마다 공격이 곧 해결책이라고 생각하게 된다. 다음은 "폭력 실행" 단계다. 이 단계에서는—보통 사춘기나 성인기 초기에 맞게 되는데—폭력적인 '생각'에서 한 걸음 나아가, 자신의 심기를 조금이라도 건드리는 사람에게 반복적으로 폭력을 행사하게 된다. 마지막에서는 "독기"를 품게 되는 과정을 거친다. 애선스의 설명에 따르면, 이 단계는 폭력이 인생을 사는 하나의 방법으로 너무 깊게 자리 잡고, 그 사람 본성의 일부가 되어 버린 상태를 말한다. 이제는 되돌릴 수도 없고 더 이상 교정할 방법도 없다. 자신이 당한 부당한 처사에 대한 앙갚음을 폭력으로 터뜨릴 일만 남았다. 그 상대가 잘못을 저지른 부모가 될지 아니면 가족 외의 사람들 중에 그 부모를 생각나게 하는 이가 될지(이쪽이 훨씬 흔하다), 아무도 예측할 수 없다. 토미 린 셀스는 후자였다. 내가 인터뷰 중에 어머니가 당신을 버림으로써 모든 문제가 시작됐는데 혹시 어머니를 죽이고 싶다는 생각을 해 봤느냐고 묻자, 토미는 내가 그런 생각을 했다는 것에 깜짝 놀라며 이렇게 대답했다. "누구든 우리 어머니 머리카락 한 올이라도 건드리면 내가 죽여 버릴 거요. 엄마는 세상에 하나밖에 없다고!"

물론 무관심과 학대를 경험한 여자아이도 애선스의 폭력화 단계를 밟을 수 있다. "독기"를 품는 단계까지는 안 갈지 몰라도, "폭력 실행"의 단계에는 충분히 이를 수 있다. "하나뿐인 엄마"에게 학대받고 세상 사람들에게 증오를 분출한 영국의 어느 유명한 소녀의 일화가 있다. 거의 '악마의 자식' 수준으로 유명세를 얻은 소녀로, 악명이 너무 높아지다 보니 그 사건에 선행된 악행에 대해서는 사람들이 까맣게 잊는 부작용도 발생했다. 소녀의 어머니가 저지른 폭력과 가학 행위를 말하는 것이다.

메리 벨Mary Bell은 스코틀랜드 국경에서 멀지 않은, 잉글랜드 북동부 뉴캐슬어폰타인에서 태어났다. 메리의 엄마인 베티Betty는 매춘부였는데, 열여섯 살이라는 어린 나이에 메리 벨을 낳았다. 베티는 고객을 채찍으로 때리는 것을 전문으로 하는 도미나트릭스(상대방을 지배하면서 성행위를 주도하는 여자 - 옮긴이)였다. 일종의 '통제된 사디즘'으로 벌어먹고 살았다고 보면 된다. 그러나 그 사디즘이 남자 고객들에게 한정된 것이 아니었다는 게 문제였다. 베티는 메리가 채 한 살이 되기도 전에 벌써 여러 번 딸을 살해하려고 했다. 메리가 서너 살이 되자 베티는 메리에게 "단골손님"들을 상대로 오럴섹스를 하게 했고, 메리는 일이 끝날 때마다 정액을 토해 냈다. 나중에는 고객들이 메리의 항문에 성기 대용 물체를 삽입하는 것까지 허락했고, 베티 자신도 그런 가학 행위에 가담했다. 메리를 채찍으로 때리거나 머리를 물속에 처박아 죽이려고 한 적도 여러 번 있었다. 이러한 잔학 행위에서 메리가 잠시 벗어난 것은 베티가 정신병원에 입원했을 때뿐이었다. 메리가 태어난 직후 베티는 빌리 벨$^{Billy\ Bell}$이라는 남자와 동거를 했었는데, 메리는 그 사람이 아버지가 아닌데도 벨이라는 성을 사용하기 시작했다. 베티는 메리에게 친부가 누구인지 말해 준 적이 없었는데, 아마 베티 자신도 몰랐을 것이다.[34] 빌리는 무장 강도로 체포된 전과도 있는 상습범이었지만, 메리에게는 따뜻하고 자상하게 대해 주었다. 어쩌면 메리에게 유일하게 잘해 준 사람이었는지도 모른다.[35] 반면 친모인 베티는 집안에서 일어나는 일을 바깥에 발설하면 죽을 줄 알라고 협박을 했다. 때문에 성 학대는 아무에게도 들키지 않고 계속됐다.

이렇게 가시밭길 같은 어린 시절을 걸어왔으니, 메리 자신이 폭력에 의지하게 된 것도 놀라운 결과는 아니다. 처음에는 개와 고양이를 죽이는 것으로 시작됐다. 방화를 저질렀는지는 알려지지 않았지만, 3징후의 나머지 하나인 야뇨증은 있었다. 바닥에 일부러 오줌을 싸고 도망간 적도 많았다. 열 살 때 메리는 마을 사람들에게 앞으로 일어날 비극의 전조를 보여주었다. 세 살 난 사촌동생을 둑 아래로 던져 버린 것이다. 아이는 다행히 죽지 않았고, 경찰은 메리의 범행을 어린아이의 장난으로 치부하고 넘어갔다.[36] 그 다음엔 놀이터에서 어떤 여자아이의 목을 졸라 죽이려고 한 일이 있었다. 그러다가 1968년 5월, 급기야 마틴 브라운$^{Martin\ Brown}$이라는 네 살짜리 남자아이를 목 졸라 죽이고 말았다. 다시 2개월 후, 이번에는 노마 벨$^{Norma\ Bell}$(혈연관계는 없다)이라는 친구와 함께, 세 살 먹은 브라이언 하우$^{Brian\ Howe}$라

419

는 아이를 살해했다. 브라이언을 죽이고 나서 거세까지 하려다 실패했는데, 자신이 당해야 했던 더러운 성폭행에 대한 복수였던 것 같다. 메리는 나중에 브라이언의 시체가 있는 곳으로 돌아가 배에 "M"자를 새겨 놓았다. 나중에 조사가 진행되면서 알려진 사실은, 베티가 여러 차례 메리를 목 졸라 기절시킨 적이 있다는 것이었다. 따라서 메리가 저지른 두 건의 살인은 자신에게 일어난 일을 재현하려는 시도로 해석될 수도 있다. 그런데 메리는 몇 차례에 걸친 베티의 교살 시도에도 번번이 살아났기 때문에, 그 과정에서 아마 무의식과 죽음 사이의 구분이 불명확해졌을 것이다―그 나이에 죽음의 최후성을 제대로 이해할 수나 있었다면 말이다. 그러나 그 전에도 메리는 저항하지 못하는 상대를 해치는 것이 재미있다고 종종 말해 왔다.[37]

메리와 노마는 곧 체포되었다. 노마는 후회의 빛을 조금이나마 보였지만, 메리는 아니었다. 이 때문에 법정과 대중은 메리를 잔악한 사이코패스이자 "악의 화신", 나아가 "나쁜 씨앗"의 대표자로 낙인찍었다. 메리는 나이 때문에 한정 책임 능력자로 분류되어, 살인 대신 과실치사로 유죄 판결을 받았다.[38] 메리는 10년을 소년원에서 보내고 성인이 되어 감옥에서 2년을 살았다. 원래 처음에는 무기징역형이었는데 석방이 된 것을 보면 12년 동안 충분히 태도 향상을 보여준 듯하다. 아치 맥캐퍼티 사건(5장) 때처럼 이러한 선처에 사람들은 광분했고, 특히 메리가 이름을 바꾸고 익명성을 보장받을 권리를 얻자 더욱 분노에 치를 떨었다.

나중에 메리는 결혼도 하고 (1984년에) 딸도 하나 낳았다. 메리의 인생 이야기는 결국 갱생과 구원의 이야기라고 할 수 있는데, 지타 새러니[Gitta Sereny]

가 연민과 심리학적 통찰이 담긴 문장으로 훌륭하게 그려냈다. 새러니가 이전까지 쓴 책들은 나치의 만행이나 히틀러의 심복 등 주로 '다른 형태의 악행'에 초점을 맞춘 것들이었다. 그러나 이 책에서 그녀는 이렇게 결론 내렸다. "우리의 아이들이 극한의 상황에 몰리고 있다. 그것은 그들의 잘못이 아니라 우리의 잘못이다." 처음에 메리는 자기 인생이 왜 이렇게 됐는지 되돌아보며 혼란스러워 했다. "내가 무엇 때문에 이렇게 된 거죠? 무엇이 나에게 이런 악행을 저지르게 만든 걸까요?" 이런 질문을 던지기도 했다. 새러니의 부드러우면서 끈질긴 태도로 메리는 오랫동안 억눌렀던 과거의 성폭행 기억을 끄집어내 똑바로 마주할 수 있었다. 그리고 자신도 엄마가 된 뒤에는 비로소 자신이 저지른 일의 무게를 진정으로 이해하기 시작했다.[39]

어린 시절의 환경을 보면, 메리가 가장 밟았을 법한 길은 자살과 매춘이었다. 대신 폭력성이 발현됐다는 것은, 아마도 충동적이고 쉽게 성질을 내는 유전자의 영향(어쩌면 태아기 때 문제가 생겨서 그랬는지도 모른다)이 반영된 것으로 보인다. 메리가 나중에 구원받을 수 있었던 것은 아마도 다른 긍정적인 유전자의 영향이었을 것이다. 그런 유전자가 있었기에 메리도 연민을 갖거나 반성을 할 여지가 있었다. 이것이 또 계부와 살면서 조금이나마 경험해 본 따뜻함과 합쳐져 결국 그런 결과를 가능케 했을 것이다. 이렇게 긍정적 요인과 부정적 요인이 혼합되는 일은 결코 드물지 않다. 다만 쉽게 설명하기 힘든 점은, 어째서 메리의 경우 최악의 환경에서 자랐는데도 결국 긍정적 요인이 승리할 수 있었느냐는 것이다. 제시카 슈와르츠의 경우 그냥 나쁜 정도의 가정에서 자랐는데도 불구하고 결국 악이 승리한 것과 대조된다.

메리의 사례에서 우리는, 정신질환과 마찬가지로 어린 나이도 책임 경감 사유가 된다는 것을 알 수 있다. 또한, 메리는 두 가지 이유에서 '나쁜 씨앗'의 예가 될 수 없었다. 하나는 태어나서 살인을 저지른 순간까지 어머니의 잔혹한 악행을 경험해야 했다는 것이고(아이러니하게도 그 살인이 메리를 구원해 주었다. 판사가 메리를 베티에게서 구조해 소년원이라는 몇 배는 더 인간적인 환경에 넣어 주었기 때문이다), 다른 하나는 제시카처럼 깨어 있는 내내 악행을 저질러야 직성이 풀리는 진짜 사이코패스가 되지 않았다는 것이다. 진정 나쁜 씨앗이라고 명명할 만한 사례도 분명 있다(다음 장에서 살펴볼 예정이다). 하지만 좋은 가정환경에서 성장했는데도 사이코패스 인격이 형성됐으며, 그 원인이 될 요인이 유전자 외에 아무것도 없을 때 말고는 그런 꼬리표를 붙이는 것은 의미가 없다. 그런데 이 조건에 해당하는 사례는 정말 드물다.

메리 벨 사건은 또 하나의 패러독스를 보여준다. 모든 집은 그것이 저택이든 코티지든 소중한 불가침의 공간이라는 원칙이 '의도치 않은 결과의 법칙'에 의해 한 번씩 뒤집어진다는 것이다. 저택이나 코티지에서 때로 끔찍한 일들이 일어나는데, 그런 일들이 외부에 전혀 새어나가지도 알려지지도 않는다. 이 "불가침"의 영역에서 일어나는 일은 외부인이 좀처럼 알기 어려우며 경찰도 강력한 증거 없이는 신성한 경계를 침범하기 꺼려하기 때문이다. 그렇기 때문에, 메리 벨의 경우 '일시적인 악'이 12년이라는 세월을 청구해 갔다. 정황을 따져 보면 충분히 납득이 가는 결과였다. 반면 '불변의 악'인 베티 벨은 아무런 죄과도 받지 않았다. 베티는 감옥에 수감되고 친권을 완전히 박탈당했어야 마땅하다. 그러나 베티는 (어떻게 보면) 살인을 저지르고도 벌을 받지 않고 넘어갔다. 대다수의 선량한 시민을 보호하는 법이 의도치 않게 베티 벨 같은 사람도 보호하고 있는 것이다.

친부모에 비해 양부모나 의탁 부모는, 의붓부모와 마찬가지로 자신이 맡고 있는 아이들을 학대할 위험이 높다. 이유는 똑같다. 그 아이들과 혈연관계가 없기 때문이다. 최악의 학대는 혼외 관계에서 낳은 아이가 딸린 젊은 엄마가 헤어졌다 합쳤다를 반복하는 남자친구와 동거를 하는 상황에서 자주 발생한다. 그 남자친구를 때때로 "계부"라고 부르지만, 그 사람이 하는 짓을 봐서는 어떤 판사도 그를 '아버지'로 봐 주지 않는다. 남자친구의 관심사는 젊은 여자 상대와 성관계를 유지하는 것이다. 이 현실적인 시나리오에서 아이는 남자친구의 성적 욕구를 채우는 데 걸림돌이 될 뿐이며, 아이가 울거나 오줌을 지리거나 칭얼거리면 더욱 성가신 방해물로 취급된다. 일이 터지기 딱 좋은 상황이다. 폭력적인 형태의 어린이 학대가 발생할 확률이 수직 상승하는데, 폭력이 극악한 수준에 이를지, 또 언제 그렇게 될지는 아무도 예측할 수 없다. 우리는 총격 사건에서 단 1센티미터가 얼마나 큰 차이를 만드는지 알고 있다. 허벅지 한가운데 총을 맞은 사람은 대퇴골 골절로 6주간 목발을 짚는다. 그보다 1,2센티미터 사타구니에 가깝게 총알을 맞으면 대퇴동맥 과다 출혈로 사망한다.[40] 카오스에 대한 제임스 글릭의 말처럼, 작은 차이가 큰 차이를 만들 수 있다. 만약 제시카 슈와르츠가 의붓아들에게 말썽을 부린 대가로 피마자유를 마시게 했다면, 그리고 그게 학대의 전부였다면, 아무도 "저런 사악한 여자가!"라고 비난하지 않았을 것이다. 그러나 제시카는 앤드루에게 바퀴벌레를 삼키게 했다. 그런 짓을 저지른 순간, 우리는 악의 영역에 이미 들어와 있다. 다음에 소개할 두 사례는 똑같이 암울한 사건인데, '저택 버전'과 '코티지 버전'이라는 점만 다르다. '최악의 의붓부모'와 '최악의 비혈연관계 부모'가 잘난 법 체계의 보호를 받아 이웃의 눈을 피해 잔악한 학대를 저지르다가, 비극이 발생한 바로 다음 날에서야 발각된 사례다.

"코티지" 사건 : 원인을 알 수 없는 세자르 부부의 아이 학대

세자르 로드리게스$^{Cesar\ Rodriguez}$는 닉살리 산티아고$^{Nixzaliz\ Santiago}$의 마지막 애인이자 닉살리의 자녀 중 가장 어린 두 아이—12개월 간격으로 태어난 두 아들—의 친부였다. 닉살리는 브루클린 빈민가의 방 2개짜리 아파트에서 세자르와 동거를 했는데, 원래는 푸에르토리코 출신이었다. 닉살리와 세자르는 둘 다 1979년생 동갑이다. 닉살리는 27살 때 벌써 네 명의 남자에게서 여섯 명의 아이를 낳았는데, 일곱 번째 아이가 또 생겼지만 2005년 11월에 유산했다.[41] 이 두 사람을 무명의 시민에서 전국적인 유명인사로 만들어 준 것은, 2006년 1월 10일에 일어난 닉살리의 일곱 살 난 딸 닉스메리 브라운$^{Nixmary\ Brown}$의 고문 살해 사건이다. 닉살리가 닉스메리의 친부가 누군지도 제대로 모르고 있었음이 사건 후 열린 재판에서 드러났다. 표 8.2은 내가 취합할 수 있는 정보를 최대한 모아 성심껏 그려 본 가계도인데, 이 표를 보면

표 8.2 닉살리 산티아고

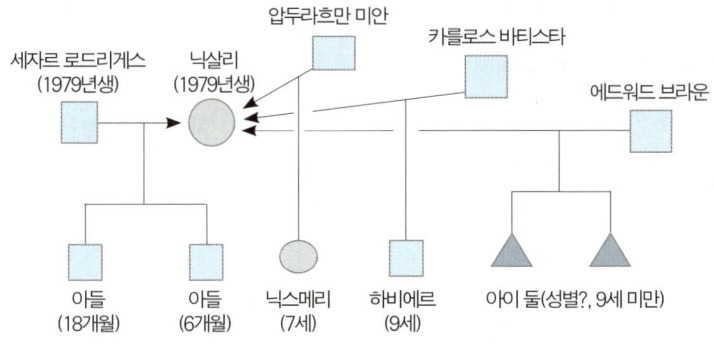

다수의 남자와의 혼외정사에서 태어난 여섯 명의 아이들

혈연관계가 얼마나 복잡하게 엉켜 있는지 한눈에 파악할 수 있다.

닉스메리의 친부는 닉스메리의 인생에 어떠한 형태로도 영향을 미치지 않았다. 성도 엄마 닉살리의 수많은 애인 중 한 명인 에드워드 브라운$^{Edward\ Brown}$에게서 따온 것인데, 닉살리는 에드워드와의 사이에서 다른 아이 둘을 더 낳았다. 닉스메리는 사망 당시 겨우 16킬로그램밖에 안 나갔는데ㅡ7세 아동 정상 체중의 절반 수준이었다ㅡ어느 날 냉장고에서 요거트를 꺼내 먹으려고 한 것이 사건의 발단이었다. 이유는 간단하다. "보호자들"이 그동안 계획적으로 굶겨 왔기 때문에, 닉스메리는 항상 배가 고팠던 것이다. 게다가 의도치 않게 세자르의 컴퓨터 프린터에 장난감을 쑤셔 넣고 말았다. 아이의 "못된 짓"에 화가 머리끝까지 난 세자르는 아이를 발가벗기고 욕조의 찬 물에 머리를 처넣더니, 그것으로도 모자라 수도꼭지에 아이의 머리를 힘껏 부딪쳤다. 그 충격으로 닉스메리의 머리에 혈종(뇌에 피가 고인 부분)이 생겼고, 그것이 원인이 되어 닉스메리는 다음 날 아침 사망했다.

아이가 요거트를 꺼내려 했을 때 세자르와 닉살리가 그렇게 격하게 반응한 것은 가난 때문이 아니었다. 어차피 냉장고는 꽉 차 있었다. 그들은 평소에도 아이에게 충분한 음식을 주지 않았다. 닉스메리는 영양 부족에 시달렸을 뿐 아니라, 화장실 대용으로 고양이 변기만 달랑 넣어 준 방에 갇혀 있었던 적도 수없이 많았다. 사망 전에도 세자르는 매일같이 닉스메리를 테이프와 밧줄, 고무끈 따위로 의자에 묶어 놓고 구타하곤 했다. 어느 날 닉스메리의 몸에 난 멍을 학교 선생님이 발견하고 ACS(아동복지국)에 신고했다. 그런데 ACS는 해당 가정에 제대로 연락을 취하지 않았다. 더 안타까운 것은, 1월 10일 퇴근 후에 그 집에 가 보기로 되어 있었던 담당 사회 복지원이 방문을 다음 날 아침으로 미뤘다는 것이다. 다음 날 아침, 닉스메리는 이미 죽어 있었다. 닉스메리의 시체는 온통 피멍이 들어 있었고, "끔찍한 상처"도 잔뜩 보였다.[42]

세자르가 먼저 재판을 받았는데, 이런 사건에서 으레 그렇듯 두 사람은 서로 상대방이 아이에게 치명적인 상해를 입혔다고 주장했다. 아마 세자르가 주범이었을 것이다. 그런데도 겨우 일급 과실치사밖에 인정되지 않았다. 배심원단은 그보다 중한 이급살인 항목에 대해서는 의견일치를 보지 못했다. 재판 기록을 보면 흥미로운 주장이 나오는데—어쩌면 그냥 '웃기는 얘기'라는 편이 어울리겠다—이런 종류의 사건에서 피고 측 변호사가 자주 내세우는 주장이다. 뭐냐면, 세자르가 닉스메리를 구타하거나 엉덩이를 때리고 또 벨트로 매질한 것은 인정했지만, "해치려는 의도를 가지고 때린 건 아니"라고 한 것이다.[43] 이에 대해서는 언급할 가치도 없다. 닉살리와 세자르가 구급차를 부른 것은 닉스메리가 죽은 지 최소한 7시간이 지난 뒤였다. 따라서 닉살리도 책임을 면할 수 없다. 닉살리와 세자르의 성장 배경에 대해서는 알려진 바가 거의 없기 때문에, "왜"라는 질문에 대해서는 답을 내릴 수 없다. 폭력이 폭력을 부른다는 사실을 고려하면, 두 사람이 따뜻한 환경에서 성장하지 못했다는 것 정도는 추측할 수 있다. 이 추측이 맞을 거라고 보는 이유는, 세자르가 닉스메리를 아주 심한 문제아로 묘사했으며 자신이 아이에게 가한 잔인한 벌이 마치 일상적인 것, 당연한 것인 양 이야기했다는 것이다. 아무튼 일곱 번째 아이를 유산한 것을 딸 닉스메리의 탓으로 돌리고 딸을 "악마"라고 부른 닉살리는, 2008년 10월에 과실치사 유죄 판결을 받았다.

"저택" 사건 : 광신적인 믿음이 자녀 학대로 이어진 경우들

존 달러John Dollar와 린다 달러Linda Dollar 부부의 가장 최근 거주지는(그들은 이사를 여러 번 했다) 플로리다 탬파에서 북쪽으로 약 110킬로미터 떨어진 소규모 부유층 커뮤니티에 있는 호화로운 주택이었다. 전체 평수가 100평은 넘고 차가 3대 들어가는 차고가 딸려 있으며 뒤뜰에 수영장까지 있는 이 호화 주택은, 닉살리와 세자르가 살던 브루클린의 빈민가 아파트와는 천양지

차였다. 달러 부부가 세상에 알려졌을 당시, 존은 57세의 부유한 부동산 감정사였고 린다는 교육학 학위도 가지고 있는 51세의 은퇴한 사업가였다.[44] 두 사람은 아이가 안 생겨 하나둘 입양을 하다가 어느새 자녀를 여덟이나 두게 됐는데, 대부분 1990년대에 입양한 아이들이었다. 첫째인 맏딸이 다 자라 집을 떠난 2005년 1월, 남은 일곱 아이들이 겪고 있던 집안의 "문제들"이 서서히 수면으로 떠오르기 시작했다.

달러 부부의 본거지는 원래 테네시주였다. 녹스빌에서 북네쪽으로 약 30킬로미터 떨어진, 인구 700명 가량의 스트로베리플레인즈라는 마을에서 마운틴뷰기독학교라는 사립학교를 운영하고 있었다. 두 사람은 근처에 있는 교회를 열심히 다니다가, 2000년도에 세상에 종말이 올 거라는 자기들의 믿음에 목사가 이의를 표하자 교회와 사이가 틀어졌다.[45] 달러 부부가 단지 2000년 종말설만 주장했더라면 아마 세상에 묻혀 (2000년 이후에도 계속) 조용히 살아갈 수 있었을 것이다. 그런데 달러 부부는 아이들을 가르치는 방식에 대해 정상에서 상당히 빗나간 견해를 가지고 있었다. 그 빗나간 생각마저도 어쩌면 세상에 폭로되지 않았을지도 모른다. 두 사람이 아이들을 계속 홈스쿨로 가르쳤고, 학교 교사들이나 아동복지국 직원들은 물론 이웃들 눈에도 거의 안 띄도록 집에만 가둬 두었기 때문이다.

플로리다의 집에 남은 일곱 아이들은, 전부 열두 살에서 열일곱 살 사이의 청소년들이었다. 그 중 두 명은 양부모의 사랑을 받아 좋은 대접을 받았다. 나머지 다섯은 얘기가 달랐다. 열여섯 살 먹은 아들이 머리 부상으로 동네 응급실에 실려 가지 않았더라면, 사정은 끝까지 바깥세상에 알려지지 않았을 것이다. 머리 부상에 더해 목 주위에 붉은 상처도 나 있었다. 또한 아이는 지나칠 정도로 앙상했다. 시트러스카운티 보안관이 조사에 나선 것도 바로 이 때문이었다.[46] 그 사이 달러 일가는 밴을 타고 유타주 외딴 곳으로 달아났지만, 도중에 휴대전화를 사용하는 바람에 곧 잡히고 말았다. 아마 휴대전화가 위치 추적 장치로도 사용된다는 것을 몰랐던 모양이다.

체포 후 경찰 관계자들은, 달러 부부에게 사랑받지 못한 다섯 명의 10대 아이들이 전부 심각한 저체중 상태라는 것을 알게 되었다. 달러 부부가 거의 죽기 직전까지 굶긴 것이었다. 열네 살 먹은 쌍둥이 형제는 각각 16킬로그램, 17킬로그램으로, 정상 체중보다 약 36킬로그램이나 적게 나갔다. 아우슈비츠나 트레블링카(폴란드의 나치 임시 수용소 - 옮긴이)의 평균 체중에 가까웠다고 보면 된다. 아이들을 굶기고 복종시킨 것 외에도 달러 부부는 전류가 흐르는 소몰이 막대와 쇠사슬, 결박 도구, 망치 등으로 아이들을 고문했다. 펜치로 한 아이의 발톱을 죄다 뽑아 버린 적도 있었다. 이 얘기를 듣고 나니, 법정에서 "아이들을 해칠 생각으로 그런 건 절대 아니었다"[47]고 항의한 존 달러가 이중으로 역겹게 느껴진다. 그렇게 말했다는 것이 역겹고, 광신도인 달러 부부가 실제로 그 말을 믿었다는 것 또한 더욱 소름이 끼친다. 어쨌든 그 말을 믿었으니 그들은 거짓말쟁이는 아니었다.

달러 부부는 종종 아이들의 발을 묵직한 고무망치나 지팡이로 때렸고, 또 아이들을 자물쇠가 밖에 달린 벽장에 가두고 그 안에서 재웠다. 침실 문에 딸랑거리는 종을 매달아, 다섯 아이 중 누구라도 한밤중에 배가 고파 냉장고를 찾으면 즉시 알아차리고 행동에 나서도록 조치를 해 두기도 했다.

다쳐서 응급실에 실려 간 아이의 경우, 조사관들은 존 달러가 아이의 목을 꽉 잡고 아이를 공중에 들어올렸다가 도로 떨어뜨렸으며 그 와중에 아이가 벽난로에 머리를 부딪쳐 부상이 생긴 것으로 보았다.[48]

세 양아들과 두 양녀가 무엇 때문에 달러 부부의 눈 밖에 났는지는 밝혀지지 않았다. 재판에서 달러 부부는, 자기들은 그저 종교적 믿음을 따랐을 뿐이라고 주장했다. 존의 말에 따르면, "우리는 전능하신 하나님을 믿는 신자들이며…… 교리 때문에 특정 행동을 할 수밖에 없다"는 것이었다.[49] 달러 부부는 다섯 명의 아이들에게 가한 가중 아동 학대 및 고문으로 각각 15년형을 선고받았다. 린다 달러는, 자신을 학대한 알코올중독자 아버지 때문에 열여섯 살 때 집을 나왔으며 첫 번째 결혼도 (자세히 밝히지 않은) 학대 때문에 끝이 났다고 재판에서 증언했다.[50] 그와 비슷한 혹은 더 심한 학대를 받은 수백만 명의 사람들이 존재한다는 점을 감안할 때, 이 증언이 린다의 행동에 면죄부를 주지는 않는다. 리사 월[Lisa Wall] 형사가 이 문제에 대해 한 말이 가장 공감이 간다. "나는 그 아이들을 죽을 때까지 기억할 겁니다. 그러나 무엇 때문에 그 부모가 그런 끔찍한 학대를 하게 됐는지는 죽을 때까지 이해하지 못할 겁니다."[51]

혹자는 광신도들이 살상과 고문으로 인류를 발전시키겠다고 설치는 것도 이제는 한풀 꺾인 일이 아닌가 싶을 것이다. 그런데 사실은 안 그렇다. 사례를 하나만 더 소개할까 한다. 영국 웨스트요크셔에 위치한 도시 브래드포드의 형사 법원은, 자신의 두 아들에게 위해를 가하고 잔학 행위를 한 나이지리아 부부에게 유죄를 선고했다.[52] 아이들 아버지는 두 아들의 혀와 입술에 핀을 찔러 넣는가 하면, 펜치로 한 아들의 혀를 조여 혀가 심하게 부풀어 오르게 만들었다. 두 아이의 입에는 칼에 난 상처도 있었다. 둘 다 여러 차례 결박당한 채 구타를 당했고, 공휴일에는 상처와 멍을 다른 사람에게 들키지 않도록 집안에만 머물렀다. 아버지는 광신도 크리스천이자 목사였고, 역시 광신도인 어머니는 남편이 아이들을 학대할 때마다 그저 구경만 했다. 아이들 아버지는 법정에서, 자기가 성경을 다 읽어 봤는데 하나님도 자신의 혀를 잘라 냈기 때문에 아이들에게 그렇게 한 것이라고 주장했다. 판사는 당연히 성경에서 그런 구절을 찾을 수 없었고, 피고의 주장을 이렇게 일축했다. "내가 볼 때 당신은 냉혹하고 집요하며 극도로 잔인한 사람입니다…… 당신은 가학 성향이 있으며, 자식들에게 고통을 가하면서 희열을 느꼈습니다. 제정신을 갖춘 사람이라면, 특히 자식을 낳아 본 부모라면, 자기 자식에게 위해를 가한다는 생각을 처음부터 아예 품지도 않았을 것입니다."[53]

지금까지 소개한 사례에 등장한 부모들은 전부 자기 자식 또는 의붓자식들에게 오랜 기간 고문을 가했고, 그 이유로 악의 등급에서 카테고리 22에 해당된다. 22번 항목에는 신체적 고문 행위가 포함되는데, 따라서 프리츨 사건은 다소 비전형적인 경우라고 할 수 있다. 처음에는 딸 엘리자베스를 물리적으로 고문했지만, 그 다음에 이어진 것은 주로 심리적인 고문이었기 때문이다. 42년 생애의 절반 이상을 지하에 감금해 두고 또 그 자식들까지 바깥세상을 보지 못하게 했다고 생각해 보라. 프리츨이 성 고문인 강간 외에 다른 고문도 더했는지는 알 수 없지만, 그것과 관계없이 엘리자베스와 일곱 아이들의 인생을 완전히 망쳤다는 점에서 프리츨은 명백히 악의 극단에 해당한다.

가족을 살해하기 위해 지옥에서 온 아이들

부모와 자식간의 관계는 쌍방향적인 것이다. 지금까지 우리는 부모의 학대로 자녀가 폭력 성향을 보이게 되는 극단적 사례를 살펴보았다. 그런데 유전적 결함이라든가 선천적 결손 또는 태아기에 입은 두뇌 손상으로, 때로 통제할 수 없는 정도의 문제 행동을 보이는 아이, 그래서 부모에게 극도의 부정적 영향을 끼치는 아이들이 있다. 부모는 아이의 "난폭함"이나 반항기를 다스리려고 아이를 벌주는 데만 급급하게 되고, 그것이 너무 지나쳐 상황을 더 악화시키기도 한다. 그럼 악순환이 시작되는데, 둘 중 한 쪽이 통제할 수 없는 수준으로 폭주하면서 비극적인 결과를 낳는다. 그런가 하면 또 어떤 가정에서는 부모가 적절히 자제하면서 일관되게 자식을 이해하고 배려해 주는데도 아이가 너무 파괴적 성향이 강해 여전히 반사회적 인간으로 자라고, 심하면 살인마가 되기도 한다. 한마디로, 부모가 평범하게 대했는데도 결국 잘못되고야 마는 "최악의 아이들"이 존재한다는 말이다. 이런 아이들은 "흉악범" 수준으로 교활하고 폭력적인 행동을 저지르기도 한다. 부모의 훈육이 아이의 천성을 이기지 못하는 예는 다음과 같은 상황에서 주로 확인할 수 있다. 태아기 때 여러 가지 결함이 생긴 아이가 어느 날, 아이가 무슨 짓을 저질러도 도를 벗어난 벌은 가하지 않는 자상한 부모에게 입양되어 자라는 경우다. 그러나 친부모의 손에 자란 아이들도 같은 결과를 가져올 수 있다. 내가 골라본 사례 중 하나는 친부모의 손에 자란 아이의 예고, 다른 하나는 입양된 아이의 예다.

친부모를 살해한 소시오패스 메넨데스 형제

E fu nomato Sassol Mascheroni
Se Tosco se', ben sai omai chi fu.
그의 이름은 사솔 마스케로니인데
토스카나인이라면 그가 누군지 잘 알 것이다.

― 단테 〈신곡〉 지옥편[54]

앞서 두 부모의 예를 들면서 사용한 저택과 코티지 비유는 상징적인 것이었다. 닉살리와 세자르는 코티지만큼 널찍한 집에서 살지 않았고, 달러 부부의 으리으리한 집도 저택이라고 부를 수는 없는 곳이었다. 그런데 라일 메넨데스[Lyle Menendez]와 세 살 어린 동생 에릭 메넨데스[Eric Menendez]는 로스앤젤레스의 부유한 동네 베벌리힐스에 있는 방 23개짜리의 정말 저택 같은 저택에서 친부모를 살해했다. 라일이 21세이고 에릭이 18세이던 1989년 8월에 일어난 일이다. 아버지 호세[José]는 마흔네 살이고, 아름다운 어머니 키티[Kitty]는 마흔일곱 살이었다. 형제는 모스버그 12게이지 산탄총을 사용해, 처형식으로 부모를 살해했다. 먼저 아버지 호세를 죽인 다음, 남편의 피와 뇌수로 범벅이 되어 벌벌 떨고 있는 키티를 온몸에 열 발을 쏘아 죽였다. 그리고는, "완전 범죄"를 만들기 위해 형제 중 한 사람이 부모님의 왼쪽 무릎에 한 방씩 총을 쏘았다. 마피아 암살범이 들이닥쳐 살해한 것처럼 보이게 꾸민 것이었다.[55] 이런 세심한 터치가, 애초에 희생자의 자식들을 끔찍한 살인 사건의 범인으로 지목하고 싶지 않았던 경찰을 멀리 따돌려 주었다. 때문에 진실은 몇 달에 걸쳐 천천히 수면 위로 드러났다.

메넨데스 부부는 결코 완벽한 부모는 아니었다. 카스트로 정권 하의 쿠바에서 도망 온 호세는 야망이 넘치는 자수성가형 백만장자였는데, 두 아들도 최고의 학교에서 최고의 성적을 내기를 바랐다. 그는 자식에게 최고만을 요구하듯 직장에서도 부하 직원들에게 최고의 실적을 요구했는데, 이 때문에 '지옥에서 온 보스'라는 별명을 얻었다. 미국에서 태어난 키티는 그런 남편을 도와, 두 아들에게 부모의 기대에 부응하라고 더욱 압력을 주었다. 학교에서 선생님이 숙제를 내 주면, 호세와 키티는 열 일 제치고 아이들의 숙제를 도왔다. 선생님들은 두 아이가 수업 시간에 하는 것보다 숙제를 훨씬 더 잘해 온다는 것을 눈치 챘다. 두 형제는 10대에 막 들어섰을 때 사촌 여자아이를 강간하려고 한 적도 있었다.

라일은 아버지의 힘으로 프린스턴 대학에 겨우 들어갔지만, 과제를 베껴서 내는 바람에 1년 정학 처분을 받았다.[56] 아버지 회사에서 일하게 됐을 때는, 사람들을 멀리하고 독단적으로 행동해서 "버릇없고, 오만하며, 자기중심적"이라는 평을 들었다. 다시 프린스턴에 돌아가서는, 낙제하지 않으려고 친구에게 대신 과제를 하도록 시켰다. 그러는 동안 키티는 여전히 에릭의 숙제를 대신 해 주느라 바빴다. 에릭도 바깥에서 오만하고 야비하며 반항적이라는 평판을 쌓아 가고 있었다. 살인 사건이 있기 1년 전, 두 형제는 부모님이 사는 부자 동네를 무대로 강도질을 하기 시작했다. 여기서 두 사람의 전과 기록을 다 읊는 것은 지면 낭비가 될 것이다. 호세와 키티가 더 이상은 용납하지 않겠다는 제스처로, 앞으로 계속 그러면 유언장에서 이름을 삭제하겠다고 위협할 정도였다고만 말하겠다. 키티는 정신과의사와 상담을 해 본 결과, 두 아들이 양심이 없고 자기도취적인 "소시오패스"라는 것을 알게 됐다. 이것이 사건이 일어나기 불과 한 달 전이었다. 다 지나서 하는 말이지만, 호세와 키티 부부는 아들들에게 유산을 안 물려주겠다고 협박함으로써 자신들의 죽음을 자초한 셈이 되었다.

두 형제는 처음에 용의 선상에서 제외됐기 때문에 유산을 일단 물려받았는데, 얼마 기다리지도 않고(정확히 말하면 나흘이다) 닥치는 대로 돈을 써 댔다. 새 차도 사고, 롤렉스 시계도 사고, 보석도 사고…… 그리고 산탄총도 구입했다. 그런데 얼마 후 에릭이 심리 상담사에게 "우리가 했다"고 털어놓았다. 그리고 "완전 범죄"를 만들기 위해 특별히 조작을 했다는 사실도 다 고백했다. 엄마는 죽이고 싶지 않았지만, 아버지 어깨에 얼굴을 묻고 자고 있었기 때문에 어쩔 수 없었다는 것도 얘기했다. 그리고 아빠가 죽으면 혼자 남은 엄마가 무척 슬퍼했을 거라고, 그답지 않은 연민을 보이며 이야기했다. 그런데 에릭의 고백은 거짓으로 들린다. 왜냐하면 부모님이 둘 다 돌아가시지 않았다면 두 형제는 유산을 몽땅 물려받지 못했을 터였기 때문이다. 살인이 일어나고 두 아들이 범인으로 지목되기까지, 그리고 긴 재판이 마무리되기까지는 정말 오랜 시간이 걸렸다. 첫 재판은, 피고 측 변호사가 형제들이 아버지에게 성폭행을 당해 왔다는 근거 없는 주장을 하는 바람에 무효 심리로 끝나고 말았다.[57] 두 번째 재판에 이르러서야 형제는 종신형을 선고받았다. 메넨데스가의 부모가 섹스턴 부부나 달러 부부, 베티 벨 혹은 제시카 슈와르츠와는 전혀 다른 부류였기 때문에, 이번 사례에서 "악한" 쪽은 온전히 두 아들이었다고 할 수 있다. 이 사건은 탐욕이 동기가 된 사건이었다. 특히 "유산 상속을 앞당기기 위한" 욕심이 동기로 작용했는데, 앞서 인용한 시구에서 단테가 사솔 마스케로니를 거론하며 암시한 것도 바로 이것이다. 이 사건은 1장에 나온 리처드 얀키 주니어의 경우처럼 정당화가 가능한 존속 살인(부모나 가까운 친족의 살인)이 아니었다.

질투 때문에 의자매를 죽인 연쇄 독살범 제인 토펀

비록 정식으로 입양되지는 않았지만 제인 토펀Jane Toppan은 여덟 살 때 자신을 고용한 앤 토펀Anne Toppan의 성을 언제부턴가 사용하기 시작했다. 원래 제인은 오노라 켈리Honora Kelly라는 이름으로, 1857년에 보스턴에서 피터 켈리Peter Kelly의 두 딸 중 막내로 태어났다(다른 형제자매가 있었을지도 모른다). 폭력적이고 알코올중독이 심했던 아버지는 오노라가 여섯 살 때 두 딸을 고아원에 넘겨 버렸다. 어머니 브리지트Bridgett는 몇 년 전 이미 결핵으로 사망한 뒤였다. 2년 뒤 토펀 가에 들어가 살게 된 오노라는 이름도 제인Jane으로 바꿨다. 아버지와 언니 델리아Delia는 모두 "미쳐서" 죽었는데, 그 시대에 미쳤다고 하면 정신병을 앓았다는 뜻이었다. 정확히 무엇이 원인이 되어 발병했는지는 알 수 없다. 제인은 말년에 가서야 정신질환 증세를 보였지만, 학교에 다니던 시절부터 무시할 수 없는 사이코패스 기질을 조금씩 보이기 시작했다. 병적인 거짓말로 동급생들에 대한 질 나쁜 소문을 퍼뜨렸고, 있지도 않은 오빠가 게티즈버그에서 활약해 링컨에게 단독 훈장을 받은 영웅이라는 둥, 언니가 전설적인 미모로 영국의 귀족을 사로잡아 약혼했다는 둥 과장된 이야기를 떠벌리고 다녔다.[58] 열여덟 살에 고용 계약이 만료되어 독립한 제인은 간호사 훈련을 받았지만, 중학교 때와 똑같은 이유로 간호학교에서 쫓겨났다. 못된 소문을 퍼트리고 습관적으로 거짓말을 한 것은 물론, 도둑질 혐의까지 산 것이다. 아마 이 일이 다른 사건 하나와 함께 제인의 인생에서 가장 큰 전환점이 되었던 듯하다. 비슷한 시기에 있었던 다른 사건은 약혼자가 될 뻔한 사람에게 버림받은 일인데, 제인은 그 후 우울증이 생겼고 자살 기도도 몇 차례 했다.

제인은 이렇게 얼룩진 과도기를 거쳐 오늘날 우리가 알고 있는 연쇄 독살범으로 다시 태어났다. 제인이 독살한 희생자 수는 최소 31명, 최대 100명에 이를 것으로 추정된다. 주로 개인 간호사로 뛰면서 살인을 저질렀는데, 정식 자격증을 따지 않았음에도 불구하고 학교를 다니는 동안 모르핀과 아트로핀, 비소 등을 사용하는 법을 대충 익혀 두었기에 독살을 저지를 수 있었다. 제인은 거의 항상 아는 사람만 골라서 살해했다. 희생자 중에는 집주인(그를 살해한 뒤 그 집에 들어가 미망인을 돌보았다)과 제인이 죽도록 질투하고 미워했던 토펀 가의 의자매 엘리자베스Elizabeth도 있었다. 엘리자베스는 당시 브리검Brigham 씨와 결혼한 상태였다. 제인은 자신이 들어가 일한 여러 집에 불을 질러, 훗날 방화광으로 묘사되기도 했다. 제인이 데이비스Davis 일가(제인이 일찌감치 전담 간호사로 들어간 집이었다)를 하나씩, 마지막 한 명까지 살해한 뒤에야 비로소 혐의가 제기됐고, 그때부터 시체가 발굴되고 조사가 이루어졌다. 당시 제인(44세)은 정신착란이 아니었지만, 재판에서 정신이상을 인정받아 무죄 판결을 받고 매사추세츠 톤턴정신병원에 종신 감금되었다.[59]

재판 당시 사람들은 미치지 않고서야 저런 엄청나고 사악한 짓을 저지를 수가 없다고 입을 모았다.[60] 놀라운 점은, 환자가 독으로 죽어가는 것을 지켜보며 제인이 성적 쾌감을 맛보았다는 것이다. 그런 점에서 제인은 내가 아는 유일한 여성 성적 연쇄살인범 에르제베트 바토리 백작부인을 닮았다. 제인은 50줄에 들면서 편집증세를 보이기 시작해, 병원 직원들이 자신을 독살하려 한다고 주장했다. 그러는 한편, 긴 인생의 막바지에 접어들어서까지 시시때때로 아무 간호사나 붙잡고 이렇게 말하곤 했다. "모르핀을 가져와요, 아가씨. 나랑 같이 병동을 돌면서 환자들이 죽는 걸 즐겨 보자고."[61] 제인은 1938년에 병원에서 사망했다. 제인 토펀의 전기를 쓴 작가는, 악의 척도라는 관점에서 제인을 이렇게 평했다. "비록 범행의 죄질이 얼마나 악한가는 딱 부러지게 말하기 어렵지만, 제인이 품었던 악의는 유명한 남자 연쇄살인범들과 비교해 모자람이 없을 정도로 지독했다."[62]

제인은 역사상 가장 악한 사람 100명의 등급을 매긴 책에서 50위를 차지했는데, 히틀러나 폭군 이반^{Ivan Groznyi}, 바토리 백작부인보다는 순위가 한참 낮았지만 레너드 레이크와 이언 브레이디 그리고 마키 드 사드보다는 한참 위였다.[63] 이제 토펀이라는 이름은 더 이상 사람들 입에 자주 오르내리지 않지만, 작가 윌리엄 마치의 소설《배드 시드^{Bad Seed}》를 통해 제인은 후대에 계속 이름을 알리고 있다. 이 소설은 나중에 연극과 영화로도 만들어졌는데, 내용은 정상적인 부모 밑에서 자란 소시오패스 성향이 있는 아이가 젊은 나이에 연쇄 독살범으로 변모한다는 내용이다.[64] 실제 인물 제인 토펀이 아버지로부터 불리한 유전자를 물려받았으니 '나쁜 씨앗'에 해당한다고 할 수도 있다. 그러나 유전자 말고도 출생 후의 경험, 이를테면 어머니를 일찍 여읜 것이라든지 고아원에서 고생한 것, 토펀 가에 들어가서 겪은 일 등 여러 가지 부정적 요소가 복합적으로 작용해서 나온 결과임을 우리는 알고 있다.

유산 때문에 입양 가족을 살해한 "나쁜 씨앗" 제러미 밤버

Heredis Flētus sub persona risus est.
상속자가 쓴 슬픔의 가면 아래에는 웃음이 감추어져 있다.

- 푸블릴리우스 시루스^{Publilius Syrus}[65]

1985년 8월에 런던 북부의 어느 농가에서 일어난 밤버 일가 살인 사건에 대해 쓰기 시작한 날, 제러미 밤버Jeremy Bamber가 그 후 어떻게 됐는지 구글에서 검색해 봐야겠다는 생각이 퍼뜩 들었다. 2008년 5월 16일 그날, 투겐하트Tugendhat 판사의 다음과 같은 판결문이 온라인에 올라와 있었다. "이 사건은 특히 죄질이 심각합니다. …… 나는 피고가 남은 평생을 감옥에서 보내야 마땅하다는 판단을 내렸으며, 이에 따라 피고에게 종신형을 선고합니다."66

영국 에섹스 지방의 부유한 대지주에게 입양된 두 아이 중 한 명인 제러미는, 양부모인 네빌 밤버Neville Bamber와 준 밤버June Bamber 부부, 입양된 누이 쉴라Sheila, 쉴라가 전 남편 콜린 카펠Colin Caffel과의 사이에서 낳은 쌍둥이 아들 댄Dan과 닉Nick을 살해한 혐의에 대해 유죄 판결을 받았다. 범행 도구는 소음기를 부착한 라이플총이었다. 당시 제러미는 스물네 살이었는데, 밤버 가의 다른 상속자들이 다 죽었기 때문에 40만 파운드에 달하는 재산을 단독으로 상속받게 됐다. 제러미와 쉴라(사망 당시 27세)는 각각 생후 6개월 때, 정상적이고 평판도 괜찮은 친부모의 손을 떠나 밤버 가에 입양되었다. 제러미의 친부만 해도 버킹엄 궁전 근처 상점들의 감사관으로 일한 경력이 있는, 멀쩡한 사람이었다. 쉴라는 쌍둥이를 낳은 뒤 몇 차례 신경쇠약 증세를 보였고 이후 "편집형 분열증"을 의심받았지만, 산후의 일시적인 증세라는 의견도 제기됐다. 쉴라는 결혼하고 아이를 낳기 전에는 런던에서 모델로 잠시 활약했었다. 그런데 아이들을 의탁 가정에 맡겨야 할지도 모른다는 소리를 듣고, 정신병적 증세가 급격히 재발했다.

이에 제러미는 자신은 무죄이며 "맛이 간" 누나가 저지른 짓이라고 우겼다. 가족 넷을 살해하고 마지막에 자신도 자살했다는 것이었다. 그러나 수집된 증거는 그 주장에 반하는 것들이었고, 그날 집에 (제러미를 포함해) 밤버 가족 말고는 아무도 없었으므로 결국 유력한 용의자는 제러미밖에 없었다.[67] 어쨌든 판사는 그렇게 결론을 내렸고, 제러미는 징역 25년형을 선고받았다. 그리고 바로 얼마 전에 형량이 가석방 없는 종신형으로 가중되었다.

1심을 주재한 판사는 제러미가 "인간의 상상을 초월한 악"이라고 했다.[68] 만약 제러미가 지금까지 계속되고 있는 무죄 항변에도 불구하고 정말로 유죄라면, 아마 제인 토펀보다 '나쁜 씨앗'에 더 적절한 예가 될 것이다. 제러미 본인의 증언에 따르면, 그는 부모의 무관심이나 학대를 한 번도 겪지 않았으며 아주 안정적이고 편안한 어린 시절을 보냈다. 어린 시절의 기억도 행복한 기억뿐이라고 했다.[69] 거기다가 정신질환도 앓지 않았기 때문에, 그의 사이코패스 기질은 유전자의 영향이거나 아니면 태아기에 발생한 문제의 영향인 것으로 추정된다. 이 유명한 사건을 연구한 사람들 중에는, 제러미의 무죄를 믿고 (제러미의 말에 따르면) 자살 성향과 정신질환의 기미를 보인 누나 쉴라가 범인이라고 주장하는 이들도 있다.[70] 제러미처럼 행복한 유년 시절을 보냈다는 쉴라는, 사이코패스 기질이 전혀 없으므로 '나쁜 씨앗'의 예에 전혀 해당되지 않는다. 쉴라가 "물려받은 것"이라고는 정신질환에 걸리기 쉬운 성향뿐이었다.

인터넷에 검색해 보면, 제러미가 장례식에서 적절하게 슬픈 표정을 짓고 있는 사진을 찾을 수 있다. 그 표정은 (앞의 라틴어 격언처럼) 가짜일까? 아니면 무죄인 제러미를 "악하다"고 몰아붙인 판사의 생각이 빗나간 것일까? 만약 제러미가 유죄임에도 불구하고 어느 날 풀려난다면, 또 하나의 라틴어 격언이 현실화될 것이다. 'Judex damnatur ubi nocens absolvitur' — 죄인이 사면되면 판사가 유죄라는 뜻이다. 지금이야 진실을 알 수 없지만, 이 사건의 유일한 용의자 두 명은 그들이 태어난 날 이미 결정된 요인(사이코패시와 정신병)이 이끄는 대로 행동했다는 것만은 알 수 있다. 법정에서 자주 사용되는 또 하나의 라틴 구문을 빌리면, Cui bono? 누가 이득을 봤는가? 만약 쉴라가 아이들을 잃는다는 두려움에 정말로 자살 충동을 느꼈다면, 실제로 자살을 했을 수 있고 나아가 두 아이마저 죽였을 수도 있다.[71] 하지만 부모님은 왜 죽이겠는가? 심리적인 면에서 따져 봐도 쉴라가 부모를 죽여서 얻을 것은 없다. 반면 제러미는 40만 파운드를 거의 꿀꺽할 뻔 했다. 요새 가치로 따져도 엄청난 돈이다. 1985년에는 더 큰 돈이었다.

흉악 범죄의 해트트릭을 기록한 패티 컬럼보와 불행의 악순환

처음에는 '나쁜 씨앗'에 해당하는 사건인 줄 알았더니 알고 보니 그렇게 간단하지가 않았던 사례가 있다. 훌륭한 가정에서 자란 열아홉 살의 여자가 애인과 음모를 꾸며 일가족을 몰살한 사건이었던 것이다. 패티 컬럼보[Pattie Columbo]는 시카고의 노동자 계층 가정에서 두 아이 중 맏이로 태어났다. 아버지 프랭크[Frank]는 이탈리아계 미국인으로 가톨릭 신자였고, 어머니 메리[Mary]

는 잉글랜드인과 아일랜드인 피가 섞인 침례교파 신자였다. 패티가 일곱 살 때 동생 마이클Michael이 태어났다. 부모님은 애정이 넘치고 아이들에게 관대했지만, 도덕적 가치에 관해서라면 아주 엄격하게 굴었다. 그 엄격함은 패티가 열한 살쯤에 사춘기를 맞고부터 문제가 되었다. 엄마처럼 패티도 생리가 시작될 때마다 지독한 생리통을 앓았다. 뿐만 아니라, 가장 아끼는 강아지가 난롯불 속에 떨어지는 악몽도 꾸기 시작했다. 그러자 그렇게 착하던 아이가 극단적으로 변했다. 지나치게 공격적으로 돌변해, 자기 친구의 머리를 헤어드라이어로 내리친 적도 있었다. 열두 살이 된 패티는 벌써부터 화장을 진하게 하고 옷도 요부처럼 입고 다녔다. 주치의가 생리통 진정제로 피임약을 줘 보라고 패티의 엄마에게 권했지만, 그러면 패티가 안심하고 남자아이들과 성관계를 맺을까봐 걱정이 된 엄마는 단번에 거절했다. 아버지도 학교 가는 딸에게 좀 더 얌전한 옷을 입으라고 잔소리를 했지만, 패티는 반항심에 몰래 미니스커트와 가슴이 훤히 들여다보이는 블라우스를 챙겨가 학교에 도착하자마자 갈아입곤 했다.

눈에 띄는 미인이었던 패티는 조각상처럼 우아하고 나이보다 조숙해 보였는데, 앞에서 보면 관능적이고 옆모습은 순수하게 아름다운 매력이 있었다. 열여섯 살에 사귄 남자친구에게 패티는 유혹적이면서도 도덕적으로 굴었는데, 성관계를 거부하고 남자친구가 마리화나나 다른 마약을 하는 것도 강력하게 반대했다. 남자친구가 한때 다른 여자를 만나자, 패티는 미친 듯이 질투하면서 그 여자애를 패 버리겠다고 협박했다. 그러던 어느 날 부모님이 패티에게 남동생을 돌봐 주라고 하자, 반항이 더욱 거세졌다. 어머니가 결장암으로 수술을 받아야 했는데, 퇴원해서는 패티에게 집안일을 많이 맡긴 모양이었다. 패티는 싫다고 했고, 이에 너무나 화가 난 아버지가 패티의 뺨을 힘껏 때렸다. 아빠가 동생만 예뻐하고 더 이상 자기는 사랑하지 않는다고 생각한 패티는, 경찰을 부르겠다고 협박했다. 이것이 악순환의 시작이었다. 딸이 한없이 자상한 아버지를 분노하게 만들었고, 아버지의 폭력은 딸을 더 반항하게 만들었다. 그러자 아버지는 더 화를 냈고, 이런 식으로 상황은 걷잡을 수 없이 악화됐다.

패티는 월그린드러그스토어 바로 옆에 있는 레스토랑에서 웨이트리스로 일하다가 월그린의 매니저 프랑크 델루카Frank DeLuca와 눈이 맞았다. 델루카는 결혼해서 자식이 다섯이나 딸린 유부남이었다. 그것은 첫눈에 느낀 사랑, 아니 욕정이었다. 두 사람은 그날 이후로 한시도 떨어져 있지 않았다. 델루카는 패티가 꿈도 못 꿔 본 성적 기교를 열심히 가르쳐 주었다. 델루카의 입장에서는, 그동안 손은 못 대고 보기만 했던 어리고 예쁜 여자가 자기 품 안에 저절로 굴러들어 온 셈이었다. 패티가 졸업을 겨우 몇 달 앞두고 고등학교를 자퇴하자, 그렇잖아도 델루카에게 홀딱 빠진 딸이 못마땅했던 부모님은 펄쩍 뛰며 화를 냈다.[72] 열여덟 살이 된 패티는 아예 델루카의 집에 들어가 그 집 식구들과 함께 살기 시작했다. 두 사람은, 델루카의 아내 매릴린Marilyn이 앞뜰에서 아이들과 놀아 주는 동안, 안방의 침대에서 섹스를 했다. 패티의 아버지는 딸의 배신과 부도덕한 행실에 화가 머리끝까지 나, 라이플 총을 들고 월그린으로 쳐들어가 델루카를 죽이겠다고 협박했다. 다행히 죽이지는 않았지만, 라이플을 휘둘러 델루카의 이를 부러뜨렸다. 이에 대한 보복으로 패티는 가중 폭력으로 아버지를 체포할 것을 신청했다. 이렇게 불화는 점점 커져 갔다.

그러다가 마침내 1976년 5월 4일, 이미 따로 아파트를 얻어 동거를 하고 있던 패티와 델루카는 패티의 부모님 댁에 쳐들어가 부모님과 열세 살 난 남동생을 총으로 쏴 죽였다. 동생 마이클은 총상 말고도 칼에 아흔일곱 번이나 찔렸는데, 이것은 패티의 범행으로 보인다. 아마 총살은 델루카의 짓일 것이다. 범행 현장은 강도를 당한 것처럼 보이도록 어설프게 조작되어 있었다. 이 정도의 과한 살상은 가해자가 분노와 증오를 품고 있음을 암시한다는 것을 경찰이 몰랐을 리가 없다. 반대로 전문 살인범은 꼭 죽여야 할 때만 죽이며, 더 깔끔하고 효율적인 방법을 사용한다.

패티와 델루카는 무죄를 주장했지만, 곧 체포되어 재판을 받았다. 둘 다 3중 살인에 대한 유죄 판결을 받았고, 징역 200년에서 300년을 선고받았다. 재판에서 검찰 측은 이렇게 항변했다. "패티는 아버지를 죽이고, 어머니를 죽이고, 동생을 죽였습니다. 이건 흉악 범죄의 해트트릭이나 마찬가집니다."[73] 또한 판사는 판결 후에 유가족들에게 이렇게 말했다. "무슨 일이 일어난 건지 이해하고 싶을 겁니다. 이해하려고 노력하지 마십시오. 살인자의 마음을 이해하려고 하는 건 쓸데없는 짓입니다. 이해할 수가 없으니까요. 오직 살인자들만이 이해할 수 있는 겁니다."[74] 그러나 나는 우리가 조금이라도 노력해 봐야 한다고 생각한다. 한번은 패티의 아버지가 목사님에게 "우리가 뭘 잘못한 걸까요?" 하고 물어본 적이 있었다. 목사는 이렇게 대답했다. "아무것도 잘못한 것 없습니다. 그냥 종자가 나빠서 그래요."[75] 내 생각은 다르다. 패티가 아버지의 격한 성질을 물려받았을 수도 있다. 그 때문에, 차분한 여자아이보다는 사춘기의 "왕성한 호르몬" 작용에 더 큰 영향을 받았을 것이다. 게다가 부녀간에 서로의 감정을 상해 가며 문제를 대화가 아닌 물리적 수단으로 풀려고 하면서 악순환이 계속된 것도 한몫했다. 이 모든 것에 아주 중요한 요소가 더해져 시너지 효과를 발생시켰다. 충동적 성격의 두 사람이 만나 연인이 되면서, 혼자라면 절대로 하지 않았을 짓을 저지르게 된 것이다. 이렇게 보면 어쩌다가 살인까지 가게 됐는지, 이해가 전혀 안 가는 것은 아니다.[76]

벌써 30년이 지났으니 그동안 패티는 분노를 가라앉힐 시간이 많았을 것이다. 일리노이주 드와이트여자교도소에서 복역 중인 패티는, 대학 과정을 마치고 다른 재소자들을 위한 컴퓨터 과정 학습 자료를 만들고 영어 읽기도 가르치며 잘 지내고 있다. 해자와 도개교만 있으면 딱 중세의 성처럼 보일 것 같은 드와이트교도소는, 안에 들어가 보니 내부도 꽤 예쁘게 꾸며져 있었다. 들리는 얘기에 의하면 패티는 여전히 뉘우치는 빛을 보이지 않고 있는데(그래서 가석방 심사에서 번번이 떨어진다는데), 그래도 동료 죄수들 사이에서는 단연 인기 최고라고 한다. 새로운 성의 여왕으로 등극한 셈이다.

극단의 고통을 선물한 악마성의 배우자들

앞서 소개한 유명한 그리고 대중으로부터 격렬한 반응을 야기한 배우자 살해 사건들을 보면, 배우자가 서로 사이좋게는 아니어도 최소한 아슬아슬한 휴전 상태에서 한동안 잘 지내 왔다는 것을 알 수 있다. 그렇게 한동안 아무 일도 없다가, 갑자기 결혼 생활의 뿌리를 뒤흔드는 사건이 일어나 살인을 야기한다. 직장과 가정에서는 모범 사원이자 아내였던 클라라 해리스는 남편의 외도를 알아낸 것이 살인을 저지른 결정적 계기가 되었다. 장-클로드 로망은 평판을 망칠 위기가 닥치자 살인을 저질렀다. 크리스틴 로섬과 조너선 나이스는 시들해진 결혼에서 발을 빼고 은밀한 외도의 짜릿함을 맛보고 싶은 유혹이 선을 넘으면서 일을 저질렀다. 또, 괴짜 도덕주의자 존 리스트를 괴짜 살인범으로 만든 것은 감당할 수 없을 정도로 불어난 빚이었다. 살인을 저지르고 18년 후 마침내 리스트의 정체가 드러났을 때, 그의 새 아내는 리스트가 착하고 존경받을 만한 사람이라고 극구 주장했다.

이렇게 유명세를 탄 사건들 말고도, 세상에는 운 나쁘게 당한 희생자 말고는 알아주는 이도 없는 "최악의 배우자"가 저지른 사건들이 많다. 내가 법의학 쪽에서 일하던 시절, 추악한 이혼 소송에 말려든—남편에게 "가스등"을 당해 자신이 미쳐 간다고 믿게 된—아내가 자기 남편은 진짜 "사악한 인간"이라고 말하는 것을 수없이 많이 들어 보았다. 그 사악한 남편들 중 두 명은 소아 성애자였다. 한 명은 딸을, 다른 한 명은 아들을 성폭행했다. 그런데 최선의 방어는 공격임을 잘 알았던 그들은, 자기 아내를 각각 "편집증 환자"와 "망상증 환자"로 몰아갔다. 아내가 실제로 문제가 있다는 증거가 전혀 없었으므로, 그들은 돈을 써서 증거 조작을 해야 했다. 그런 식으로 재판을 자기 입맛에 맞게 주물러, 두 남편은 결국 승소했다. 나쁜 아빠들이 양육권을 가져갔고, 착한 엄마들은 권리를 잃었다. 똑같이 교활하고 양심도 없는 아내들의 사례도 있다. 그 중 한 명은 증거가 하나도 없으면서 자기 남편이 어린 딸을 건드렸다고 주장해 남편의 이름을 더럽히면서 양육권을 가져갔다. 이런 상황에서는 법정에서 진실을 가려내기가 무척 어렵다. 올리버 웬델 홈스의 "정의가 법에 승리하기를!"이라는 기도는 결국 이루어지지 않았다.[77]

앞에서도 봤듯이 부부간의 법정 분쟁에서 정의를 찾는 데 큰 걸림돌이 되는 것이 있는데, 학대나 폭력의 희생자가 자기 배우자나 자식일 경우 가해자가 끝까지 진실을 숨기려 한다는 것이다. 보통 사이코패스들은, 가족을 죽였다고 자백했을 때 자신에게 쏟아질 비난을 피하기 위해서라면 무슨 짓이든 하려고 한다. 이름부터 소름끼치는 지미 레이 슬로터[Jimmy Ray Slaughter](slaughter는 '학살하다'의 뜻 - 옮긴이)의 예를 들어 보자. 그는 세 번째 아내를 집에 두고 네 명의 애인과 동시에 바람을 피웠는데, 그 중 한 명(멜로디 워츠[Melody Wuertz])이 낙태를 안 하겠다고 고집을 부려 딸 제시카[Jessica]를 낳았다(슬로터의 친자임이 DNA 테스트로 확인됐다). 멜로디가 양육비 소송을 제기하자, 화가 난 슬로터는 멜로디와 한 살 먹은 딸을 모두 총으로 쏘아 죽였다. 유죄 판결을 받은 슬로터는 끝까지 자기는 무고하다고 주장했고, 한 술 더 떠 여자들의 동정표를 얻으려고 오클라호마교도소의 사형수 감방에서 다음과 같은 편지를 써 보냈다.

내 이름은 지미 레이 슬로터입니다. 내가 살인을 저질렀다고 하는데, 그것은 사실이 아닙니다. 처음부터 다 거짓말이었습니다. 여러분도 언젠가는 진실을 알게 되겠지요. 신의 자비가 함께 하기를……. 나는 못 말릴 정도로 로맨틱한 사람입니다. 그래서 마음이 따뜻한 여자, 그러면서도 인생에서 뭔가 특별한 것을 원하는 여자와 대화를 나누기를 원합니다. 나는 현실주의자이며, 여러분에게 어떤 이야기를 들려주고 싶습니다. 아마 그 이야기를 들으면 현재의 법 시스템에 대한 신뢰가 산산조각 나 버릴 겁니다.[78]

슬로터 같은 사람은 남을 속여 자기 이야기를 믿게 만드는 것이 얼마나 쉬운지 우리는 너무나 잘 알고 있다. 이 책에서 이미 여러 차례 봤지만, 어떤 범죄자들은 그러한 재주를 이용해 조기 석방되고, 나아가 감옥에 가기 전에 저질렀던 범죄를 또 다시 저지르기도 한다.

이번에 소개할 이야기는, 도저히 헤어지지 않고는 견딜 수 없는 최악의 배우자들의 이야기다. 이들은, 차라리 단테나 히로니뮈스 보스(Hieronymus Bosch : 15세기 네덜란드의 화가 - 옮긴이)의 지옥으로 보내 달라고 할 정도로 자신의 배우자에게 너무나 끔찍하고 고통스러운 지옥을 제공한 자들이다.

부유함이 독이 된 남편 살해범 제너로사 애몬

먼저 소개할 사례는 제너로사 애몬Generosa Ammon의 경우이다. 제너로사라는 이름은 친부 제너로사Generosa에게서 따온 것으로, 이탈리아인 선원 제너로사는 어머니가 잠시 바람을 피운 상대였다. 제너로사의 어머니는 한때 수녀원에 들어갈 생각도 했었는데, 갑자기 방향을 180도 바꿔 파티나 찾아다니며 인생을 즐기는 여자가 되었다. 어머니는 제너로사를 낳기 전에 첫 번째 결혼에서 아이 둘을 낳았고 두 번째 결혼에서 딸을 하나 낳았다. 제너로사는 혼외 관계로 낳은 자식인 것도 불리한데 성 학대까지 당했고(삼촌에게 당한 것으로 추정된다), 다른 사람한테 말하면 죽이겠다는 협박도 받았다. 제너로사가 아홉 살 때 어머니가 유방암으로 사망했는데, 이후 자신이 사생아임을 알게 된 제너로사는 버릇없고 짜증을 잘 내며 요구하는 것이 많은 아이로 돌변했다.[79] 학교에서도 제멋대로 굴다가 퇴학을 당했고, 성질도 점점 격해졌는데 주로 의붓언니 중 한 명에게 성질을 부렸다. 그래도 악착같이 대학 과정을 마친 제너로사는, 미술이나 디자인 쪽으로 일자리를 구하기 위해 뉴욕으로 갔다.

뉴욕에서 제너로사는 금융가의 백만장자 재벌 테드 애몬$^{\text{Ted Ammon}}$을 만나 결혼했다. 때로 부富는 격한 성질의 완화제로 작용하기도 하는데, 안타깝게도 제너로사의 경우에는 그렇지 않았다. 오히려 제너로사는 콧대 높은 독재자가 되어 점점 더 오만하고 심술궂게 굴었고, 만나는 사람, 특히 자신이 고용한 사람마다 함부로 대해 멀어지게 만들었다. 또, 누가 조금이라도 비판이나 반대의 목소리를 내면, 길길이 뛰며 화를 냈다. 테드와 함께 롱아일랜드 햄튼스에 으리으리한 저택을 장만했을 때는, 정원사가 심어 놓은 튤립 수천 송이를 "이상한 노란 색"이라는 이유로 다 뽑아 버리고 "제대로 된" 노란색으로 다시 심으라고 명령했다. 한 차례 자궁 외 임신으로 더 이상 아이를 가질 수 없게 되자, 제너로사와 테드는 우크라이나 출신의 이란성 쌍둥이를 입양했다. 제너로사의 양육 방식은, 한마디로 말해 '가학적'이었다. 한 예로, 딸이 저녁을 먹기 전에 쿠키 한 조각을 먹으면 벌을 준답시고 나머지 쿠키를 강제로 아이의 입에 쑤셔 넣는 식이었다. 이미 결혼 생활도 폭락하기 직전의 주식보다 더 빠르게 기우는 상황에서, 제너로사의 독선을 견디다 못한 테드는 바람을 피우기 시작했다. 제너로사는 테드의 일에 끼어들기 시작했고, 청부업자를 시켜 남편을 죽이겠다고 협박을 했다.

제너로사는 2000년에 이혼 소송을 제기했는데, 아이들을 세뇌시켜 아버지에게서 돌아서게 만든 것은 물론, 남편을 "현행범"으로 잡기 위해 롱아일랜드 저택에 몰래 카메라를 설치했다. 이 음모가 완전히 실패한 것은 아니었다. 남편이 다른 누군가와 침대에 있는 현장을 포착했기 때문이다. 그런데 그 누군가는 강아지였다. 제너로사도 바람을 피우기 시작했는데, 상대는 사기꾼 댄 펠로시$^{Dan\ Pelosi}$였다. 제너로사는 또 자기 성질을 못 버리고, 이번에는 댄과 함께 햄튼스 저택으로 가 수천 달러어치의 고가구를 창밖으로 던지고 전부 불태워 버렸다. 그러더니 급기야 댄을 고용해 테드를 살해했다. 댄이 사용한 무기는 둔기였다. 두 사람이 계획한 완전 범죄는 두 가지 면에서 대실패였다. 우선 댄이 체포돼 유죄 판결을 받았고, 둘째로 제너로사도 유방암으로 얼마 후 사망했기 때문이다. 친엄마가 그랬던 것처럼 암을 방치한 결과였다. 때문에, 테드 없이 테드의 돈으로 즐기며 살려던 계획은 결국 물거품이 되고 말았다. 인격 장애를 연구하는 입장에서, 제너로사는 심각한 정도의 편집성 장애와 경계성 장애, 자기도취성 그리고 가학성 장애가 있었다. 그리고 사이코패스의 특징인 냉담함과 양심의 부재, 교활함 등의 특징도 가지고 있었다.

예고된 미완성 가족 연쇄살인범 존 레이 웨버

존 레이 웨버John Ray Weber의 이야기는 말로 다할 수 없을 정도로 소름끼친다. 말로 표현할 수 있다 해도, '악'을 논하는 책에 싣기에는 너무 수위가 높다.[80] 앞장에서 데이비드 파커 레이의 고문 살인을 묘사하면서도 똑같은 딜레마에 봉착했었다. 웨버의 범죄 다큐멘터리를 읽고 서평을 쓴 한 작가는 "존 레이 웨버를 제대로 묘사할 수 있는 말은 '악하다'는 단어밖에 없다"고 했다. 그리고 이렇게 덧붙였다. "웨버라는 사람이 아니라 웨버가 저지른 짓이 악한 거라고 주장할 수도 있다. 그러나 존 레이 웨버는, 마치 그러한 성향을 타고나기라도 한 듯, 걸음마를 떼는 순간부터 악한 짓을 저지르기 시작했다."[81] 웨버에 관한 다른 책에서도 비슷한 의견을 갖게 하는 내용이 등장한다. 웨버가 아내인 에밀리Emily를 고문하면서 이렇게 악을 올리는 장면이다. "오, 칼라Carla(에밀리의 동생)를 내가 죽였는데, 모르고 있었어?" 그 말을 듣고 에밀리는 비로소 "존이 얼마나 사악한 인간인지" 깨달았다고 한다.[82]

나는 데이비드 파커 레이가 연쇄살인범 중에서 가장 잔인하고 가학적인 인간인 것 '같다'고 했다. 레이의 '장난감 상자'에서 일어난 고문 행위를 능가하는 범행을 저지른 이가 아직 없다는 전제 하에 한 말이었다. 희생자가 겪는 고통을 정확하게 가늠할 척도가 없다는 점은 둘째 치고, 레이가 장난감 상자에서 희생자들에게 어떤 짓을 했는지 거의 알려져 있지 않기 때문에 우리는 섣불리 레이를 웨버와 비교할 수 없다. 레이가 버린 희생자들의 시체가 결국 발견되지 않았기 때문에, 우리는 그가 다수를 살해했다는 것만 알고 정확히 몇 명이나 죽였는지는 모른다. 다만, 레이의 희생자들이 장시간 고통을 겪었다는 것은 알고 있다. 웨버가 처제와 아내에게 한 짓은, 우리가 '알고 있는' 레이의 다른 범행보다 더 잔악하다. 하지만 레이가 희생자들을 죽이기 전에 그들에게 '했을지도 모르는 짓'보다 더 끔찍하다고는 말할 수 없다.[83]

웨버는 위스콘신주의 필립스에서 자랐다. 수피리어 호수에서 약 80킬로미터 떨어진, 주민 1,500명 가량의 블루칼라 마을이다. 웨버에게는 누나 캐시[Cathy] 외에, 어머니가 첫 번째 결혼에서 낳은 의붓남매 다섯이 더 있었다. 어머니 마거리트[Marguerite]는 신경쇠약 증세를 두어 번 보였는데, 원인이 무엇이었는지는 알려지지 않았다. 웨버는 네 살 때 벌써 자기 집과 숙모 댁에 방화를 저질렀다. 그리고 열다섯 살 때까지 오줌을 쌌으며, 개 한 마리를 목 졸라 죽인 전적이 있다. "3징후"를 다 가지고 있었던 셈이다.

웨버는 각각 열 살 때와 열여섯 살 때 두부 외상을 입었다. 첫 번째 부상은 자동차 사고로 입은 것인데, 정도가 얼마나 심각했는지는 알려지지 않았다. 그는 열 살 때부터 환청을 듣기 시작했고, 핏물에 빠져 죽거나 혹은 친구의 여동생을 둔기로 성폭행하는 악몽을 꾸었다. 옆집에 사는 여자애를 산 채로 먹는 상상을 하기도 했다. 학교에서 다른 아이들과 어울리지 못한 웨버는, 열두 살 때 온갖 끔찍한 가학적 상상을 종이에 적어 선생님 책상에 올려놓았다. 그 선생님은 얼마 후 마을을 떠났다고 한다. 어느 날부터 웨버는 누나 캐시의 옷을 입기 시작했고, 음울한 성적 환상에 집착하기 시작했다. 주로 결박 섹스와 포르노그래피, 식인 행위와 고문, 살갗 지지기, 전류 막대기로 괴롭히기, 다른 사람의 몸 구멍에 바늘이나 쇠막대 찔러 넣기, 펜치로 살 벌리기 등의 끔찍한 상상이었다. 누나의 인형을 가지고 특히 "성적인" 부위를 중심으로 이상한 짓을 하기도 했다.

웨버는 열세 살 때 누이 캐시를 맥주병으로 구타했다. 그리고 3년 후에는 22구경 라이플을 휘두르며 죽이겠다고 위협했는데, 이 일로 웨버는 처음으로 정신병원에 입원하게 됐다. 부모님이 드디어 아들에게 "뭔가 잘못된" 점이 있다는 것을 눈치 챈 것이다. 웨버를 진찰한 어느 정신과 상담의는 웨버가 "열여덟 살 때쯤 되면 여자를 상대로 악의적인 행위를 저지를 것"이라는 예언 같은 진단을 내렸다.[84] 그 전에 웨버는 열네 살 때, 평소에도 집착을 보인 누이 캐시에게 밤마다 이상한 짓을 시도했다. 캐시는 아침에 일어나면 "뭔가 이상한 느낌이 든다"고 했다. 웨버는 상습적으로 캐시의 팬티와 브래지어를 훔쳤고, 잠깐 일했던 가게에서는 상당한 액수의 돈도 훔쳤다. 그 가게는 친할머니의 소유로 되어 있는, 가족이 운영하는 가게였는데, 나중에는 부도가 나서 처분해야 했다. 한번은 할머니의 드레스에 똥을 발라 놓은 적도 있었다. 동생에게 겁을 먹은 누이 캐시는 아예 친척 집으로 들어갔는데, 나중에 고등학교를 졸업하고 잠시 다니러 왔을 때 동생에게 다시 공격을 당했고 이 일로 웨버는 두 번째로 정신병원에 입원했다. 1981년에 웨버는 군에 입대했다. 3년을 복무하면서 큰 문제는 안 일으켰지만, 알코올과 LSD를 복용하기 시작했고 점차 마리화나와 엔젤 더스트에도 손을 댔다.

1986년, 스물세 살이 된 웨버는 에밀리 렌즈$^{Emily\ Lenz}$와 결혼했고, 그 해에는 주로 막노동을 했다. 그때쯤 해서 야뇨증이 도졌고, 아내와의 잠자리에서는 발기 불능 증상이 찾아왔다. 그 와중에 그는 아내의 동생인 칼라에게 점점 관심을 갖기 시작했다. 결혼하고 석 달이 지났을 무렵, 그는 칼라를 총으로 위협해 납치한 뒤 고문하고 살해했다. 그리고 시체를 숲 속 어딘가에 묻었다. 칼라의 시체는 웨버가 2년 뒤 범행을 자백했을 때에야 비로소 찾을 수 있었다. 웨버는 성 불능을 아내 에밀리의 탓으로 돌린 듯하다. 훗날 이런 말을 한 것에서 추측할 수 있다. "여자들은 아무 가치도 없는 존재입니다…… 몸을 무기로 남자들을 희롱하면 무엇이든 얻을 수 있다고 생각하죠."

자신이 "스타"가 되는 날을 꿈꾼 웨버는 1989년 재판에서 이렇게 떠벌렸다. "아마 이 사건을 가지고 분명 영화를 만들 겁니다." 재판은 웨버가 칼라를 살해하고 2년 뒤 에밀리를 똑같은 방식으로 살해하려다 실패한 뒤에야 뒤늦게 집행되었다. 그가 에밀리를 칼라를 죽인 장소로 데려가, 칼라에게 한 것과 똑같이 고문과 구타를 하고, 칼로 온몸을 긋고, 수레 손잡이로 강간했다는 사실이 그 재판에서 드러났다. 또, 아내에게 강제로 편지를 쓰고 서명하게 한 사실도 드러났다. 친정 가족들 앞으로 몇 달 전에 보낸 것처럼 조작해, 마치 아내가 자기를 버리고 집을 나간 것처럼 연출하려고 했던 것이다.

에밀리는 거의 목숨을 잃을 뻔 한 상태에서 살아났지만, 그래도 동생에 비하면 운이 좋았던 편이다. 처음 발견됐을 때는 눈이 너무 부어서 제대로 뜨지 못할 정도였고, 내상도 심각했으며, 온몸이 멍으로 뒤덮여 있었다. 칼라도 에밀리와 똑같이 고문을 당했지만, 그 정도에서 끝나지 않고 성기에 화상을 입고 가슴에 바늘이 꽂히는 등 훨씬 끔찍한 고문을 당했다. 처음에 웨버는 칼라의 눈과 입에 테이프를 붙여 보지도 말하지도 못하게 했지만, 나중에는 테이프를 떼어 내 또 어떤 고문이 기다리고 있는지 공포에 떨며 지켜보게 했다. 그는 먼저 가슴 조직을 칼로 잘라 냈고, 외쪽 다리의 살점을 일부 잘라 냈다. 그런 다음 발로 목을 졸라 죽인 뒤, 시체를 숲에 묻었다. 식인의 혐의도 받은 그는, 처음에는 잘라 낸 살점을 먹었다고 했다가 나중에는 혐의를 부인했다. 때문에 웨버의 타락이 식인 행위까지 이르렀는지는 확실히 밝혀지지 않았다. 그러나 의심의 여지없이 확실한 것 하나는, 웨버가 평생 가학 환상에 집착했다는 것이다. 그는 가학 성욕자 특유의 무심함으로 이런 말을 내뱉기도 했다. "행위 자체는 그 전에 느끼는 기대감에 훨씬 못 미칩니다."[85] 마치 실패한 화가의 그림이 그가 머릿속으로 상상한 작품에 못 미치듯, 고문 행위가 아무리 끔찍하고 야만적이라 해도 사디스트가 "창조하려고 한 작품"의 수준에는 한참 못 미치는 것이다.

현재 위스콘신주 그린베이교도소에서 종신형을 살고 있는 웨버는 그 안에서는 온순하게 지내고 있다.[86] 변호사 측이 재판에서 과거 입원 전적을 근거로 정신질환을 주장하긴 했으나, 웨버는 분명 사이코패스가 아니다. 간결하지만 논리적인 문장으로 글을 쓴다는 것이 그 증거다.

내가 웨버 사건에서 신기하게 생각한 점은, 웨버가 에밀리를 살해하려다 미수로 그친 뒤 위스콘신 연방고등법원이 웨버를 형사 고소했는데, 그의 범죄를 묘사한 자료가 정확히 행간의 여백 없이 16쪽에 달한다는 것이었다. 의도치 않은 우연이겠지만, 데이비드 파커 레이가 희생자들에게 보내는 메시지도 행간의 여백 없이 16쪽 분량이었다. 위스콘신주의 고소 자료에서 경찰이 구어체로 묘사한 웨버의 고문 행위도 제정신으로 읽기에는 너무나 끔찍하고 역겨운 수준이었다.[87] 레이 사건과 또 다른 유사점은, 웨버 역시 1986년 11월 12일에 실종된 칼라를 자신이 어떻게 살해했는지 자세히 묘사한 내용을 테이프에 녹음했다는 것이다. 이 테이프는 데이비드 파커 레이가 그랬듯이, 에밀리에게 강제로 들려줄 의도로 만든 것이었다.

웨버 사건의 극단적 타락성은 여러 면에서 데이비드 파커 레이 사건과 비슷하다. 아니, 정도가 훨씬 심하다. 레이가 저지른 고문은 과연 어느 정도였을지 우리가 추측만 할 뿐인데 반해, 웨버가 저지른 고문 살인은 얼마나 죄질이 타락했는지 다 알고 있기 때문이다. 웨버 사건은 그 흉악함의 정도가 인간의 한계를 너무 크게 벗어나서, 혹시 초자연적인 힘이 작용한 것이 아닐까 의문을 갖게 한다. 먼 옛날 수도사들의 생각이 옳았는지도 모른다.[88] 사악한 악마가 존 웨버의 영혼을 잠식하지 않고서야, 어떻게 어릴 때부터 그런 잔악한 상상을 하고 또 그것을 행동에 옮길 수 있었겠는가. 정말 그렇다면 얼마나 좋을까. 그럼 존 웨버는 물론이고 인류 전체가 면책을 받을 수 있으니 말이다. 그냥 악마가 조종해서 그렇게 됐다고 말하면 되는 것이다. 그러나 불행히도 인간은 웨버의 범행만큼이나 잔악한 짓을 저지를 수 있는 존재다.

457

비록 레이와 웨버가 극도로 끔찍한 가학 행위를 저질렀다는 면에서 닮긴 했지만, 두 사람은 중요한 부분에서 큰 차이를 보인다. 데이비드 파커 레이는, 외톨이형 인간이었지만 사회 부적응자는 아니었다. 결혼해서 자식까지 두었고 믿을 만한 일꾼이었다. 손재주가 뛰어난 기술공이었다는 점도 빼놓을 수 없다. 레이는 어느 모로 보나 정신이상이 아니었다. 그에 비해 존 웨버는 모든 불리한 조건을 다 갖추었다. 어머니의 정신질환과 어릴 때 입은 머리 부상, 부모의 신체적 학대, 알코올과 약물 중독, 그리고 일찍부터 결박과 고문 환상에 집착한 것도 불리한 요소에 포함된다. 리처드 체이스처럼 웨버도 약물과 알코올 남용으로 정신 상태를 더 악화시킨 면이 있지만, 웨버는 체이스처럼 정신분열도 아니고 레이처럼 냉혹하게 논리적이지도 않았다. 굳이 따지자면 그 중간쯤에 해당됐다. 또한 웨버는 (부주의하게 아내를 살려 둔 것을 보면) "비조직적" 연쇄살인범으로 분류되며, 그 때문에 수사 과정에서 더 쉽게 잡아들일 수 있었다. 사실 '미완성 연쇄살인범'이라고 부르는 것이 더 정확할 것이다. 연쇄살인범의 심리적 특징은 다 갖추었지만 우리가 아는 한 한 명밖에 죽이지 않았기 때문이다. 따라서 FBI가 정한 '최소 세 명 살인' 조건에 해당되지 않는다. 여러 위험 인자가 어떻게 상호 작용하여 웨버를 연쇄살인범으로 만들었느냐 하는 문제는 다음 장에서 자세히 논할 예정이다. 그 전에 '불리한 요소들의 상호 작용'이 "왜"라는 질문에 대한 답을 제시해 줄 수 있음을 짚고 넘어가야겠다. 웨버는 어렸을 때 가상의 친구를 만들어 대화를 나누곤 했는데 그 친구의 이름이 '나타스Natas'였다. 그 이름을 거꾸로 쓰면 "사탄Satan"이 된다. 아마 웨버가 자신의 악함을 합리화하기 위해 내세운 것이 사탄이었던 듯하다. 그러나 우리는 사탄의 존재로 악행을 설명하려고 해서는 안 된다. 인간의 악행을 설명하는 데 사탄까지 불러낼 필요는 없다는 이야기다.

THE ANATOMY OF EVIL

제9장

뇌과학과 정신의학이 밝혀낸 범죄의 원인들

"Maestro, or mi concedi
ch'i' sappia quali sono, e qual costume
le fa di trapassar parer sì pronte,
com' I' discerno per lo fioco lume."
"선생님, 불빛이 약한데도 제 눈에 선명히 보이는
저들이 누구인지, 그리고
무엇 때문에 저렇게 단호히
강을 건너가려고 하는지 알고 싶습니다."

Ed elli a me: "Le cose ti fier conte
quando noi fermerem li nostri passi
su la trista riviera d' Acheronte."
그가 대답하길, "우리가 아케론의 슬픈 강가에서
발걸음을 멈추면 그때
자연히 알게 될 것이다."

《신곡》 1권 '지옥편' 제3곡 72 ~ 78행

　　　　　　　　　　　지금까지 '흉악하다'는 범죄를 저지른 사람들의 사례를 숱하게 읽어 왔다. 그러니 이제는 그들이 하나의 정해진 경로를 통해서 그렇게 된 것이 아니라는 사실을 알 것이다. "악하다"는 비난을 가장 많이 듣는 연쇄살인범들만 봐도, 열이면 열 각자 다른 내력을 가지고 있다. 토미 린 셀스와 미완성 연쇄살인범 존 레이 웨버도 각자 다른 위험 인자를 가지고 있었다. 셀스는 학대받고 버림받은 어두운 유년 시절을 보냈다. 웨버의 어린 시절은 부모의 학대는 물론 머리 부상, 어머니의 정신질환이라는 요인도 있었고, 더불어 웨버 자신도 정신질환의 "위험 유전 인자"를 가지고 있었다. 위험 유전 인자란 특정 증상의 발현 위험을 높이는 유전자를 뜻하는 전문 용어이다. 웨버의 경우 정신분열증 같은 중증의 정신질환에 대한 위험 유전자를 의미한다.

　　반면 리처드 스타렛과 데니스 레이더는 트라우마가 없는 비교적 평범한 가정환경에서 자랐다. 스타렛의 경우 머리에 입은 부상이 유일한 위험 인자였던 것으로 보이며, 레이더의 경우 아예 일반적인 위험 인자가 하나도 없었다.

　　흉악한 수준의 범죄, 즉 폭력 범죄나 살인, 아니면 폭력적 요소는 없으나 극단적으로 모욕적이거나 가학적인 행위를 저지르는 사람은, 열에 아홉이 아주 심한 자기도취적 성격을 가지고 있다. 자기도취 성향은 우리가 지금까지 살펴본 범죄자들을 한데 묶어 주는 '고리'인 셈이다. 한 예로, 아내를 살해하고 사고사처럼 혹은 강도를 당한 것처럼 보이게 현장을 조작하는 배우자 살해범들을 보면 그들도 공통적으로 자기도취적 성격을 가지고 있음을 알 수 있다. 그러나 이 부류에 속하는 범죄자들이 사이코패스 성향을 전부 다 가지고 있는 것은 아니다.

악행에 이르는 경로가 이처럼 다양하다는 것을 알게 된 이상, 우리는 다음과 같은 질문을 던지지 않을 수가 없다. 어떤 요인이 가장 뚜렷한 악의 전조가 되는지, 현대 과학으로 답을 내리지 못한다면 최소한 유용한 단서를 제공해 줄 수는 없을까? 정신질환이나 격한 성질 같은 유전 형질, 친모의 약물 남용, 태아기의 문제, 출생 시 체중 미달은 주로 어떤 경우에, 얼마만큼이나 '유력한 용의자'로 간주되는가? 또 어머니의 방임이나 아버지의 신체적 학대, 성 학대, 머리 부상, 알코올과 약물 남용 그리고 호르몬은 어떤 종류의 사건에서, 얼마만큼 유력한 용의자로 꼽히는가? 그런데 어떤 요인은 유전 형질과 성장 환경 두 가지의 영향을 다 받는다. 한 예로 '인격'은 유전적 영향과 "비공유" 환경(형제나 자매가 서로 다른 학년에 다니고, 서로 다른 친구를 사귀고, 각각 다른 관심거리를 추구하는 것을 '비공유 환경'이라고 한다)의 영향을 반반씩 받아 형성되는 것으로 알려져 있다.[1] 특히 성별에 크게 좌우된다. 남자가 여자보다 폭력적인 행동, 나아가 "흉악한" 행동을 저지를 확률이 훨씬 높다. 단, 성별은 유전자로 정해진다 해도 여자든 남자든 일단 태어나면 그때부터 서로 전혀 다른 기대와 경험을 쌓아 가며, 남자냐 여자냐에 그 기대와 경험도 크게 달라진다.

과학적 견지에서 악을 해부하고 싶다면, 다른 요인 하나를 더 고려해야 한다. 왜냐하면 우리가 "악하다"고 하는 행동은 그냥 타락하고 끔찍한 행동과 크게 다르지 않은데, 우리가 그것들을 전부 "악"이라고 말하지는 않기 때문이다. 진정 흉악한 범행 혹은 악의 화신이라고 느껴질 정도로 극악무도한 사람을 자세히 들여다보면, 우리가 간과하기 쉬운 문화적 혹은 사회학적 요소를 가지고 있음을 알 수 있다. 그저 불쾌한 행위 아니면 그냥 범죄 행위는 웬만해서는 흉악하다는 비난을 받지 않는다. 공금 횡령이나 가짜 롤렉스 판매, 주가 조작, 회계 부정 등을 떠올리면 이해가 쉽다. 높으신 분들이 사기를 쳐서 회사를 말아먹는 바람에 퇴직금을 날린 엔론의 수많은 직원들은, 어쩌면 그 높으신 분들을 악한 사람으로 간주할지도 모르겠다. 나도 그들 생각에 동의한다. 그러나 "악"이라는 말은 그런 부류에 관례적으로 적용되는 단어가 아니다. 오만하다, 탐욕스럽다, 추악하다, 비양심적이다…… 이런 수식어가 다 해당되지만, '악하다'는 아니다. 악한 부류에 들려면 다른 무언가가 있어야 한다. 무언가 특별한 쪽으로 대중을 자극하는, 충격적이고 끔찍한 요소가 있어야 한다. 그 요소를 알아내기 위해 우리가 살펴봐야 할 것들을 크게 두 카테고리로 나누어 보았다. 하나는 범행의 성질이고 다른 하나는 희생자의 특징이다.

먼저 악행으로 분류될 만한 범죄를 살펴보자.

- 비면식 강간
- 성적 연쇄살인

- 병원 환자를 상대로 한 연쇄살인

- 대량 살인[2]

- 고문. 그 중에서도 특히 어린이 고문

- 납치. 특히 어린이 납치[3]

- 사전 악의를 가지고 저지른 살인. 특히 탐욕이 동기가 되어 저지른 아내 살해 (보험금을 노리고 아내 에이프릴April을 죽인 저스틴 바버Justin Barber[4])나 자식을 기를 책임을 면하기 위해(스콧 피터슨) 또는 자식에 대한 책임을 면하고 애인과 함께하기 위해 저지른 배우자 살해(보스턴에서 임신한 아내를 쏘아 죽이고 자신에게 치명적이지 않은 총상을 입힌 다음, 흑인 범죄자에게 강도를 당한 것처럼 꾸민 찰스 스튜어트Charles Stuart[5])

- 신체 훼손. 특히 (존 레이 웨버처럼) 희생자가 아직 살아 있는 동안에 신체를 훼손한 범죄

- 정신질환자가 저지른 신체 훼손 범죄[6]

- 극단적인 질투 살인[7]

- 폭력적 요소가 배제됐더라도 노골적인 보복 의도가 엿보이는 범행[8]

희생자가 다음의 카테고리에 해당할 경우에도 흉악 범죄라는 꼬리표가 붙는다.

- 아름다운 여성[9]

- 유명인사(연예인이나 유명 정치인)[10]

- 어린이[11]

- 노인

- 지체 장애인

- "존경받는" 직업의 종사자. 예를 들면 판사나 의사, 교사, 신부(혹은 수녀나 목사, 랍비 같은 다른 종교 지도자)[12]

- 테러리즘 성질을 띠는 범죄의 희생자[13](아내를 지배하거나 자살로 몰고 갈 의도로 "가스등" 행위를 하는 남편에게 희생된 아내도 포함된다)

- 증오 범죄의 희생자[14]

- 희생물이 귀한 성상聖像 혹은 가치 있는 예술품인 경우[15]

희생자의 유명세나 사회 계급이 우리의 판단에 얼마나 영향을 주는지 이해하려면, 흑인 노숙자 남성을 칼로 찔러 죽인 퇴역 군인의 증오 범죄와 매튜 셰퍼드Matthew Shepard 사건을 비교해 보면 된다. 셰퍼드는 좋은 집안에서 자란 백인 학생이었는데, 동성애에 대한 편견이 있는 두 남자의 손에 흔치 않은 방법으로 끔찍하게 살해당했다. 셰퍼드 사건은 살인 방식이 워낙 끔찍해서, 그리고 매튜가 여러 사람에게 사랑받은 재능 있는 젊은이였다는 점 때문에 전국적으로 유명세를 얻었다. 같은 동성애자는 물론이고 이성애자들도 희생자를 동정하고 자기 일처럼 생각하며 마음 아파했다. 두 사건 다 흉악하다 할 만하지만, 둘 중에 매튜 셰퍼드 사건만 사람들에게 알려졌다. 그러나 사람들은 어떤 것이 악한 것인지 판단할 줄 안다. 내가 이번 장에서 이런 주제를 다루는 목적은, 악의 미묘한 뉘앙스를 파악하고 그것을 알아보는 눈을 더 날카롭게 단련하기 위해서이다.

사실 과학적 견지에서 흉악 범죄에 돋보기를 대고 들여다봐도, 결국에는 일반 범죄에 적용되는 똑같은 동기들만 발견할 것이다. 이를테면 질투나 탐욕, 정욕, 복수를 향한 욕구, 증오, 체면을 지키려는 욕심 같은 일반적인 동기 말이다. 악이라는 미스터리의 뚜껑을 열어 주는 열쇠 따위는 존재하지 않는다. "악한 유전자"라는 것은 없고, 흉악 범죄자들의 과거에서 공통적으로 발견되는 특별한 양상의 학대도 없으며, '반드시 악을 양산하는' 원인도 없다. 대신, "위험 인자" 메뉴라는 복잡한 재료가 존재한다. 이 재료를 넣고 충분히 오래 끓인 다음 위에 나열한 특별 재료 몇 개를 추가로 넣으면 '악'이라는 스프가 완성된다. 그러나 흉악 범죄로 분류되지만 '우연'이 결정적 요인으로 작용한 경우도 많으니 주의해야 한다. 그 예로 최근에 열다섯 살짜리 소녀가 뉴욕 거리를 걷다가, 라이벌을 제거하려고 어느 마약상이 발사한 총에 맞아 사망한 일이 있었다. 그런데 희생된 소녀가 임신 상태였기 때문에, 가해자는 언론으로부터 특히 강도 높은 비난을 받았다. 네 사람을 죽이고 붙잡힌 연쇄살인범과 열두 명을 살해하고 붙잡힌 연쇄살인범은 기본적으로 같은 부류인데, 후자가 훨씬 큰 피해와 비극을 초래했다고 "흉악하다"는 비난을 몇 배 더 받는 것도 같은 이유에서다.

지금까지 살펴본 수많은 범죄 사례를 통해 분명해진 것은, 악의 심리를 과학적으로 논의할 때 가장 중요한 것이 무엇인가 하는 것이다. 정답은, 한 가지 요인이 중요한 게 아니라 어떤 사람을 악행에 이르게 하는 '경로'가 중요하다는 것이다. 그리고 그 경로는 출생 전의 상황부터 악행을 저지른 순간까지, 사람마다 각각 다르다. 위험 인자도 보통은 '다수의' 인자가 복합적으로 작용하는 게 일반적이며, 그 "메뉴" 역시 사람마다 다르다. 게다가 우리는 악의 심리가 형성되는 데는 많은 'X' — 미지의 요소 — 가 존재한다는 것을 잊지 말아야 한다. 그 중에 가장 중요한 사실 하나는, 다중 살인범이나 연쇄살인범 못지않게 부정적 요인을 많이 갖췄음에도 불구하고 은행원이나 간호사로 혹은 엔지니어나 재단사로 평범한 삶을 사는 이들이 수없이 많다는 것이다. 게리 길모어는 애인들을 학대하고 단돈 24달러를 빼앗으려고 주유소 직원을 총으로 쏴 죽인 가학적이고 폭력적인 범죄자였다. 길모어 집안의 "검은 양" 게리는 유타주에서 총살 집행 부대에게 처형되었는데, 노먼 메일러의 작품 《사형 집행인의 노래》를 통해 영생을 얻었다('영생을 얻었다'는 것이 적절한 표현인지는 의심스럽지만 말이다).[16] 그런데 게리에게는 세 형제가 있었다. 네 형제가 똑같이 알코올중독자 아버지에게 학대를 받으며 자랐지만, 그 중에서도 게리가 가장 심하게 당했다. 추측컨대 유전적 영향으로 반항기가 제일 심해서 형이나 동생들보다 더 많이 벌을 받았을 것이다. 게리의 반항기는 '아동 품행 장애' 때문인 것으로 보이는데, 아동 품행 장애 역시 유전적 요소가 강하게 작용해서 나타나는 것이며, 성인기의 반사회적 행동으로 이어진다고 알려져 있다.[17]

어쨌든 나머지 세 형제는 문제를 일으키지 않았고, 동생 중에 마이클 길모어Mikal Gilmore는 작가로 성공하기도 했다. 형에 대한 책도 썼는데, 내가 보기에는 마이클의 작품이 노먼 메일러의 책보다 훨씬 낫다(그리고 고맙게도 훨씬 짧기도 하다).[18] 마이클은, 아버지에게 똑같이 구타와 학대를 당했는데 폭력 범죄를 저지르지 않은, 게다가 혈연관계인 형과 차별성을 보인 수백만 명 중의 한 사람이다.

인간의 폭력성이나 정신질환, 인격 장애 등을 연구하다 보면, 그 원인이 되는 요소들이 우리가 지금 논하고 있는 '악의 심리'와 관련이 있음을 알게 된다. 우리가 항상 염두에 두어야 할 것은, 대부분의 살인범이 머릿속이나 성장 배경이 서로 비슷한데 그 사람이 악한가 악하지 않은가는 앞서 말한 뉘앙스, 즉 '희생자가 누구인가?'와 '희생자가 어떤 일을 당했는가?'로 갈린다는 것이다.

감정을 처리하는 두뇌의 기본적인 메커니즘

폭력 범죄를 저지른 사람들은 자기가 그렇게 하기로 선택을 해서 그렇게 된 거라고 봐도 좋다. 다른 옵션을 선택했을 수도 있다는 이야기다. 충동 범죄를 저지른 사람, 의식적인 생각이 끼어들 틈도 없이 성급하게 범행을 저지른 사람도, 각자 나름의 경로로 그 순간에 이르게 된 것이다. 어렸을 때 폭력에 자주 노출되었는가? 스트레스의 올바른 대처법이 공격뿐이라고 배웠나? 너무 제한된 반응만 겪어 봐서, 마음에 안 드는 사람이 있으면 자동으로 공격적인 반응을 보이게 된 것일까? 두뇌 메커니즘과 연결시켜 설명하면 이들이 저지른 폭력은, 뇌의 관련 중추들을 통해 처리된 절차의 마지막 경로 혹은 마지막 "해결책"으로 나온 것이라 할 수 있다.

뇌의 구조를 들여다보기 전에 먼저, 전혀 다른 대상인 자동차에 비유해 보자. 수천억 개의 뉴런과 1,000조의 연결 조직이 작동하는 인간의 뇌는, 우리가 사는 세상에서 가장 복잡한 기관으로 알려져 있다.[19] 그에 비하면 자동차는 구조가 훨씬 단순하다. 물론 후드 아래 복잡한 구조가 숨어 있긴 하지만, 일단 시동을 키면 우리가 가속 페달과 브레이크를 조작하는 대로 움직인다. 그리고 핸들은 우리를 목적지로 안내하는 기능을 한다. 가속 장치를 우리의 바람이나 욕구, 기호, 충동, 혹은 심리학에서 말하는 '동인^{drive}'을 상징하는 것으로 생각해 보자. 브레이크는 동인을 '억제'하기 위해 작동시키는 두뇌 메커니즘이다. 이 중에 완전히 '깨어 있는' 것은 극히 일부에 불과하다.

이 이미지를 다시 뇌에 대입해 보면, 우리가 느끼는 기본적인 동인과 감정을 처리하는 영역이 따로 있음을 확인할 수 있다. 이 몇 개의 영역은 좀 더 원초적인 역할, 즉 어떤 것이 우리에게 이로운 환경이고 어떤 것이 위협적인 환경인지 파악하는 곳에 몰려 있다. 이 중추 기관들은 즉각적이고 '생사를 가르는' 반응도 주관한다. 천천히 심사숙고해서 내리는 신중한 반응이 아닌, 우리를 위험한 상황에서 벗어나게 해 주는 순간적인 반응이다. 원초적인 욕구와 동인에 직접 관계되며 상위 중추가 아주 조금만 개입되거나 아니면 전혀 개입되지 않기 때문에, 신경과학자들은 이 기관과 여기서 내보내는 반응을 묶어 "상향식" 메커니즘이라 부른다. 이 기관에 해당되는 것이 자동차의 가속 장치다. 상위 중추인 대뇌는 회백질 그리고 전두엽과 측두엽, 두정엽, 후두엽, 이렇게 넷으로 나뉜 좌뇌와 우뇌로 구성된다. 이 중에 전두엽은, 인간이 다른 동물에 비해 월등히 발달했다. 전두엽은 외부 세계에 어떻게 반응해야 가장 이롭고 또 어떻게 반응하면 불리한지 판단하는 역할을 한다. 이 기관들을 한데 묶어 "하향식" 메커니즘으로 분류한다. 자동차에 비유하면 브레이크에 해당한다.

자동차 비유에서 좀 더 복잡한 뇌로 옮겨가, 상향식 메커니즘과 하향식 메커니즘이 서로 어떻게 영향을 주고받는지 살펴보자. 폭력적인 인간의 행동 양상을 분석하는 데 가장 좋은 사례가 되는 것이 코카인 중독자의 행동 패턴이다. 코카인이 뇌에 들어가서 일으키는 작용 중 중요한 부분은 미국 국립약물중독연구소 소장 노라 볼코우(Nora Volkow) 박사와 그 동료들이 이미 밝혀낸 바 있다.[20] 뇌를 중간에서 수직으로 잘라 그 측면을 보면, 중심부에 네 개의 주요 기관인 편도체와 측좌핵, 전대상회 그리고 안와전두피질이 한데 몰려 있는 것을 볼 수 있다. 전자 둘은 상향식 메커니즘으로 작동하고, 후자 둘은 하향식 메커니즘에 해당한다.

편도체는 여러 가지 다양한 역할을 하는데, 그 중에는 '정서 기억' 정보를 습득하고 저장하는 역할도 있다. 정서 기억은 주로 "암시적" 또는 무의식적이며, 바로 옆에 위치한 해마에서 저장하는 서술적(의식적) 기억과는 대조적 성질을 띤다.[21] 최근에 편도체가 '두려움'이라는 감정을 어떻게 처리하는지에 중점을 두고 연구가 이루어졌다. 앞서 말했듯이 편도체는 외부 환경으로부터 들어오는 자극의 정서적 의미를 파악한다. 그러므로 편도체가 손상되면 외부 자극에 대한 적절한 조건화가 이루어지지 않아, 정상적인 경우 두려움을 느껴야 할 자극에 대해 전혀 두려움을 느끼지 못하게 된다.[22]

측좌핵 역시 쌍으로 존재하는 기관인데, 좌우 전두엽의 하부에 각각 하나씩 자리하고 있다. 이 기관이 웃음과 쾌락, 중독 그리고 두려움이라는 정보의 처리에 필수적인 역할을 한다. 측좌핵은 코카인이나 암페타민처럼 중독성이 강한 약물의 활동 무대가 된다. 코카인과 암페타민을 포함한 대부분의 향락성 약물은, 가뜩이나 도파민(쾌락과 관계된 화학 전달 물질)에 민감한 이 기관의 도파민 레벨을 한층 더 상승시킨다.[23] 측좌핵의 기능을 설명할 때 가장 많이 언급되는 단어는 '돌출성^{salience}'이다. 어떤 상황에서든 우리에게는 다양한 선택권이 주어지는데, 그 중 '돌출성'을 띠는 것이 바로 자신이 가장 원하는 것, 즉 최우선 순위가 되는 것이다.

전대상회는 '실행'과 관계된 기관으로, 주로 전두엽과 측두엽, 두정엽과 연계하여 작동하지만 동시에 편도체와도 상호작용한다. 전대상회는 다양한 기능을 하는데, 그 중에서도 뇌의 오류 방지 시스템으로서 마찰 상황을 감지하고 전략적 조치를 취하는 기능이 가장 중요하다. 그러나 그 기능을 실행하는 것은 전대상회가 할 일이 아니다. 대신 문제 해결을 위한 "권고안"을 전전두피질에 전달해 적절한 행동을 취하도록 보좌하는 역할을 한다. 여기서 "적절하다"는 것은 사회적으로 가장 적합한 것이 아니라, 뇌가 그 순간 가장 적절하다고 "결정한" 행동을 말한다.[24] 어떻게 보면 전대상회는 '배심원'으로서, 권고안을 실제로 실행할 수 있는 "더 높은 결정권자"에게 제시만 하는 셈이다.

안와전두피질은 전두엽 하부, 안구 높이에 위치하고 있는데, 전전두피질의 일부다. 안와전두피질은 사고 절차와 의사 결정과 관계가 있다. 이 기관은 상과 벌에 관계된 행동을 계획한다.[25] 안와전두피질은 벌의 위험성을 계산하고 경고하는데, 우리가 이 경고를 받아들여 주의를 하면 행동의 변화가 나타난다.[26] 이 부위에 손상을 입으면 과도한 욕설 내뱉기, 성욕 과잉, 사회성 결핍, 강박적 도박, 알코올 및 약물 남용, 감정 파악 능력(감정이입 능력) 결핍 등의 바람직하지 못한 결과를 초래할 수 있다.

뇌의 네 영역에서 나누는 가상의 대화 시나리오

노라 볼코우 박사는 한 강연에서 코카인 중독자의 뇌 중추 기관이 어떻게 상호작용하는지, 교통신호의 이미지를 차용해 설명한 적이 있다.[27] 중독자가 전형적으로 경험하는 시나리오인데, 먼저 상향식 작동 기관들이 코카인을 복용하고 싶은 강력한 동인을 보인다. 보통사람의 경우 약물 사용에 따를 나쁜 결과와 연관 지어 편도체가 느끼는 두려움이, 중독자의 경우에는 훨씬 약한 강도로 느껴진다. 그 결과, 측좌핵에 경고 신호 대신 '승인' 신호를 보내게 되며, 측좌핵이 파악하는 '돌출' 메뉴는 극단적으로 단축된다. 예를 들어 정상적인 사람은, 오늘 저녁에 딱히 할 일이 없다면 여러 가지 즐길 거리를 놓고 그 중에서 하나를 선택할 것이다. 친구나 애인에게 전화를 건다든가, 영화를 보러 간다든가, 미스터리 소설을 읽는다든가 목록이 짧지는 않을 것이다. 그런데 코카인 사용자에게는 목록에서 오직 코카인만이 부각되어 보인다. 전대상회가 "그건 좋은 생각이 아니야"라고 너무 작은 목소리로 경고해도, 안와전두피질은 최후 결정자로서 이렇게 결론을 내릴 것이다. "다 따져 봤지만, 그래도 나는 코카인을 택하겠어." 그러면 코카인에 녹색 신호가 켜진다. 만약 치료 프로그램을 거치면서 하향식 중추가 많이 강해져 위의 결정에 반대권을 행사할 수 있게 됐다면, 그 사람은 코카인 사용의 유혹을 물리치고 더 현명한 선택을 내릴 수 있다. 비교적 단순한 예를 살펴봤으니, 이제는 좀 더 복잡하고 어려운 상황을 살펴보자.

나는 앞에서 아내 살해범 저스틴 바버와 그의 불운한 아내 에이프릴의 예를 들었다.[28] 이 지독하게 자기도취적인 남자를 살인으로 이끈 것은, 점점 쌓여 가는 빚과 강박적 주색잡기 그리고 배우 뺨치게 예쁘지만 (저스틴에게는) 숨이 막히도록 이성적인 에이프릴을 향한 점점 심해져 가는 짜증이었다. 에이프릴은 '모든 일에 중용'을 선택하는 타입이었다. 반대로 저스틴은, 한 회사의 중간급 간부로 꽤 괜찮은 월급을 받고 있었지만, 알고 보면 과장성이 지나치고 무모한 성격이었다. 차를 장만해도 제일 좋은 것으로 장만하기 위해 위험성이 높은 주식 당일치기에 매달렸고, 그 결과 주식 중개인과 자동차 판매업자에게 큰 돈을 빚지고 말았다. 그런데 마침 에이프릴은 남편이 수혜자로 되어 있는 200만 달러짜리 보험의 분납금을 꼬박꼬박 붓고 있었다. 저스틴은 이미 자기 명의로 된 비슷한 생명보험을 한번 해약한 적이 있었다. 그는 "완전 범죄" 계획을 다듬어 갔다. 보험을 든 아내가 정체 모를 괴한에게 습격당한 것처럼 보이도록 살인 현장을 아주 교묘히 조작한다는 계획이었다. 심각한 손상을 피하려면 어느 부위를 쏘아야 하는지 인터넷을 검색해 정보를 얻은 다음, 저스틴은 에이프릴을 플로리다 해변의 어느 외딴 곳으로 유인했다. 그리고 세 번째 결혼기념일을 며칠 앞둔 그날, 총알 한 방으로 에이프릴을 살해했다. 그런 다음 자기 양손과 흉부 오른쪽을 쏘았다. 그래 놓고 경찰에게는, 괴한에게 급습을 당했는데 너무 어두워서 누군지 잘 못 봤다고 했다. 이때 뇌의 네 영역이 어떤 "합리화" 과정을 거쳤을지 상상해 볼 수 있다. 아마 다음과 같은 시나리오가 펼쳐졌을 것이다.

먼저 편도체가 이렇게 말한다. "물론 위험은 따르겠지. 하지만 나는 이보다 더 곤란한 상황에서도 항상 잘 빠져나갔어. 내 계획은 완벽해. 실패할 리 없다고. 그러니 걱정할 것 없어."

측좌핵이 이렇게 대답한다. "와! 그 200만 달러가 있으면 빚도 갚을 수 있고, 남은 돈의 이자만 가지고도 바하마 제도에서 여생을 안락하게 살 수 있겠네……."

전대상회는 배심원 노릇을 떠맡아 이렇게 말한다. "흠, 내 생각에도 경찰은 멍청하니까 속여 넘길 수 있을 것 같아. 근데 어쩌면 제3자가 존재하지 않는다는 걸 경찰이 눈치 챌 수도 있어. 아, 모르겠어……. 그렇게 되면 중형을 받게 될 거야……. 나는 반대야." (그러나 배심원의 목소리는 아주 약하고 심하게 동요하고 있다).

그러자 안와전두피질은 판사로서, 약한 양심의 목소리보다 강한 동인의 목소리에 더 귀를 기울이며 이렇게 말한다. "이제 양쪽 주장을 다 들어 봤어. 근데 우리는 경찰에 잡히기엔 너무 똑똑해. 그리고 그 200만 달러가 있으면 모든 문제를 다 해결할 수 있어. 하는 거야!"

에이프릴이 사망하고 며칠 지나지 않아 형사들은 정체 모를 괴한 따윈 애초에 없었으며 범인은 남편이라는 것을 재빨리 눈치 챘다. 경찰은 남편을 기소하기 위한 증거를 찾는 데 어려움을 겪었지만 결국 법정에 세우는 데 성공했고, 저스틴은 유죄 판결을 받고 종신형을 선고받았다. 계획적인 배우자 살해 사건이 으레 그렇듯, 저스틴은 끝까지 죄를 인정하지 않았고 뉘우치는 빛도 보이지 않았다. 저스틴의 살인을 하고도 안 잡힐 수 있다는 자신감 그리고 양심의 목소리에는 귀를 막은 채 계획을 실행하겠다는 단호함은, 심각한 폭력을 저지르는 이들이 공통적으로 보이는 특징이다.

자기가 저지른 범죄에 대해 허심탄회하게 이야기하는 소수의 범죄자들과의 면담을 제외하면, 범죄자들의 의식을 들여다볼 기회는 우리에게 좀처럼 주어지지 않는다.[29] 앞에서 그려 본 뇌의 네 영역 간의 대화처럼, 우리도 이들의 머릿속에서 이루어질 대화를 상상만 할 수 있을 뿐이다. 그러나 그 범죄자들 모두가 '의도'에서 '실행'으로 선을 넘었음을 감안하면, 결국 "양심"의 목소리보다 "의지"의 목소리가 컸다고 말할 수 있다. 신경생리학의 견지에서 보면, 억제를 담당하는 중추와 그 안에 있는 뉴런들이 결국 폭력의 욕구를 막을 수 없었던 것이다. 여기서 폭력의 생리학과 악의 생리학은 근본적으로 같다는 것을 다시 한 번 강조하고 싶다. 둘 중 어느 쪽이건, 우리가 다루는 대상은 결국 범죄 행위다. 사회학자 에밀 뒤르켕^{Émile Durkheim}이 지적했듯이, 범죄자들은 사회의 "집합 의식"(나는 이를 '대중의 목소리'라고 했다)에 충격을 준다.[30]

현대 정신과학계는 이제 볼코우 박사의 연구뿐 아니라 이 분야에서 중요한 의미를 갖는 많은 연구 결과를 잇달아 발표하고 있는데, 그 중 몇 개는 뇌의 "브레이크 메커니즘" 고장에 대한 비유 논리에 힘을 실어 주고 있다.

한 예로, 공격성과 폭력에 대한 신경생물학 연구에서 권위적인 위치를 차지하고 있는 래리 시버[Larry Siever] 박사는 "공격 성향이란, 안와전두피질과 전대상회 피질의 하향식 작용(혹은 '브레이크')과 편도체나 뇌섬엽[insula] 같은 변연계 기관이 주도하는 과도한 상향식 동인 간의 불균형으로 인해 생기는 것으로 봐야 한다"고 주장했다.[31]

뇌 중추 기관들 간의 "대화" 시나리오는, 저스틴 바버의 배우자 살해 사건뿐 아니라 우리가 지금까지 살펴본 사건들 거의 전부에 적용시킬 수 있다. 예를 들어, 여기 연쇄살인범이 한 명 있다고 치자. 그의 측좌핵이 좌우하는 '돌출' 체계가 다른 단순한 즐거움을 다 물리치고 강간-살해를 선택한다. 그의 "보상 기관"을 만족시킬 수 있는 유일한 쾌락이 강간-살인이기 때문이다. 이 살인범은 편도체가 보내는 어떤 두려움에도 흔들리지 않는다. 그는 희생자 시체만 잘 처리하면 경찰에 잡히지 않을 것이라고 자신한다. 살인을 하고 도망가는 데 몇 차례 성공하면서 그는 점점 더 대담해진다. 게리 리지웨이는 연쇄살인범 중 지능이 가장 낮은 편에 속했지만, 18년 동안 잡히지 않고 70명이 넘는 여자를 살해했다. 그리고 다른 사람에 대한 감정이입을 주관하는 상위 중추에 심각하게 이상이 생겨, 여자들을 "쓰레기"와 동급으로 취급할 정도가 됐다. 그러나 게리는 정신질환자는 아니었다. 정신분열증도 아니고 조증도 아니었으며, 약물 때문에 망상증이 생긴 것도 아니었고, 뇌손상을 입은 것도 아니며, 어떤 의미로든 "미친" 사람은 아니었다. 게리는 동인과 억제의 균형이 '인격' 이상으로 인해 망가진 경우였다. 보통 사람은 다른 원인들, 예를 들면 정신질환으로 인해 이 균형이 깨지는 일이 많다. 우리가 여기서 살펴본 정신 작용의 불균형은 다른 형태로도 나타날 수 있다. 예를 들면 처벌에 대한 두려움 부족, 저항할 수 없는 동인, 분별력의 부족 혹은 결핍, 편향되거나 약화된 판단력 등이다. 이제 좀 더 일반적인 불균형 현상을 신경과학적 관점에서 살펴보자.

정신질환이 악의 심리에 미치는 영향과 다양한 범죄 양상

정신분열증과 망상 장애의 케이스

정신질환은 보통 "다인성"이다. 유전적 요인과 환경적 요인이 복합적으로 작용해 유발된다는 뜻이다. 소위 중증 정신병, 즉 정신분열증과 조울증은 유전적 요인이 결정적으로 작용해 발병한다. 이러한 병을 일으키는 '위험 유전 인자'가 각각 따로 있는데, 어떤 경우에는 여러 가지 유전자가 복합적으로 작용해 병이 임상적으로 식별 불가능한 형태로 발현되기도 한다. 유전자의 작용이 그만큼 강하지 않아서일 수도 있고, 아니면 다른 우성 유전자가 이상 유전자의 효과를 약화시켰을 수도 있다. 여기서는 정신질환을 일으키는 요인으로 유전 인자에 초점을 맞추도록 하자.

간단히 말해, "정신질환"이라는 표현은 보통 현실 검증력이 심각하게 손상된 상태를 뜻한다. 현실 검증이란 자신의 정체성과 자신의 일상에서 다른 사람들이 갖는 의미를 제대로 파악하는 것을 뜻한다. 더 미묘한 정의로 확대하면, 주변에서 일어나는 일들을 파악하고 그 원인과 결과가 어떤 의미를 갖는지 판단하는 것까지 포함된다. 예를 들어, 자신의 치아에 무선 수신기가 박혀 있는데 그 수신기를 통해 하느님이 메시지를 보내고 있다고 믿는 것은 현실에서 극단적으로 동떨어진 것이므로, 그 사람은 현실 검증력에 심각한 손상을 입은 것이다. 이는 한마디로 "미친" 생각이다. 자신이 알렉산더 대왕의 현신이라고 굳게 믿는 것은 다른 종류의 이상 증세다. 이 경우, 과장증이 심해져 "과대망상"으로 악화된 것으로 봐야 한다.

현실 검증의 이상 증세가 주로 '생각'과 관련해 발생하면, 그 증상은 보통 정신분열증으로 진단받는다. 이상 증세가 주로 '기분'에 영향을 미치면, 조병이나 울증이라고 한다. 그런데 실제로는 이렇게 명확하게 구분되지 않는다. 그 중간에 걸친 (생각과 기분 둘 다 영향을 받는) 증상도 있다. 비교적 덜 일반적인 변형도 있을 수 있다. 앞에서 분열증과 조병은 폭력 성향의 발현과 관련이 있다고 언급한 바 있다. 그 폭력 양상이 충격적인 수준이라는 것이 바로 우리가 논하고 있는 '악'의 특징이다. 이는 특히 분열증 환자가 저지르는 폭력 범죄에서 두드러지는데, 가해자의 판단과 행동이 너무나 기괴하고 이해가 불가능해서, 즉 누구도 듣도 보도 못한 수준이어서 '미쳤다' 혹은 '극악하다'는 말이 제일 먼저 떠오르는 것이다.

그러한 예로, 칼로 자기 어머니를 생식기부터 목까지 가르고 내장을 꺼낸 여자가 있었다. 고래 뱃속에 갇힌 요나처럼 "악마"에게 먹혀 그 안에 갇힌 "착한 엄마"를 꺼내 주려고 그랬다는데, 그 여자에게는 진짜 엄마가 악마로 인식됐던 것이다. 이 여성은 그전까지 폭력적인 행동은 물론 어떤 종류의 범죄도 저지른 적이 없었다. 그러므로 이 경우 뇌의 "사고" 체계에 주로 이상이 발생한 것인데, 앞서 설명한 두뇌 메커니즘에서 '훈계' 기능을 하는 안와전두피질에 이상이 생긴 것이다.

분열증과 비슷하면서 '판단력'이 심하게 손상되는, 비교적 흔치 않은 증상들도 있다. 그러한 증상들도, 비록 드문 경우지만, 똑같이 섬뜩하고 기괴한 폭력 범죄로 이어질 수 있다. 그 중 하나가 '망상 장애'인데, 현실 감각의 왜곡이 심하지만 사고 체계의 일부분에만 한정된 경우다. 그런데 그 왜곡된 주장이 너무 치밀하고 "논리적"으로 들려서 그 사람의 망상을 듣고 있으면 그 이야기에 현혹되거나 아주 잠깐이라도 그 사람이 옳을 수도 있겠다고 착각하게 되는 경우가 있다. 예를 들어보겠다.

나는 자기가 세 들어 살던 집의 주인을 살해해서 중형을 받고 감옥에 간 여성을 인터뷰한 적이 있다. 그 여성은 아주 똑똑할 뿐만 아니라 역사를 비롯해 다방면에 걸쳐 풍부한 지식을 가지고 있었는데, 막내 아이를 낳고부터 집주인이 자기를 죽이려고 아침마다 마시는 차에 독약을 넣고 있다고 철썩같이 믿게 되었다. '죽이거나 아니면 죽거나'의 상황에 처했다고 생각한 그녀는, 어느 날 아침 공동으로 사용하는 부엌에서 집주인을 총으로 쏘아 죽인 뒤 당당하게 경찰을 불렀다. 그런데 놀랍게도 경찰이 이 교활한 적을 물리친 것을 축하해 주는 대신 그 자리에서 자기를 살인범으로 체포하는 것이었다. 집주인(그리고 집주인과 내통한, 외국 어딘가에 숨어 있는 공범자들)의 음모가 있다는 주장이 극심한 망상임이 분명했는데도 불구하고, 법정은 이 여성을 정신병원이 아닌 교도소로 보냈다. 다른 주제에 관해서는 명료한 이해와 정상적 사고를 보인 그녀는, 아이러니하게도 자신의 똑똑함과 지적 능력의 희생자가 되었다. fMRI(기능성 자기공명영상)을 찍어 이 여성의 두뇌 반응 패턴을 연구했더라면 뇌 연구에 아주 큰 도움이 됐을 것이다. 이를테면 이집트 고대 왕조에 관한 질문을 하다가 집주인 살인에 대한 질문으로 넘어갈 때 뇌의 어느 부분에 "불이 켜지는지" 확인하는 식이다. 그러나 안타깝게도 교도소장의 말에 따르면 교도소의 예산이 삭감되는 바람에 그런 종류의 과학적 연구는 할 수 없게 되었다.

감정이입이 되지 않는 아스퍼거 증후군과 조승희의 캠퍼스 학살

자폐증 스펙트럼에서 증상이 약한 편에 속하는 아스퍼거 증후군은 감정이입 능력의 결핍, 지나치게 딱딱한 언어 사용 그리고 한 분야의 지식을 스펀지처럼 빨아들이는 지나친 몰두가 특징이다. 아스퍼거 증후군은 비교적 드물게 나타난다. 대략 어린이 5,000명당 1명꼴이며, 여자아이보다는 남자아이가 걸릴 확률이 서너 배 높다. 언어 사용이나 의사소통상의 장애도 자폐증보다는 덜 심한 편이다. 아스퍼거 증후군과 자폐증은 아주 강력한 유전자의 작용으로 발현된 병인데, 모든 사례에 공통적으로 보이는 유전자 혹은 유전자 그룹은 발견되지 않았다. 과거에 이 두 증상은 기분보다 사고에서 이상을 보인다는 이유로 정신분열증과 한 그룹으로 취급됐지만, 분열증과는 엄연히 다른 부류인 것으로 보인다.[32]

뇌에서 모든 아스퍼거 증상의 원인이 되는 단 하나의 이상 부위는 없는 듯하다. 하지만 최근 연구에서 '뇌섬엽'이라는 기관이 중요한 역할을 할지도 모른다는 결과가 나왔다.[33] 전두엽의 안쪽에 위치한 뇌섬엽은 언어 및 타인의 감정 포착과 관련된 여러 가지 기능을 한다. 뇌섬엽과 함께 편도체 역시 감정이입 기능에 관여한다. 뇌섬엽의 세포 구조에는 '거울 신경세포'의 일부가 포함되어 있는데, 정상적인 상황에서 거울 뉴런은 우리가 다른 사람의 제스처나 표정을 보는 즉시 모방하게 만드는 기능을 한다. 자폐증 환자 중 일부는 거울 뉴런의 기능이 떨어진다. 그런데 문제는 그리 간단하지 않다. 아스퍼거 증후군 환자들 중 일부는 전반적인 감정이입 능력이 결핍된 것이 아니라, 자기 자신에게서 제대로 감지하지 못하는 감정을 다른 사람에게서도 포착하지 못하는 것이라는 연구 결과가 있었다.[34]

자폐증 환자들은 폭력적으로 변하는 일이 드물다. 그러나 만에 하나 이들이 폭력 범죄를 저지른다면 그것은 평생 다른 사람과 공감대를 경험해 보지 못한 사람, 친구 관계는 물론이고 누군가와 의미 있는 관계를 한 번도 맺어 본 적이 없는 사람이 마지막으로 울분을 터뜨린 것일 가능성이 크다. 2007년에 있었던 버지니아공대 학살도 그런 경우였다.

조승희는 한국에서 살다가 여덟 살 때 가족과 함께 미국으로 이주했다. 조승희는 그때부터 이미 "자폐 증상"을 보였다. 숫기가 없고 말이 없었으며, 다른 사람에게 먼저 말을 거는 일이 거의 없었다. 입을 열었다 하면 말투가 이상해서 급우들에게 놀림을 받았고, 그래서 학교 활동에 참여를 거부할수록 따돌림은 더 심해졌다. 대학에 진학할 무렵 조승희는 항상 표정이 어둡고 불만에 가득 차있는 외톨이가 되어 있었다. 그는 기괴하고 끔찍한 폭력이 주를 이루는 "희곡"을 여러 편 썼는데, 그 내용이 너무 소름끼쳐서 교수들도 겁을 먹을 정도였다. 다른 학생들은 혹시 그가 또 다른 "캠퍼스 총기 난사"의 주범이 되는 게 아닐까 걱정하기 시작했다.[35] 학교에서의 행동도 점점 괴상하고 위협적으로 변해갔다. 여자애들 사진을 몰래 찍는가 하면, 여러 명의 여자를 스토킹했고, 몇몇에게는 끈질기게 전화를 걸어 괴롭혔다. 편집증세도 점점 심해져, 다른 학생들에게 "방탕"하다고 꾸짖거나 "기만적인 협잡꾼"이라고 욕을 퍼부었다.[36] 사람들과 어울리지 못하는 것이 질투와 증오를 불렀고, 그 질투와 증오가 점점 커지다가 급기야 2007년 4월 16일에 폭발했다. 조승희는 "너희들이 이렇게 만들었어"라는 메모를 남기고 31명의 학생과 1명의 교수를 총으로 쏜 뒤 자살했다.

조승희 사건의 극악무도함은 물론 한창 때의 학생 31명 그리고 교수 한 명(학생들을 구하려다가 총에 맞아 죽었다)의 목숨을 앗아갔다는 데 있다. 우리는 조승희가 살육을 저지르기까지 어떤 경로를 밟았을지, 충분히 상상해 볼 수 있다.

유전자에 의한 감정이입 능력 손상 → 사교 능력 부족 → 시기와 증오 → 복수에 대한 동인 상승 → 옳고 그름에 대한 판단력 손상(전대상회) → 안와전두피질의 억제 기능 저하 → 살인적 복수의 환상을 행동에 옮김

이런 여러 가지 불리한 요인에 더해, 문화적 요소도 복합적으로 작용했을지 모른다. 조승희가 만약 한국에 그냥 머물렀더라면, 미국에서 그랬던 것만큼 또래 사이에서 튀어 보이지는 않았을지도 모른다. 미국 학교를 다니는 내내 학생들은 조승희의 이상한 행동을 심하게 놀리면서 "중국으로 돌

아가!"라고 매일 약을 올렸다. 그들은 조승희의 모국이 어딘지도 제대로 모르고 있었다. 사건 당시 23세였던 조승희의 나이는 사춘기에서 성인기로 넘어가는 과도기다. 신경생리학적으로 그 나이 혹은 조금 더 지난 시기까지는 전두엽의 뉴런이 미엘린(신경섬유의 축색돌기를 감싼 피막 - 옮긴이)에 아직 완전히 싸여 있지 않은데, 이것이 어쩌면 하나의 요인으로 작용했을 수도 있다. 그 결과로 파괴 충동을 억제하는 기능이 아직 최고치에 다다르지 않았을 수도 있는 것이다. 이런 종류의 신경 미성숙은 19세의 찰스 스타크웨더가 저지른 연속 살인에서도 하나의 요인으로 작용했을 수 있다.

리처드 클라크의 태아 알코올 증후군

폭력 성향이 분열증이나 조울증, 망상증, 자폐증을 일으키는 위험 유전자와 관계가 없는 다른 요인에 의해 발현되는 경우가 있다. 아니면, 앞에서 나열한 정신병 중 한 가지를 일으키는 유전적 결함을 가지고 있지만 그 정도가 심하지 않은 것일 수도 있다. 이 경우 주 원인은 다른 곳에 있다. 이렇게 유전자와 관계없이 명백한 정신병적 증상을 보이면, 우리는 그것을 "유도성 정신질환induced mental illness"이라고 한다. 여기서 '유도된induced'이라는 말은 분열증이나 망상증, 조울증, 자폐증과 직접적으로 관계된 유전 인자 외에 다른 원인 요소가 주로 작용하여 발현됐다는 뜻으로 쓴 것이다. 약물 남용이나 뇌종양 또는 심각한 머리 부상이 그러한 요인에 해당한다. 현재 정신 건강 관련 분야에서 일하는 많은 의사와 학자들이 '정신질환'이라는 애매모호한 용어를, 심각하지만 정신병만큼 현실 감각을 완전히 해칠 정도는 아닌 증세까지 포함하는 용어로 사용하고 있다. 여기서는 "유도성 정신질환"의 사례 중 비교적 중요한 것들 몇 가지를 살펴보겠다.

임신 초기에 알코올을 심각하게 남용한 임신부가 낳은 아기는 '태아 알코올 증후군(FAS)' 증상을 앓을 수 있다. 그보다 비교적 약한 '태아 알코올 효과(FAE)' 증상을 보이는 아기도 있다. 태아 알코올 증후군의 정도가 심각한 아기는 작은 눈과 얇은 윗입술, 찢어진 인중 등의 안면 기형을 보인다. 그런데 이렇게 겉으로 보이는 것 외에 뉴런이나 뇌 구조에도 손상을 입었을 수 있다. 그 결과 점진적 기억력 감퇴라든가 주의력 결핍, 충동적 행동, 부정확한 원인-결과 유추, 범죄성을 띠는 행동, 청소년기의 문란한 성생활, 공격성 증대, 마약 및 알코올중독 성향, 나아가 범죄 성향과 폭력 성향이 발현될 수가 있다. FAS는 정신 지체의 제1 원인이 된다.[37] 그런데 FAS의 경우에는 특히 '다인성 원인'의 개념이 딱 들어맞는다. 무슨 이야기인가 하면, 알코올에 중독 된 엄마는 어쩌면 아기에게 알코올중독의 위험 유전자까지 물려줬을지도 모른다는 것이다. 혹은 아기 엄마가, 자기와 똑같이 알코올이나 마약을 남용하는 남자와 성관계를 맺어 임신을 했을 수도 있다. 이런 경우 아기 엄마는 "방종하고" 문란하며 아이에게 무관심한 특징을 보이고, 또 전반적으로 엄마 역할을 제대로 해낼 능력이 부족한 사람일 확률이 평균보다 높다. FAS나 FAE의 조건으로 태어난 아이에게는 불리한 점이 굉장히 많다. 다음 사례가 이를 잘 보여준다.

리처드 클라크Richard Clark는 1968년에 심각한 알코올중독자인 캐슬린 펠러Kathleen Feller에게서 사생아로 태어났다. 리처드는 FAE 증후군이 있었다. 집안은 한마디로 엉망이었다. 캐슬린은 짧은 결혼 생활을 세 번이나 했는데, 네 번째로 결혼한 밥 스미스$^{Bob\ Smith}$라는 남자는 리처드를 심하게 학대했다. 강제로 시가를 씹어 먹게 하는 등 아이에게 굴욕을 주는 것도 즐겼다. 리처드는 계부에게 맞서서 생긴 상처를 안 들키기 위해 학교를 자주 결석해야 했다. 그런데 리처드가 열네 살 때, 엄마가 음주운전을 하다가 그만 사고로 사망했다. 그 일을 계기로 학교를 자퇴한 리처드는, 곧 강도짓과 주택 침입 절도 행각을 벌이기 시작했다. 스무 살 때는 네 살짜리 여자애를 납치해 강간하려다가 아이 어머니에게 제지당하기도 했다. 그 무렵 그는 알코올과 마리화나, LSD, 코카인 그리고 메탐페타민까지 닥치는 대로 약물을 사용하고 있었다. 그리고 그러기 위해 절도를 계속했다. 스물일곱 살 때는 일곱 살짜리 여자아이, 그것도 술친구의 딸을 납치해 강간하고 칼로 찔러 죽였다. 근처 풀숲에 버린 시체는 일주일 만에 발견되었다. 살인이 다른 중죄(강간)를 벌이는 도중에 일어났기 때문에, 그리고 아이의 입에 양말을 쑤셔 넣은 것 때문에, 이 사건은 사형 선고가 가능한 '가중 살인'으로 취급되었다(실제로 배심원은 사형 권고를 내렸다). 사건이 성적 쾌락을 주된 동기로 해서 일어났고 또 고문이 개입되었기 때문에, 악의 등급에서 리처드 클라크는 카테고리 18에 속한다. 클라크는 재판에서 사이코패스로 간주되었는데, "태생적" 사이코패스인지 아니면 어린 시절의 극단적 트라우마로 인한 "이차적" 사이코패스인지는 구분해서 말하기 어렵다.

코카인, 메탐페타민, 펜시클리딘······ : 범죄의 지옥으로 이끄는 약물들

보통 향락적 약물이라고 하는 것들은 전부, 최소한 일시적인 정신병 증세를 일으킬 수 있는 것들이다. 유난히 약물에 취약한 사람의 경우, 이러한 약물을 만성적으로 사용하면 약물 종류에 따라 분열증이나 조병과 유사한 특징을 보이는 영구적인 정신질환을 앓게 될 수 있다. 알코올을 제외하고 모든 약물은 구입과 사용이 불법이다. 우리의 연구 목적에 가장 부합하는 약물은 마리화나와 코카인, 메탐페타민, 펜시클리딘 그리고 리세르그산 디에틸아미드(LSD)다. LSD는 환각을 일으키는 효과 때문에 환각제라고 불리는 약물군에 속한다. 실로시빈군의 버섯도, 환각성 화학 물질인 사일로신에 반응을 일으켜 LSD와 같은 효과를 낸다.

리처드 클라크의 사례에서도 증명됐듯이, 가장 손에 넣기 쉬운 알코올은 지독한 악순환을 야기할 수 있다. 알코올에 중독된 엄마가 알코올중독 위험 유전자를 아들에게 물려주고, 알코올을 남용하게 될 위험도가 높은 환경에 아이를 노출시킨다. 그렇게 태어난 리처드는 사춘기에 접어들면서 자신도 알코올중독이 되었는데, 그에 따라 만성 알코올중독의 일반적 특징인 통제력 및 자제력 상실 경향이 높아졌다. 알코올은 억제 기능을 하는 세로토닌의 활동을 저하시키는 작용을 한다. 은유적으로 말하면, 알코올은 우리가 브레이크 페달에서 발을 떼게 만들어, 알코올을 섭취하지 않았으면 잘 통제했을 행동을 저지르게 만드는 것이다. 만성적인 알코올 섭취는 또한 상위 대뇌피질 중추에 영구적인 손상을 입힐 수도 있다. 그렇게 되면, 앞으로 하려는 행동이 어떤 결과를 초래할지 재고 따지는 기능이 더욱 심하게 저하

된다. 약물에 취약한 사람이 알코올을 섭취하면 세로토닌 레벨이 크게 떨어져 폭력과 살인을 포함해 공격적인 행동을 저지르게 되는 수도 있다.[38]

내가 연구한 145명의 연쇄살인범 중에 61명이 알코올 남용이라는 위험인자를 가지고 있었고, 알코올이 그 사람에게 마지막 자제력의 끈을 놓아버리게 만드는 역할을 했다. 알코올 덕분에 양심의 가책을 느끼지 않고 자신이 원하는 강간 살인을 홀가분하게 저지를 수 있었던 것이다. 알코올이, 의지가 약한 남편에게 어서 가서 던컨을 죽이라고 부추기는 맥베스 부인의 역할을 한다고 비유할 수도 있다. 결과가 두려운 맥베스는 이렇게 자문한다. "실패하면 어쩐다?" 그러자 맥베스 부인이 이렇게 대답한다. "실패라고요? 용기를 내서 일을 밀고나가세요. 그럼 실패하지 않을 겁니다."[39] 아내의 말에 억제력이 저하되기 전에, 맥베스는 살인 계획이 오히려 자신을 망칠 수도 있음을 상기한다. "이런 일을 저지르면 심판을 받을 거야. 잔인한 짓을 사주한 자는 그 응보로 같은 일을 당하게 되는 법이니까."[40]

불법적인 약물인 코카인이나 메탐페타민 등은 "중뇌 기관 중 하나인 측좌핵을 포함해, 뇌의 보상 중추를 점령한다."[41] 그 결과 마약이 다른 어떤 쾌락의 원천(섹스나 음식)보다 우위를 차지하고, 나중에는 마약이 그 사람의 유일한 쾌락의 원천이 된다. 일단 뇌의 작동이 이렇게 변하면, 그 강렬하고 오르가즘과도 같은 짜릿한 느낌을 다시 경험하기 위해 말 그대로 '무슨 짓이든' 하게 된다. 이러한 약물의 영향을 받으면 평소 준법 시민으로 살아가던 사람도 어느 순간 살인을 저지를 수 있다. 그것도 대중이 보기에 흉악한 수준의 살인까지 저지르게 된다. 그러니 이미 사이코패스 성향을 가지고 있으며 만성적 범죄 성향이 있는 사람은 연쇄살인범도 될 수 있는 것이다. 준법 시민에서 범죄자로 전락한 사례로는 마사 앤 존슨Martha Ann Johnson이 있다.

마사는 스물두 살에 벌써 세 번째 결혼을 했는데, 세 번의 결혼 생활은 모두 폭력으로 얼룩져 끝났다. 마사의 어린 시절 역시 부모의 구타와 무관심, 가난으로 점철되었다. 마사는 아직 10대 때 첫 번째 남편과의 사이에 딸을 하나 낳았고, 두 번째 남편과 아들 하나를 낳았으며, 세 번째 남편에게서는 아들 하나 딸 하나를 낳았다. 그런데 그 첫째와 둘째 아이를, 자신을 떠난 세 번째 남편 얼 보우웬Earl Bowen을 돌아오게 만들려는 희망에 냉혹하게 살해했다. "자식을 잃은 슬픔"에 괴로워할 자신을 생각해서 남편이 돌아와 주겠거니 기대한 것이다(두 아이가 마치 영아돌연사증후군으로 죽은 것처럼 꾸몄다).[42] 마사는 1990년에 조지아주에서 사형 선고를 받았지만, 나는 2007년에 감옥에서 마사와 인터뷰를 할 수 있었다. 마사는 태풍의 위험 지대 같았던 세 번의 결혼 생활 내내 메탐페타민에 절어 있었다고 고백했다. 악의 등급에서 마사는 카테고리 5 '트라우마가 있으며 절박한 심정에 살인을 저지르나 두드러진 사이코패스 기질은 없는 사람'에 해당한다.

제러미 존스Jeremy Jones는 이미 사이코패스 기질이 있었는데 메탐페타민 사용으로 폭력 성향이 더 심해진 경우다. 제러미는 "유년기-지속형" 비행 청소년이었으므로, 성인기 들어 행동 교정에 실패할 위험이 이미 높았다.[43] 여덟 살 때 이미 품행 장애가 눈에 띄었고, 10대 때는 어린 남자아이를 폭행했다. 그리고 아들을 구하려고 막아선 아이 엄마까지 폭행했다. 열여덟 살 때는 옛 친구이자 이웃의 신부를 살해했다. 스물한 살에 강간죄로 기소됐을 때는 이미 메탐페타민에 심하게 중독되어 있었다. 불행하게도 서로 다른 지역의 경찰들 간에 의사소통이 안 이루어지면서 제러미는 고작 집행유예를 선고받았고, 덕분에 쉽사리 다른 주로 건너가 가명을 사용해 활동할 수 있었다. 메탐페타민의 지속적인 사용은 뇌의 노르에피네프린과 도파민 레벨을 상승시켜, 제러미를 성욕 과잉과 폭력으로 몰아갔다. 매력 넘치는 사기꾼 타입의 사이코패스인 제러미는 항상 애인이 끊이지 않았는데, 그 여자들은 제러미가 계속해서 강간 살인을 저질러도, 심지어 증거를 없애기 위해 희생자의 집을 불태우는 짓을 저질러도 그를 전적으로 신뢰하면서 곁에 남아 있었다. 제러미는 자기 죄를 뉘우칠 줄도 몰랐고, 오히려 법을 무시하고 보통사람들이 느끼는 감정을 경멸했다. 자기는 수녀도 유혹해서 잠자리에 데려갈 수 있다고 허풍을 떨면서, 언젠가는 다시 자유의 몸이 되어 자서전을 출판하고 세상 사람들을 "실컷 비웃어 주겠다"고 장담했다. 제러미는 앨라배마에서 사형 선고를 받았는데, 지금도 사형수 감방에 있다.[44] 악의 등급에서 카테고리 18에 속하는 제러미 존스는 여덟 명의 여성을 강간 살해한 것으로 알려졌는데, 실제로는 열두 명 이상을 살해한 혐의를 받고 있다. 한번은 오클라호마에서 어느 부부를 살해하고 그들의 열여섯 살 난 딸과 딸의 친구까지 살해한 뒤 시체를 전부 탄광의 수직 갱도에 던져 버린 일도 있었다. 나중에 그가 범행을 자백하지 않았더라면, 일가족의 사체는 끝까지 발견되지 않았을 것이다.

향락성 약물인 펜시클리딘은 원래 케타민 계의 마취제로 개발된 것인데, 부작용이 심한 것으로 드러나 의료 목적으로 사용하는 것이 금지되었다. 펜시클리딘은 도파민 D2 수용체와 세로토닌 5HT2 수용체에 직접 작용해 분열증 유사 증상을 야기한다. 환각을 보거나 자만에 제동을 못 거는 것은 물론, 어떤 사람은 분노와 폭력 충동을 터뜨리기도 한다.[45] 펜시클리딘의 일반적인 사용법은 대마초나 꽃박하의 잎에 뿌려서 피우는 것이다.

때로 펜시클리딘을 코카인과 섞어 사용하기도 하는데, 그러면 뒷골목 용어로 "트래직 매직tragic magic"이라고 하는 약물이 만들어진다. 프롤로그에 등장한 살인범 — 한 사람을 살해하고 다른 한 사람을 눈이 멀게 만든 사람 — 이 피운 것이 바로 이 트래직 매직이다. 펜시클리딘과 코카인을 섞은 대마초를 피운 뒤 갑자기 분노에 불타오르고 '저 사람이 나를 죽이려 한다'는 박해 망상에 사로잡혀 아무나 마구잡이로 공격하게 된 것이다. 가해자도 어렸을 때 아버지에게 목을 졸려 의식을 잃고 성폭행을 당한 적이 여러 번 있었다. 또한 사소한 잘못에도 어머니에게 전선으로 채찍질을 당했다는 것도 언급해야겠다. 이런 일을 당하면서 아마 학대에 대한 복수를 하고픈 욕구가 어렴풋이 자리하게 됐을 것이다. 20대 초반에는 마리화나와 펜시클리딘, 코카인 남용만으로도 살인에 이를 정도의 폭력성을 발현시키기에 충분했다. 그가 유전적 이상 때문에 약물에 더 취약했는지는, 이제 와서 알아낼 수 없는 문제다. 당시에는 그것을 알아내기 위한 적절한 테스트가 개발되지 않은 상태였고, 지금도 개인이 돈을 주고 테스트하지는 못하게 되어 있기 때문이다. 이 가해자는 카테고리 13 '분노 통제가 안 되고 사교성이 떨어지는 사이코패스 살인범'에 속한다.

분열증이나 조울증 또는 다른 유전성 정신질환이 갑자기 폭력성을 격발시킬 수 있는 것처럼, 이들 정신병의 모방 효과를 내는 불법적 약물들도 폭력이나 반사회적 행동을 저지른 적이 전혀 없는 평범한 사람에게 똑같이 폭력성을 분출하게 만든다. 과거에 폭력을 당해서 폭력 성향이 많은 사람이 되는 것은 또 다른 문제다. 자기 어머니를 죽이고 정신병원에 수감된 한 남자가 있는데, 그가 바로 그런 경우였다. 어머니는 분열증 진단을 받은 환자였지만, 당시 얼마나 정확한 진단법을 사용했는지는 알 수 없다. 어머니가 아들을 대하는 태도는 줄곧 학대와 무관심 사이를 오갔다. 아들은 20대에 들어서 주기적으로 LSD를 사용하기 시작했고, 곧 환청과 환각을 경험하기 시작했다. 그러던 어느 날 어머니를 방문했는데, 그날따라 어머니가 평소보다 더 지독한 독설을 퍼부었다. LSD에 취한 상태에서 아들은 가위로 어머니를 찔러 죽이고 내장을 꺼냈다. 정확히 말하면 심장과 간을 꺼냈는데, 그 중 일부는 먹기도 했다. 그는 피에 흠뻑 젖은 티셔츠 차림으로 거리를 돌아다니다가 경찰의 눈에 띄었고, 그가 "미쳤다"고 판단한 경찰은 그를 법무병원에 수감시켰다. 거기서 LSD 해독 프로그램을 거친(LSD의 경우 특히 오래 걸린다) 그는 마침내 행동과 성격이 사회적으로 수용 가능한, 거의 정상적인 수준으로 돌아왔다. 본래 예술적 재능이 있었던 그는 매일매일 그림을 그리며 시간을 보냈다. 폭력 전과가 그 전까지 전무했던 그는 결국 일반 정신병원으로 옮겨갔고, 몇 년 후 다시 사회에 복귀했다. 살인 사건이 일어나고 15년 뒤 나는 그의 자취를 추적해 보았는데, 어느 아트 갤러리가 단독 개인전을 열어 줄 정도로 성공 가도를 달리고 있었다. 그는 그림을 그려 생계를 유지하면서 조용히 살아가고 있었다. 한때 약물 때문에 정신병적 증상이 나타난 것이지, 원래 사이코패스는 아니었던 것이다. 그는 악의 등급에서 카테고리 6이나 카테고리 8에 해당한다.

주로 탈억제 작용으로(폭력적인 행동을 억누르는 "하향식" 메커니즘을 방해함으로써) 폭력을 저지르게 만드는 알코올이나[46] 폭력적 "해결책"에 대한 동인("상향식" 메커니즘)을 부추기는 코카인 및 메탐페타민과는 달리, 마리화나의 효과는 그렇게 뚜렷하지도 않고 폭력에 대해 그렇게 강한 촉진제로 작용하지도 않는다. 오히려 마리화나가 폭력성을 감소시키거나[47] 혹은 다량의 마리화나에 취한 사람보다 소량의 마리화나에 취한 사람이 더 폭력 성향이 강하다고[48] 주장하는 학자들도 있다. 그러나 일반적으로는 그렇지 않다. 그 예로, 2장에 나온 자기 어머니를 때려죽인 남자는 몇 달 동안 매일같이 마리화나를 다량 피워 댔다. 그리고 너무 많이 피워서 박해 망상 타입의 편집증세가 나타났고, 그 편집증세는 그가 병원에 수감되어 더 이상 마리화나를 피울 수 없게 되어서야 서서히 없어졌다.

나는 법무병원에서 일하는 동안, 12세 내지 13세 때부터 마리화나를 심하게 피워 온 남자 환자들을 많이 만나 보았다. 마리화나만 피우는 경우도 가끔 있지만, 대개는 알코올이나 코카인과 혼합해서 사용한다. 그러다보면 증상이 정신분열증과 유사한 정신병 증세가 나타난다. 살인을 저지르고(모르는 사람보다는 주로 가족 아니면 섹스 파트너를 살해하는 일이 많다) 법무병원에 수감된 환자들 다수가 그런 경우였다. 이러한 환자들은 "유전성" 정신분열증에 걸린 사람처럼 행동하는데, 실제로 반복적인 약물 사용이 그 사람의 게놈 구조를 바꾸어 영구적인 뇌 변화를 초래했을 수도 있다고 짐작된다.

이러한 변화를 "후성유전epigenetic"이라고 하는데, 화학적 "스위치"가 특정 유전자를 껐다 켰다 해서 발현 형질을 바꾸는 것이다. 환경이 유전자에 영향을 줄 수 있다는 사실은 점점 분명해지고 있고, 그 반대 역시 말이 된다(그러나 환경적으로 촉발된 유전자 변화는 유전되지 않는다). 유전자와 환경은 쌍방향 통행이다. 예를 들어 코카인의 남용은 측좌핵 수상돌기의 말단을 더 여러 갈래로 뻗어 나가게 만들어 다른 뉴런들과 자극을 더 강하게 주고받게 하며, 결과적으로 다음번에 코카인을 사용했을 때 뇌의 보상 체계가 더 강한 자극을 느끼게 만든다.[49]

약물 남용 문제를 연구할 때 간과하지 말아야 할 것이 있는데, 바로 뇌의 성숙도. 청소년기의 뇌는 전두엽 신경세포가 미엘린으로 덜 싸여 있기 때문에, 그만큼 자극에 취약하다. 때문에 10대 청소년들(그리고 아직 젊은 성인들)은 중장년층에 비해 더 큰 폭력 성향을 보인다. 폭력 범죄가 18세에서 30세 사이에 정점을 찍는 것이 그 증거다.[50] 더불어, 폭력 범죄에서 알코올이 한 요인으로 작용한 경우가 절반 이상이었다.[51] 그런 사례는 수도 없이 많은데, 그 중 하나만 소개하겠다. 1993년 여름, 텍사스주 휴스턴에서 각자 폭력 범죄 전과가 수두룩한 17세, 18세의 고등학교 중퇴자 다섯 명이 뭉쳐 조직을 결성했다. 그 중에는 교사 폭행으로 퇴학을 당한 아이도 있었다. 어느 날 밤, 하루 종일 맥주를 마시고 술에 취한 그들은 누가 "남자다움"을 증명해 조직에 남을 것인지 가린답시고 자기들끼리 주먹질을 벌였다. 그러다가 공원을 가로질러 집에 가고 있던 두 소녀에게 눈을 돌렸다. 그 두 소녀를 강간하고, 고문하고, 발로 밟아 죽이는 데 다섯 명 모두가 가담했다. 다섯 명 모두 곧 체포됐고 사형을 선고받았다. 다섯 명이 한 건의 범죄로 사형을 선고받은 것은 텍사스주 역사상 이 사건이 유일하다. 알코올이 범행의 촉매제 역할을 했지만, 유일한 원인은 아니었다. 다섯 명 중 몇몇은 엄마에게 거의 버림받다시피 했고, 한 명은 다섯 살 때부터 술을 마시기 시작했는데 아버지가 살인죄로 감옥에 수감돼 있으며, 셋은 그 전에 한 남자를 살해한 전과가 있고, 다섯 명 모두 가정이라고 할 수도 없는 집안에서 자랐다. 또한 거의 전부가 어렸을 때부터 품행 장애를 보였다. 다섯 명 모두 전에도 알코올의 영향 아래 폭력 범죄를 저지른 적이 있었다.[52] 이번 사건은, 장시간의 고문이 개입됐고 여자아이들을 밟아 죽이기 전에 성폭행까지 했으므로, 악의 등급에서 카테고리 22에 해당한다.

뇌 손상이 폭력적인 성향을 발현시킨 경우들

뇌 손상은 여러 가지 형태로 일어난다. 가장 흔한 것이 둔기 외상인데, 머리가 둔기에 맞는 순간 의식을 잃는 것은 물론이고 뇌의 특정 부위에 심각한 손상을 입을 수 있다. 뇌의 어느 부위가 손상을 입느냐에 따라, 운이 좋으면 성격이나 행동이 거의 영향을 안 받거나 적어도 위험하지 않은 수준에서 그친다. 반대로 운이 나쁘면 성격과 행동에 심각한 영향을 끼쳐, 자제력이 약화되고 뇌의 억제 기능을 잃는 경우도 있다. 특정 부위에 영향을 주는 뇌종양도 이와 유사한 결과를 초래할 수 있다. 또한 출생 시 태아 곤란증이라는 것이 있는데, 출산 합병증으로 산소 공급이 중단되면서 나타나는 현상이다. 이때 불충분한 산소 공급이 '행동' 조절과 관계있는 뇌 핵심 부위에 손상을 입힐 수 있다. 이러한 합병증은 임신 말기나 출산 직후에 주로 일어나는데, 그래서 '태아기의prenatal 합병증이라고 부르며 "출생 전후의"라는 뜻으로 이해한다. 이로 인해 발현되는 증상은 지나친 온순함에서부터 성급함, 폭력 성향까지 여러 가지가 있다.

뇌 손상 후 행동 변화가 올 수 있다는 중요한 단서는, 어느 예기치 못한 사건을 통해 발견되었다. 버몬트주의 어느 건설 현장에서 현장 감독관으로 일하던 스물다섯 살의 젊은이 피니어스 게이지Phineas Gage는 그날 바위에 구멍을 뚫고 거기에 쇠막대로 폭약 가루를 쑤셔 넣고 있었다. 그런데 그만 실수로 폭약을 터뜨렸고, 쇠막대가 1미터 넘게 날아가 게이지의 왼쪽 뺨을 뚫고 두개골에 박혔다. 게이지는 몇 분간 의식을 잃었지만, 기적적으로 살아났다. 그러나 그 후로 성격이 180도 바뀌었다. 사고 전에 게이지는 영리하고 기운 넘치며 부지런하고 믿음직한 노동자였는데, 사고 후 그를 정기적으로 진찰해 온 의사는 게이지를 이렇게 묘사했다. "발작적이고, 불손하며, 때로 심한 욕설을 거침없이 내뱉었고…… 자기 욕구에 반하는 제재나 충고는 듣기 싫어했으며…… 생각이나 감정의 동요가 심했다."[53] 게이지는 또한 알코올중독자가 됐고, 나중에는 과장성도 보이게 됐다.

사고 후 약 12년이 지나 사망한 게이지는 생전에 여러 가지 사이코패스 기질을 보였는데, 전부 뇌 손상의 결과로 나타난 것이었다. 게이지의 두개골은 잘 보존되어 신경학자 안토니오 다마시오Antonio Damasio 박사와 해나 다마시오Hanna Damasio 박사 부부의 연구에 자료로 이용되었다. 두 사람은 게이지가 왼쪽 눈을 실명한 것 외에도 그 부상으로 양쪽 전전두엽에 선택적 손상을 입었다는 주장을 펼쳤다.[54] 그런가 하면, 최근에 게이지의 두개골을 연구한 다른 학자들은 뇌 손상이 왼쪽 전전두엽에만 한정되었다고 주장했다.[55] 더 정확히 말하면 '복내측 전전두엽피질'이다. 우리는 이 부위가 정상적인 의사결정을 내리는 데 중요한 역할을 한다는 것을 알고 있다. 게이지가 사고 후 중요한 계획을 세우지 못하고 또 어릴 때 지키라고 배워 온 사회 규범을 제대로 지키지 못한 것도 쇠막대가 뇌의 그 부위를 뚫고 박혀서 그렇게 된 것이었다. 그럼 게이지는 왜 한발 더 나아가 폭력 범죄자가 되지 않았을까? 그 답은 비교적 평범하고 큰 트라우마가 없었던 게이지의 어린 시절에 있을지도 모르겠다.[56]

게이지의 사건을 둘러싼 시나리오는 텍사스 타워 살인범 찰스 휘트먼의 그것과 대조를 이룬다. 휘트먼은 부검 결과 종양 덩어리가 편도체를 침범해 자라고 있었던 것으로 드러났다. 편도체에 가해진 이 자극이 공격적인 행동을 야기했을 수도 있다.[57] 그런데 휘트먼은 인격 형성기에 아버지에게 심한 신체적 학대를 당했다.[58] 따라서 휘트먼의 경우는, 유년기의 환경적 트라우마가 편도체에 영향을 준 뇌 손상과 합쳐져 '살인적인 수준의 분노'를 일깨웠다고 볼 수도 있다. 그 분노의 촉발제가 무엇이었는지는 확실히 밝혀지지 않았지만, 휘트먼이 1966년 8월 운명의 그날이 오기 며칠 전에 직장과 학교에서 곤란을 겪었으며 부모님의 이혼 또한 앞두고 있었다는 사실이 드러났다.

뇌에 "적당한" 정도의 손상을 입으면, 특히 사회적으로 부적절한 행동에 제동을 걸어 주는 (복내측 전전두엽피질 같은) 하향식 메커니즘 영역에 손상을 입으면, 성장 환경의 트라우마를 입지 않았더라도 폭력성을 발현시키는 결과를 가져올 수 있다. 이는 신경과학 연구자들과 법의학자들이 서로 도움을 못 주고 간과하는 주제인데, 우리가 특히 흥미를 가지는 사건들과 관련하여 사망 전 fMRI 데이터와 사망 후 부검 데이터가 시원하게 제공되지 않기 때문이다. 1973년 "미스터 굿바 살인" 때도 그러한 자료가 충분히 제공되었더라면 의미 있는 연구가 이루어졌을지도 모른다. 살인 당시 스물네 살이었던 조 "윌리" 심슨Joe "Willie" Simpson은 열세 살 때 자동차 사고로 뇌 손상을 입고 잠시 의식을 잃었던 적이 있었다. 일리노이주 피오리아의 어느 노동자 가정에서 자란 윌리는, 부모에게 학대를 받지 않은 것으로 알려져 있다. 자동차 사고 후 윌리는 성격이 180도 변했다. 두통과 악몽을 경험하기 시작하더니, 어느 날 가출을 해 도둑질로 먹고사는 부랑자가 되었다. 얼마 후에는 사기를 치기 시작했고, 돈 많은 게이 애인에게 붙어살면서 남창으로 일했다. 윌리는 남자뿐 아니라 여자하고도 성관계를 맺었는데, 한 열여섯 살짜리 여자아이와는 결혼하고 아이까지 낳았다. 그런 다음 그 여자를 버리고 떠났다. 윌리는 평소에 유쾌하고 붙임성 있게 굴다가 다음 순간 무섭게 분노를 터뜨리곤 했다. 또한 알코올과 LSD, 마리화나도 사용했다. 1973년 새해 전야에 뉴욕 시의 어느 술집에서 교사인 캐시 클리어리Kathy Cleary를 만났을 때도 그는 술에 취해 있었다. 캐시는 윌리를 자기 아파트로 데리고 갔다. 그런데 섹스를 시도하다가 발기부전이 온 윌리는 분노를 터뜨리며 캐시를 목 졸라 죽이고는 시체를 강간했다. 그 일로 감옥에 간 윌리는 얼마 후 목을 매 자살했다.[59] 때문에 우리는 윌리가 자동차 사고로 뇌의 어느 부위에 손상을 입었는지 정확히 알 수 없게 됐다. 관련 테스트 자료를 근거로 논리적인 추측만 할 수 있을 뿐이다. 충동적인 라이프스타일로 보건대, 편도체를 포함한 상향식 메커니즘 기관에 손상을 입었을지 모른다. 그러나 보통 자동차 사고에서 일어나는 둔기 손상은, 의사 결정 기관을 포함한 더 광범위한 부위에 영향을 미치는 것으로 알려져 있다.

같은 맥락에서, 리처드 스타렛이 머리에 외상을 입고 의식을 잃었을 때 뇌의 어느 부위에 손상을 입었는지 이제는 알 수 없지만, 그가 10대에 들어서 성욕 과잉 증상을 보이고 포르노에 집착하기 시작했다는 것은 알려져 있다. 그러나 이것이 외측 전전두엽피질에 손상을 입었다는 증거인지는 확실치 않다. 내가 알기에 스타렛은 수감되어 있는 동안 MRI 검사를 받은 적이 없다.

폭력과 호르몬의 상관관계에 대한 오해들

평균적으로 남자가 여자보다 더 공격 성향이 강하며 감정이입 능력은 떨어진다. 진화론적 관점에서 보면 이에 대한 합당한 근거를 찾을 수 있다. 남자들은 수컷 사자와 비슷하게 행동하는데, 수컷 사자는 무리를 침범하고 점령할지도 모르는 다른 수컷들로부터 영역을 지키는 책임을 맡는다. 자기 영역에 있는 나무나 바위 등에 오줌을 묻힘으로써 수컷 사자는 그 안에 있는 것들이 다 자기 것임을 알린다. 침범하는 자는 가차 없이 죽이겠다는 경고다.[60] 그런데 이 '오줌 누기 시합'은 인간 수컷도 하는 행동이다. 때로는 진짜로 오줌을 누는 시합을 하지만, 보통은 좀 더 상징적인 형태로 경쟁한다. 예를 들어 기업가들은 자기네 신상품 혹은 새로 기용된 CEO가 경쟁에서 상대방을 "죽여 줄" 것이라고 허풍을 떤다. 실제로 죽이겠다는 뜻이 아니라, 향후 경쟁에서 우위와 그에 따르는 특권을 차지하겠다고 으름장을 놓아 상대방의 기를 죽이려는 것이다. 약 5만 년 전 인간이 아프리카 대초원을 떠나 다른 대륙에 발을 내딛은 그때부터, 남자들은 자신이 속한 사회 집단의 영토를 보호해 왔다. 여자들은 영토 안에 집단을 형성해 아이들을 양육하고, 남자들이 바깥에서 가져온 것을 가지고 음식을 준비했다. 그때 이후로 인간의 도구나 언어, 의복은 크게 변했지만, 인간의 두뇌는 변하지 않았다.

XY 염색체의 태아가 가지고 있는 테스토스테론은 그 아기를 남자아이로 태어나게 하고 또 아이의 뇌가 남성성을 띠는 데 결정적인 역할을 한다. 때문에 우리는 혈중 테스토스테론 레벨이 높은 남자일수록 보통사람보다 더 공격적일 거라고 추정해 왔다. 더불어 우리는 여자보다 남자가 훨씬 많다는 살인범 집단도 — 열에 아홉 꼴로 남자다[61] — 남성 호르몬이 "비정상적일 정도로" 높을 것이라고 넘겨짚는다. 한때는 정말로 폭력 범죄자들의 테스토스테론 레벨이 평균보다 높은 것처럼 보였지만,[62] 뒤이은 연구에서 그렇게 깔끔한 공식이 성립되지 않음이 드러났다.

남자아이들이 사춘기에 접어들면 테스토스테론 분비도 함께 증가한다. 사춘기는 남자아이들의 반사회적 행동도 눈에 띄게 증가하는 시기다. 이 때문에 9세에서 15세 사이 남자아이들을 타깃으로 하여 호르몬 레벨에 대한 연구가 실시됐다. 그런데 이 시기의 남성 호르몬 증가는 비물리적 공격성 그리고 사회적 우위 다툼과 관계가 있는 반면에 공격성 자체와는 관계가 없음이 밝혀졌다.[63] 특정한 상황에서는 높은 테스토스테론 레벨과 공격성이 연관성을 보였지만, 이는 두뇌 세로토닌 레벨이 낮을 때 나타난 결과였다.[64] 심한 공격성은 높은 테스토스테론 레벨이 아니라 낮은 세로토닌 레벨과 관련이 있다는 것이다.

우리의 체세포에는 남성 호르몬이 제대로 된 대상과 결합하도록 해 주는 유전자가 있다. 바로 "안드로겐(남성 호르몬의 일종 - 옮긴이) 수용체" 유전자다. 인간 게놈 연구가 상당히 진척된 지금, 유전자 구조의 다양한 변이에 대해서도 어느 정도 연구가 진행된 상태다. 어떤 변이는 유전자 구조가 다른 것보다 작고, 또 어떤 변이는 유전자 구조가 더 길다. 부모에게서 "긴" 대립 유전자 한 쌍을 물려받을 수도 있고(L-L로 표기), 아니면 하나는 길고 하나는 짧은 형태(L-s)이거나 짧은 한 쌍(s-s)을 물려받을 수도 있다. 최근 인도에서 진행된 연구에서는, 강간 살인범들이 강간만 하거나 살인만 하는 사람에 비해 안드로겐 수용체의 특정 유전자 배열을 s-s 형태로 가지고 태어났을 확률이 상당히 높은 것으로 드러났다.[65]

테스토스테론은 남자다움을 만들어 낸다. 그런데 여기서 중요한 것은, 테스토스테론 레벨이 높은 남자는 모두 폭력적이라는 명백한 증거가 없다는 것이다. 다만, 일부 남자는 사회적으로 우위를 차지하려는 특성을 보인다. 인간뿐만 아니라 모든 포유류 집단에는 우두머리 수컷이 되는 개체가 있는데, 이것이 바로 대표적인 예다. 이를 볼 때 남자들의 공격성과 여자들의 공격성 정도가 그렇게 크게 차이 나는 이유는, 남자의 뇌가 태아기 초기에 여자와 다른 식으로 만들어지기 때문일 것이다.

여성의 뇌와 비교해 남성의 뇌는 공격적으로 변할 준비가 되어 있지만

(방어 때문이든 사냥 때문이든) 감정이입 능력은 떨어진다. 이제 '공격 성향은 높고 감정이입 능력은 낮은 사춘기 이후의 성인 남성'에 다른 요인들을 더해 보자. 여기서 다른 요인이란 어머니의 방임이나 아버지의 신체적 학대, 신경 전달물질의 유전적 변이, 알코올 및 약물의 남용, 반사회적 인격이나 사이코패스 인격, 정신질환에 걸리기 쉬운 성향 등을 말한다. 이 중 일부 혹은 전부를 추가하면, 보기 드물게 흉악한 살인자가 탄생한다. 그리고 이런 타입의 살인자는 남자일 확률이 7배에서 10배 높다. 그런데 여기서는 이야기하는 남자들은 '포식자적' 공격성을 가진 부류이지(폭력 범죄, 심하면 "흉악" 범죄를 저지를 경향이 높은 부류), 우두머리 수컷이 되고자 하는 '사회적' 공격성을 가진 부류가 아니다.[66] '포식자적' 공격자가 되는 일반 공식은, 남성성에 '다른 요인들'을 더하는 것이다. 사이코패시 이야기가 나왔으니 인격 장애 얘기를 안 할 수가 없다. 하지만 인성 문제로 넘어가기 전에, 남성과 폭력성에 관해 한 가지 더 짚고 넘어가야 할 것이 있다. XYY 염색체의 문제다.

얼마 전까지만 해도 이상 염색체 패턴 XYY를 가지고 태어난 사람이 특히 폭력 성향이 강하다는 주장이 우세했다. 이러한 이상 패턴은 굉장히 드물다. 때문에 XYY 패턴과 폭력성 간의 관계가 사실일지라도 우리가 일상적으로 마주치는 폭력에 XYY가 원인이 되는 경우는 드물었다. 최근에 XYY 염색체를 가진 남자가 폭력 범죄자가 될 확률이 높다는 주장에 심각한 의문이 제기되었다.[67] 우선, XYY 염색체를 가진 남자들 일부가 범죄를 저질러 수감되긴 했지만, 사회에서 평화롭게 살아가는 XYY 염색체의 남자들이 얼마나 되는지 조사가 이루어진 적이 한 번도 없었다. 최근에 독일의 법정신의학 팀이 가학 성폭행 살인으로 잡혀 들어간 166명 중 13명의 남자들을 대상으로 성염색체 패턴을 연구해 보았다. 그 중 세 명이 XYY 염색체를 가지고 있었는데(166명의 1.8퍼센트), 전체 수감자를 대상으로 비교했을 때(0.8퍼센트)보다 더 높은 수치이며, 일반인 남성 인구 전체와 비교하면 훨씬 높은 비율이었다.[68] 아마도 폭력 범죄에서 XYY 염색체가 어떤 영향력을 행사하기는 하는 모양이다. 그렇다 해도 'XYY 염색체를 가진 남자들'은 별 의미 없는 데이터에 불과하다. XYY 염색체는 우리가 '악'이라고 부르는 현상은 물론이고 폭력 범죄에 대해서도 아무런 설명이 되지 못하기 때문이다.

악성 자기애 때문에 일상적으로 범죄를 저지르는 인격 장애자들

지금까지 우리는 인격에 영향을 주어 범죄를 저지를 가능성을 높이는 요인들을 살펴보았다. 이 요인들이 미치는 영향은, 극단적일 경우 공격 충동을 전혀 제어하지 못할 정도다. 또 감정이입이나 동정을 느끼는 기능에 심각한 손상을 입어, 보통사람 같으면 충격을 받을 범죄를 가해자들은 아무런 감흥도 느끼지 못하고 저지르는 일도 발생한다. 그러나 어떤 사람에게는 이러한 요인들이 아예 없거나 영향력이 아주 미미할 정도로만 존재한다. 정신질환이나 머리 부상 등의 "도움" 없이도, 인격 장애가 단독으로 극단적인 범죄 성향의 원인이 될 수도 있다는 얘기다.

일반적으로 인격은 여러 가지 요소가 결합되어 나온 결과다. 어떤 요소는 태어날 때부터 우리 안에 내재되어 있고, 또 어떤 요소는 우리가 환경과 상호작용하면서 새로이 형성된다. 인격을 판단할 때 도움이 되는 방정식은,

우리가 유전으로 물려받는 것이 우리 인격의 절반을 차지하고 나머지 반은 환경이 차지한다는 것이다. 여기서 환경이란 특히 우리가 부모나 형제자매와 공유하지 '않는' 개인적인 삶을 뜻한다. 폭력 범죄나 흉악 범죄를 분석할 때, 자기중심적 성향은 성별을 불문하고 거의 항상 공통적으로 발견된다. 그들은 자기 자신만 신경 쓸 뿐, 희생자에게는 관심이 거의 혹은 전혀 없다. 인격이란 복잡한 뇌 작용의 소산이며, 인생 경험에서 차곡차곡 저장된 기억들로 인해 형성되는 것이다. 따라서 인격이 뇌의 어떤 한 부분의 작용으로 만들어진다고 말할 수는 없다. 정상적이고 원만한 인격일수록 뇌의 특정 부위로 설명하기가 더 어려우며, 앞서 살펴본 상향식 또는 하향식 두뇌 작용으로 설명하기는 더더욱 어렵다. 그러나 지금까지 범죄와 악의 심리를 논하면서 반복해서 맞닥뜨린 '이상 인격'은, 겉으로 드러나지 않은 뇌의 이상을 들여다보면 어느 정도 설명이 된다. 그 이상한 부분을 자세히 살펴보기 전에, 주의할 점 하나를 짚고 넘어가자.

이 책에서 초점을 맞추고 있는 것은 평시의 악이다. 전쟁과 집단 충돌 시에는 문제의 주범들이 이상 인격을 가지고 있을 "필요"가 없다. 물론 일부는 이상 인격을 보이며, 세계 지도자들 중에도 이상 인격이었던 이들이 많다(가까운 역사만 훑어봐도 히틀러나 스탈린, 마오쩌둥, 사담 후세인, 슬로보단 밀로셰비치 등이 있다). '전쟁이나 집단 분쟁 시의 리더' 항목 바로 밑에는 갱단과 마피아, 마약상, 전문 납치범, 테러리스트 부류가 있는데, 이들에게는 폭력이 일상사의 핵심이다. 그런 사람의 대다수가 반사회적 성향을 가지고 있으나 사이코패스는 아니다. 일부는 오토 컨버그가 "악성 자기애"라고 부른 특징을 보인다.[69] 이러한 인격을 가진 사람은 "반사회적 행동과 자아 동조적 ego syntonic 사디즘, 편집증형 태도"를 보이지만, 동시에 자기가 속한 집단에 대한 충성심과 다른 사람들에 대한 관심 또한 보인다. 다음의 일화는 악성 자기애와 흉악성 그리고 "일상성"이 결합된 사례. 가난이 지배하는 국가에서는 납치가 굉장히 흔한 범죄다. 최근 멕시코에서는 마리아 엘레나 모레라 Maria Elena Morera 라는 치과의사가 조국에서 빈발하는 납치 범죄에 반대하는 집단 시위를 주동했다. 마리아는 개인적으로 납치로 인해 고통을 받은 과거가 있었다. 사업가인 남편이 2001년 납치됐는데, 돈을 요구하던 납치범들이 몸값을 더 빨리 받아낼 심산으로 일주일에 손가락을 하나씩 잘라서 마리아에게 보냈던 것이다. 4주 후 (그리고 네 개의 손가락이 잘린 후) 마침내 경찰이 마리아의 남편을 구출해 냈다. 범인 중 한 명은 의사였는데, 희생자의 손가락을 자른 사람이 바로 그 의사였다.[70]

일반적인 인격 장애자의 경우, 수전 스미스

지금까지 살펴본 범죄자들은 거의 모두가 인격 장애를 가지고 있었다. 그러나 인격 장애가 흉악 범죄는 물론 폭력 범죄와는 별로 연관성이 없는 것인 경우도 많았다. 그럴 경우 범인이 저지른 폭력 범행은 일회성 범죄였지, 연쇄 범행 중의 한 번이 아니었다. 예를 들어 존 리스트는 강박신경증이 있었고, 낸시 키슬은 자기도취 성향이 있었다. 로버트 로우는 우울증 환자였고, 수전 라이트는 히스테리성 장애가 있었으며, 강 루는 편집증, 리처드 민스는 경조증 및 자기도취성 인격 장애가 있었다. 사우스캐롤라이나의 어느 호수에 자기 차를 처박아 뒷좌석에 타고 있던 두 아들을 익사시킨 수전 스미스Susan Smith라는 여자가 있었다. 귀찮은 아이들을 떼어 버리고 자유의 몸으로 사장의 아들과 결혼을 하려는 심산에서였다. 그런데 수전은 경계성 인격 장애와 자기도취성 인격 장애, 히스테리성 인격 장애의 특징을 모두 가지고 있었다.[71] 현대 신경과학에서는 이러한 인격 장애에 대한 심층적인 연구가 별로 안 이루어졌다. 그 이유는 오늘날의 MRI 기법으로는 인격 이상을 포착하기 어렵기 때문이기도 하고, 또 이러한 타입의 인격 장애와 관계된 범죄들이 충분히 끔찍하거나 역겹지 않기 때문이기도 하다. 정확히 말하면, 뇌를 연구하는 학자들의 흥미를 끌 만큼 끔찍하지 않기 때문이다.

동정심을 느끼지 못하는 폭력 범죄 인격 장애자들

범죄, 특히 폭력 범죄와 밀접한 관련이 있는 세 가지 인격 장애가 있다. 이 책 전반에 걸쳐 지금까지 소개한 흉악 범죄들은 이 세 가지 인격 장애의 부산물인 경우가 많았다. 그 세 가지란 반사회적 인격 장애와 사이코패스성 인격 장애 그리고 가학성 인격 장애다. 네 번째에 해당하는 분열성 인격 장애에도 어느 정도 무게를 둬야 하는데, 성적 연쇄살인범의 절반 가량이 분열성 인격 장애를 가지고 있기 때문이다. 일반인 전체 인구 중에 분열성 인격은 겨우 1퍼센트밖에 안 된다. 그런데 연쇄살인범의 경우에는 상황이 다소 복잡하다. 이들 중 일부는 아스퍼거 장애를 포함하여 자폐증 스펙트럼에 속하는 장애를 가지고 있는데, 타인에게 무심하거나 친밀한 인간관계를 맺지 못하는 등 분열성 인격 장애와 유사한 증세를 보이기 때문이다.

우리가 악으로 간주하는 것과 그렇지 않은 것을 구분할 때, 그 둘을 가장 명확하게 구분지어 주는 것은 감정이입 능력이다. 나는 여기서 '감정이입empathy'이라는 단어를 일상적인 대화에서 쓰이는 의미와 정신의학에서 쓰이는 의미를 모두 뜻하는 말로 사용했다. 이 두 가지 개념은 종종 이렇게 하나의 개념으로 사용된다. 엄밀히 말해 감정이입은 다른 사람이 느끼는 감정을, 그 사람이 보내는 표정이나 몸짓 신호를 해석해 정확하게 읽어 내는 능력을 뜻한다.[72] 감정이입 능력을 발휘하는 데는 뇌섬엽의 거울 뉴런이 중대한 역할을 한다.

다른 하나는 대부분의 사람들이 갖고 있는 '동정심'이다. 다른 사람이 당하는 어려움이나 고통을 보면서 함께 고통을 느끼고, 어떻게 해서라도 그 사람의 고통을 덜어 주고 싶어 하는 것을 말한다. 이 유난히 인간적인 감성인 동정심을 느끼려면 먼저 감정이입 능력이 있어야 한다. '연민'은 동정과 동류의 감성으로, 제임스 윌슨James Wilson이 《도덕 감성The Moral Sense》에서 공정성, 자제력, 의무감과 함께 '도덕 감성'의 네 가지 요소 중 하나로 꼽았다.[73]

보통사람이라면 감정이입 능력과 동정심을 다 가지고 있는데, 사이코패스는 이 둘을 분리해서 가지고 있다. 많은 사이코패스들이 다른 사람의 표정을 정확하게 읽을 줄은 알지만 동정심은 느낄 줄 모른다. 이 '연민이 배제된 감정이입' 덕분에 그들은 엄마를 잃어버린 어린아이, 술집에서 외로이 혼자 앉아 있는 여성 등을 쉽게 유인할 수 있다. 자폐나 아스퍼거 장애가 있는 사람들 그리고 분열성 장애(가장 두드러진 특징이 타인에 대한 무심함이다)가 있는 사람들은 감정이입과 동정심을 둘 다 느끼지 못한다. 그 때문에 다른 사람과, 특히 잠정적인 섹스 파트너와 친밀한 관계를 맺지 못한다. 그 결과 이들은 외톨이나 사회 부적응자로 살아간다. 성적 연쇄살인범들 중 절반이 이러한 정서적 친밀감이 극단적으로 결핍되어 있다. 그 사례는 수도 없이 많다. 그러나 그 중에서도 동정심이 눈곱만큼도 없는 분열성 연쇄살인범의 특징을 가장 잘 보여주는 예는 에드윈 스넬그로브 주니어Edwin Snelgrove Jr.다. 작가 M. 윌리엄 펠프스William Phelps는 그의 책《지켜보고 있겠다I'll Be Watching You》에서 스넬그로브의 만행을 묘사하면서 '악하다'는 단어를 재차 사용했다. 스넬그로브는 평범한 가정에서 평범한 남매 사이에서 자랐음에도, 사춘기에 접어들기 훨씬 전부터 여자들을 죽이는 상상을 하면서 성적 흥분을 느꼈다고 한다.

감정이입 능력이 제로에 가깝고, 특히 동정심을 못 느끼는 사람일수록 다른 사람을 마치 칼로 나무 인형 깎듯 쉽게 난도질할 수 있다. 그러한 예는 데이비드 파커 레이와 그의 '장난감 상자' 살인에서 이미 보았다. 처제가 아직 살아 있는 동안 신체를 훼손한 존 레이 웨버도 그러한 부류에 속하며, 딸들을 고문 살해한 테레사 크노어도 마찬가지다. 나는, 비록 다른 사람에게 연민을 전혀 못 느끼지만 극도로 제한된 대인관계 안에서는 연민을 보인 범죄자를 몇 명 만나 보았다. 대표적인 사례가 데이비드 파커 레이가 장난감 상자 안에 여자들을 묶어 놓고 고문하는 것을 도운, 한참 어린 여자친구 신디 헨디다. 신디는 인터뷰에서 희생자들을(전부 여자였다) 아무렇지도 않게 "물건"이라고 칭했다. 여자들을 그저 채찍질하고, 고문하고, 난도질한 다음 내다 버려도 되는 물건으로 본 것이다. 내가 어떻게 같은 여자면서 희생자들을 그렇게 무심하고 경멸적으로 볼 수 있느냐고 묻자, 신디는 "그들은 물건이니까요"라는 말만 되풀이했다. 그러면서도 신디는 얼른 석방되어 자기 딸들과 손자들을 다시 보고 싶어 했다.

이런 종류의 살인자들을 대할 때 우리는 가장 주저 없이 '악하다'는 말을 내뱉는다. 최근 몇 년간 신경과학 분야는 반사회적 인간, 특히 사이코패스의 특징을 함께 보이는 인간들의 뇌에서 무엇이 결핍되고 무엇이 기능 장애를 일으키고 있는지 연구해 많은 성과를 보여주었다. 만약 우리가 말하는 '악'과 가장 가까운 인격 장애의 조합을 알아내 그것만 연구하고 싶다면, 아마 사이코패시와 가학성 인격 그리고 분열성, 자폐성 인격 장애가 모두 만나는 지점에 초점을 맞춰야 할 것이다. 표 9.1의 그림을 보면 이해가 빠를 텐데, 여기서 사이코패시는 반사회성 인격 장애의 "특수한 케이스"로 표시되어 있다. 반사회적 인간의 4분의 1정도만이 사이코패스성 인격도 가지고 있기 때문이다. 또한 사이코패스 중 소수는 범죄의 선을 넘지 않고 아슬아슬하게 밟으며 살아가기 때문에, 사이코패시 동그라미의 일부분은 반사회성 인격 동그라미의 바깥쪽에 걸쳐져 있다. 가학성 인격도 마찬가지다. 잔인하고 인격 모독적인 언행을 일삼으면서도 반사회적 혹은 사이코패스적 기질은 보이지 않는, 가학적인 부모와 배우자 및 직장 상사들이 분명 존재한다.

이제 반사회적 인격, 특히 사이코패시와 사디즘, 분열성 인격 장애와 자폐성 장애가 모두 겹치는 "이너 서클"로 주의를 돌려 이 극단적이고 흉악한 정신세계를 들여다보자.

표9.1 인격 장애와 악이 만나는 지점

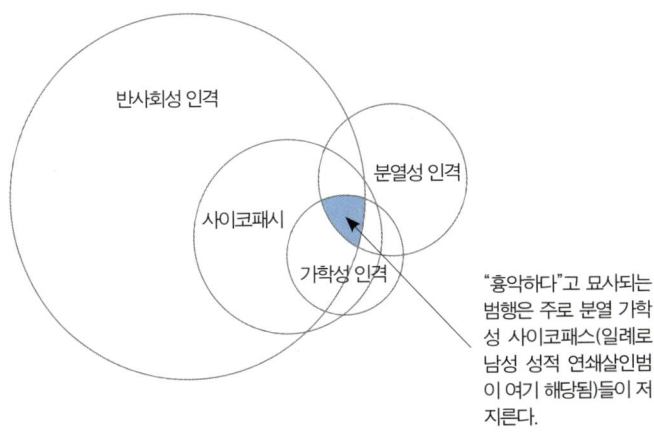

감정 연구 실험에서 사이코패스 기질을 보인 어린아이들

영국의 심리학자 에이드리안 레인Adrian Raine과 그의 동료들은 지난 15년 동안 반사회적 인격 및 사이코패스적 인격과 범죄의 관계에 대한 중요 논문을 여러 차례 발표했다. 그중 한 논문은 다음 세 카테고리 중 하나에 속하는 남자들의 성인기 범죄율을 중점적으로 살피고 있다. 첫 번째 그룹은 산과產科 관련 위험 인자(태아기 문제나 출산 시 합병증 등)만 가지고 있고, 두 번째 그룹은 가난한 환경에서 자란 범죄자들이며, 세 번째 부류는 유년기에 신경 운동 장애를 겪었으며 불안정한 가정환경에서 자란 이들이다. 이 마지막 부류가 성인기 들어 폭력을 저지를 경향이 가장 컸다. 약 400명의 전체 표본

집단이 저지른 범죄에서 무려 70퍼센트가 이들이 저지른 범죄였다.[75]

레인 박사는 다시, 다음 두 가지 타입의 살인자 집단에 초점을 돌렸다. 포식자형 살인범과 "감정적" 살인범이다. 이 구분은, 앞서 살인범을 '조직적이고 사전 악의를 가지고 범행을 저지르는 부류'와 '감정적 위기의 순간에 충동적으로 범행을 저지르는 부류'로 나눈 것과 비슷하다. 레인 박사의 연구팀이 예상한 대로, 감정적(더 충동적인) 타입의 살인범들에서는 전전두엽 부위의 활동 저하와 피질하부 중추 기능의 증가 현상이 나타났다. 이 부류에게는 동인이 강하게 작용하고 "브레이크"의 힘은 약하게 작용한다는 뜻이다. 반면 포식자형 살인범들은 전전두엽 기능이 정상에 가까웠으나, 대신 "동인의 강도"가 충동 살인범과 마찬가지로 비정상적으로 높았다. 바꿔 말하면, 포식자형 살인범들은 범행 계획과 음모를 치밀하게 세워 체포의 위험을 현저히 낮출 능력이 있다는 뜻이다.[76]

더 최근의 연구에서 레인 박사는 반사회성 인격 장애를 가진 남자 그룹과 몇몇 대조군의 전전두엽 백질 및 회백질을 MRI로 관찰했다. 반사회적 인격을 가진 그룹은 전전두엽 회백질이 현저히 감소(11퍼센트)된 모습을 보였다. 이러한 결핍 현상은 반사회적 인간의 두뇌에서 최초로 발견된 구조적 변화의 증거이다. 이러한 결핍은 '낮은 각성 상태'(쉽게 싫증을 느끼고 신기한 경험이나 스릴을 추구하려는 욕구), 두려움에 대한 빗나간 조건화, 양심 불량, 부적합한 의사 결정 기술 등을 어느 정도 설명해 준다. 이러한 기질들은 반사회적 인간의 특징일 뿐 아니라 사이코패스적 인간의 특징이기도 하다.[77] 사실 '낮은 각성 상태'가 반사회적 행동의 위험 인자라는 것은 오래 전부터 알려져 있었다. 이는 '낮은 심박수'와도 관련이 있는데, 낮은 심박은 어린이와 청소년 집단의 반사회적 행동을 예측하게 해 주는 가장 신뢰할 만한 생물학적 지표로 간주된다. 이러한 특징은 유전에 의한 것으로 추정되며, 이러한 성향이 있는 사람은 지루하고 생기 없는 삶에 양념을 더하기 위해 점점 자극과 위험을 추구하는 경향을 보이게 된다.[78]

최근에는 신경과학적 접근을 일보 전진시켜, 어린이들을 대상으로 '공포에 사로잡힌 사람들' 사진을 보여주고 어떤 반응을 보이는지 관찰을 하는 연구가 진행되었다. 일부 어린이들은 이러한 정서적 자극에 거의 아무 반응도 보이지 않았고, 못된 행동이나 남을 해치는 행동에 대해서도 후회의 감정을 전혀 보이지 않았다. 이 "냉담하고 비정서적인" 아이들은 여러 면에서 미래에 사이코패스가 될 소질이 다분하다. fMRI 검사에서 겁에 질린 사람들 사진을 보여줬을 때, 이들의 편도체 활동이 정상적인 아이들, 나아가 주의력결핍장애가 있는 아이들에 비해 현저히 줄어든 것이 보였다(어떤 아이들은 타인에 대한 무심함과 주의력 결핍을 모두 가지고 있는데, 이들 역시 편도체 활동의 감소를 보인다).[79]

보통 상황에서는 편도체가 보상-기대 값을 복내측 전전두엽피질에 전달한다. 상향식 활동 부위가 하향식 중추와 "대화"하면서, 지금 느끼는 충동을 행동에 옮기는 것이 좋은 생각인지 나쁜 생각인지, 그리고 그 행위가 도덕적 행위인지 부도덕한 행위인지 결정하도록 하는 것이다.[80] 이 연계 작용은, 냉담하고 비정서적인 어린이들에게서는 아주 약한 정도로만 이루어진다. 성인 사이코패스의 경우도 마찬가지다. 이와 관계된 다른 연구에서, 사이코패스 기질을 가진 어린이들은 복내측 전전두엽피질의 비정상적인 반응을 보였다. 이 결과는 이들 그룹에만 한정되는 것으로 보인다. 정신이 건강한 아이들이나 주의력 결핍 아동들에게서는 그러한 이상이 보이지 않았기 때문이다.[81]

우리는 무심함('동정심'에 대립되는 부정적 양상)과 양심의 부재가 사이코패스의 전형적 특징이라는 것을 이미 알고 있다. 이 어린이들은 아마 유전의 영향을 강하게 받아서 그렇게 된 것으로 추정된다.[82] 이들이 필연적으로 폭력 범죄자가 될 운명이라는 이야기는 아니지만, 보통 아이들에 비해 나중에 폭력 범죄, 나아가 가학성 범죄를 저지르게 될 확률이 높은 것은 사실이다. 더불어, 뒤늦게 비행을 저지르는 아이들에 비해 유년기 때부터 비행을 보인 아이들은 유전의 영향을 더 강하게 받은 것이라는 사실도 우리는 알고 있다.[83] 공격적인 아이들과 비공격적인 아이들의 비교에서도 같은 논리가 적용된다.[84] 그러나 법의학자 앤더슨(Gail S. Anderson)이 지적했듯이, 지나친 유전적 공격 성향에 대한 가장 좋은 해독제는 안정적이고 애정 넘치는 가정에서 자라는 것이다.[85] 물론 우리가 공격성을 낮추기 위해, 위험에 노출된 아이들을 구해내 마술 부리듯 최고의 가정에 입양시킬 수는 없다. 또한 아주 드물지만, 가뜩이나 불리한 유전자를 물려받았는데 출생 전후의 합병증으로 공격성이 더 심화돼, 최고의 부모에게 보살핌을 받아도 아무런 변화가 없는 아이가 있을 수도 있다.

과연 "나쁜 씨앗"이란 존재하는가?

8장에서도 이런 질문을 했었다. 여기서 언급한 범죄자들은 전부 '나쁜 씨앗'에 해당하는가? 그런데 이 질문은 이렇게 묻는 것과 같다. 그들이 학대와 방임, 부정적 트라우마, 머리 부상, 적대적 분위기가 전혀 없는 가정에서 자라, 그들의 악행을 무조건 '유전의 영향'으로만 봐야 하는 걸까? 그러려면 친모가 임신했을 때 알코올이나 코카인 등 약물을 복용했다거나 태아 곤란증, 출산 합병증 등 두뇌 발달에 지장을 주었을 만한 사건도 배제해야 한다. 나는 드보라 스펀진Deborah Spungen이 딸 낸시Nancy의 이야기를 중심으로 쓴 자서전《그럼 이런 삶은 살고 싶지 않아And I Don't Want to Live This Life》을 처음 읽었을 때(낸시는 록 그룹 섹스피스톨스의 싱어 시드 비셔스Sid Vicious의 여자친구였는데, 첼시 호텔 방에서 칼에 찔려 숨진 채 발견되었다), 낸시야말로 나쁜 씨앗의 예가 될 수 있겠구나 하고 생각했었다. 낸시는 자상하고 부유하며 학대라고는 모르는 따뜻한 부모 밑에서 컸는데도, 통제할 수 없고 성질이 급하며 폭력적인 사람이 되었다. 그러나 낸시는 "청색아靑色兒"로 태어났다. 이것은 목에 탯줄이 감기는 바람에 산소 결핍으로 혈액이 검푸르게 변하는 증상을 말한다. 게다가 혈액형 불일치로 신생아 황달도 앓았다.[86] 이것이 뇌 손상의 원인이 됐고, 또 이 때문에 낸시는 천재 수준의 IQ에도 불구하고 "다루기 힘든" 아이가 되었다. 이렇게 본다면 낸시를 '나쁜 씨앗'이라고 단정 지을 수는 없다. 실제로 '나쁜 씨앗'에 해당하는 경우는 극히 드물다. 그러나 다음 사례를 보면, '나쁜 씨앗'에 정말 가까운 경우가 있기는 있는 듯하다.

이 이야기는 내가 '에드워드'라고 부르는 아이의 실제 사례다. 에드워드는 엄마가 첫 번째 결혼에서 낳은 외동아들이었는데, 그 첫 남편은 심각한 알코올중독자였고 에드워드가 겨우 두 살일 때 아이에게 술을 먹이는 짓도 서슴지 않았다. 남편이 때로 위협적으로 굴고 어떤 때는 폭력을 행사했기 때문에, 에드워드의 엄마는 그와 이혼하고 다른 남자와 재혼해 안정적이고 화목한 가정을 꾸렸다. 이 부부에게는 지금 여덟 살짜리 딸이 하나 있다. 그런데 에드워드의 엄마가 어쩌다가 전남편이 전과자였다는 사실을 알게 되었다. 무슨 죄로 감옥에 들어갔는지는 알아내지 못했다. 전남편이 워낙 폭력적인 사람이었기 때문에, 에드워드의 어머니는 전남편이 찾아와 자신이나 아들을 해칠까봐 몹시 걱정을 했다. 다행히도 이혼 후 다른 주로 이사한 지금까지, 전남편이 연락을 취하려 한 적은 한 번도 없었다. 나는 인터넷 검색으로 그녀의 전남편이 몇 년 전 살인을 저질러 종신형을 선고받고 수감됐다는 사실을 알아냈다. 전남편의 아버지 역시 폭력 범죄로 감옥에 들어가 있었다. 나는 에드워드의 어머니가 이 소식을 들으면, 더 이상 불안에 떨지 않아도 된다고 안심할 줄 알았다. 그런데 문제는 다른 곳에 있었다. 에드워드가 이상한 행동 패턴을 보이고 있었던 것이다. 에드워드는 우리가 앞서 살펴본 '냉담하고 비정서적인' 아이의 특징을 전부 가지고 있었다. 다른 사람을 해치고 죽이는 이야기를 하면서 즐거워하는가 하면, 연쇄살인범이나 성범죄자들이 보이는 3징후도 다 가지고 있었다. 개와 고양이를 학대하고 죽였으며, 아직까지 잠자리에 오줌을 쌌고, 집안 여기저기에 불을 지르고 다녔다. 어머니는 집안 곳곳에 소화기를 구비해 놓는 방법으로 어떻게든 문제에 대응해 보려고 했다. 에드워드는 학교 아이들에게서 큰 액수의 돈을 훔쳤고, 평소에 "복수"를 하겠다고 자주 위협하는데 누구에게 어떤 일의 복수를 하겠다는 건지는 확실치 않다. 부모의 얘기를 들어 보면, 에드워드는 매우 교활하고 기만적이며 점점 더 외골수에 냉담한 아이가 되어 가고 있다. 여동생을 목 졸라 죽이려고 한 적도 몇 번 있었다. 에드워드는 친아버지에 대해 아무것도 모르면서, 점점 더 성격이나 행동이 친아버지를 닮아 가고 있다. 친모나 계부가 학대나 방임을 한 적은 없으며, 에드워드의 지능 또한 "우수한" 수준에 속한다.

현재 열두 살인 에드워드는 아직 성인기는 물론이고 사춘기에도 이르지 않았다. 그런데도 그는 아직 징후가 완연하진 않지만, 사디즘과 사이코패스의 모든 특징을 보이고 있다. 그리고 냉담하고 사회적으로 동떨어졌다는 점 때문에, 분열성 인격 장애도 있는 것으로 보인다. 한마디로, 인격만으로도 벌써 가학적 폭력 범죄자가 될 소질이 충분하다는 것이다. 에드워드가 자주 하는 상상이 가학 성범죄의 뉘앙스를 띠는 쪽으로 점차 변해 갈는지는 아직 알 수 없다. 그런데 성적 살인을 저지르는 전형적인 10대 청소년과 매우 흡사하게, 에드워드는 "비사교적이고, 감정이입을 못 하며, 왕따가 될 정도로 내향적이고, 가학 성폭행 환상에 집착하는" 소년의 모습을 보여주고 있다.[87] 에드워드가 엄마의 재혼 전에 부정적인 환경(친부가 술을 억지로 먹이고 가끔가다 아이를 구타하는 등)에 노출된 것은 사실이지만, 생후 2년간의 그 사건들이 (적어도 내가 보기에는) 현재 에드워드가 보이는 폭력성의 원인이라고 할 수는 없다. 에드워드가 나쁜 씨앗의 "순수한" 예는 아니지만, 이보다 '나쁜 씨앗'에 더 가까운 예는 볼 수 없을 듯하다. 가학성과 폭력성 그리고 '흉악 범죄'를 저지르게 될 소질, 이 모든 것이 거의 전적으로 유전적 영향에 기인하는 케이스인 것이다.

'나쁜 씨앗'은 물론 좋지 않은 표현이다. 불운한 조건을 타고 태어난 위험한 아이들을, 이해하기보다는 저주하려는 의도로 사람들이 일상적으로 사용하는 표현이다. 그런데 이 표현을 자꾸 쓰다 보면, 장기간 부모에게 학대를 받았는데도 무사히 잘 크는 아이들도 많다는 사실을 간과하게 된다. 이들은 불우한 환경에도 불구하고 건강하고 성실한 성인으로 자라났으며, 우리가 은유적으로 '좋은 씨앗'이라고 부르는 것을 사회에 더해 준다는 점에서 그 가치가 더욱 빛나는 존재다. 유전자 로또에서 뽑기에 성공한 덕분에, 이들은 지독한 부모에게서 받은 트라우마도 꿋꿋이 이겨내고, 끔찍한 유년기도 '기적적으로'(라고 말하지 않을 수 없다) 극복할 수 있었다. 그러나 우리는 이런 사례를 자주 접하지 못한다. 미덕은 악만큼 이야기하기에 좋은 소재가 아닌 듯하다.

'좋은 씨앗'의 사례 중 특히 가슴 뭉클한 이야기가 있는데, 바로 데이브 펠처Dave Pelzer의 실화다.[88] 미 공군 지상 근무원으로 복무하다가 제대한 펠처는 현재 아내와 아들과 함께 캘리포니아에 살고 있으며, 아동 학대(자신의 경험도 포함해서)와 그 해결책에 관한 글을 쓰고 강연을 하고 있다. 그는 10여 년에 걸쳐 가학적 알코올중독자인 어머니에게 학대를 당했는데 놀랍게도 아버지는 옆에서 구경만 하고 아무런 중재도 하지 않았다. 그는 어머니로부터 구타당하고, 굶고, 화상을 입고, 칼에 찔리고, 인격 모독도 당했다. 그러다가 어느 자상하고 지각 있는 교사들이 무슨 일이 벌어지고 있는지 마침내 눈치 채고(초등학생이었던 펠처는 당시 겁을 먹고 아무에게도 털어놓지 못했다), 아동복지국에 연락해 그를 어머니로부터 구해 냈다. 만약 펠처에게 특별한 보호 유전자(이에 대해서는 연구가 많이 진행되지 않았다)가 없었더라면, 그는 상습 범죄자가 됐을지도 모른다. 그러면 사람들은 이렇게 말했을 것이다. "뭐, 어머니를 보면 애가 저렇게 된 것도 놀랄 일은 아니지……."

보호 유전자에 관한 단서들과 희망의 가능성

우리는 최근 몇 년간 이루어진 연구를 통해, 주의력 결핍 및 과잉 행동 장애(ADD/H)가 있는 아이들은 재산 범죄나 폭력 범죄를 저지를 경향이 크며 나중에 범법자가 될 확률도 높다는 것을 알게 되었다. 물론 ADD/H가 있어도 차차 안정되고 범죄를 저지르지 않는 이들도 많다. 대부분의 경우 ADD/H는 유전적 영향으로 가계에 전해 내려진다.[89] 그런데 여기서 중요한 차이를 만드는 요인이 하나 있다. 품행 장애(제멋대로 굴고, 성질이 격하며, 공격적인 태도를 보이는 것)를 함께 가지고 있는 ADD/H 아동이 나중에 범죄를 저지를 가능성이 크다는 것이다. 품행 장애는 없는 ADD/H 아동들은 몇 년 후 관찰해 보니 보통 아이들에 비해 범행 비율이 별로 높지 않았다.[90] 아동 품행 장애 자체도 유전적 영향으로 발현된다고 알려져 있으니, ADD/H와 품행 장애가 혼합된 아동들은 성인기에 접어들면서 범행을 저지르게 될 위험이 특히 큰 셈이다. 그렇다면 문제를 일으키지 않은 아이들은 예상치 못한 "좋은" 유전자를 가지고 있었던 것일까, 아니면 학대가 없는 안정된 가정에서 자라나서 그런 것일까? 아니면 둘 다일까? 이러한 의문들은 유전자와 환경의 '상호작용' 분야의 연구에 커다란 기여를 했다. 너무 단순하기도 하고 오류도 있었던 '천성이냐 양육이냐' 하는 오래된 논쟁이 마침내 '천성과 양육' 연구로 대체된 것이다.

아브샬롬 카스피$^{Avshalom\ Caspi}$와 테리 모핏$^{Territ\ Moffitt}$ 부부는 현재 폭력 관련 유전자-환경 연구 분야를 이끌고 있다. 두 사람은 프로젝트의 일환으로 모노아민 산화효소-A(MAOA) 유전자를 연구했는데, MAOA가 하는 일은 신경전달물질인 노르에피네프린과 세로토닌, 도파민을 비활성화시키는 것이다. 이들 신경전달물질은 한 뉴런에서 다른 뉴런으로 신경 자극을 전달하는 역할을 한다. 첫 번째 자극이 시냅스(신경 세포의 연접부 - 옮긴이)의 끝부분 오목한 부위에 다다르면 그것을 다음 뉴런 시냅스로 보내는 것이다. 뇌의 특정 경로에서는 신경전달물질이 시냅스 말단에 너무 쌓여 다음 뉴런의 과도한 흥분을 야기하기도 한다. 바로 이때 MAOA가 효율적으로 제 할 일을 해 신경전달물질의 레벨을 "딱 적당한" 수준으로 맞춰 줘야 한다.

MAOA의 활동이 부족하면 여러 가지 위협에 과도한 반응을 보이게 된다.[91] 대규모 남녀 아동을 대상으로 MAOA 레벨을 측정해 보면, 일부는 MAOA 활동량이 높게 나오고 또 일부는 낮게 나온다. 이는 해당 유전자의 화학 구조가 달라서 그런 것으로 밝혀졌는데, 어떤 사람은 MAOA 활동량을 높게 하는 유전자를 물려받고, 또 다른 사람은 불행하게도 MAOA 활동량이 낮은 유전자를 물려받는다. 여기서 중요한 것은, 유년기에 학대를 받고 '동시에' 낮은 MAOA 활동량을 보이는 남자아이들이 나중에 품행 장애를 보일 확률이 높은 것으로 나타났다는 것이다. 이것은 어린이 품행 장애를 유전학적으로 이해하는 데 중요한 단서가 된다. 이 아이들을 성인기까지 추적해 조사한 결과, MAOA 레벨이 낮은 남자들이 MAOA가 높은 대조군보다 폭력 범죄자가 될 확률이 훨씬 높았다. MAOA 레벨이 높은 아이들은 어렸을 때 학대를 당했더라도 나중에 품행 장애를 보이지 않는(폭력 범죄로 기소되지 않는) 경향을 보였다. 학대와 낮은 MAOA 레벨의 조합을 가진 아이는 여덟 명에 한 명 꼴이었지만, 바로 그 한 명에 해당하는 아이들이 전체 폭력 범죄의 거의 절반을 저지르는 것으로 드러났다.

표 9.2는 MAOA 유전 패턴과 아동 학대의 관계를 그래프로 그려 본 것이다. MAOA의 작용 대상인 (세로토닌[92]이나 도파민 같은) 신경전달물질이 특히 상향식 뇌 중추를 중심으로 활동하므로, MAOA 활동 저하의 부작용이 주로 '강한 동인'이나 '강한 충동'으로 나타날 것이라고 추측할 수 있다. 같은 맥락에서, 부모 양쪽에게서 세로토닌 전달과 관계된 "짧은" 대립 유전자를 물려받은 사람은 편도체가 스트레스에 과도한 반응을 보이는 것으로 나타났다.[93] 세로토닌 운반 유전자가 하는 일은, 시냅스 말단에 방출된 세로토닌을 그것을 방출한 뉴런으로 돌려보내는 것이다. 이 유전자가 기능 장애를 일으키면, 신경전달물질이 쌓이면 안 될 곳에 쌓이게 되며, 두뇌 회로의 과민 반응 및 과도한 흥분을 야기한다.

데이브 펠처가 운 좋게 MAOA 레벨이 높은 유전자를 물려받았는지, 아니면 장기간 어머니의 학대를 견디고 살아남게 해 준 다른 보호 유전자가 있었는지, 우리는 알 수 없다. 현대 과학 연구의 결실은 우리가 범죄 자료에서 접하는 인물들에게는 거의 영향을 미치지 않는다. 그저 향후에는 카스피

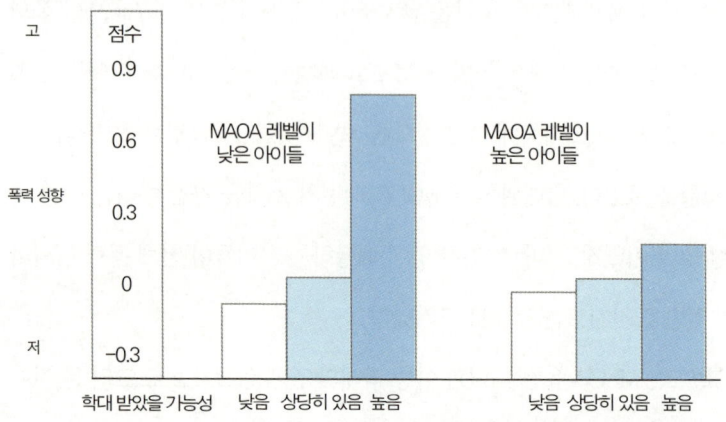

표 9.2 MAOA 레벨과 관련하여, 유년기에 받은 학대와 향후 반사회적 행동의 연관성

(《사이언스Science》 297호, 2002년, 851~854쪽, 카스피 박사 팀의 발표 자료에서 발췌)

 박사와 그 동료들이 진행 중인 실험들이 더 광범위한 대상으로 확대되기를 바랄 뿐이다. 그래야 "위험도가 높은" 아이들을 조기에 발견해, 폭력 충동을 적절하게 다룰 여지가 있을 때 조치를 취해 줄 수 있기 때문이다. 그렇게 된다 해도, "평생 지속성" 반사회성을 보이는 젊은이들은 여전히 남아 있을 것이다. 이들은 전체 인구의 5퍼센트만을 차지하지만, 전체 범죄의 50퍼센트 내지 70퍼센트를 저지른다.[94] 그런데 냉담하고 비정서적인 아이의 경우, 아무리 조기에 알아낸다 해도 문제는 여전히 심각하다. 유전자의 영향을 심각하게 받았으며, 낮은 각성 상태와 낮은 심박수, 낮은 피부 전기 전도성 등의 특징을 보이는 아이들, 부모의 체벌이나 꾸짖음이 전혀 효과가 없는 아이들이 바로 그런 아이들이다. 이 아이들은 벌을 줘도 행동이 개선되지 않는데,

대신 일관성 있고 지속적인 교육을 통해 사회성을 향상시킬 수는 있다는 주장이 점점 설득력을 얻고 있다.[95] 바꿔 말하면, 이런 아이들은 부모가 앉아서 차분하고 허물없이 대화를 하면서, 사회적으로 용인되는 행동의 이점과 공격적인 행동의 나쁜 점을 끈기 있게 설명해 주면 효과를 볼 수 있다는 이야기다. 사이코패스 기질을 타고났으나 자신에게 득이 된다는 이유로—속으로는 왜 그래야 하는지 이해 못하더라도—옳은 행동을 하도록 훈련받은 젊은이는, 시간이 지나면 도덕적으로 그리고 폭력적인 행동을 점점 멀리 하는 습관을 체득할 수 있다.

***

여기까지 다 읽었으면, 이제 이런 의문이 생길 법도 하다. 신경과학이 우리가 하는 이야기와 무슨 상관이 있다는 거지? '효소'에서 '악'까지의 거리는 멀어도 너무 멀다. 불리한 유전자와 전두엽 손상, 변연계 이상, 신경전달물질의 기능 결함 등등, 이 중에 어떤 것도 훗날 범죄를 100퍼센트 예견하지는 못한다. 그러니 딱 맞아떨어지고 절대로 예상을 빗나가지 않는 원인에 매달리는 대신, 우리의 "집합적 의식"에 너무 큰 충격을 줘 '흉악 범죄' 분류되는 행동을 저지르게 만드는 다수의 위험 인자를 꼽는 선에서 만족해야 한다. 이번 장에서는, 단테의 지옥에서도 가장 마지막 고리에 떨어져야 마땅할 흉악범들에게서 공통적으로 보이는 두뇌 "화학 작용" 및 인격 장애를 고루 갖춘 가학적 사이코패스에 초점을 맞추어 살펴보았다.

그러나 그 밑바닥 고리의 주민들 중 일부는 그냥 가출 청소년들, 도덕관념이 없는 (그러나 가학 행위는 물론이고 폭력 범죄를 저지른 전적은 없는) 길 잃은 영혼들로, 진정 악한 리더들을 숭배하면서 인생의 의미를 찾으려고 하는 이들이다. 그런데 이들은 쉽게 현혹되기 때문에, 곧 어둠의 세계에 발을 들여놓고 만다. 그게 아니라면 샌프란시스코의 전직 나이트클럽 댄서 수전 앳킨스Susan Atkins의 악행을 어떻게 설명하겠는가? 한 살짜리 아들을 둔 수전은 찰스 맨슨의 마수에 사로잡혀, 샤론 테이트의 집에 쳐들어가 임신한 샤론을 칼로 찔러 죽였다. 샤론이 죽기 전에 마지막으로 들은 말은 이것이었다. "난 너 같은 거 관심 없어…… 나는 네가 죽어도 아무 느낌도 없다고."[96] 자신도 아이가 있는 엄마면서 임신한 여성을 아무렇지 않게 죽이는 가학성이 우리를 당황하게 만든다. 아마 마크 데이비드 채프먼이 존 레논을 총으로 쏴 죽였을 때와 마찬가지로, 시기라는 감정이 한몫 했을 것이다. 시기는 일곱 가지 대죄 중에 가장 정신을 좀먹는 죄이다. 동시에 흔한 감정이기도 하다. 반면에 앳킨스나 채프먼이 저지른 것과 같은 살인 사건은 흔하지 않다. 여기에는 분명 다른 요인이 작용할 것이다. 비슷한 이유로 나는 그냥 사이코패시(이미 신경과학계에서 충분히 관심을 두고 있다)보다 가학성 사이코패시의 필수 요소인 사디즘이 더 설명하기 어렵다고 느껴진다. 그런데 이번 장을 마무리할 무렵, 한 심리학자가 쓴 책이 내 레이더망에 걸려들었다. 아주 오랫동안 사디즘을 연구해 온 학자로, 내가 여태껏 들어본 것들보다 훨씬 더 설득력 있는 답을 제시해 주었다. 정말 책이 "걸려들었다"는 표현이 맞는 게, 그 책을 발견한 것이 순전히 우연이었기 때문이다.

사디즘과 악의 핵심에 대한 짤막한 견해

법무병원의 동료 한 명이 마침내 그토록 원하던 진급을 해서, 사무실을 옮기려고 상자에 책을 넣고 있었다. 그런데 마침 상자 제일 위쪽에 넣은 애나 솔터Anna Salter 박사의 저서 《프레데터Predatros》[97]가 눈에 띄었다. 아마 상자 제일 아래에 넣었다면 못 보고 지나쳤을 것이다. 나는 책을 집어 들고 무심히 몇 장 들춰 보다가, 나중에는 아예 손에서 책을 놓지 못했다. 그만큼 그 책은 나를 사로잡았다. 그러나 재밌는 만큼 읽기 힘들기도 했다. 솔터 박사가 만나 본 남녀 가학 범죄자들의 이야기가, 데이비드 파커 레이가 희생자들에게 들려주었던 독백만큼이나 소름끼쳤기 때문이다. 그로부터 며칠 후 나는 솔터 박사와 전화 통화를 하게 됐는데, 박사는 고맙게도 책에 실린 일화 중 하나를 이곳에 옮겨도 좋다고 허락해 주었다. 내가 고른 이야기는 처음에 그 책을 읽었을 때 깊은 인상을 남긴 일화로, 내 동료 빈센트 스피조Vincent Spizzo도 5년 전 처음 읽었을 때부터 지금까지 그 이야기를 한 번도 잊은 적이 없다고 했다. 아홉 살 난 의붓아들을 반복해서 목을 조른 남자의 이야기인데, 약간 줄여서 여기에 옮겨 보겠다.[98] 가해자가 직접 고백한 내용이다.

그렇게 2년쯤 아들을 학대하다가…… 어느 날 어린이가 등장하는 "결박-징벌" 포르노물을 손에 넣게 되었다. 거기서 본 사진들 중 몇 개는…… 상대방을 완전히 굴종시킨 모습을 찍은 것이었다. 어린아이에게 내가 해 보고 싶었던 짓을 전부 시켜 놓고 찍은 사진들이었다. 나는 곧 아들을 상대로 이 결박-징벌 환상을 실행하기 시작했다. 얼마 후에는 아들의 머리에 커다란 비닐 지퍼 백을 씌워 테이프를 목에 감아 단단히 고정하고…… 강간하고 희롱했고…… 아들이 숨이 막혀 시퍼렇게 변하고 기절할 때까지 멈추지 않았다……. 나는 고통을 가하면서 극도의 희열을 느꼈다. 아들이 기절하면서 안색이 변하는 것을 볼 때가 가장 흥분되고 짜릿했는데, 바로 그때 지퍼 백을 찢어 벗겨 버린 다음 가슴에 올라타 얼굴에 대고 자위했고, 아이에게 내 성기를 빨게 했다……. 아이가 숨이 막혀 기침을 해도, 나는 아이 입에다 대고 강간을 했다. 이렇게 비닐봉지와 테이프를 사용한 가학 성폭행을 일주일에 두세 번씩 반복했고, 한 1년 남짓 그 짓을 계속했다.

가해자는 솔터 박사에게, 누군가 "나를 죽이거나 잡아 가두지 않는 한" 그런 식으로 계속 사람들을 희생시킬 것을 자신도 알고 있었다고 털어놓았다. 그는 자신을 가리켜 "악마"라고 했다. "나는 사악한 악마입니다. 마귀에서 사로잡힌 거죠…… 그게 내 행동을 설명할 수 있다면 말이죠."[99] 그는 이상하리만치 솔직하게, 어찌 보면 토미 린 셀스보다 한 발 더 나아가, 자신을 일반 대중이 보는 방식과 똑같이 "악"으로 보았다.[100]

솔터 박사는 더불어 가학성 범죄자들이 하나같이 가학 행위 시 느끼는 "희열"을 이야기하면서, 그 느낌을 코카인이나 비슷한 마약을 할 때 느끼는 짜릿함에 비유하더라는 이야기도 했다. 앞서 신경과학적 접근에서도 언급했지만, 코카인은 단단한 차단막을 형성해 시냅스 말단에 있는 도파민을 쾌락 경로의 첫 번째 신경세포가 도로 가져가지 못하게 막는다. 그렇게 해서 쾌락을 극대화하는 것이다. 사디스트 중에는 자신이 어렸을 때 잔인하게 당했으면서 커서 남에게 똑같이 가학 성폭행을 하며 즐기는 부류가 있다. 이것이 가학 성욕자가 되는 사람들에 대한 정신의학적 설명이 될 수도 있다. 그러나 솔터 박사가 지적했듯이, 상습 가학 성폭행범들 중에는 어렸을 때 같은 일을 당한 적이 없는 사람도 많다.[101] 이들은 대신 각성 상태와 심박수가 낮은 특징을 보이는 사이코패스로, 살아 있는 기분 혹은 힘이 넘치는 기분을 느끼기 위해 "쾌감"을 추구하는 부류에 해당할 수도 있다. 물론 동정심이나 후회를 못 느끼고 타인에게 완전히 냉담하다는 것도 상습적인 가학적 성폭행범이 되는 데 한몫한다. 그러나 이는 전체적인 그림에서 사이코패시에 해당하는 부분만 설명해 줄 뿐이다.

어떤 이들은 코카인이나 메탐페타민을 하면서 쾌락을 느끼고, 거기서 더 이상 나가지는 않는다. 또 어떤 사람들은 섹스와 음식, 도박에서 쾌락을 찾는다. 그러나 어떤 부류는 오직 살인과 살인할 때 느끼는 신이 된 듯한 기분에서만 희열을 찾는다. 이는 전혀 새로운 현상이 아니다. 가학 성욕자의 쾌락 추구에 대한 솔터 박사의 이론을 읽으면서, 나는 마키 드 사드의 시대를 살았던 한 프랑스 귀족이 떠올랐다. 바로 샤롤레 백작$^{\text{Count Charolais}}$인데, 그에 대해 이런 구절을 읽은 기억이 난다. "그의 마음은 잔인하기 이를 데 없었고 그의 행동은 반드시 피를 불렀다…… 정신이 말짱할 때보다 취해 있을 때가 더 많았는데, 취할 때마다 마치 사냥하듯 소작농들을 재미로 죽였고, 자기 성의 지붕을 수리하고 있는 노동자들에게 총을 쏘아 대기도 했다…… 한번은 그가 루이 14세에게 살인죄를 용서해 달라고 청한 적이 있었다. 그러자 왕은 이렇게 대답했다. "너의 청은 들어주겠다…… 그러나 너를 죽이는 사람이 있으면 그 사람을 더 기꺼이 용서하겠다."[102]

나는 성적 연쇄살인을 연구하면서, 희생자들이 당한 고통을 녹음한 사람을 딱 세 명(이언 브레이디, 레너드 레이크 그리고 데이비드 파커 레이) 보았다. 그런데 솔터 박사는 자신이 연구한 가학 범죄자들 중 거의 절반이 그러한 "전리품"을 취했다는 사실을 알아냈다.[103] 악의 심리는 여러 가지 복잡한 요인들이 작용해 최후의 결과물로 나온 것이다. 그 요인들 중 어떤 것은 우리가 이제 막 이해하기 시작했고, 또 어떤 것은 여전히 수수께끼로 남아 있다. 지금까지 우리는 이기적이고 자기도취적인 아내 살해범, 정신질환자, 질투가 심한 살인자, 냉혹한 포식자형 사이코패스 살인범, 표범처럼 혼자 움직이는 분열성 살인범, 아내에게 오늘 저녁 늦을 거라고 말하고 나가서 "먹이"를 사냥하는 사회성 높은 살인범, 우리가 이제야 조금 파악하기 시작한 신경학적 그리고 신경화학적 이상을 명백히 보이는 살인범, 이웃들에게는 "정상적"으로 보이지만 속으로는 잔인하기 그지없는 흉악범, 술이나 약물로 정신을 마비시키고 살인을 저지르는 부류, 술이나 약물이 필요 없는 부류 등등 정말 다양한 인간 군상을 살펴보았다. 나는 악에 이르는 복잡한 루트를 생각할 때마다, 유럽 네 귀퉁이로부터 죽음의 수용소로 사람을 실어 나르던, 아이슈비츠-비르케나우(아우슈비츠가 꽉 차서 새로 지은 수용소 - 옮긴이)를 중심으로 차바퀴 살처럼 뻗어 있는 철로가 떠오른다. 우리가 여태까지 살펴본 여러 복잡한 경로가 하나로 만나는 지점이 바로 '악'이라고 생각해 보라. 그들의 공통 요소는 바로 특정한 형태의 악행을 보면서 우리가 느끼는 끔찍함, 우리가 악으로 구분 짓는 감정을 느끼게 만드는 끔찍함…… 우리로 하여금 "악하다"는 말을 내뱉게 만드는 소름끼치는 끔찍함이다.

THE ANATOMY OF EVIL

결론

살인자와 붓다
사이에 놓여 있는 인간

우리는 인간 본성이라는 미스터리의 답을 찾기 위해, 과학자와 지성인, 예술가들을 연구하는 것과 똑같은 방식으로 연쇄살인범과 성범죄자, 살인자들을 연구한다.

- 어빈 웰시Irvine Welsh, 《범죄Crime》[1]

이 책에서는 처음부터 끝까지 '평시의 악', 즉 평범한 인간이라는 틀에서 벗어난 사람들이 저지른 극단적인 폭력 행위에 초점을 맞춰 왔다. 그 중에는 평소에 겉모습이나 행실이 보통 사람과 다를 바 없어 보이다가 어느 날 갑자기 폭력 범죄를 저지르는 부류도 있었다. 그들은 범행의 양상뿐 아니라 그 의외성으로도 우리에게 충격을 안겨 준다. 우리는 우리에게 충격을 주거나 역겨움을 느끼게 하는 폭력을 저지른 이들을 흔히 "괴물"이라고 부른다. 호주 시드니에서 온 나의 지인 한 명은, 좋은 사람인 줄 알았던 이웃이 알고 보니 연쇄살인범이더라고 말하며 치를 떨었다. 이런 식으로, 보통은 가해자가 범행을 저지른 후에야 우리는 충격을 느낀다. 그러나 가해자들은 평소에도 언뜻 보기에 평범한 사람과는 다른 점이 있었을 것이다. 정신질환이 있다든가, 이상 인격이었다든가, 아니면 습관적으로 반사회적 행동을 보였을 것이다.

집단 분쟁, 특히 전쟁 시의 상황은 이야기가 다르다. 확실히 전쟁 시에는 국가 지도자들, 특히 침략국의 지도자들은 폭력과 하나가 되어 짐승의 수준으로 전락한다. 우리는 아우슈비츠의 멩겔레 박사나 아프가니스탄의 지도자 자와히리^{Zawahiri} 박사, 라도반 카라지치$^{Radovan\ Karažić}$ (1995년 보스니아 내정 당시 인종 청소를 자행한 보스니아 헤르체코비나의 정치인 - 옮긴이)의 학살을 절대로 잊어서는 안 된다. 게다가 카라지치는 정신의학자였다. 그러나 실제 잔학 행위(나아가 살육)의 대부분은 전쟁의 물결에 휩쓸려 이성을 잃은 '보통사람들'이 자행했다. 그들의 머리가 전쟁 지도자의 머리에 일시적으로 지배당한 것이다. 병사들 혹은 전쟁에 참여한 사람들의 행동은, 그들의 평소 행동과는 전혀 다르다. 그렇다 해도 전쟁에서 잔학 행위를 저지르는 이 "평범한" 사람들은 알고 보면 그렇게 평범하지가 않다. 어쩌면 평소 아내를 구타하거나 자식에게 냉혹하고 잔인하게 굴던 사람이었을 수도 있다. 그러다가 전쟁이 터지자, 마침 잘됐다 하고 그동안 숨겨 왔던 가학성을 마음껏 터뜨린 것이다. 그들은 '선량한 사람'이 아니라는 이야기다. 평범한 시민으로서 남의 이목을 끌지 않을 정도로 특별할 것 없는 삶을 살아왔을 뿐이다. 이들의 뇌 영상을 찍어 봤자 별다른 뇌 이상은 발견되지 않을 것이다.

이 결정적인 차이는, 크로아티아 출신의 작가 슬라벤카 드라쿨리치Slavenka Drakulić가 최근에 발표한 저서 《파리 한 마리도 못 죽일 사람들They Would Never Hurt a Fly》에서 제대로 설명하고 있다. 내게 특히 흥미로웠던 한마디는 이것이다. "전쟁은 평범한 사람들도 괴물로 만든다."[2] 드라쿨리치는 전쟁이나 집단 간 분쟁이 일어나면 평범한 남자들(그리고 일부 여자들)이 도덕심이 결여된 로봇으로 변해 적—시민, 군인 구분 없이—에게 상상을 초월한 극악무도한 짓을 저지르다가, 종전의 벨이 울리는 순간 다시 가게 점원이나 택시 기사, 농부, 교사, 의사로 돌아가 이전의 삶을 이어간다고 했다. 하지만 다시 한 번 말하지만, 이들은 '평범한' 사람으로는 돌아갈지 몰라도 애초에 '선량한' 사람은 아니었다.

'악'과 마찬가지로 '괴물'이라는 단어도 우리가 자신의 행동과 너무 다른 '그들'의 행동에 이질감을 느껴, 우리의 자아상과 '그들'의 이미지 사이에 거리를 두기 위해 사용하는 말이다. 실제로 사악한 괴물처럼 행동하는 그들과 안전하게 거리를 두고 싶은 것이다. 만화가 월트 켈리$^{Walt\ Kelly}$는 그의 대표작인 '포고^{Pogo}'에서 이를 한마디로 표현했는데, 주인공인 주머니쥐 포고는 깨달음의 순간에 이런 말을 했다. "우리는 적을 만났어 – 근데 그 적은 우리였어."

우리들 대다수는 태어나서 죽을 때까지 흉악 범죄를 저지르지 않고 살기 때문에, 악에 대한 예방 접종을 받았다고 착각하기 쉽다. 마치 눈에 보이지 않는 선이 우리들 대다수를 "그들", 즉 괴물들과 구분해 주고 있는 것처럼 말이다. 물론 좋은 가정환경에서 자라거나 든든하고 너그러운 주변인들에게 지지를 받는 것, 운 좋게 위험 유전 인자(정신질환이나 이상 인격 등)를 물려받지 않는 것, 출생 시 합병증을 경험하지 않은 것과 심각한 머리 부상을 입은 적이 없는 것도 우리가 괴물이 되지 않는 데 크게 도움이 됐을 것이다.

그런데 여기서 잠깐, 여러분이 24살의 드라젠 에르도모비치$^{Dražen\ Erdomović}$의 입장에 처했다고 상상해 보라. 반은 세르비아계, 반은 크로아티아계의 군인 드라젠은 1995년 7월 중순에 영문도 모른 채 부대원들과 함께 스레브레니차로 파병되었다. 곧 부대장 브라노 고이코비치$^{Brano\ Gojković}$가 임무를 하달했다. 1,200명의 이슬람 남자와 소년들을 총살하라는 것이었다. 학살할 이슬람인들은 벌써 버스로 실어다 놓은 상태였다. 드라쿨리치의 서술에 따르면, 드라젠은 그런 일은 하고 싶지 않았다. 그래서 학살에 가담하지 않겠다고 하자, 부대원들은 그를 놀려 댔다. 드라젠은 어쨌든 반은 세르비아인이었기 때문에, 부대원들이 보기에는 100퍼센트 신뢰할 수 있는 동료가 아니었다. 부대장은 최후통첩을 내렸다. "하기 싫으면, 저기 가서 포로들 옆에 서. 우리가 너도 같이 총살해 줄 테니까. 그 기관총 이리 내."[3] 이제 드라젠에게는 선행과 악행의 선택권이 주어졌다. 학살을 거부하고 도덕적 우위에 올라 설 수 있다. 그럼 죽는다. 아니면, 죄 없는 남자와 소년들을 죽일 수도 있다. 그럼 자기 목숨을 부지하는 것이고, 그렇게 살아서 더 큰 악이 존재함을 세상에 알릴 수 있다. 이는 드라젠의 지휘관이 강요한 악인데, 그 지휘관은 더 악독한 지휘관인 믈라디치Mladić장군의 명령을 따른 것이고, 믈라디치 장군은 또 카라지치Karadžić박사의 명령을 신이 나서 실행에 옮긴 사람이다. 그리고 카라지치는 히포크라테스 선서("해를 끼치지 말라")를 가볍게 무시하고 밀로셰비치 대통령의 인종 청소 칙령을 기꺼이 실행한 인물이었다. 드라젠은 살기를 택했다. 15분 동안 60명을 총살시키고 맞바꾼 목숨이었다. 그는 이 사건을 세상에 알렸다. 그 이야기가 믿을 만했기에 그는 전범 재판에서 10년형에서 5년형으로 감형을 받을 수 있었다. 드라젠이 목숨을 부지해서 훗날 학살의 참상을 세상에 알린 것이 과연 더 나은 선택이었을까? 아니면 그가(더불어 학살에 참여를 강요당한 다른 부대원들 모두가) 차라리 죽음을 택해 정작 악하고 죄 있는 지휘관과 장군들, 대통령들이 아무런 벌도 안 받고 살아가는 편이 나았을까? 드라젠은 양심적인 사람이었기에 정신적으로 힘겨운 삶을 살아가고 있다. 반면 믈라디치와 카라지치는 후회 따위는 모르고 가벼운 마음으로 살아가고 있다. 내가 그 젊은 병사의 입장이었다면, 나는 어떻게 했을까? 여러분은 어떤 선택을 내렸겠는가? 대답을 바라고 던지는 질문은 아니다. 우리 모두 정말로 솔직해진다면, 아무도 선뜻 대답하지 못할 것이다.

***

한나 아렌트Hannah Arendt(독일 태생의 유대인 철학 사상가. 1906~1975 - 옮긴이)가 말하는 '악의 평범성'은 아돌프 아이크만Adolf Eichmann이 평범한 석유 회사 직원이었고, 요시프 멩겔레가 그저 평범한 아우슈비츠의 의사였으며, 요아힘 리벤트로프Joachim Ribbentrop도 평범한 샴페인 세일즈맨, 마틴 보르만Martin Bormann은 평범한 부동산 중개업자, 한스 프랑크Hans Frank는 평범한 변호사, 라인하르트 하이드리히Reinhard Heydrich가 평범한 바이올리니스트이자 해군 장교라고 하는 것이다. 이 중에 정신질환을 앓은 사람은 아무도 없다. 머리에 부상을 입거나 뇌에 손상을 줄만한 병을 앓은 사람도 없다. 이들 대부분은 컨버그 박사가 '악의적 자기애'라고 한 것을 가지고 있었다. 자기중심적이고 야심적이며 무자비하지만, 동시에 자기가 속한 집단이나 자기 가족에 한해서는 충성하는 것도 가능한 사람이라는 뜻이다. 몇몇은 유태인을 지독하게 증오하는 집안에서 자랐고(하이드리히, 알프레드 로젠버그Alfred Rosenberg), 남들에 비해 지나치게 오만했다. 리벤트로프는, 그의 아내와 히틀러 빼고는 모두에게 미움을 받았다고 한다. 심지어 히틀러도 그를 지겨워했다. 앞에서 나열한 이들을 포함한 나치 수뇌부에서는 단 두 명만이 1945년에서 1946년 사이에 진행된 뉘른베르크 전범 재판에서 히틀러의 행적을 고발했다. 히틀러 소년단의 지도자 발두르 폰 쉬라흐Baldur von Schirach와 건축가 알베르트 슈피어Albert Speer였다. 이들 모두가 분명 히틀러의 영향력에 사로잡혔지만, 홀로코스트가 터지지 않았다면 자기 안의 히틀러와 닮은 면을 가동시키지 않았을 사람들이다. 모두들 태어났을 때와 마찬가지로 이름 없는 사람으로 죽었을 것이다. 히틀러가 이들 안에 잠재되어 있던 악을 깨우는 촉매가 된 것이다. 그래도 이들의 뇌를 MRI로 찍어 보면 아무 이상도 발견되지 않았을 것이다.

점령당한 폴란드의 총독이 된 한스 프랑크는 뉘른베르크 재판에서 교수형을 당한 전범 중 한 명이다. 당시 그에게는 니클라스Niklas라는 일곱 살 난 아들이 있었는데, 니클라스는 자기 아버지가 점령한 성에서 호화롭고 안락한 생활을 하며 자랐다. 니클라스의 어머니는 리무진에 아들을 태우고 마을로 나가, 조금 있으면 아우슈비츠로 끌려가 죽임을 당할 유태인 여인들에게 단 몇 즐로티(폴란드의 화폐 단위 - 옮긴이) 주고 밍크코트를 사곤 했다. 어렸을 때 이런 생활을 했음에도 불구하고 니클라스는 도덕심 강한 사람으로 자라나 아버지를 비난하는 책을 썼고, 아버지가 처형되는 것을 지켜보지 못한 것을 통탄하기까지 했다.[4] 어째서 그렇게 됐는지는 수수께끼다.

나치 수뇌부의 자식들 중에 자기 아버지를 변호하지 않고 비난한 것은 니클라스가 거의 유일하다.[5] 나는 20년 전에 니클라스에게 편지를 보내, 부모가 그렇게 큰 악행을 저지르는 것을 보고 자랐고 또 당시 주변에 온통 악이 자행되고 있었는데 어떻게 혼자 도덕적인 인간으로 자랄 수 있었는지 물어보았다. 니클라스는 우선, 내 편지를 받고 기쁘고도 부끄러웠다고 답했다. 그리고, 그런 환경에서 자라면서 어떻게 도덕심을 갖게 됐는지는 자신도 모르겠다고 했다. 대신 그는 우리 모두가 처한 위험에 대해 이야기하면서 이렇게 덧붙였다. "저도 아버지 세대에 태어났다면 아버지와 똑같이 됐을지 누가 압니까?"⁶ 전쟁 당시 극악무도한 짓을 저지른 사람들의 평범함을 이해해 보려는 일환으로, 니클라스 프랑크는 그 현상을 이렇게 해석했다. "모든 독일인은 두 개의 자아를 가지고 있습니다. 하나는 예의바르고 성실하고 분별력 있는 시민입니다. 이것은 공식적인 '훌륭한 독일인'의 이미지입니다. 그런데 그 아래, 그 뒤에는 마치 음이온으로 만들어진 듯한 '진짜 독일인'이 숨어 있습니다. 바로, 살인자들입니다."⁷ 어쩌면 동포를 너무 냉혹한 잣대로 비난하는 것인지도 모른다. 특히 전후에 태어난 사람들에게는 너무 가혹한 평가다. 그러나 니클라스의 말은, 사람이 전쟁이 터지면 얼마나 쉽게 훌륭한 인간에서 비열한 인간으로 전락할 수 있는지를 제대로 설명해 주고 있다. 그런 상황에 처하면 죄 없이 순수한 삶에서 악행으로 가득한 삶으로 옮겨가는 것이 얼마나 쉬운가 말이다.

나는 전시에 평범한 시민에서 잔학한 전범으로 전락한 이들, 동정심의 스위치를 꺼 버리고 적국의 시민들과 아이들이 인간이라는 사실을 외면한 이들의 책임을 면해 주려는 것이 아니다. 오히려 베트남 밀라이 학살을 주도한 윌리엄 캘리[William Calley] 중위가 유죄라는 이야기를 하고 있는 것이다.⁸ 〈월스트리트 저널〉의 기자 대니얼 펄[Daniel Pearl]을 납치해 머리를 벤 것을 시인한 칼리드 셰이크 모하메드[Khalid Sheikh Mohammed]에게 분명 책임이 있다는 이야기다. 또 아부 그라이브에서 이라크 포로들을 고문한 미군 병사들이 책임을 물어야 한다는 이야기다. 굴라그에서 이반 데니소비치[Ivan Denisovich](알렉산드르 솔

제니친에 의해 영원히 이름을 남긴)를 학대한 러시아 교도관들에게 책임이 있다는 이야기다. 몇 명이고 더 댈 수 있다. 이들 모두가 처음에는 그냥 평범한 사람이었다. 평범한 사람이 광신적인 혹은 가학적인 지도자의 명령을 수행하게 된 것이다. 혹은 고등교육을 받은 칼리드 셰이크 모하메드처럼, 집단 간의 분쟁이 터지자 자신이 겪은 경험을 바탕으로 갑자기 급진주의자로 변모했을 것이다.

한마디로, 평범한 사람도 전쟁이나 집단 간 분쟁이 터지면 괴물로 변해 끔찍하고 역겨운 짓, 우리가 "악하다"고 하는 짓들을 얼마든지 저지를 수 있다는 이야기다. 그러다가 다시 평범한 사람으로 돌아온다. 일단 리더가 '적'에게서 인간성을 벗겨 버리는 순간 추종자들이 가지고 있던 가치 체계는 완전히 해체되고 리더의 가치 체계로 대체된다. 그 새로운 가치 체계는 아주 단순하다. 적은 사람이 아니다. 군복 입은 장교나 게릴라, 전투 부대원들, 아니면 그냥 시민들, 전투 참여가 가능한 남정네들, 여자와 어린이들…… 누구 할 것 없이 전부 사냥감일 뿐이다. 그러니 9/11 사태 당시 사망한 3,000여 명의 시민들도 "사실은" 시민이 아니었다. 그들은 '거대한 사탄'의 이교 자본주의 군대의 선봉에 서 있던 "병사들"이었다. 밀라이 학살 당시 그곳에서 사망한 북베트남인들도 혹시 폭탄을 숨기고 있을지 모르는 여자들, 어느 날 적군이 되어 나타날지도 모르는 아이들이었다. 그러니 미리 싹을 없애 버려야 한다…….

국가 간의 전쟁 외에 '평범한 사람이 고문과 학살을 행하다가 다시 평범한 사람으로 돌아오는' 예는 민간 분쟁이나 정치적 목적을 위한 테러리즘에서도 수없이 많이 봐 왔다. 군부가 권력을 장악했던 1964년에서 1985년 사이, 브라질의 경찰은 "위험 분자"로 간주된 사람들을 고문하고 살인하라는 지시를 은밀히 받았다. 그들은 길에서 거지들을 납치해 연습 삼아 고문을 했고, 미국 경찰 관계자 한 명이 고문에 참관해 지도를 해 주었다.[9] 고문과 살인에 가담한 브라질 경찰들은 "그런 일에 흥미를 보일만한 이상 성격의 징후"를 전혀 보이지 않았다. 오히려 잔악한 성향을 보이는 이들은 그 일에서 제외되었다.[10] 이는 《폭력적인 일꾼들Violent Workers》이라는 책에서 "악행을 저지르는 평범한 사람들Ordinary Men Doing Evil Deelds"이라는 제목의 챕터에 실린 내용이다.

1954년에서 1962년까지 계속된 프랑스-알제리 전쟁에서 일반 군인들이 저지른 악행도 이와 비슷했다. 양국에서 자행된 고문 실태를 조사한 프랑스의 저널리스트 장-자크 세르반-슈리베르Jean-Jacques Servan-Schreiber는 이렇게 기록했다. "세상에는 '악하게 태어나는' 사람은 없다……. 사람의 야수성을 불타오르게 만드는 상황이 있을 뿐이다……. 사람이 자기 의지와 상관없이 내던져진 상황에서 얼마나 쉽게 운명의 장난감이 되는지, 알제리에서 확인하지 않았는가."[11] 세르반 슈리베르는 내가 보기에 절반만 맞았다. "악하게 태어나는" 사람은 드물지만 존재한다. 이들은 학대나 자극을 받지 않았는데도 평시에 재미로 사람을 죽이고 고문하는, 사이코패스 성향을 가진 사람들이다. 보통 이들은 악의 등급에서 카테고리 22에 속한다. 그래도 대다수의 범죄자들은 어렸을 때 잔인한 학대를 받은 이들이라 "천성적으로 악하다"고는 할 수 없는 경우에 속한다.

앞에서 우리는 악행의 원인을 '나쁜 씨앗'으로만 돌릴 수 있는 사례가 얼마나 드문지 확인했다. 물론 '나쁜 유전자'와 '다른 요인들'이 결합된 중간 그룹에 해당하는 부류도 있다. 성인기 내내(더 거슬러 가면 10대 때부터) 폭력 행위나 사회적으로 반감을 일으킬 행동을 반복적으로 저지른 이들이 여기 해당한다. 이들은 "1년 내내" 악함을 드러내는 부류다. 이 중에 일부는 어렸을 때 부모의 무관심이나 학대를 경험했다. 또 어떤 이들은 좋은 가정에서 자랐는데 결국 살인자가 되었다.

그러나 유년기 시절이 거의 알려져 있지 않은 이들도 있다. 대표적인 예로 프랭클린 델라노 플로이드Franklin Delano Floyd가 있는데, 그는 여자아이를 납치해 "딸"로 삼고 몇 년간 데리고 있다가 아이가 그곳을 떠나 다른 남자와 결혼하려 하자 아이를 살해했다. 자기 집 지하 벙커에 딸을 감금해 두고 아이를 일곱이나 낳게 한 오스트리아의 성범죄자 요세프 프리츨도 있다. 그리고 "세상에서 가장 악한 남자"라는 강렬한 타이틀을 차지한 파울 쉐이퍼Paul Schäfer가 있다.[12] 세상에서 제일 악하다는 건 심하게 과장된 표현이지만, 그래 쉐이퍼를 '가장 악한 사람 중 한 명'이라고 꼽을 만한 근거는 차고 넘친다. 2차 대전이 끝날 무렵 스물네 살의 청년이었던 쉐이퍼는, 카리스마적인 매력을 이용해 컬트 종교 집단의 리더가 되어 무리를 이끌고 독일에서 칠레로 갔다. 거기에서 '콜로니아 디그니다드Colonia Dignidad'라는 외부와 차단된 신앙촌을 만들어, 신도들을 그곳에 고립시키고 절대 복종시켰다. 남자아이들을 성폭행하고 사람들을 노예처럼 부려 먹었고, 무기 밀매와 납치, 고문, 살인도 주저치 않았다. 지금도 알려지지 않은 숫자의, 대규모의 희생자 시신이 산티아고 근교 황무지에 묻혀 있다. 신도들을 협박해 콜로니아에서 자행되는 끔찍한 일들을 바깥세상으로부터 오랫동안 숨겨 왔기 때문에, 쉐이퍼는 2006년에서야 비로소 체포되었다―그때 나이 여든 다섯이었다. 징역 20년을 선고받았으므로 아무래도 감옥 안에서 생을 마감하겠지만, 어쨌든 쉐이퍼의 범행은 데이비드 파커 레이나 레너드 레이크의 범행보다 결코 덜하지 않다.

반면, 전쟁이나 정치적 분쟁을 선동하고 앞장서서 잔학 행위를 조장한 이들은 주로 '인격'이라는 애매한 영역에서 이상이 발견된다. 작은 키나 신체 기형에 대한 콤플렉스가 인격 형성에 영향을 끼친 경우도 많다.[13] 정신질환이나 뇌 손상은 이들에게 해당이 안 된다. 대신 과장성과 증오심, 가학성, 복수심, 편견 그리고 권력욕이 이들의 인격을 조각조각 구성하고 있다. '유명세 추구'도 간과해서는 안 된다. 오늘날 테러리스트들 중에는, 원래는 보잘 것 없는 인간이었는데 '순교'를 자처함으로써 유명세를 얻으려는 이들이 많다. 아무 짓도 안 저지르고 살면 악명조차 못 얻지만, 죄 없는 민간인을 학살하면 신문에 톱기사로 실린다는 것을 알고 그러는 것이다.[14]

***

평시의 악은 전시의 악과 전혀 다른 문제다. 오직 상대방을 몰락시키고 파괴할 목적으로 달려드는 적의 선제공격이 없는 상황에서 악행을 저지른다면, 그 악은 침략자로부터 나온 것도 아니고 희생자의 극단적 보복에서 나온 것도 아니다.[15] 앞에서도 대략 설명했듯이, 평시의 악은 때로 이상 인격만이 작용하여 일어지만 더 일반적인 경우는 인격 이상 그리고 정신질환이나 뇌 이상과 관계된 다른 요인들이 결합되어 일어난다. 이들에게서는 극단적으로 가혹한 유년기 환경(부모의 학대나 인격 모독, 방임)이 공통적 특징으로 발견되는데, 성적 연쇄살인을 저지르는 남성 범죄자들에게서 특히 많이 보인다. 이는 전쟁 지도자들도 자주 보이는 특징인데, 반면에 그들에게 영감을 받아 적에게 잔학 행위를 저지르는 이들에게서는 그리 흔히 발견되지 않는다. 일단 적을 악마로 규정하고 적에게서 인간성을 벗겨 낸 뒤에는, 잔학 행위를 저지르는 '평범한' 사람들은 그것을 잔학 행위라고 생각하지도 않는다.[16]

평시의 악은 신경과학 연구의 대상이 된다. 평시에 악행을 저지르는 사람들은 전시에 군부대에서 잔학 행위를 저지르는 "평범한" 사람과 거의 일치하지 않는다.[17] 그러나 앞서 지적했듯이, 그러한 잔학 행위를 저지르는 "평범한" 병사들은 사실 그리 평범하지가 않다. 아마 그 중 다수가 평소 아내를 구타하고 자식을 학대했는데 전쟁이 터져 아무 제약 없이 가학 욕구를 충족시킬 수 있게 되자 그 기회를 두 팔 벌려 환영한 사람일 것이다.

그러나 평시에 악행을 저지르는 사람들을 들여다보면, 항상 뭔가가 심각하게 잘못된 경우가 많다. 특히 정신질환이나 출생 시 합병증, 뇌 손상이라는 요인이 '없는' 사람들을 보면, 사이코패시의 "기미"를 보이는 이들이 많다. 사이코패스들은 두뇌 핵심 중추에 이상이 있는 경우가 많다. 그것도 9장에서 설명한 '하향식' 작용 중추, 현재 켄트 킬$^{Kent\ Kiehl}$ 박사가 fMRI를 이용해 연구하고 있는 부변연계$^{paralimbic\ area}$ 중추에서 주로 이상을 보인다.[18] 킬 박사는 언젠가 사이코패스의 치유법이(더불어 치료 약물도) 발견될 것이라고 희망적으로 내다보고 있다. 나는 동의하지 않는다. MRI를 통해 일부 사이코패스의 뇌에 이상 부위가 발견되긴 했지만, 사이코패시라는 인격 이상은 두뇌 '전부'에 걸쳐 나타나는 증상이다. 그것이 유전자의 영향이든 아니면 유년기 학대나 방임(특히 어머니의 방임) 때문에 생긴 것이든, 사이코패스의 포식자적 성향과 타인의 고통에 대한 무감각함은 어떻게 해도 사라지지 않을 것이다. 나아가 그 사이코패스가 프레드 코우나 제임스 버그스트롬 James Bergstrom 같은 연쇄 성폭행범, 또는 테드 번디나 데이비드 파커 레이 같은 연쇄살인범이 된다면, 그런 위험한 인간들을 용서하고 사회에 풀어준다는 것은 말도 안 되는 이야기다.

사이코패스 살인자들과 똑같이 치료나 사회 복귀가 불가능한 부류가 있는데, 남의 인생을 평생에 걸친 사기와 타인 사칭, 기만, 절도로 망쳐놓으면서 살인까지는 가지 않거나 아니면 살인을 시도했는데 마지막 순간에 실패하는 타입의 사이코패스들이다.

주로 살인의 의도가 담긴 폭행이나 실제 살인이 "흉악하다"는 반응을 불러일으키기 때문에, 희생자의 목숨에 지장이 없는 타인 사칭 사건은 신문의 일면에 자주 실리지 않는다. 희생자의 주변인들에게만 충격과 공포를 안겨 주고 끝난다. 그러나 이러한 행위도 악행이다. 다만 더 조용한 악행일 뿐이다. 바버라 벤틀리 Barbara Bentley 는 《악마와 춤을 A Dance with the Devil》에서, 자신이 해군 장성이며 유명한 페리 제독의 아들이라고 주장한 남자 존 페리 John Perry 와의 결혼생활을 담담한 어조로 묘사하고 있다. 존은 평소에, 자기가 받은 수많은 훈장 중에서도 의회 명예 훈장을 받은 것이 가장 자랑스럽다는 둥 업적을 떠벌리고 다녔다. 매력적이고 똑똑한 타입의 기생충이었던 그는 사치스런 생활로 바버라를 거의 파산 직전까지 몰고 갔고, 신용카드를 훔쳐 돈을 펑펑 쓰고 다니면서 곧 더 큰 돈이 들어올 것이며 물려받을 거액의 유산도 있다고 아내를 안심시켰다. 바버라는 남편이 한 공군 장교를 사칭하다가 연방 교도소에서 3년을 복역한 적이 있으며, 남편이 페리 제독의 아들인 것은 맞는데 훈장을 받은 적은 없고 지금까지 대여섯 개의 가명을 사용해왔다는 사실(사이코패스의 전형적인 특징이다)을 차차 알게 되었다. 게다가 물려받을 유산 따위도 없었다. 바버라가 거짓을 눈치 채자, 존은 여러 차례 살인을 시도했지만 다행히도 실패로 끝났다. 바버라는 갖은 고생 끝에 유리한 조건으로 이혼을 성사시킬 수 있었다. 실제로 바버라는 캘리포니아주에서 자신과 같은 희생자를 보호하는 법률을 통과시키기도 했다. 존은 살인 미수로 징역 5년형을 선고받았지만, 22개월 만에 조기 석방되었다. 그는 존 페리라는 이름은 계속 사용했지만, 이번에는 돈 많은 과부를 유혹해 그 집에 얹혀살려고 했다. 그 부인이 계좌를 바닥내려는 존의 속셈을 알아채자, 존은 동정심을 얻으려고 바버라에게 썼던 방법을 똑같이 사용했다. 여러 가지 알약을 한 번에 입에 털어 넣어 심장마비를 가장한 것이다. 그런데 이번에는 약 때문에 진짜로 사망하고 말았다. 67년 인생의 마지막 순간까지 그는 사기꾼이자 미완성 살인범으로 살다 갔다.[19]

***

성 범죄, 특히 어린이를 대상으로 한 성 범죄는, 우리로 하여금 "흉악하다"는 말을 주저 없이 내뱉게 한다. 가해자는 주로 심각한 문제가 있는 가정에서 자랐고, 여러 가지 성 도착 증세를 보이며, 범죄를 저지르게 전에 알코올이나 마약으로 준비하는 단계를 거치고, 그 외에도 정신질환이 있다는 특징을 갖는다. 그러나 개중에는 아무 문제없는, 심지어 모범적인 가정환경에서 자란 이들도 있다. 데니스 레이더와 리처드 스타렛이 대표적이다.[20] 우리가 흉악 범죄로 치부하는 것까지 포함해서 대부분의 충동 범죄는 종종 두뇌의 상향식 작용 기관에 발생한 문제에서 야기된다. 여러 가지 동인이 브레이크 시스템의 제재를 받지 않고 발현되는 것이다. 10대 청소년이 저지르는 살인 사건이 보통 이런 특징을 보이며, 때때로 멀쩡한 가정에서 자란 소년들이 저지르는 "스릴 킬"도 마찬가지다. "세기의 살인"으로 떠들썩했던 리처드 로웁과 네이선 리오폴드가 저지른 사건이 바로 여기 해당한다. 두 사람은 열네 살짜리 바비 프랭크스를 살해했을 당시 각각 열여덟 살과 열아홉 살이었다.[21]

폭력 범죄의 원인을 분석할 때 기억해야 할 가장 중요한 사항은, 많은 이들이 맹신하는 사회학적 설명 — 범죄가 가난과 불행한 환경의 소산이라는 설명 — 이 지나친 단순화이며 나아가 오류가 있는 견해라는 것이다.[22] 인격 형성기인 어린 시절에 부모에게 지속적으로 학대를 받은 사람들 중에는, 로니 애선스가 말하는 '독기를 품는 단계'로 수순을 밟는 이들도 물론 있다. 그러나 그렇게 충격적인 수준의 악행을 저지르게 되기까지는 유전적인 요인도 한몫 했을 것이다. 애선스 박사의 인생 역정이 자신의 일방적인 이론을 스스로 반증하고 있다. 애선스도, 여기에 다 묘사하기에는 너무나 끔찍한 방식으로 아버지에게 학대를 당했다.[23] 그러나 그는 자라서 (악랄한 범죄 혹은 흉악한 범죄는커녕) 폭력 범죄를 전혀 저지르지 않았다. 어떻게 그럴 수 있었을까? 가장 안전한 추측은, 애선스 박사가 운 좋게 이로운 유전자를 타고나서 아버지의 계속된 학대를 이겨내고, 복수와 범죄로 점철된 인생을 사는 대신 폭력 범죄자들의 삶에 남다른 통찰력을 보이는 저명한 사회학자가 됐다는 것이다.

"좋은 씨앗"의 또 다른 예로, 고든 노스코트Gordon Northcott의 의붓동생 샌포드 클라크Sanford Clark의 사건이 있다. 샌포드는 열세 살 때 나이 차이가 많이 나는 형(그런데 어머니의 거짓말로 삼촌이라고 믿고 자란)의 손에 캘리포니아에 있는 양계장으로 끌려갔다. 거기서 샌포드는 고든에게 주기적으로 강간과 구타를 당했고, 고든이 총으로 위협해 멕시코 소년 약 20명의 강간 살해에 가담해야 했다. 샌포드가 맡은 일은 희생자를 때려죽이고 두개골을 부순 다음 사체를 처리하는 것이었다. 2년을 그렇게 노예 생활을 하다가 그는 간신히 도망쳐 경찰에게 고든의 범죄에 대한 증거를 제공했다. 고든 노스코트는 2년 뒤인 1930년에 처형됐다. 샌포드는 보통사람 같으면 상상할 수 없는 정신적 트라우마를 극복하고, 선량한 시민으로 여생을 살아갔다. 결혼도 하고 아들도 두 명 입양했는데, 친자식을 낳으면 자신의 얼룩진 혈통이 그대로 전해질까 두려워서였다(의붓형 말고도 폭력과 학대를 저지른 다른 친척들도 있었다). 로니 애선스와 마찬가지로 샌포드 클라크는 모범 시민으로 일생을 살았다. 그 이유는, 애선스의 아버지와 클라크의 형이 어째서 그렇게 악으

로 점철된 인생을 살았는가 하는 문제와 마찬가지로, 여전히 수수께끼로 남아 있다.[24]

두뇌나 인격의 이상이 가장 적게 발견되는 부류는 질투에 눈이 멀어 애인이나 배우자를 살해하는 범죄자들이다. 클라라 해리스와 진 해리스가 바로 이 부류로, 나는 이 둘을 카테고리 2 '일생에 한 번만 살인을 저지르며, 그 한 번의 범죄 말고는 대체적으로 원만한 인생을 살아가는 범죄자'에 넣었다. 지금까지 우리는 악의 외적인 면, 우리가 충격과 끔찍함에 눈살 찌푸리게 하는 면에 대해서 이야기했다.

그런데 그 못지않게 중요한 것이 악의 내적인 면, 특히 동정심의 부재다. 어떤 학자들은 감정이입이라는 단어를 선호하지만, 앞서 말했듯이 나는 동정심이 더 정확한 표현이라고 생각한다. 드라쿨리치의 책을 읽어 봐도 그 이유를 알 수 있다. 평시의 악행 중에는 동정심이라는 인간 고유의 감성이 완전히 배제된 경우가 드물다. 내가 접해 본 사건들 중에 가장 그에 가까웠던 것은 식인 살해범 데이비드 폴 브라운/바 조나의 사례였다. 그는 어렸을 때 다른 아이를 죽이려고 했던 적이 있었는데, 그때부터 이미 타인에게 동정심을 느끼지 못했던 것으로 보인다. 이 경험은 그를 "해방시켜", 이후 상상도 할 수 없는 끔찍한 범행을 무심히 저지를 수 있게 해 주었다. 악에 등급이 있듯이, 동정심에도 등급이 있다.

이 책에서 지금까지 소개한 범죄자들은 대개 동정심을 못 느끼는 이들이었다. 그런데 그 중 몇몇은 일종의 "분리" 현상을 보였다. 희생자에게는 동정심을 못 느끼면서, 가족이나 친구들에게는 어느 정도의 동정심을 보인 것이다. 예를 들어 연쇄살인범 게리 리지웨이는 세 번째 아내에게 특히 친밀감을 느꼈는데(셋째 아내와 결혼한 동안에는 범행 빈도가 현저히 줄기까지 했다), 경찰 신문에서는 자기 손에 희생된 여자들을 "쓰레기"라고 표현했다.

때로는 동정심이 아예 없는 게 아니라 그저 결계된 사람이, "우리"가 아닌 "그들"로 보는 대상과 관계된 예기치 못한 스트레스를 받고 폭발해 흉악 범행을 저지르기도 한다. 그 흔한 예가 친자식한테는 잘해 주고 입양 자식이나 의탁 자녀는 학대하는 부모다. 대표적인 사례가 거트루드 배니셰프스키Gertrude Baniszewski다. 이혼을 당하고 인디애나폴리스에서 일곱 아이를 키우며 가난에 찌들어 살던 37세 여성 거트루드는, 얼마 안 되는 수입을 보충하기 위해 다른 아이들을 하숙생으로 들였다.[25] 마음속에 증오만 가득하고 체벌을 내리기 좋아하며 정신적으로도 불안했던 거트루드는, 자기 친자식들에게는 그것과 정반대의 모습을 보여주었다. 그러나 그때만 해도 거트루드가 내린 체벌은 "악"과는 거리가 먼 것이었다. 그런데 1965년 여름에 열다섯 살 소녀 실비아Sylvia와 실비아의 여동생을 부모 대신 잠시 맡아 주기로 한 이후, 체벌은 수위가 갑자기 높아져 "악"의 범주에 이르렀다. 거트루드와 거투르드의 친자식들 그리고 그들의 친구들이 저지른 고문과 학대 행위는, 당시 인디애나주 역사상 가장 끔찍한 범죄로 기록되었다. 거트루드와 그 일당은 실비아를—아직 처녀의 몸인데다가, 벌써 임신한 거트루드의 첫째 딸 폴라Paula보다 더 예쁘다는 "죄"로—구타하고, 담배로 지지고, 뜨거운 다리미로 지지고, 다리 사이를 발로 차고, 불에 달군 바늘로 배에 "나는 창녀, 그 사실이 자랑스럽다"는 글귀를 새겼다. 그런 다음 실비아를 지하실 침대에 묶어 놓고 굶겨 죽였다. 재판에서 검사는 희생자의 배에 낙인을 찍은 행위를 언급하며, 피고 측 변호인에게 이렇게 물었다. "이게 동정심을 가진 사람이 할 짓입니까?"[26] 평시에 저지르는 악행의 사례가 으레 그렇듯, 거르투르의 머리에 총을 대고 어서 죽이라고 협박하는 고이코비치 대장 같은 사람은 없었다. 거트루드의 악행은 거트루드의 내면에서 나온 것이었다. 거트루드는 실비아에게 가한 학대를 끝까지 뉘우치지 않고, 나이 예순둘에 사망했다.

연쇄살인범 데이비드 파커 레이의 공범자 신디 헨디도 이와 비슷한 분리된 동정심을 보였다. 신디는 자신이 '장난감 상자'로 유인하고 레이와 둘이서 고문한 여성들을 "물건"이라고 칭했다. "우리"와 구분해, 쓰고 버려도 되는 "그들"로 대상화한 것이다.

신디가 레이의 고문 살해 범죄에 합류했을 때도 신디의 머리에 총을 대고 강요한 사람은 없었다. 다른 팀들—프레드 웨스트[Fred West]와 로즈 웨스트[Rose West](1967년에서 1987년 사이 12명의 여자와 소녀를 고문, 강간, 살해한 영국의 부부 연쇄살인범 - 옮긴이), 이언 브레이디와 마이라 힌들리, 제럴드 가예고와 샬린 가예고, 더그 클라크[Doug Clark]와 캐롤 번디[Carol Bundy](로스앤젤레스에서 주로 매춘부를 살해한 연쇄살인 커플 - 옮긴이), 폴 버나도와 그의 아내 칼라 호몰카 등—도 마찬가지로, 공범자인 여자들은 누구의 강요도 없이 자발적으로 그런 짓을 저질렀다. 그 중에는 도덕심이 결여된 "아버지 같은 존재"에게 몸과 마음을 지배당한, 근친상간의 피해자들도 있다. 그들의 태도는 자신이 의존하는 남자들에 대한 충성심과 복수심이라는 양극단을 오갔다. 이들은 쉽사리 애인이나 남편의 흉악 범죄에 가담한다. 이들이 전부 다 동정심이 결여된 것은 아니지만, 애인이나 남편에게 완전히 매료된 후에는 동정심이 (때로는 완전히) 사라진다. 마이라 힌들리는 이언 브레이디를 만나기 전에는, 너무 의존적이긴 하지만 그래도 조금은 인정이 있는 사람이었다. 그런데 한번 브레이디의 영향력 아래 들어가자, 그가 바로 자기 앞에서 아이들을 목 졸라 죽이고 그 비명을 녹음하는 데도 눈썹 하나 꿈틀하지 않았다. 마이라는 몇 년 후, 자신과 이언이 저지른 짓에 일말의 후회도 느끼지 않은 채 감옥에서 사망했다.

이 책 전반에 걸쳐 나는 악행에 주로 초점을 맞추었다. 끔찍한 행위는 "흉악하다"는 반응을 불러일으킨다. '악하다'는 우리가 극단적인 폭력이나 인격 모독 행위를 접했을 때 제일 처음 떠올리는 단어다. 그러나 그 악행 뒤에 있는 인간들은 전부 제각각이다. 악행을 저지른 인간들을 나열한 스펙트럼이 있다고 할 때, 한쪽 끝에는 인간성이 완전히 결여되고 뭔가에 홀린 듯 잔악한 범죄를 반복적으로 저질러, 우리가 그 사람과 행위를 똑같이 악하다고 규정하게 만드는 부류가 존재한다. 이 부류에게 구제란 말도 안 되는 소리고, 치료 또한 아무 효과가 없으며, 이들을 석방하는 것은 아주 중대한 실수가 될 것이다. 이러한 특징을 보이는 부류는 대부분 사이코패스다. 그 중 일부는 딱히 효과적인 치료법이 없는 중증의 정신병 증세를 보인다(석방되면 자발적으로 치료약을 복용하지 않을 가능성이 많다). 스펙트럼의 다른 쪽 끝에는 구제와 치료, 그리고 훗날 석방의 가능성도 고려해 볼 수 있는 부류가 있다. 다음은 구제와 석방이 절대 불가능한 사례부터 점차 강도를 낮춰 갱생과 사회 복귀가 충분히 가능한 예까지 하나씩 뽑아 정리해 본 것이다.

- 인간성이 결여됐고, 동정심을 아예 못 느끼며, 정상적인 대화가 불가능하고, 사람들을 증오하고, 습관적으로 거짓말을 하는 부류: 데이비드 폴 브라운/너대니얼 바-조나, 연쇄 강간범 제임스 버그스트롬, 연쇄살인범 제러미 존스와 리처드 라미레스.

- 극도로 자기중심적이고, 겉으로는 친절하고 살갑게 굴 수 있지만 자신이 저지른 짓을 뉘우칠 줄 모르며, 구제하거나 석방시켜서는 안 되는 부류: 이언 브레이디, 아서 쇼크로스, 데이비드 파커 레이.

- 사람들과 사귀는 것이 어느 정도 가능하고 소수와는 친밀한 관계도 맺을 수 있으나, 양심의 가책은 아주 미미하게 느끼거나 혹은 아예 못 느끼는 타입. 때로 정직함을 보이지만 과거 자신의 범행을 자백할 때에는 최소한의 정직함만 보이거나 사실을 심하게 왜곡함. 구제나 석방은 고려할 가치가 없는 부류: 토미 린 셀스가 대표적이다.

- 뉘우침과 솔직한 고백, 자기반성을 할 줄 알고, 어느 선까지는 타인을 배려해줄도 알며, 친구도 사귈 수 있음. 그래도 석방은 적절하지 않음: 데니스 닐슨.

- 양심의 가책이나 동정을 느낄 수 있으며 어느 정도 자제력을 향상시킬 여지도 있어서, 훗날 갱생과 석방을 고려해 볼 수 있는 부류(그러나 석방은 아주 오랜 시간이 지난 후에야 가능할 수도 있음). 이 부류에 속하는 범죄자들은 대부분 반사회적 인물이지만—몇몇은 사이코패스 기질도 일부 가지고 있다—완전한 사이코패스는 아님: 아치 맥캐퍼티가 대표적인 인물이다.

- 지금까지 언급한 긍정적 자질을 다 가지고 있는 부류. 악행이라 부를 만한 범행을 일생에 단 한 번만 저지르며, 그것도 극도의 스트레스 상황에서 저지른 경우. 구제가 확실히 가능하며, 일정 기간이 지난 후 석방시켜도 되는 이들.

도덕적 가치가 제대로 잡혀 있으며, 친밀한 우정이나 애정 관계도 가능함: 빌리 웨인 싱클레어, 클라라 해리스, 진 해리스.

이 사례들을 보고 평시의 악과 전시 또는 집단 분쟁 시의 악의 차이점을 한결 쉽게 이해했기를 바란다. 후자는 주관성의 요소가 개입된다(서로 상대방이 악하다고 비난한다는 이야기다). 또한, 일반 대중에게 충격을 주고 "극악무도하다"는 반응을 이끌어 내는 잔학 행위가 주로 전쟁 지도자의 강요로 이루어진다. 이 가해자 집단은 전쟁 전에도 그랬고 전쟁이 끝나면 다시 (죄 없는 사람은 아니더라도) 눈에 띄지 않는 사람으로 돌아갈 이들이다. 이들이 바로 한나 아렌트가 '악의 평범함'에 빗대어 말한 일반 병사들과 계급이 낮은 지휘관들, 드라쿨리치가 "파리 한 마리 못 죽일 사람들"이라고 역설적으로 표현한 이들이다.[27] 그러나 평시에 악행을 저지르는 사람들은 우리에게 더 큰 충격을 안겨 준다. 그들은 자의로 그런 짓을 저지르기 때문이다. 군중 심리에 휩쓸린 것도 아니고, 드라젠 에르도모비치처럼 죽느냐 죽이느냐의 상황에 직면한 것도 아니다. 소수의 자기도취적 리더처럼, 갑자기 수뇌의 위치에 올라 도덕적 제약에서 풀리자 마음대로 악행을 저지른 경우도 아니다. 게다가 여기서는 주관성의 문제도 배제된다. 어린이 살해의 흉악성에 의문을 제기하고 나설 사람은 다른 어린이 살해범밖에 없다. 그냥 하는 소리가 아니다. 실제로, 열두 살 때부터 남자아이들을 강간하고(나중에는 살인도 하고) 다닌 조셉 에드워드 던컨 3세^{Joseph Edward Duncan III}는[28], 열일곱 살 때 칼로 위협해 한 남자아이를 강간하다가 붙잡혀서 14년형을 살았다. 그런데 지능이 상당히 높았던 그는 (나중에 대학에서 우수생 메달을 받기도 했다) 블로그를 만들어 거기에서 이렇게 선언했다. "나의 반응은, 내가 불행의 원천으로 이해한 대상, 즉 이 사회에 반격을 하는 것이다. 내가 할 수 있는 만큼 사회에 해를 끼치는 것이 내가 의도한 바이다……. 성인이 된 이래 내가 경험해 본 것은 감금이라는 압박뿐이었다. 지난 몇 년 동안 나는 이곳에서 나가…… 복수를 하는 꿈을 꿔 왔다."[29] 블로그에서 던컨은 성범죄자들을 석방할 것과 성범죄자 기록을 말소해 줄 것, 더불어 자신의 성적 환상을 기록으로 남겨 줄 것을 요구했다.[30]

우리에게 충격을 준다는 것과 가해자가 동정심을 느낄 줄 모른다는 것 말고도 악행의 다른 특징들은 전시의 악과 평시의 악에서 똑같이 얼마든지 찾아볼 수 있다. 그런데 여기에도 또 한 가지 차이가 존재한다. 우선, 인간이 전시에 얼마나 비열한 존재가 될 수 있는지는 우리가 평소에도 자주 상기하며 살아간다. 이는 매일 신문만 대충 훑어봐도 알 수 있다. 대부분의 사람들에게 그런 종류의 악행은 너무 멀게 느껴진다. 반면, 옆집 사람(시애틀의 게리 리지웨이)이나 우리 교회 집사(캔자스시티의 데니스 레이더) 혹은 우리 시의회 의원(시카고의 존 웨인 게이시)이 알고 보니 연쇄살인범이었음이 갑자기 드러나면 우리가 느끼는 충격은 배가 된다. 이는 내가 개인적으로도 증언할 수 있다. 연쇄 성폭행 살인범 존 로이스터[John Royster]가 센트럴파크에서 범행을 저지르다 살인 미수에 그쳤을 때, 그 장소가 바로 우리 집 길 건너였던 것이다.[31]

우리는 악의 범죄에 어떻게 대응할 수 있는가?

우리가 평시에 접하는 악행, 우리가 흉악 범죄라 부르는 악행은 대부분 사이코패스 성향을 가진 사람들이 저지른다. 이들 중 일부는 사이코패스로 태어나고, 다른 일부는 불행한 환경의 영향으로 사이코패스가 된다. 아이에게서 엄마의 따뜻한 양육을 박탈하면 그 아이는 인간성을 박탈당한다—보통은 그렇다. 그 아이는 동정심을 느낄 줄 모르게 된다. 자기보다 더 좋은 환경에 있는 이들을 증오하게 될 수도 있고, 그러다가 복수심에 불타오르기도 한다. 반면에 아무리 어린 시절 학대를 받았다 해도, 보호 유전자의 도움을 받으면 나쁜 결과를 면할 수도 있다. 그러나 "타고난" 사이코패스는 방법이 없다. 유전으로 물려받은 사이코패스 성향을, 세상에서 가장 따뜻한 부모의 양육이 이기지 못하는 것이다. 제럴드 스타노가 바로 그런 예였다. 스타노 같은 사람은 마치 태어날 때부터 어떤 범죄든 반드시 저지르게 되어 있는 사람처럼 행동한다. 스탠턴 새머노우Stanton Samenow 박사가 인터뷰한 어느 사이코패스는 이런 말도 했다. "만약 강간이 합법이 된다면, 나는 다른 짓을 저지를 겁니다."[32]

사회적으로 가치가 있는 인간의 힘은 외부의 지도 없이 본능적으로 발현될 때가 많다. 예를 들면, 거의 모든 여자아이들은 모성애를 기르도록 따로 훈련을 받을 필요가 없다. (어머니의 애정과 보살핌을 통해) 자연스럽게 습득하기 때문이다. 고등학교에서 "적절한 엄마 노릇"을 가르쳐 봤자 별다른 도움이 안 될 것이다. 그러나 부모의 학대가 얼마나 큰 재앙을 불러오는지는 가르칠 수 있다. 나아가, 냉담하고 비정서적인 아이들은 물론이고 반항기 심한 아이들에게 체벌을 내려 봤자, 그 아이들은 타인을 존중하는 준법 시민이 되는 대신 제2의 게리 길모어가 될 가능성이 크다는 것도 제대로 알려 줄 수 있다.

모든 세대에는 편집형 분열증 환자 및 다른 중증 정신병 환자가 일정 비율 존재하며, 그 비율은 어떻게 해도 줄일 수 없다. 그중 일부는 — 종종 "명령 환각"에 의해 — 충격적일 정도로 극단적인 범행을 저지르곤 한다. 포이 Faughey 박사를 살해한 데이비드 탈로프David Tarlof나 손도끼로 어머니를 살해한 윌리엄 브루스William Bruce가 그러한 예에 속한다.[33] 두 사람 다 편집형 정신분열증 환자였는데, 한 명은 과로로 주의가 산만해진 정신병원 직원에 의해, 다른 한 명은 지나치게 열심인 "환자 대변인"에 의해 석방되었다. 정신병 환자 대변인들은 (요새는 훈련받은 정신과 전문의들이 맡는다) 때로 의무를 지나치게 받아들여, 망상에 시달리는 환자가 제대로 약을 복용하는 것을 막거나 병원 직원들이 환자 가족과 의사소통하는 것을 막기도 한다. 이 모든 행위가 환자의 치료에는 큰 방해가 되고 다른 사람들이 폭력 범행을 당할 위험을 높이는 꼴이 된다. 이러한 비극은 '위험성'에 초점을 맞춘 대처로 최소화할 수 있다. 우선, 만성적으로 사회에 위협이 되는(과거 병력을 보면 알 수 있다) 정신질환자들은 장기간의 입원 치료가 필요하다. 이들 전부가 퇴원 후 알아서 처방약을 복용하리라고 믿어서는 안 된다. 환자의 권리는 물론 존중되어야겠지만, 지역사회의 권리 또한 똑같이 지켜 줘야 마땅하다. 환자의 위험성 판단에는 추측이 어느 정도 개입될 수밖에 없는데, 그래도 헤어 박사와 그 동료들, 모나한^{Monahan} 박사 팀, 호진스^{Hodgins} 박사, 카스피 박사와 모핏 박사 같은 연구자들의 노력으로 판단이 좀 더 정확해졌다. 이제 폭력 성향이 강한 특정 환자를 집중 치료해 범행의 발생을 최소화하는 식으로, 정신질환자의 권리와 지역사회의 권리 사이에 좀 더 적절한 균형을 찾을 수 있게 되었다.

특정 정신병 환자들이 저지르는 폭력 범죄는 너무나 기괴해서 사이코패스가 저지르는 폭력 범죄보다 더 쉽게 흉악하다는 반응을 이끌어 낸다. 아버지의 머리를 벤 다음, 그 머리가 다시 몸통에 붙어서 자신을 또 학대할까봐 창밖으로 내던져 버리는 것은 누가 봐도 미친 짓이다. 사람들이 경악하는 것도 충분히 이해할 만하다. 정신과 진료 후 가해자의 병이 제대로 알려진 다음에야 우리는 그 행위는 악하나 가해자는—비록 위험할지라도—그리 악하지 않다는 것을 깨닫는다. 정신병적 살인자들은 종종 두려움 때문에 범죄를 저지르며, 사고가 이성적이지 않다. 이러한 점에서 볼 때 정신병자 살인범들은, 두려움이 아닌 자기 과시나 쾌락 때문에 타인을 해치는, 논리적이고 계산적인 사이코패스 살인범보다 덜 "악하다"고 할 수 있다.

일부 정신병적 범죄자들의 섣부른 석방보다 더 큰 문제가 되는 것은, 교도소에 수감되어 있는 특정 부류의 범죄자를 섣불리 석방시키는 것이다. 일반 교도소 수감자가 정신질환자보다 훨씬 많다. 내가 조사한 연쇄살인범 자료에 따르면, 강간이나 살인 혹은 둘 다 저지르고 들어온 범죄자들 중 4분의 1에 해당하는 수가 관계자의 부주의 또는 계산 착오로 사회에 풀려났다. 드물지만 병원이나 교도소 관계자들의 심각한 경고에도 불구하고 강한 외압

이 들어와 석방시켜 줄 때도 있다. 연쇄살인범을 조기 석방시키면 이후 열 명 이상, 심하면 수십 명의 추가 희생자가 나오기도 한다. 그런데 정신질환자는 그렇게 여러 명씩 살인하지 않기 때문에, 강간 살인으로 수감된 사이코패스를 조기 석방했을 때 훨씬 심각한 결과를 초래할 수 있다고 하겠다. 연쇄 성범죄자를 조기에 혹은 부당하게 석방시켜 재앙을 부른 사례를 연구하려면, 다음의 유명한 연쇄살인범 일곱 명을 연구해 볼 것을 권한다. 윌리엄 보닌^{William Bonin}과 테드 번디, 게리 하이드닉, 에드 캠퍼, 클리포드 올슨, 데릭 토드 리 그리고 잭 운터베거이다. 이 일곱 사람이 석방 후 추가로 강간하고 살인한 희생자 수가 도합 107명에 이른다.

수감자를 부당하게 석방해 준 가장 황당한 사례 중 하나가 연쇄살인범 아서 쇼크로스의 예다.[34] 학교 동급생들조차 "사악하다", "흉악하다"고 묘사했던 쇼크로스는, 뉴욕 워터타운의 노동자 계층 가정에서 자랐다. 그는 어머니에게 인격 모독과 학대를 당한 것도 모자라, 유년기에 최소 여섯 차례나 머리 부상을 당해 장시간 의식을 잃은 적이 있었다. 학교에서 침울하고 친구도 없는 외톨이였던 그는, 세 학년이나 유급을 당했다가 열일곱 살 때는 아예 학교를 중퇴했다. 야뇨증과 방화, 동물 학대의 "3징후"를 다 보였는데, 주로 개와 고양이에게 불을 붙이거나 고양이를 꽁꽁 묶어 강에 던지거나 아니면 다람쥐를 밟아 죽이는 장난을 즐겨 했다. 스물두 살 때는 베트남전에 참전했는데, 거기서 "여자들 머리를 닥치는 대로 베어 베트콩에게 전하는 경고의 뜻으로 나무에 박아 놓았다"는 식의 화려한 공훈을 자랑했다. 그러나 사실은 전투에 참여해 본 적이 없고, 다 꾸며 낸 이야기였다. 미국에 돌아와서는, 그것도 고향 마을에서 남자아이 하나 여자아이 하나를 강간하고 살해해 그린헤이븐 교도소에서 장기 복역을 하게 되었다. 그런데 경험이 부족한 사회복지사들과 직원들이 쇼크로스가 "더 이상 위험하지 않다"고 판정을 내렸고, 그는 1984년에 뉴욕 주지사의 승인으로 고작 12년 복역 후 석방되었다. 몇 년 뒤 뉴욕 로체스터 지역에서 매춘부들이 실종되기 시작했다. 지금까지 밝혀진 것만 11명이다. 모두 아서 쇼크로스의 짓이었고, 그는 다시 체포되어 이번에는 다른 교도소에서 종신형을 살다가 2008년 사망했다. 처음 수감됐을 당시 정신과 전문의들은 쇼크로스가 편집성 분열증이라고 정확하게 진단을 내렸다. 그런데 그가 위험인물이라는 전문의들의 경고는 가볍게 무시당했다. 쇼크로스는 이 책에서 언급한 모든 위험 인자를 한 사람에게 담은 결정체 같은 인물이었다. 신경과학자에게는 '악몽'과 같은 존재로, 그 특징을 나열하자면 우선 불리한 유전자를 물려받았고, IQ는 평균 이하이며, 어렸을 때 학대를 받았고, 성욕 과잉에 성질은 급하며, 뇌 손상도 입었고, 폭력적이며 사이코패스적이었다(냉담함과 과장성, 기만성, 동정심의 부재 등 사이코패스적 인격의 구성 요소는 다 가지고 있었다).

쇼크로스는 스물일곱 살 때 저지른 두 건의 강간 살해만으로도 종신형을 선고받았어야 했다. 성폭력 범죄자는 범행을 반복하는 경향이 있으므로, 강간범, 특히 강간 살해범들은 쇼크로스나 기타 연쇄살인범들이 선고받은 형량보다 훨씬 무거운 형을 받아야 한다. 그러나 그들은 "새 삶을 살 기회"를 얻었고, 그 기회를 이용해 희생자 수를 추가했다.

더 충격적인 사례는 앞서 소개한 연쇄살인범 조셉 던컨의 예다. 어린 소년들을 강간하고 살해해 감옥에 들어간 던컨은, 허술한 교도소 시스템 덕분에 ("어린이 성폭행범sexual predator" 대신) 그냥 "성범죄자sex offender"로 풀려났다. 얼마 후 또 다시 범행을 저지르고(여섯 살짜리 남자아이를 성추행했다) 체포됐지만, 친구를 구슬려 보석금을 지불하게 한 뒤 달아났다. 한 달 후 던컨은 여자아이 한 명과 남자아이 한 명을 납치했다. 아이들의 엄마와 오빠(형), 그리고 엄마의 약혼자까지 전부 살해한 뒤였다. 두 아이를 아이다호에서 몬태나까지 데려간 그는, 두 달 동안 아이들을 강간 고문하고 또 고문 장면을 비디오로 찍었다. 그리고는 아홉 살 난 남자아이만 살해했다. 여자아이는, 던컨과 함께 어느 편의점에 갔다가 신원이 식별되는 바람에, 마침내 던컨의 손아귀에서 벗어날 수 있었다. 2008년 던컨에게 유죄 판결을 내리면서 배심원단은 사형을 구형했다. 대중이 매춘부 살해보다 어린이 고문 살해에 더 강한 반응을 보이기 때문에, 던컨 사건은 쇼크로스 사건보다 더 명백한 흉악성을 띠게 되었다. 쇼크로스가 두 어린이를 죽이면서 살인 행각을 시작했다는 것을 기억하는 사람은 많지 않다. 던컨이 마지막으로 고문하고 살해한 소년의 할머니는 이렇게 말했다. "내 눈에 저 사람은 사악하고 냉담한, 텅 빈 껍데기로밖에 안 보입니다."[35] 쇼크로스와 던컨 모두 악의 등급에서 카테고리 22에 해당한다. 던컨은 쇼크로스와 달리 좋은 가정에서 자랐고, 학대받지 않았으며, 매우 똑똑했고, 열세 살까지 이불에 오줌을 싼 것 외에는 3징후를 전부 보이지도 않았다. 던컨에게서 보이는 사이코패시의 요인들은, 양육보다는 천성에 주로 기인한 듯하다. 그러나 분명한 것은, 부당한 석방이 이 두 성범죄자로 하여금 폭력 범행을 계속할 수 있게 만들었다는 것이다. 게다가 석방된 후에는 범행의 양상이 더 거칠어지기도 했다.

대량 살인은 또 다른 문제다. 앞에서 언급한 토머스 해밀턴이나 조승희, 조지 헤너드 같은 전형적인 편집형 정신질환자들은 보통 아무 경고도 없이 폭발한다. 그런데 대량 살인에는 거의 항상 총기가 사용되므로, 총기 규제를 강화하면 이러한 형태의 악행을 감소시킬 수 있다. 인구 세 명당 총기 두 자루를 소지하고 있는 미국에서 다소 비현실적으로 들리는 해결책이지만, 적어도 AK-47 같은 연발총만이라도 손에 넣기 어렵게 만들어야 한다. 이러한 총은 사냥용이 아니고 명백히 살상용이기 때문이다. 아주 충격적인 일화가 하나 있다. 사우스캐롤라이나에 사는 전과자 퀜틴 패트릭$^{Quentin\ Patrick}$이 할로윈 밤에 사탕을 달라고 초인종을 누른 열두 살짜리 소년을 강도로 오인한 사건이 있었다. 전과자라서 애초에 총기 소지가 허용되지 않는데도 어찌된 일인지 AK-47을 가지고 있었던 패트릭은 아이에게 총 36발을 쏘아 그 자리에서 즉사시켰다.³⁶

앞서 9장에서는 코카인이나 메탐페타민 같은 약물이 폭력 행위를 제어하는 뇌의 "브레이크 시스템"을 어떻게 마비시키는지 설명한 바 있다. 볼리비아의 코카 재배나 아프가니스탄의 양귀비 재배를 근절하는 것은 헛된 희망이다. 이제 "메스(메탐페타민의 줄임말 - 옮긴이)"는 미국 전역의 은밀한 제조실에서 버젓이 만들어지고 있다. 코카인과 메탐페타민은 다른 것보다 두 배로 악하다. 그것에 중독되는 사람의 인생을 망칠 뿐 아니라(약물을 계속 얻기 위해 매춘과 강도, 나아가 더 심한 짓도 하게 만들기 때문에), 그 사람의 폭력 범죄에 희생된 사람들의 인생까지도 망치기 때문이다. 더불어, 살인 전에 마약으로 '준비'를 하는 연쇄살인범에게 살해된 희생자들도 계산에 포함해야 한다. 인간이라는 종의 뇌는 뱀과 전갈, 거미, 악어를 두려워하도록 진화했다. 그런데 그것들보다 훨씬 더 위험한 총기류와 마약을 두려워하도록 뇌가 진화하기를 기다리자면 아마 한도 끝도 없을 것이다. 이것은 교육 시스템이 앞장서야 할 문제다. 아이들에게 이 죽음과 파멸의 도구를 두려워하도록 가르치는 일을 부모에게만 전적으로 맡길 수 없으므로, 학교가 아이들에게 이 위험을 인식시키는 데 더 큰 역할을 해야 한다. 우리는 지금도 도덕적 가치('남에게 대접받고 싶은 대로 남을 대접하라'는 황금률)와 생존의 법칙('파란불이 켜지면 길을 건너라')을 아이들 머릿속에 단단히 심어 두려고 노력한다. 그 생존 법칙에 '마약은 무조건 피하라'는 항목을 하나 추가한다면 정말 좋은 결과가 있을 것이다.

배심원으로 선정되어 소환되는 미국 시민들은, 미국의 사법 체계가 옛날 시죄법(물이나 불 등을 사용한 고문을 견디는 사람에게 무죄 판결을 내리는 법 - 옮긴이)이나 드라코식 엄격주의(경범죄와 중범죄를 모두 사형에 처한 드라코 법전에서 유래된, '가혹한 법적 조치'를 뜻하는 말 - 옮긴이)에서 '유죄가 입증되기 전까지는 무죄'를 원칙으로 하는 비교적 공정한 현재의 모습을 갖추게 된 과정에 대해 의무적으로 교육을 받는다. 형량은 범죄의 무게에 비례하여 주어진다. 그리고 범죄자가 복역을 마치면, 그 사람이 사회에 진 빚은 말소된 것으로 간주한다. 미국의 사법 체계는 대다수에게 정의를 베풀지만, 때로 특정한 타입의 재범자들, 특히 사이코패스 기질을 가진 범죄자들에게는 제대로 대처하지 못한다. 이들 대부분이 어떻게 하면 "모범을 보여 가석방

될 수 있는지"를 꿰뚫고 있으며, 풀려나는 즉시 예전에 하던 짓을 되풀이한다. 열한 명의 어린이를 살해하고 현재 밴쿠버에서 보안이 가장 엄중한 교도소에서 복역 중인 클리포드 올슨은, 한 기자에게 풀려나면 무엇을 하고 싶으냐는 질문을 받고 이렇게 대답했다. "하던 짓을 계속할 겁니다." 그리고 희생자 가족들에게 미안하지 않느냐고 묻자, 이렇게 대꾸했다. "그 사람들 걱정을 했으면, 애초에 아이들을 죽이지도 않았겠지요."[37]

캐나다 사법 체계의 특징은, 올슨 같은 범죄자도 2년마다 돌아오는 가석방 심사를 받을 자격이 된다는 것이다. 그리고 종신형이라고 하면 겨우 25년형을 뜻하고, 살인범도 15년을 복역하면 조기 석방 심사를 신청할 수 있다.[38] 올슨의 범죄는 감옥에서 몇 년을 살아도 청산될 수 없는 성질의 죄였다. 결국 올슨은 그가 석방된 후에도 처음 투옥됐을 때와 똑같이 위험한 사람이라는 것을 사회에 경고하는 일을 해 주었다. 이러한 사건들은 (성적 연쇄살인 같은) 흉악 범죄가 거의 발생하지 않거나 알려지지 않던 시절에 만들어진 성문법보다, 반복 범행의 가능성에 알아서 더 주의를 기울일 만큼 융통성 있는 사법 체계가 현 시점에서 필요한 이유를 잘 보여준다.

올슨 사건이나 그와 비슷한 사례들은, 우리가 실제로 할 수 있는 일을어서 실행에 옮기라고 촉구한다. 바로, 우리 사회에서 일어나는 악행을 줄이는 일이다. '악이란 곧 우리를 놀라게 하고 소름끼치게 하는 범죄'라는 전제를 받아들이면, 악이 언제나 우리 주변에 존재한다는 것도 인정해야 한다. 우리는 유전 형질을 바꿀 수 없다. 머리 부상이나 정신질환, 마약 남용도 지구상에서 없애 버릴 수 없다. 대신 위험을 포착하는 능력을 다듬고 가장 위험하다고 판단되는 사람을 사회에서 영구적 혹은 장기적으로 확실히 격리시킨다면, 가장 위험한 범죄자들이 다시 풀려나 재범을 저지를 확률이 부쩍 줄어들 것이다. 갱생과 구제의 가능성이 거의 없는 사이코패스 폭력 범죄자들의 경우 특히 그렇게 해야 한다. 올슨은 마흔 살에 열한 명의 아이를 상대로 연쇄살인 행각을 시작하기 전에, 폭력과 동물 학대, 무장 강도 등의 죄목으로 이미 10여 차례 교도소를 들락거렸다. 재앙의 조짐이 한 번도 아니고 여러 번 있었던 것이다. 사법부가 개입해서 올슨의 범죄 경력을, 그리고 다른 범죄자들의 반복 범행을 초기에 좌절시켰어야 했다.

***

일부 폭력 범죄자들을 인터뷰하다 보면, 그리고 그들의 삶을 계속 지켜보다 보면, 중요한—그리고 희망적인—사실 하나를 깨닫게 된다. 흉악범으로 일찍이 낙인찍힌 이들이 시간이 지나고 점점 성숙해지면서 더 나은 사람이 될 여지를 보이기도 한다는 것이다. 이는 아치 맥캐퍼티의 사례에서도 이미 확인했다. 그는 비록 격정적인 젊은 시절을 보냈지만, 훗날 타인에 대한 동정심과 양심의 가책을 느낄 줄 아는 사람으로 변모했다. 그리고 성격도 처음엔 명백히 반사회적이었지만, 냉담함이라든가 극도의 자기도취성 같은 사이코패스 기질은 처음부터 없었다. 처음 판단과는 달리, 맥캐퍼티는 구제될 수 있는 사람이었다. 더 설득력 있는 사례는 1장에 등장한 빌리 웨인 싱클레어다.[39] 싱클레어는 무장 강도 중 살인을 저질러 중형을 받고 교도소에 수감됐지만, 복역 중에 자신도 도덕적 가치를 아는 사람이 될 수 있음을 증명해 보였다. 교도소의 부패한 가석방 시스템을 폭로한 내부 고발자가 된 것이다. 내가 듣기로는, 희생자의 유가족들은 그를 절대로 용서할 생각이 없다고 한다. 그렇게 느끼는 건 이해하지만, 싱클레어는 그렇게 냉혹한 대접을 받아야 할 사람은 아니라고 생각한다. 이제 60대가 된 빌리 웨인 싱클레어는 완전히 다른 인간이 되어 모범 시민이자 지역사회의 중요 인물로 살아가고 있으니 말이다.

애초에 석방되지 말았어야 했을 아서 쇼크로스는 석방되어 십수 명을 더 죽였다. 감형을 받고 풀려났어야 했을 빌리 싱클레어는, 처음엔 전기의자에서 죽을 뻔했고 나중에는 감옥에서 거의 늙어 죽을 뻔했으나 60세가 다 되어서 간신히 풀려났다. 우리의 사법 체계는 허점이 많다. 우리는 앞으로 범죄자의 미묘한 인격 이상에 더욱 주의를 기울여야 하고, 사이코패스 살인범은 더 가혹하게, 반대로 진정한 후회와 개선의 빛을 보이는 비사이코패스 범죄자들은 좀 더 관대하게 처리해야 한다. 모든 범죄자가 구제받을 수 있는 것은 아니다. '구제'는 영적인 의미에서 말하는 '구원'과 비슷하다. 필수 요소는 뉘우침과 양심의 가책, 전에 범행의 타깃으로 삼았던 부류에게 증오 대신 동정심을 느끼도록 변할 수 있는 가능성이다. 희생자에게 체계적인 고문을 가한 이들—테레사 크노어나 데이비드 파커 레이, 데이비드 폴 브라운, 로버트 버델라,[40] 마이크 디바들레이번, 벨기에의 소아 성애 고문 살해범 마르크 뒤트로Marc Dutroux, 스페인의 프란시스코 몬테스 등—에게는 이러한 필수 요소가 결여되어 있었다. 이중 몇몇(브라운, 버델라, 몬테스)은 평생 친밀한 관계는 물론이고 단순한 친구 관계도 맺어 본 적이 없었다. 이들 전부 악의 등급에서 카테고리 22에 해당되며, 한마디로 구제가 불가능한 부류다. 몇 명(버델라, 디바들레이번)은 어린 시절 부모에게 극도의 학대를 받아 일찍부터 인간성을 박탈당한 케이스였다. 최소한 그들이 이런 인간성 박탈의 환경을 경험해야 했다는 것은 동정해도 좋을 것이다. 그러나 어떤 이들은 훌륭한 부모 아래서 자랐는데도, 비교적 눈에 띄지 않는 요인이 작용하여 극도의 비인간성을 보여주기에 이르렀다.

그러나 고문 살해범들 중에서도 일말의 인간성을 보여 우리에게 연민의 여지를 주는 이들이 있다. 그들은 한때 괴물처럼 행동했지만, 슬라벤카 드라쿨리치의 말을 빌리면 그들이 곧 "괴물"은 아니었다. 1장에서 잠시 소개한 이언 브레이디를 예로 들어보겠다. 나는 지난 몇 년 동안, 자신이 목 졸라 죽인 아이들의 비명을 녹음한 이 남자야말로 세계 최악의 흉악 범죄자라고 생각했었다. 물론 그때는 레너드 레이크나 데이비드 파커 레이가 저지른 고문 살해 행각을 알기 전이었다. 그런데 연쇄살인범 중에서도 지능이 높고 박식한 편에 속하는 브레이디가 얼마 전 내게 편지를 보내왔다. 벌써 수감된 지도 40년이 흘렀는데, 그 안에서 전에(살인 전에) 미국에 왔을 때 먹어 본 온갖 맛있는 음식들을 떠올리며 지낸다고 했다. 브레이디는 몇 년 전부터 먹기를 거부하고, 튜브 장치를 통해 목숨을 부지하고 있었다. 그는 내게 자신이 방문했던 곳들의 지도를 보내 달라고 부탁하면서, '나에게는 이제 현재도 미래도 없고 과거만 남아서 그런다'고 덧붙였다. 70년 인생 중 3분의 2를 갇혀있어서 그런지, 원래 극도로 자기도취적이었던 이 인간에게서 오히려 인간성의 조각을 더 선명하게 볼 수 있었다. 다른 흉악범들도, 우리가 충분히 오랫동안 지켜보면 이런 인간성의 조각을 보여줄지도 모른다. 물론 악의 등급에서 낮은 카테고리에 속한 이들이 더 그럴 가능성이 높으며, 때로 고문은 하지 않은 연쇄살인범들도 일말의 인간성을 보여 우리를 놀라게 한다. 나도 이 "짐승 같은" 살인범 여러 명과 개인적으로 친분을 쌓게 되면서 비로소 이 점을 깨달았다. 흉악 범죄를 저지른 살인범들을 실제로 알게 되면, 책에서는 볼 수 없었던 인간적인 특징을 더 쉽게 발견할 수 있다. 이런 생각은 최근 들어 굳혀진 것이다. 2008년 8월 17일에 어떤 꿈을 꾼 이후로 그런 생각을 하게 됐다.

나는 우리 집에 다른 남자 한 명과 함께 있는데, 그는 파자마 차림에 몸집이 다소 왜소한 노인이다. 나는 그 노인이 과거 이야기를 꺼내도록 유도하고 있다. 그는 연쇄살인을 저지르고 교도소에 들어갔다가 막 나온 듯하다. 그는 어린 시절 이야기를 끄집어내고 싶지 않은 것 같지만, 그래도 아버지가 집을 나가는 바람에 어머니 손에 자랐다는 것은 털어놓는다. 나는 일어서서 주방으로 간다. 노인은 나를 따라오더니 내 아내와 대화를 시작한다. 아내는 겁도 없이 평소처럼 허물없는 태도로 그와 이야기를 나눈다. 나는 걱정이 된다. 저 사람이 예전에 저지른 짓을 또 다시 저지르면 어떡하지? 여기엔 서랍마다 칼도 그득한데. 그러나 그는 아무 짓도 하지 않는다. 잠시 후 그는 휴대전화를 받는다. 그리고는 울기 시작한다. 그가 러시아어로 뭐라고 중얼거리기에, 나도 러시아말로 묻는다. "Shto sluchilos?"—무슨 일입니까? 그는 그동안 마음에 두고 있던 여인이 자신을 거부했다고 말한다. 나는 그가 안쓰럽게 느껴진다.

이 꿈을 꾸기 전에 나는, 25년 넘게 수감되어 있는 연쇄살인범 데니스 닐슨이 보내온 편지를 읽고 있었다. 그는 편지 끝자락에, 자신이 평생 느껴 온 강렬한 외로움을 나타낸 시 한 편을 실었다. 닐슨은 주로 어머니와 외할아버지 손에 컸는데, 외할아버지의 죽음은 어린 닐슨에게 큰 상처를 남겼다. 다음은 닐슨이 쓴 시의 일부를 옮긴 것이다.

나는 여기 앉아 있네―오래, 아주 오래
나 홀로―해변에 앉아 있네
속삭이는 바다를 곁에 두고
귀를 기울이며, 기다리며, 희망하며
모래가 눈물로 얼룩지고
파도가 죽은 것을 토해 내는구나…….

바다는 삶을 토해 내고,
우리 인간들은 모래 위에 앉아―
너―그리고 나는
항상 그렇게 항상
그를 기다리고 있다.[41]

닐슨의 편지를 읽고 나는 내 법무정신의학계의 스승인 찰스 스미스Charles Smith 박사가 언젠가 했던 말이 떠올랐다. "악한 사람은 없다. 악행이 있을 뿐이다." 나는 이 말이 평생에 걸쳐 폭력과 악행으로 우리를 놀라게 하는 사람은 없다는 뜻으로 해석한다. 스미스 박사의 말은 넓은 의미로는 옳지만, 완전히 맞는 말은 아니다. 내가 지금까지 알아온 살인범들 대다수는 아주 오랫동안 감옥살이를 해 왔다. 이들 중 일부는 체포되어 악행을 멈춘 이래 그래도 어느 정도는 감정을 느낄 수 있게 되었다. 대부분이 체포되기 전에 "이중생활"을 해 온 이들이었다. 친구도 있고 애인이나 배우자도 있는데 짬짬이 일상을 벗어나 범행을 저지른 것이다. 데니스 닐슨이나 이언 브레이디, 데니스 레이더, 토미 린 셀스, 샨테 카임스 그리고 게리 리지웨이가 이 경우에 속한다. 그런가 하면, 뉘우칠 줄도 모르고 구제의 가능성도 안 보이며 치료의 희망도 없는 이들—스미스 박사의 법칙에서 예외에 해당하는 존재들—도 있다. 악의 성향이 너무 뼛속까지 퍼져 있고 흉악성에 한계도 없는 이들이다. 데이비드 폴 브라운/너대니얼 바-조나, 에드 섹스턴, 데일 피에르, 필 스키퍼, 찰스 맨슨, 마이크 디바들레이번 그리고 해롤드 쉽먼 박사나 마이클 스왕고 박사 같은 '죽음의 천사'들이 여기 해당된다.

앞에서 묘사한 꿈을 꾸기 전에, 나는 닐스 하베르만$^{\text{Neils Habermann}}$의 성적 살인범 사례 연구 보고서《청소년 성폭행 살인$^{\text{Jugendliche Sexualmörder}}$》을 읽고 있었다. 이 젊은이들 중 대다수는 여자에게 거절당한 이후 최초의 강간 살인을 저질렀다. 일부는 사이코패스 성향을 가지고 있어서, 훗날 연쇄살인범이 되었다. 또 어떤 이들은 어릴 때 반사회적 성향을 보였으나(사이코패스 성향은 없었다), 복역하고 석방된 후 재범을 저지르지 않았다. 나는 그 꿈을 꾼 날 어떤 환자를 진료했는데, 그녀는 거의 모든 사람들이 진짜 "인간"이 아닌 것 같다고 털어놓았다. 그녀의 사고방식에 따르면, 사람들은 모두 동물이라는 것이었다. 그 환자는 나더러, 죄수들과 정신병적 범죄자들을 상대하는 분이니 자기 말에 동의하지 않느냐고 물었다. 나는, 아무리 흉악한 범죄를 저지르는 사람도 당신이나 나와 똑같은 인간이라는 점을 그녀에게 납득시키려고 노력했다. 니체의 말을 빌리면, 그들도 "인간적인, 너무나 인간적인" 이들이라고 해야겠다. 니체는 유명한 수필 《짜라투스트라는 이렇게 말했다》에서 우리 인간에게 주어진 과제를 이렇게 형상화했다.[42] 우리는 팽팽한 밧줄을 타고 아슬아슬하게 걸어가듯 인생길을 걸어간다. 그런데 "인간은 동물과 초인 사이에 놓인 밧줄이며, 그 밧줄은 심연 위에 놓여 있다." 가다가 동물 수준으로 전락할 수도 있고, 아니면 자기 자신을 초월해 도덕적 우월성을 성취할 수도 있다. 나는 이 "동물" 이미지가 마음에 걸린다. 악행을 저지를 수 있는 것은 동물이 아니라 우리 인간이 유일하기 때문이다. 그런데도 사람들은 악행을 보면 종종 "그는 마치 짐승처럼 굴었어요"라고 이야기한다. 좀 더 현대적인 비유로 바꾸어, '인간은 번디와 붓다 사이에 팽팽히 놓여 있는 밧줄이다'라고 하면 어떨까. 그리고 심연은 테드 번디와 그 부류가 기다리고 있는 곳, 같은 인간의 안녕에 대한 배려가 거품처럼 사라지고 오직 가늠할 수 없는 잔인성과 해악, 우리를 소름끼치게 만드는 '악'만이 존재하는 그곳이다.

덧붙이는 글 : 정신의학과 범죄 심리학 연구의 기념비적 저작

《범죄의 해부학》은 정신의학 분야와 범죄 심리학 연구에서 기념비적 저작이 될 만한 작품이다. 1941년 허비 클렉클리$^{Hervey\ Cleckley}$가 《정상인이라는 가면$^{The\ Mask\ of\ Sanity}$》이라는 저서를 통해 최초로 사이코패스적 인격에 대한 이론을 제시했다. 마이클 스톤의 《범죄의 해부학》에 와서는 이 이론이 몇 단계 진화했다. 우리는 《범죄의 해부학》에서 그동안 직관적으로만 파악하고 있던 악의 개념을 포괄적이면서도 자세하게, 그리고 세련되게 분석한 결과물을 접할 수 있다. 스톤 박사는 여기서 '악한 행동'을 '악한 의도'와 구별하는 기준을 제시했다. 그리고 유전적, 구조적, 환경적 영향과 인격 형성의 과정 그리고 정신병리학을 통합해 주는 인과관계의 틀도 제공했다. 그 과정에서 스톤은 '위협적' 행동과 '폭력적' 행동 그리고 '범죄적' 행동의 범주를 정의

하고, 방지할 수 있는 것들과 위험 행동의 전조가 되는 성향을 상세히 묘사했다.

악의 본질은 원시적인 공격성이 충격적인 형태로 표출되거나, 다른 사람을 향한 파괴 성향이 행동으로 분출될 때 드러난다. 그 폭력성에서 우리는 '과도함'과 '극도의 무심함' 그리고 인간의 본성을 거스르는 '동정심의 결핍'이라는 특징을 발견할 수 있다. 스톤은 반사회적 행동들을 세밀하게 분류하여 22단계의 등급을 제시했는데, 여기에는 각각의 전조가 되는 특징도 상세히 기술되어 있다. 이러한 악의 심리 분류는 가장 위험하고 유해한 집단, 즉 사이코패스적 인격을 가진 집단을 더 잘 이해할 수 있게 해 준다. 이 사이코패스 집단은 동정심을 전혀 못 느끼고 타인과 자신에게 관심이 없다.

심각한 수준의 반사회적 행동을 보이는 환자들은 거의 대부분 자기도취적 인격 장애를 잠재적으로 가지고 있다. 나는 이 부류를 반사회적 행동 성향을 보이는 자기도취적 인격, '악의적 자기애' 증후군 그리고 완전한 반사회성 인격으로 분류했다. 이 중에 마지막 케이스가 스톤의 분류 체계에서 사이코패스에 해당한다. 스톤은 분열성 인격이나 가학성 인격의 특징을 보이는 환자들은 극단적인 사이코패스로 발전할 여지가 많다고 지적했는데, 대부분의 사이코패스들이 강한 자기도취적 성향을 보인다는 점에 우리 둘다 공감한다.

마이클 스톤의 이론이 중요성을 갖는 이유는 그가 각 등급에 해당하는 반사회적 행동의 특징을 자세히 설명했기 때문만은 아니다. 스톤은 유전적 요인과 유년기에 정신적 충격을 준 경험 그리고 사회적 환경이 어떻게 결합하고 작용하는지 신중하게 검토해 새로운 정신병리학적 견해를 제시했다. 그는 유전과 환경이 상호작용하여, 자신과 타인에게 관심이 없고 양심의 가책과 후회를 못 느끼며 최악의 경우 폭력과 쾌락이 결합돼 남에게 고통을 줄 때만 희열을 느끼는 최악의 인격을 만들어 낸다고 설명했다.

더불어 스톤은 '우리는 현재 환자의 시민권과 지역사회의 권리를 둘 다 보호하면서 심각한 인격 장애를 가진 환자들을 제대로 관리하고 있는가?'라는 중대한 질문을 던진다. 심한 반사회적 성향을 보이는 환자가 정신과에 입원해 치료를 받게 될 경우, 병원 측이 치료에 필요한 정보를 외부에서 얻을 때 방해를 받는 일이 자주 생긴다. 기밀 유지를 요구하는 법규가, 그러한 정보를 수집하고 정확한 진단을 내려 환자에게 최상의 치료를 제공하는 것을 가로막는 것이다. 법무 병원에 들어오는 이러한 환자들 중 가장 위험한 부류는 보호 구금을 해야 하며, 필요하다면 평생 구금까지 해야 한다. 그런데 "부정기형 선고$^{indeterminate\ sentencing}$"에 대한 원칙이 제대로 서 있지 않아서 그 필요를 충족시키지 못하고 있다. "부정기형 선고"의 원칙이 제대로 서면, 사법 체계는 스톤이 제시한 등급에 따라 환자의 위험성을 현실적으로 판단하고, 각 환자에 대한 수감과 보호 치료를 맞춤 제공할 수 있다. 물론 사이코패스 범죄자 대다수는 이러한 치료로 효과를 볼 가능성이 제로에 가깝다. 하지만 스톤이 지적한 바와 같이 시간을 두고 정보를 충분히 수집하고 분석한다면, 최소한 그 정보를 토대로 각 환자에게 어떠한 보호 치료가 최선이 될지 결정할 수 있다.

악은 분명히 존재한다. 그 악은 사이코패시의 형태로, 혹은 이유도 없이 파괴만을 목적으로 하는 폭력의 형태로, 종종 쾌락의 탐닉을 수반하고 나타난다. 그리고 악은 사회적으로 승인된 대량 학살이나 인종 청소의 형태로도 나타난다. 우리는 이러한 학살을 집단의 심리학적 발달 과정의 퇴화로 이해하는데, 사실 모든 인간은 집단 안에서 그런 식으로 퇴화할 가능성을 잠재적으로 가지고 있다. 평소 같으면 반사회적 행동을 전혀 하지 않을 평범한 시민들이 갑자기 폭력적이고 파괴적으로 행동하면서, 전체 사회 집단 혹은 억압받는 소수 집단에 대한 동정심을 완전히 잃게 되는, 극단적인 상황이 발생하기도 한다. 이 경우에도 우리는 사회적, 정치적, 역사적 요인과 인격적 성향을 구별해서 생각해야 한다. 더불어 오늘날 이 문제에 대한 학계의 이해는 상당한 수준에 도달했지만, 그러한 현상을 통제할 사회적 힘은 그 수준에 훨씬 못 미치고 있음을 받아들여야 한다.

사이코패스의 핵심을 이루는 수수께끼는, 스톤이 강조했듯이, 동정심의 완벽한 부재와 감정이입 능력의 결핍 그리고 남과 자신에 대한 관심의 부족이다. 최근 신경생물학 분야에서 진행된 연구들은 대뇌피질 변연계 기관들 간의 복잡한 작용을 그 원인으로 지적하고 있다. 신경생물학적 구조와 각 기관의 역할에 대한 연구는 날이 진전되고 있다. 하지만 뇌 구조와 그 역할은 어쩌면 복잡한 행동적, 정신적 상징 구조와 간접적으로 연관되어 있으며, 그 모든 작용이 감정이입 및 도덕적 판단 능력에 잠재적으로 영향을 미치는 것인지도 모른다. 우리는 인격 장애에 내포되어 있는 정신 작용에 대한 병리학적 연구와, 신경생물학에서 다루는 인격 결정 요소에 대한 연구를 동시에 진행해 나가야 한다.

《범죄의 해부학》은 이 분야에 관심이 있는 모든 시민과 정신 건강 관련 업종에 몸담고 있는 이들, 특히 법무정신과학의 안에서 인격 장애를 다루는 전문가들이 반드시 읽어야 할 책이다. 또한 사법 체계 종사자 가운데 반사회적 행동과 관련된 전문가들 또한 이 책을 읽어야 한다. 그렇게 한다면 점점 높아지는 우리의 지식 수준과 범죄 성향을 가진 부류를 다루는 실질적 방식의 불균형을 해결하는 새로운 정보를 얻을 수 있을 것이다.

- 오토 F. 컨버그 박사,
코넬대학교 웨일코넬 의대 정신의학과 교수, 국제 정신의학협회 전 회장

주석

프롤로그

1. 〈갈라디아서〉 2:19~21.
2. 코란 10:27—"As for those who have earned evil, the punishment of an evil is the like of it……"
3. 마니는 3세기 페르시아의 종교 지도자로, 선과 악의 이원론을 주장하였다. 그의 이름을 따 "마니교"가 창시되었다. 성 아우구스티누스도 기독교도가 되기 전에 잠시 마니교였다고 한다.
4. BC 7세기에 살았을 것으로 추정되는 페르시아의 예언자 조로아스터는 선과 빛의 신(아후라 마즈다)과, 악과 어둠의 신(아리만)의 존재를 믿었다.
5. Cf. 《The Teachings of Buddha: Bukkyoh Dendoh Kyohkai》 (Tokyo: Kosaido Printing Company, 1966).
6. Susan Neiman, 《Evil in Modern Thought》 (London: Transaction Publishers, 2002).
7. 같은 책, pp. 8~9.
8. Andrew Delbanco, 《The Death of Satan: How Americans Have Lost the Sense of Evil》 (New York: Farrar, Straus & Giroux, 1995), p. 10.
9. 코란 4:79.
10. Brian Masters, 《Killing for Company: The Case of Dennis Nilsen》 (New York: Stein & Day, 1985).
11. 같은 책, p. 19.
12. "악한 유전자"란 없기 때문이다. 9장에서 더 자세히 살펴볼 텐데, 충동 통제력

부족이나 감정이입 능력의 부족 및 기타 부정적인 인격 형성에 영향을 끼치는 유전적 요인은 존재한다. 그러나 이 중에 어떤 것도 악행의 단독 요인이 되지는 못한다. 특정 행동 경향을 높이는 요인이 될 수는 있어도, 결정적인 요소로 작용하지는 않는다는 뜻이다.

13. Masters,《Killing for Company》, p. 187.
14. 정신질환자에 관한 전기는 18세기 말, 19세기 초부터 등장하기 시작했다. Cf. Christian Spiess,《Biographien der Wahnsinnigen》(Leipzig, 1796), K. W. Ideler,《Biographien der Geisteskranken》(Berlin: Schroeder, 1841).
15. 〈레위기〉 19:15.
16. 〈에스겔서〉 7:3.
17. 〈마태복음〉 7:1.
18. 〈마태복음〉 7:3.
19. Ludwig Wittgenstein,《Philosophical Investigations》.
20. 〈신명기〉 22:25~30.
21. Elaine Pagels,《Adam, Eve, and the Serpent》(New York: Knopf, 1989).
22. 〈레위기〉 18:21.
23. 조지 라일리 스코트George Ryley Scott의《History of Torture》(London: Bracken Books, 1940)를 보면 예가 많이 나와 있다. 13세기에 프로방스에서는 이단으로 취급된 알비 파Albigensian들이 화형을 당했고, 16세기 스페인 종교재판 당시에는 기독교로 개종한 유대인들이 화형을 당한 기록이 있다. 1545년에는 칼뱅이 스물세 명을 마녀로 몰아 말뚝에 매달고 화형에 처할 것을 명령했다는 기록이 있다. 이러한 예를 전부 찾아서 실으면 두꺼운 책 한 권 분량은 될 것이다.
24. 이 두려움이, 코튼 매더Cotton Mather가 재판관으로 있던 1692년 세일럼을 비

롯한 매사추세츠의 여러 마을에서 마녀 재판을 열게 된 계기가 됐다. Cf. Cotton Mather, 《Discourse on the Wonders of the Invisible World》 (Roxbury,MA: WE Woodward, repr., 1866).

25. 신경과학자 장-피에르 샹쥬Jean-Pierre Changeux도 이러한 견해를 지지하는 입장이다. 자세한 내용은 철학자 폴 리코르Paul Ricoeur와의 대화를 옮긴 다음의 참고 도서에서 확인할 수 있다. 《What Makes Us Think: A Neuroscientist and a Philosopher Argue about Ethics, Human Nature, and the Brain》 (Princeton, NJ: Princeton University Press, 2000), p. 284.

26. 이 주제는 9장에서 자세히 다루고 있다.

27. 이러한 부류를 요새는 "사이코패스"라고 부른다. 다음 장에서 자세히 설명하겠다.

28. 관련된 독일어 단어로 über와 übe가 있다.

29. '정신이상Insane'은 더 이상 의학 용어로 사용되지 않는다. 이제는 해당인이 정신착란을 이유로 자신이 한 행동의 성질, 그 행동이 옳은지 그른지 분별하지 못함을 뜻하는 법률 용어로 쓰인다.

30. 정신질환자가 아무리 현실 감각이 떨어진다 해도 전부 "정신이상"에 해당하는 것은 아니다. 정신이상에 해당하는 경우는 매우 드물다. 심각한 정신질환을 앓는 사람도, 끔찍한 범죄를 저지를 때는 보통 자신이 사회에 큰 피해를 끼치고 있음을 알기 때문이다. 이럴 경우 가해자는 재판에서 물론 범죄에 책임이 있는 것으로 간주되며, 대신 처벌의 강도가 약하고 또한 교도소 대신 법무 병원에 주로 감금된다.

31. Stephanie Stanley, 《An Invisible Man》 (New York: Berkley Books, 2006), p. 343.

32. Ron Franscell, 《The Rape and Murder of Innocence in a Small Town》 (Far Hill, NJ: New Horizon Press, 2007). 검사 게리 스펜스Gary Spence는 저자 프랜셀의 어린 시절 경험과 관련하여 '악'에 대한 언급을 했다.

33. Chuck Hustmyre, 《An Act of Kindness》 (New York: Berkley Books, 2007), p. 223.

34. Joe McGinnis, 《Never Enough》 (New York: Simon & Schuster, 2007), p. 336.

35. Tina Dirmann, 《Vanished at Sea》 (New York: St. Martin's Paperbacks, 2008), p. 171.

36. David Reichert, 《Chasing the Devil: My Twenty-Year Quest to Capture the Green River Killer》 (Boston: Little, Brown and Company, 2004), p. 304.

37. Carlton Smith, 《The BTK Murders》 (New York: St. Martin's Paperbacks, 2006), p. 335.

38. Tom Henderson, 《Darker than the Night》 (New York: St. Martin's Paperbacks, 2006), p. 353. 모건Morgan 형사도, 다른 이유 없이 그저 "자유의 몸"이 되기 위해 남편을 비소로 살해한 앤 브리어 밀러Anne Brier Miller의 사건을 두고 이렇게 이야기했다. "세상에는 평범한 사람들이 절대 이해할 수 없는 동기, 즉 악에 의해 살인을 저지르는 자들이 존재한다." Amanda Lamb, 《Deadly Dose》 (New York: Berkley Books, 2008), p. 210.

1장

1. Julia Fox, 《Jane Boleyn—The True Story of the Infamous Lady Rochford》 (New York: Ballantine Books, 2007).

2. 같은 책, p. 265.

3. Niccolò Machiavelli, 《The Prince》.

4. 자세한 이야기를 알고 싶으면 에믈린 윌리엄스Emlyn Williams의 《Beyond Belief: A Chronicle of Murder and Its Detection》 (New York: Random House, 1968)을 읽어 볼 것을 권한다. 이언 브레이디도 자신이 가장 잘 아는 주제, 즉 연쇄살인을

주제로 책을 썼는데, 이 책에도 사건의 자세한 전말이 실려 있다. 《The Gates of Janus》(Los Angeles: Feral House, 2001).

5. 이는 그리 드물지 않은 현상인 것으로 드러났다. 솔터Salter 박사의 자료를 보면, 연쇄살인범의 약 45퍼센트가 희생자의 고통을 녹음한다고 한다. Anna C. Salter, 《Predators》(New York: Basic Books, 2003), p. 114. J. L. Warren의 논문 "The Sexually Sadistic Serial Killer" 〈Journal of Forensic Sciences〉 6 (1996): 970~74 인용.

6. Alan Prendergast, 《The Poison Tree》(New York: G. P. Putnam, 1986). Cf. Seattle Times, 10/18, 1985.

7. 〈출애굽기〉 21:15.

8. 〈레위기〉 20:9.

9. 사전 악의는 '범의犯意'가 성립되기 위해 필요한 한 요소이다. 미국 관습법에 의하면, 어떠한 행위가 희생자의 죽음을 초래했을 때 그 행위가 미리 악의를 가지고 행한 것이라야만 '살인'으로 간주된다. Cf. Glanville Williams, 《Textbook of Criminal Law》, 2nd ed. (London: Stevens & Sons, 1983).

10. 가해자가 "정의로운 살인"으로 간주하는 범행에 수반되는 창피함을 극복하는 메커니즘을, 사회학자 잭 캐츠Jack Katz가 그의 저서에서 설득력 있게 설명하고 있다. 《Seductions of Crime: A Chilling Exploration of the Criminal Mind—from Juvenile Delinquency to Cold-Blooded Murder》(New York: Basic Books), 1988.

11. Jean Harris, 《Stranger in Two Worlds》(New York: Zebra Press, 1986). 해리스는 이 자서전에서, 타노워의 집 안에 있는 자신의 옷을 넣어 둔 옷장 서랍에서 다른 여자 린 트리포로스Lynn Tryforos의 팬티를 발견한 이야기를 자세히 서술하고 있다.

12. C. P. Anderson, 《The Serpent's Tooth》(New York: Harper & Row, 1987).

13. Stephen G. Michaud, Hugh Aynesworth, 《The Only Living Witness》(New York: Simon & Schuster, 1983). 번디가 연쇄살인 경력의 거의 마지막에 이르러서 한 희생자의 가슴을 물어뜯었다는 증거가 있다. 이는 번디의 범행이 희생자에게 점점 큰 고통을 주는, 강도 높은 고문으로 치닫고 있었음을 말해 준다.
14. 9장에서 더 자세히 논할 예정.
15. Vincent Bugliosi, 《Helter Skelter: The True Story of the Manson Murders》(New York: W. W. Norton, 1994 [1974]).
16. 현재 정신분열증은 더 좁은 의미―사고 체계의 혼란이 두드러지고, 언어 사용에 이상이 보이며, 망상(주로 '박해 망상')과 환각 증세가 수반되고, 감정 표현이 거의 없는 중증의 정신질환―로 정의되고 있다.
17. 미국에서는 소라진Thorazine으로 더 알려져 있다.
18. 그 중 가장 처음 등장한 것이 리튬으로, 호주의 존 케이드John Cade 박사가 그 효능을 입증해 1950년대부터 유럽에서 사용되었으며, 1960년대 들어서는 로널드 피브Ronald Fieve 박사와 로타르 캘리노프스키Lothar Kalinowsky 박사의 혁신적인 연구 덕분에 미국에서도 사용이 가능하게 되었다.
19. 1970년대 중반에 개발된 자기공명영상은, 방사선 학자들이 X-레이보다 더 선명하게 우리 몸의 내부를 가시화하기 위해 사용하는 기술이다. MRI는 특히 연조직의 이미지를 가시화하는 데 유용한데, 그 중에서도 X-레이로 찍으면 종종 "불투명하게" 나오는 뇌 조직을 관찰할 때 큰 도움이 된다. 사람의 신체는 70퍼센트가 수분이고 이 수분은 수소 원자로 이루어진다. 환자가 강력한 자장 기계에 들어가면, 여기서 나오는 자기장이 몸의 수소 원자를 모두 한 방향으로 정렬하게 만든다. 그러다가 자장이 끊기면 수소 원자들이 원래 방향으로 돌아가려고 하면서 회전자장을 만드는데, 이것을 MRI 스캐너가 읽어서 이미지로 형상화하는 것이다. Cf. Mark Brown, Richard Semelka, 《MRI: Basic Principles and

Applications》 (New York: JohnWiley & Sons, 1999). 기본적인 원리는 1946년에 밝혀졌는데, 이미지 형상화를 위한 MRI 사용 기법은 1973년에 폴 로터버Paul Lauterbur (1929~2007)가 개발했다. 로터버는 2003년에 노벨상을 받았다. Cf. Nancy Andreasen, MD, 《Brain Imaging: Applications in Psychiatry》 (Washington, DC: American Psychiatric Press, 1989).

20. V. L. Quinsey 외, 《Violent Offenders: Appraising and Managing Risk》 (Washington, DC: American Psychological Association Press, 1998).

21. http://www.trutv.com/library/crime/criminal_mind/sexual_assault/nathaniel_bar_jonah/13.html.

22. 그는 개신교 집안에서 자랐음에도 "차별의 대상"이 되는 기분을 알고 싶어서 유대인 이름을 택했다고 했다. 개명은 매사추세츠에서 저지른 성범죄로 투옥되어 있는 동안 이루어졌다. 몇 년 후 나와 인터뷰했을 때 그는 그런 말을 한 것을 부인했고, 유대교가 마음에 들어서 이름을 그렇게 바꾼 것이라고 주장했다. "경력 범죄자"들이 법의 심판을 피하고 자신의 진정한 자아와 거리를 두기 위해 여러 개의 가명을 사용하는 것은 흔한 일이다.

23. Peter Davidson, 《Death by Cannibal》 (New York: Berkley Books, 2006).

24. 룬드그렌이 이러한 식의 과장을 일삼았으며 이 방법을 이용해 추종자들을 속이고 세뇌시킨 '카리스마적인 사기꾼 타입'의 범죄자였다는 점이 매우 중요하다. 그는 피해망상 증세가 있는 정신병적 범죄자가 아니었다. 다시 말해 그는 자신이 신이나 예언자가 아님을 분명히 알고 있었고, 그럼에도 특정 효과를 노려—추종자들을 노예로 삼고 꼭두각시처럼 조종해 그들을 언제든 자기 원하는 대로 움직이기 위해—자신을 그렇게 선전했다는 말이다. 이해를 돕기 위해 비교를 하자면, 룬드그렌의 영향력보다 찰스 맨슨의 영향력이 훨씬 컸으며, 맨슨의 영향력보다는 히틀러의 세뇌 능력이 훨씬 뛰어났다.

25. Cynthia Statler-Sassé, PeggyWidder, 《The Kirtland Massacre: The True and Terrible Story of the Mormon Cult Murders》 (New York: Donald I. Fine, 1991).

26. 룬드그렌과 러프의 상황은 어떤 면에서 사담 후세인과 그 측근 집단이 처했던 상황과 비슷하다. 후세인은 측근들에게 권총을 쥐어 주고는, 그가 미심쩍은 "음모자"로 낙인찍은 동료들을 쏘라고 명령했다. 측근들은 쏘지 않으면 오히려 자기들이 후세인의 심복들에게 죽임을 당할까봐 동료들을 쏴 죽였다. 그러나 여기서 더 사악한 것은, 후세인이 측근들을 살인자로 만들어 그들이 더 이상 자신이 죄가 없다고 말하지 못하게 만든 것이다. Cf. Con Coughlin, 《Saddam: King of Terror》 (New York: Harper Collins, 2002).

27. Billy Wayne Sinclair, Jodie Sinclair, 《A Life in the Balance: The Billy Wayne Sinclair Story, A Journey from Murder to Redemption inside America's Worst Prison System》 (New York: Arcade Publishing, 2000).

28. 최고의 연극은 1938년 제작되었다. 윌리엄 드러먼드의 소설은 1966년에 출간되었다. Drummond, 《Gaslight》 (New York: Paperback Library, 1966).

29. 독일의 저명한 정신의학자 에밀 크레펠린Emil Kraepelin도 1915년에 교재 《Psychiatrie》에서 'pcychopathie'라는 단어를 이러한 의미로 사용하였다. 《Psychiatrie》, 8th ed., 4vols. (Leipzig: J. A. Barth).

30. 더 자세한 의미는 미국의 정신의학자 허비 클렉클리Hervey Cleckley의 연구서에서 확인할 수 있다. Cleckley, 《The Mask of Sanity》 (St. Louis: C. V.Mosby, 1941).

31. Robert D. Hare, 《Psychopathy Checklist-Revised》 (Toronto: Multi-Health Systems, 1991); T. J. Harpur, A. R. Hakstian, and R. D. Hare, "Factor Structure of the Psychopathy Checklist", 〈Journal of Consulting and Clinical Psychology〉 56 (1988): 741~47.

32. 로버트 헤어의 점검표에 있는 20개 항목은 크게 두 가지로 나뉘는데, 그 중 하나가 인격 및 정서적 기질에 관한 것이다. 두 가지 카테고리 모두 4장에서 확인할 수 있다.

33. Michaud, Aynesworth, 《Only Living Witness》.

34. Francine du Plessix Gray, 《At Home with the Marquis de Sade》 (New York: Penguin Books, 1998).

35. Jack Altman, Marvin Ziporyn, 《Born to Raise Hell: The Untold Story of Richard Speck》 (New York: Grove Press, 1967).

36. Michael H. Stone, 《Abnormalities of Personality: Within and Beyond the Realm of Treatment》 (New York: W.W. Norton, 1993).

37. Dante Alighieri, 《The Divine Comedy of Dante Alighieri: Vol. One: Inferno》, 로버트 M. 덜링Robert M. Durling 편역 (New York: Oxford University Press, 1996).

38. 〈잠언〉 6:16~19.

39. 신학에서 '교만'을 가장 악한 것으로 보는 견해도 있었으나, 현대 정신과학의 관점에서는 '시기'를 가장 큰 문제가 되는 것으로 본다.

40. 단테는 당대의 정통 교리를 따랐는데, 그 중 하나가 '지복至福'이 "예수 그리스도에 대한 믿음의 대가로 신이 내려주시는 선물"이라는 것이었다(Cf. 지옥편 4곡 80쪽, 34~42행, 로버트 덜링의 각주 참조). 그리스도 전에 살았거나 베르길리우스처럼 성인기 일부를 그리스도 생애 초기에 살았던 사람도 세례를 안 받았으면 '지복'을 누릴 수 없었다. 따라서 그들의 영혼은 이교도들과 함께 첫 번째 고리에 머물렀다. 베르길리우스처럼 죄 없는 자라도 "구원받은 자"가 될 수 없었다.

41. 'simonist(성직 매매자)'라는 단어는, 사도 베드로에게 세례를 주는 권한을 돈으로 사려고 한 '마법사 시몬Simone Magus'처럼 행동하는 사람을 뜻한다(《사도

행전〉 8:9~24). 덜링이 설명한 바와 같이, 이 사람은 성직 매매의 죄를 범한 사람이다. 이는 면죄부를 사고 그 대가로 신부가 여러 가지 성사를 베풀어 주었다는 뜻이다(지옥편 19곡 1행).

42. Georges Bataille, 《Dark Stars: The Satanic Rites of Gilles de Rais》 (London: Creation Books, 2004).
43. Valentine Penrose, 《The Bloody Countess: The Crimes of Erzsébet Báthory》 (London: Creations Books, 1996).
44. 각주 41번 참조.
45. 지옥편 32곡 65행.
46. 로버트 덜링의 역주, 지옥편 p. 510.

2장

1. Cf. Grover Goodwin 편집, 《Criminal Psychology & Forensic Technology》 (Boca Raton, FL: CRC Press, 2000).
2. Arthur P.Will, 《A Treatise on the Law of Circumstantial Evidence》 (Philadelphia: T. & J.W. Johnson & Company, 1896).
3. 프로 권투 선수 제이크 라모타Jake LaMotta가 죄 없는 아내를 비난하는 장면이 영화 "성난 황소Raging Bull"에 묘사되었는데, 이는 망상으로 인한 질투에 사로잡힌 남자의 모습을 잘 보여준다.
4. 대량 살인은, FBI의 기준에 따르면, 보통 한 장소에서 특정한 시간차를 두지 않고 네 명 이상의 살인이 한 사건에서 발생하는 것을 뜻한다. 대표적인 예로 1984년에 캘리포니아 샌디에이고의 샌이시드로에 있는 맥도널드에서 제임스 휴버티James Huberty가 아주 짧은 시간 안에 스물한 명을 총으로 쏘아 죽인 사건

이 있다. Cf.《Serial Murder: Multi-Disciplinary Perspectives for Investigators》(US Department of Justice, Federal Bureau of Investigation, Behavioral Analysis Unit, 2008), p. 11.

5. Cf. J. Reid Meloy,《Violent Attachments》, chap. 3 (Northvale, NJ: J. Aronson Press, 1992). 워덤F. Wertham 박사는 1937년, 스트레스 상황에 처한 사람이 밟는 단계를 설명하면서 이 용어를 처음으로 사용했다. 먼저, 충격적인 일이 발생하면 당사자는 다른 사람 혹은 상황을 탓한다. 폭력적인 행동을 하는 것이 "유일한 해결책"으로 떠오른다. 폭력 행위를 저지르고 나면, 처음에 느낀 긴장감이 해소되고 겉보기에는 정상적인 상태로 돌아간다.

6. Cf. Jack Katz,《Seductions of Crime: A Chilling Exploration of the Criminal Mind—from Juvenile Delinquency to Cold-Blooded Murder》(New York: Basic Books, 1988).

7. 아프리카 대초원에서 인간이 어떤 생활을 했을지는, 다음의 저서에 아름답게 묘사되어 있다. Nicholas Wade,《Before the Dawn: Recovering the Lost History of Our Ancestors》(New York: Penguin Books, 2006).

8. Cf. Baron Patrick Balfour Kinross,《The Ottoman Centuries》(New York: William Morrow), p. 146.

9. 사랑을 할 때 강렬한 열정을 느끼는 것을 포함해 신경 화학 메커니즘이 어떻게 이루어지는시는 헬렌 피셔Helen Fisher의《Why We Love》(New York: Henry Holt/Owl Books, 2004)에 자세히 설명되어 있다.

10. 윌리엄 제임스William Jame나 오그든 내쉬Ogden Nash가 원저자라는 견해도 있다.

11. Chip Walter,《Thumbs, Toes, and Tears, and Other Traits that Make Us Human》(New York: Walker and Company, 2006), p. 40.

12. 〈출애굽기〉 20:7.

13. 〈마태복음〉 6:13.

14. John Glatt, 《Blind Passion. A True Story of Seduction, Obsession, and Murder: An American Beauty Falls for a Dashing Greek Sailor—with Deadly Consequences》 (New York: St. Martin's Press, 2000).

15. Clifford Linedecker, 《Driven to Kill》 (Boca Raton, FL: America Media, 2003).

16. Lisa Pulitzer, 《Fatal Romance》 (New York: St. Martin's Press, 2001).

17. John Glatt, 《Never Leave Me》 (New York: St. Martin's Press, 2006).

18. Lisa Pulitzer, 《A Woman Scorned》 (New York: St. Martin's Press, 1999).

19. Emily Brontë, 《Wuthering Heights》 (New York: Barnes & Noble Classics Series, 2005 [1847]).

20. 로우의 우울증이 정신병적 성격을 띤다고 본 이유는 환각 증세 때문이었다.

21. Julie Salamon, 《Facing the Wind》 (New York: Random House, 2001).

22. Eric Francis, 《A Wife's Revenge》 (New York: St. Martin's Press, 2005).

23. Jim Fischer, 《Crimson Stain》 (New York: Berkley Books, 2000).

24. Carlton Smith, 《Bitter Medicine》 (New York: St. Martin's Press, 2000).

25. Edwin Chen, 《Deadly Scholarship》 (New York: Birch Lane Press, 1995).

26. 이러한 쓰임은 1843년 영국의 맥노튼 재판에서 유래되었다. 대니얼 맥노튼 Daniel McNaghten은 영국의 수상 로버트 필Robert Peel을 암살하려다가 실수로 그의 보좌관 에드워드 드러먼드Edward Drummond를 살해했다. 맥노튼은 정신 이상을 이유로 무죄 판결을 받았는데, 이는 곧 그가 자신의 범행이 어떤 성질의 것인지 몰랐으며 또한 그것이 잘못된 것이라는 것도 모르면서 행동했다는 뜻이다.

27. 미 정부가 제공한 통계. Cf. http://www.ojp.usdoj.gov/bjs/.

28. Cf. http://www.psychlaws.org/BriefingPapers/BP11.htm.

29. Cf. http://news.bbc.co.uk/1/hi/health/24884/stm.
30. Sheilagh Hodgins, 《Mental Disorder & Crime》 (London: Sage Publications, 1993), John Monahan, Henry Steadman, 《Violence and Mental Disorders》 (Chicago: University of Chicago Press, 1994).
31. 이 문제에 대한 더 자세한 논의는 다음 저서를 참고하라. Cf. Vernon Quinsey, Grant Harris, Marnie Rice, Catherine Cormier, 《Violent Offenders》 (Washington, DC: American Psychological Association Press, 1998).
32. Cf. http://www.psychlaws.org/PressRoom/presskits/Kendra%27sLaw-PressKit/kendraslaw.htm.
33. Cf. http://www.omh.state.ny.us/omhweb/Kendra_web/Khome.htm. 뉴욕에서는, 법원이 판단하기에 주의 감독 없이는 지역사회에서 안전하게 살아남을 수 없는 특정 정신질환자에게 외래 진료를 받을 것을 의무화하고 있다. 각각의 환자에게 케어-코디네이터care-coordinator가 배정되어, 환자가 처방받은 치료(약물 포함)를 제대로 따르는지 감시하고, 또한 처방을 따르지 않을 시에는 당국에 보고해 환자 그리고 (폭력성을 보이는 환자의 경우) 지역사회 양자를 모두 보호하기 위해 필요한 조치를 취할 것임을 주지시킨다.
34. http://blogs.kansascity.com/crime_scene/2007/03/15/index.html.
35. 〈New York Post〉, 4/20, 1989. 가해자는 모니카 벌Monica Berle의 아파트에 얹혀살고 있었는데, 벌이 집세의 일부를 내라고 요구하자 갑자기 화를 내며 덤벼들었다. 이러한 정황에서 살인이 발생한 것이다.
36. http://freedomeden.blogspot.com/2008/01/lam-luong.html.
37. Suzy Spencer, 《Breaking Point》 (New York: St. Martin's Press, 2002).
38. 〈New York Times〉, 9/8, 2001.
39. Peter Davidson, 《Death by Cannibal》 (New York: Berkley Books, 2006).

40. 한 예로, 로스앤젤레스 경찰청은 1992년에 Association of Threat Assessment Professionals(ATAP)라는 조직을 설립했다.
41. Cf. Hodgins, 《Mental Disorder & Crime》; Quinsey 외, 《Violent Offenders》. John Monahan 외, 《Rethinking Risk Assessment》 (New York: Oxford University Press, 2001); John Monahan 외, "Classification of Violent Risk (COVR)", 〈Psychiatric Services〉 56 (2005): 810~15.
42. 〈New York Times〉, 2/20, 2008.
43. http://www.washingtonpost.com/wp-dyn/content/article/2006/09/04/AR2006090400430.html.

3장

1. 2장에 나온 브루스 로완 박사 사건에서는 은폐 시도("자동차 사고"로 조작)의 요소가 보이지만, 로완 박사는 반사회적 인격도 아니었고 우울증이 심하긴 했으나 중증의 정신병자는 아니었다. 이번 장에서 초점을 맞춘 대상은 반사회적 성향이 더 심한 이들과 일부 눈에 띄게 심각한 정신질환을 앓고 있는 이들이다.
2. Soo Hyun Rhee, Irwin D. Waldman, "Behavior-Genetics of Criminality and Aggression", 《The Cambridge Handbook of Violent Behavior and Aggression》, 편집 Daniel J. Flannery, Alexander T. Vazsonyi, Irwin D. Waldman (New York: Cambridge University Press, 2007), pp. 77~90.
3. http://lifestyle.aol.co.uk/go-green/home-arson-linked-to-radical/article20080304012.
4. Melissa Weininger, "The Trials of Lorena Bobbitt: A Study in Media Backlash." http://www.digitas.harvard.edu/~perspy/old/issues/2000/retro/lorena_bobbitt.

html.

5. Bryce Marshall, Paul Williams, 《Zero at the Bone》 (New York: Simon & Schuster, 1991).

6. Roger Wilkes, 《Blood Relations》 (New York: Penguin Books, 1994).

7. 〈New York Post〉, 3/24, 1989.

8. Emmanuel Carrère, 《The Adversary》 (New York: Henry Holt, 2000).

9. 〈New York City Daily News〉, 11/7, 2006.

10. 1980년 12월 8일, 마크 데이비드 채프먼Mark David Chapman이 비틀스의 멤버 존 레논John Lennon을 살해한 사건이 대표적인 예.

11. 캐나다 서스캐처원의 전 주지사 콜린 대처Colin Thatcher가 1983년에 아내를 총으로 쏘아 죽인 사건.

12. 〈New York Times〉, 7/6, 1999.

13. Cf. 〈Newsweek〉, 5/3, 1999.

14. http://www.albionmonitor.com/9907a/wcotc.html.

15. 사이코패스가 저지른 사건이 많으며, 6장에서 더 자세히 서술할 예정이다.

16. http://www.detnews.com/205/metro/0509/25DO1-326371.html.

17. 〈New York Observer〉, 1/28, 1991.

18. '(사람을) 창밖으로 내던지기'라는 뜻의 'defenestration'이라는 단어가 있다. 1618년 프라하에서 일어난 유명한 사건에서 유래한 단어로, 신교 의원들이 왕의 최측근인 가톨릭계 섭정 두 명을 '신교의 권리를 침해했다'는 이유로 창밖으로 집어던진 사건이었다. 이 사건은 30년 전쟁의 발단이 되었다.

19. http://www.nytimes.com/2007/03/11/magazine/11Neurolaw.t.html.

20. Kevil Flynn, 《Relentless Pursuit》 (New York: Berkley Books, 2008).

21. 해럴의 범행에 특별히 끔찍한 면이 있기 때문에─희생자들의 내장을 들어낸

부분—악의 등급에서 가장 극단인 카테고리 22에 해당할 것처럼 보인다. 그러나 고문과 성폭행이 배제되었으므로, 최종적으로 카테고리 16 '다수의 잔학 행위'에 해당된다.

22. Martin Daly, Margo Wilson, 《Homicide》 (New York: Aldine de Gruyter, 1988), p. 83. 이 두 사람은 어린이가 계모나 계부의 손에 죽을 확률이 약 100배 높다고 계산했다.

23. Judith A. Rudnai, 《The Social Life of the Lion》 (Wallingford, PA: Washington Square East Publishers, 1973).

24. 아빠 사자는, 부모와 자손이 공통적으로 보유한 조직화 합성 유전자를 통해, 새로 태어난 새끼들을 자신의 종자로 인식한다. Cf. R. Gadagkar, "Kin Recognition in Social Insects and Other Animals", 〈Proceedings of the Indian Academy of Sciences (Animal Sciences)〉 94 (1985): 587~621.

25. Daly, Wilson, 《Homicide》, pp. 87~89.

26. 같은 책, pp. 107~10.

27. http://www.Psyih.com/2007/12/03/Kimberly-dawn-trenor-and-roycezeigler.

28. 원문은 더 냉정하다. "자식에게 매를 아끼는 부모는, 자식을 미워하는 것이다." 〈잠언〉 13:14.

29. http://www.wkyc.com/news/news_article.aspx?storyid=78719.

30. 이 부부가 저지른 범행에 (성적 요소는 배제된) 고문이 포함되었으므로, 이 사건은 악의 등급에서 카테고리 18 '고문-살해, 그러나 고문이 장시간 지속되지는 않은 경우'에 해당한다.

31. 〈Texas Prosecutor〉 35 (7/8, 2005): 1, 11~15.

32. 〈New York Post〉, 6/15, 2006.

33. 〈New York Daily News〉, 6/15, 2006.

34. ⟨New York Post⟩, 3/25~27, 1990.

35. Mark Gado의 글 참고, Crime Library/Time Warner, 2007, http://www.trutv.com/library/crime/notorious_murders/mass/happyland/trial_7.html.

36. ⟨New York Times⟩, 12/4, 1998.

37. Jason Wright, Associated Press, 12/7, 1998.

38. Dr. Katherine Ramsland, "About Evil", Crime Library, http://www.trutv.com/library/crime/index.html.

39. Blaise Pascal, ⟪Pensées⟫, no. 894, 1670.

40. http://michellemalkin.com/2007/12/12/whitewashing-themurder-of-aqsa-parvez/ ; Ellen Harris, ⟪Guarding the Secrets⟫ (New York: Scribners, 1995), pp. 228~29.

41. http://riverfronttimes.com/2006/06/05/news/still-lips-still-whisper.

42. http://michellemalkin.com/2007/12/12/whitewashing-the-murder-ofaqsa-parvez/; ⟨New York Times⟩ 10/28, 1991; Harris, ⟪Guarding the Secrets⟫, p. 149.

43. Erica Lynn Smith, "Zein Isa—Honor Killings and a Family Affair: The Murder of Tina Isa", http://www.bellaonline.com/articles/art47666.asp.

44. 자인 이사는 악의 등급에서 한 항목에 배치하기에 문제가 있다. 딸을 고문하긴 했지만 성폭행은 하지 않았기 때문이다. 그래도 굳이 한 카테고리에 집어넣자면, 카테고리 18이 가장 적합하다.

45. http://www.foxnews.com/story/0,2933,141121,00.html.

46. 게일에 대해 알려진 바가 많지 않기 때문에, 그를 악의 등급표에 정확하게 배치하기가 쉽지 않다. 현재로서는 카테고리 6 '충동적이고 성질이 급한 살인범, 그러나 두드러진 사이코패스 기질은 안 보임'에 가장 적합한 것으로 보이며, 만약 그가 좀 더 강한 사이코패스 성향을 보였다면 카테고리 7이 더 적합했을 것이다.

47. "Erfurt, 26 April", Der Stern, 4/30, 2000, p. 20: "auffällig unauffällig."
48. 더 자세한 분류는 다음 두 저서에 나와 있다. Paul Mullen, Michele Pathe, Rosemary Purcell, 《Stalkers and Their Victims》 (London: Cambridge University Press, 2000). Reid Meloy, 《Violent Attachments》 (Northvale, NJ: J. Aronson Press, 1992. 도린 오리온-Doreen Orion의 저서 《I Knew You Really Loved Me》 (New York: Dell Publishers, 1997)에는 자신을 단 한 번 진료한 정신과 의사를 끈질기게 스토킹한 정신병자의 일화가 실려 있다.
49. Wilt Browning, 《Deadly Goals》 (New York: St. Martin's Press, 1996).
50. 멜로이는 '경계성 색정광(혹은 성욕 이상)'을 설명한 챕터에서 이 '집착이 심한 사랑obsessive love'을 설명하고 있는데(《Violent Attachments》, p. 26), 원래 'erotomania'는 특정인(주로 사회적으로 자신보다 높은 위치에 있는 사람)이 자신을 은밀히 사랑하고 있다고 믿는 정신병적 망상 장애를 가리키는 용어였다. 이때, 실제로는 두 사람 사이에 아무 관계도 존재하지 않는다. '경계성 색정광'의 경우에는, 두 사람 사이에 실제로 관계가 있긴 있었으나 상대방이 사랑하는 정도가 본인이 상대방을 사랑하는 정도보다 덜해서 문제가 발생한다는 특징이 있다. 쉽게 말하면 경계성 색정광인 A가 B를 사랑하는 정도가, B가 A를 사랑하는 정도보다 훨씬 강하다는 것이다. 따라서 이 관계는 불균형이 심하며 한쪽이 제대로 보답을 받지 못하는 관계가 된다. 나는 'erotomania'보다는 'obsessive love'라는 용어를 선호한다. 이렇게 상대방을 집착하는 형태로 사랑하는 사람은 당연히 상대방이 관계를 끝내려 할 때 버림받은 느낌을 받게 된다. 이에 강한 질투가 뒤따르며, 심하면 살인을 비롯한 폭력 범행으로 이어질 수 있다.
51. D. T. Hughes, 《Lullaby and Goodnight—The Blood-chilling Story of a Woman Who Wanted a Baby Badly Enough to Murder for One》 (New York: Pocket Books, 1992).

52. Jacqui Goddard, "Mother Admits Killing Stranger to Steal Unborn Baby", http://www.rense.com/general60/unbon.htm.
53. M. William Phelps, 《Sleep in Heavenly Peace》 (New York: Pinnacle Books, 2006).
54. 고속도로 중앙선에서 자동차 두 대가 마주보고 달려오다가, 충돌을 피하기 위해 먼저 핸들을 꺾는 쪽이 "패자"가 되는 경주. 이때 모욕의 의미로 패자를 "chicken"이라고 부르며, 이러한 이유로 게임에 "chicken race"라는 이름이 붙었다.
55. http://pysih.com/2007/11/14/alexander-james-letkemann-and-jeanpierre-orlewicz/.
56. http://www.truecrimeweblog.com/2007/11/greater-evil-thrill-kill-in-michigan.html.
57. D. 라이먼D. Lyman의 연구 팀이 다음의 논문에서 자세히 설명한 바 있다. "Longitudinal Evidence that Psychopathy Scores in Early Adolescence Predict Adult Psychopathy", 〈Journal of Abnormal Psychology〉 116 (2007): 155~65.

4장

1. Donald Black, 《Bad Boys, Bad Men》 (New York: Oxford University Press, 1999).
2. Robert D. Hare, 《Without Conscience—The Disturbing World of the Psychopaths Among Us》 (New York: Pocket Books, 1993).
3. Robert I. Simon, 《Bad Men Do What Good Men Dream》 (Washington, DC: American Psychiatric Press, 1996).
4. Suzanne Finstad, 《Sleeping with the Devil》 (New York: William Morrow, 1991).

5. http://www.press-enterprise.com/newsarchive/2000/07/18/963897968.html.

6. http://www.spring.net/yapp-bin/public/read/tv/69.

7. Finstad,《Sleeping with the Devil》, p. 187.

8. 같은 책, p. 207.

9. 같은 책, p. 151.

10. 같은 책, p. 135.

11. 같은 책, p. 175.

12. J. R. Séguin, P. Sylvers, S. O. Lillienfeld: "The Neuropsychology of Violence",《The Cambridge Handbook of Violence and Aggression》, 편집 D. J. Flannery, A. T. Vazsonyi, I. D.Waldman (New York: Cambridge University Press, 2007), pp. 187~214.

13. Cf. A. R. Damasio, "A Neural Base for Sociopathy", 〈Archives of General Psychiatry〉 57 (2000): 128~29.

14. Steven Levy,《The Unicorn's Secret》(New York: Prentice Hall, 1988).

15. 같은 책, p. 280.

16. 같은 책.

17. 같은 책, p. 282.

18. 〈Times Herald Record〉, 10/18, 2002.

19. http://www.trutv.com/library/crime/notorious_murders/famous/einhorn/index_1.html.

20. Joseph Sharkey,《Death Sentence: The Inside Story of John List》(New York: Signet Books, 1990).

21. http://en.wikipedia.org/wiki/John_List.

22. http://www.trutv.com/library/crime/notorious_murders/family/list/8.html.

23. Kay Halverson, "The List Murders Stun Westfield in 1971", 〈Westfield Leader and Times〉, 2/17, 2001.
24. Ed Friedlander, http://www.pathguy.com/lbdsm.htm.
25. 캘리포니아주 애너하임의 지역 극장의 무대였다. John Glatt, 《Deadly American Beauty》 (New York: St. Martin's Press, 2004), p. 14.
26. 속담의 원 출처는 조지 허버트George Herbert의 1961년 출간작 《Jacula Prudentm(Things Thrown to the Wise)》이다. "못 하나 없어서 말굽 편자를 잃고, 편자가 없어서 말을 잃고, 말이 없어서 탈 것을 잃는다." 훗날 벤자민 프랭클린이 작은 문젯거리가 얼마나 큰 화를 부를 수 있는지 이야기하면서 이 속담을 언급한 적이 있다.
27. Glatt, 《Deadly American Beauty》.
28. Seamus McGraw, "The Rose Petal Murder", http://www.trutv.com/library/crime/notorious_murders/family/kristen_rossum/2.html.
29. 자식 넷을 살해한, 조지아주의 마사 앤 존슨Martha Ann Johnson의 사건 참조, http://www.crimezzz.net/serialkillers/J/JOHNSON_martha_ann.php.
30. T. E. Moffitt, A. Caspi, "Childhood Predictors Differentiate Life-Course Persistent and Adolescence-Limited Pathways among Males and Females", 〈Development and Psychopathology〉 13 (2001): 355~75.
31. Carlton Smith, 《Love, Daddy》 (New York: St. Martin's Press, 2003), p. 56.
32. http://www.cbsnews.com/stories/2005/05/31/48hours/main698725_page2.shtml.
33. Smith, 《Love, Daddy》.
34. 카테고리 13(사회에 적응 못하고 분노에 사로잡힌 사이코패스)은 이번 장에서 다루지 않았다. 앞장에서 소개한 리처드 스펙Richard Speck이 카테고리 13에

해당한다.

35. 리오나 헴슬리는 "세금은 못난 놈들이나 내는 거야"라는 말로 오명을 얻었다.
36. Robert Scott,《Kill or Be Killed》(New York: Pinnacle Books, 2004).
37. 같은 책, p. 95.
38. 같은 책, p. 76.
39. 같은 책, p. 135.
40. http://www.redding.com/news/2007/oct/21/murder-tale-to-air-on-tv/.
41. Adrian Havill,《The Mother, the Son, and the Socialite》(New York: St. Martin's Press, 1999).
42. Adrian Havill, http://www.trutv.com/library/crime/notorious_murders/women/kimes/1.html.
43. http://www.ojp.usdoj.gov/bjs/pub/pdf/spousmur.pdf.
44. Steven Long,《Every Woman's Nightmare》(New York: St. Martin's Press, 2006). 롱이 이야기하고 있는 남자는 마크 해킹Mark Hacking이다.
45. R. Robin McDonald,《Secrets Never Lie》(New York: Avon Books, 1998). 이 이야기에 등장하는 남편은 변호사인 프레드 토커스Fred Tokars로, 청부업자를 고용해 아내 살인을 사주했다.
46. http://www.physicsforum.com/archives/index.php/t-174914.html.
47. Clifford Linedecker,《The Murder of Laci Peterson》(America Media Inc., 2003).

| 5장 |

1. 클라이드 배로우Clyde Barrow와 보니 파커Bonnie Parker는 대공황이 한창이던 1932년에서 1934년 사이에 미국 남부 주를 돌며 상점과 주유소를 턴 커플 강도

단이다. 보니는 살인을 하지 않았으며, 클라이드는 활동하는 동안 총 열 명 정도를 살해했다. 두 사람은 1934년 5월 루이지애나주에서 경찰의 사격에 사망했다.
2. 윌리엄 앨런William Allen은 그의 저서 《Starkweather: The Story of a Mass Murderer》 (Boston: Houghton Mifflin, 1976)에서 용어를 "연속" 살인 대신 "대량" 살인으로 잘못 사용했다.
3. 미 법무부 FBI가 발행하고 로버트 J. 모튼Robert J. Morton이 편집한 《Serial Murder—Multi-Disciplinary Perspectives for Investigators》(US Department of Justice, Federal Bureau of Investigation, National Center for the Analysis of Violent Crime/Critical Incident Response Group, 6/2008: 11)에서도 FBI는 "네 명"을 언급했다. 이 숫자는 임의적이다. 어떤 법 기관에서는 "세 명 이상"으로 규정하기도 한다. 여기서 염두에 두어야 할 점은, 어떤 대량 학살 '미수' 사건에서는 가해자가 한 번에 서너 명에서 많으면 열댓 명까지 총으로 쏘거나 칼로 찌르는데, 그중 한두 명만 사망하고 나머지는 살아남거나 전부 살아남기도 한다는 것이다. 이러한 경우는 가해자의 의도를 따지면 대량 살인이 맞는데, 혹자는 '미완성 대량 학살'로 보기도 한다.
4. Mark Fiore, Daily Pennsylvanian, 1996, http://media.www.dailypennsylvanian.com/media/storage/paper882/news/1996/09/30/Resources/Gun-Violence.Strikes.Campuses.Across.U.s-2175918.shtml.
5. Mikaela Sitford, 《Addicted to Murder》 (London: Virgin Publications, 2000).
6. Paul B. Kidd, 《Never to Be Released: Australia's Most Vicious Murderers》 (Sydney, Australia: Pan Macmillan, 1993).
7. 같은 책, p. 57.
8. James Gleick, 《Chaos: Making a New Science》 (New York: Penguin Books, 1987).

9. Michael H. Stone, 《Personality Disorders—Treatable and Untreatable》 (Washington, DC: American Psychiatric Press, 2006).
10. Lindsey Marie Welch, "Charles Manson", http://ygraine.membrane.com/enterhtuml/live/Dark/Charles_Manson.html.
11. 같은 글, p. 2.
12. Vincent Bugliosi, 《Helter Skelter: The True Story of the Manson Murders, afterword》 (New York: W.W. Norton, 1974), pp. 640~41.
13. Cf. Grant Duwe, "A Circle of Distortion—The Social Construction of Mass Murder in the United States", 〈Western Criminology〉 6 (2005): 59~78.
14. 같은 글, p. 75, 주석 14.
15. Shelly Leachman, http://truthasaur.com/local/secretcity48.html.
16. Duwe, "A Circle of Distortion", p. 75.
17. 같은 글, p. 59.
18. Truman Capote, 《In Cold Blood》 (New York: American Library, 1965).
19. Duwe, "A Circle of Distortion", p. 72.
20. Brian Lane, Wilfred Gregg, 《An Encyclopedia of Mass Murder》 (London: Penguin Group, 1997).
21. James Fox, Jack Levin, 《The Will to Kill》 (Boston: Pearson Education, 2006), p. 167.
22. 이 수치는 내가 지난 30년간 150명의 대량 살인자를 대상으로 통계를 낸 결과를 반영한 것이다.
23. Fox, Levin, 《Will to Kill》, p. 166.
24. 샌마르코Sanmarco는 여섯 명을 죽였고, P. J. 포드P. J. Ford도 여섯 명을 살해했다. 팡 티 아이Phan Thi Ai는 가정집에 불을 질러 다섯 명을 죽였다. 수 유뱅크

스Sue Eubanks는 자신의 자녀 네 명을 살해했다(정확한 용어는 영아 살해). 질 로빈스Jill Robbins는 펜실베이니아주립대학 캠퍼스에서 한 명을 사살했다. 이 사건은 대량 살인 미수로 취급되었고(부상자도 여러 명 나왔다), 로리 댄Laurie Dann 사건도 역시 대량 살인 미수로 끝났다.

25. Joel Kaplan, George Papajohn, Eric Zorn, 《Murder of Innocence: The Tragic Life, Final Rampage of Laurie Dann》 (New York: Warner Books, 1990).

26. Dann-Danai(고대 그리스에 사용된 사람 이름)의 아이러니는 뒤늦게야 떠올랐다.

27. Demeter, "Thomas Hamilton, the Dunblane Massacre", http://www.everything2.com/index.pl?node_id=1011701.

28. 같은 글.

29. Cf. Robert Merton, "Social Structure and Anomie", 〈American Social Review〉 5 (10/1938). 머튼은 특정 형태의 극적인 범죄에는, 용납이 불가능한 "아노미(사회적 무질서)"의 해소 또는 목표를 이룰 가망이 없음을 깨달았을 때의 무력감을 해소하려는 욕구가 숨은 동기로 작용한다고 보았다.

30. http://www.huffingtonpost.com/jonathan-fast/steve-kazmierczak-the-sec_b_87031.html.

31. Yahoo! News, 6/8, 2008.

32. AOL News, 12/5, 2007.

33. http://massmurder.zyns.com/george_hennard_01.html.

34. http://www.users.on.net/~bundy23/wwom/hennard.htm.

35. 〈New York Times〉, 10/18, 1991.

36. Gary Kinder, 《Victim—The Other Side of Murder》 (New York: Atlantic Monthly Press, 1999 [1982]).

37. Jack Katz, 《The Seductions of Crime》 (New York: Basic Books, 1988), p. 282.

원래 'primordial'은 "처음부터 있었던, 근본적인"의 뜻이다. 여기서 캣츠가 어떤 의미로 이 단어를 사용했는지 나는 정확히 알지 못하겠다. 어쩌면 다른 악을 논할 때 기준으로 삼을 "본질적" 혹은 "근원적 악"의 뜻—플라톤적 관념으로서의 악—으로 썼는지도 모른다. 아마 캣츠는 범죄 관련 저서에서 피에르의 범행과 비슷한 잔악하고 가학적인 행위의 예를 찾기가 쉽지 않을 것이라는 의미에서 그러한 표현을 사용했을 것이다.

38. http://www.fbi.gov/libref/historic/famcases/graham/graham.htm.
39. http://www.trutv.com/library/crime/notorious_murders/mass/jack_graham/12.html.

| 6장

1. 15세기의 인물 질 드 래Gilles de Rais가 잔 다르크의 부관이기도 하지만 프랑스에서 당시 가장 부유한 귀족이었던 동시에 가학적인 동성애 소아 성애자였다는 사실을 우리는 알고 있다. 그는 수백 명의 소년을 성으로 유인해 강간하고 살해했으며, 이 강간 살인 행각은 1440년 그가 교수형과 화형을 당할 때까지 계속되었다. 자세한 내용은 조르주 바타이유George Bataille의 《The Trial of Gilles de Rais》(Los Angeles: Amok Books, 1990)를 참고하기 바란다. 그러나 이는 단테의 시대에서 약 150년이나 뒤의 일이었다. 어린 소녀들에게 가학적 성 고문을 행한 에르제베트 바토리Erzsébet Báthory 백작 부인은 16세기 후반의 인물이었다. 단테의 시대를 전후해서 이러한 성적 연쇄살인자가 존재했느냐 하는 문제는, 정보가 부족해 쉽게 판단할 수 없는 문제다. 로마의 황제 칼리굴라Caligula는 가학적인 섹스를 즐겼다고 알려져 있으며, 희생자(남녀 모두) 다수가 이로 인해 목숨을 잃었다. George Ryley Scorr, 《A History of Torture》(London: Bracken Books,

1940), p. 142 참고. 우리가 알고 있는 과거의 과거 성적 연쇄살인범은 전부 귀족 계급에 속하는 이들이었다. 평민들 중에 그러한 예는 알려진 바가 없다.

2. Elizabeth Daly 외, "Timeline on Kristin Gilbert", http://maamodt.asp.radford.edu/Psyc%20405/serial%20killers/Gilbert,%20Kristen%20-%202005.pdf.

3. William Phelps, 《Perfect Poison》 (New York: Pinnacle Books, 2003).

4. James Stewart, 《Blind Eye》 (New York: Simon & Schuster, 1999).

5. http://www.cbsnews.com/stories/2000/09/21/national/main235425.shtml.

6. 히틀러가 자신을 학대한 폭력적인 아버지를 증오했다는 것을 스왕고가 알고 있었는지는 확실치 않으나, 두 경우 모두 아버지에 대한 증오가 살인적인 성향에 불을 질렀다는 점은 주목할 만하다. 물론 히틀러는 훗날 스왕고에 비하면 훨씬 큰 규모로 살인을 저질렀다. 이는 내가 '평시의 악'으로 논의를 한정한 이유 중 하나다. 히틀러나 마오쩌둥, 스탈린, 사담 후세인, 폴 포트, 차우세스쿠 등은 전혀 다른 범주인 '전시의 악'에 속하며, 이는 다른 책에서 따로 논의해야 하는 중요한 주제다.

7. Kelly Moore, Dan Reed, 《Deadly Medicine》 (New York: St. Martin's Press, 1988).

8. M. H. Stone, M. Krischer, M. Steinmeyer, "Infanticide in Forensic Mothers: An Evolutionary Perspective", 〈Journal of Practical Psychiatry〉 11 (2005): 35~45.

9. Irene Pence, 《No, Daddy, Don't: A Father's Murderous Revenge》 (New York: Pinnacle Books, 2003).

10. http://www.csmonitor.com/2002/1018/p03s01-usju.html.

11. State of Illinois Review Board, 10/2002 session, People's Response by Linda Woloshin, Catherine Sanders.

12. State of Illinois Review Board, 10/2002 session, p. 25. 폴 카스텐 포텍Paul Karsten Fauteck 박사에게서 인용 허락을 받았음을 밝힌다.

13. 2차 대전 후 아쿠타가와 료노스케가 쓴 원작을 구로사와 아키라가 영화로 만들었다.
14. 레너드 쉔골드 박사Dr. Leonard Shengold가 사용한 아주 적절한 표현,《Soul Murder: The Effects of Childhood Abuse and Deprivation》(New York: Fawcett Columbine, 1989).
15. State of Illinois Review Board, 10/2002 session, p. 32.
16. 한마디로 뒤발리에의 '게슈타포'였다.
17. Alan Hall, Michael Leidig,《The Natascha Kampusch Story: The Girl in the Cellar》(London: Hodden & Stoughton, 2006).
18. 〈New York Times〉, 1/18, 1993.
19. Mike Echols,《I Know My First Name Is Steven》(New York: Pinnacle Books, 1999).
20. http://en.wikipedia.org/wiki/Kenneth_Parnell.
21. 〈New Haven Register〉, 8/11, 1991, p. 1.
22. Gene Miller, Barbara Jane Mackle,《Eighty-Three Hours Till Dawn: The Terrifying Chronicle of a Kidnapping》(New York: Doubleday, 1871), pp. 323, 387.
23. http://en.wikipedia.org/wiki/Kenneth_Parnell.
24. Barry Bortnick, Polly Klaas,《The Murder of America's Child》(New York: Pinnacle Books, 1995).
25. http://en.wikipedia.org/wiki/Richard_Allen_Davis, p.1.
26. Jack Olsen,《Son: A Psychopath and His Victims》(New York: Dell, 1983), p. 31.
27. 같은 책, p. 39.
28. 같은 책, p. 44.

29. 같은 책, p. 464.
30. 《Diagnostic and Statistical Manual of Psychiatric Disorders》, edition III-R (Washington, DC: American Psychiatric Press, 1987).
31. 체임버스 사건에 대해 자세히 알고 싶으면 브리나 타우브맘Bryna Taubmam의 《The Preppy Murder Case》 (New York: St. Martin's Press, 1988)를 읽어 볼 것을 권한다.
32. Dina Temple-Raston, 《Death in Texas: A Story of Race, Murder, and a Small Town's Struggle for Redemption》 (New York: Henry Holt, 2002).
33. Faulkner Fox, "Justice in Jasper", http://www.salon.com/news/1999/02/cov_26news.html.
34. Chuck Hustmyre, 《An Act of Kindness》 (New York: Berkley Books, 2007).
35. http://www.trutv.com/library/crime/notorious_murders/classics/genore_guillory/6.html.
36. 같은 글.
37. Cynthia Stalter-Sassé, Peggy Murphy, 《The Kirtland Massacre》 (New York: Donald I. Fine, Inc., 1991), p. 98.
38. Colin Wilson, 《Rogue Messiahs: Tales of Self-Proclaimed Saviors》 (Charlottesville, VA: Hampton Roads Publishing, 2000).
39. Stalter-Sassé, Murphy, 《Kirtland Massacre》, p. 143.
40. 이는 주관적인 판단임을 밝힌다. 나는 법의학 전문가와 정신분석학자들은 물론 일반인들까지 포함해 많은 사람에게 이 일화를 들려주었다. 그런데 머리에 총을 맞고 죽는 것이 더 끔찍한 운명인지 아니면 룬드그렌의 아내 앨리스가 남편에게 당한 잔학 행위와 인격 모독의 기억을 가지고 여생을 살아가는 것이 더 가혹한 운명인지, 의견이 양쪽으로 팽팽하게 갈렸다. 구타에 의한 고통은 시간이

지나면 사그라진다. 그러나 앨리스가 강요당한 행위의 고통스러운 기억은, 마치 뇌 속의 "달구어진 석탄"처럼 평생을 괴롭힐 것이다. 물론 사람마다 회복력이 다르다는 점은 고려해야 한다. 회복력이 강한 사람은 오랜 시간이 흐르면 그런 끔찍한 경험도 충분히 극복할 수 있다. 회복력이 다소 떨어지는 사람은 오랫동안 심리적 트라우마에 시달릴 것이다. 단, 앨리스가 다른 사람도 아닌 자신의 남편에게 그러한 일을 당했다는 점을 잊지 말자. 홀로코스트 이후, 많은 생존자들—앨리스보다 결코 덜하지 않은 고통과 인격 모독을 경험한 이들—은 적어도 수용소 간수들이 자신의 가족이 아니었다는 것만은 알고 살아갈 수 있었다. 그들은 '그 사람'의 지령을 받아 끔찍하고 역겨운 짓을 저지른, 공공의 적이었다. 때문에 그들이 저지른 악행을 심리적으로 "무시하고" 잊어버리는 것이 비교적 쉬웠다. 희생자 자신에게 뭔가 잘못된 점이 있어서 그런 일을 당한 건 아닌지 고민하지 않아도 됐다는 말이다. 고문이나 학대의 희생자는, 가해자가 가족 외의 다른 사람일 때 도덕적 우위에 서기가 더 쉽다. 가해자가 배우자일 경우에는 그리 쉽지 않다. 아마 가장 힘든 경우는, 어린 희생자가 남도 아닌 어머니나 아버지에게서 학대를 받았을 경우일 것이다. 후자의 예는 7장 이후에 다루고 있다.

41. Stalter-Sassé, Murphy, 《Kirtland Massacre》, p. 197.
42. 같은 책, p. 288.
43. Arthur Herzog, 《The Woodchipper Murder》 (New York: Henry Holt, 1989).
44. Wensley Clarkson, 《Deadly Seduction》 (New York: St. Martin's Press, 1996).
45. M. William Phelps, 《Sleep in Heavenly Peace: The Worst Crime a Mother Can Commit》 (New York: Kensington Books, 2006).
46. David Krajicek, 《Crime Library》, http://www.trutv.com/library/crime/notorious_murders/classics/ken_mcelroy/.

47. Harry MacLean, 《In Broad Daylight: A Murder in Skidmore, Missouri》 (New York: Harper and Row, 1988).

7장

1. 이 문제는 2005년 7월 텍사스 샌안토니오에서 열린 제1회 연쇄살인 관련 국제 심포지엄에서 논제로 다루어졌다. 때로는 사회의 안녕이 과학 연구에 대한 열정보다 우선되어야 하기 때문에, 세 번째 유사 살인이 발생하기 전에는 살인 사건 소식이 비밀에 부쳐진다.
2. M. Cox, 《The Confessions of Henry Lee Lucas》 (New York: Pocket/Star Books, 1991).
3. 정식 명칭: 펜시클리딘phencyclidine.
4. K. Englade, 《Cellar of Horrors》 (New York: St. Martin's Press, 1988).
5. 3징후에 대해서는 다음 논문에 자세한 설명이 실려 있다. Hellman and Blackman in "Enuresis, Fire-Setting, and Cruelty to Animals. A Triad Predictive of Adult Crime", 〈American Journal of Psychiatry〉 122 (1966): 1431~35.
6. L. D. Klausner, 《Son of Sam》 (New York: McGraw Hill, 1981).
7. S.-H. Rhee, I. D. Waldman, "Behavior-Genetics of Criminality and Aggression", 《The Cambridge Handbook of Violent Behavior & Aggression》, 편집 D. J. Flannery, A. T. Vazsonyi, I. D. Waldman (New York: Cambridge University Press, 2007), p. 86.
8. Philip Carlo, 《The Night Stalker: The Life and Crimes of Richard Ramirez》 (New York: Kensington Books, 1996).
9. 머레이 A. 스트라우스Murray A. Straus와 리처드 J. 겔러스Richard J. Gelles의 권위

있는 연구 논문을 보면, 사회 경제적 지위와 폭력 행사 가능성은 반비례함을 알 수 있다(혜택 받지 못한 계층의 사람들보다 부유층 사람들이 물리적 폭력을 행사할 확률이 훨씬 낮다는 얘기다). Straus, Gelles, 《Physical Violence in American Families: Risk Factors and Adaptations to Violence in 8,145 Families》 (London: Transaction Publishers, 1992).

10. 이 공식은 데브라 니호프Debra Niehoff 박사와 폭력의 근원에 관한 그녀의 훌륭한 연구서 《The Biology of Violence》 (New York: Free Press, 1998)의 도움으로 도출한 것임을 밝힌다.

11. 자세한 내용은 다음 책을 참고하기 바란다. Ray Biondi, Walt Hecox, 《The Dracula Killer: The True Story of the California Vampire Killer》 (New York: Pocket Books, 1992). 1888년 가을에 런던의 화이트채플 지역을 공포로 몰아넣은 악명 높은 '살인마 잭Jack the Ripper'은 매춘부 다섯 명을 죽이고 시체를 훼손하고 내장까지 들어냈지만, 강간은 하지 않았다. 성적 쾌락을 동기로 연쇄살인을 저질렀으나(잭의 경우 매춘부를 타깃으로 삼은 것을 보면 알 수 있다) 살인 전후에 강간은 하지 않은 리처드 체이스와 살인마 잭은 이러한 점에서 비슷하다.

12. Flora Rheta Schreiber, 《The Shoemaker: The Anatomy of a Psychotic》 (New York: Signet Books, 1984). 캐서린 램슬런드Katherine Ramsland 박사는 사건을 좀 더 신중한 입장에서 보면서(http://www.trutv.com/library/crime 참고), "캘린저가 실제로 연쇄살인범이 맞는지, 정신병자가 맞기는 한 건지는 아무도 알 수 없다. 어쩌면 그는 다른 사람들을 조종하고 가지고 놀기 좋아하는 사이코패스였는지도 모른다"고 덧붙였다.

13. Carlo, 《The Night Stalker》.

14. http://en.wikipedia.org/wiki/Richard_Ramirez.

15. 폴라 돈먼Paula Doneman이 쓴 전기 《Things a Killer Would Know》 (Crows Nest, Australia: Allen & Unwin, 2006)를 참고하라. 성욕 과잉의 또 다른 예로 '보스턴 교살자the Boston Strangler' 앨버트 드살보Albert DeSalvo를 들 수 있다. 그는 아내에게 하루에 다섯 번 이상 섹스를 요구했는데, 이는 아내가 감당할 수 있는 선을 넘어선 요구였다. 아내가 요구를 거절하기 시작하자, 드살보는 보스턴 지역에서 여자 열한 명을 강간 살인하기에 이르렀다(Cf. G. Frank,《The Boston Strangler》(New York: New American Library, 1966).

16. 이는 항문 성교를 선호하는 성향과 함께, 성적 가학증이 있는 남자들에게서 흔히 보이는 조합이다. 자세한 내용은 FBI의 로이 헤이즐우드Roy Hazelwood와 범죄 논픽션 전문 작가 스티븐 미쇼드Stephen Michaud의 《Dark Dreams: Sexual Violence, Homicide, and the Criminal Mind》 (New York: St. Martin's Press, 2001)를 참고하기 바란다.

17. Scott Burnside, Alan Cairns, 《Deadly Innocence》 (New York: Time Warner Books, 1995). 이 전기에서 저자는 성 가학증 범죄자의 전형적인 행동 양상을 그리고 있다. (1)수동적이고 순진하며 나약한 여성을 타깃으로 삼는다. (2) 관심과 선물 공세로 그 여자의 마음을 사로잡는다. (3) 상대방을 잘 구슬려 결박 섹스나 오럴 섹스, 항문 섹스 등, 익숙하지 않은 성행위를 하도록 유도한다. (4) 여자를 친구들과 가족들로부터 고립시켜, 자기에게 절대적으로 의존하게 만든다. (5) 여자를 자신의 물리적, 정신적 학대의 대상으로 전락시킨다. 버나도가 아내 칼라에게 행사한 영향력이 얼마나 컸는가 하면, 어린 처제를 강간하는 것을 아내가 직접—"결혼 선물"로—비디오로 찍도록 만들었을 정도였다. (Peter Vronsky,《Female Serial Killers》 [New York: Berkley Books, 2007]).

18. 자세한 이야기를 알고 싶으면 손드라 런던Sondra London의 《Killer Fiction》 (Venice, CA: Feral House, 1997)을 읽어 볼 것을 권한다. 저자는 셰이퍼와 친분

을 쌓은 뒤 허락을 받아, 그의 가학 살인 행각에 대한 이야기를 셰이퍼 본인과 합작으로 저술했다.

19. Dr. Katherine Ramsland, "Dennis Nilsen", http://www.trutv.com/library/crime/serial_killers/predators/nilsen/stranger_1.html.

20. 같은 글.. 닐슨이 생과 사를 크게 다르지 않은 두 가지 현상으로 본 것을 두고, 외할아버지의 사망—닐슨의 어머니는 어린 닐슨에게 "할아버지는 그냥 잠든 것"이라고 이야기했다—에 따른 충격으로 정신질환이 발생해 그렇게 됐다고 말할 수는 없다. Cf. Anna Gekoski, 《Murder by Numbers》 (London: André Deutsch, 1998), p. 187. 저자는 닐슨이 적대감을 보이지 않은 것이 그가 복수나 증오 때문이 아니라 "동반자를 만들기 위해 살인"했다는 또 다른 증거라고 주장했다. 그러나 살인은 살인이고, 당시 재판을 주재한 법관은 배심원단에게 "사람은 비정상적인 부분이 없이도 악해질 수" 있음을 상기할 것을 당부했다 (Ramsland, "Dennis Nilsen"). 양측이 내세운 정신의학자들의 진술이 서로 상반되고 혼란만 가중시키는 면이 있어서, 혼란을 덜어 주기 위해 던진 조언이었다.

21. Cf. Margaret Cheney, 《Why? The Serial Killer in America: Stunning Revelations from the Mind of Serial Killer Edmund Kemper III and the Violent Society that Produces So Many》 (Saratoga, CA: R-E Publications, 1992).

22. http://en.wikipedia.org/wiki/Ed_Kemper.

23. Cheney, 《Why? The Serial Killer in America》.

24. 개정된 DSM-III(1987) 테스트에 의한 결과다. 가학성 인격 여부를 판단하는 자료로, 여덟 개 항목 중 네 개 이상 해당되면 가학성 인격으로 간주한다. 세 개까지 해당되는 사람은 "잠재적" 가학성 인격자로 분류하고 여기서 말하는 "가학적" 인간의 부류에 포함시키지 않았다.

25. Robert I. Simon, 《Bad Men Do What Good Men Dream: A Forensic Psychiatrist

Illuminates the Darker Side of Human Behavior》(Washington, DC: American Psychiatric Press, 1996).

26. John Glatt,《Cries in the Desert: The Shocking True Story of a Sadistic Torturer》(New York: St. Martin's Paperbacks, 2002), p. 9.
27. 약혼자이자 공범자이며 다섯 번째 아내가 될 뻔했던 신디 헨디가 증언한 내용이다. 같은 책, p. 12.
28. Glatt,《Cries in the Desert》; 데이비드와 신디 헨디 체포 후 뉴멕시코 경찰의 사건 수사 기록(1999).
29. Glatt,《Cries in the Desert》, p. 159.
30. 같은 책, p. 173.
31. 캐롤 크로슬리Carol Crosley가 뉴멕시코주 경찰에 1999년 6월 3일 제출한 필사본에서 발췌.
32. 뉴멕시코주 경찰 관계 문건 부록 14번.
33. 버델라의 전기는 톰 잭먼Tom Jackman과 트로이 콜Troy Cole의《Rites of Burial》(New York: Pinnacle Books, 1992)을 참고하기 바란다. 레너드 레이크과 공범자 찰스 응의 범죄 행각은 돈 래시터Don Lasseter의《Die for Me》(New York: Pinnacle Books, 2000)에 자세히 묘사되어 있다. 데니스 레이더의 이야기는 로버트 비티Robert Beattie가 쓴《Nightmare in Wichita: The Hunt for the BTK Strangler》(New York: New American Library, 2005)에 자세히 기록되어 있다.
34. Hazelwood, Michaud,《Dark Dreams》, pp. 9~14 참조.
35. Michaud, Lethal Shadows:《The Chilling True-Crime Story of a Sadistic Sex Slayer》(New York: Onyx, 1994).
36. http://www.psychiatryonline.com/content.aspx?aID=33062.
37. Dr. Katherine Ramsland, "Mike DeBardeleben: Serial Sexual Sadist", http://www.

crimelibrary.com/serial_killers/predators/debardeleben/evil_3.html.

38. 남자아이들에게서 두드러지는 반항기는 종종 "유년기 지속형" 반사회성 인격 장애와 관계되는데, 낮은 심박수, 겉치레와 스릴 추구, 체벌에 반응하지 않는 반항기 등이 특징이다. 런던 모즐리병원 정신의학과 교수인 쉴라 호진스Sheilagh Hodgins가 지적했듯이, 흔히 부모들은 아이를 순종시키려고 더 강도 높은 벌을 내리곤 하는데 그러면 아이가 더 심하게 반항하게 만들어 결국 악순환만 초래할 뿐이다.

39. Ramsland, "Mike DeBardeleben: Serial Sexual Sadist", http://www.trutv.com/library/crime/serial_killers/predators/debardeleben/index_1.html.

40. Stephen Michaud, http://www.crimelibrary.com/serial_killers/predators/debardeleben/evil_5html.

41. Roy Hazelwood, http://www.crimelibrary.com/serial_killers/predators/debardeleben/evil_4html.

42. 전문은 헤이즐우드와 미쇼드의 《Dark Dreams》 p. 88에서 찾을 수 있다.

43. 아버지의 부재와 반사회적 행동 그리고 10대 청소년의 "이차적 사이코패시" 간의 관계를 자세히 알고 싶으면 다음 저서를 참고하기 바란다. David Lykken, 《The Antisocial Personalities》 (Hillsdale, NJ: Lawrence Erlbaum Associates, 1995) pp. 197~212.

44. 1960년대에 해리 할로우Harry Harlow가 붉은털원숭이를 가지고 실시한 유명한 실험이 있는데, 천으로 만든 "엄마"의 품에서 자란 새끼 원숭이가 철사로 만든 엄마 원숭이와 함께 자란 새끼보다 더 바람직하게 성장했다. 후자는 다른 원숭이들과 관계를 맺는 능력과 성 기능에서 심각한 문제를 보였다. Cf. Harry F. Harlow, "Development of Affection in Primates", 《Roots of Behavior》, 편집 Eugene Bliss (New York: Harper, 1962), pp. 157~66.

45. Don Lasseter, 《Die for Me》 (New York: Pinnacle Books, 2000).

46. http://www.indopedia.org/Leonard_Lake.html.

47. Lasseter, 《Die for Me》, p. 123.

48. 같은 책, p. 217.

49. R. Biondi, W. Hecox, 《All His Father's Sins》 (Rocklin, CA: Prima Press, 1987).

50. Cf. Ann Rule, 《Lust Killer》 (New York: New American Library, 1983).

51. http://www.trutv.com/library/crime/serial_killers/predators/jerry_brudos/7.html.

52. 나는 플로리다주의 사형수들과 인터뷰할 기회가 있었는데, 그때 인터뷰한 범죄자들 전부가 자신이 살인을 저지른 것을 부인했다. 교도소장은 나에게 이렇게 말했다. "여기 348명이 수감되어 있는데, 다들 자기는 무죄라고 주장합니다. 그중 한 명 정도는 정말로 무죄일 수도 있겠지요—그게 누군지를 우리가 모를 뿐이죠."

53. 토미 린 셀스의 전기 중에 다이앤 패닝Diane Fanning이 쓴 《Through the Window》 (New York: St. Martin's Paperbacks, 2003)를 읽어 볼 것을 권한다. 다른 한 권은 일부가 자서전 형식으로 쓰였는데, 셀스와 친분을 맺고 온 한 여성이 토리 리버스Tori Rivers라는 필명으로 쓴 책이다. Rivers, 《Twelve Jurors, One Judge, and a Half-Ass Chance》 (St. Clair, MO: Riverbend Press, 2007).

54. http://www.geocities.com/verbal_plainfield/q-z/sells.html.

55. 나는 "동성애 공포homophobia"라는 것은 이성애 성향의 젊은 남자들이 (주로 자신보다 강한 다른 이성애 남자에 의해) 강제로 동성애 경험을 하게 될 때 느끼는 공포와 혐오에서 나온다고 본다. 나는 이것이 동성애 공포의 원인들 중에서도 가장 강한 것이라고 생각한다. 남자아이에게 실제로 일어날 수 있는 일들 가운데 "비역질을 당하는" 것은 상당히 치욕스러운 일에 해당하기 때문이다. 동성애와 자위를 금하는 유대 기독교 강령은, 내가 생각하기에, 소규모 부족의

생존을 위한 번식의 필요성과 더 관계가 있는 듯하다(신학자 일레인 페이글스 Elaine Pagels가 지적한 바 있다). 따라서 번식에 방해가 되는 행위를 금지하는 것이다. 그러나 오늘날 이러한 주장은, 젊은 청년이 자신보다 강한 남자에게 제압당해 성폭행과 수치를 당할 경우에 느낄 두려움에 비교하면, 관념적인 이론에 불과한 것으로 간주되고 있다.

56. http://www.amfor.net/killers/.

57. 이 통계 수치가 실질적으로 어떤 의미인지 좀 더 확실히 파악하기 위해, 우선 100만 명의 소년으로 이루어진 표본 집단이 있다고 상상하고 그 중에 50명이 자라서 연쇄살인범이 된다고 생각해 보자. 또한 100만 명 중에 1만 2,000명이 전과 기록이 있는 아버지를 두고 있으며 나머지 98만 8,000명은 아니라고 가정해 보자. 다음에는, 전과자 아버지를 둔 1만 2,000명 중에 3,000명(25퍼센트)이 입양아라고 생각해 보라. 나머지 98만 8,000명 집단 중에는 입양아가 1만 7,000명이 있다. 그런데 전체 100만 명 중에 50명이 연쇄살인범이 된 것으로 집계 결과 드러났다. 이들은 다음과 같은 분포를 보였다. 아버지가 전과자고 자신은 입양아인 3,000명 중에 6명의 연쇄살인범이 나왔고, (그러나 전과자 아버지를 두었으나) 친부모의 손에 자란 9,000명의 소년 중에 32명이 연쇄살인범이 되었다. 전과자 아버지를 두지 않은 98만 8,000명 집단을 놓고 봤을 때, 1만 7,000명의 입양아 중 2명이 연쇄살인범이 됐고 친부모 손에 자란 97만 1,000명 중에 10명이 연쇄살인범이 되었다. 연쇄살인범의 수는 100만 명 중 50명으로 미미한 편이지만, 그 중 8명이 입양아였다—연쇄살인범의 16퍼센트가 입양 가정에서 컸다는 뜻이다. 반면, 전체 100만 표본 중에 입양아가 2만 명(2퍼센트)이었는데, 그 중 8명만이 연쇄살인자가 되었다. 따라서 입양된 남자아이가 연쇄살인범으로 클 확률은 1만 분의 4가 된다. 그리고 친부모 밑에서 자란 소년이 연쇄살인범이 될 확률은 10만 분의 4.3이다. 이렇게 보면, 두 집단 모두 위험도가 낮지만

비입양아와 비교하면 입양아가 연쇄살인범이 될 확률은 월등히 높은 셈이다. 이는 입양 여부에 좀 더 무게를 두고 살펴볼 충분한 이유가 된다.

58. Maria Eftimiades, 《Garden of Graves: The Shocking Story of Long Island's Serial Killer, Joel Rifkin》 (New York: St. Martin's Press, 1993).

59. John Gilmore, 《Cold-Blooded: The Saga of Charles Schmid—the Notorious Pied Piper of Tucson》 (Portland, OR: Feral House, 1996).

60. Cf. Anna Flowers, 《Blind Fury》 (New York: Windsor/Pinnacle Books, 1993); http://en.wikipedia.org/wiki/Gerald_Stano.

61. Crime Library 웹사이트에 가서 Reckoning이라는 제목의 챕터를 찾으면, 데이비드 로어David Lohr가 기술한 좀 더 자세한 이야기를 읽을 수 있다. http://www.trutv.com/library/crime/criminal_mind/sexual_assault/thomas_soria/17.html.

62. Jared Diamond, "Vengeance Is Ours", 〈New Yorker〉, 4/21, 2008, pp. 74~87.

63. M. Cox, 《The Confessions of Henry Lee Lucas》 (New York: Pocket/Star Books, 1991).

64. Steven Naifeh, Gregory White Smith, 《A Stranger in the Family: A True Story of Murder, Madness, and Unconditional Love》 (New York: Dutton, 1995).

65. Carlton Smith, 《The BTK Murders》 (New York: St. Martin's Paperbacks, 2006).

66. Cf. Gail S. Anderson, 《Biological Influences on Criminal Behavior》 (New York: Simon Fraser University Publications, 2007), pp. 53~73. 저자는 복잡한 인격 성향의 유전과 눈동자 색깔, 머리카락 색깔 같은 비교적 단순한 형질의 유전이 어떻게 다른지 명료하게 설명해 주고 있다. 눈동자 색깔 등의 유전 형질은 아주 적은 숫자의 유전자에 의해 결정되며, 태어난 후 환경적 영향에 의해 잘 변하지 않는다는 특징이 있다.

67. http://www.ksn.com/news/local/3835926.html에 가서 자료를 보면, 레이더가

법정에서 얼마나 건조한 말투로 남 이야기 하듯 사건을 묘사했는지 알 수 있다.

68. Smith, 《The BTK Murders》.

69. 내 경험에 비추어 보면, 연쇄살인범들은 과거에 고양이를 학대하거나 살해했을 가능성이 아내 살인범보다 최소 네 배 높다.

70. 이상하게도 내가 연구한 열다섯 명의 동성애자 연쇄살인범 중에 어렸을 때 3징후를 다 보였다는 사람은 없었다―방화를 저지른 사람은 한 명도 없었고, 단 네 명만 동물 학대를 했다. 3징후 전부, 혹은 방화와 동물 학대 두 가지의 전적은 여자를 살해한 이성애자 살인범들에게서만 보였다.

71. David Reichert, 《Chasing the Devil: My Twenty-Year Quest to Capture the Green River Killer》 (Boston: Little, Brown and Company, 2004).

72. http://www.kingcountyjournal.com/sited/story/html/148496.

73. 나는 2005년에 FBI의 지원으로 샌안토니오에서 열린, 연쇄살인을 주제로 한 국제회의의 영상을 볼 기회가 있었다.

74. (5장) 아치 맥캐퍼티와 조지 헤너드의 사례에서 이미 보았다.

75. 성욕 연구 전문가 리처드 프리드먼Richard Friedman과 제니퍼 다우니 Jennifer Downey의 설득력 있는 주장을 다음 논문에서 확인할 수 있다. "Sexual Differentiation of Behavior", 〈Journal of the American Psychoanalytic Association〉.

76. 원제 《Fegefeuer, oder die Reise ins Zuchthaus》. Cf. John Leake, 《Entering Hades: The Double Life of a Serial Killer》 (New York: Sarah Crichton Books/ Farrar Straus & Giroux, 2007).

77. http://en.wikipedia.org/wiki/Jack_Unterweger.

78. http://members.tripod.com/Fighting9th/History5.htm.

79. http://buffaloreport.com/020301abbott.html에 가면 브루스 잭슨Bruce Jackson

이 쓴 더 자세한 이야기를 읽을 수 있다.

8장

1. Kate Summerscale, 《The Suspicions of Mr. Wicher: A Shocking Murder and the Undoing of a Great Victorian Detective》 (New York:Walker & Co., 2008), p. 37.
2. 같은 책.
3. 같은 책, p. 75.
4. 윌키 콜린스Wilkie Collins의 유명한 소설 《The Moonstone》(1868)은 로드 힐 하우스 사건이 있었기에 탄생할 수 있었던 작품이다.
5. 히틀러의 출생지인 린츠에서 차를 타고 동쪽으로 30분만 달리면 있는 곳이라는 사실을 언급하지 않을 수 없다. 린츠는 사람들을 "사라지게" 만드는 재주가 있었던 또 다른 인물 아돌프 아이크만Adolf Eichmann의 고향이기도 하다.
6. http://in.ibtimes.com/articles/20080430/austria-incest-scandal-fritzl-father-daughter-cellar.
7. 〈New York Times〉, 5/9, 2008.
8. 〈New York Post〉, 5/3, 2008, p. 14.
9. Plato, 《The Republic》, Book VII, '동굴의 비유Allegory of the Cave'로 알려져 있다.
10. K. Englade, 《Cellar of Horrors》 (New York: St. Martin's Press, 1988).
11. Sacha Batthyany, "Das Böse ist unter uns" (Evil is underneath us), N22 Online, http://www.nzz.ch/nachrichten/international/das_boese_ist_unter_uns_1.725225.html.
12. Cf. D. J. Cooke, C. Michi, "Psychopathy across Cultures: North America and Scotland Compared", 〈Journal of Abnormal Psychology〉 108 (1): 58~68. D.

J. Cooke, A. E. Forth, R. D. Hare 편집, 《Psychopathy: Theory, Research & Implications for Society》 (Dordrecht, The Netherlands: Kluwer, 1998), pp. 13~45. 쿡은 사이코패스에 관한 클렉클리의 저서에서 "가난한 자들처럼, 사이코패스도 항상 우리와 함께 있어 왔다"는 구절을 인용했다(p. 13).

13. 라타샤 풀리엄과 그 남자친구가 저지른 사건.

14. Wensley Clarkson, 《Whatever Mother Says: A True Story of a Mother, Madness, and Murder》 (New York: St. Martin's Press, 1995).

15. http://www.crimelibrary.com/notorious_murders/family%E2%80%99theresa_cross/2html.

16. 같은 글.

17. 같은 글.

18. 각각 디나 레이니Deanna Laney와 디나 슐로서Dena Schlosser의 사건이다. 제인 벨레스-미첼Jane Velez-Mitchell의 책 《Secrets Can Be Murder》 (New York: Simon & Schuster/Touchstone Books, 2007), pp. 41을 참고하기 바란다.

19. http://aolsvc.news.aol.com/news/article.adp?id=2005042822320990003.

20. Charles Carillo, 〈New York Post〉, 6/23, 1990.

21. 같은 글.

22. http://www.nydailynews.com/archives/news/1996/05/17/1996-05-17_facing_father_from_hell_bur.html.

23. 같은 글.

24. Lowell Cauffiel, 《House of Secrets》 (New York: Kensington, 1997).

25. Cf. Martin Daly, Margo Wilson, 《Homicide》 (New York: Aldine DeGruyter, 1988), pp. 83ff.

26. Carol Rothgeb, 《No One Can Hurt Him Anymore》 (New York: Pinnacle Books,

2005). 아일린 로건은Ilene Logan은 본명이 아니며, 신원을 보호하기 위해 작가가 임의로 사용한 이름이다.

27. 앤드루의 아버지가 증언. 같은 책, p. 27.
28. http://goliath.ecnext.com/coms2/gi_0199-4414492/Prosecutor-writes-about-an-unforgettable.html.
29. Rothgeb, 《No One Can Hurt Him Anymore》, p. 249.
30. 같은 책, p. 299.
31. 독일의 정신의학자 토머스 브로니쉬Thomas Bronisch 박사의 설명에 따르면, 전후戰後 홀로코스트 생존자들의 자살률이 그들 모국의 전체 인구 대비 평균 자살률보다 사실상 낮았다고 한다.
32. 어떤 형태의 부모도 다 해당된다. 개인적으로 'caretaker'라는 단어를 좋아하지 않아서, 친부모와 의붓부모, 양부모, 의탁 가정의 부모, 어머니의 남자친구 등등까지 여기서는 전부 "부모parents"에 포함시켰다.
33. Lonnie H. Athens, 《The Creation of Dangerous Violent Criminals》 (Urbana and Chicago: University of Illinois Press), 1992.
34. Gitta Sereny, 《Cries Unheard: Why Children Kill》 (New York: Henry Holt & Co., 1998).
35. Beth Kephart, "The Bad Seed", http://dir.salon.com/story/mwt/feature/1999/04/14/child_killers/index2.html.
36. 같은 글.
37. Sereny, 《Cries Unheard》.
38. http://en.wikipedia.org/wiki/Mary_Bell.
39. Beth Kephart, "The Bad Seed" 참고.
40. 이해를 돕기 위해 실화를 예로 들자면, 테레사 크노어는 딸 수잰Suesan의 어깨

를 총으로 쏜 적이 있었는데, (직업이 간호사라) 총알을 꺼내고 상처를 지혈해 아무에게도 안 들키고 넘어갔다. 만약 총알이 동맥을 건드렸다면 수잰은 그 자리에서 사망했을 것이다. 그리고 테레사의 범행도 그 타락성 때문에 더 큰 질타를 받았을 것이다.

41. 〈New York Times〉, http://www.nytimes.com/2008/03/18/nyregion/18cnd-nixzmary.html?_r=1.
42. http://kalimao.blogspot.com/2008/02/children-parental-abuse_11.html.
43. http://newsday.com/news/local/crime/ny-mynixz0202,0,5361314.story.
44. http://aolsvc.news.aol.com/news/article.adp?id=20050220141509990002.
45. http://exchristian.net/2/2005/09/detective-speaks-out-on-dollar.php.
46. http://nobloodforhubris.blogspot.com/2006/08/in-nightmares-beginresponsibilities.html.
47. http://aolsvc.news.
48. http://cnn.usnews.
49. http://nobloodforhubris.blogspot.com/2006/08/in-nightmares-beginresponsibilities. 테네시주 녹스빌, 달러 부부가 운영하던 학교와는 반대편에 위치한 데이턴에서 1925년에 있었던 유명한 '스코프스 재판'을 참고하기 바란다.
50. http://mydatanet.com/story/64536317.html.
51. http://exchristian.net/2/2005/09/detective-speaks-out-on-dollar.php.
52. http://news.bbc.co.uk/2/hi/uk_news/england/bradford/7203382.stm.
53. 같은 글.
54. Dante Alighieri,《Inferno》, 32곡 65~66행. 사솔은 피렌체의 토스키Toschi 집안의 일원이었다. 그는 유산 때문에 사촌을 살해했고, 그에 따라 숙부가 돌아가시자

유산을 고스란히 차지했다. 로버트 덜링의 1996년 번역판(Oxford University Press)을 보면, 사울은 그 대가로 못이 가득 들어 있는 배럴에 들어가 마을을 굴러다니는 형벌을 받은 다음 목이 베였다(p. 510).

55. Rachel Pergament, http://www.trutv.com/library/crime/notorious_murders/famous/menendez/murders_2.html.

56. 같은 글, p. 9.

57. 피고 측 변호사는 호세가 아들들을 "성폭행"했으며, 이 때문에 두 아들이 분노를 품고 복수심을 불태우게 됐다고 주장했다. 이 주장은 근거가 매우 빈약한데, 특히 호세가 당시에 정부를 여러 명 두고 있었다는 점에서 그렇다. 그런 상황에서 아들들을 성폭행하는 것은 추호도 생각하지 않았을 것이다.

58. Harold Schechter, 《Fatal: The Poisonous Life of a Female Serial Killer》(London: Pocket/Star Books, 2003), p. 60.

59. Emily Allen, Alana Averill, Emmeline Cook, "Jolly Jane", http://maamodt.asp.radford.edu/Psyc%20405/serial%20killers/Toppan,%20Jane%20-%202005.pdf.

60. Schechter, 《Fatal》, p. 201.

61. 같은 책, p. 305.

62. 같은 책, p. xii.

63. Martin Gilman Wolcott, 《The Evil 100》 (New York: Kensington Publishers, 2003), p. 156. 월콧은 정적政敵 살해도 평시의 악행으로 보았으므로, 정의가 이 책의 취지와는 맞지 않고 용어의 사용 또한 자의적이다. 제인에게 주목해야 하는 이유는, 희생자의 규모가 워낙 크기도 하지만, 제인이 죽어가는 희생자를 지켜보면서 성적으로 "흥분"했다는 특징 때문이다. 대신 희생자들은 대부분 비교적 고통 없이(비소를 사용한 경우만 제외하고) 죽어갔다. 제인 토편은 데이비드 파커 레이나 레너드 레이크, 테레사 크노어, 허먼 머짓, 존 웨버 등 이 책에서 살

펴본 가학적 살인범들과는 악의라든가 희생자에게 가한 고통 면에서 비교할 바가 못 된다.

64. 소설은 윌리엄 마치William March의 작품이고, 연극 각본은 맥스웰 앤더슨 Maxwell Anderson의 작품이다. http://www.en.wikipedia.org/wiki/Jane_Toppan.
65. 푸블릴리우스 시루스Publilius Syrus, 기원전 1세기 고대 로마의 풍자시인.
66. http://www.fenlandcitzen.co.uk/latest-east-anglia-news.
67. Roger Wilkes, 《Blood Relations: Jeremy Bamber and the White House Farm Murders》(London: Pocket/Star Books, 1994).
68. 같은 책, p. 440.
69. 같은 책, p. 42.
70. For example: http://www.dailymail.co.uk/femail/article-455875/Is-Bambis-killer-innocent.html.
71. 자식을 잃거나 자식을 제대로 돌봐 줄 수 없게 된 상황에 처한 엄마들 중에는 그 스트레스를 못 이겨 실제로 자식을 살해하고 자살을 하는 사람이 있다. 그러한 자살 시도에서 살아남은 소수는 보통 정신질환자로 진단받으며, 법무 병원에 수감된다. "사악한" 이유—자신을 버리고 떠난 남편에게 앙갚음을 하는 등—로 자식을 살해하는 엄마들은 대중으로부터 "악하다"는 비난을 받는 부류다. 그 예로 데보라 그린Debora Green 박사는 자식들 셋이 집안에 있는데 집을 불태웠고, 결국 아이 셋 중에 두 명이 사망했다(Ann Rule, 《Bitter Harvest》New York: Simon Schuster, 1997).
72. Bonnie Remsberg, 《Mom, Dad, Mike and Pattie: The True Story of the Columbo Murders》(New York: Bantam Books, 1992).
73. 같은 책, p. 340.
74. 같은 책, p. 315.

75. 같은 책, p. 127.

76. '집착하는 사랑'이 방해받았을 때의 "화학 작용"에 대해서는 다음의 책에 자세히 나와 있다. Helen Fischer,《Why We Love: The Nature and Chemistry of Romantic Love》(New York: Henry Holt/Owl Books, 2004). 또한 이 연구와 관련된 내용이 다음 장에서도 잠시 언급되어 있다.

77. 올리버 웬델 홈스 주니어 Oliver Wendell Holmes Jr. (1841~1935): 미국의 저명한 법률가이자 대법관.

78. http://www.ccadp.org/jimmyrayslaughter.htm. 슬로터는 2005년 3월 15일 처형되었다. 슬로터의 사이코패시와 범죄 행각에 대한 이야기는 빌 콕스 Bill Cox의 《Over the Edge》(New York: Pinnacle Books, 1997)에 자세히 서술되어 있다. 멜로디 워츠의 아버지는 슬로터의 재판에서 이렇게 말했다. "저 사람은 인간이 아닙니다. 악마입니다. 저런 사람은 없애 버려야 합니다. 저 자가 우리 삶에 얹어 놓은 짐은 악의 핵폭탄이나 마찬가집니다." http://www.clarkprosecutor.org/html/death/US/slaughter955.htm.

79. Kieran Crowley,《Almost Paradise》(New York: St. Martin's Press, 2005).

80. 원서에서 사용된 'obscene'이라는 단어는 딱 알맞은 표현이다. 이 단어의 원형은 'obscure'인데, 라틴어 대사전을 찾아보면 어근이 'ob'와 'caenum'이다. 이 중에 후자는 "더러움" 또는 "역겨움"이라는 뜻을 담고 있다. 대학시절 라틴어 수업에서 나는 이 단어가 "천막"이나 "무대"를 뜻하는 그리스어에서 파생됐다고 배웠다. 아리스토텔레스가 조언했듯이, 연극에서 어떤 행동은 무대 위에서 보여주기에는 너무 끔찍하거나 민망하며 따라서 무대 밖에서 일어난 일, 즉 ob-scaenum으로 암시해야 한다는 뜻이다. 존 레이 웨버의 행동이 너무나 obscene하므로, 여기서는 그에 합당하게 간접적으로만—무대 밖에서—다루었다.

81. 리너드 반스Lynard Barnes, 1995년 레이 가튼Ray Garton의《In a Dark Place》(New York: Dell Publishing, 1992) 서평에서.
82. Peter Davidson,《Death by Cannibal》(New York: Berkley Books, 2006), p. 84.
83. 맥락은 다르지만, 철학자 비트겐슈타인의 명언처럼 "말할 수 없는 것에 대해서는 침묵해야 한다."
84. Barnes,《In a Dark Place》서평.
85. Cf. Hazelwood, Michaud,《Dark Dreams》. 저자들은 가해자가 자신이 실행에 옮기고 싶은 가학적 환상에 대해 오래 생각할수록 희망하는 희생자의 특징(나이나 몸집 등)이 점점 더 구체화된다고 지적했다(p. 36). 의식에 집착하는 웨버 같은 가학 살인범들 중에는 몇 가지 특수형이 존재한다. 웨버는 그 중에 "성 도착형" 가학 성욕자로 분류할 수 있는데, 결박 섹스와 가학 섹스를 선호하고(살인 도중에 성적 쾌락을 느끼는 타입) 더불어 식인 기호까지 있다는 점에서 그러하다(p. 43).
86. 연례 강력 범죄 컨퍼런스의 진행자인 스티븐 대니얼스Steven Daniels가 개인적으로 주고받은 내용.
87. 웨버의 재판과 관련하여 웨인 워싱Wayne Wirsing이 프라이스 카운티 지방 검사에게 제출한 자료.
88. Barnes, Garton의《In a Dark Place》서평.

[9장]

1. "비공유" 환경은 형제자매조차 서로 매우 다른 삶을 사는 것을 뜻하는 용어로, 학교에서 서로 다른 반 수업을 듣고 서로 다른 친구를 사귀며 서로 다른 재주와 관심사를 가지는 것을 말한다. "공유" 환경(예를 들면 온 가족이 한 식탁에 앉아

밥을 먹거나, 다 함께 휴가를 가는 것)은 인격을 형성하는 요인에서 겨우 3퍼센트밖에 차지하지 않는다.

2. 해당 사례: 전과자 제스 돗슨Jess Dotson은 말싸움을 하다가 형 외에 가족 다섯 명을 살해했다. 〈New York Times〉, 3/9, 2008.

3. 예외가 있는데, 납치로 너무 크지 않은 액수의 돈을 버는 것이 아주 흔한 관례로 자리 잡은 브라질 같은 경우다. 한번은 브라질 환자 한 명을 상담한 적이 있는데, 그는 얼마 전 아내가 납치되어 3일 동안 붙잡혀 있다가 풀려났다고 했다. 아내가 언제 풀려날지 종잡을 수 없었기 때문에, 이 일은 그 환자에게 정신적으로 큰 충격을 주었다. 반면에 아내는 심적으로 그다지 흔들리지 않았는데, 납치범들이 큰돈을 요구하는 것이 아니며 또한 아버지가 부자여서 납치범들의 요구를 어려움 없이 들어줄 수 있다는 것을 알고 있었기 때문이었다.

4. Lee Butcher, 《To Love, Honor, and Kill》 (New York: Pinnacle Books, 2008).

5. Joseph Starkey, 《Deadly Greed》 (New York: Prentiss Hall, 1991).

6. 1장에 등장한 예로, 아버지의 머리를 벤 다음 그 머리가 다시 몸통에 붙을까봐 창밖으로 던져 버린 남자의 경우가 여기 해당한다. 또 다른 예로, 2005년 오하이오주 데이턴에서 자신의 아기를 전자레인지에 넣고 돌려 사망하게 한 차이나 아놀드China Arnold라는 정신적으로 불안정한 여성의 사례가 있다. 아기가 다른 남자의 자식이라는 것을 알면 남자친구가 자기를 떠날까봐 그랬다는 것이 범인의 설명이었다. 아마 영아 살해인데다가 신체까지 손상됐기 때문에 지역사회의 반응("흉악하다―너 이상 사악할 수는 없다")이 그만큼 극렬했다고 본다.

7. 텍사스의 코이 웨스브룩Coy Wesbrook이라는 남성은, 사이가 멀어진 아내가 화해를 하자며 초대해서 집으로 갔다가 아내가 다른 남자 두 명과 정사를 벌이고 있는 장면을 목격했다. 게다가 다른 남자 두 명이 더 있었는데, 그들에게 조롱까지 받았다. 웨스브룩은 차에 가서 라이플을 가져와 다섯 명 모두 총으로 쏘아 죽

였다. 만약 아내가 한 남자와 같이 있는 것을 발견하고 아내 아니면 애인 한 명만 죽였다면, 텍사스 법정의 배심원단은 (만약 유죄 판결을 내렸다면) 관대한 처벌을 내렸을 것이다. 그러나 희생자가 다섯 명이나 됐기에, 배심원단은 차마 가벼운 형벌을 내릴 수가 없었다.

8. 해당 사례: 한 유대계 베트남전 참전 용사가 돈이 없어서 유대교 예배당에서 열리는 욤 키푸르(Yom Kippur: 속죄의 날) 의식을 치르지 못했다. 이에 화가 난 그는 예배당 문에 나치의 상징을 그려 놓았다. 그는 성난 군중이 지켜보는 가운데 체포되었다.
9. 맨슨 사건에서 희생된 샤론 테이트가 대표적인 예.
10. 존 케네디, 로버트 케네디 암살과 마틴 루터 킹 주니어 암살.
11. 앞서 리처드 얀키 주니어의 예를 들었는데, 아버지를 총으로 쏘아 죽이긴 했으나 그 전에 오랫동안 (누이와 함께) 아버지에게 학대를 당해 온 사실이 밝혀졌다. 메리 벨의 경우에도 어렸을 때 어머니가 여러 차례 자신을 죽이려고 했었는데, 결국 메리 벨도 열한 살의 나이에 두 소년을 살해하기에 이르렀다. 두 사건에서 진짜 희생자는 살인을 저지른 아이들이었다.
12. 정신 상담의 캐스린 페이히Kathryn Faughey가 편집성 분열증 환자 데이비드 탈로프David Tarloff에게 살해당한 사건. 〈New York Times〉, 2/13, 2008. 또, 2005년 3월에 애틀랜타의 한 법정에서 판사가 죄수 브라이언 니콜스Brian Nichols에게 살해당한 사건도 있다. 테네시의 목사 매튜 윙클러Matthew Winkler가 아내 메리앤Maryann에게 살해당한 사례도 있다. Ann Rule, 《Smoke, Mirrors, and Murder》 (New York: Pocket Books, 2008), pp. 386~484 참고.
13. 해당 사례: 6장에 나온 켄 맥엘로이Ken McElroy.
14. 수많은 사례 중에, 와이오밍에서 러셀 헨더슨Russell Henderson과 아론 맥키니Aaron McKinney가 매튜 셰퍼드Matthew Shepard를 칼로 찌르고 불태운 뒤 철

조망에 매달아 놓은 사건이 유명하다.

15. 2001년 아프가니스탄에 있는 바미얀 석물을 탈레반이 의도적으로 파괴한 사건과 1972년에 정신병이 있는 호주 출신 지질학자 라즐로 토스Laszlo Toth가 미켈란젤로의 성모마리아상을 망치로 쪼아 부순 사건이 있다. 토스는 나중에 "정신이상" 진단을 받고 호주로 송환되었다.

16. Norman Mailer, 《The Executioner's Song》 (Boston: Little, Brown, 1979).

17. F. L. Coolidge, L. L. Thede, K. L. Jang, "Heritability of Personality Disorders in Childhood", 〈Journal of Personality Disorders〉 15 (2001): 33~40. 예를 들어 쌍둥이 중 한 명이 품행 장애가 있으면, 나머지 한 명이 품행 장애일 확률은 일란성 쌍둥이일 경우가 이란성 쌍둥이일 경우에 비해 약 두 배 가량 높다. 이란성 쌍둥이는 쌍둥이가 아닌 그냥 형제지간만큼이나 서로 다르다. 아동기 품행 장애와 (성인기) 반사회성 인격 장애(나아가 극단적인 경우 사이코패시)의 밀접한 관계는, 행동만 관찰해도 어느 정도 파악할 수 있다. 품행 장애가 있는 아이(주로 남자아이)들은 거짓말, 절도, 공격성("약한 아이 괴롭히기"), 동물 학대, 방화, 기물 파손(공공 시설물 파괴 등) 그리고 심각한 폭력 양상을 띠는 공격적 행동 등의 특징을 보인다.

18. Mikal Gilmore, 《Shot in the Heart》 (New York: Viking Press, 1994).

19. 제럴드 에델만Gerald Edelman과 줄리오 토노니Giulio Tononi의 《A Universe of Consciousness》(New York: Basic Books, 2000) 에서 노벨상 수상 신경과학자 제럴드 에델만이 사용한 표현(p. 38). 에델민은 《Bright Air, Brilliant Fire: On the Matter of Mind》(New York: Basic Books, 1992)에서도 같은 말을 했다(chap. 3).

20. "The Neural Basis of Addiction: A Pathology of Motivation and Choice", 〈American Journal of Psychiatry〉 162 (8/2005): 1403~12.

21. 해마 손상과 그에 따른 기억력 손상은 알츠하이머병의 핵심 증상 중 하나다.

22. Scholarpedia 3, no. 4: 2698, 조셉 레두Joseph LeDoux의 편도체에 관한 글.
23. http://en.wikipedia.org/wiki/Nucleus_accumbens.
24. 〈American Journal of Psychiatry〉 157 (1/2000): 3.
25. A. Bechara 외, "Insensivity to Future Consequences Following Damage to the Human Prefrontal Cortex", 〈Cognition〉 50 (1994): 7~15.
26. http://en.wikipedia.org/wiki/Orbitofrontal_cortex.
27. 뉴욕주립정신의학연구소에서 2007년에 한 강연.
28. Lee Butcher, 《To Love, Honor and Kill》 (New York: Kensington Publishers, 2008).
29. 대표적인 예가 토미 린 셀스, 레너드 레이크, 데이비드 파커 레이 등(7장에 소개한 연쇄살인범들)이다.
30. Émile Durkheim, "Forms of Social Solidarity", 《Selected Writings》, 번역 Anthony Giddens, 29th printing (London: Cambridge University Press, 2007), p. 124.
31. Larry J. Siever, "Neurobiology of Aggression and Violence", 〈American Journal of Psychiatry〉 165 (4/2008): 429~42.
32. http://www.ninds.nih.gov/disorders/asperger/detail_asperger.htm. 다른 전문가들도 아스퍼거 증후군을 잘 모르는 임상의들이 아스퍼거 환자들에게 "정신분열증" 오진을 내리는 경향을 지적한 바 있다. B. G. Haskins, J. A. Silva, "Asperger's Disorder and Behavior: Forensic-Psychiatric Considerations", 〈Journal of the American Academy of Psychiatry and the Law〉 34 (2006): 374~84. 환자 다섯 명 중 한 명꼴로 폭력 성향을 보였다(p. 377).
33. V. S. Ramachandran, L. M. Oberman, "Broken Mirrors", 〈Scientific American〉, 11/2006, pp. 63~69.
34. Tania Singer of the University of Zurich, Switzerland, http://www.sciencenews.

org/view/generic/id/31400/title/Asperger%E2%80%99s_syndrome.

35. http://news.yahoo.com/s/ap/20070418/ap_on_re_us/virginia_tech_shooting.
36. http://en.wikipedia.org/wiki/Cho_Seung-Hui.
37. www.freelibrary.com/Fetal+Alcohol+Syndrome+National+Workshop+2002-a0112129793.
38. A. Badawy, "Alcohol and Violence, and the Possible Role of Serotonin", 〈Criminal Behavior and Mental Health〉 13 (2006): 31~44.
39. William Shakespeare, 《Macbeth》 1막 7장, 59~61행.
40. 같은 책, 8~10행.
41. Edmund S. Higgins, "The New Genetics of Mental Illness", 〈Scientific American Mind〉, 6/7, 2008, pp. 41~47.
42. http://www.francesfarmersrevenge.com/stuff/serialkillers/marthajohnson.htm. 네 건의 살인이 1977년부터 1982년까지 5년에 걸쳐 일어났기 때문에, 마사 존슨은 연쇄 비非성적 살인범으로 분류된다.
43. Terrie E. Moffitt, "A Review of Research on the Taxonomy of Life-Course Persistent versus Adolescent-Limited Antisocial Behavior", 《The Cambridge Handbook of Violent Behavior and Aggression》, 편집 D. J. Flannery, A. T. Vazsonyi, I. D. Waldman (New York: Cambridge University Press, 2007), pp. 49~74.
44. Sheila Johnson, 《Blood Lust》 (New York: Pinnacle Books, 2007).
45. S. Kapur, P. Seeman, "NMDA Receptor Antagonists Ketamine and PCP Have Direct Effects on the Dopamine D2 and Serotonin 5HT2 Receptors. Implications for Models of Schizophrenia", 〈Molecular Psychiatry〉 7 (2002): 833~44. M. A. Fauman, B. J. Fauman, "Violence Associated with Phencyclidine Abuse",

〈American Journal of Psychiatry〉 136 (1979): 1584~86.

46. J. M. Kretschmar, D. J. Flannery, "Substance Use and Violent Behavior", 《The Cambridge Handbook of Violent Behavior and Aggression》, 편집 Flannery, Vazsonyi, Waldman, pp. 647~63.

47. A. J. Reiss, J. A. Roth, "Alcohol, Other Psychoactive Drugs, and Violence", 《Understanding & Preventing Violence vol. 3: Social Influences》 (Washington, DC: National Academy Press), pp. 182~220.

48. R. Myerscough, S. Taylor, "The Effects of Marijuana on Human Physical Aggression", 〈Journal of Personality and Social Psychology〉 49 (1985): 1541~46.

49. Higgins, "The New Genetics of Mental Illness", p. 46.

50. 어찌됐든 마리화나는, 그것을 사용하는 청소년 집단에서 정신질환 발생이 40퍼센트 증가한 것의 원인으로 지목되었다. 자살 충동 발생률도 마리화나 상용 청소년들 사이에서 훨씬 높았다. 이러한 작용이 일부 청소년의 경우 범죄(폭력 포함) 성향을 더욱 자극하는 결과를 가져오기도 한다. Cf. Jennifer Kerr, "Teen Pot Use Can Lead to Dependency and Mental Illness", http://news.yahoo.com/s/ap/20080509/ap_on_he_me/teens_drugs. 마리화나 및 기타 약물의 지속적인 사용이 청소년에게 미치는 장기적인 영향은 다음 웹사이트 기사에 자세히 나와 있다. Brenda Patoine, "Teen Brain's Ability to Learn Can Have a Flip Side", Brain Work/Neuroscience News, 11/12, 2007, pp. 1~2.

51. D. Murdoch, R. O. Pihl, D. Ross, "Alcohol and Crimes of Violence", 〈International Journal of the Addictions〉 25: 1065~81.

52. Corey Mitchell, 《Pure Murder: A Deserted City Park, A Vicious Killing Frenzy》 (New York: Pinnacle Books, 2008).

53. 존 할로우John Harlow 박사의 증언, http://en.wikipedia.org/wiki/Phineas_Gage.

54. Antonio Damasio, 《Descartes' Error: Emotion, Reason, and the Human Brain》 (New York: Grosset/Putnam, 1994), p. 33.

55. P. Ratiu, I.-F. Talos, "The Tale of Phineas Gage, Digitally Remastered", 〈New England Journal of Medicine〉 351 (12/2004): e21.

56. "안정적인 가정은 범죄를 방지하는 보호 요인이다." Gail S. Anderson in 《Biological Influences on Criminal Behavior》 (New York: Simon Fraser University Publications, 2007), p. 112.

57. Joanna Schaffhausen, "The Biological Basis of Aggression", http://www.brainconnection.com/topics/?main=fa/aggression2.

58. G. Lavergne, 《A Sniper in the Tower: The Charles Whitman Murders》 (Denton, TX: University of North Texas Press), 1997.

59. L. Fosburgh, 《Closing Time: The True Story of the Goodbar Murder》 (New York: Dell Books, 1975).

60. 만약 외부의 수컷 사자가 침입에 성공하면, 그 사자는 3장에서 설명한 새로운 수사자 일원의 전형적인 행동을 보인다.

61. Debra Niehoff, 《The Biology of Violence》 (New York: Free Press, 1998), p. 153.

62. 같은 책, p. 155.

63. R. Rowe 외, "Testosterone, Antisocial Behavior, and Social Dominance in Boys: Pubertal Development and Biosocial Interaction", 〈Biological Psychiatry〉 55 (2004): 546~52. B. Schaal 외, "Male Testosterone Linked to High School Dominance but Low Physical Aggression in Early Adolescence", 〈Journal of the American Academy of Child & Adolescent Psychiatry〉 35 (1996): 1322~30.

64. J. D. Higley 외, "Cerebrospinal Testosterone and 5-HIAA (Serotonin) Correlate with Different Types of Aggressive Behaviors", 〈Biological Psychiatry〉 40 (1996): 1067~82.
65. S. Rajender 외, "Reduced CAG Repeats Length in Androgen Receptor Gene Is Associated with Violent Criminal Behavior", 〈International Journal for Legal Medicine〉 (3/2008).
66. Schaffhausen, "The Biological Basis of Aggression." 저자는 여기서 포식자적 공격 성향(다른 종을 스토킹하고 사냥하는 동물에게서 보이는 공격성)과 방어형 공격 성향("구석에 몰린" 사람이나 동물이 보이는 공격성) 그리고 사회적 공격 성향(테스토스테론과 사회적 지배 욕구와 관계있는 공격성)을 논하고 있다.
67. Paul Aitken, "XYY—One Chromosome Too Many", http://www.altpenis.com/penis_news/xyy.shtml.
68. P. Briken 외, "XYY Chromosome Abnormality in Sexual Homicide Perpetrators", 〈American Journal of Medical Genetics〉 (1/2, 2006). XYY 염색체는 유전되는 것이 아님을 짚고 넘어가야겠다. 이는 정자와 난자에서 온 각각 23개의 염색체가 쌍을 이루어 46개가 되는 과정에서 돌연변이가 일어나 생기는 현상이다. 그 돌연변이를 일으킨 정자 세포가 Y세포를 하나 대신 두 개를 갖게 되는데, 이것이 난자와 만나 XYY가 된다. Cf. Anderson, 《Biological Influences on Criminal Behavior》, p. 82.
69. Otto Kernberg, 《Aggression in Personality Disorders and Perversions》 (New Haven, CT: Yale University Press, 1992), p. 77.
70. "Global", 〈Time〉, 6/16, 2008, p. 10. 또 다른 예로 2002년에 멕시코에서 납치되었다가 돌아온 에르네스티나 소디 미란다Ernestina Sodi Miranda의 일화가 있다. Ernestina Sodi Miranda, 《Líbranos del Mal》 (Deliver Us from Evil) (Mexico City:

Aguilar, 2006).

71. Maria Eftimiades, 《Sins of the Mother》(New York: St. Martin's Paperbacks, 1995).

72. 케임브리지대학의 사이먼 바론-코언Simon Baron-Cohen 교수가 이와 관련하여 감정이입 능력에 대한 연구 논문을 발표했다. Simon Baron-Cohen, 《The Essential Difference: Male and Female Brains and the Truth about Autism》(New York: Basic Books, 2004), pp. 187~99.

73. James Q. Wilson, 《The Moral Sense》(New York: Free Press, 1993), pp. 29~54.

74. M. William Phelps, 《I'll Be Watching You》(New York: Pinnacle Books, 2008). 저자는 여기서 스넬그로브를 가리켜 "완전한 악"의 화신이라고 했다(p. 9).

75. A. Raine 외, "High Rates of Violence, Crime, Academic Problems and Behavioral Problems in Males with Both Early Neuromotor Deficits and Unstable Family Environments", 〈Archives of General Psychiatry〉 53 (1996): 544~49.

76. A. Raine 외, "Reduced Prefrontal and Increased Subcortical Brain Functioning Assessed Using Positron Emission Tomography in Predatory and Affective Murderers", 〈Behavioral Science and the Law〉 16 (1998): 319~22. 이와 관련된 연구에서, 사이코패스형의 범죄자들은 정서적 자극을 수용할 때 전측두엽 피질의 과도한 활동을 보인다는 것이 드러났다. Kent Kiehl, A. M. Smith 외, "Limbic Abnormalities in Affective Processing by Criminal Psychopaths as Revealed by Functional Magnetic Resonance Imaging", 〈Biological Psychiatry〉 50 (2001): 677~84.

77. A. Raine 외, "Reduced Prefrontal Gray Matter Volume and Reduced Autonomic Activity in Antisocial Personality Disorder", 〈Archives of General Psychiatry〉 57 (2000): 119~27.

78. A. Raine, P. H. Venables, "Tonic Heart Rate Level, Social Class, and Antisocial Behavior", 〈Biological Psychiatry〉 18 (1984): 123~32.
79. A. Marsh 외, "Reduced Amygdala Response to Fearful Expressions in Children and Adolescents with Callous-Unemotional Traits and Disruptive Behavior Disorders", 〈American Journal of Psychiatry〉 165 (2008): 712~20.
80. J. Moll 외, "Morals and the Human Brain: A Working Model", 〈Neuroreport〉 14 (2003): 299~305.
81. E. C. Finger 외, "Abnormal Ventromedial Prefrontal Cortex Function in Children with Psychopathic Traits during Reversal Learning", 〈Archives of General Psychiatry〉 65 (2008): 586~94.
82. H. Larsson, E. Viding, R. Plomin, "Callous-Unemotional Traits and Antisocial Behavior: Genetic, Environmental and Early Parenting Characteristics", 〈Criminal Justice and Behavior〉 35 (2008): 197~211.
83. J. Taylor, W. G. Iacono, M. McGue, "Evidence for a Genetic Etiology of Early-Onset Delinquency", 〈Journal of Abnormal Psychology〉 109 (2000): 634~43. L. Arsenault 외, "Strong Genetic Effects on Cross-Situational Behavior among 5-Year-Old Children According to Mothers, Teachers, Examiner-Observers, and Self-Reports", 〈Journal of Child Psychology and Psychiatry〉 44 (2004): 832~48.
84. T. C. Eley, P. Lichtenstein, J. Stevenson, "Sex Differences in the Etiology of Aggressive and Nonaggressive Antisocial Behavior: Results from Two Twin Studies", 〈Child Development〉 70 (1999): 155~68.
85. Anderson, 《Biological Influences on Criminal Behavior》, p. 112.
86. Deborah Spungen, 《And I Don't Want to Live This Life》 (New York: Ballantine

Books, 1983).

87. Niels Habermann, 《Jugendliche Sexualmörder (Juvenile Sexual Murder)》 (Lengerich, Germany: Pabst Science Publishers, 2008).

88. David J. Pelzer, 《A Child Called "It": An Abused Child's Journey from Victim to Victor》 (Deerfield Beach, FL: Health Communications, 1995).

89. S. K. Loo 외, "Genome Wide Scan of Reading Ability in Affected Sibling Pairs with Attention-Deficit/Hyperactivity Disorder", 〈Molecular Psychology〉 9 (2004): 485~93.

90. Finger 외, "Abnormal Ventromedial Prefrontal Cortex Function", p. 593.

91. A. Caspi 외, "Role of Genotype in the Cycle of Violence in Maltreated Children", 〈Science〉 297 (2002): 851~54.

92. C. M. Filley 외, "Toward an Understanding of Violence: Neurobehavioral Aspects of Unwarranted Physical Aggression", 〈Neuropsychiatry, Neuropsychology and Behavioral Neurology〉 14 (2001): 1~14. R. Cadoret, L. D. Levé, E. Devor, "Genetics of Aggressive and Violent Behavior", 〈Psychiatric Clinics of North America〉 20 (1997): 301~22.

93. A. R. Hariri 외, "A Susceptibility Gene for Affective Disorders and the Response of the Human Amygdala", 〈Archives of General Psychiatry〉 62 (2005): 146~52.

94. 런던왕립의학회에서 2008년 4월 22일에 열린 제프콧법의학심포지엄에서 쉴라 호진스Sheila Hodgins가 강연한 내용에서 발췌.

95. 같은 글.

96. Vincent Bugliosi, 《Helter Skelter》 (New York: W.W. Norton, 1974/1994), p. 125.

97. Anna C. Salter, 《Predators: Pedophiles, Rapists, & Other Sex Offenders》 (New York: Basic Books, 2003).

98. 자세한 이야기는 《Predators: Pedophiles, Rapists, & Other Sex Offenders》 p. 98~99에 나와 있다.

99. 같은 책, p. 100.

100. 악의 등급에 넣는다면 카테고리 22에 들어가야 할 이 남자는, 남도 아닌 자기 아들을 상대로 이런 짓을 저질렀다는 점에서 특별히 더 정도가 심한 악이라고 말할 수 있다. 만약 전혀 모르는 사람이 이 소년을 납치해 비슷한 범행을 저질렀다면—소년의 친부모가 자상하고 애정이 넘치는 사람들이라는 전제 하에—소년이 가지고 있었던 인간에 대한 신뢰가 이렇게까지 산산조각 나지는 않았을 것이다. 자신을 지키고 보호해 줘야 마땅할 아버지가 바로 자신을 그렇게 망가뜨린 가해자였기 때문에 그 여파가 더 컸을 것이다.

101. 이에 해당하는 예는 위에서 언급한 에드윈 스넬그로브 주니어Edwin Snelgrove Jr.와 (BTK라는 별명으로 언론에 알려진) 데니스 레이더가 있다. 둘 다 정상적인 가정에서 자랐음에도 불구하고, 일찍부터 가학적인 상상을 하며 성적 흥분을 느꼈다. 데니스 레이더는 "분리된" 삶을 살았는데, 한편으로는 가족을 부양하고 다른 한편으로 가학 살인을 저지르고 다니는 "이중생활"을 했다. 에드윈 스넬그로브는 외톨이형 인간이라 어떤 여자와도 친밀한 관계를 형성하지 못했고, 그것이 여자들의 잘못이라도 되는 양 점차 여자들을 증오하기에 이르렀다.

102. Francine du Plessix Gray, 《At Home with the Marquis de Sade: A Life》 (New York: Penguin Books, 1998), p. 30. 당시 귀족은 처형할 수가 없었다. 바토리 백작부인이 체포됐을 때 처형당하지 않고 그냥 성에 감금된 것도 같은 이유에서였다.

103. Salter, 《Predators》, p. 114.

결론

1. Irvine Welsh, 《Crime》 (London: Jonathan Cape, 2008), p. 255. 원서에 사용된 "Nonce"는 "소아 성애자"를 뜻하는 스코틀랜드 속어.

2. Slavenka Drakulic´, 《They Would Never Hurt a Fly》 (New York: Penguin Books, 2005), p. 189.

3. Drakulic´, 《They Would Never Hurt a Fly》, p. 111. 에르도모비치의 이 일화는 독일의 사회심리학자 하랄트 벨처Harald Welzer의 저서에도 나오는데, 여기서 벨처는 어떤 상황에서 평범한 사람이 대량 살인을 저지르게 되는지를 자세히 논하고 있다. Harald Welzer, 《Täte—Wie aus ganz normalen Menschen Massenmörder werden(Perpetrators—How quite normal men become mass murderers)》 (Frankfurt am Main: Fischer Verlag, 2008), pp. 242~45.

4. Niklas Frank, 《Der Vater: Eine Abrechnung》 (Munich: Bertelsmann, 1987). 영역본 《In the Shadow of the Reich》 (New York: Alfred Knopf, 1991).

5. 아이크만의 아들 한 명도 아버지의 범행을 비난했지만 그에 대한 책은 쓰지 않았다. http://www.jewishf.com/content/2-0-/module/display/story_id/20954/edition_id/431/format/html/displaystory.html.

6. 1992년에 내가 받은 편지를 직접 번역한 것.

7. Frank, 《Der Vater》, p. 350.

8. 캘리 중위의 인성은 베트남전에 참전하기 전부터 문제가 됐었다. 그러나 그는 겉으로는 "평범한 사람"처럼 보였다. 학살의 책임을 묻기 위해 재판이 열렸을 때 그는 기대를 벗어나지 않고 이렇게 자신을 변호하면서 도덕심의 결핍을 증명해 보였다. "아니, 전쟁이 사람 죽이는 것이 아니면 뭡니까?" 출처: Welzer, 《Täter》, p. 245.

9. 대니얼 미트리오니Daniel Mitrione라는 경찰 간부였다. Martha Huggins, Mika

Haritos-Fatouras, Philip G. Zimbardo, 《Violence Workers》 (Berkeley: University of California Press, 2002), p. 239.

10. Huggins, Haritas-Fatouras, Zimbardo, 《Violence Workers》, p. 240.

11. Cf. Rita Maran, 《Torture: The Role of Ideology in the French-Algerian War》 (New York: Praeger, 1989), p. 83.

12. Bruce Falconer, "The World's Most Evil Man", 〈American Scholar〉 77 (2008): 33~53.

13. 닐스 하베르만은 10대 청소년의 성적 살인에 대한 그의 연구서 《Jugendliche Sexualmörder》 (Berlin: Pabst Science Publishers, 2008)에서, 자신이 연구한 열아홉 명의 10대 살인범 중 3분의 1이 신체적 기형을 앓아 빗나간 자아상과 수줍음 타는 성격을 갖게 되었고 나아가 범죄를 저지르는 데 일조했음을 지적했다.

14. 평시의 악행 중에 가장 드문 형태의 하나가 바로 힉클리의 레이건 대통령 암살 시도 그리고 데이비드 마크 채프먼의 존 레논 암살이다. 이렇게 도덕적 무질서가 동기로 작용한 악행에 대해 마틴 에이미스Martin Amis가 논문에서 날카로운 지적을 했다. Martin Amis, "Terrorism's New Structure", 〈Wall Street Journal〉, 8/16, 2008, pp. W-1, 6.

15. 수많은 예 중에 몇 개만 들자면, 나폴레옹의 군대가 스페인을 침입했을 때 스페인 국민들에게 잔학 행위를 했고(1807~1812), 스페인 시민들이 앙갚음으로 나폴레옹의 병사들을 산 채로 가죽을 벗기거나 반으로 가르는 악행을 저지른 것을 들 수 있다. David A. Bell, 《The First Total War》 (Boston: Houghton Mifflin, 2007), p. 290.

16. 벨처(《Täter》, p. 263)가 지적했듯, 전시에는 (병사든 일반 시민이든) 사람을 죽이는 것이 안타깝지만 꼭 해야만 하는 일로 전락한다. 벨처는 히틀러가 친위대에게 한 격려 연설(《Täter》 p. 23)을 그대로 옮겨, 유대인 대학살이 당시 조국

이 구원받기 위해 반드시 해야 하는 유쾌하지 않은 과제였다고 했다. 히믈러는 1943년 당시 친위대 리더들에게 연설을 하면서 ("반유대주의" 비난은 안중에도 없다는 듯) 유대인을 "이lice"에 비유하고 유대인 학살을 그저 청소하는 것, "벌레 박멸"이라고 표현했다(Katrin Himmler, 《The Himmler Brothers》 [New York: Macmillan, 2007], p. 231). 이렇게 혼란스럽고 왜곡된 프레임 안에서는 폭력이 더 이상 파괴적인 것이 아닌, 사회위생학적으로 "건설적인" 것이 되는 것이다.

17. 원서에서는 간결하게 "men"이라는 단어를 사용했지만, 남자와 여자 모두를 의미한 것임을 밝힌다. 그러나 평시든 전시든 악행을 저지르는 사람은 남자인 경우가 여자인 경우보다 비교도 안 되게 훨씬 많다. 더불어 지금까지 살펴봤듯이, 성적 연쇄살인이나 대량 살인을 저지르는 것은 거의 언제나 남자다.

18. John Seabrook, "Suffering Souls", 〈New Yorker〉, 11/10, 2008, pp. 64~73.

19. Barbara Bentley, 《A Dance with the Devil: A True Story of Marriage to a Psychopath》 (New York: Berkley Books, 2008), pp. 351~52.

20. 영문학 교수인 해롤드 섹터Harold Schechter는 "건강하고 행복한 가정에서 자란 연쇄살인범 같은 건 없다. 모두가 명백하게 문제가 있는 가정에서 나온 산물이다"라고 주장했다. 《The Serial Killer Files》 (New York: Ballantine Books, 2003), p. 256. 섹터의 주장은 틀렸다. 이를 반증하는 예는 내가 수집한 자료와 임상 경험에서뿐 아니라, 닐스 하베르만의 임상적 고찰(《Jugendliche Sexualmörder》)에서도 얼마든지 추출할 수 있다. 하베르만은 청소년 성적 살인범 열아홉 명 각각에 대한 짤막한 글을 실었는데, 그 열아홉 명 중 일부는 연쇄살인범이었다. 이들 중 대부분이 문제 가정에서 자랐는데, 몇몇은 ("마티아스 Matthias"의 경우처럼) 그렇지 않았다. 이 몇몇은 태어날 때부터 분열 성향이 있는 외톨이였다—그러한 인격 장애에 대한 위험 유전 인자를 물려받았으며, 그

것이 다른 사람, 특히 사춘기 들어 여자아이들과 친밀한 관계를 맺는 것을 방해했다는 뜻이다. 이들은 미국의 연쇄살인범 조엘 리프킨Joel Rifkin처럼 좋은 가정에서 자라났는데, 입양아였던 리프킨 역시 분열성 인격 장애 때문에 여자들과 가까운 관계를 맺지 못했다.

21. Simon Baatz, 《For the Thrill of It: Leopold, Loeb, and the Murder that Shocked Chicago》 (New York: Harper Collins, 2008). 리오폴드는 감수성이 예민하고 또 사이코패스인 로웁의 성적 매력에 사로잡혀 있었는데, 리오폴드가 남자아이를 죽인 것은 그저 재미로 저지른 범행이었다. 로웁은 감옥에서 다른 수감자에게 피살되었다. 리오폴드는 반성의 빛을 보여 34년 만에 석방됐고, 이후 지역사회에 도움을 주며 여생을 살았다.

22. Dr. Stanton Samenow, 《Inside the Criminal Mind》 (New York: Times Books, 1984), pp. 175~90 참고.

23. 자세한 내용은 리처드 로즈Richard Rhodes가 쓴 애선스의 전기에서 확인할 수 있다. 《Why They Kill》 (New York: Random House, 1999).

24. Anthony Flacco with Jerry Clark, 《Slave in the Necropolis》 (Martin Literary Management, 2008, preprint of book to be published, 2009), pp. 16~62.

25. John Dean, 《House of Evil》 (New York: St. Martin's Paperbacks, 2008).

26. 같은 책, p. 218.

27. 원제는 "Oni ne bi ni mrava zgazili"로 '개미 한 마리 밟지 못하는 사람들'이라는 뜻인데, 어쨌든 맥락은 같다.

28. Gary King, 《Stolen in the Night》 (New York: St. Martin's Press, 2007). Cf. http://news.aol.com/article/confessed-child-killer-sentenced-to/141596?icid=100214839x1.

29. http://fifthnail.blogspot.com/.

30. http://en.allexperts.com/e/j/jo/joseph_e_duncan_iii.htm?zlr=4.

31. 〈New York Times〉, 6/14, 1996.

32. Samenow, 《Inside the Criminal Mind》, p. 177.

33. 이 사건은 메인주에서 2006년에 일어났는데, 그가 어머니를 살해할 생각을 내내 품고 있는 것을 알면서도 정신병원이 부적절하게 퇴원 결정을 내린 후에 일어난 일이었다. 〈Wall Street Journal〉, 8/16, 2008, pp.A-1, A-8; Cf. http://www.nylj.com/nylawyer/probono/news/07/080307a.html.

34. Joel Norris, 《Arthur Shawcross: The Genesee River Killer》 (New York: Windsor Publications, 1992). Jack Olsen, 《Misbegotten Son》 (New York: Dell/Island Books, 1993).

35. http://news.aol.com/article/confessed-child-killer-sentenced-to/145196?icid=100214839x1.

36. http://mediahangout.blogspot.com/2008/11/Quentin-patrick-halloween-arrest.html-220k.

37. http://www.allserialkillers.com/clifford_olson.htm, p. 6. Cf. W. Leslie Holmes, Bruce Northrup, 《Where Shadows Linger: The Untold Story of RCMP's Olson Murder Investigation》 (Surrey, BC: Heritage House Publishing Company, 2000).

38. 미국 형사법 745.6항. 1981년 올슨에게 강간 및 고문을 당하고 살해당한 열세 살의 희생자 콜린 데이노Colleen Daignault의 계부가 이를 언급하면서, 이 조항을 무효화할 것을 촉구했다. http://www.owl125.com/colleen.html.

39. Billy Wayne Sinclair, Jodie Sinclair, 《A Life in the Balance: A Journey from Murder to Redemption Inside America's Worst Prison System》 (New York: Arcade Publishing, 2000).

40. Tom Jackman, Troy Cole, 《Rites of Burial: The Shocking True Crime Account

of Robert Berdella, the Butcher of Kansas City, Missouri》(New York: Windsor Publishing/Pinnacle Books, 1992).
41. 데니스 닐슨의 허락을 받고 여기에 옮긴다. 2008년 7월 31일자 편지에서 발췌.
42. Friedrich Nietzsche, Sprach Zarathustra 편집 번역. Stanley Appelbaum (Mineola, NY: Dover Press, 2004 [1883~85]), p. 10. 원문은 이러하다. "Der Mensch ist ein Seil, geknüpft zwischen Tier und Übermensch—ein Seil über einem Abgrunde." 'Übermensch'는 '수퍼맨superman'이라는 표현을 피하기 위해 종종 "초인overman"으로 번역되는데, 'superman'이라고 하면 만화 영웅 또는 절도 있게 행진하는 나치의 이미지가 떠오르기 때문이다. 니체는 나치 같은 야만적인 인간들을 염두에 두고 이 단어를 사용한 것이 아니었다. 독립적이고 도덕적으로 우월하며 예술적인 인간—범인의 수준을 초월하는 인간—을 가리켜 사용한 말이었다. 이해를 돕기 위해 보충하자면, 나는 "초월적인 인간superior man"이라는 표현을 선호한다. 악행—이 책 전반에 걸쳐 사용한 의미로서의 악행—을 저지르는 수준에서 가장 멀리 떨어져 있는 존재를 암시하는 표현이다.

범죄의 해부학
살인자의 심리를 완벽하게 꿰뚫어 보는 방법

초판 1쇄 발행 2010년 9월 7일
초판 23쇄 발행 2025년 4월 28일

지은이 마이클 스톤
옮긴이 허형은
펴낸이 김선식

부사장 김은영
콘텐츠사업본부장 박현미
콘텐츠사업4팀장 임소연 **콘텐츠사업4팀** 황정민, 박윤아, 옥다애, 백지윤
마케팅1팀 박태준, 권오권, 오서영, 문서희
미디어홍보본부장 정명찬
브랜드홍보팀 오수미, 서가을, 김은지, 이소영, 박장미, 박주현
채널홍보팀 김민정, 정세림, 고나연, 변승주, 홍수경
영상홍보팀 이수인, 염아라, 김혜원, 이지연
편집관리팀 조세현, 김호주, 백설희 **저작권팀** 성민경, 이슬, 윤제희
재무관리팀 하미선, 임혜정, 이슬기, 김주영, 오지수
인사총무팀 강미숙, 이정환, 김혜진, 황종원
제작관리팀 이소현, 김소영, 김진경, 이지우, 황인우
물류관리팀 김형기, 김선진, 주정훈, 양문현, 채원석, 박재연, 이준희, 이민운

펴낸곳 다산북스 **출판등록** 2005년 12월 23일 제313-2005-00277호
주소 경기도 파주시 회동길 490 파주사옥
전화 02-702-1724 **팩스** 02-703-2219 **이메일** dasanbooks@dasanbooks.com
홈페이지 www.dasanbooks.com **블로그** blog.naver.com/dasan_books
종이 스마일몬스터 **출력 및 제본** 상지사 **코팅 및 후가공** 평창피엔지

ⓒ 2010, 마이클스톤
ISBN 979-89-6370-412-8 (13180)

- 책값은 뒤표지에 있습니다.
- 파본은 구입하신 서점에서 교환해드립니다.
- 이 책은 저작권법에 의하여 보호를 받는 저작물이므로 무단 전재와 복제를 금합니다.

> 다산북스(DASANBOOKS)는 독자 여러분의 책에 관한 아이디어와 원고 투고를 기쁜 마음으로 기다리고 있습니다. 책 출간을 원하는 아이디어가 있으신 분은 다산북스 홈페이지 '원고투고'란으로 간단한 개요와 취지, 연락처 등을 보내주세요. 머뭇거리지 말고 문을 두드리세요.